Informatik — Fachberichte

Band 32: M. Kühn, CAD Arbeitssituation. Untersuchungen zu den Auswirkungen von CAD sowie zur menschengerechten Gestaltung von CAD-Systemen. VII, 215 Seiten. 1980.

Band 33: GI–10. Jahrestagung. Herausgegeben von R. Wilhelm. XV, 563 Seiten. 1980.

Band 34: CAD-Fachgespräch. GI–10. Jahrestagung. Herausgegeben von R. Wilhelm. VI, 184 Seiten. 1980.

Band 35: B. Buchberger, F. Lichtenberger, Mathematik für Informatiker I. Die Methode der Mathematik. XI, 315 Seiten. 1980

Band 36: The Use of Formal Specification of Software. Berlin, Juni 1979. Edited by H. K. Berg and W. K. Giloi. V, 388 pages. 1980.

Band 37: Entwicklungstendenzen wissenschaftlicher Rechenzentren. Kolloquium, Göttingen, Juni 1980. Herausgegeben von D. Wall. VII, 163 Seiten.1980.

Band 38: Datenverarbeitung im Marketing. Herausgegeben von R. Thome. VIII, 377 pages. 1981.

Band 39: Fachtagung Prozeßrechner 1981. München, März 1981. Herausgegeben von R. Baumann. XVI, 476 Seiten. 1981.

Band 40: Kommunikation in verteilten Systemen. Herausgegeben von S. Schindler und J. C. W. Schröder. IX, 459 Seiten. 1981.

Band 41: Messung, Modellierung und Bewertung von Rechensystemen. GI-NTG-Fachtagung. Jülich, Februar 1981. Herausgegeben von B. Mertens. VIII, 368 Seiten. 1981.

Band 42: W. Kilian, Personalinformationssysteme in deutschen Großunternehmen. XV, 352 Seiten. 1981.

Band 43: G. Goos, Werkzeuge der Programmiertechnik. GI-Arbeitstagung. Proceedings, Karlsruhe, März 1981. VI, 262 Seiten. 1981.

Band 44: Organisation informationstechnik-geschützter öffentlicher Verwaltungen. Fachtagung, Speyer, Oktober 1980. Herausgegeben von H. Reinermann, H. Fiedler, K. Grimmer und K. Lenk. VIII, 651 Seiten. 1981.

Band 45: R. Marty, PISA–A Programming System for Interactive Production of Application Software. VII, 297 Seiten. 1981.

Band 46: F. Wolf, Organisation und Betrieb von Rechenzentren. Fachgespräch der GI, Erlangen, März 1981, VII, 244 Seiten. 1981.

Band 47: GWAI–81 German Workshop on Artifical Intelligence. Bad Honnef, January 1981. Herausgegeben von J. H. Siekmann. XII, 317 Seiten. 1981.

Band 48: W. Wahlster, Natürlichsprachliche Argumentation in Dialogsystem. KI-Verfahren zur Rekonstruktion und Erklärung approximativer Inferenzprozesse. XI, 194 Seiten. 1981.

Band 49: Modelle und Strukturen. DAG 11 Symposium, Hamburg, Oktober 1981. Herausgegeben von B. Radig. XII, 404 Seiten. 1981.

Band 50: GI–11. Jahrestagung. Herausgegeben von W. Brauer. XIV, 617 Seiten. 1981.

Band 51: G. Pfeiffer, Erzeugung interaktiver Bildverarbeitungssysteme im Dialog. X, 154 Seiten. 1982.

Band 52: Application and Theory of Petri Nets. Proceedings, Strasbourg 1980, Bad Honnef 1981. Edited by C. Girault and W. Reisig. X, 337 pages. 1982.

Band 53: Programmiersprachen und Programmentwicklung. Fachtagung der GI, München, März 1982. Herausgegeben von H. Wössner. VIII, 237 Seiten. 1982.

Band 54: Fehlertolerierende Rechnersysteme. GI-Fachtagung, München, März 1982. Herausgegeben von E. Nett und H. Schwärtzel. VII, 322 Seiten. 1982.

Band 55: W. Kowalk, Verkehrsanalyse in endlichen Zeiträumen. VI, 181 Seiten. 1982.

Band 56: Simulationstechnik. Proceedings, 1982. Herausgegeben von M. Goller. VIII, 544 Seiten. 1982.

Band 57: GI–12. Jahrestagung. Proceedings, 1982. Herausgegeben von J. Nehmer. IX, 732 Seiten. 1982.

Band 58: GWAI–82. 6th German Workshop on Artifical Intelligence. Bad Honnef, September 1982. Edited by W. Wahlster. VI, 246 pages. 1982.

Band 59: Künstliche Intelligenz. Frühjahrsschule Teisendorf, März 1982. Herausgegeben von W. Bibel und J. H. Siekmann. XIII, 383 Seiten. 1982.

Band 60: Kommunikation in Verteilten Systemen. Anwendungen und Betrieb. Proceedings, 1983. Herausgegeben von Sigram Schindler und Otto Spaniol. IX, 738 Seiten. 1983.

Band 61: Messung, Modellierung und Bewertung von Rechensystemen. 2. GI/NTG-Fachtagung, Stuttgart, Februar 1983. Herausgegeben von P. J. Kühn und K. M. Schulz. VII, 421 Seiten. 1983.

Band 62: Ein inhaltsadressierbares Speichersystem zur Unterstützung zeitkritischer Prozesse der Informationswiedergewinnung in Datenbanksystemen. Michael Malms. XII, 228 Seiten. 1983.

Band 63: H. Bender, Korrekte Zugriffe zu Verteilten Daten. VIII, 203 Seiten. 1983.

Band 64: F. Hoßfeld, Parallele Algorithmen. VIII, 232 Seiten. 1983.

Band 65: Geometrisches Modellieren. Proceedings, 1982. Herausgegeben von H. Nowacki und R. Gnatz. VII, 399 Seiten. 1983.

Band 66: Applications and Theory of Petri Nets. Proceedings, 1982. Edited by G. Rozenberg. VI, 315 pages. 1983.

Band 67: Data Networks with Satellites. GI/NTG Working Conference, Cologne, September 1982. Edited by J. Majus and O. Spaniol. VI, 251 pages. 1983.

Band 68: B. Kutzler, F. Lichtenberger, Bibliography on Abstract Data Types. V, 194 Seiten. 1983.

Band 69: Betrieb von DN-Systemen in der Zukunft. GI-Fachgespräch, Tübingen, März 1983. Herausgegeben von M. A. Graef. VIII, 343 Seiten. 1983.

Band 70: W. E. Fischer, Datenbanksystem für CAD-Arbeitsplätze. VII, 222 Seiten. 1983.

Band 71: First European Simulation Congress ESC 83. Proceedings, 1983. Edited by W. Ameling. XII, 653 pages. 1983.

Band 72: Sprachen für Datenbanken. GI-Jahrestagung, Hamburg, Oktober 1983. Herausgegeben von J. W. Schmidt. VII, 237 Seiten. 1983.

Band 73: GI–13. Jahrestagung, Hamburg, Oktober 1983. Proceedings. Herausgegeben von J. Kupka. VIII, 502 Seiten. 1983.

Band 74: Requirements Engineering. Arbeitstagung der GI, 1983. Herausgegeben von G. Hommel und D. Krönig. VIII, 247 Seiten. 1983.

Band 75: K. R. Dittrich, Ein universelles Konzept zum flexiblen Informationsschutz in und mit Rechensystemen. VIII, 246 pages. 1983.

Informatik-Fachberichte 118

Subreihe Künstliche Intelligenz

Herausgegeben von W. Brauer in Zusammenarbeit mit dem
Fachausschuß 1.2 „Künstliche Intelligenz und
Mustererkennung" der Gesellschaft für Informatik (GI)

GWAI-85

9th German Workshop on
Artificial Intelligence
Dassel/Solling, September 23–27, 1985

Edited by Herbert Stoyan

Springer-Verlag
Berlin Heidelberg New York Tokyo

Herausgeber

Herbert Stoyan
Institut für Mathematische Maschinen und Datenverarbeitung VI
Friedrich-Alexander-Universität Erlangen-Nürnberg
Martensstraße 3, 8520 Erlangen

CR Subject Classifications (1985): I.2, I.2.1, I.4, I.5, I.6, I.7

ISBN-13:978-3-540-16451-7   e-ISBN-13:978-3-642-71145-9
DOI: 10.1007/978-3-642-71145-9

2145/3140–543210

VORWORT

GWAI-85, die neunte deutsche Fachtagung über Künstliche Intelligenz, fand vom 23. - 27. September 1985 in Dassel/Solling statt. Sie wurde von über 200 Teilnehmern besucht.

Der vorliegende Band enthält ausgewählte Beiträge aus verschiedenen Themenbereichen der Künstlichen Intelligenz (KI), darunter die Fassung eines eingeladenen Vortrages in voller Länge, zwei Zusammenfassungen zweier weiterer eingeladener Vorträge und verdichtete Projektorfolien eines vierten. Des weiteren sind Materialien des Tutoriums "Situationssemantik und Diskursrepräsentationstheorie", das Manfred Pinkal organisierte, enthalten.

Die GWAI-85 war interessant nicht zuletzt durch die (eingeladenen) Vorträge von J. McCarthy, H. Gallaire, J. de Kleer und J.P. Tsang. Bedauerlicherweise hat nur der letzte dieser Vortragenden eine vollständige Arbeit eingereicht.

Ich danke den Autoren für ihre Mühe bei der Erstellung der Druckvorlagen - wenn sie auch leider allzu unterschiedlich ausgefallen sind. Wie bei jeder wissenschaftlichen Tagung sind die abgedruckten Arbeiten eine Auswahl aus einer weit größeren Zahl von eingereichten Vorschlägen. Allein aus Zeitgründen konnte nicht alles berücksichtigt werden. So danke ich allen, die Beiträge eingesandt haben, auch wenn diese hier nicht veröffentlicht worden sind. Erst durch den vielfältigen Wunsch um Mitarbeit wurde die GWAI-85 zu einer erfolgreichen Tagung.

Erlangen, November 1985   Herbert Stoyan

INHALTSVERZEICHNIS

1. Philosophische Fragen der Künstlichen Intelligenz,
   Cognitive Science

KANN DIE KÜNSTLICHE INTELLIGENZ-FORSCHUNG FRAGEN DER PHILOSOPHIE BEANTWORTEN?

Ansgar Beckermann
Philosophisches Seminar
Georg-August-Universität
Nikolausberger Weg 9c
D-3400 Göttingen

Abstract:
The main question which links philosophy with AI-research already occurs in Descartes: Is it possible to construct machines which have the same intellectual capacities that man has, namely those of thinking and speaking. In my opinion this question can only be answered by AI-research. But even if the answer to this question should be positive, other questions will remain: would such machines have consciousness, subjectivity, intentionality? These questions will have to be answered primarily by the philosopher. For the answers depend to a large extent on the clarification of the involved concepts. Even in this field, however, interdisciplinary cooperation could yield interesting results.

1. Wenn man wissen will, ob die KI-Forschung Fragen der Philosophie beantworten kann, muß man zunächst klären, welche Fragen der Philosophie dabei gemeint sein sollen. Ich werde deshalb zu Beginn versuchen, klar zu machen, an welche Fragen ich bei der Formulierung des Titels gedacht habe. D.h. genauer: zuerst werde ich darstellen, wie sich diese Fragen im Laufe der Geschichte der Philosophie entwickelt haben, dann werde ich auf die Antworten eingehen, die auf diese Fragen bisher gegeben worden sind, und schließlich werde ich dann eine Vermutung darüber äußern, welche dieser Fragen möglicherweise von der KI-Forschung beantwortet werden können und mit welchen die Philosophie selber zu Rande kommen muß.

Etwas sollte ich jedoch gleich noch hinzufügen. Meinem eigenen Arbeitsgebiet entsprechend werde ich hier im wesentlichen Fragen ansprechen, die aus dem Gebiet der Philosophischen Psychologie stammen. (Nur am Schluß wird auch das Gebiet der Sprachphilosophie kurz gestreift). Philosophische Psychologie, das ist die philosophische Teildisziplin, die sich mit den Problemen der Seele beschäftigt. Ihre Fragen sind z.B.: Gibt es - zumindest beim Menschen - eine vom Körper unabhängige immaterielle Seele? Oder ist es vielleicht denkbar, daß auch Menschen nur Maschinen bestimmter Art sind? Wie verhalten sich generell körperliche und seelische bzw. geistige Phänomene zueinander? Usw.

2. Nach dieser Vorbemerkung möchte ich nun mit einem kurzen Ausflug in die Geschichte der Philosophischen Psychologie beginnen. In der Antike war die Seele ganz allgemein das, was das Lebende vom Toten unterscheidet. D.h. in der Antike war die Seele nicht nur für das Denken, Wollen, Wahrnehmen, Fühlen usw. verantwortlich, sondern auch für die Vorgänge der Ernährung und des Wachstums bei Pflanzen und Tieren, für die Vorgänge der Fortbewegung bei den Tieren und für alle ähnlichen Lebensprozesse. Diese Grundidee war wirksam bis hinein in die Biologie und die Physiologie. In diesen Wissenschaften wurden zur Erklärung der entsprechenden Phänomene immer wieder spezielle seelische Kräfte und Fähigkeiten angenommen. Ernährung und Wachstum z.B. wurden durch eine spezielle Fähigkeit der verschiedenen Körperteile erklärt, aus dem Nahrungsbrei bzw. aus dem Blut die für sie wichtigen Bestandteile herauszuziehen (facultas attrahens). Das Schlagen des Herzens wurde erklärt durch eine spezifische **vis pulsifica**. Und alle diese Fähigkeiten wurden als körperlich nicht begründbar der Seele zugeschrieben.

Diese Art der "wissenschaftlichen" Erklärung wurde erst in der Neuzeit heftig kritisiert. Galilei wäre da zu nennen; aber auch René Descartes. Descartes ist vielleicht besser bekannt als der Philosoph des "cogito, ergo sum" oder als der eigentliche Erfinder des strengen Dualismus von Körper und Seele. Doch das ist nur eine Seite seines philosophischen Denkens. Denn in seiner Naturphilosophie ist Descartes ein begeisterter Anhänger der von Galilei ausgehenden neuen Wissenschaft, und in gewissem Sinne kann man ihn sogar als radikalen Materialisten ansehen. Auf jeden Fall zählt er zu den vehementesten Kritikern der alten, durch die Ideen des Aristoteles geprägten Biologie und Physiologie. Für ihn ist die Bezugnahme auf spezielle Vermögen und Kräfte der Seele zur Erklärung der vitalen Vorgänge in einem Lebewesen weder ein sinnvolles noch ein notwendiges Unterfangen. Es ist nicht sinnvoll: denn diese speziellen Vermögen und Fähigkeiten erklären nichts; sie bezeichnen eher Lücken der Erklärung. Und es ist auch nicht notwendig: denn nach Descartes' Auffassung sind alle Vorgänge in einem lebenden Körper ebenso _mechanisch_ erklärbar wie die Ereignisse in der unbelebten Natur. Descartes bezieht im Hinblick auf Biologie und Physiologie also einen unerwartet materialistischen Standpunkt, und man kann ihn deshalb wohl zu Recht als einen der ersten konsequenten Verfechter einer einheitlichen Naturauffassung bezeichnen. Die überkommene Zweiteilung der Natur in einen belebten und einen unbelebten Bereich läßt er nicht mehr gelten. Denn seiner Meinung nach sind auch alle Lebensvorgänge - wie das Wachstum, die Bewegung, die Wahrnehmung und die Fortpflanzung der Pflanzen und Tiere - rein mechanische Vorgänge, die sich aufgrund der in der ganzen Natur in gleicher Weise geltenden Gesetze allein aus dem Aufbau und der Anordnung der in einem Lebewesen enthaltenen Teile ergeben. Und dementsprechend unterscheiden sich die belebten von den unbelebten Dingen für Descartes nicht dadurch, daß sie eine Seele haben. Der Unterschied, der zwischen einem lebenden und einem toten Wesen besteht, ist vielmehr der gleiche, der zwischen einer funktionsfähigen und einer nicht mehr funktionsfähigen - also eine kaputten - Maschine besteht. Crombie schreibt in seinem Buch _Von Augustinus bis Galilei_: "(Descartes') großer Wurf war die eine umfassende Theorie: der Körper ist eine Maschine; alle seine Tätigkeiten lassen sich mit denselben physikalischen Prinzipien und Gesetzen erklären, die für die unbelebte Welt gelten" (Crombie 1977, 470).

Allerdings - und damit kommen wir zurück zum Dualismus von Körper und Seele: die mechanische Erklärbarkeit aller Lebensvorgänge hat für Descartes da eine Grenze, wo beim Menschen die Fähigkeit, zu denken und zu sprechen, ins Spiel kommt. Tiere sind seiner Auffassung nach zur Gänze Maschinen, Menschen aber nicht. Leider gibt es nur wenige Textstellen, in denen Descartes diese Auffassung begründet. Aber z.B. im _Discours de la méthode_ schreibt er:

> "Wenn es Maschinen mit den Organen und der Gestalt eines Affen oder eines anderen vernunftlosen Tieres gäbe, so hätten wir gar kein Mittel zu erkennen, daß sie nicht von genau derselben Natur wie diese Tiere wären; gäbe es dagegen Maschinen, die unseren Körpern ähnlich wären und unsere Handlungen insoweit nachahmten, wie dies für Maschinen wahrscheinlich möglich ist, so hätten wir

immer zwei ganz sichere Mittel, um zu erkennen, daß sie keineswegs wahre Menschen sind. Erstens könnten sie nämlich niemals Worte oder andere Zeichen dadurch gebrauchen, daß sie sie zusammenstellen, wie wir es tun, um anderen unsere Gedanken mitzuteilen ... (Und zweitens:) Sollten diese Maschinen auch manches ebenso gut oder sogar besser verrichten als irgendeiner von uns, so würden sie doch zweifellos bei vielem anderen versagen, wodurch offen zutage tritt, daß sie nicht aus Einsicht (connaissance) handeln, sondern nur aufgrund der Einrichtung ihrer Organe. Denn <u>die Vernunft (raison) ist ein Universalinstrument</u>, das bei allen Gelegenheiten zu Diensten steht, während diese Organe für jede besondere Handlung einer besonderen Einrichtung bedürfen .." (Discours 5.10, PhB 261 92 f., AT VI 57; Hervorh. vom Verf.)

Aus zwei Gründen können Descartes zufolge also Menschen - <u>als ganze betrachtet</u> - keine Maschinen sein:

- Maschinen können im Gegensatz zum Menschen nicht vernünftig sprechen. D.h. sie können Worte nicht so variationsreich und situationsbezogen zusammenfügen wie wir, wenn wir uns mitteilen wollen.

- Maschinen können zwar in einzelnen Situationen erstaunliche Dinge leisten; aber nur Menschen sind in der Lage, in den <u>verschiedensten</u> Situationen den Umständen angepaßt vernünftig zu handeln. "Denn die Vernunft ist ein Universalinstrument".

Auf eine kurze Formel gebracht: <u>Sprache</u> und <u>Intelligenz</u> sind die beiden Merkmale, die nach Descartes den Menschen von jeder möglichen Maschine unterscheiden. Dabei weiß Descartes natürlich auch, daß es Maschinen geben kann, die in der Lage sind, bestimmte Wörter zu äußern, und die sogar in der Lage sind, diese Wörter immer nur bei bestimmten Gelegenheiten zu äußern. Auch er konnte sich Maschinen vorstellen, die "Guten Tag" sagen, wenn man sie an einer bestimmten Stelle berührt, oder die laut "Aua" schreien, wenn man sie unsanft schüttelt. Aber, so schreibt er: "... man kann sich nicht vorstellen, daß (diese Maschine) die Worte auf verschiedene Weise zusammenordnet, um auf die Bedeutung all dessen, was in ihrer Gegenwart laut werden mag, zu antworten, wie es der stumpfsinnigste Mensch kann" (ebd.) D.h., Descartes zufolge können Maschinen nicht so sprechen, wie wir das können, da zum Sprechenkönnen gehört, daß man in der Lage ist, auf alles, was einem zu Ohren kommt, angemessen verbal zu reagieren.

Auch im Hinblick auf die Frage der Intelligenz argumentiert Descartes ähnlich, wobei er diesmal allerdings den Vergleich mit verschiedenen Tieren zieht (die freilich seiner Meinung nach tatsächlich als Maschinen angesehen werden können). Sicher, so Descartes, gibt es Tiere, die auf manchen Gebieten weit mehr Geschicklichkeit zeigen als wir. Aber diese Tiere vollbringen diese Höchstleistungen immer nur auf einem oder auf sehr wenigen Gebieten; auf allen anderen zeigen sie schlechtere Leistungen als wir. Wenn sie aber wirklich denken und ihr Handeln an ihrem Denken ausrichten könnten, dann müßten sie dies auf allen Gebieten tun können und nicht nur in einem bestimmten eng umgrenzten Bereich. "Der Tatbestand also, daß sie es besser machen als wir, beweist nicht, daß sie Geist (esprit) haben; denn wenn man es so nimmt, dann hätten sie mehr als irgendeiner von uns und würden es in jeder Beziehung besser machen. Aber sie haben im Gegenteil gar keinen, und es ist die Natur, die in ihnen je nach der Einrichtung ihrer Organe wirkt, ebenso wie offensichtlich eine Uhr, die nur aus Rädern und Federn gebaut ist, genauer die Stunden zählen und die Zeit messen kann als wir mit all unserer Klugheit" (Discours 5.11, PhB 261 96 f., AT VI 59). Kurz gefaßt kann man Descartes' These also so formulieren.

DESCARTES:

1. Tiere sind vollständig als Maschinen begreifbar, d.h. als rein materielle Systeme, deren Verhalten sich allein aus ihren Teilen und der Anordnung dieser Teile ergibt, wobei das Verhalten der Teile selbst allein durch die allgemein geltenden Gesetze der Physik bestimmt ist.

2. Menschen dagegen können keine rein materiellen Systeme sein, d.h. sie müssen außer einem materiellen Körper auch noch eine immaterielle Seele besitzen, da sie über Fähigkeiten verfügen (Intelligenz und Sprache), die keine Maschine, d.h. kein rein materielles System, besitzen kann.

Bevor wir uns nach diesem Ausflug in die Geschichte der Philosophischen Psychologie der neueren Diskussion zuwenden, möchte ich zu dieser These noch drei Bemerkungen machen.

Erstens: Die erste Teilthese Descartes', daß Tiere vollständig als Maschinen begreifbar seien, hatte nicht nur schwerwiegende Folgen (letzten Endes hängt noch die heutige Diskussion um die Zulässigkeit von Tierversuchen mit dieser These zusammen), sie war zu seiner Zeit auch kaum mehr als eine kühne Spekulation. Descartes kannte zwar einige Maschinen (er selbst erwähnt Uhren, kunstvolle Wasserspiele und Mühlen); aber die Prinzipien, nach denen diese Maschinen funktionieren, und Descartes' eigene simple Modellvorstellungen von dem, was in einem lebenden Körper geschieht, waren weit davon entfernt, physiologische Vorgänge wirklich erklären zu können. Immerhin hatte Descartes keinen vernünftigen Begriff von Chemie, und er kannte auch die Phänomene der Elektrizität noch nicht. Sie können sich also leicht vorstellen, wie weit man ohne diese Kenntnisse in der Physiologie kommen kann.

Zweitens: Daß Descartes die Grenzlinie gerade zwischen Tieren (alle höheren Säugetiere eingeschlossen) und Menschen zieht, hat nicht nur bei vielen seiner Zeitgenossen und unmittelbaren Nachfolger zu Widerspruch geführt. Auch für uns heute ist diese Grenzziehung aus einer ganzen Reihe von Gründen unplausibel. Die Ideen der Darwinschen Evolutionstheorie z.B. sprechen nicht gerade für diese Trennungslinie. Außerdem - und das mag hier noch interessanter sein - ist mit der ersten Teilthese Descartes' die Überzeugung verbunden, daß nicht nur die Ernährungs- und Verdauungsprozesse, sondern auch alle Phänomene der tierischen Wahrnehmung und des tierischen "Denkens" rein maschinell erklärt werden können. Diese These mag vielleicht KI-Forscher freuen, die auf dem Gebiet der Computer Vision tätig sind. Aber angesichts der Tatsache, daß es sehr viel schwieriger zu sein scheint, ein funktionierendes System der visuellen Wahrnehmung als z.B. einen Schachcomputer zu programmieren, liegt zumindest die Frage nahe, ob Descartes die Wahrnehmungs- und auch die anderen kognitiven Prozesse von Tieren nicht einfach unterschätzt hat.

Drittens: Wenn Descartes zur Erklärung der Fähigkeiten des Denkens und Sprechens auf eine immaterielle Seele zurückgreift, dann bedient er sich damit eines Kunstgriffs, den er im Hinblick auf die nach-aristotelischen Erklärungen physiologischer Vorgänge selbst nachdrücklich kritisiert hat. Denn die Annahme einer immateriellen Seele erklärt in der Psychologie im Grunde ebenso wenig wie die Annahme spezieller Kräfte und Fähigkeiten in der Biologie.

3. Auf jeden Fall - und damit kommen wir nun endgültig zur neueren Diskussion im Bereich der Cognitive Science - geht aus der These Descartes' hervor, daß er schon im 17. Jahrhundert - lange also, bevor an KI überhaupt gedacht werden konnte - ein engagierter Kritiker der KI-Forschung war bzw. ein engagierter Kritiker bestimmter Auffassungen, die von einigen Vertretern der Cognitive Science verfochten werden - Auffassungen, die John Searle in seinem Aufsatz "Minds, Brains, and Programs" "starke KI" genannt hat. "Schwache KI", das ist nach Searle nur die Auffassung, daß die Arbeit mit dem Computer ein nützliches Instrument bei der Erforschung psychischer Vorgänge sein kann. "Starke KI" dagegen steht bei ihm für die sehr viel weiter gehende These, daß der Computer nicht nur ein nützliches Instrument sein kann, sondern daß der geeignet programmierte Computer tatsächlich in dem Sinne selbst einen Geist besitzt bzw. ein geistiges Wesen ist, als man von ihm im wörtlichen Sinn sagen kann, er verstehe etwas, sei intelligent und habe auch die erforderlichen kognitiven Zustände. Der "starken KI" zufolge sind die entsprechenden Programme nicht nur Mittel, um psychologische Erklärungen zu testen, sie sind vielmehr selbst die gesuchten psychologischen Erklärungen.

Searle sagt nicht, welche Autoren er für Vertreter der "starken KI" hält. Soweit ich sehen kann, gehören aber sicher Newell und Simon dazu. Denn in dem Aufsatz "Computer Science as Empirical Inquiry" entwickeln diese beiden Autoren eine Theorie physikalischer Symbolsysteme, die in der Tat auf das genaue Gegenteil der Descartesschen These hinausläuft. Was sind nach Newell und Simon nun physikalische Symbolsysteme?

Zunächst einmal wollen sie mit dem Adjektiv "physikalisch" ausdrücken, daß solche Systeme den Gesetzen der Physik gehorchen und daß sie daher auch durch von Menschen hergestelle Maschinen realisiert werden können. Im einzelnen besteht jedes physikalische Symbolsystem aus einer Menge von Symbolen - physikalischen Mustern, die insbesondere auch als Komponenten in Ausdrücken (oder wie Newell und Simon sagen: Symbolstrukturen) auftreten können. Zu jedem Zeitpunkt enthält ein physikalisches Symbolsystem eine bestimmte Menge solcher Symbolstrukturen. Außerdem verfügt das System auch noch über eine Menge von Prozessen, mit denen aus schon vorhandenen Symbolstrukturen neue Symbolstrukturen erzeugt werden können: Prozesse des Neuanlegens, des Veränderns, des Kopierens und des Löschens.

Zwei Begriffe sind für solche Strukturen von Ausdrücken, Symbolen und Objekten zentral: <u>Bezeichnung</u> und <u>Interpretation</u>. Newell und Simon schreiben nicht ganz klar:

Ein Ausdruck <u>bezeichnet</u> ein Objekt, wenn das System das Objekt beeinflussen kann oder sich in einer vom Objekt abhängigen Weise verhalten kann, falls der Ausdruck gegeben ist.

Das System kann einen Ausdruck <u>interpretieren</u>, wenn der Ausdruck einen Prozeß bezeichnet und das System der Prozeß ausführen kann, falls der Ausdruck gegeben ist.

Wichtig ist also, wie der letzte Punkt zeigt, daß in einem physikalischen Symbolsystem Symbolstrukturen vorkommen, die systemeigene Prozesse bezeichnen, und daß das System diese Prozesse selbst aufrufen und ausführen kann, wenn diese Symbolstrukturen vorliegen. Außerdem müssen nach Newell und Simon für physikalische Symbolsysteme noch einige Vollständigkeits- und Abgeschlossenheitsbedingungen erfüllt sein, die hier nur kurz erwähnt werden sollen:

- Ein Symbol kann einen beliebigen Ausdruck bezeichnen.
- Für jeden systemeigenen Prozeß existiert ein Ausdruck, der ihn bezeichnet.
- Es gibt Prozesse, um beliebige Ausdrücke zu erzeugen und um beliebige Ausdrücke in beliebiger Weise zu modifizieren.
- Ausdrücke sind stabil; wenn sie erzeugt sind, bleiben sie erhalten, bis sie modifiziert oder gelöscht werden.
- Die Zahl der Ausdrücke, die in einem System enthalten sein können, ist wesentlich unbeschränkt.

Newell und Simon selbst schreiben:

> "The type of system we have just defined is not unfamiliar to computer scientists. It bears a strong family resemblance to all general purpose computers. If a symbol-manipulaton language, such as LISP, is taken as defining a machine, then the kinship becomes truely brotherly." (Haugeland 1981, 41)

Ich glaube, daß diese Bemerkung klarer sagt, auf was Newell und Simon hinaus wollen, als alle vorherigen "Definitionen". Aber wie dem auch sei, ihre zentrale These lautet folgendermaßen.

NEWELL und SIMON:

1. Man kann physikalische Symbolsysteme so organisieren, daß sie allgemeine Intelligenz zeigen.

2. Alle Systeme, die allgemeine Intelligenz zeigen, werden sich bei genauer Analyse als physikalische Symbolsysteme erweisen.

Dabei soll der Ausdruck "allgemeine Intelligenz" den Bereich der Intelligenz bezeichnen, den wir bei menschlichem Handeln sehen. Er soll besagen, daß das System in jeder realen Situation seinen eigenen Zielen gemäß und den Erfordernissen der Umwelt angepaßt handeln kann – zumindest innerhalb gewisser Grenzen der Geschwindigkeit und Komplexität.

Ich denke, es ist klar, daß diese These von Newell und Simon der oben erläuterten Descartesschen These diametral entgegengesetzt ist. Descartes sagt, kein physikalisches System ist zu allgemeinem intelligentem Handeln fähig, also ist der Mensch kein physikalisches System; Newell und Simon sagen, jedes zu allgemeinem intelligentem Handeln fähige System – also auch der Mensch – wird sich bei genauer Analyse als eine bestimmte Art von physikalischem System, nämlich als physikalisches Symbolsystem, erweisen. Wer hat recht?

4. Bevor wir auf diese zentrale Frage weiter eingehen, scheint es mir sinnvoll, zunächst noch einen Moment innezuhalten und kurz zu untersuchen, was eigentlich hinter dem von Newell und Simon in die Diskussion eingeführten Begriff des physikalischen Symbolsystems steht. Dies läßt sich, wie mir scheint, mit einem einfachen Beispiel am besten verdeutlichen. Nehmen wir etwa das Problem, in einem Zwei-Personen-Brett-Spiel den günstigsten nächsten Zug zu finden. Dieses Problem kann man bekanntlich z.B. so angehen:

a) Man überlegt sich, welche legalen Züge man bei der gegebenen Stellung überhaupt zur Verfügung hat; die durch diese Züge entstehenden Stellungen faßt man in einer Liste L zusammen.
b) Man überlegt sich für jede in der Liste L enthaltene Stellung i, welche Züge der Gegner in dieser Stellung machen kann, und faßt die aus diesen Zügen resultierenden Stellungen für jedes i in einer Liste Li zusammen.

c) Man bewertet alle auf diese Weise entstandenen Stellungen (d.h. alle x, für die es ein i gibt, so daß gilt x ∈ Li) mit Hilfe einer vorgegebenen Funktion f.

d) Man sucht für jedes i in der Liste Li die Stellung mit dem kleinsten f-Wert; mit diesem Wert bewertet man die Stellung i.

e) Man sucht in der Liste L die Stellung, die im vorherigen Schritt am höchsten bewertet wurde, und führt den zu dieser Stellung führenden Zug aus.

Wenn man die Schritte in einer etwas anderen Reihenfolge durchführt, kann man das so beschriebene Verfahren auch durch das in Abb. 1 gezeigte Flußdiagramm darstellen.

Wie es üblich ist, sind die einzelne Schritte in dem durch dieses Diagramm dargestellten Algorithmus als Operations- oder Testanweisungen formuliert, so wie man eben Anweisungen an einen Menschen formuliert, von dem man möchte, daß er bestimmte Handlungen ausführt. Und das gesamte Diagramm besagt, in welcher Reihenfolge diese Teilhandlungen ausgeführt werden sollen, wenn man zu dem gewünschten Resultat gelangen will. Entscheidend ist nun aber, daß insbesondere die metamathematischen Überlegungen Turings und die später anschließende praktische Entwicklung von Computern in den 30er-, 40er- und 50er-Jahren zu dem Ergebnis führten, daß nicht nur Menschen, sondern auch Maschinen diese Aufgabe erledigen, d.h. die in dem Flußdiagramm aufgeführten Handlungen in der angegebenen Reihenfolge durchführen und somit zu demselben Ergebnis wie ein Mensch kommen können. Wie ist das zu verstehen? Wie kann eine Maschine z.B. die zuvor gestellte Aufgabe erledigen?

Die Antwort auf diese Frage lautet, soweit ich sehen kann, daß dafür drei Dinge nötig sind.

a) Die Maschine muß in der Lage sein, physikalische Muster zu speichern und zu manipulieren, für die folgendes gilt: es gibt eine Funktion, die jedem dieser Muster in eindeutiger Weise eine Stellung in dem angenommenen Brettspiel zuordnet.

b) In der Maschine muß für jede im Flußdiagramm angesprochene Teilhandlung ein Prozeß vorhanden sein, der die physikalischen Muster in entsprechender Weise manipuliert. D.h. es muß einen Prozeß geben, der zu einem gegebenen physikalischen Muster ein neues Muster erzeugt, das

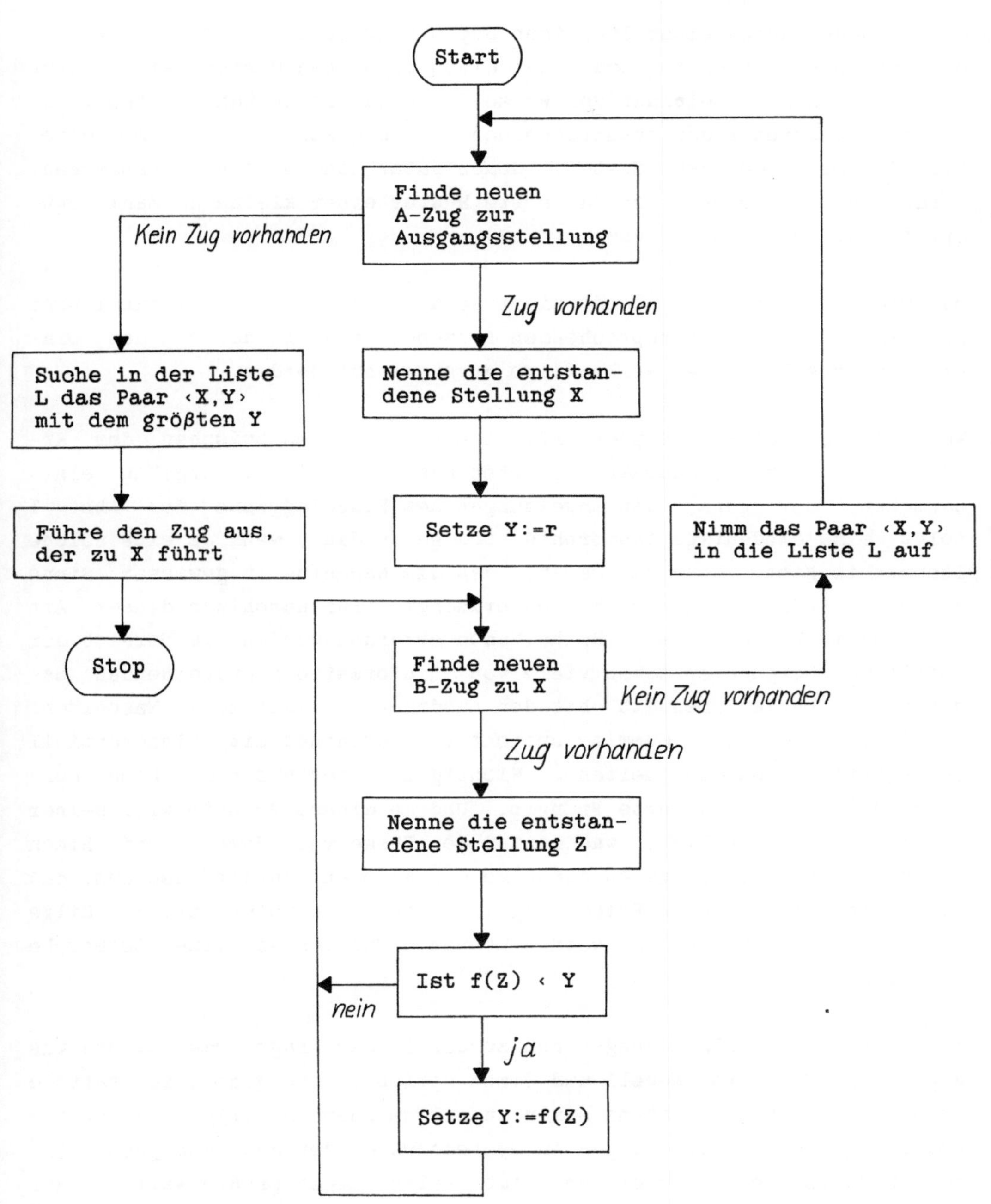

Abb. 1 (Bemerkungen zur Bezeichnung: die beiden Spieler sollen A
und B heißen; r sei der größte Wert, mit dem f eine
Stellung bewerten kann)

einer neuen durch einen legitimen Zug erzeugten Stellung entspricht; es muß einen Prozeß geben, der einem gegebenen Muster ein Muster zuordnet, das in eindeutiger Weise der natürlichen Zahl entspricht, die die Funktion f der entsprechenden Stellung zuordnet; es muß einen Prozeß geben, der zwei Muster, denen natürliche Zahlen entsprechen, daraufhin untersucht, ob das erste Muster einer kleineren Zahl entspricht als das zweite; usw.

c) Die Maschine muß so konstruiert sein, daß die den Teilhandlungen des Flußdiagramms entsprechenden Prozesse genau in der von dem Diagramm vorgeschriebenen Reihenfolge durchgeführt werden.

Wenn diese drei Bedingungen erfüllt sind, gibt es zwischen der Arbeitsweise der so charakterisierten Maschine und dem Vorgehen eines Menschen, der genau den Anweisungen des Flußdiagramms der Abb. 1 folgt, eine eindeutige Isomorphie. Und genau dann, wenn es eine solche Isomorphie gibt, kann man sagen, daß die Maschine in gewissem Sinne dieselbe Aufgabe wie der Mensch erledigt. Für Maschinen dieser Art sind inzwischen eine ganze Reihe Namen erfunden worden. Im Bereich der Cognitive Science sprechen viele von "informationsverabeitenden Maschinen", Daniel Dennett hat den Ausdruck "semantische Maschinen" geprägt; und Robert Cummins spricht von Maschinen mit "inferentiell charakterisierten Fähigkeiten". Wichtig ist aber nicht der Name, sondern das zuvor erläuterte Prinzip. Und an diesem Prinzip wird meiner Meinung nach deutlich, was hinter der These von Newell und Simon steckt. Denn offenbar gehen diese beiden Autoren von der Idee aus, daß alle Aufgaben, zu deren Erledigung Intelligenz vonnöten ist, mit Hilfe eines Algorithmus gelöst werden können, für den es eine isomorphe Maschine gibt.

5. Nach diesen Erläuterungen nun zurück zu der Frage, was für und was gegen die These von Newell und Simon spricht, genügend ausgestattete physikalische Symbolsysteme seien zu allgemeinem intelligentem Verhalten fähig und alle intelligenten Systeme seien der Art nach physikalische Symbolsysteme. Newell und Simon selbst legen großen Wert darauf zu betonen, daß diese These ihrer Ansicht nach eine empirische These ist - also eine These, über die nicht durch a priori Argumente, sondern nur durch Erfahrungen und Experimente entschieden werden kann.

Als empirische Evidenz für ihre These führen sie dann als erstes die bisherigen Erfolge der KI-Forschung an. Schon früh sei es gelungen, für eine ganze Reihe von Problemen geeignete Programme zu entwickeln: Ein- und Zwei-Personen-Spiele, Operations-Research Probleme der optimalen Nutzung knapper Resourcen, einfache Probleme des induktiven Schließens. Alle diese Programme zeigten in einem begrenzten Bereich ein gewisses Maß an Intelligenz. Bei diesen einfachen Programmen sei es aber nicht geblieben. Vielmehr habe es einen stetigen Fortschritt sowohl in Richtung auf größere Leistungsfähigkeit in einem gegebenen Bereich als auch in Richtung auf eine Ausweitung der Bereiche gegeben. Die Steigerung der Leistungsfähigkeit von Schachcomputern sei dafür ein gutes Beispiel. Der Fortschritt sei zwar langsam, aber stetig. Und er umfasse immer neue Bereiche. Heute (so schrieben Newell und Simon 1976) gebe es Systeme zum Verstehen und zur Produktion von natürlicher Sprache, Systeme für die Interpretation visueller Szenen usw. Letzten Endes sei also kein Grund zu erkennen, warum es nicht für alle Probleme, deren Lösung intelligentes Handeln erfordert, geeignete Programme geben sollte.

> "If there are limits beyond which the hypothesis will not carry
> us, they have not yet become apparent." (Haugeland 1981, 48)

In ähnlicher Weise führen Newell und Simon als Evidenz für den zweiten Teil ihrer These die Fortschritte der Kognitiven Psychologie an. Und schließlich fügen sie noch hinzu, daß ein großer Teil der Evidenz für ihre These negativer Art sei, d.h. für diese These spreche insbesondere auch, daß es keine ernst zu nehmende Alternativhypothese darüber gebe, wie intelligentes Handeln - sei es beim Menschen, sei es bei der Maschine - zustande komme.

Soweit also die Pro-Argumente. Wie steht es nun mit der Kontra-Seite? Gegen die These von Newell und Simon sind - besonders auch von Seiten der Philosophie - zwei ganz verschiedene Arten von Argumenten vorgebracht worden. John Haugeland hat sie die _hollow shell_-Strategie (frei übersetzt: die Strategie der leeren Hülse) und die _poor substitute_-Strategie (die Strategie des billigen oder bloßen Ersatzes) genannt. Auf die _hollow shell_-Strategie komme ich später noch zurück. Zunächst einige Bemerkungen zur _poor substitute_-Strategie.

Das Ziel dieser Strategie ist zu zeigen, daß genau das Gegenteil von dem richtig ist, was Newell und Simon behaupten, daß es nämlich physikalische Symbolsysteme, die im Hinblick auf Intelligenz dasselbe input-output-Verhalten zeigen wie ein Mensch, nicht gibt. Offenbar war

Descartes ein Vertreter dieser Strategie, ein anderer - zeitgenössischer - ist Hubert L. Dreyfus. Welche Argumente sind nun von dieser Seite her vorgetragen worden?

Soweit ich sehen kann, lautet das Hauptargument, daß der von Newell und Simon im Hinblick auf die bisherigen Erfolge der KI-Forschung vertretene Optimismus völlig fehl am Platz ist. Denn aus dem bisherigen Verlauf des Fortschritts könne man keineswegs entnehmen, daß es nur noch eine Frage der Zeit ist, bis die KI-Forscher ein System entwickelt haben, das das Verhalten eines Menschen - zumindest soweit es intelligentes Handeln angeht - vollständig imitieren kann. Ich glaube, daß diese Skepsis durchaus eine vernünftige Basis hat. Es kann schon sein, daß Forscher wie Newell und Simon die Größe der Aufgabe unterschätzt haben. Immerhin finden wir schon bei Descartes die Bemerkung, daß die Vernunft ein Universalinstrument ist, das dem Menschen in allen möglichen Situationen zur Verfügung steht. Es reicht also nicht, für einzelne begrenzte Probleme Lösungen zu finden; wenn die Prognose von Newell und Simon eingelöst werden soll, muß vielmehr ein System geschaffen werden, das mit ebenso vielfältigen und unterschiedlichen Problemen fertig werden kann wie der Mensch.

Dreyfus spricht in diesem Zusammenhang in Anlehnung an eine Formulierung von Bar-Hillel von der Gefahr eines "Fehlschlusses des ersten erfolgreichen Schritts" (Dreyfus 1979, 80). Wenn jemand auf einen Baum steigt, dann hat er damit noch nicht den ersten Schritt für eine Reise zum Mond getan, selbst wenn er dem Mond auf diese Weise ein Stückchen näher gekommen sein sollte. Und ebenso - so Dreyfus - kann es sein, daß ein KI-Forscher, der ein begrenztes Problem gelöst hat, damit dem Problem, ein System mit den intellektuellen Fähigkeiten eines Menschen zu entwickeln, noch keinen Schritt näher gekommen ist. Denn vielleicht sind zur Lösung dieses zweiten Problems ganz andere Methoden erforderlich als zur Lösung des ersten. Dreyfus gibt eine Reihe von Beispielen, die seiner Meinung nach zeigen, daß die bisherigen Methoden der KI-Forschung für die von Newell und Simon gestellte Aufgabe nicht ausreichen. Ich will darauf im einzelnen nicht eingehen; aber ein Beispiel möchte ich doch kurz anführen. Dabei möchte ich mich jedoch vorsorglich gleich dafür entschuldigen, daß sich dieses Beispiel auf ein relativ altes Programm bezieht und also vielleicht durch den Stand der Forschung schon überholt ist. Ich meine den General Problem Solver von Newell, Shaw und Simon.

Der Name dieses Systems scheint zunächst ganz auf der Linie der Descartesschen Idee zu liegen, daß die Vernunft als ein Universalinstrument verstanden werden muß. Aber schon von seinen Schöpfern war er nicht so gemeint. Mit ihm sollte vielmehr nur deutlich gemacht werden, daß es sich hier um ein System handelte, bei dem der Problemlösungsteil allgemein, d.h. unabhängig von spezifischen Eigenschaften einzelner zu lösender Aufgaben formuliert war. Doch wie dem auch sei, meine Kritik am GPS geht nicht dahin, daß hier vielleicht noch nicht das effizienteste Verfahren für die heuristische Suche von Lösungspfaden verwendet wurde. Mein Punkt ist vielmehr, daß man, wenn ich das System richtig verstanden habe, dem GPS alle Details des zu lösenden Problems erst löffelweise eingeben muß, bevor die heuristische Suche überhaupt beginnen kann. Das gilt nicht nur für die Ausgangs- und Zielobjekte, sondern auch für die möglichen Operatoren, für die Bedingungen, die bei der Anwendung von Operatoren nicht verletzt werden dürfen, und insbesondere auch für die Liste und die Rangordnung der den ganzen Prozeß steuernden Differenzen. Alle diese Dinge müssen dem System erst in einer ihm verständlichen Form eingefüttert werden, bevor es losgehen kann. Damit wird jedoch ein Teil der Aufgabe nicht von der Maschine, sondern vom Programmierer gelöst, und zwar nicht der unwichtigste Teil. Denn offensichtlich ist die Strukturierung einer Problemsituation häufig der schwierigste Teil einer zu lösenden Aufgabe. Ein Mensch, der mit einem Problem oder einer Aufgabe konfrontiert wird, muß aber auch mit diesem Teil selbst fertig werden.

Mir ist leider nicht bekannt, ob es inzwischen Systeme gibt, die der genannten Einschränkung nicht mehr unterliegen. Das wäre sicher ein enormer Fortschritt. Ich wollte mit meinem Beispiel auch nur darauf aufmerksam machen, daß man die Schwierigkeit der Aufgabe, ein System zu entwickeln, das - zumindest was intelligentes Verhalten angeht - dieselben Fähigkeiten besitzt wie ein Mensch, nicht unterschätzen sollte. Und ich denke, daß die KI-Forschung das heute auch nicht mehr tut. Immerhin ist zu bedenken, daß ein System, das tatsächlich dieselben Fähigkeiten wie ein Mensch besitzen soll, mindestens die folgenden beiden Bedingungen erfüllen muß:

- ein solches System muß im Prinzip über dieselben Wahrnehmungs- und Handlungsmöglichkeiten wie ein Mensch verfügen

- ein solches System muß die zu lösenden Probleme mindestens in derselben Zeit wie ein Mensch lösen.

Bekanntlich stellt dies z.B. schon beim Sprachverstehen eine große Schwierigkeit dar. Deshalb hat gerade auch dieser letzte Punkt dazu geführt, daß es inzwischen eine ganze Reihe von Philosophen gibt, die es immerhin für möglich halten, daß die Leistungen, zu denen ein Mensch fähig ist, tatsächlich nur von einem menschlichen Gehirn erbracht werden können. Und zu diesen Philosophen gehören auch Autoren wie Daniel Dennett und Douglas R. Hofstadter, die im Prinzip der Idee einer materialistischen Analyse der menschlichen Geistes gar nicht ablehnend gegenüberstehen.

Aber ich will diesen Punkt an dieser Stelle nicht weiter verfolgen. Denn ebenso wie Newell und Simon glaube ich, daß es hier tatsächlich um eine empirische Frage geht, die nicht durch a priori Argumente, sondern nur durch empirische Forschung und durch Experimente entschieden werden kann. Und das ist auch der Grund für meine Auffassung, daß hier eine wichtige Frage der Philosophie vorliegt, die nur von der KI-Forschung beantwortet werden kann: Gibt es Maschinen (Computer oder noch besser Roboter), die über dieselben Fähigkeiten zu intelligentem Verhalten verfügen wie ein erwachsener Mensch?

6. Zum Schluß soll nun auch noch die hollow shell-Strategie kurz zur Sprache kommen. Diese Strategie hat tatsächlich einen deutlich anderen Ansatzpunkt als die poor substitute-Strategie. Denn sie bestreitet nicht, daß es möglicherweise Maschinen gibt, die das Verhalten eines Menschen vollständig imitieren; sie behauptet nur, daß Menschen trotzdem mehr bzw. etwas anderes sind als solche Maschinen. Grundsätzlich umfaßt die hollow shell-Strategie - bezogen auf die These von Newell und Simon - alle Argumente der Art: Selbst wenn es physikalische Symbolsysteme gibt, die dasselbe input-output-Verhalten wie Menschen zeigen, können Menschen doch keine solchen Systeme sein; denn Menschen haben X, und kein physikalisches Symbolsystem hat X. Ich kann mir vorstellen, daß Argumente dieses Typs KI-Forschern eher unverständlich erscheinen. Für uns Philosophen sind sie jedoch besonders interessant, weil sie uns immer wieder dazu zwingen, unseren Begriffsapparat neu zu überdenken. Ich hoffe, daß im folgenden zumindest ansatzweise klar wird, warum das so ist.

Die üblichen Kandidaten für X in der philosophischen Diskussion sind Bewußtsein, Subjektivität und neuerdings dank Searle Intentionalität. (Die Liste ließe sich sicher noch verlängern; aber das scheinen mir doch die wichtigsten Kandidaten zu sein.) Im Fall X=Bewußtsein lautet das Argument also: Menschen haben Bewußtsein; kein physikalisches Symbolsystem hat Bewußtsein; also sind Menschen keine physikalischen Symbolsysteme. Das Problem ist, daß die KI-Forschung und die Cognitive Science uns zum Problem des Bewußtseins herzlich wenig zu sagen haben. Haugeland bemerkt, daß in der Spezialliteratur der Terminus "Bewußtsein" manchmal schon fast als "schmutziges" Wort angesehen wird (Haugeland 1981, 32). Kann es also nicht sein, daß im Bereich der KI-Forschung und der Cognitive Science etwas für den Menschen sehr Wichtiges ausgeklammert wird? Wenn man über diese Frage nachdenkt, stößt man jedoch sofort auf ein neues Problem: auch die anderen Wissenschaften - die Philosophie eingeschlossen - haben bisher zum Problem des "Bewußtseins" nichts besonders Erhellendes sagen können. Die ganze Sache scheint irgendwie mysteriös und ungreifbar, von welcher Seite man sie auch betrachtet. Und das ist für den Philosophen schon interessant, vielleicht sogar spannend. Denn plötzlich steht er vor der Situation, daß es für einen Begriff, der in der Tradition eine beträchtliche Rolle spielt, weder eine Definition noch auch nur einigermaßen verläßliche Anwendungskriterien gibt. Und dabei schien nichts klarer zu sein als dieser Begriff.

Häufig trifft man in dieser Situation auf die Reaktion: Was Bewußtsein ist, das weiß ich doch von mir selbst; wenn andere Bewußtsein haben, dann haben sie daher genau das, was ich von meinem eigenen Fall als Bewußtsein kenne. Aber diese Art, für psychische Begriffe gewissermaßen nach innen gerichtete Hinweisdefinitionen zu geben, ist spätestens seit Wittgenstein immer wieder heftig kritisiert worden. Andererseits stößt jedoch auch die quasi behavioristische Antwort "Gleiches Verhalten, gleiche psychische Zustände" auf Skepsis. Und ich selbst neige zwar zu dieser zweiten Sichtweise, spüre dabei aber immer noch ein leises Unbehagen. Ist es nicht doch möglich, daß eine Maschine sich zwar genau so verhält wie ich, aber trotzdem nicht dasselbe fühlt und empfindet? Aber wenn das möglich ist, worin besteht dann dieses zusätzliche Element des Fühlens und Empfindens? Es bleibt keine andere Wahl, als das Problem des Bewußtseins noch einmal ganz von vorne zu durchdenken. Und dabei, scheint mir, kann es wieder zu einer fruchtbaren Zusammenarbeit von Philosophie und KI-Forschung kommen. Denn wir wissen über Bewußtsein zwar nicht viel. Aber in irgendeiner Weise hat Bewußtsein offenbar etwas mit einem spezifischen Selbstzugang intelligenter Systeme zu ihren eigenen Zuständen zu tun. Wenn die KI-Forscher Modelle für verschiedene Arten des Selbstzugangs anbieten würden, dann könnten die Philosophen in Auseinandersetzung mit diesen

Modellen versuchen herauszufinden, was für einen Selbstzugang wesentlich ist, der als Bewußtsein qualifiziert werden kann. D.h. die konkreten Modelle könnten den Philosophen dazu dienen, die eigene Begrifflichkeit klarer zu fassen und besser in den Griff zu bekommen.

Ich will die Kritik John Searles an der KI-Forschung benützen, um diesen Punkt noch von einer anderen Seite her zu beleuchten. Searles Ausgangspunkt sind die Dialogsysteme von Roger Schank. Aber er selbst sagt, seine Überlegungen träfen auch auf andere Systeme dieser Art zu, z.B. auf das System SHRDLU von Terry Winograd. Ich nehme also an: auch auf Systeme wie HAM-ANS oder HAM-RPM. Seine These im Hinblick auf alle diese Systeme lautet folgendermaßen.

SEARLE:

1. Von keinem der genannten Systeme kann man im Wortsinn sagen, sie verstünden die ihnen gestellten Fragen oder die ihnen vorgelegten Geschichten.

2. Die Programme dieser Maschinen (und alle ähnlichen Programme) erklären auf keine Weise die menschliche Fähigkeit, Fragen und Geschichten zu verstehen und entsprechenden Antworten zu geben.

Für diese These argumentiert Searle mit einem Gedankenexperiment, das unter dem Namen "Chinese Room" berühmt geworden ist. Er konstruiert eine Situation, in der er, Searle, in Analogie zu bekannten Frage-Antwort-Systemen Folgen von chinesischen Schriftzeichen herstellt, die von Außenstehenden als Antworten auf von ihnen gestellte Fragen aufgefaßt werden können. Im einzelnen schildert Searle diese Situation so:

a) er, Searle, befindet sich in einem abgeschlossenen Raum, in dem sich ein Stapel mit in Chinesisch geschriebenen Texten befindet;

b) er, Searle, versteht kein Wort Chinesisch und ist nicht einmal in der Lage, chinesische von japanischen Schriftzeichen zu unterscheiden;

c) in seinen Raum wird noch ein zweiter Stapel mit chinesischen Texten hereingereicht zusammen mit einer in Englisch geschriebenen (also für Searle verständlichen) Menge von Regeln, die ihn darüber aufklären, wie Texte aus dem ersten Stapel mit Texten aus dem zweiten Stapel in Verbindung gebracht werden können;

d) nun wird noch ein dritter Stapel von chinesischen Zeichen in den Raum gereicht zusammen mit einer weiteren in Englisch geschriebenen Menge von Anweisungen, die es ermöglichen, Elemente des dritten Stapels mit Elementen aus den beiden anderen Stapeln in Verbindung zu bringen, und die Searle außerdem sagen, welche Symbolfolgen er als Reaktion auf bestimmte Symbolfolgen im dritten Stapel zurückgeben soll.

Searle fügt ironisch hinzu:

> "Unknown to me, the people who are giving me all of these symbols call the first batch 'a script', they call the second batch 'a story', and they call the third batch 'questions'. Furthermore, they call the symbols I give them back in respond to the third batch 'answers to the questions', and the set of rules in English that they gave me they call 'the program'." (Haugeland 1981, 284 f.)

Der Punkt dieses Gedankenexperiments liegt auf der Hand. In der angegebenen Situation wird Searle als Reaktion auf ihm in schriftlicher Form gestellte chinesische Fragen, die ihm selbst nur als Folgen von durch ihre graphische Form charakterisierten Symbolen erscheinen, Folgen von solchen Symbolen zurückgeben, die von den Fragestellern als Antworten aufgefaßt werden können. Und das alles, ohne daß Searle selbst deshalb auch nur ein Wort Chinesisch verstehen müßte. Also verstehen auch die Schankschen Dialogsysteme nichts von den Fragen und Geschichten, die in sie hineingefüttert werden.

> "... it seems to me obvious in the example that I do not understand a word of the Chinese stories. I have inputs and outputs that are indistinguishable from those of the native Chinese speaker, and I can have any formal program you like, but I still understand nothing. Schank's computer for the same reasons understands nothing of any stories whether in Chinese, English, or whatever, since in the Chinese case the computer is me; and in cases where the computer is not me, the computer has nothing more than I have in the case where I understand nothing." (Haugeland 1981, 285)

Ich glaube nicht, daß Searle mit dieser Argumentation Recht hat, und ich denke, daß schon die ersten Gegenargumente, auf die Searle in seinem Aufsatz selbst noch eingeht, zeigen, daß er es sich zumindest zu leicht macht. Aber hier möchte ich mehr auf den grundsätzlichen Punkt eingehen, der in Searles Argument deutlich wird. Wenn man es richtig durchdenkt, dann kann Searles These nämlich· als direkter Angriff auf die These von Newell und Simon verstanden werden. Denn seine eigentliche Botschaft lautet: Computer können nichts verstehen, gerade weil sie nur physikalische Symbolsysteme sind; denn physikalische Symbolsysteme können nur syntaktisch arbeiten; zum Verstehen gehört jedoch das Erfassen von Bedeutung, also Semantik.

Meiner Meinung nach liegt die Hauptschwäche dieser Botschaft darin, daß Searle so tut, als wüßte er, was Semantik und damit auch was das Verstehen einer sprachlichen Äußerung ist. Tatsächlich scheint mir das jedoch fast ebenso (wenn auch nicht ganz so) unklar zu sein wie die Antwort auf die Frage, was Bewußtsein ist. Andererseits – und darin besteht wohl die Suggestivkraft der Searleschen Auffassung – scheint es wie beim Bewußtsein auch beim Erfassen der Bedeutung einer Nachricht vielen intuitiv klar zu sein, daß es sich hier um ein Phänomen handelt, das irgendwie mehr sein muß als das bloße physikalische Umformen von physikalischen Mustern. Schon Bedeutungen an sich scheinen vielen etwas nicht Physikalisches – spätestens seit Frege in einer anderen Welt Angesiedeltes – zu sein. Und angesichts dieser Vormeinung überrascht uns die KI-Forschung tatsächlich mit einem ganz ungewöhnlichen Semantik-Konzept. Winograd etwa formuliert das so:

> "There has never been a clear definition of what the field of 'semantics' should cover, but attempts to program computers to understand natural language have clarified what a semantic theory has to do ... In practical terms, we need a <u>transducer</u> that can work with a syntactic analyzer, and produce data which is acceptable to a logical deductive system. Given a syntactic parser with a grammar of English, and a deductice system with a base of knowledge about particular subjects, <u>the role of semantics is to fill the gap between them</u>." (Winograd 1972, 28; Hervorh. vom Verf.)

Das ist nun wirklich verblüffend. Denn diese Auffassung scheint im Kern doch auf die These hinauszulaufen, daß das Verstehen eines Satzes darin besteht, daß er in eine interne Repräsentation übersetzt wird. Also ganz grob gesprochen: Verstehen wird gleichgesetzt mit der Übersetzung von einer Sprache in eine andere. Wenn das so ist, dann scheinen aber zumindest zwei Fragen nahezuliegen:

- Muß das System nicht, um die eine in die andere Spache übersetzen zu
  können, die erste Sprache zunächst verstanden haben?

- Wie versteht das System denn die zweite Sprache, d.h. seine eigenen
  inneren Repräsentationen?

Die überraschende Antwort der KI-Forschung auf diese Fragen scheint
mir zu sein:

- Die Übersetzung der externen Sprache in die interne Repräsentation
  geschieht nach rein formalen Regeln.

- Die interne Repräsentation muß selbst nicht wieder verstanden werden. Sie _ist_ in gewisser Weise das Verstehen.

Das ist wohl der eigentliche Clou dieses Semantikkonzepts. Und das ist
wohl auch der Punkt, den Searle nicht akzeptieren will. Das Verstehen
einer sprachlichen Äußerung - so scheint Searle zu denken - kann nicht
darin bestehen, daß sie in eine innere Repräsentation überführt wird.
Denn diese ist letzten Endes ein rein physikalisches Muster, hat also
selbst keine Bedeutung und kann deshalb auch nicht das Verstehen einer
Bedeutung ausmachen. Auf diese Überlegung wiederum scheint mir die
Antwort der KI-Forscher zu sein: die interne Repräsentation darf
natürlich nicht für sich isoliert als physikalisches Muster betrachtet
werden; die Repräsentation einer Bedeutung kann sie nur deshalb sein,
weil sie in ein Gesamtsystem in bestimmter Weise integriert ist. Sie
kann die Bedeutung eines externen Satzes ausmachen, weil sie erstens
über das syntaktische und semantische System so mit der externen
Sprache verbunden ist, daß alle externen Sätze mit derselben Bedeutung
in dieselbe und alle externen Sätze mit verschiedenen Bedeutungen in
verschiedene Repräsentationen überführt werden, und weil aus ihr zweitens mit Hilfe des deduktiven Systems Strukturen gewonnen werden
können, die im Hinblick auf ihre Bedeutungen als logische Folgerungen
dieser Repräsentation betrachtet werden können.

Diese - zugegebenermaßen etwas verkürzte - Antwort scheint mir jedoch
noch nicht ausreichend. Und deshalb scheint mir Searles Argumentation
im Hinblick auf die genannten Frage-Antwort-Systeme auch in gewisser
Weise berechtigt zu sein. Denn daß ein Satz eine bestimmte Bedeutung
hat, beinhaltet auch, daß er sich in bestimmter Weise auf die Welt
bezieht. Und ein möglicher Weltbezug der zuvor besprochenen Repräsen-

tationen ist bisher noch gar nicht in den Blick gekommen. Das war schon deshalb ausgeschlossen, weil die zur Debatte stehenden Systeme weder über entsprechende Sensoren noch über entsprechende Effektoren verfügen. Mir scheint jedoch, daß man frühestens dann davon sprechen kann, daß ein System z.B. den Satz "Auf dem Tisch steht eine Vase" versteht, wenn dieses System für den Fall, daß seine optischen Sensoren auf einen Tisch gerichtet sind, auf dem eine Vase steht, eine innere Repräsentation aufbaut, die es dem System gestattet, etwa auf die Frage "Steht auf dem Tisch eine Vase?" mit "Ja" zu antworten.

Aber ich will auch diesen Punkt hier nicht weiter verfolgen. Denn wir müssen zum Ausgangspunkt dieser Überlegungen, zur <u>hollow shell</u>-Strategie, zurückkommen. Diese Strategie provoziert, wie mir scheint, mit ihrem Argument "Menschen haben X; physikalische Symbolsysteme können X nicht haben" Fragen, die in erster Linie an die Philosophie gerichtet sind und die wohl auch nur von der Philosophie selbst beantwortet werden können. Denn diese Fragen beziehen sich ausdrücklich nicht auf äußerlich feststellbare Fähigkeiten, d.h. nicht auf ein bestimmtes input-output-Verhalten. Ich sehe also nicht, daß die KI-Forschung hier direkt etwas zur Klärung beitragen könnte. Die Philosophie dagegen ist angesprochen, weil die Argumente der <u>hollow shell</u>-Strategie erst beurteilt werden können, wenn man weiß, was es heißt, X zu haben. Und für Fragen dieser Art scheint mir die Philosophie zuständig zu sein. Andererseits kann jedoch auch bei solchen Fragen die interdisziplinäre Zusammenarbeit Nutzen bringen. Denn wenn auch die KI-Forschung philosophische Fragen wie "Was ist Bewußtsein?" oder "Was ist Sprachverstehen?" nicht beantworten kann, so führen doch ihre Versuche, z.B. sprachverstehende Systeme oder vielleicht sogar Systeme, die Bewußtsein zeigen, zu konstruieren, zu Ergebnissen, die von der Philosophie diskutiert werden sollten. Denn gerade die Diskussion konkreter Fälle kann bei der Beantwortung der Frage, wann liegt X vor und wann nicht, viel helfen. So wie die zuvor referierte Diskussion meiner Meinung nach viel bei der Beantwortung der Frage helfen kann, was es denn nun wirklich heißt, daß jemand etwas versteht.

Auf einen kurzen Nenner gebracht: Ob es Maschinen mit einem bestimmten input-output-Verhalten gibt, das ist meiner Meinung nach eine Frage, die in erster Linie von der KI-Forschung beantwortet werden muß. Ob - und gegebenenfalls unter welchen Bedingungen - man jedoch Maschinen bestimmte mentale Eigenschaften wie Bewußtsein, Subjektivität und Intentionalität oder bestimmte mentale Zustände wie Wissen, Wollen und

Fühlen zuschreiben kann, das ist eine Frage, die die Philosophie beantworten muß. Allerdings sollte sie sich auch bei der Beantwortung dieser Fragen nicht von einer interdisziplinären Zusammenarbeit mit KI-Forschern und z.B. auch mit Neurophysiologen abhalten lassen.

<u>Literaturverzeichnis</u>

(Crombie 1977)   Crombie, A.C.
    <u>Von Augustinus bis Galilei</u>, München 1977

(Cummins 1983)   Cummins, R.
    <u>The Nature of Psychological Explanation</u>, Cambridge, Mass. 1983

(Dennett 1981)   Dennett, D.C.
    "Three Kinds of Intentional Psychology", in R.A. Healey (ed.),
    <u>Reduction, Time and Reality</u>, Cambridge 1981, 37-61

(Descartes 1637)   Descartes, R.
    <u>Discours de la méthode</u>, OEuvres de Descartes, hrsg. von Ch. Adam
    und P. Tannery, Paris 1964-1974, Band VI (fr./dt. Ausgabe, übers.
    und hrsg. von L. Gäbe, Hamburg 1969, Meiner PhB 261)

(Dreyfus 1979)   Dreyfus, H. L.
    <u>What Computers Can't Do</u>, New York 1979 (dt. Ausg.: <u>Die Grenzen
    künstlicher Intelligenz</u>, Königstein/Ts. 1985;   zitiert nach der
    dt. Ausgabe)

(Haugeland 1978)   Haugeland, J.
    "The Nature and Plausibility of Cognitivism", in <u>The Behavioral
    and Brain Sciences</u> 1 (1978), 215-226 (wieder abgedr. in Haugeland
    1981, 243-281)

(Haugeland 1981)   Haugeland, J. (ed.)
    <u>Mind Design</u>, Cambridge, Mass. 1981

(Newell/Simon 1976) Newell, A. und H.A.Simon
    "Computer Science as Empirical Inquiry: Symbols and Search", in
    <u>Communications of the Association for Computing Machinery</u> 19
    (März 1976), 113-126 (wieder abgedr. in Haugeland 1981, 35-66)

(Searle 1980)   Searle, J.
    "Minds, Brains, and Programs", in <u>The Behavioral and Brain Scien-
    ces</u> 3 (1980) (wieder abgedr. in Haugeland 1981, 282-306)

(Winograd 1972)   Winograd, T.
    "Understanding Natural Language",   in <u>Cognitive Psychology</u> 3
    (1972), 1-191

PARALLELVERARBEITUNG IN NETZWERK-BASIERTEN SYSTEMEN

Joachim Diederich

FORSCHUNGSGRUPPE EXPERTENSYSTEME

Gesellschaft für Mathematik
und Datenverarbeitung mbH

5205 SANKT AUGUSTIN 1

Abstract: Es wird ein Ausschnitt aus einem Simulationsprogramm (SPREAD) zur Modellierung verschiedener Varianten der Aktivationsausbreitung (spreading activation) in kognitiven, wissensbasierten Systemen vorgestellt. Es soll gezeigt werden, wie analog-parallele, breadth-first Aktivationsausbreitung in Kombination mit Inhibitionsmechanismen die kongruente Aktivierung von Wissenskontexten in partitionierten Netzwerken erlaubt. Daher wird die Renshaw-Inhibition als Ergänzung zu Modellen der Aktivationsausbreitung vorgeschlagen.

Aktivationsausbreitung in semantischen Netzwerken

Die Aktivationsausbreitung in semantischen Netzwerken wurde in der Künstlichen Intelligenz Mitte der sechziger Jahre als Suchalgorithmus für semantisch ähnliche Konzepte entwickelt, und geht auf QUILLIANs (1968) Teachable Language Comprehender zurück. Die Intersektion zweier von unterschiedlichen Knoten ausgehender Prozesse sollte die Existenz einer semantischen Relation anzeigen, wobei die Länge dieser Pfade die semantische Distanz der Konzepte reflektiert, mit dem besonderen Vorteil, semantisch wahrscheinliche Pfade zuerst zu finden. Die Hoffnung, hiermit auch über eine für die Künstliche Intelligenz effiziente Technik zu verfügen, erfüllte sich zunächst nicht. Auf seriellen Computern steigt

---

[1] Herrn Prof. Dr. Dieter Metzing sei für die wertvolle Unterstützung und Kritik in zahlreichen Diskussionen gedankt. Frau Annette Holthaus hat unverzichtbare Hilfe bei der Erstellung des Manuskripts geleistet.

der benötigte Zeitbedarf, um die Aktivationsausbreitung zu berechnen, mit dem Quadrat der Anzahl der Knoten, die in diesem Prozeß involviert sind. ANDERSON (1983a, p.88) vermutet daher, daß die Aktivationsausbreitung aus diesem Grund in der Angewandten Künstlichen Intelligenz kaum Eingang finden wird. Demgegenüber dürfte eine parallele Verarbeitung wie die Aktivationsausbreitung der Architektur des menschlichen Gehirns entsprechen, da hier lediglich ungerichtete Erregungs- und Inhibitionsprozesse zugrundegelegt werden. Daher wird dieser Prozeß in der cognitive science nunmehr mit sehr großem Aufwand erforscht. Die Aussicht auf eine echte parallele Hardware motiviert zudem immer mehr Forscher aus dem Kernbereich der Künstlichen Intelligenz, den Modellen der Aktivationsausbreitung ihre Aufmerksamkeit zu schenken.

Im folgenden seien die Grundprinzipien der Aktivationsausbreitung umrissen:

In spreading activation-Modellen sind die Knoten eines Netzwerks singuläre Entitäten, die über Kanten mit direkt assoziierten Knoten kommunizieren. Die Interaktion dieser Knoten besteht aus dem Austausch einfacher Nachrichten. Innerhalb einer definierten Zeiteinheit übermittelt ein Knoten einen Teil oder die Gesamtheit des mit ihm assoziierten Aktivationspotentials an andere Knoten. Bei diskreter Aktivationsausbreitung wird lediglich zwischen aktivem und inaktivem Zustand diskriminiert. In analogen Modellen variieren Aktivationswerte in einem vorgegebenen Intervall und werden meistens durch reelle Zahlen dargestellt, die den Knoten zugeordnet sind. Das Aktivationsniveau eines Knotens zum Zeitpunkt t berechnet sich aus der Summe der Restaktivation und den Zuflüssen von direkt assoziierten Knoten im Zeitintervall $[t-1, t]$.

Massiv parallele Netzwerke in der Kognitionswissenschaft

Die Entwicklung hochparaller Netzwerkmodelle wird gegenwärtig auf allen Gebieten der cognitive science vorangetrieben. In der Linguistik wird ein "massiv paralleles Parsing" durch Aktivationsausbreitung mit lateraler Inhibition in einem syntaktischen und semantischen Netzwerk angestrebt, um garden path sentences zu deambiguieren und den Effekt unterschiedlicher Satzkontexte zu modellieren (WALTZ & POLLACK 1984, 1985). DELL (1985) konnte ebenfalls durch Aktivationsausbreitung und durch Integration einer phonetischen Komponente demonstrieren, unter welchen Bedingungen menschlichen Sprechern Fehlleistungen (slips of the tongue) unterlaufen.

In der Psychologie werden spreading activation Theorien zur Modellierung der Interaktion von Wahrnehmungsebenen beim Lesen (McCLELLAND & RUMELHART 1981, RUMELHART & McCLELLAND 1982, McCLELLAND 1985) herangezogen, und insbesondere auch zur Simulation des priming-Effekts sowie des fact retrievals im Gedächnis verwandt (ANDERSON 1983, a,b; RATCLIFF & McKOON 1981). In der Künstlichen Intelligenz suchte FAHLMAN (1979, 1981) die Prinzipien der Aktivations- und Hemmungsausbreitung bereits auf der

Hardware-Ebene zu realisieren. Dabei sind die Vorläufer dieser Entwicklungen bereits in den neuronalen Netzwerken McCULLOCH & PITTS (1943) zu finden.

Ursprungsspezifische vs. Impulsspezifische Aktivationsausbreitung

In ursprungsspezifischen Modellen feuern in jeder Zeiteinheit eine theoretisch unbegrenzte Anzahl von Ursprungsknoten simultan und übertragen Aktivation auf alle benachbarten Knoten, die ihrerseits lediglich einen Teil des erhaltenen Aktivationspotentials weitervermitteln können. Die Ursprungsknoten werden meist der Wirkung von Inhibitionsmechanismen entzogen. Beispielhafte ursprungsspezifische Systeme sind die Modelle von COLLINS & LOFTUS (1975) und ANDERSON (1983 a,b). Das resultierende Systemverhalten läßt sich durch die "Licht-Metapher" beschreiben:[1]

A suitable metapher might come from the physics of light. The intensity of light decreases as a function of distance from the source, but the spread of transmission is very fast (RATCLIFF & McKOON 1981).

In impulsspezifischen Modellen entfällt die Sonderfunktion der Einstiegsknoten, über mehrere Zeiteinheiten hinweg gleichbleibend zu feuern. Alle aktiven Knoten übermitteln einen Teil oder die Gesamtheit des mit ihnen assoziierten Aktivationspotentials in Abhängigkeit von ihrer Stärke oder Voraktivierung. Auch die Einstiegsknoten unterliegen Inhibitionsmechanismen. Das resultierende Sytemverhalten besteht aus einer Anzahl von Impulsen, die sich von den Einstiegsknoten ausgehend konzentrisch im Netzwerk ausbreiten. Dabei lassen sich zwei extreme Formen unterscheiden:

1. Wie oben angedeutet übertragen alle aktiven Knoten innerhalb der nächsten Zeiteinheit Aktivation. Somit sind die Einstiegsknoten auch in späten Zeiteinheiten aktiv und stimulieren die Knoten ihrer nahen Umgebung weiter, sofern der festgesetzte Schwellenwert nicht unterschritten wird.

2. Die Einstiegsknoten sind lediglich in der ersten Zeiteinheit aktiv. In weiteren Phasen der Verarbeitung übertragen Knoten die Aktivation, die vormals Rezipienten waren. Dieses Systemverhalten wird durch Pulsmetapher beschrieben:

---

[1] Innerhalb eines ursprungsspezifischen Modells werden alle Knoten, die den Beginn der Aktivationsausbreitung initiieren Ursprungsknoten genannt. Andernfalls sei von Einstiegsknoten die Rede.

In a parallel-processing version, a speedy activation pulse passes through the chain and initates a relativly slower retrieval process virtually simultaneously at each link (WICKELGREN 1976).

Impulsspezifische Modelle stammen von WICKELGREN (1976) und ANDERSON (1976).

Simulation von Strategien der Aktivationsausbreitung

Beide Modellvarianten werden innerhalb des Simulationsprogramms SPREAD unter verschiedenen Bedingungen simuliert. Den Modellierungen lag ein der T-Box KL-ONEs (BRACHMAN 1983, SCHMOLZE & BRACHMAN 1982, BRACHMAN & SCHMOLZE 1985, GOODWIN 1979) angelehntes Netzwerk zugrunde sowie ein propositionales Netzwerk (3A, vgl. DIEDERICH 1984), bestehend aus binär organisierten Subkonfigurationen, wie es in den Arbeiten von ANDERSON & BOWER (1973), ANDERSON (1976), KIERAS (1977) und RATCLIFF & McKOON (1981) verwendet wurde. Das propositionale Netzwerk ist partitioniert.

Die Wahl zweier verschiedener Netzwerkformalismen geht auf das Anliegen zurück, eine Typologie von Strategien der Aktivationsausbreitung zu ermöglichen und erste Schritte in Richtung einer Generalisierung von Annahmen über die Aktivationsausbreitung einzuleiten. Ein Klassifikationsschema für Modelle der Aktivationsausbreitung wird in DIEDERICH (1985, 1986) diskutiert.

Aktivationsausbreitung und Renshaw-Inhibition

Als Ergebnis der Simulationen, die mit SPREAD durchgeführt wurden (DIEDERICH 1985), darf folgendes Phänomen festgehalten werden:
In einem heterarchisch organisierten Wissensnetz wie KL-ONE teilen generische Konzepte (KL-ONE: types) gemeinsame features (KL-ONE: roles). Bei ursprungsspezifischem Systemverhalten aktivieren generische Konzepte daher andere Knoten aus unterschiedlichen Ästen der Heterarchie maximal, obwohl sie eventuell nur ein einziges Attribut teilen.
Um diesen Effekt zu vermeiden, wurde in weiteren Simulationen das Prinzip der **Renshaw-Inhibition** eingeführt. Die Rückwärtshemmung besitzt ähnlich der lateralen Inhibition hohe neurophysiologische Plausibilität und ist auf allen Ebenen des Zentralen Nervensystems zu beobachten. Während die laterale Inhibition jedoch komplizierte Verschaltungen im Netzwerk

erfordert (s.a. WALTZ & POLLACK 1984), ist die Renshaw-Inhibition mit vergleichsweise einfachen Mitteln zu verwirklichen.

Mit der Einführung der Renshaw-Hemmung werden beim Übergang der Aktivation in unterschiedliche Zweige der Heterarchie diejenigen Elemente gedämpft, von denen verbindende Komponenten Aktivation beziehen. Somit wird das Aktivationsneiveau in dem jeweils zurückliegenden Netzwerkbereich reduziert. Sofern in diesem Bereich keine Ursprungsknoten tätig sind, oder als Ergebnis von Inferenz- oder rehearsel-Prozessen immer wieder von neuem Knoten in diesem Bereich aktiviert werden, sinkt das Aktivationsniveau in dieser Zone bis zur völligen Inaktivität ab. Sind jedoch simultan zur Rückwärts-Hemmung Ursprungsknoten aktiv, so konkuriert ihre Tätigkeit mit der Renshaw-Inhibition und beide Prozesse können sich für einen gewissen Zeitraum die Balance halten, bis einer dieser Einflüsse dominiert. Die kongruente Aktivierung dieser Wissens-Kontexte ist auf jeden Fall gewährleistet.

Nach Einführung der Renshaw-Inhibition bekommen alle Modellvarianten impulsspezifischen Charakter, bzw. zeigen die beschriebenen Merkmale verstärkt. Die Renshaw-Hemmung scheint eine geeignete Methode zu sein, durch Interaktion von Inhibition und Aktivierung komplexe Verarbeitung auf der Grundlage von Wissensnetzwerken zu ermöglichen.

Umgebungseffekte bei der Simulation von Strategien der Aktivationsausbreitung

Bei der Simulation von Strategien der Aktivationsausbreitung sind die Eingangsbedingungen sorgfältig zu kontrollieren. So muß das verwendete Netzwerk hinreichend groß sein um ungewollte Interferenzen zu vermeiden. Aber auch die Zahl der in einem Netzwerk-Kontext tätigen Knoten bedarf der Kontrolle.

Das Systemverhalten unter dem Einfluß der genannten Verarbeitungsstrategien wurde bisher unter isolierten Bedingungen betrachtet. Bei einer größeren Anzahl parallel tätiger Einstiegsknoten ändert sich die Wirkung der Strategien, d.h. das gesamte System tendiert zu einem ursprungsspezifischen Verhalten. Dieses liegt u.a. an der hohen Anzahl von Kanten, mit denen Knoten in dieser Wissensbasis untereinander verknüpft sind. Die Interaktion der Knoten und damit die unmittelbare gegenseitige Stimulation hat einen so großen Einfluß, daß das Systemverhalten unter allen Bedingungen der ursprungsspezifischen Verarbeitung gleicht.

Implementation

Das Simulationspaket SPREAD, wurde in INTERLISP 360/370 (HARALDSSON 1981) geschrieben und läuft unter VM/CMS auf einem Rechner der IBM 370 Familie. Es werden 4M
Arbeitsspeicher benötigt.

Eine weitere Version SPREADs wurde in INTERLISP-D erstellt und läuft auf einem
XEROX 1108 Rechner. Dieses INTERLISP-D Programm wurde um einige Details zur graphischen Darstellung des Prozesses der Aktivationsausbreitung bereichert. So wird etwa von
der Fenstertechnik Gebrauch gemacht, wie sie von INTERLISP-D unterstützt wird. Während
einer Simulation sind in einem Fenster sämtliche Netzwerkoperationen zu beobachten, so
zum Beispiel die Übertragung von Aktivation zwischen den Knoten, einschließlich einer
Anzeige der veränderten Aktivationswerte. In einem weiteren Fenster wird dargestellt, um
welche Phase des Prozesses es sich gerade handelt. Dabei können vom Benutzer jederzeit
Eingaben gemacht werden, die in einem dritten Fenster angezeigt werden, das Input von
der Konsole akzeptiert. Die eigentliche Simulation muß davon nicht affektiert werden. Mit
Hilfe dieser Techniken soll eine maximale Transparenz des Prozesses der Aktivationsausbreitung während der Simulation erreicht werden.

Es wurde kein Gebrauch von CLISP (Conversational LISP) oder DWIM ('Do What I Mean')
gemacht, um eine eventuelle Übersetzung des Programms in einen anderen LISP-Dialekt
nicht zu erschweren.

Literatur

Anderson, J.A. & Hinton, G.E.
Models of Information Processing
in the Brain
In: Hinton, G.E. & Anderson, J.A.
(Eds.): Parallel Models of
Associative Memory,
LEA, Hillsdale, N.J. 1981

Anderson, J.R. & Bower, G.
Human Associative Memory
Washington, D.C., Winston-Wiley 1973

Anderson, J.R.
Language, memory and thought
LEA, Hillsdale, N.J. 1976

Anderson, J.R.
A Spreading Activation Therory of Memory
Journal of Verbal Learning and Verbal Behavior,
22, 261-295, 1983

Anderson, J.R.
The Architecture of Cognition
Harvard University Press.
Cognitive Science Series 5. Cambridge Mass. 1983

Brachman, R.J. et al.
KRYPTON: A Functional Approach to Knowledge Representation
IEEE Computer, 16 (Sonderheft: Knowledge Representation), 1983

Brachman, R.J. & Schmolze, J.G.
An Overview of the KL-ONE Knowledge Representation System.
Cognitive Science, 9, 171-216, 1985

Collins, A.M. & Loftus, E.F.
A Spreading Activation Theory of Semantic Processing
Psychological Review, 82, 6, 407-428, 1975

Dell, G.S.
Positive Feedback in Hierarchical Connectionist Models:
Applications to Language Production
Cognitive Science 9, 3-23, 1985

Diederich, J.
Partitioned Propositional Networks
Unveröffentlichtes Papier,
Münster 1984

Diederich, J.
Parallelverarbeitung in netzwerkbasierten Systemen.
Dissertation an der Fakultät für Linguistik und Literatur-
wissenschaft der Universität Bielefeld, 1985

Diederich, J.
    Simulation schizophrener Sprache.
    in Druck 1986

Fahlman, S.E.
    NETL: A system for representing and using real-world knowledge
    Cambridge, Mass.: MIT Press, 1979

Fahlman, S.E.
    Representing Implicit Knowledge
    In: Hinton, G.E. & Anderson, J.A.
    (Eds): Parallel Models of Associative Memory, LEA,
    Hillsdale, N.J., 145-159, 1981

Feldman, J.A. & Ballard, D.H.
    Connectionist models and their properties
    Cognitive Science, 6, 205-254, 1982

Goodwin, J.W.
    Taxonomic Programming with KL-ONE
    Tech. Report LITH-MAT-R-79-5,
    Informatics Laboratory, Linköping University, 1979

Haraldsson, A.
    Lisp-details. INTERLISP Uppsala Data Center, Uppsala 1981

Kieras, D.
    Problems of Reference in Text Comprehension
    In: Just, M.A. & Carpenter, P.A. (Eds.): Cognitive Processes in
    Comprehension LEA, Hillsdale, N.J. 1977

McClelland, J.L. & Rumelhart, D.E.
    An Interactive Activation Model of Context Effects in Letter
    Perception, Part I: An Account of Basic Findings
    Psychological Review, 88, 5, 1981

McClelland, J.L.
    Putting Knowledge in its Place: A Scheme for Programming Parallel
    Processing Structures on the Fly
    Cognitive Science 9, 113-146, 1985

McCulloch, W.C.
>   Embodiments of Mind
>   MIT Press, Cambridge, Mass., 1965

Minsky, M.
>   K-Lines: A theory of memory
>   Cognitive Science 4, 117-133, 1980

Murdock, B.B.
>   A theory for the storage and retrieval of item and associative information
>   Psychological Review, 89, 609-626, 1982

Schmolze, J.G. & Brachman, R.J.
>   Proceedings of the 1981 KL-ONE Workshop
>   Fairchild Technical Report No. 618,
>   FLAIR Technical Report No. 4, Fairchild Laboratory
>   of Artificial Intelligence Research 1982

Waltz, D.L. & Pollack, J.B.
>   Massively Parallel Parsing: A Strongly Interactive Model of Natural Language Interpretation Coordinated Science Laboratory, University of Illinois, 1984

Waltz, D.L. & Pollack, J.B.
>   Massively Parallel Parsing: A Strongly Interactive Model of Natural Language Interpretation
>   Cognitive Science 9, 51-74, 1985

Wickelgren, W.A.
>   Network Strength Theory of Storage and Retrieval Dynamics
>   Psychological Review, 83, 6, 466-478, 1976

2. KI - Programmiersprachen und - Maschinen

SYCON

Ein Rahmensystem zur Constraint-Propagierung
auf Netzwerken von beliebigen symbolischen Constraints

Mario Fendler
Rainer Wichlacz

FR 10.2 - Informatik IV
KI-Labor
Universität des Saarlandes
Im Stadtwald 15
6600 Saarbrücken 11

0. Abstract

Die Constraint-Propagierung auf Netzwerken hat sich bereits in mehreren Teilgebieten der KI als Verarbeitungsmechanismus bewährt. Es wird das Rahmensystem **SYCON** vorgestellt, mit dem beliebige symbolische Constraints definiert und dargestellt werden können.
Nach einer kurzen Einführung beschreiben wir, wie Restriktionen von Variablen auf Constraint-Netzen propagiert werden. Dabei werden spezielle Algorithmen zur Behandlung von Zyklen und zur Überprüfung der Konsistenz eines Netzes vorgestellt. In einem Vergleich mit den Systemen von Steele, Gosling und Freuder heben wir die wesentlichen Unterschiede zu **SYCON** hervor. **SYCON** ist in Lisp auf einer VAX 11/780 Anlage implementiert.

1. Einleitung

1.1. Motivation

Bisherige Constraint-Systeme, die Berechnungen auf Netzwerken von Constraints ermöglichen, arbeiten jeweils auf eng eingeschränkten Bereichen und können nicht ohne größeren Aufwand auf andere Anwendungen umgestellt werden. Die Systeme von Steele [4], [5] und Gosling [2] wurden z.B. für arithmetische bzw. algebraische Constraints implementiert.
SYCON ist ein Rahmenssystem mit dessen Hilfe beliebige Constraints definiert und in einem Netz zusammengeschaltet werden können. Die Besonderheit dabei ist, daß **SYCON** nicht an ein bestimmtes Anwendungsgebiet gebunden ist, da die Propagierung von Restriktionen im Gegensatz zu Steele und Gosling grundsätzlich symbolisch erfolgt. Es gilt zusätzlich, daß eine Berechnung i.a. bereits dann erfolgen kann, wenn der Definitionsbereich nur einer Variablen des Netzes durch eine Restriktion eingeschränkt wird. Bei den o.g. Systemen erfolgt dagegen eine Propagierung i.a. erst dann, wenn an einem Constraint mit n Variablen die Werte von $n - 1$ Variablen bekannt sind.
Die gesamte Strategie von **SYCON** ist darauf ausgelegt, aus geringem Anfangswissen möglichst viel weiteres Wissen abzuleiten.

Wir danken den Herrn Prof. Dr. P. Raulefs, Dr. Stoyan und Prof. Dr. W. Wahlster, an dessen Lehrstuhl **SYCON** im Rahmen einer Diplomarbeit entstand, für Anregungen und wertvolle Hinweise.

1.2. Definition von Constraints

Ein Constraint C ist definiert durch eine Relation $R[D_1, D_2, \ldots, D_n]$. Den Komponenten der Tupel der Relation R sind 'Variable' $P_1, \ldots, P_n$ zugeordnet. $D_1, \ldots, D_n$ sind die Definitionsbereiche der 'Variablen' $P_1, \ldots, P_n$.

Im weiteren werden die Variablen P_i auch als 'Pins' bezeichnet. Beispiele für Constraints sind die numerische Relation $SUMME\ (A, B, C)$ mit $C = A + B$ oder auch eine nichtnumerische Relation, wie etwa $VATER\ (A, B)$, die aussagt, daß A der Vater von B ist.

Ein Constraint $C : (P_1, P_2, \ldots, P_n)$ mit Pins P_i $(i = 1, \ldots, n)$ heißt **vollständig definiert**, falls gilt:
$\forall$ Pins P_i $\exists$ Funktion R_i mit

$$R_i : D_1 \times D_2 \times, \ldots, \times D_{i-1} \times D_{i+1} \times, \ldots, \times D_n \to D_i$$

$$(P_1, P_2, \ldots, P_{i-i}, P_{i+1}, \ldots, P_n) \mapsto P_i$$

$$mit\ P_i = R_i(P_1, P_2, \ldots, P_{i-1}, P_{i+1}, \ldots, P_n)$$

wobei D_i = Definitionsbereich des Pins P_i. d.h. jedes Pin des Constraint C wird in Abhängigkeit aller übrigen Pins dargestellt.

Zur weiteren Verarbeitung von Constraints ist jedoch eine speziellere Darstellung der Relationen in Form von Constraint-Gleichungen notwendig, z.B. wird die Relation $SUMME$ wie folgt umgeformt:

$$SUMME(A, B, C) \iff (C = A + B)$$

$$(B = C - A)$$

$$(A = C - B)$$

Diese Darstellung hat den Vorteil, daß für jede Variable der Relation ein eigener Ausdruck vorliegt und so die weitere Verarbeitung ohne zusätzliches Wissen über spezielle Relationen möglich ist.

Im folgenden wird unter dem Begriff *Restriktion* die Einschränkung des Definitionsbereichs einer einzelnen Variablen verstanden.

Dieses Constraint $SUMME$ ist vollständig definiert, da gilt:
Für jedes Pin A, B, C gibt es eine Funktion F_A, F_B, F_C mit

$$F_A : D_A \times D_B \to D_C$$

$$(A, B) \mapsto C = A + B$$

$$F_B : D_C \times D_A \to D_B$$

$$(C, A) \mapsto B = C - A$$

$$F_C : D_C \times D_B \to D_A$$

$$(C, B) \mapsto A = C - B$$

Ein Beispiel für ein unvollständig definiertes Constraint ist AND-GATE (A, B, C)

$$Relation\ AND\ (A, B, C)$$

$$speziellere\ Darstellung:$$

$$Relation\ R_C : D_A \times D_B \longrightarrow D_C$$

$$(A, B) \longmapsto C = A\ \&\ B$$

A	B	C
0	0	0
0	1	0
1	0	0
1	1	1

$D_i = \{0, 1\}$

$i = A, B, C$

(Wertetabelle)

Das Constraint AND-GATE ist nicht vollständig definiert, da nur für Pin C eine Funktion angegeben werden kann (zum Beispiel kann eine für Pin A geltende Restriktion nicht gleichzeitig an Pin B und Pin C propagiert werden).

1.3. Beschreibung von Constraint-Netzen

Ein Constraint kann man sich als Black-Box vorstellen, die nach außen hin eine Reihe von Anschlüssen - Pins genannt - besitzt. Es gibt dabei keine feste Zuordnung von Ein- bzw. Ausgängen zu den Pins; sie können bidirektional benutzt werden. Bei der Definition eines Constraint wird jeder Variablen der Relation, die das Constraint definiert, genau ein Pin zugeordnet. Für die Struktur eines Constraint gilt demnach, daß die Anzahl der Pins mit der Stelligkeit der dem Constraint zugrundeliegenden Relation übereinstimmt.

Ein Constraint-Netz besteht aus einer Menge von Relationen und Gleichungen, wobei gefordert wird:
- jede Relation beschreibt ein Constraint
- jede Gleichung beschreibt eine Verbindung zwischen verschiedenen Pin-Variablen mit gleichem Definitionsbereich.

Es können beliebig viele Pin-Variablen miteinander verbunden werden; dabei gilt die Transitivitätsregel: falls a mit b verbunden ist, und b mit c, dann ist auch a mit c verbunden.

1.4. Allgemeine Vorgehensweise und Aufbau der Regeln

Durch *Lokale Propagierung* und *Substitution* werden aus einer Restriktion mit Hilfe von Verknüpfungsvorschriften neue Restriktionen erzeugt.

Eine Verknüpfungsvorschrift hat dabei die Form einer Regel (Propagierungsregel, Substitutionsregel) und stellt hier das Bindeglied zwischen einer Relation und einer Restriktion dar. Für jedes Constraint ist die Angabe einer oder mehrerer solcher Regeln zur Propagierung einer Restriktion notwendig.

Die Propagierung mehrerer vom Benutzer spezifizierter Restriktionen erfolgt jeweils in voneinander unabhängigen Netzdurchläufen. Die in einem Lauf erzeugten Restriktionen werden anschliessend mit Hilfe weiterer Regeln - den Kombinationsregeln - mit allen aus vorherigen Propagierungsläufen stammenden Restriktionen verknüpft, um weitere Restriktionen zu erzeugen und/oder inkonsistente Restriktionen zu entfernen. Diese Technik erzeugt zwar redundante Restriktionen, trägt aber zur Erhöhung der Übersichtlichkeit der durch Propagierung erzielten Ergebnisse wesentlich bei. Die Spezifizierung aller genannter Regeln erfolgt zum Zeitpunkt der Definition eines Constraint-Typs.

2. Verarbeitungsmechanismen auf Constraint-Netzen

2.1. Lokale Propagierung

Im Gegensatz zu Steele [4] bezeichnen wir mit dem Begriff *Lokale Propagierung* lediglich die Propagierung einer Restriktion *innerhalb* eines Constraint; dies bedeutet, daß eine für ein Pin geltende Restriktion mit Hilfe der Propagierungsregeln an alle anderen Pins des gleichen Constraint weitergeleitet wird. Dazu wird die dem Pin zugeordnete Propagierungsregel auf die vom Benutzer spezifizierte oder vom System propagierte Restriktion angewandt. Die erzeugten Restriktionen werden anschließend den entsprechenden Pins zugeordnet.

Beispiel : Lokale Propagierung der Restriktion $(C \geq 10)$ an folgendem Constraint:

$$\text{Constraint } ADDER: \quad (C = A + B)$$
$$(A = C - B)$$
$$(B = C - A)$$

Propagierungs-Regel:

$$(*) \quad ((X \geq T) \text{ and } (X = Y + Z)) \implies (Z \geq T - Y)$$
$$(Y \geq T - Z)$$

Die Anwendung der Regel $(*)$ auf die Restriktion $(C \geq 10)$ liefert:

$$(C \geq 10) \implies (B \geq 10 - A)$$
$$(A \geq 10 - B)$$

2.2. Substitution

Jede durch *Lokale Propagierung* erzeugte Restriktion wird daraufhin überprüft, ob für die zugehörige Variable (Pin) eine Verbindungs-Gleichung vorliegt, die ein Weiterleiten der Restriktion an andere Constraints ermöglicht. Falls eine solche Verbindung vorhanden ist, wird eine neue Restriktion durch Substitution der Variablen in der alten Restriktion erzeugt. Diese neue Restriktion wird in den verbundenen Constraints als Ausgangspukt für eine lokale Propagierung nach der in Abschnitt 2.1 beschriebenen Methode benutzt.

Beispiel : Substitution der Restriktion $(C_1 \geq 10)$

Verbindungs-Gleichungen: $\quad (C_1 = C_2) \quad (A_3 = C_1)$

Substitutionsregel:
$$(*) \quad (((X \geq T) \text{ and } ((X = Z) \text{ or } (Z = X))) \implies (Z \geq T)$$

$$(C_1 \geq 10) \implies (C_2 \geq 10)$$
$$(A_3 \geq 10)$$

Die beiden Methoden *Lokale Propagierung* und *Substitution* zur Propagierung und Erzeugung neuer Restriktionen reichen aus, um die Auswirkungen einer neu eingegebenen Restriktion auf das gesamte Netz zu bestimmen.

2.3. Strategie zur Propagierung von Restriktionen

Im folgenden verstehen wir unter dem Begriff *Breitenpropagierung* die parallele Propagierung einer Restriktion innerhalb des Constraint-Netzes, d.h. eine für ein Pin geltende Restriktion wird zuerst an alle mit diesem Pin verbundene Pins weitergeleitet (Substitution). Daraufhin wird jede erzeugte Restriktion *lokal* propagiert und anschließend wiederum durch Substitution weitergeleitet usw. Falls durch Lokale Propagierung mehrere Restriktionen an einem einzelnen Pin erzeugt werden, wird nur eine davon weitergeleitet, der Rest wird in einer Menge von Alternativen abgelegt. Diese Alternativen können zu einem späteren Zeitpunkt von einem Backtracking-Mechanismus verwendet werden.

3. Zyklen im Netz

3.1. Problemstellung

Ein wesentliches Problem bei der Propagierung ist die Behandlung von Zyklen innerhalb eines Netzes. Während der Propagierung kann es vorkommen, daß innerhalb eines Zyklus zwei Restriktionen gleichzeitig an einem Pin anliegen. Dann muß eine Überprüfung der Restriktionen auf Konsistenz hin vorgenommen werden, um im weiteren die korrekte Bearbeitung zu gewährleisten.

Definition: Ein Zyklus ist ein Weg durch ein Constraint-Netz, wobei mehrere Constraints durchquert werden und der Ausgangspunkt wieder erreicht wird.

Ein Zyklus wird dargestellt durch die Liste aller Pins, die auf diesem Weg benutzt werden.

3.2. Behandlung von Inkonsistenzen in Netzen

Im folgenden wird bei der Behandlung von Inkonsistenzen zwischen 2 Fällen unterschieden:
- Die Restriktionen enthalten keine Variablen
- Die Restriktionen enthalten mehrere Variablen

Im ersten Fall ist die Entscheidung über Konsistenz zwischen Restriktionen einfach, da die Gleichheit der in den Restriktionen enthaltenen Konstanten überprüft werden kann. Falls hier eine Inkonsistenz festgestellt wird, kann durch einen Backtracking-Mechanismus das Netz eventuell wieder in einen konsistenten Zustand überführt werden.

Im zweiten Fall kann eine Konsistenz zwischen Restriktionen im allgemeinen nicht entschieden werden, da i.a. verschiedene Variablen in den zu überprüfenden Restriktionen enthalten sind. Aus diesem Grund wurde in **SYCON** die Möglichkeit vorgesehen Zyklen unter bestimmten Voraussetzungen aufzulösen.

3.3. Auflösung von Zyklen

Die Voraussetzung zum Auflösen von Zyklen ist, daß alle Constraints im Zyklus vollständig definiert sind. Bei der Auflösung eines Zyklus wird dieser durch ein einziges Constraint ersetzt. Dieses neue Constraint setzt sich aus allen Constraints, die innerhalb eines Zyklus liegen zusammen. Die neuen Relationen erhält man durch Verknüpfung aller Relationen der im Zyklus enthaltenen Constraints mit allen Verbindungsgleichungen der Pins.

Die Kompaktierung läuft wie folgt ab:

1) *Zyklen-Erkennung:*
   Nach dem Aufbau des Constraint-Netzes werden alle Zyklen in einem Netzdurchlauf bestimmt.

2) *Einteilung der Pins (Variablen):*
   Die Pins der im Zyklus enthaltenen Constraints werden eingeteilt in:
   - externe Pins (alle Pins, die zum Zyklus gehören und von denen eine Verbindung zu anderen Pins außerhalb des Netzes ausgeht)
   - interne Pins (alle übrigen Pins des Zyklus)

   Sind mehrere externe Variablen miteinander verbunden, so wird nur eine davon als externe, alle anderen jedoch als interne Variablen behandelt.

3) *Auflösung eines Zyklus durch Eliminierung interner Pins:*

Dazu werden alle Constraint-Gleichungen der im Zyklus enthaltenen Constraints sowie alle Verbindungs-Gleichungen benötigt.

Die Eliminierung aller internen Pins erfolgt automatisch bei der sukzessiven Ersetzung von Variablen des Zyklus innerhalb der oben genannten Gleichungen. Das Verfahren, das für jede externe Variable angewandt wird, beginnt mit der Substitution dieser Variablen innerhalb der zugehörigen Verbindungs-Gleichung und endet mit deren Ersetzung in der zugehörigen Constraint-Gleichung. Die Ersetzungsstrategie, die abwechselnd eine Constraint-Gleichung und eine Verbindungs-Gleichung benutzt, liefert als Ergebnis eine Gleichung in Abhängigkeit mehrerer Variablen. Diese Gleichung definiert eine Teilrelation des *neuen* Constraint, wobei die Variablen die Pins darstellen. Der ganze Vorgang entspricht genau einem Durchlauf des Zyklus, (jedes Pin des Zyklus wird genau einmal substituiert) und zwar unabhängig von der Richtung, da immer nur Variablen in Gleichungen ersetzt werden.

Sind in einem Zyklus mehrere externe Variablen enthalten, so wird für jede dieser Variablen eine Substitutionsfolge durchgeführt. Die daraus resultierenden Teilrelationen werden anschließend zu einer einzigen Relation verknüpft.

3.4. Ein Beispiel zur Kompaktierung eines Zyklus

Für den in der Abbildung gezeigten Ausschnitt eines Constraint-Netzes gelten die folgenden Gleichungen: (die gestrichelten Linien stellen die Verbindungen an das Netz dar)

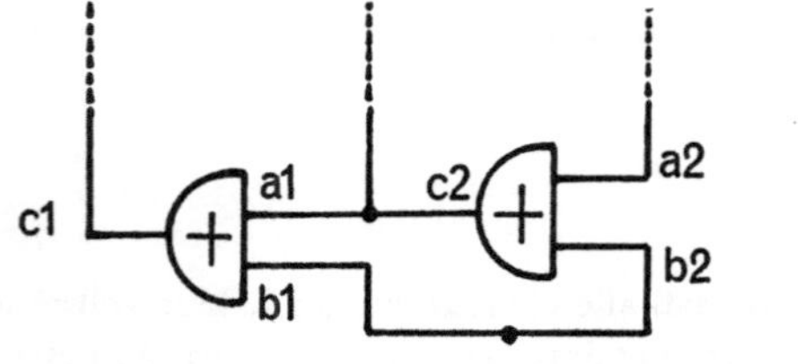

$$c_1 = a_1 + b_1 \tag{1}$$
$$b_1 = c_1 - a_1 \tag{2}$$
$$a_1 = c_1 - b_1 \tag{3}$$
$$c_2 = a_2 + b_2 \tag{4}$$
$$b_2 = c_2 - a_2 \tag{5}$$
$$a_2 = c_2 - b_2 \tag{6}$$
$$a_1 = c_2 \tag{7}$$
$$b_1 = b_2 \tag{8}$$

Der Zyklus wird durch die Folge (a_1, c_2, b_2, b_1) von Variablen beschrieben.

Die Constraints ADDER-1 und ADDER-2 sind vollständig definiert, was die Voraussetzung zur Auflösung eines Zyklus erfüllt.

Aufteilung der Variablen:

externe: $(a1)$ (anstelle von a_1 könnte ebenso c_2 wegen Gleichung (7) gewählt werden)
interne: $(b1, b2, c2)$

Die Ersetzungsstrategie beginnt bei der Variablen a_1, da dies die einzige externe Variable ist:

$$a1 = c2 \tag{7}$$
$$= a2 + b2 \tag{4}$$
$$= a2 + b1 \tag{8}$$
$$= a2 + (c1 - a1) \tag{2}$$

Wie bereits oben erwähnt wurde hier abwechselnd eine Constraint- und eine Verbindungs-Gleichung benutzt und nur Variablen ersetzt, die im Zyklus enthalten sind.

Das Ergebnis der Ersetzungsfolge ist die Gleichung (*),

$$al = a2 + c1 - al \qquad (*)$$
$$\Longleftrightarrow al = (a2 + c1)/2$$

die die neue Relationen zwischen den externen Variablen a_1, a_2 und c_1 (und nur diesen) darstellt:

$$al = (a2 + c1)/2 \qquad (i)$$
$$a2 = 2 * al - c1 \qquad (ii)$$
$$c1 = 2 * al - a2 \qquad (iii)$$

Die internen Variablen b_1, b_2 und c_2 wurden eliminiert, alle externen jedoch nicht, da sie eine Verbindung zum Netz besitzen. Auf diese Weise ist der Zyklus aufgelöst und ein *neues* Constraint, dessen Relationen durch die Gleichungen (i), (ii) und (iii) beschrieben werden, erzeugt worden.

Die Umformung der Gleichungen, die in obigem Beispiel vorgenommen wurden, sind nur mit einem Simplifier möglich, der an **SYCON** angeschlossen werden kann.

4. Beispiel für eine einfache Anwendung symbolischer Constraints

Die Propagierung von nichtnumerischen Werten soll am Beispiel von Inferenzen über PKW's illustriert werden. Die beiden Regeln eines Constraint sind bei Constraint (1) bis (6) durch den Äquivalenzpfeil zu einer zusammengefaßt.

Die Inferenzregeln werden wie folgt als Constraints definiert:

(1)   ALT $\Longleftrightarrow$ ROST

(2)   GROSS $\Longleftrightarrow$ TEUER

(3)   TEUER $\Longleftrightarrow$ SCHNELL

(4)   LUXUS $\Longleftrightarrow$ TEUER

(5)   SCHNELL $\Longleftrightarrow$ FAHRZEIT KURZ

(6)   SCHNELL $\Longleftrightarrow$ UNFALLGEFAHR GROSS

(7)   ALT $\Longrightarrow$ nicht TEUER
TEUER $\Longrightarrow$ nicht ALT

(8)   LUXUS $\Longrightarrow$ nicht ROST
ROST $\Longrightarrow$ nicht LUXUS

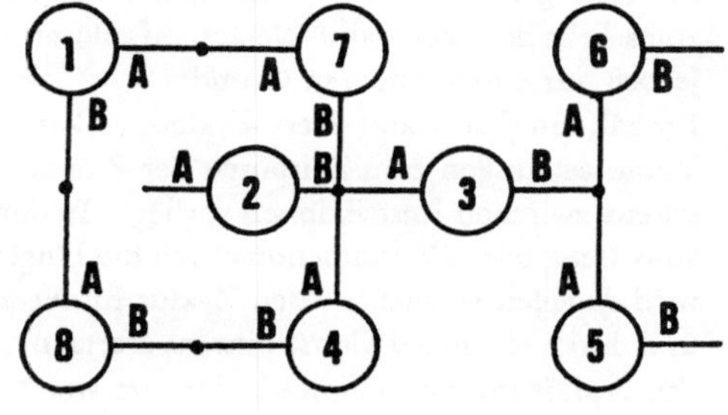

Propagierungsregeln zu den Constraints 1 bis 8:

Constraints 1-6:
    ((X = W1) $\Longrightarrow$ (Y = W2))
    ((X = nicht W1) $\Longrightarrow$ (Y = nicht W2))

Constraints 7,8:
    ((X = W1) $\Longrightarrow$ (Y = nicht W2))
    ((X = nicht W1) $\Longrightarrow$ (Y = W2))

W1 und W2 sind eine rechte bzw. linke Seite der o.g. Regeln, die jeweils ein Constraint definieren.

Aus diesen Constraints läßt sich das oben dargestellte Netz konstruieren.

Bsp: Propagierung der Restriktion "GROSS" an Pin A von Constraint (2)

1. Schritt: Lokale Propagierung und Substitution
   Pin A von Constraint (3) erhält den Wert "TEUER"
   Pin A von Constraint (4) erhält den Wert "TEUER"
   Pin B von Constraint (7) erhält den Wert "TEUER"

2. Schritt: Lokale Propagierung und Substitution
   Pin A von (1) erhält: "nicht ALT"
   Pin A von (5) erhält: "SCHNELL"
   Pin A von (6) erhält: "SCHNELL"
   Pin B von (8) erhält: "LUXUS"

3. Schritt: Lokale Propagierung
   (6) berechnet für Pin B den Wert "UNFALLGEFAHR GROSS" (Ende)
   (5) berechnet für Pin B den Wert "FAHRZEIT KURZ" (Ende)
   (1) berechnet für Pin B den Wert "nicht ROST"
   (8) berechnet für Pin A den Wert "nicht ROST"

Die Propagierung ist hiermit abgeschlossen, da Constraint (1) und (8) jeweils die gleichen Werte berechnen und die Konsistenz der Werte festgestellt wird.

5. Abgrenzung zu anderen Systemen

Das System von Steele [4] ist vorwiegend zur Propagierung numerischer Constraints geeignet, d.h. zum Berechnen und Weiterleiten konstanter Werte im Constraint-Netz. Der erfolgreichen Propagierung eines Wertes an einem Constraint geht die folgende Bedingung voraus:

> Im allgemeinen muß an mindestens $n-1$ der insgesamt n Pins eines Constraint ein Wert *vorhanden* sein, damit für das n-te Pin ein eindeutiger Wert berechnet werden kann.

Ist dies der Fall, so wird der für das Pin berechnete Wert an alle benachbarten Constraints weitergeleitet (vgl. Substitution in **SYCON**). Ist die Bedingung für ein Constraint nicht erfüllt, so kann an diesem Constraint nicht propagiert werden.
Das gleiche Problem tritt auf, wenn das Constraint-Netz Zyklen enthält, und zwar wenn alle äußeren Pins des Zyklus einen Wert haben, alle inneren jedoch nicht.

In Gosling [2] wird eine Möglichkeit vorgestellt, Zyklen durch algebraische Umformungen eines Teils des Constraint-Netzes aufzulösen. Diese Idee wird auch in **SYCON** übernommen, jedoch aus einem anderen Grund:
Enthält ein Constraint-Netz Zyklen, so kann in **SYCON** unter den in Punkt 3.3 genannten Voraussetzungen zum Zeitpunkt der Propagierung nicht entschieden werden, ob eine Inkonsistenz zwischen Restriktionen vorliegt. In den Systemen von Steele und Gosling wird eine Inkonsistenz oder *Contradiction* durch die Ungleichheit zweier Pin-Werte erkannt. In **SYCON** wird dagegen versucht, jeden Zyklus im Netz bereits vor der Propagierungsphase aufzulösen und durch ein *neues* Constraint zu ersetzen.
Zur Auflösung von Contradictions verwendet Steele einen sogenannten *Retraction-Mechanismus*, der auf Grund von Dependenz-Informationen der Propagierung neue Pinwerte berechnet und somit das Constraint-Netz in einen konsistenten Zustand zurückführt. Als Gegenstück hierzu verwendet **SYCON** einen Backtracking-Mechanismus der allerdings nur auf Restriktionen angewendet werden kann, bei denen es möglich ist eine Konsistenzüberprüfung vorzunehmen.

Anders als in **SYCON** und den Systemen von Steele und Gosling beschreibt Freuder [1] die Propagierung von Constraints durch die Synthetisierung neuer Constraints.

In einem Netz von n Knoten - jeder Knoten stellt ein Pin (Variable) eines Constraint in Form seiner Wertemenge dar - bildet jedes Constraint der Ordnung k ($k \leq n$), das k Knoten zueinander in Relation setzt, eine Menge von k-Tupeln, wobei jedes dieser Tupel eine gültige Werte-Kombination der k Knoten darstellt. Ein Constraint der Ordnung k wird aus genau k Constraints der Ordnung $k-1$ durch Kombination der $(k-1)$-Tupel synthetisiert. Dabei werden alle inkonsistenten Tupel, die bei der Kombination entstehen, im synthetisierten Constraint entfernt. Durch das Löschen einzelner Tupel können weitere Tupel benachbarter Constraints gelöscht werden usw. Der Propagierungs-Prozeß endet mit der Synthetisierung des Constraints der Ordnung n, dessen Tupel-Menge alle gültigen Werte-Kombinationen der n Knoten im Netz darstellt. Ist diese Menge leer, so gibt es keine konsistente Lösung für das Netz.

6. Einsatzmöglichkeiten von SYCON

Mit **SYCON** können sowohl numerische als auch nicht-numerische Relationen als Constraints dargestellt werden. Da die Propagierung von Restriktionen symbolisch erfolgt (*Lokale Propagierung* und *Substitution*), ist zur effizienten Verarbeitung numerischer Constraints ein Simplifier für arithmetische Ausdrücke notwendig.

Beispiele für mögliche Anwendungsgebiete sind (vgl. auch [6]):

- Bildverstehen (Waltz-Algorithmus, vgl. auch [3]): Interessant hierbei ist, daß bereits die Markierung einer einzigen Kante durch +,- oder → zu einer konsistenten Lösung führen kann.

- Inferenz-Netze: Jede Inferenzregel wird als Constraint dargestellt; es können Inferenzwerte über das Constraint-Netz propagiert werden.

- Numerische Constraints (z.B. Addierer- und Multiplizierer-Netzwerke)

- Parsing natürlicher Sprache (Unifikations-Grammatiken)

- Plangenerierungsverfahren

7. Stand der Entwicklung von SYCON

SYCON ist in Franz Lisp Version 38.79 unter Berkeley UNIX 4.2 auf einer DEC VAX 11/780 Anlage implementiert.

Als grundlegende Datenstruktur werden Flavors benutzt (Franz-Flavor-Paket). Das Kernsystem von **SYCON** besteht aus ungefähr 150 Lisp-Funktionen (2000 Zeilen, ohne Flavors). Hinzu kommen zahlreiche Funktionen zur Ausgabe des Systemzustandes nach der Propagierung, z.B. Auflisten aller erzeugten Restriktionen an einem Pin, Beschreibung einzelner Constraints/Pins im Netz und Auflisten aller Pin-Verbindungen im Netz. Weiterhin besteht die Möglichkeit ein Constraint-Netz ganz oder nur teilweise abzuspeichern bzw. zu einem bestehenden Netz hinzuzuladen.

Ebenfalls implementiert sind die Kompaktierung von Zyklen (nur vollständig definierte Constraints), ein einfacher Trace-Mechanismus, der es dem Benutzer ermöglicht die Propagierung einer Restriktion zu verfolgen, sowie ein einfacher Backtracking-Mechanismus.

Außerdem ist noch eine Schnittstelle für einen Simplifier arithmetischer Ausdrücke vorgesehen.

Weiterführende konzeptuelle Arbeiten beschäftigen sich mit der Definition von *Macro-Constraints* sowie der Kompaktierung ganzer Constraint-Netze.

Literatur

[1] FREUDER, E.C.: *Synthesizing Constraint Expressions.* Commun. of the ACM, Vol. 21, No. 11, Nov. 1978, S. 958-966.

[2] GOSLING, J.: *Algebraic Constraints.* Department of Computer Science, Report No. CS-83-132. CMU, Pittsburgh, PA., May 1983.

[3] REINFRANK, M.: *Distributed Constraint Propagation - A Case Study.* MEMO SEKI-84-07. Univ. Kaiserslautern, Sept. 1984.

[4] STEELE, G.L. JR.: *The Definition and Implementation of a Computer Programming Language Based on Constraints.* Artificial Intelligence Laboratory. Report No. AI-TR-595. MIT, Cambridge, Mass., Aug. 1980.

[5] SUSSMAN, G.J.; STEELE, G.L. JR.: *Constraints - A Language for Expressing Almost-Hierarchical Descriptions.* Artificial Intelligence 14 (1980), S. 1-39.

[6] WINSTON, P.H.: *Artificial Intelligence.* 2nd ed. Addison Wesley, Reading, Mass. 1984, S. 43-86.

TWO PARALLEL VERSIONS OF THE CONNECTION METHOD

FOR PROPOSITIONAL LOGIC ON THE L-MACHINE

K. Aspetsberger*+, S. Bayerl*

* Technische Universität München, D-8000 München, FRG
+ Johannes Kepler Universität, A-4040 Linz, Austria

ABSTRACT

Two parallel versions of the Connection Method for propositional logic are presented in this paper. The first one has been implemented on the L-machine, which is
an asynchronously working, universally programmable multi-microprocessor system.

INTRODUCTION

The construction of a parallel inference machine is pursued worldwide (see
[Bibel, Aspetsberger 85]). But until now no commonly accepted solution was found. In
[Bibel, Buchberger 84] a proposal for such a machine is given, based on the
Connection Method and the L-machine. The two parallel algorithms for propositional
logic presented in this paper are also based on the Connection Method and the L-
machine. We will give a short outline of these two concepts to make the paper self-
contained.

It is clear that the final objective of a parallel inference machine project must
cover the power of predicate logic. The restriction to propositional logic, of
course, omits the subtle problems of resource allocation, shared variables, recursion, instantiation etc. occurring in predicate logic. Still, parallelizations of
propositional logic can produce valuable insight and basic techniques for the
intended parallelization of full predicate logic.

In the first section we briefly review Bibel's Connection Method as far as it is
necessary to understand the parallel algorithms in the later sections. We only treat
the propositional case and present the most basic notions of the Connection Method in
a simple example. For the full first order (sequential) Connection Method and its
more sophisticated features (as, for instance, implicit amplification and splitting
by need) we refer to [Bibel 82, 83].

In the second section we present the logical structure of the L-machine as it
appears to the programmer, i.e. we explain the syntax and semantics of the typical
instructions for writing parallel programs on the L-machine. We cannot go into the
details of the hardware realization of the L-machine [Buchberger 83, 84].

In sections three and four the two parallel versions of the Connection Method for
propositional formulae will be introduced. Both methods will be demonstrated on
simple examples. The first method has already been implemented on the L-machine and
is described in detail.

THE CONNECTION METHOD

The Connection Method (CM) is a calculus for proving theorems in full first order logic (see [Bibel 82, 83]). It is an alternative to the resolution method and has some proof-theoretic advantages.

We illustrate the proof procedure by an easy propositional example that is not in (dual) clausal form.

$$F: \quad (A \;\&\; (B \to C) \;\&\; (A \to B) \;) \to C$$

The CM can directly treat such non-clausal formulae. For simplicity, in this paper, we restrict ourselves to clausal forms. Therefore we transform F to its clausal form F*.

$$F*: \quad \neg A \;\lor\; (B \;\&\; \neg C) \;\lor\; (A \;\&\; \neg B) \;\lor\; C$$

In the so-called matrix notation of CM the clauses are presented in vertical columns.

$$
\begin{array}{cccc}
 & B & A & \\
\neg A & & & C \\
 & \neg C & \neg B &
\end{array}
$$

Now we define the basic concept of the CM. A path through the matrix (a formula) is a sequence of literals, one from each clause of the matrix, e.g.

$$
\begin{array}{cccc}
 & B & A & \\
\neg A & & & C \\
 & \neg C & \neg B &
\end{array}
$$

We say a path is complementary if, and only if, it contains a literal and its negation. In the case of propositional logic the literals are (possibly negated) propositional variables. The path depicted in the figure above is complementary since it contains A and $\neg$ A. For testing a formula to be valid one can make use of the following completeness theorem: A formula F (in clausal form) is valid if, and only if, every path through F is complementary. In our example we can find the following four sequences of literals indicating the possible paths through the matrix. Each sequence contains a pair of complementary literals and so the formula is valid.

$$\neg A\,B\,A\,C \qquad \neg A\,B\,\neg B\,C \qquad \neg A\,\neg C\,A\,C \qquad \neg A\,\neg C\,\neg B\,C$$

In the following two parallel versions of this procedure we do not systematically check all the paths through the formula for complementarity but cancel a whole bunch of paths in case complementary literals are already detected in subpaths.

THE CONCEPT OF THE L-MACHINE

The concept of the L-machine has been introduced in [Buchberger 78] and has been modified to the present version in [Buchberger 83, 84]. For more details we refer to these papers. A prototype of the L-machine consisting of 8 processors is in operation at the University of Linz.

Design Objectives for a Parallel Logical Connection Machine

As has been pointed out in [Bibel, Buchberger 84] a suitable hardware implementation of a parallel logical connection machine should meet the following design objectives.

In a parallelization of the connection method one can imagine to treat the various connections, subformulas etc. in parallel. Since the subformulas may have different size and structure the various processors must cooperate asynchronously. It should be possible for a processor to locally stimulate new neighbours for treating subtasks. Therefore a flexible interconnection topology is desirable and the machine should consist of many (cheap) processors of the same type. Frequent communications between processors will be necessary and so the coupling should be tight. In this early stage of investigation it is desirable to make experiments with different variants of the method. Universally programmable processors will be necessary and the desired synchronization should be programmable and not fixed by the hardware. The parallel machine as a whole should be universal such that it can be used for a wide class of parallel algorithms in symbolic computation.

The concept of the L-machine meets all these design objectives. It is a parallel machine concept consisting of universally programmable processors that can be interconnected flexible in order to form cellular tightly coupled homogeneous networks of arbitary topology and size. The node processors cooperate asynchronously and all types of synchronization can be programmed flexibly.

L-modules and L-networks

The logical building elements of the L-machine are the so-called L-modules (see the figure below) which can be interconnected to form L-networks.

An L-module:

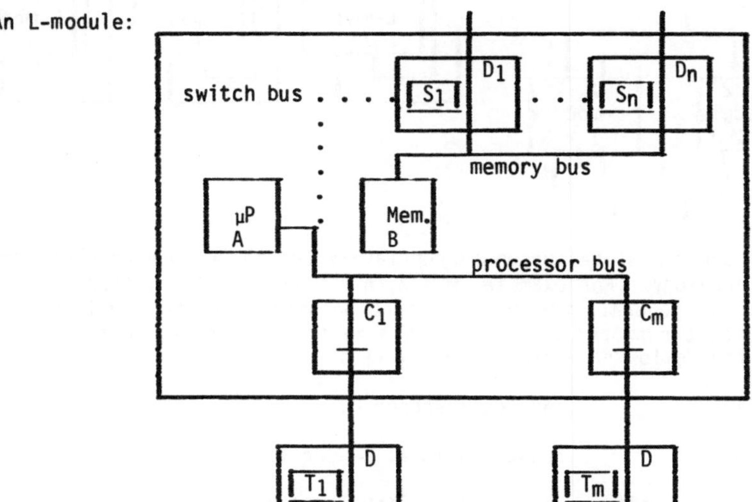

An L-module contains a micropocessor A with a (private) memory to store its program and some intermediate data. Since the L-module contains a general-purpose processor, the usual universal instruction set is available.

On the other hand, an L-module contains also a shared memory B, to which also other L-modules of an L-network have access over a bus, if they are connected via the switches $D_1,...,D_n$. The microprocessor itself can access the shared memory of other L-modules via the switches $C_1,...,C_m$, which can be opened or closed by "open j" and "close j".

For synchronization, each L-module has the possibility to use the sensor bits $S_1, ... , S_n, T_1, ... , T_m$. These are special bits in the switches of type D. S_j can be accessed by either the microprocessor itself or the microprocessor of the L-module connected to D_j. We have the instructions "set local sensor j", "reset local sensor j" and "load local sensor j" for an access to the sensor bit S_j of the own L-module and the instructions "set non local sensor k", "reset non local sensor k" and " load non local sensor k" for an access to the sensor bits of that L-module with which the L- module is linked via the swith C_k. In the figure above $T_1,...,T_m$ denote the sensor bits in the neighbouring L-modules.

For simplicity an L-module of the above type will be abbreviated by

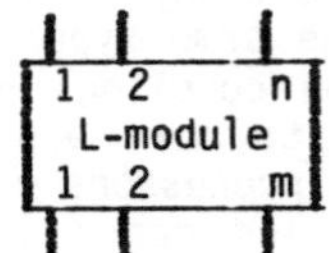

The paths leaving out the L-module at the bottom are called processor-paths and the paths entering the L-module at the top are called memory-paths.

Arbitrarily many L-modules can be combined to form "L-networks" of arbitrary (but fixed) regular (or irregular) structure, for example, to

binary trees   or   pipelines

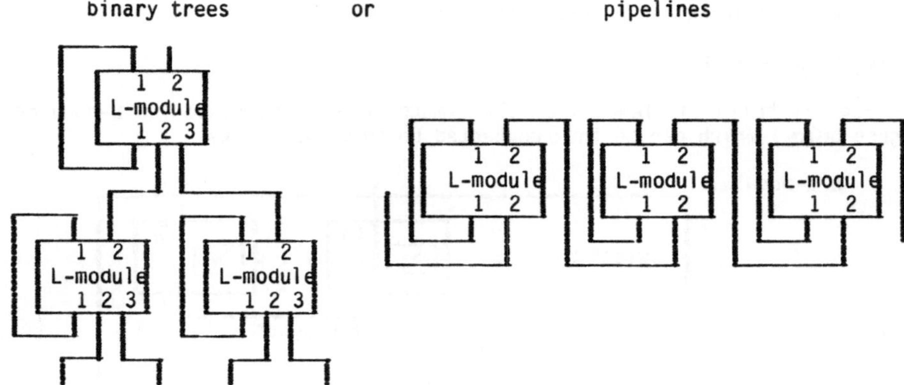

The numbers m and n must be chosen appropriately for the L-modules used for realizing a particular topology. (For example, m = 3, n = 2 in the binary tree and m = n = 2 in the pipeline.) In general, the neighbourhood parameters n and m will be small and so we can construct L-networks of nearly any size and structure. In the descriptions of the programs the following abbreviations will be used:

$S_k := 1$ set local sensor k,

$T_1 := 0$ reset non local sensor 1,

<u>while</u> $S_k = 0$ <u>wait</u>   α: load accu with local sensor k
                             <u>if</u> accu = 0 <u>then</u> <u>goto</u> α ,

$a^{(k)} := b^{(1)}$ open 1; load accu with b; close 1;
                    open k; store accu into a; close k.

     (i.e.: the value of variable b in the neighbour L-module connected by C_1 is stored to variable a in the neighbour L-module connected by C_k)

FIRST VERSION OF A PARALLEL PROCEDURE

In this section we present a first version of a parallel procedure realizing the connection method for testing the validity of a formula in propositional logic. This parallel procedure has been implemented on the L-machine at the University of Linz.

We assume that the formula to be proved has been transformed by a preprocessing procedure into a matrix containing only literals as elements. For instance, if we want to establish the formula

$$((A \lor B) \& (A \rightarrow C) \& (B \rightarrow D)) \rightarrow (C \lor D)$$

to be valid, it should first be transformed to the following matrix

$$\begin{array}{ccccc} \neg A & A & B & & \\ & & & C & D \\ \neg B & \neg C & \neg D & & \end{array} \quad .$$

As has been pointed out in a previous section a formula is valid, if every possible path through the corresponding matrix contains at least one pair of complementary literals. In our example we can find eight sequences of literals indicating the possible paths through the matrix. Each sequence contains a pair of complementary literals and so the formula is valid.

In the parallel procedure we try to find all the paths through the matrix without pairs of complementary literals. If we fail, i.e. no such path can be found, the formula is proved to be valid. Otherwise all the counterexamples are obtained by this procedure. More specifically, we successively generate sequences without pairs of complementary literals of length 1, 2 and so on until we obtain sequences of the length n, where n is the number of all the clauses in the formula. The generation of these sequences can be done in parallel. First we distribute the clauses of the matrix to different L-modules. Each of the L-modules then generates successively sequences of length 1, 2, ... starting with literals of the respective clause. After every step each L-module transfers the set of paths to its left neighbour, which makes use of this information when generating the set of paths of the next higher length. Finally, a set of paths of length n is obtained in the first (the very left) L-module.

Before giving more details we trace the procedure when testing the validity of the formula in the above example. For initialization, each L-module receives the set of literals of the respective clause. These are the paths of length 1.

L-module 1	L-module 2	L-module 3	L-module 4	L-module 5
$\{ \neg A,$ $\neg B \}$	$\{ A,$ $\neg C \}$	$\{ B,$ $\neg D \}$	$\{ C \}$	$\{ D \}$

In the first step each L-module generates sequences of length 2 by combining its paths with the paths of the right neighbour. For each path it is checked whether it contains complementary literals. In this case the path is deleted.

$\{ \neg A \neg C,$ $\neg B A,$ $\neg B \neg C \}$	$\{ A B,$ $A \neg D,$ $\neg C B,$ $\neg C \neg D \}$	$\{ B C,$ $\neg D C \}$	$\{ C D \}$

In the second step each L-module generates sequences of length 3 by combining its paths with the paths of the right neighbour. Now one has to check additionally whether the paths are "combinable", i.e. whether the last literal of the first path is equal to the first literal of the second path. Note that for testing that a combined path is free of complementary literals, we only have to check whether the first literal of the first sequence is complementary to the last literal of the second sequence.

$\{ \neg A \neg C B,$ $\neg A \neg C \neg D,$ $\neg B A \neg D,$ $\neg B \neg C \neg D \}$	$\{ A B C,$ $A \neg D C \}$	$\{ B C D \}$

In the third step we generate sequences of length 4. Now two paths are combinable, if the subsequence of the last two literals of the first sequence is equal to the subsequence of the first two literals of the second sequence.

$$\{ \neg B A \neg D C \} \quad \{ A B C D \}$$

Finally in the fourth step the first L-module recognizes that the two sequences are not combinable. Thus the new set of paths is empty, i.e. the formula is valid.

For implementing this parallel procedure on the L-machine we connect L-modules to form a pipeline of length n.

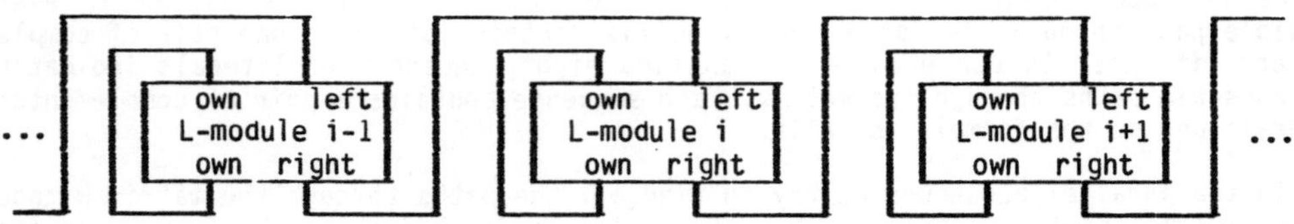

Every L-module can access via processor path "right" the shared memory of its right neigbour and via processor path "own" its own shared memory. The local sensor bit "left" can be accessed by the left neighbour and the L-module itself. Note that the first (last) L-module in the pipeline has no left (right) neighbour.

The following program should be stored to all L-modules of the pipeline. We assume that before execution the set of literals of clause C_i is stored in the region P of the shared memory of the i-th L-module. In cell n and i of the private memory of P_i the number of all the clauses of the formula and the index i of the respective clause are stored. PR and PH are regions of the private memory where we want to store the set of paths of the right neighbour generated at the previous step and an intermediate set of paths generated at the present step respectively. After the k-th step the set of paths of length k that do not contain complementary literals and start from clause C_i are stored in memory region P of the i-th L-module.

<u>for</u> j := 1 <u>to</u> n - i <u>do</u>

    [in the j-th iteration step the i-th L-module creates all the sequences of literals of length j+1 starting from clause C_i and containing no complementary literals]

    S_{left} := 1   [we signalize to the left neighbour that it may access our shared memory]

    <u>while</u> T_{right} = 0 <u>wait</u>   [we wait until our right neighbour has finished the previous iteration step and we may access its shared memory for fetching its set of paths from the previous step]

    PR := $P^{(right)}$

    T_{right} := 0   [we signalize to the right neighbour the end of the path transfer]

    <u>while</u> S_{left} = 1 <u>wait</u>   [we wait until the left neighbour has terminated transmission]

    PH := {}

    <u>for all</u> p $\in P^{(own)}$ <u>do</u>   [we create the new set of paths of length j+1 combining the paths of length j starting from clause i with the paths of length j starting from clause i+1]

        <u>for all</u> q $\in$ PR <u>do</u>

            <u>if</u> combinable(p,q,j) and p_1 is not complementary to q_j

                <u>then</u> PH := PH $\cup$ {combine(p,q,j)}

    $P^{(own)}$:= PH

    S_{left} := 1   [we signalize to the left neighbour that we have finished the iteration step]

The program in the first L-module of the pipeline is slightly different from the above program. Since the first L-module has no left neighbour all instructions concerning S_{left} are deleted. Additionally the first L-module, since it is responsible for the in/out data transfer, sends at the end of the program the message "The formula is valid" or "The formula is not valid. Counter examples: ...." depending on whether P in its shared memory is empty.

The meaning of the predicate "combinable(p,q,j)" is, that the subsequences p' and q' of p and q are equal, where we obtain p' from p by deleting the first literal and q' from q by deleting the last literal. The function "combine(p,q,j)" yields the sequence of literals we obtain by adding q_j to the end of p.

Finally we mention some improvements of the procedure that will be regarded in a future implementation. In an improved version we can save the L-module for the last clause of the formula if, during initialization, we store the set of literals of the right-hand neighbouring clause to the cell PR of the private memory of every L-module. Furthermore, time and memory space can be reduced by implementing the sets of paths using trees. Using this data structure, the check whether two paths are combinable will become easier. Finally, it should be clear from the informal description of the algorithm above that we can terminate the calculation if some L-module computes an empty set of paths.

SECOND VERSION OF A PARALLEL PROCEDURE

The second algorithm differs from the previous one in the following points: Instead of delegating a whole clause to a single L-module each literal is represented by an L-module. Further the combination of subpaths is managed in two directions simultaneously, i.e. from the outermost left-hand and right-hand clause to the middle.

Again we demonstrate the parallel procedure working on a simple example. Consider the following formula in matrix notation:

$$\begin{array}{cccc} \neg A & A & B & \\ & & & C \quad\quad D \\ \neg B & \neg C & \neg D & \end{array}$$

During initialization each L-module receives one literal of the formula. These are the paths of length 1.

L-module 1	L-module 3	L-module 5
{ ¬ A }	{ A }	{ B }

		L-module 7	L-module 8
		{ C }	{ D }

L-module 2	L-module 4	L-module 6
{ ¬ B }	{ ¬ C }	{ ¬ D }

In the <u>first iteration step</u> each L-module receives the set of paths of length 1 both from its left-hand and right-hand neighbouring L-modules. These paths will be combined in the same manner (test of combinability and complementarity) as in the first algorithm and paths of length 2 will be obtained. All the complementary paths were deleted.

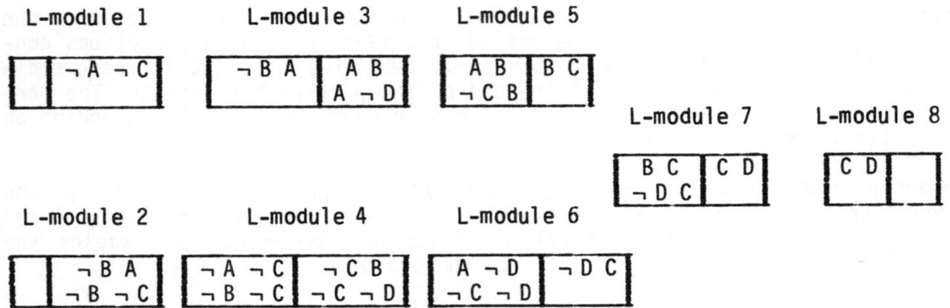

Now each L-module combines pairwise the left-hand and right-hand subpaths and creates paths of length 3. Again all the complementary paths were deleted. Note that the test for combinability is not necessary now. The very left (right) L-modules contain redundant information and can be cancelled.

L-module 3

{ ¬ B A ¬ D }

L-module 5

{ A B C }

L-module 7

{ B C D }

L-module 4

{ ¬ A ¬ C B
  ¬ A ¬ C ¬ D
  ¬ B ¬ C ¬ D }

L-module 6

{ A ¬ D C }

In the <u>second iteration step</u> each L-module receives the set of paths of length 3 both from its left-hand and right-hand neighbouring L-modules. These paths will be combined and paths of length 4 will be obtained. Note that combinability is necessary here again.

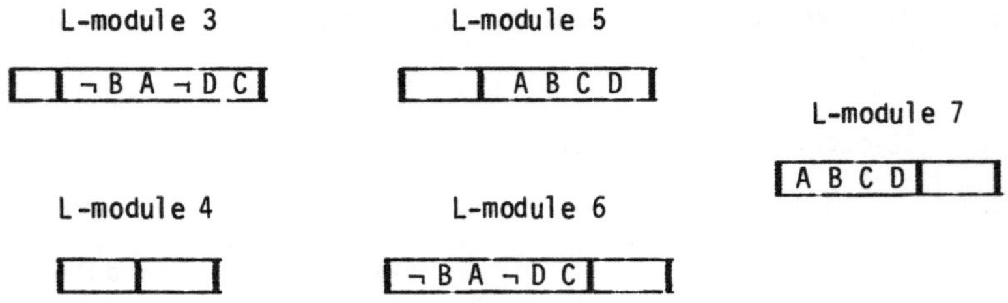

Now L-modules 5 and 6 combine every left-hand with every right-hand subpath. The remaining L-modules 3, 4 and 7 were cancelled. Since the set of left(right)-hand subpaths is empty, also the new set of paths will be empty in both L-modules, i.e. there exists no path without complementary literals through the matrix. Thus, the formula is valid.

For implementing this parallel procedure on the L-machine we assume that all the literals of the formula F are represented by L-modules, which are interconnected in a kind of a multiple pipeline, i.e. each L-module related to a particular literal of clause C_i in F should be connected to all L-modules responsible for the literals in C_{i-1} and C_{i+1} of F. For the above example a suitable L-network should have an interconnection topology as below:

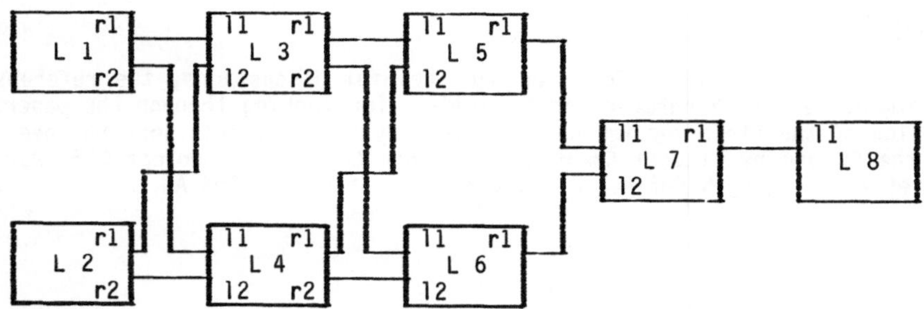

Note that, for simplicity of the figure, the paths do not leave at the bottom or enter at the top of the L-modules. Every path should symbolize a processor and the respective memory path. For example, via the path that connects r2 of L1 with l1 of L4 the L-module L1 can access the shared memory of L4 and vice versa.

In the following we give an informal description of the program that should be stored to and executed repeatedly by all L-modules of the L-network. It is assumed that, for initialization, the L-modules receive the respective literals.

> Receive the set of non-complementary paths of the previous step of the left (right) neighbouring L-modules and send the own set of non-complementary paths to them.

> Combine the non-complementary paths of the left (right) neighbours with the own paths and create the sets of non-complementary left- (right-)subpaths.

> Combine the left-subpaths with the right-subpaths pairwise and create the new set of paths.

It is comprehensible from the above example that the very left (right) L-modules compute redundant information. Therefore, these L-modules can be cancelled at the end of every iteration step. After n/2 steps, where n is the number of clauses, there only remain the innermost L-modules and the calculation should terminate. In case all the sets of paths of these L-modules are empty, no non-complementary path through the matrix exists and therefore the formula is proven to be valid. Note, that for an even n we must not skip the outermost columns of L-modules in the last but one iteration step. Instead, we have to combine the computed subpaths.

An advantage of the second algorithm is the extensibility of the algorithm to formulas in non-clausel form. The algorithm can be directly applied to general matrices.

For the correctness of both versions one has to prove that there will be detected all complementary subpaths within the algorithms and, on the other hand, exactly the complements of these subpaths will be cancelled.

CONCLUSIONS

In this paper we presented two parallel versions of the Connection Method for propositional logic. The interconnection topology for the first algorithm is a pipeline and for the second one it is a multiple pipeline. The first algorithm has been implemented on the L-machine.

ACKNOWLEDGEMENT

We thank F. Kurfess and E. Eder for many helpful discussions, the referees for valuable comments and B. Fronhöfer and P. Haddawy for looking through the paper. The implementation of the first version has been done by P. Kass. This work has been supported by the EC and by Nixdorf Computer AG within the ESPRIT project 415 "Parallel Architectures and Languages for A.I.P." and by a grant of SIEMENS AG.

REFERENCES

Bibel W., 1982.
Automated Theorem Proving, Friedr. Vieweg & Sohn, Braunschweig/Wiesbaden.

Bibel W., 1983.
Matings in Matrices. CACM 26, pp. 844-852.

Bibel W., Aspetsberger K., 1985.
A Bibliography on Parallel Inference Machines. J. Symbolic Computation (1985), $1/1$, p. 115-118.

Bibel W., Buchberger B., 1984.
Towards a Connection Machine for Logical Inference. First presented at: Int. Symp. on Fifth Generation and Super Computers, Rotterdam, Dec. 11-13, 1984. Appeared in: Future Generations Computer Systems, $1/3$, p. 177-188, North Holland Publishing Company.

Buchberger B., 1978.
Computer Trees and their Programming. 4th Coll. "Trees in algebra and programming", Univ. Lille, Feb. 16-18, p. 1-18.

Buchberger B., 1983.
Components for Restructurable Multi-Microprocessor Systems of Arbitrary Topology. MIMI 83, Lugano, Acta Press, Anaheim, p. 67-71.

Buchberger B., 1984.
The Present State of the L-Network Project. MIMI 84, Bari, Acta Press, Anaheim, p. 178-181.

3.   Automatische Beweisverfahren

Equality Reasoning with Equality-paths

Karl-Hans Bläsius
Universität Kaiserslautern
Fachbereich Informatik
Postfach 3049
6750 Kaiserslautern

ABSTRACT

The theoretical and practical problems of equality reasoning in Automated Deduction are notorious. A new method is presented to cope with the huge search space usually involved with equality. Starting from an empty graph a production system constructs graphs (equality-paths) which represent solutions for simpler problems defined by abstraction. These graphs contain global information and are plans for guiding the search for a proof of the original problem, represented in the final graph. The construction of equality-paths is based on the idea to search for the differences between two terms by seperating toplevel symbol and subterms of a functional term. For a further reduction of the search space some technical improvements are implemented including demodulation and a matching of termpairs using theory-matching algorithms for the cases of commutativity, associativity and a combination of both.

1. Introduction

1.1. Equality Problems

The explicit use of equality axioms in a theorem prover based on the resolution principle turned out to be very inefficient because too many additional resolution operations involving the equality axioms are possible. This problem is well recognized in the field (see [RW69], [Si69], [Mo69], [Br75], [Sh78], [HR78], [Di79], [LH85]).

A way out is the direct incorporation of equality into the proof procedure. One of the various methods proposed with this aim in mind is <u>paramodulation</u> [RW69]: with one additional rule of inference, the paramodulation rule, the equality axioms become superfluous except for the reflexivity axiom.

But paramodulation can be applied almost everywhere in a clause set and therefore paramodulation alone still does not solve the problem of <u>"how to handle equality in an automatic theorem proving system"</u> (ATP). Strategies or methods are required to control the enormous number of potential steps and to make sensible use of the paramodulation rule. A human mathematician would never use the rule of replacement indiscriminately but would try to make sensible use of it only if he needs the replacement for a particular aim in mind. A promising control mechanism may result from this "paramodulation if needed" idea, which states that the paramodulation rule should only be used to reduce differences between potentially complementary unifiable literals, such that an inference step by resolution becomes possible. Two literals (in different clauses) are called potentially complementary unifiable, if they have the same predicate symbol and opposite sign.

There are several methods known to realize the "if needed" idea (e.g. [Sh78], [HR78], [Di79]) the most explicit realization of which is Morris' E-resolution [Mo69]. An E-resolution step can be regarded as a sequence of paramodulation steps such that two potentially complementary unifiable literals become unifiable, followed by the appropriate resolution step. This could be an optimal realization of the "if needed" idea and potentially one of the best ways of handling equality in an ATP, since equations are really only used when needed, i.e. to remove the differences between terms which prevent a desired resolution step. Furthermore the equations are only used if it is possible to remove such differences completely.

An implementation of a proof procedure based on E-resolution, however, is unfeasable without additional search and control mechanisms because two major problems remain:

1) Equality of two terms with respect to the given set of equations is in general undecidable and therefore it is impossible to continue searching for equations until the potentially complementary unifiable literals under consideration are unifiable (or definitely not unifiable). Hence one problem is to organize the search for equations and the application of E-resolution in such a way that the proof procedure is efficient and complete. The proof procedure based on E-resolution presented by Morris [Mo69] is designed to ensure completeness [An70] rather than efficiency.

2) Before an E-resolution step can be executed, the necessary equations have to be found and an unsophisticated and exhaustive search for such equations is prohibitively expensive because of the enormous search space.

In this paper we are mainly interested in the problems of an efficient search by using ideas from the paradigm of the connection graph proof procedure. The Connection Graph Procedure introduced by Kowalski in 1975 [Ko75] represents all possible resolution steps by links (connections) between the complementary unifiable literals. Initially, all possible links are created to build the "initial graph", but afterwards the links are "inherited" during the search for a proof. Hence there is no additional search for the potential application of the resolution rule since all the necessary information is present in the graph structure, i.e. in the links. Shostak proposed another method to search for a resolution proof in a Connection Graph [Sh76]: Starting from an "initial graph" combinations of compatible links are searched for in order to find a "refutation graph", which is a particular representation of the final proof. In [SW79] the ideas of the connection graph proof procedure are extended to handle paramodulation as well: in the

<u>paramodulated clause graph procedure (PCG-procedure)</u>, <u>P-links</u> (paramodulation links) are defined to represent possible steps by paramodulation and R-links (<u>r</u>esolution-links) represent possible steps by resolution.

The ideas of the "paramodulation-if-needed" paradigm and the ideas of the PCG-procedure can be combined by incorporating E-resolution into the PCG-procedure. Paramodulation and resolution concern, at most, two clauses, whereas E-resolution is a generalization of resolution concerning many clauses, therefore new structures, called <u>paths</u>, will be used to represent such macro-operations. <u>ER-paths</u> (<u>E-r</u>esolution-paths) can be defined to represent possible E-resolution steps. An ER-path connects two potentially complementary unifiable literals and the equations which make both literals unifiable.

The problems of E-resolution stated above may then be rephrased as:

1) the integration of ER-paths into the proof procedure (i.e. the organization of the search for ER-paths and their application)
2) the problem of searching for ER-paths.

The problem of the integration of ER-paths into a proof procedure is not the topic of this paper. A short description of a possible integration of ER-paths into the PCG-procedure is given in [Bl83]. In this paper we describe a solution of the second problem, which is:

Given a set of equations E and two terms s and t, the problem is to find out whether the two terms are unifiable under E, and if they are, to supply a proof in a calculus, which is easy to read and understand by a user of the system. Such a problem is called an <u>equality problem</u> and is denoted by $\langle s \equiv_E t \rangle$.

The problem to find ER-paths can immediately be reduced to such an equality problem.

It is well known that in general (i.e. for arbitrary sets of equations E) it is undecidable, whether two terms are unifiable under a theory E. However for restricted sets of equations E it is possible to build procedures, which can solve the equality problem $\langle s \equiv_E t \rangle$ for any terms s and t. Such classes of equation sets are treated in the fields of Unification (e.g. [Hu76], [Pl72], [Si84], [SS81]) and Term Rewriting (e.g. [KB70], [Hu77], [HO80], [Hu80]). In this paper the equality problem is treated for arbitrary equation sets and no restrictions are imposed on the theory E.

The solution of an equality problem is called an <u>equality-path</u>. In this paper a method called "<u>e</u>quality-path <u>c</u>onstruction <u>p</u>rocedure" (<u>ECOP</u>) is presented, which tries to solve equality problems: if two terms are unifiable under E, then ECOP finds a proof thereof, else it may not terminate.

<u>1.2. The Search for Paths Using Constraints</u>

Our first attempt to solve equality problems is the search for compatible combinations of

P-links connecting the effective equations with two potentially complementary literals [Bl83]. If these P-links are visualized graphically, certain structures emerge as the examples 1.1 and 1.2 demonstrate:

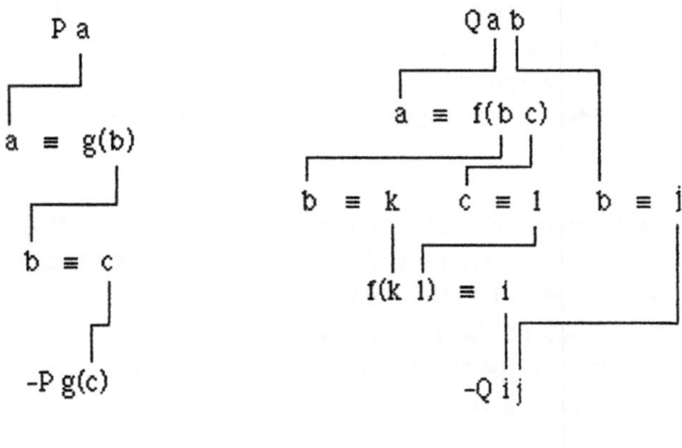

Example 1.1   Example 1.2

Such a combination of P-links is called an <u>equality-path</u>. A <u>compatible equality-path</u> represents a possible E-resolution step and is comparable to a refutation graph [Sh76], which is a combination of R-links representing a resolution proof.

The problem now is to find compatible equality-paths. To this end several conditions can be stated which are necessary but not sufficient for the compatibility of an equality-path. The following two examples show reasons for the incompatibility of equality-paths:

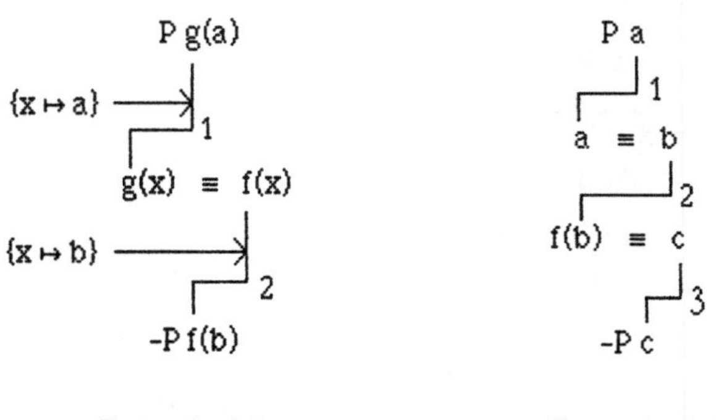

Example 1.3   Example 1.4

In Example 1.3 the combination of the P-links 1 and 2 is impossible because their unifiers $\{x \mapsto a\}$ and $\{x \mapsto b\}$ are incompatible. In example 1.4 the P-links 1 and 2 are incompatible, because after paramodulation on link 1, link 2 cannot be inherited to the paramodulant $P b$ since the access depths do not coincide.

Several constraints detecting such failures of compatibility can be formulated, which are not expensive to test but reduce the search space drastically. For example one such constraint is:
"For each maximal equality-chain in an equality-path the sum of all access depths must

be equal to zero and each partial sum must be less than or equal to zero."

Practical experiments with an implementation of a procedure based on the above exploitation of constraints in P-link graphs have shown, however, that the set of potential equality-paths, which have to be created in order to test the compatibility using constraints, are still far too large, even in relatively simple examples. Especially the P-links connecting variables (to everything else) made the procedure extremely inefficient.

Hence the procedure was modified several times, such that only those equality-paths fulfilling certain constraints were created. The experimental modifications finally led to the ECOP procedure, which constructs the compatible equality-paths without creating the huge set of incompatible ones in the first place, i.e. the essential idea is: Starting from some initial state a sequence of operations is performed applying rules to equality-paths until a compatible equality-path is constructed.

1.3. Equality-path Construction

In order to demonstrate the main idea, suppose $< g(a) \equiv_E f(i\ j) >$ with $E = \{ g(x) \equiv h(x\ k),\ h(a\ k) \equiv f(b\ 1),\ b \equiv c,\ c \equiv i,\ 1 \equiv j \}$ is an equality problem, then the compatible equality-path p in example 1.5 is a possible solution:

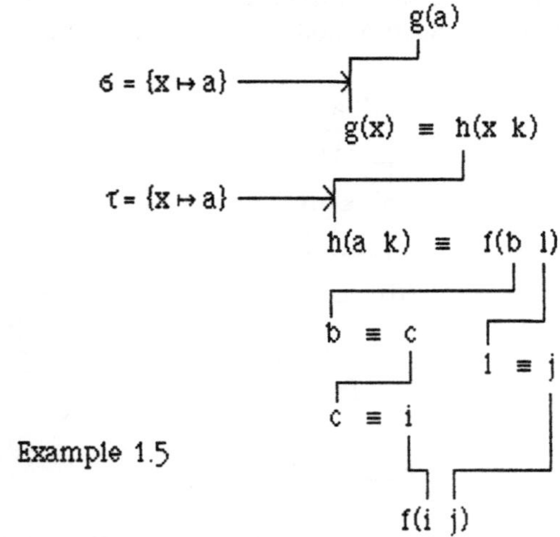

Example 1.5

The initial state for the construction of p is the equality-path p_0

$$g(a)$$
$$\vert$$
$$f(i\ j)$$

The main discrepancy in p_0 are the different toplevel symbols g and f. In order to solve the given equality problem this difference must be removed by some equations. There are two equations in E, which can be combined to a chain $g(.) \equiv h(..)$ ---- $h(..) \equiv f(..)$ which removes the primary discrepancy in p_0. The chain is inserted into p_0 with the result p_1':

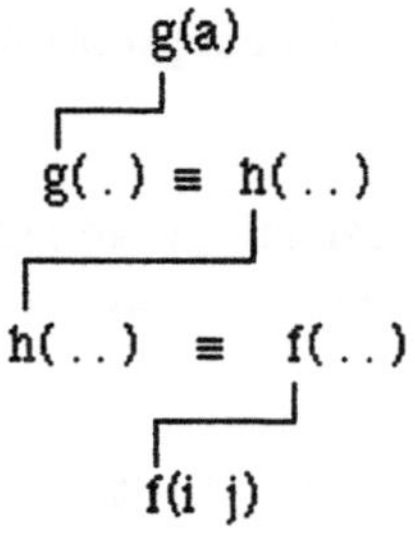

$$
\begin{array}{c}
g(a) \\
\quad\text{---}\!| \\
g(\,.\,) \;\equiv\; h(\,..\,) \\
\text{---} \\
h(\,..\,) \;\equiv\; f(\,..\,) \\
\quad\text{---}\!| \\
f(i\ \ j)
\end{array}
$$

In other words an <u>abstraction</u> of the equation set E is used to solve a <u>simplified version</u> of the problem. The solution of the simplified version can be regarded as a plan for the search for the solution of the original problem. If the simplified problem is unsolvable, then the original problem is unsolvable, too. Each solution of a simplified problem can be a basis for the construction of a solution of the original problem. Regarding now the original terms in p_1' we obtain an equality-path p_1:

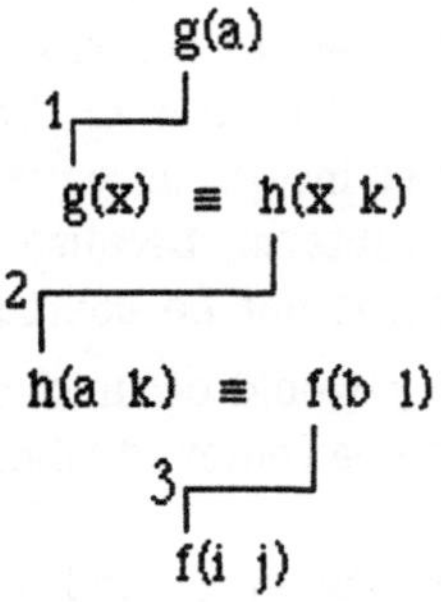

$$
\begin{array}{c}
g(a) \\
1\ \text{---}\!| \\
g(x) \;\equiv\; h(x\ \ k) \\
2\ \text{---}\!| \\
h(a\ \ k) \;\equiv\; f(b\ \ 1) \\
3\ \text{---}\!| \\
f(i\ \ j)
\end{array}
$$

In p_1 three subproblems arise, which have to be solved:

1. $\begin{array}{c} g\,(\,a\,) \\ | \\ | \\ g\,(\,x\,) \end{array}$ easily solved with the substitution $\sigma = \{x \mapsto a\}$

2. $\begin{array}{c} h\,(x\ \ k) \\ | \\ | \\ h\,(a\ \ k) \end{array}$ solved with $\tau = \{x \mapsto a\}$

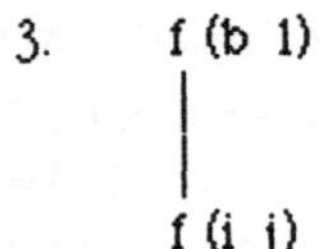

3.   f (b 1)

         |

      f (i j)

where the toplevel symbols are equal, but the corresponding pairs of subterms generate the next subproblems:

3.1.   b

         | solved inserting the equality-chain

         i $b \equiv c \text{------} c \equiv i$ and

3.2.   1

         | solved inserting the trivial

         j   equality-chain $1 \equiv j$

When all subproblems are solved, their solutions must be checked for compatibility, that is the corresponding substitutions must be compatible. In example 1.5 only two trivially compatible substitutions σ and τ occur which leads to the final compatible equality-path p.

The explosion of the search space of the procedure described in section 1.2. was primilary caused by P-links into variables, which corresponds to the insertion of equality-chains between a variable and a term. ECOP never inserts an equality-chain between a variable x and a term t, unless t contains x as subterm, because there always exists a trivial solution for $\langle x \equiv_E t \rangle$. This solution might not be compatible with solutions of other subproblems, but then such a discrepancy would occur during the attempt to unify the corresponding substitutions, and is tried to be removed where it occurs.

Hence, a problem $\langle s \equiv_E t \rangle$ and each subproblem created recursively can be divided into two different kinds of subproblems:
      1) local unification of two terms under E, without applying the unifier to the next
         subtermpairs
      2) unification of a list of substitutions under E
Corresponding to these subproblems two types of equality-paths are defined:
      1) term-paths, which are proof plans for the unification of two terms under E
      2) substitution-paths, which are proof plans for the unification of a list of
         substitutions under E

This effect is demonstrated in the following example which is the equality problem $\langle f(x\ x) \equiv_E f(g(a)\ g(b)) \rangle$ with $E = \{ a \equiv b \}$. The toplevel symbols of the pair of terms are equal and the corresponding pairs of subterms generate the subproblems:

1.   x

|

|

g (a)

which is solved with the substitution $\sigma = \{x \mapsto g(a)\}$ and

2.   x

|

|

g (b)

solved with the substitution $\tau = \{x \mapsto g(b)\}$

Now the substitutions σ and τ are not compatible. Trying to unify σ and τ, the subproblem $\langle\, g(a) \equiv_E g(b) \,\rangle$ is constructed, which is solved with the compatible equality-path:

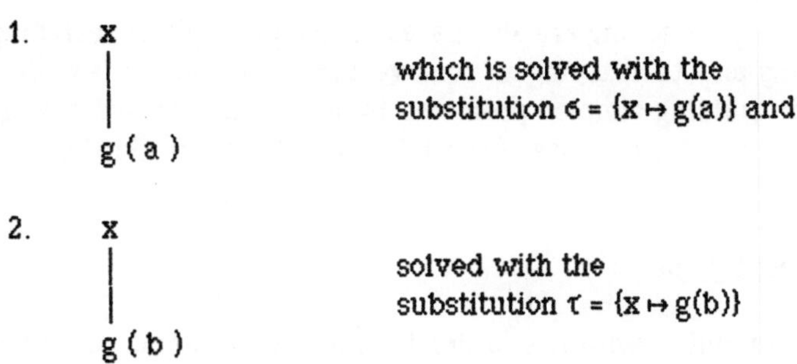

Using this term-path the given problem $\langle\, f(x\ x) \equiv_E f(g(a)\ g(b)) \,\rangle$ is also solved by the compatible equality-path:

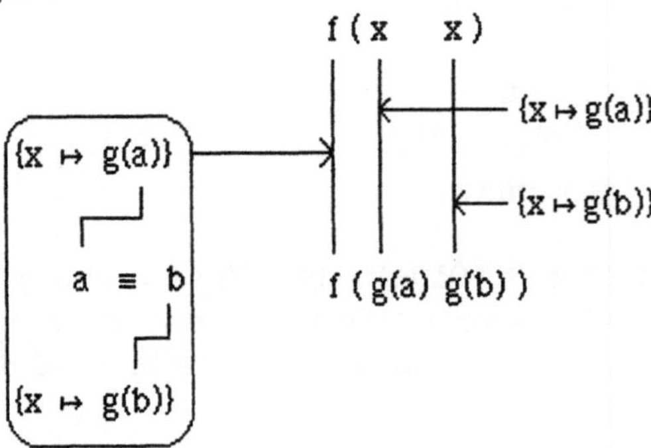

In order to achieve completeness, it is often necessary to insert chains between terms with equal toplevel symbol (e.g. $f(\ ) --- f(\ ) \equiv g(\ ) --....-- h(\ ) \equiv f(\ ) --- f(\ )$) and it is necessary to build chains containing variables at the toplevel (e.g. $f(\ ) --- x \equiv g(\ ) --- g(\ )$). But such operations must be controlled sensibly and are "directed by failure" in attempts to solve subproblems and to unify substitutions.

An advantage of this method is the availability of explicit information, which can be used for a <u>global planning</u> of the search for a proof. For each equality-path p the subproblems are known, which are to be solved in order to solve p. Functions to estimate the cost for a solution of the subproblems can be defined, in order to choose the best subpath for the given equality problem.

Some other methods of equality reasoning are also based on the principle of searching for the differences of two terms and then trying to remove these differences (e.g. [Mo69], [Di79], [LH85]). The idea of building simpler problems by abstraction in order to guide the search for a proof is examined for the case of resolution by Plaisted in [Pl81].

2. Terms, Equations and Substitutions

We assume the reader to be familiar with first order logic and with the usual notions of automated deduction; only some additional definitions which are used in this paper are presented. All notions used but not defined are consistent with [Lo78], [SW79]. To get an arbitrary but fixed order, sets are sometimes written as lists (e.g. substitutions, sets of equations).

Let V be the set of variables and F the set of function symbols. Let $C \subseteq F$ be the set of 0-ary function symbols, which are called constants. Let T be the set of terms defined as usual. For any structure S containing terms, $V(S)$ is the set of all variables occurring in the terms of S. Variables are denoted by u, v, w, x, y, z, constants by a, b, c, functions by f, g, h and terms by l, r, s, t.

The equality predicate is denoted by $\equiv$. The set of all equations is denoted by $E = \{s \equiv t \mid s, t \in T\}$. For two terms s and t and a set of equations $E \subseteq E$ we write $s \equiv_E t$ iff $E \models s \equiv t$.

A substitution is a mapping $\sigma : T \rightarrow T$ such that

$$a) \quad \sigma c = c \quad \text{for each} \quad c \in C$$
$$b) \quad \sigma f(t_1, \dots, t_n) = f(\sigma t_1, \dots, \sigma t_n)$$
$$c) \quad \{x \in V \mid \sigma x \neq x\} \quad \text{is finite}$$

The domain of a substitution σ is $DOM(\sigma) = \{x \in V \mid \sigma x \neq x\}$ and the codomain of a substitution σ is defined as $COD(\sigma) = \{\sigma x \mid x \in DOM(\sigma)\}$. The set of variables introduced by σ is defined as $VCOD(\sigma) = V(COD(\sigma))$ and the set of all variables of σ is $V(\sigma) = DOM(\sigma) \cup VCOD(\sigma)$.

For $DOM(\sigma) = \{x_1, \dots, x_n\}$ σ can be represented as the finite set of pairs $\{x_1 \mapsto t_1, \dots, x_n \mapsto t_n\}$ where $t_i = \sigma x_i$ for $i = 1 \dots n$. The empty substitution which is the identity is denoted by ε. If $\sigma = (x_1 \mapsto t_1, \dots, x_n \mapsto t_n)$ then $\sigma^j = (x_1 \mapsto t_1, \dots, x_j \mapsto t_j)$, $\sigma^{j+} = (x_{j+1} \mapsto t_{j+1}, \dots, x_n \mapsto t_n)$ $1 \leq j \leq n-1$, $\sigma^0 = \varepsilon$, $\sigma^{0+} = \sigma$, $\sigma^n = \sigma$ and $\sigma^{n+} = \varepsilon$. The set of all substitutions is denoted by Σ and $\sigma \circ \mu$ (abbreviated by $\sigma\mu$) is the usual functional composition of mappings.

$\Sigma^* = \{\sigma \in \Sigma \mid \sigma\sigma = \sigma\}$ is the set of idempotent substitutions. For idempotent substitutions we have: $\sigma \in \Sigma^*$ iff $DOM(\sigma) \cap VCOD(\sigma) = \emptyset$.

3. Equality-paths

As demonstrated in the introductory section, the search for a solution of an equality problem $\langle s \equiv_E t \rangle$ is based on structures called equality-paths, which are representations of a proof plan, a proof part, or a proof abstraction. An equality-path contains the information about subproblems, which have to be solved in order to solve the main problem. From an equality-path new equality-paths are constructed by applying transformation rules, until an equality-path of a special type called a compatible equality-path is found, which represents the solution for the original equality problem.

3.1. Definition of equality-paths

The function $\underline{head}\colon \mathbf{T} \to \mathbf{F} \cup \mathbf{V}$ is defined as $head(t) = t$ if $t \in \mathbf{C} \cup \mathbf{V}$ and $head(t) = f$ if $t = f(t_1, \ldots, t_n)$. Let $D = (e_1, \ldots, e_n)$ be a list of equations where $e_i = l_i \equiv r_i$ for $1 \leq i \leq n$. D is called an $\underline{abstract\ equation\text{–}chain}$ iff $((head(r_i) = head(l_{i+1})) \vee r_i \in \mathbf{V} \vee l_{i+1} \in \mathbf{V})$ for $i = 1 \ldots n-1$. $(e_1, \ldots, e_n)$ is $\underline{cyclefree}$, iff $e_i \neq e_j$ for $i \neq j$, $1 \leq i,j \leq n$ and the set of all cyclefree abstract equation-chains of E is denoted by $EC(E)$. If E is finite, then obviously $EC(E)$ is finite, too. Let $s, t \in \mathbf{T}$ and $D = (l_1 \equiv r_1, \ldots, l_n \equiv r_n) \in EC(E)$, if $((head(s) = head(l_1)) \vee s \in \mathbf{V} \vee l_1 \in \mathbf{V})$ and $((head(r_n) = head(t)) \vee r_n \in \mathbf{V} \vee t \in \mathbf{V})$ then D is an $\underline{abstract\ path}$ for s and t and $AP(s, t, E)$ is the set of all abstract paths of E for s and t.

Objects of the production system for the construction of solutions for equality problems are the elements of the sets $\mathbf{TP}$ and $\Sigma\mathbf{P}$ defined by

$$\mathbf{TP} = \{((s, t), D, P, M) \mid s \in \mathbf{T},\ t \in \mathbf{T},\ D \subseteq \mathbf{E},\ P \subseteq \mathbf{TP},\ M \subseteq \Sigma\mathbf{P}\}$$
$$\Sigma\mathbf{P} = \{(\Psi, \Phi, P, Q) \mid \Psi \subseteq \Sigma^*,\ \Phi \subseteq \Sigma^*,\ P \subseteq \mathbf{TP},\ Q \subseteq \mathbf{TP}\}$$

The elements of $\mathbf{TP}$ are called $\underline{term\text{-}paths}$ and the elements of $\Sigma\mathbf{P}$ are called $\underline{substitution\text{-}paths}$.

We describe the construction of a compatible term-path with transformation rules mapping term-paths to term-paths and substitution-paths to substitution-paths. Let R be such a set of transformation rules for term-paths and substitution-paths. The production of substitution-paths is denoted as: $\mu \Vdash_R \nu$, which means, there exists an $r \in R$ such that the application of r to μ results in ν and the production of term-paths is denoted as: $p \Vdash_R q$, which means, there exists an $r \in R$ such that the application of r to p results in q. The reflexive and transitive closure of $\Vdash_R$ is denoted by $\Vdash_R^*$.

Let $TP_0(s, t, R) \subseteq \mathbf{TP}$ be a set of term-paths for two terms s and t, then $TP(s, t, R) = \{p \in \mathbf{TP} \mid \exists\ q \in TP_0(s, t, R) : q \Vdash_R^* p\}$ is the set of all term-paths for s and t, derivable in R from $TP_0(s, t, R)$ and $TP(R) = \bigcup_{s,t \in \mathbf{T}} TP(s, t, R)$ is the set of all term-paths derivable in R. A term-path $((s, t), D, P, M) \in TP(R)$ is called <u>compatible</u>, iff $M \neq \emptyset$ and all substitution-paths in M are compatible. If $p = ((s, t), D, P, (\Psi, (\sigma), Q, \emptyset))$ is a compatible term-path, then σ is called the <u>unifier</u> of p ($\sigma = \text{unifier}(p)$). Analogously to term-paths the following sets of substitution-paths are defined where $\Sigma P_0(\Psi, R)$ is a set of substitution-paths for a list of substitutions Ψ : $\Sigma P(\Psi, R) = \{\mu \in \mathbf{\Sigma P} \mid \exists \, \nu \in \Sigma P_0(\Psi, R) : \nu \Vdash_R^* \mu\}$ and $\Sigma P(R) = \bigcup_{\Psi \subseteq \Sigma^*} \Sigma P(\Psi, R)$.

A substitution-path $(\Psi, \Phi, P, Q) \in \Sigma P(R)$ is called <u>compatible</u> iff $Q = \emptyset$ and $|\Phi| = 1$.

3.2. Characterization of equality-paths

Our method for detecting the equality of two terms s and t starts with initial pathsets $TP_0(s, t, R_E)$ and $\Sigma P_0(\Psi, R_E)$ and works with the set of rules R_E as defined in section 3.3 below. The paths derivable in this rule system are characterized in this section. Modifications of R_E and the initial pathsets can be defined which are helpful for proving the completeness of R_E or define search space reduction strategies.

Let $((s, t), D, P, M) \in TP(s, t, R_E)$, then D is an equality-chain trying to reduce the differences between s and t for a simpler, abstract version of the equality problem. The abstraction is given using the head of terms instead of the terms themselves. P contains the term-paths of subtermpairs which are to be unified. If all subproblems given by the term-paths in P are solved, then M contains the substitution-path of the substitutions which are to be unified in order to make the solutions of P compatible.

Let $(\Psi, \Phi, P, Q) \in \Sigma P(\Psi, R_E)$, $\Psi = (\sigma_1, \ldots, \sigma_n)$ then $\Phi = (\sigma, \sigma_k^{j+}, \ldots, \sigma_n)$, $1 \leq k \leq n$ (cf. section 2) and σ is a unifier of the substitutions $(\sigma_1, \ldots, \sigma_{k-1}, \sigma_k^j)$ under E, i.e. the unification of the substitutionlist Ψ is partially performed. During the unification subproblems to unify terms might have been created, which are already solved (elements of P) or still have to be solved (elements of Q).

If $((s, t), D, P, M) \in TP(s, t, R_E)$ is a compatible term-path, then M has exactly one element $\mu = (\Psi, (\sigma), Q, \emptyset)$ and the idempotent substitution σ unifies s and t under the theory E. We consider three cases:

1) If $D = \emptyset$ and $P = \emptyset$ then
   $Q = \emptyset$ and s and t are simply unifiable with mgu σ
2) If $D = \emptyset$ and $P \neq \emptyset$ then
   $s = f(s_1, \ldots, s_n)$, $t = f(t_1, \ldots, t_n)$ and $P = (p_1, \ldots, p_n)$
   $p_i \in TP(s_i, t_i, R_E)$ and the p_i are compatible, that means p_i are the solutions for the subproblems given by the need to unify the subtermpairs (s_i, t_i).

   M contains the solution of the problem to unify the unifiers of the subproblems p_i, if $\sigma_i = \text{unifier}(p_i)$ then σ unifies $\Psi = (\sigma_1, \ldots, \sigma_n)$ under E, and Q are solved subproblems (term-paths) which were created during the unification of the substitutions.

Hence we have $\sigma_i s_i \equiv_E \sigma_i t_i$ given by p_i and since σ is an instance of σ_i under E it is $\sigma s_i \equiv_E \sigma t_i$ and $\sigma s \equiv_E \sigma t$.

3) If $D \neq \emptyset$ and $P \neq \emptyset$ then

$D = (l_1 \equiv r_1, \dots, l_n \equiv r_n) \in AP(s, t, E)$, i.e. for each pair (s, l_1), (r_i, l_{i+1}) $i = 1 \dots n-1$ and (r_n, t) the heads of both terms are equal or at least one of two terms is a variable. $P = (p_0, p_1, \dots, p_n) \subseteq TP(R_E)$ where the p_i are compatible, i.e. the solved subproblems given by the termpairs above.

M contains the solution of the problem to unify the unifiers of the subproblems p_i, if $\sigma_i = unifier(p_i)$ then σ unifies $\Psi = (\sigma_0, \sigma_1, \dots, \sigma_n)$ under E, and Q are solved subproblems (term-paths) which were created during the unification of the substitutions.

Hence we have $\sigma s \equiv_E \sigma l_1 \equiv_E \sigma r_1 \equiv_E \sigma l_2 \equiv_E \sigma r_2 \equiv_E \dots \equiv_E \sigma l_n \equiv_E \sigma r_n \equiv_E \sigma t$

If $\mu = (\Psi, \Phi, P, Q) \in \Sigma P(\Psi, R_E)$ and μ is compatible, then $Q = \emptyset$, $\Phi = (\sigma)$ has exactly one element and σ unifies all substitutions of Ψ under E. P are solved subproblems (term-paths) which were created during the unification of the substitutions.

3.3. Transformation Rules

For a fixed finite set of equations E the set of rules R_E and the initial path sets belonging to it are defined in this section.

Two terms are said to be <u>simply unifiable</u> with mgu σ, iff they are unifiable with mgu σ and one of the terms is a variable or both terms are equal. Let $s, t \in T$, if s and t are simply unifiable with mgu σ, then the initial term-path set for s and t is defined to be $TP_0(s, t, R_E) = ((s, t), \emptyset, \emptyset, \{((\sigma), (\sigma), \emptyset, \emptyset)\})$, if s and t are not simply unifiable then $TP_0(s, t, R_E) = ((s, t), \emptyset, \emptyset, \emptyset)$. For a list of substitutions Ψ the initial substitution-path set is defined as $\Sigma P_0(\Psi, R_E) = (\Psi, \Psi, \emptyset, \emptyset)$.

We define $R_E = \bigcup_{c \in EC(E)} r_{T1}(c) \cup \{r_{T2}, r_{T3}, r_{T4}, r_{T5}\} \cup \{r_{S1}, r_{S2}, r_{S3}, r_{S4}, r_{S5}, r_{S6}\}$

The rules r_{T1} to r_{T5} are applicable to term-paths:

For each abstract equation-chain $c \in EC(E)$ with $c = (e_1, \dots, e_n)$, $e_i = l_i \equiv r_i$ and all variables of e_i renamed, such that e_i and e_j have no variables in common for $i \neq j$ and c has no variables in common with any other parts of any term-path a rule is defined:

$r_{T1}(c)$: If $p \in TP_0(s, t, R_E)$, s and t are not simply unifiable, $(e_1, \dots, e_n) \in AP(s, t, E)$,
$\quad p_0 \in TP_0(s, l_1, R_E)$, $p_i \in TP_0(r_i, l_{i+1}, R_E)$ $i = 1 \dots n-1$ and $p_n \in TP_0(r_n, t, R_E)$
$\quad$ then $p \Vdash_{R_E} ((s, t), (e_1, \dots, e_n), (p_0, p_1, \dots, p_n), \emptyset)$

A rule $r_{T1}(c)$ allows to insert an equality-chain into an initial equality-path with two not simply unifiable terms, if the equation-chain solves the simpler problem given by the abstraction only to consider the heads of all terms involved. The subproblems which are to be solved without abstraction are generated.

r_{T2}: If $p = ((s, t), \emptyset, \emptyset, \emptyset) \in TP_0(s, t, R_E)$, $s = f(s_1, \dots, s_n)$, $t = f(t_1, \dots, t_n)$
and $p_i \in TP_0(s_i, t_i, R_E)$ $i = 1 \dots n$,
then $p \Vdash_{RE} ((s, t), \emptyset, (p_1, \dots, p_n), \emptyset)$

For an initial equality-path with two terms having the same head a plan is constructed to compare the corresponding subtermpairs instead of inserting equations at toplevel between these terms. The subproblems to be solved given by these subtermpairs are generated.

r_{T3}: If $p = ((s, t), D, (p_1, \dots, p_n), \emptyset)$, $p_i \in TP(R_E)$ and p_i is compatible for $i = 1 \dots n$,
$\mu \in \Sigma P_0((\sigma_1, \dots, \sigma_n), R_E)$ and $\sigma_i = \text{unifier}(p_i)$
then $p \Vdash_{RE} ((s, t), D, (p_1, \dots, p_n), (\mu))$

If all subproblems to unify terms are solved, then the subproblem to unify the corresponding substitutions is created.

r_{T4}: If $p = ((s, t), D, (p_1, \dots, p_i, \dots, p_n), M)$ and $\exists q_i \in TP$ with $p_i \Vdash^{*}_{RE} q_i$
then $p \Vdash_{RE} ((s, t), D, (p_1, \dots, q_i, \dots, p_n), M)$

If an equality-path contains an unsolved term-path p_i, then p_i can be replaced by a term-path derivable from p_i. The new term-path should be closer to the solution.

r_{T5}: If $p = ((s, t), D, P, M)$ $\mu \in M$ and $\exists \nu \in \Sigma P$ with $\mu \Vdash^{*}_{RE} \nu$
then $p \Vdash_{RE} ((s, t), D, P, (M \backslash \{\mu\}) \cup \{\nu\})$

If an equality-path contains an unsolved substitution-path μ, then μ can be replaced by a substitution-path derivable from μ.

The rules r_{S1} to r_{S6} are applicable to substitution-paths:

r_{S1}: If $\mu = (\Psi, (\sigma_1, \varepsilon, \sigma_3, \dots, \sigma_n), P, \emptyset)$ $n \geq 2$
then $\mu \Vdash_{RE} (\Psi, (\sigma_1, \sigma_3, \dots, \sigma_n), P, \emptyset)$

The unification of substitutions is executed in the order given by $(\sigma_1, \dots, \sigma_n)$, the first element of this list always contains the result of the previous unification and is unified with the second element. If the second element is the empty substitution, then it can be simply removed.

r_{S2} :   If $\mu = (\Psi, (\sigma_1, \dots, \sigma_n), P, \varnothing)$, $\sigma_2^{\ 1} = \{y \mapsto t\}$, $y \in DOM(\sigma_1)$ and $q \in TP_0(\sigma_1 y, \sigma_1 t, R_E)$
then $\mu \Vdash_{RE} (\Psi, (\sigma_1, \sigma_2^{\ 1+}, \sigma_3, \dots, \sigma_n), P, \{q\})$

σ_1 is unified with $\sigma_2 = (y \mapsto t, y_2 \mapsto t_2, \dots, y_n \mapsto t_n)$ in the order given by this list representation. If $y \in DOM(\sigma_1)$ then both assignments of y must be unified and a term-path is created. After this subproblem is solved, the unification of the substitutions continues with the rest of σ_2 which is $\sigma_2^{\ 1+} = (y_2 \mapsto t_2, \dots, y_n \mapsto t_n)$.

r_{S3} :   If $\mu = (\Psi, (\sigma_1, \dots, \sigma_n), P, \varnothing)$, $\sigma_2^{\ 1} = \{y \mapsto t\}$, $y \in V(\sigma_1 t)$ and $q \in TP_0(y, \sigma_1 t, R_E)$
then $\mu \Vdash_{RE} (\Psi, (\sigma_1, \sigma_2^{\ 1+}, \sigma_3, \dots, \sigma_n), P, \{q\})$

Similiar to the rule r_{S2} a subproblem given by a term-path must be solved, before the unification of substitutions is continued.

r_{S4} :   If $\mu = (\Psi, (\sigma_1, \dots, \sigma_n), P, \varnothing)$, $\sigma_2^{\ 1} = \{y \mapsto t\}$, $y \notin DOM(\sigma_1)$ and $y \notin V(\sigma_1 t)$
then $\mu \Vdash_{RE} (\Psi, (\sigma_1 \sigma_2^{\ 1} \sigma_1, \sigma_2^{\ 1+}, \sigma_3, \dots, \sigma_n), P, \varnothing)$

σ_1 and $\sigma_2^{\ 1}$ are compatible and can be composed. The unification can be continued immediatly with $\sigma_2^{\ 1+}$.

r_{S5} :   If $\mu = (\Psi, (\sigma_1, \dots, \sigma_n), P, Q)$, $q \in Q \subseteq TP(R_E)$, q compatible, $\sigma = unifier(q)$
then $\mu \Vdash_{RE} (\Psi, (\sigma\sigma_1, \sigma_2, \dots, \sigma_n), P \cup \{q\}, Q\backslash\{q\})$

If a term-path created during the unification of substitutions is solved, then the resulting substitution σ is composed with the actual unifier σ_1 and the unification of substitutions is continued.

r_{S6} :   If $\mu = (\Psi, \Phi, P, Q)$, $q \in Q$, q not compatible, $\exists\, q' \in TP$ with $q \Vdash^*_{RE} q'$
then $\mu \Vdash_{RE} (\Psi, \Phi, P, (Q\backslash\{q\}) \cup \{q'\})$

An unsolved term-path created during the unification of substitutions can be replaced by a term-path derivable from it.

The main results for the equality-path construction method are [Bl85]:

<u>Theorem 1</u>: (Correctness) If $p \in TP(s, t, R_E)$ and p compatible
then $E \models \sigma s \equiv \sigma t$ with $\sigma = unifier(p)$

<u>Theorem 2</u>: (Completeness) If $\exists\, \sigma \in \Sigma^*$ with $E \models \sigma s \equiv \sigma t$
then $\exists\, p \in TP(s, t, R_E)$ and p compatible

Let f be a commutative and associative function and $f(x\ x) \to x$ a demodulator, then the term $f(a\ f(b\ f(f(c\ a)\ f(f(\ c\ b)\ a))$ is demodulated to $f(a\ f(b\ c))$

4.2.4. Unsolvability

For special equality problems the unsolvability can be detected immediately. For the equation set E in example 4.1 the equality problem

$\langle f(a\ f(a\ b)) \equiv_E b \rangle$ is solvable but

$\langle f(a\ f(a\ b)) \equiv_E a \rangle$ is unsolvable because

- the symbol b does not occur on the right hand side
- the right hand side contains no variable which could be instantiated to b
- none of the given equations contains b and
- all equations which could change the number of symbol occurrences presuppose an
  even number of occurrences (e.g. $f(x\ x) \equiv\ e$).

Hence the symbol b can never be removed from the term $f(a\ f(a\ b))$ using the given equations and therefore this term can never be made equal to a.

This test for unsolvability is very important for the performance of the system, because a lot of such problems occur. In example 4.1 for instance the first rule to be applied to $\langle f(a\ b) \equiv_E f(b\ a) \rangle$ is rule r_{T2} generating the subproblem $\langle a \equiv_E b \rangle$. The test for unsolvability immediately detects that a and b are not unifiable under E, i.e. $TP_0(a,\ b,\ R_E)$ is set to ø, hence $TP(a,\ b,\ R_E) = ø$, no equality-path for a and b is derivable. Therefore a rule $r_{T1}(c)$ is subsequently selected to insert an equality-chain, although the toplevel symbols of the given termpair are equal.

4.2.5. Postgeneralization

The derived equations used for equality matching (4.2.2.) and demodulation (4.2.3.) often contain skolem-constants from the main problem termpair (which do not occur in the equations). These constants can be replaced by variables to increase the applicability of the equations. In example 4.1 the equation $f(a\ f(a\ b)) \equiv b$ was derived, which could be generalized to $f(x\ f(x\ y)) \equiv y$ because the constants a and b do not occur in the given equations. Such a generalization could be extended to terms introduced by the problem termpair.

4.3. Overview of the Pre- and Postprocessors

The co-operation of the pre- and postprocessors with the main ECOP procedure is shown in the following diagram:

subproblem to be solved. Suppose there are two equality-paths p'_i, p''_i constructed with $P_i \Vdash^*_{RE} p'_i$ and $P_i \Vdash^*_{RE} p''_i$, then the equality-paths p' and p'' are produced applying rule r_{T4}:

$$p \Vdash_{RE} p' = ((s, t), D, (p_1, \ldots, p'_i, \ldots, P_n), M)$$
$$p \Vdash_{RE} p'' = ((s, t), D, (p_1, \ldots, p''_i, \ldots, P_n), M)$$

Now p' and p'' contain identical subproblems and they should not be solved twice. To this end a kind of structure sharing is implemented introducing OR-Branches:

$$p \Vdash_{RE} p''' = ((s, t), D, (p_1, \ldots, (OR\ p'_i\ p''_i), \ldots, P_n), M)$$

4.2.2. Termpair matching

Each solved subproblem represents a derived equation. Most of these equations are collected and each subproblem to be solved is tried to be matched with the derived equations in order to find a quick solution. For the C- (commutative), A- (associative) and AC-case (associative and commutative) a T-matching is performed.

Example:
$$\langle f(a\ f(a\ b)) \equiv_E b \rangle$$
$$\downarrow \{x \mapsto a, y \mapsto b\}\ \ f\ associative$$
$$f(f(x\ x)\ y) \equiv y$$

It is not sufficient to match only one side of the problem termpair with one side of the equation.

4.2.3. Demodulation

At the beginning of the search for a proof each termpair of an equality problem is demodulated [WRC67]. The given equations as well as any derived equation can be used as demodulator. An equation is used as demodulator if one side r of the equation is a simple term, that is $r \in C \cup V$ or $r = f(x_1, \ldots, x_n)$ with different variables x_i (right hand side of the demodulator), and the other side of the equation is not a simple term (left hand side of the demodulator). Demodulation is performed by matching the left hand side of a demodulator with a subterm of the term to be demodulated. For the C- (commutative), A- (associative) and AC-case (associative and commutative), again T-matching is performed.

Examples: Let f be an associative function and $f(x\ x) \to e$, $f(e\ x) \to x$, $f(x\ e) \to x$ demodulators, then the term $f(a\ f(a\ b))$ is demodulated to b

4. Implementation

The method of equality-path construction has been implemented as an independent equality prover, but is to be integrated into the "Markgraf Karl Refutation Procedure" [KM84].

Only a preliminary version of the control component has been implemented at the present time. Subpaths are selected rather arbitrarily and most of the applicable rules $r_{T_1}(c)$ are applied at once producing several alternative equality-paths. A new selection module is currently under development.

4.1 Experimental example

Although no refined selection exists at the moment, the experimental results with the system are promising: For example the following standard test problem in the field was easily solved by the ECOP procedure.

Example 4.1: A group with $x^2 = e$ is commutative.

The equality problem to be solved is $\langle f(a\ b) \equiv_E f(b\ a) \rangle$ with
$$E = \{ \quad f(\ f(\ x\ y)\ z) \equiv f(\ x\ f\ (\ y\ z))$$
$$f(\ e\ x) \equiv x$$
$$f(\ x\ e) \equiv x$$
$$f(\ g(x)\ x) \equiv e$$
$$f(\ x\ g(x)) \equiv e$$
$$f(\ x\ x) \equiv e \quad \}$$

Bundy ([Bu83] page 84 - 88) analysed this example in detail. For a breadth first paramodulation proof, he estimated a search space of 12^{10} paramodulation steps. In ECOP the search space is about 10^3 depending on the number of subproblems generated and the number of equality-chains to be inserted. With the help of strategies and heuristics an equality prover based on paramodulation can be improved such that this example is rather easy to solve (see e.g. [LO84]), but such improvements are also applicable for the ECOP procedure.

Some technical improvements of ECOP explained below are already implemented, which led to a solution of the above example after 6 search steps (i.e. 6 applications of r_{T_1}-rules).

4.2 Technical improvements

4.2.1. Structure sharing

Consider an equality-path $p = ((s, t), D, (p_1, \dots, p_i, \dots, p_n), M)$ and p_i may be selected as

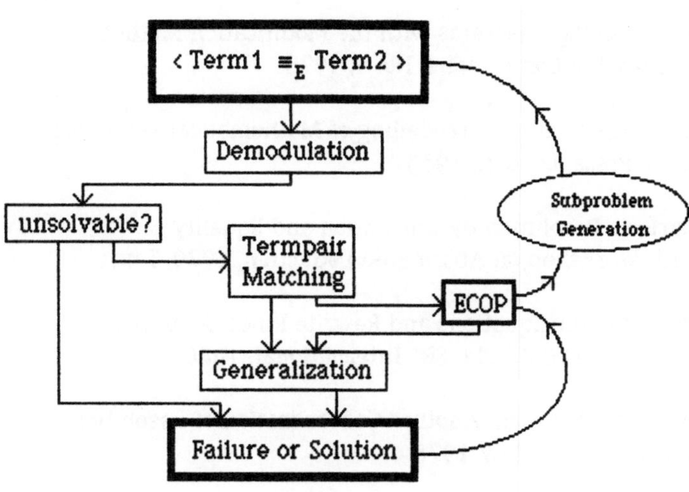

5. Conclusion

The method of equality-path construction is implemented as an independent equality prover. The main weakness of the present implementation is the lack of a refined selection module for the subproblems and rules. This is our main focus of research in the current development. The handling of conditional equations and of many-sorted logic is implemented in the present system, but not yet tested. Finally the whole ECOP procedure has to be integrated into our main theorem prover, the "Markgraf Karl Refutation Procedure".

ACKNOWLEDGEMENT

I would like to thank Hans-Jürgen Bürckert, Norbert Eisinger, Hans-Jürgen Ohlbach and Jörg Siekmann for many stimulating discussions and their advice in the preparation of this work.
This work was supported by "Sonderforschungsbereich 314 (Künstliche Intelligenz) der Deutschen Forschungsgemeinschaft".

REFERENCES

[An70]   R. Anderson: Completeness results for E-resolution.
         Proc. Spring Joint Conf., 1970, 653-656

[Bl83]   K.H. Bläsius: Equality-Reasoning in clause graphs. Proc. IJCAI, 1983, 936-939

[Bl85]   K.H. Bläsius: Correctness and Completeness of the equality-path construction
         method. (forthcoming)

[Br75]   D. Brand: Proving Theorems with the Modification Method.
          SIAM Journal of Comp., vol 4, No. 4, 1975

[Bu83]   A. Bundy: The Computer Modelling of Mathematical Reasoning.
          Academic Press, London, 1983

[Di79]   V.J. Digricoli: Resolution by Unification and Equality.
          Proc. 4th Workshop on Automated Deduction, 1979, Texas

[HO80]   G. Huet, D. Oppen: Equations and Rewrite Rules: A survey.
          Technical Report CSL-111, SRI International, 1980

[HR78]   M.C. Harrison, N. Rubin: Another Generalization of Resolution.
          JACM, vol 25, no. 3, July 1978

[Hu76]   G. Huet: Resolution d'equations dans des languages d'ordere 1,2,...,ω
          These d'Etat, Univ. de Paris, VII, 1976

[Hu77]   G. Huet: Confluent Reductions: Abstract Properties and Applications to Term
          Rewriting Systems. 18th IEEE Symposium on Foundations of Computer
          Science, 1977, p. 30 - 45

[Hu80]   J.M. Hullot: A catalogue of canonical Term Rewrite Systems.
          Technical Report CSL-113, SRI International, 1980

[KB70]   D. Knuth, P.Bendix: Simple Word Problems in Universal Algebras. in:
          Computational Problems in Abstract Algebra. Ed. Leech I., Pergamon Press,
          1970, p. 263 - 297

[KM84]   Karl Mark G. Raph: The Markgraf Karl Refutation Procedure.Interner Bericht,
          Memo-Seki-MK-84-01, Fachbereich Informatik, Universität Kaiserslautern, 1984

[Ko75]   R. Kowalski: A Proof Procedure Using Connection Graphs. JACM 22, 4, 1975

[LH85]   Y. Lim, L.J. Henschen: A New Hyperparamodulation Strategy for the Equality
          Relation. Proc. IJCAI-85, Los Angeles, 1985

[Lo78]   D. Loveland: Automated Theorem Proving: A logical Basis. North Holland, 1978

[LO84]   E.L. Lusk, R.A. Overbeek: A Short Problem Set for Testing Systems That Include
          Equality Reasoning. Argonne National Laboratory, Argonne, Illinois 60439

[Mo69]   J.B. Morris: E-resolution: An Extension of Resolution to include the Equality
          Relation. Proc. IJCAI, 1969, 287-294

[Pl72]   G. Plotkin: Building in Equational Theories. Machine Intelligence, vol. 7, 1972

[Pl81]   D. Plaisted: Theorem Proving with Abstraction.
          Artifical Intelligence 16 (1981), p. 47 - 108

[RW69]   G. Robinson, L. Wos: Paramodulation and TP in first order theories with equality.
          Machine Intelligence 4, 135-150

[Sh76]   R.E. Shostak: Refutation Graphs. Artifical Intelligence 7 (1976), p. 51 - 64

[Sh78]   R.E. Shostak: An Algorithm for Reasoning About Equality.
          CACM, July 1978, vol 21, no. 7

[Si69]   E.E. Sibert: A machine-oriented Logic incorporating the Equality Axiom.
          Machine Intelligence, vol 4, 1969, 103-133

[Si84]   J. Siekmann: Universal Unification. Proc. of Conf. on Autom. Deduction, 1984,
          Napa, USA, Springer Lecture Notes comp. Sci., vol. 170

[SS81]   J. Siekmann, P. Szabo: Universal Unification and Regular ACFM Theories.
          Proc. IJCAI-81, Vancouver, 1981

[SW79]   J. Siekmann, G. Wrigthson: Paramodulated Connectiongraphs.
          Acta Informatica, 1979

[WRC67]   L. Wos, G. Robinson, D. Carson, L. Shalla: The Concept of Demodulation in
          Theorem Proving. J. ACM 14 (October 1967), p. 698 - 709

Theory Unification in Abstract Clause Graphs

Hans Jürgen Ohlbach
FB Informatik, University of Kaiserslautern
675 Kaiserslautern, Postf. 3049   West Germany

Abstract

Clause Graphs, as they were defined in the 1970s, are graphs representing first order formulas in conjunctive normal form together with the resolution possibilities. The nodes are labelled with literals and the edges (links) connect complementary unifiable literals. This report describes a generalization of this concept, called abstract clause graphs. The nodes of abstract clause graphs are still labelled with literals, the links however connect literals that are "unifiable" relative to a given relation between literals. This relation is not explicitely defined; only certain "abstract" properties are required, for instance the existence of a special purpose unification algorithm is assumed which computes substitutions, the application of which makes the relation hold for two literals.
When instances of already existing literals are added to the graph (e.g. due to resolution or factoring), the links to the new literals are derived from the links of their ancestors. An inheritance mechanism for such links is presented which operates only on the attached substitutions and does not have to unify the literals. This solves a long standing open problem of connection graph calculi: how to inherit links (with several unifiers attached) such that no unifier has to be computed more than once.

Contents

1. Introduction and Motivation

A connection graph in the sense of Robert Kowalski [Ko75] consists of nodes labelled with literals (as constituents of clauses) and links, which connect complementary unifiable literals in different clauses.

Since the literals have to be Robinson unifiable, there is (up to the renaming of variables) only one most general unifier (mgu) and it is assumed that this single unifier is attached to the link.

A typical operation upon such a graph is resolution: A link is selected, the resolvent is generated, and the new links are created by inheritance from the links connected to the parent clauses. Finally the link resolved upon with its mgu is removed from the graph. The inheritance mechanism avoids searching the whole graph for potentially complementary literals; the new unifiers still have to be calculated by literal unification, however. In 1975 Bruynooghe presented a mechanism for inheriting Robinson unifiers directly without literal unification [Br75]. But in the last few years different extensions of the connection graph calculus have been proposed that make it necessary to reformulate the inheritance mechanism.

The main extensions are:
1. Other link types were introduced, connecting not only complementary unifiable literals (i.e. the atoms are unifiable and the signs are different) in different clauses, but also directly unifiable literals (i.e. the atoms are unifiable and the signs are equal) in different clauses as well as in the same clause etc. [Ei81], [Wa81]. For every new link type an inheritance mechanism of its own had to be defined.
2. The unification concept was augmented. New unification algorithms are able to exploit certain properties of functions and predicates [Si84]. For instance, terms like $f(a,f(b,c))$ and $f(f(b,c),a)$ are unifiable, provided f is associative and commutative. But also literals like a‹b and a›b are complementary unifiable under the usual interpretation of the ‹ and › predicates [St83].
3. The underlying logical calculus has been augmented by sorts [Wa82] and polymorphic functions [SS85].

A very unpleasant consequence of these extensions is the fact that there is not only one most general unifier, but possibly an infinite number of independent ones. Links in the extended clause graph calculus are therefore labelled with a set of mgus. After resolving with one of these mgus, it is no longer possible to remove the whole link from the graph, but only this single mgu. This leads to the undesired effect that a unifier once removed may suddenly reappear in an inherited link, as the following example demonstrates:

1.1 Example (Reappearance of a removed unifier in an inherited link)
Let R be a symmetric predicate.

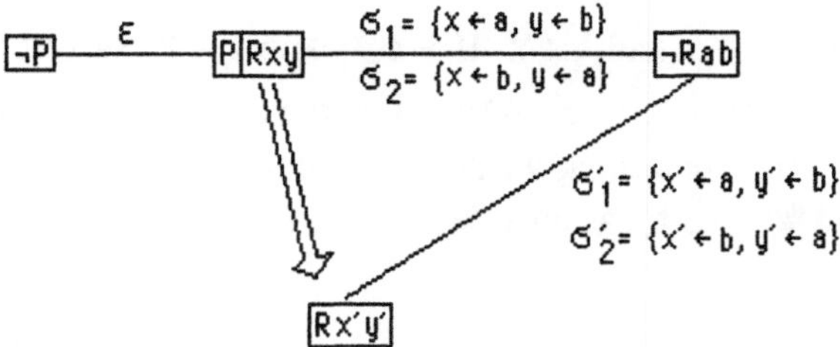

Unification of Rx'y' and ¬Rab after resolution upon the predicate P generates σ'_1 and σ'_2 regardless whether σ_1 or σ_2 has been previously removed or not. ∎

In order to prevent this effect, which introduces the kind of redundancy again the connection graph procedure was trying to eliminate in the first place, it is necessary to inherit the unifiers individually such that a direct relation between the parent unifier and its descendants can be established. If this is possible we can not only prevent the reappearance of removed mgus, but further deletion rules will become possible.

1.2 Example (for a new deletion rule).   R is again a symmetric predicate.

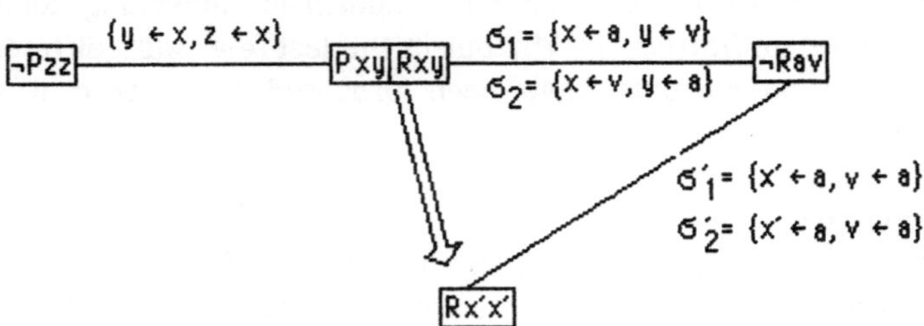

Let us assume that for some reason σ_2 was removed. If it is not physically destroyed, but only marked in some way and we are able to inherit σ_1 and σ_2 separately, it is possible to detect that the descedant σ_1' of σ_1 is an instance of the removed mgu σ_2'. Now we can remove σ_1' too and with σ_1' we can remove the whole link. (The completeness proof for this deletion rule is not part of this report and has to be given elsewhere.) ∎

In this report a method is presented to inherit individual unifiers for an extensive class of theory unification algorithms and arbitrary literal-link types (links connecting literals, not terms).

2. Basic Notions

We use the standard notions of first order logic: Given pairwise disjoint alphabets, let $\mathbb{V}$ be the set of **variable** symbols; $\mathbb{F}_n$ be the set of n-place **function** symbols, $\mathbb{F}_0 = \mathbb{C}$ the set of **constant** symbols and $\mathbb{F} = \cup \mathbb{F}_n$. Let $\mathbb{P}_n$ be the set of n-place **predicate** symbols and $\mathbb{P} = \cup \mathbb{P}_n$. Furthermore let $\mathbb{T}$ be the set of terms, i.e $\mathbb{T}$ is the smallest set with $\mathbb{V} \subseteq \mathbb{T}$ and $f(t_1, \dots, t_n) \in \mathbb{T}$ for all $f \in \mathbb{F}_n$ and $t_i \in \mathbb{T}$. If $P \in \mathbb{P}_n$ and $t_i \in \mathbb{T}$ we call $P(t_1, \dots, t_n)$ an **atom**. **Literals** are signed atoms (+A resp. -A) and $\mathbb{L}$ is the set of all literals. **Clauses** are sets of literals. For any object t containing variables we define $\mathbb{V}(t)$ as the set of all **variables occurring in** t and $\mathbb{V}(t_1, \dots, t_n)$ as an abbreviation for $\mathbb{V}(t_1) \cup \dots \cup \mathbb{V}(t_n)$.

Substitutions

A **substitution** σ is an endomorphism on the term algebra associated with $\mathbb{T}$ which is identical almost everywhere. Each substitution σ is completely determined by its restriction $\sigma|_{\mathbb{V}}$ [He83, I.2]. We will make frequent use of this property, writing $\{x_1 \leftarrow t_1, \dots, x_n \leftarrow t_n\}$ for instance to represent a substitution σ with $\sigma(x_i) = t_i$, $1 \leq i \leq n$. For such a substitution σ we define: $\mathrm{VARS}(\sigma) := (x_1, \dots, x_n)$ and $\mathrm{TERMS}(\sigma) := (t_1, \dots, t_n)$
ε is the identity substitution and Σ is the set of all substitutions.

The *codomain* of a substitution σ is $\qquad COD(\sigma) := \sigma(DOM(\sigma))$
The set of *variables introduced by* σ is defined by $\quad VCOD(\sigma) := V(COD(\sigma))$
and the set of *variables of* σ is $\qquad\qquad\qquad \mathbb{V}(\sigma) := DOM(\sigma) \cup VCOD(\sigma)$

For two substitutions $\sigma,\mu \in \Sigma$ we write $\sigma\mu$ for the usual functional composition and $\sigma|_V$ for the restriction of σ to the set of variables V. Substitutions may also be applied to atoms (and consequently to literals and clauses too): $\sigma P(t_1, \dots ,t_n) := P(\sigma t_1, \dots ,\sigma t_n)$.

$\Sigma^* := \{\sigma \in \Sigma | \sigma\sigma = \sigma\}$ is the set of *idempotent substitutions.*

We mention two useful properties of idempotent substitutions which can be found in [He83]:

2.1 Lemma Let σ be a substitution and t be a term. Then
  a) σ is idempotent iff $DOM(\sigma) \cap VCOD(\sigma) = \emptyset$.   (Lemma I.5 in [He83])
  b) If σ is idempotent then $DOM(\sigma) \cap \mathbb{V}(\sigma t) = \emptyset$.   (Lemma I.4 in [He83])   ■

Sorted Logic

In order to cover many-sorted logics, we define the notion of a stable sort calculus.

2.2 Definition (stable sort calculus) We call a given many-sorted calculus a *stable sort calculus* if it defines the notions of sort symbols $\mathbb{S}$, a sort function [...] and a predicate $\mathbb{WS}$ satisfying the following properties:
a) $\mathbb{S}$ is a finite non-empty set of sort symbols with a partial order $\leq$, the subsort order, imposed on it.
b) $[...] : \mathbb{T} \to \mathbb{S}$ is a sort function satisfying the properties:
   i) $\mathbb{V} \cup \mathbb{C} \subseteq DOM([...])$
   ii) $t = f(t_1, \dots ,t_n) \in DOM([...]) \Rightarrow t_i \in DOM([...])$ $1 \leq i \leq n$ and
      $\forall \sigma \in \Sigma , \ (\forall x \in \mathbb{V} \ [\sigma x] \leq [x]) \Rightarrow [\sigma t] \leq [t]$
      (The sort of an instantiated term is smaller or equal to the sort of the term).
c) $\mathbb{WS}$ is a meta-predicate for terms and literals with the properties:
   i) If A is a term then $\mathbb{WS}(A) \Leftrightarrow A \in DOM([...])$.
   ii) If $A = \pm P(t_1, \dots ,t_n)$ is a literal then $\mathbb{WS}(A)$ implies $\mathbb{WS}(t_i)$ $1 \leq i \leq n$ and
      $\forall \ s_i \in \mathbb{T} \ [s_i] \leq [t_i] \Rightarrow \mathbb{WS}(\pm P(s_1, \dots ,s_n))$.   ■

$\mathbb{WS}$ selects terms and literals with a property usually called "well sorted". Therefore let $\mathbb{WST} := \{t \in \mathbb{T} | \mathbb{WS}(t)\}$ and $\mathbb{WSL} := \{L \in \mathbb{L} | \mathbb{WS}(L)\}$ be the sets of well sorted terms resp. literals, $\mathbb{WS\Sigma} = \{\sigma \in \Sigma | \forall x \in \mathbb{V} \ [\sigma(x)] \leq [x]\}$ be the set of well sorted substitutions and $\mathbb{WS\Sigma}^* = \mathbb{WS\Sigma} \cap \Sigma^*$. (We write $\mathbb{WS}(\sigma)$ if $\sigma \in \mathbb{WS\Sigma}$.)
The notion of a stable sort calculus covers all the many-sorted calculi where instances of well sorted terms are again well sorted terms. (see for example the ΣRP calculus of Ch. Walther [Wa82] or the ΣRP^* calculus of M. Schmidt-Schauss [SS85]). A calculus where for example x^{-1} is regarded as well sorted, but 0^{-1} not, is not of this type.
Throughout the rest of this paper we consider only stable sort calculi.

2.3 Lemma Let σ be a well sorted substitution. Then
  a) If t is a well sorted term or literal, then σt is well sorted, too.
  b) If t is a well sorted term then [σt] ⊆ [t].
  c) The composition of two well sorted substitutions is again a well sorted substitution.
The proofs follow immediately from the definition of a well sorted substitution and Def. 2.2,b,ii and c,ii. ∎

Renaming Substitutions

Renaming substitutions are substitutions mapping variables into variables of the same sort. They are defined as follows:

2.4 Definition   (Renaming substitutions) An idempotent substitution $\varrho \in \mathbb{WS\Sigma}^*$
    is called a ***renaming substitution*** for the variables W ≠ ø iff
  a) DOM(ϱ) = W   c) [x] = [ϱx] for every variable x.
  b) ϱ W ⊆ $\mathbb{W}$ d) ϱ is injective on W, i.e x ≠ y ⇒ ϱx ≠ ϱy. ∎

For a set of variables W ⊆ $\mathbb{W}$ we write REN$_=$(W) for the set of all renaming substitutions ϱ with DOM(ϱ) = W and REN$_⊆$(W) for the set of all renaming substitutions ϱ with DOM(ϱ) ⊆ W. Furthermore we use REN$_\sim$(O) as an abbreviation for REN$_\sim$($\mathbb{W}$(O)) for any object O containing variables and ~ ∈ {= , ⊆}.

2.5 Lemma If ϱ is a renaming substitution then VCOD(ϱ) = COD(ϱ).
The lemma follows immediately from VCOD(ϱ) ⊆ $\mathbb{W}$ and the injectivity condition for renaming substitutions. ∎

The Converse of a Renaming Substitution

2.6 Definition (Converse of a renaming substitution)
    Let ϱ ∈ REN$_=$(V), V ⊆ $\mathbb{W}$ be a renaming substitution. We define the ***converse*** ϱ^c of ϱ
    by: ϱ^cx = y   iff ϱy = x   for each x ∈ V. ∎

An example: ϱ = {x ← y, z ← u} ⇒ ϱ^c = {y ← x, u ← z}

That the converse of a renaming substitution is (unfortunately) not the inverse, but something similar is shown in lemma 2.8. First we need some trivial properties of the converse:

2.7 Lemma Let ϱ be a renaming substitution. Then
  a) VCOD(ϱ^c) = DOM(ϱ)   b) DOM(ϱ^c) = VCOD(ϱ)   c) ϱ^c is idempotent.

Corollary ϱ ∈ REN$_=$(V) ⇔ ϱ^c ∈ REN$_=$(COD(ϱ)).   The proofs are given in [Oh85].

2.8 Lemma If ϱ is a renaming substitution, then $\varrho \varrho^c = \varrho$ and $\varrho^c \varrho = \varrho^c$
The proofs are given in [He83], Lemma 1.12.

Permutations

A substitution ζ is a permutation if there exists a ζ^- such that $\zeta \zeta^- = \varepsilon$.
($\zeta = \{x \leftarrow y, y \leftarrow z, z \leftarrow x\}$ for example is a permuation with $\zeta^- = \{x \leftarrow z, z \leftarrow y, y \leftarrow x\}$).
In the inheritance mechanisms, defined in chapter 6, we need permutations consisting of
one cycle of length 2. They look like $\hat{\varrho} = \{x \leftarrow y, y \leftarrow x, u \leftarrow v, v \leftarrow u\}$ and are constructed
from ordinary renaming substitutions ϱ as follows:

$$\hat{\varrho}\,x \;=\; \begin{cases} \varrho x & \text{if } x \in \text{DOM}(\varrho) \\ \varrho^c x & \text{otherwise.} \end{cases}$$

2.9 Lemma   (some properties of $\hat{\varrho}$).   Let ϱ be a renaming substitution.
 a) $\hat{\varrho}|_{\text{DOM}(\varrho)} = \varrho$ b) $\hat{\varrho}\hat{\varrho} = \varepsilon$ ($\Rightarrow \hat{\varrho}$ is a permutation) and c) $\hat{\varrho}\varrho|_{\text{DOM}(\varrho)} = \varepsilon$ ∎

Renaming Operations on Substitutions

For the inheritance mechanisms of chapter 6 we define a renaming operation on
substitutions. If for example $\sigma = \{x \leftarrow fy, z \leftarrow gav\}$ is a substitution and $\varrho = \{y \leftarrow w, z \leftarrow u\}$ is
a renaming substitution, then the **application of** ϱ to σ: $\varrho \bullet \sigma = \{x \leftarrow fw, u \leftarrow gav\}$ is a
new substitution which is different from the functional composition
$\varrho \sigma = \{x \leftarrow fw, z \leftarrow gav, y \leftarrow w\}$

2.10 Definition   (Renaming of a substitution)
   For a substitution $\sigma \in \Sigma$ and a renaming substitution ϱ we define a renaming
   operation $\bullet$: $\varrho \bullet \sigma := \hat{\varrho} \sigma \hat{\varrho}$ ∎

Some useful properties of the renaming operation are listed in the next four lemmas.
They are proved in [Oh85].

2.11 Lemma If ϱ is a renaming substitution then $\text{DOM}(\varrho \bullet \sigma) = \hat{\varrho}\text{DOM}(\sigma)$. ∎

The following lemma shows that the definition of $\bullet$ in fact reflects our intuition of a
renaming of a substitution:

2.12 Lemma If $\sigma = \{x_1 \leftarrow t_1, \dots, x_n \leftarrow t_n\} \in \Sigma$ and $\varrho \in \text{REN}_{\subseteq}(\sigma)$ with $\text{COD}(\varrho) \cap \mathbb{V}(\sigma) = \emptyset$,
   then $\varrho \bullet \sigma = \{\varrho x_1 \leftarrow \varrho t_1, \dots, \varrho x_n \leftarrow \varrho t_n\} = \{\varrho x_1 \leftarrow \varrho \sigma x_1, \dots, \varrho x_n \leftarrow \varrho \sigma x_n\}$ ∎

2.13 Lemma The renaming operation preserves the idempotency and well-sortedness
   of a substitution. ∎

The next lemma shows that the renaming of an instantiated term is equivalent to the instantiation of the renamed term with the renamed substitution. This result will frequently be used in the proofs of chapter 6.

2.14 Lemma Let t be a term, $\sigma \in \Sigma$ and ϱ be a renaming substitution, then we have
  a) $(\varrho \bullet \sigma)\hat{\varrho} = \hat{\varrho}\sigma$ and b) $\varrho \in REN_{\subseteq}(\mathbb{V}(t,\sigma))$ and $VCOD(\varrho) \cap \mathbb{V}(t,\sigma) = \emptyset \Rightarrow (\varrho \bullet \sigma)\varrho t = \varrho \sigma t$ ∎

Corollary The statement of lemma 2.14 remains valid if t is a literal. ∎

3. Congruence Relations and Unification

A unification problem in its most abstract form can be stated as follows [Sz82]:
Let S be a formal language containing variables, $\mathbb{\Sigma}$ the set of substitutions in S, and $\approx \subseteq S \times S$ a relation. For any $p,q \in S$ a substitution $\sigma \in \mathbb{\Sigma}$ with $\sigma(p) \in S$, $\sigma(q) \in S$ and $\sigma(p) \approx \sigma(q)$ is called a $\approx$-unifying substitution ($\approx$-unifier).
Unification theory investigates the computability and representability of such $\approx$-unifiers.

This paper is concerned with two such languages and relations, first the language of well sorted terms $\mathbb{WST}$ with a relation $\approx$ satisfying special properties and then the language of literals with an extension of $\approx$. The relation between terms $\approx$ is usually [Si84] defined by an equational theory and most of the known unification algorithms work for special equational theories. For the solution of the inheritance problem to be addressed in this paper, it is not necessary however for $\approx$ to be an equationally defined relation. $\approx$ may remain an abstract relation and the unification algorithm need not be defined explicitly but has to fulfill certain requirements.

3.1 Definition A *stable congruence relation* $\approx$ on well sorted terms is a relation satisfying the following properties:
  a) $\approx$ is an equivalence relation.
  b) congruence: Let t_i, s_i with $t_i \approx s_i$, $1 \leq i \leq n$ be pairs of terms.
        If $f(t_1, \dots ,t_n)$ and $f(s_1, \dots ,s_n)$ are well sorted, then $f(t_1, \dots ,t_n) \approx f(s_1, \dots ,s_n)$.
  c) stability: If $s,t \in \mathbb{WST}$ are two terms and $\sigma \in \mathbb{WS\Sigma}$ and $s \approx t$ then $\sigma s \approx \sigma t$.

3.2 An Example
    Regard the ΣRP calculus of Ch. Walther [Wa82] with sorts $\{A,B\}$ and $A < B$. If we have a constant a of sort A and two functions $g{:}A \to A$ and $f{:}B \times B \to B$ and $\approx$ is the relation expressing the idempotence of f: (fxx=x). Then we have $a \approx faa$, but not $ga \approx g(faa)$, because g(faa) is not a well sorted term. If, however, we consider the ΣRP^* calculus of M. Schmidt-Schauss [SS85] and declare f being polymorphic:
    $f \in \mathbb{F}_{\{(B,B,B)(A,B,B)(B,A,B)(A,A,A)\}}$ then [faa]=A and g(faa) is a well sorted term.
    Now $g(a) \approx g(faa)$ holds. ∎

Throughout this chapter let $\approx$ denote such a stable congruence.

Extension of the $\approx$-Relation to Substitutions

There are two possible ways to extend the $\approx$-relation to substitutions:

3.3 Definition   (strong extension of the $\approx$-relation to substitutions)
For two substitutions $\sigma, \mu \in WS\Sigma$ and a set of variables W we write
$\sigma \approx \mu \, [\![W]\!]$ iff   for each variable $x \in W$: $\sigma x \approx \mu x$.   ■

3.4 Lemma $\approx [\![W]\!]$ is an equivalence relation on well sorted substitutions.
The proof follows immediately from the equivalence condition 3.1 a).   ■

3.5 Lemma   (Correspondence between the $\approx$ relations on WST and $WS\Sigma$.) If t is a well
sorted term and σ, μ are well sorted substitutions with $\sigma \approx \mu \, [\![V(t)]\!]$, then $\sigma t \approx \mu t$.
<u>Proof</u> by induction.
The induction basis follows trivially from the definition of the $\approx$-relation.
<u>Induction step</u>   Let $t = f(t_1, \dots , t_n) \in WST$

$\Rightarrow \sigma t \in WST$ and $\mu t \in WST$ (Lemma 2.3)
$\Rightarrow \sigma t_i \approx \mu t_i$ (Induction hypotheses)
$\Rightarrow f(\sigma t_1, \dots , \sigma t_n) \approx f(\mu t_1, \dots , \mu t_n)$ (Congruence property 3.1,b)
$\Rightarrow \sigma f(t_1, \dots , t_n) \approx \mu f(t_1, \dots , t_n)$.   ■

The following definition gives the second extension of $\approx$ to substitutions.

3.6 Definition   (Subsumption relation on substitutions)
a) Let $\sigma, \mu \in WS\Sigma$, $W \subseteq V$ then $\sigma \leq \mu \, [\![W]\!]$ iff $\exists\, \lambda \in WS\Sigma$ $\sigma \approx \lambda\mu \, [\![W]\!]$
b) Let $\sigma, \mu \in WS\Sigma$, $W \subseteq V$ then $\sigma \equiv \mu \, [\![W]\!]$ iff $\sigma \leq \mu \, [\![W]\!]$ and $\mu \leq \sigma \, [\![W]\!]$

3.7 Lemma   a) $\leq [\![W]\!]$ is a partial ordering on well sorted substitutions.
                  b) $\equiv [\![W]\!]$ is an equivalence relation on well sorted substitutions.
<u>Proof</u> a) Since the reflexivity follows trivially, the transitivity of $\leq [\![W]\!]$ remains to be
shown: Let σ_1, σ_2 and $\sigma_3 \in WS\Sigma$ with $\sigma_1 \leq \sigma_2 \, [\![W]\!]$ and $\sigma_2 \leq \sigma_3 \, [\![W]\!]$ for some variables W.

$\Rightarrow \exists\, \lambda_1, \lambda_2 \in WS\Sigma$ with $\forall\, x \in W$ $\sigma_1 x \approx \lambda_1 \sigma_2 x$ and $\sigma_2 x \approx \lambda_2 \sigma_3 x$
$\Rightarrow \forall\, x \in W$ $\sigma_1 x \approx \lambda_1 \lambda_2 \sigma_3 x$ (Def. 3.1,a,c and Lemma 2.3,c)
$\Rightarrow \sigma_1 \leq \sigma_3 \, [\![W]\!]$ □

b) The reflexivity and symmetry are trivial and the transitivity follows from the
transitivity of $\leq [\![W]\!]$.   ■

3.8 Lemma (Correspondence between the $\leq$ and $\equiv$-relations and the $\approx$-relation on WST)
Let s,t be well sorted terms and σ a substitution with $\sigma s \approx \sigma t$.
If $\tau \in WS\Sigma$ with $\tau \leq \sigma \, [\![V(s,t)]\!]$ then $\tau s \approx \tau t$.
<u>Proof</u> $\tau \leq \sigma \, [\![V(s,t)]\!] \Rightarrow \exists\, \lambda \in WS\Sigma$ $\tau \approx \lambda\sigma \, [\![V(s,t)]\!]$

$\Rightarrow \tau s \approx \lambda\sigma s$ (Lemma 3.5)
    $\approx \lambda\sigma t$ (stability of $\approx$)
    $\approx \tau t$ (Lemma 3.5)   ■

Since the same lemma holds for the $\equiv$-relation as well, the $\equiv$-relation just classifies the substitutions which can be used alternatively as unifiers for two given terms.

The next lemma is very instructive. It shows that the definition of the $\equiv$-relation on substitutions allows to construct equivalent idempotent substitutions for each $\sigma \in \mathbb{WS\Sigma}$.

3.9 Lemma For every well sorted substitution σ there exists an idempotent substitution σ' with $\sigma \equiv \sigma' \ [\![DOM(\sigma)]\!]$.

<u>Proof</u> Let $\varrho \in REN_=(DOM(\sigma) \cap VCOD(\sigma))$ such that $VCOD(\varrho) \cap \mathbb{V}(\sigma) = \varnothing$

$\Rightarrow DOM(\varrho^c) \cap \mathbb{V}(\sigma) = \varnothing.$ $\qquad\qquad\qquad$ (Lemma 2.5, 2.7,b)

Let $\sigma' = \varrho\sigma \mid_{DOM(\sigma)}.$

$\Rightarrow DOM(\sigma') = DOM(\sigma)$ and $VCOD(\sigma') \subseteq (VCOD(\sigma) \setminus DOM(\sigma)) \cup VCOD(\varrho).$

Both sets are disjoint and hence by lemma 2.1 σ' is idempotent.

Furthermore we have $\sigma' \le \sigma \ [\![DOM(\sigma)]\!]$ because $\sigma' \approx \varrho \ \sigma \ [\![DOM(\sigma)]\!]$ and

$\sigma \le \sigma' \ [\![DOM(\sigma)]\!]$ because $\sigma \approx \varrho^c \ \sigma \ [\![DOM(\sigma)]\!] \approx \varrho^c \varrho \sigma \ [\![DOM(\sigma)]\!]$ $\qquad$ (Lemma 2.8)

$\qquad\qquad\qquad\qquad\qquad\qquad\qquad\qquad\qquad \approx \varrho^c \sigma' \ [\![DOM(\sigma)]\!]$

$\Rightarrow \sigma \equiv \sigma' \ [\![DOM(\sigma)]\!].$ $\qquad\qquad\qquad\qquad$ ∎

The proof shows how to make a substitution idempotent by a renaming of the critical variables in the codomain. Whenever we postulate the existence of a substitution which needs to be determined only up to the $\equiv$-relation, we can therefore assume that this substitution is idempotent (see for instance the definition of unifiers below).

Every symmetric and transitive relation $\sim \ \subseteq M \times M$ for a certain set M can easily be extended to sets of elements of M if we demand the existence of a bijection between these sets. We define this extension for arbitrary sets M and $\sim$-relations, but we use it especially for sets of substitutions and the $\equiv [\![W]\!]$ relation.

3.10 Definition

Let $\sim \ \subseteq M \times M$ be a symmetric and transitive relation for a set M and $\Sigma_1, \Sigma_2 \subseteq M$.

We say $\Sigma_1 \sim \Sigma_2$ iff there exists a bijection $\psi: \Sigma_1 \to \Sigma_2$ such that $\forall \sigma \in \Sigma_1 \ \sigma \sim \psi(\sigma).$ ∎

3.11 Lemma (criterion for the equivalence of such sets.)

Let $\sim \ \subseteq M \times M$ be a symmetric and transitive relation for a set M and $\Sigma_1, \Sigma_2 \subseteq M$ be minimal with respect to $\sim$, i.e. $\sigma_1 \ne \sigma_2 \in \Sigma_i \ \Rightarrow \ \sigma_1 \nsim \sigma_2$ for $i = 1,2$,

then: $\Sigma_1 \sim \Sigma_2$ iff $\forall \sigma \in \Sigma_1 \ \exists \tau \in \Sigma_2 \ \sigma \sim \tau$ and $\forall \tau \in \Sigma_2 \ \exists \sigma \in \Sigma_1 \ \tau \sim \sigma$

The proof relies mainly on the transitivity of the $\sim$-relation and is given in [Oh85]. ∎

3.12 Lemma (Invariance of the $\equiv [\![W]\!]$ relation under renaming)

Let $W \subseteq \mathbb{V}, \ \Sigma_1, \Sigma_2 \subseteq \mathbb{WS\Sigma}$. Then $\Sigma_1 \equiv \Sigma_2 \ [\![W]\!] \ \Rightarrow \ \varrho \bullet \Sigma_1 \equiv \varrho \bullet \Sigma_2 \ [\![\hat{\varrho}(W)]\!]$

The main idea of the proof is to show that for two well sorted substitutions σ, τ:

$\sigma \equiv \tau \ [\![W]\!] \ \Rightarrow \ \varrho \bullet \sigma \equiv \varrho \bullet \tau \ [\![\hat{\varrho}(W)]\!].$ It is also given in [Oh85]. ∎

The definition of a congruence relation for terms is now extended in two steps to a relation on literals.

3.13 Definition   (extension of the $\approx$ relation to literals)
a) (canonical extension of $\approx$.)   Let L and K be terms or literals.
   We define: $L \approx K$ iff the two signs and predicates are equal and the $\approx$-relation holds for the two termlists
b) ("natural" extension of $\approx$)
   A given symmetric and stable relation $\sim$ between literals can be combined with the $\approx$-relation to a new relation $\approx = \approx \circ \sim$ on literals. We call it a (compatible) **extension** of the $\approx$ relation (on well sorted terms). Its properties are:
   i) $\forall$ L,K $\in$ **WFL** $L \approx K \Leftrightarrow \exists$ R $\in$ **WFL** $L \approx R$ and $R \sim K$ or $L \sim R$ and $R \approx K$
$$(\approx = \approx \circ \sim \text{ "compatibility"})$$
   ii) $\forall$ L,K $\in$ **WFL**, $\sigma, \in$ **WFΣ** $L \approx K \Rightarrow \sigma(L) \approx \sigma(K)$ (stability)

Remarks: Definition a) is the canonical extension of $\approx$ to literals which observes the properties of terms represented by $\approx$. The $\sim$-relation described in b) may take properties of predicates (symmetry etc.) and the sign of the literal into account. This relation needs neither be reflexive nor transitive. Finally the $\approx$-relation on literals combines the properties of predicates and terms. It may for instance describe "complementarity of literals" (For example $+P(a, f(b,c)) \approx -P(f(c,b), a)$ if P is symmetric and f commutative).
We also use the symbol $\approx$, which has originally been used for the relation between terms, for the relation between literals, because this relation is in some sense a "natural" extension. It allows to handle properties of literals in the same way as properties of terms. (The symmetry of a predicate symbol, for instance, and the commutativity of a symbol are not really very different properties). Furthermore it specifies the unification problem ‹s $\approx$ t› for two terms resp. ‹L $\approx$ K› for two literals and many lemmas can be proved once for both relations.

3.14 Lemma (another formulation for the compatibility property.)
   If L,K $\in$ **WSL**, $\sigma, \tau \in$ **WSΣ** with $\sigma(L) \approx \sigma(K)$ and $\tau \approx \sigma \, [\![\mathbb{V}(L,K)]\!]$ then
   $\tau(L) \approx \sigma(K)$ and $\tau(L) \approx \tau(K)$. ∎

3.15 Lemma (extension of lemma 3.8 to literals.)
   Let s and t be well sorted terms or literals and $\sigma \in$ **WSΣ** with $\sigma(s) \approx \sigma(t)$.
   If $\tau \in \Sigma$ with $\tau \leq \sigma \, [\![\mathbb{V}(s,t)]\!]$, then $\tau(s) \approx \tau(t)$. ∎

Unifiers: Now we can come back to the main subject of this chapter: unification.

3.16 Definition (complete set of unifiers)
   For arbitrary terms s,t $\in$ **WST** or literals s,t $\in$ **WSL**, $U\Sigma(s,t) \subseteq$ **WSΣ*** is called a correct and complete set of unifiers ($\approx$-unifiers) for s and t iff
a) $\forall \sigma \in U\Sigma(s,t)$ $\sigma(s) \approx \sigma(t)$ (correctness)
b) $\forall \sigma \in \Sigma$ $\sigma(s) \approx \sigma(t) \Rightarrow \exists \tau \in U\Sigma(s,t)$ $\sigma \leq \tau \, [\![\mathbb{V}(s,t)]\!]$ (completeness)
   In addition we need a purly technical condition which makes the definition insensible against variable renamings and prevents such undesired things as
   $U\Sigma(x,y) = \{x \leftarrow y\}$ but $U\Sigma(x',y') = \{y' \leftarrow x'\}$.
c) $\forall \varrho \in \text{REN}_\subseteq(\mathbb{V})$ $U\Sigma(\hat\varrho(s),\hat\varrho(t)) = \varrho \bullet U\Sigma(s,t)$

An actual implementation of a unification algorithm usually fulfills this condition. To violate it would mean to put extra code into the algorithm which for instance sorts the variables according to some obscure ordering.

A complete set of unifiers $U\Sigma(s,t)$ is **_minimal_** if in addition
  d) $\forall\ \sigma_1, \sigma_2 \in U\Sigma(s,t)\ \ \sigma_1 \leq \sigma_2\ [\![V(s,t)]\!] \Rightarrow \sigma_1 = \sigma_2$ and
  e) $\forall\ \sigma \in U\Sigma(s,t)\ \ DOM(\sigma) \subseteq V(s,t)$ hold.   ∎

This set is unique up to the $= [\![V(s,t)]\!]$ relation and is called a most general set of unifiers. (It is usually written $\mu U\Sigma(s,t)$).
In order to calculate most general sets of unifiers form complete sets of unifiers, we define an instance removing function MAX:

3.17 Definition   (Maximizer) Let W be a set of variables. A function $MAX_W: 2^\Sigma \to 2^\Sigma$
    with the following properties is called a Maximizer with respect to W:
  a) $\forall\ \Sigma \subseteq WS\Sigma\ , \sigma \in \Sigma\ \ MAX_W(\Sigma) \subseteq \Sigma$ and $\exists\ \lambda \in MAX_W(\Sigma)\ \ \sigma \leq \lambda\ [\![W]\!]$
  b) $\forall\ \Sigma \subseteq WS\Sigma\ , \forall\ \sigma_1, \sigma_2 \in MAX_W(\Sigma)\ \ \ \sigma_1 \leq \sigma_2[\![W]\!] \Rightarrow \sigma_1 = \sigma_2$
  c) $\forall\ \Sigma \subseteq WS\Sigma\ , \forall\ \varrho \in ren_\subseteq(V)\ \ \ MAX_W(\hat{\varrho}\bullet\Sigma)\ = \varrho \bullet MAX_W(\Sigma)$
  d) $\forall\ \sigma \in MAX_W(\Sigma)\ \ DOM(\sigma) \subseteq W$.   ∎

The function MAX_W (which needs not be unique) just removes all substitutions in Σ which are instances of other elements of Σ. It is insensible against variable renaming in the same sense as $U\Sigma$.

3.18 Lemma   For two well sorted terms or literals s and t: $\mu U\Sigma(s,t) := MAX_{V(s,t)}(U\Sigma(s,t))$
    is a set of most general unifiers for s and t.   The proof is obvious. ∎

At this point it is necessary to put a further restriction onto the $\approx$ relation:
We consider only relations $\approx$ for which $\mu U\Sigma(s,t)$ <u>exists</u> and <u>can be enumerated</u> for every s and t, but $\mu U\Sigma(s,t)$ may be infinite.

The definitions for $U\Sigma$ and $\mu U\Sigma$ can be easily extended to termlists:
Let $t_1, \dots, t_n$ and $s_1, \dots, s_n \in WST$ and $W = \bigcup V(t_i, s_i)$
Then $U\Sigma((t_1, \dots, t_n), (s_1, \dots, s_n)) := \bigcap U\Sigma(t_i, s_i)$ and
       $\mu U\Sigma((t_1, \dots, t_n), (s_1, \dots, s_n)) := MAX_W U\Sigma((t_1, \dots, t_n), (s_1, \dots, s_n))$

3.19 Lemma   (Insensibility of $\mu U\Sigma$ against variable renaming)
    Let s,t be well sorted terms or literals. Then
    $\forall\ \varrho \in REN_\subseteq(V)\ \ \ \mu U\Sigma(\hat{\varrho}(s), \hat{\varrho}(t)) = \varrho \bullet \mu U\Sigma(s,t)$.

    The proof follows immediately from the appropriate conditions for $U\Sigma$ and MAX.   ∎

3.20 Lemma   ("more general than most general is impossible.")
    Let s,t be well sorted terms or literals and $\pi \in \mu U\Sigma(s,t)$;

let $\varphi \in \Sigma$ with $\varphi(s) \approx \varphi(t)$ and $\pi \leq \varphi$ $[\![\mathbb{V}(s,t)]\!]$. Then we have $\pi \equiv \varphi$ $[\![\mathbb{V}(s,t)]\!]$

<u>Proof</u> $\varphi(s) \approx \varphi(t) \Rightarrow \varphi|_{\mathbb{V}(s,t)}(s) \approx \varphi|_{\mathbb{V}(s,t)}(t)$

$\Rightarrow \exists \varphi' \in \Sigma^* \;\; \varphi' \equiv \varphi \;[\![\mathbb{V}(s,t)]\!]$ (Lemma 3.9)

$\Rightarrow \exists \lambda \in \mu U\Sigma(s,t) \;\; \varphi' \leq \lambda \;[\![\mathbb{V}(s,t)]\!]$ (Def. 3.17,a)

$\Rightarrow \pi \leq \lambda \;[\![\mathbb{V}(s,t)]\!]$ (transitivity of $\leq$)

$\Rightarrow \pi = \lambda$ (Def. 3.17,b)

$\Rightarrow \varphi' \leq \pi \;[\![\mathbb{V}(s,t)]\!] \;\; \Rightarrow \;\; \varphi \leq \pi \;[\![\mathbb{V}(s,t)]\!]$

$\Rightarrow \varphi \equiv \pi \;[\![\mathbb{V}(s,t)]\!]$ (Def. 3.6,b)   ∎

3.21 Lemma   Let s and t be well sorted terms or literals and $\tau \in \mu U\Sigma(s,t) \neq \varnothing$;
let $\sigma \in \Sigma$ with $\sigma(\text{VARS}(\tau)) \approx \sigma(\text{TERMS}(\tau))$ then we have $\sigma(s) \approx \sigma(t)$

<u>Proof</u> $\sigma(\text{VARS}(\tau)) \approx \sigma(\text{TERMS}(\tau)) \;\Rightarrow\; \forall x \in \mathbb{V} \;\; \sigma(x) \approx \sigma\tau(x)$

$\Rightarrow \sigma \leq \tau \;[\![\mathbb{V}]\!] \Rightarrow \sigma(s) \approx \sigma(t)$ (Lemma 3.15) ∎

4. The Basic Inheritance Theorem

Using the technical preparations of the last three chapters we are now able to prove a correspondence between unifiers of terms (or literals) and unifiers of their instances. This correspondence is the key for all inheritance algorithms in the following chapters.

For ease of notation we abbreviate:
$$\mu U\Sigma(\sigma, \Sigma)|_{\mathsf{W}} := \text{MAX}_{\mathsf{W}} \left(\bigcup_{\tau \in \Sigma} \{\pi|_{\mathsf{W}} \mid \pi \in U\Sigma(\sigma(\text{VARS}(\tau)), \sigma(\text{TERMS}(\tau)))\} \right)$$

4.1 The Inheritance Theorem

Let s and t be well sorted terms or literals and $\Theta = \mu U\Sigma(s,t) \neq \varnothing$;
let $\sigma \in \mathbb{WS\Sigma}$ with $\mathbb{V}(\sigma) \cap \mathbb{V}(\Theta) \subseteq \mathbb{V}(s,t)$ and   let $W := \mathbb{V}(\sigma s, \sigma t)$;
then $\mu U\Sigma(\sigma s, \sigma t) \equiv \mu U\Sigma(\sigma, \Theta)|_{\mathsf{W}} \;[\![W]\!]$.

<u>Proof</u> According to lemma 3.11 it is sufficient to prove

    i) $\forall \pi \in \mu U\Sigma(\sigma s, \sigma t) \;\; \exists \varphi \in \mu U\Sigma(\sigma, \Theta)|_{\mathsf{W}}$ with $\pi \equiv \varphi \;[\![W]\!]$ and

    ii) $\forall \varphi \in \mu U\Sigma(\sigma, \Theta)|_{\mathsf{W}} \;\; \exists \pi \in \mu U\Sigma(\sigma s, \sigma t)$ with $\varphi \equiv \pi \;[\![W]\!]$

<u>Proof i)</u> Let $\pi \in \mu U\Sigma(\sigma s, \sigma t)$. Our goal is to find a $\varphi \in \mu U\Sigma(\sigma, \Theta)|_{\mathsf{W}}$ with $\pi \equiv \varphi \;[\![W]\!]$.

The idea is to extend π to a substitution φ^* which unifies $\sigma(\text{VARS}(\tau))$ and $\sigma(\text{TERMS}(\tau))$ for a $\tau \in \Theta$. Then we take a $\varphi' \in \mu U\Sigma(\sigma(\text{VARS}(\tau)), \sigma(\text{TERMS}(\tau)))$ which is more general than φ^* and show that $\varphi = \varphi'|_{\mathsf{W}}$ unifies σs and σt. But since π is most general we can show that π is equivalent to φ.

With $\pi \in \mu U\Sigma(\sigma s, \sigma t) \;\; \Rightarrow \;\; \pi\sigma s \approx \pi\sigma t$

$\Rightarrow \exists \tau \in \mu U\Sigma(s,t) \;\;\;\;\; \pi\sigma \leq \tau \;\;[\![\mathbb{V}(s,t)]\!]$

$\Rightarrow \exists \lambda \in \mathbb{WS\Sigma} \;\;\;\;\;\;\;\;\; \pi\sigma \approx \lambda\tau \;[\![\mathbb{V}(s,t)]\!]$ [∗]

Now let $\varphi^*(x) = \begin{cases} \lambda\tau(x) & x \in \text{VCOD}(\tau) \setminus \mathbb{V}(s,t) \\ \pi(x) & \text{otherwise} \end{cases}$

From the disjointness condition $\mathbb{V}(\sigma) \cap \mathbb{V}(\Theta) \subseteq \mathbb{V}(s,t)$ we can immediately deduce $\varphi^*|_{\mathbb{V}(s,t,\sigma)} = \pi.$ $\qquad$ [**]

<u>Step 1</u> First we prove that $\lambda\tau \approx \varphi^*\sigma \, [\![VCOD(\tau)]\!].$ $\qquad$ Let $x \in VCOD(\tau)$

$\qquad$ <u>Case 1</u> $\qquad x \in \mathbb{V}(s,t)$ $\quad \Rightarrow \varphi^*\sigma(x) = \pi\sigma(x)$ $\qquad\qquad\qquad$ (see **)

$\qquad\qquad\qquad\qquad\qquad\qquad\qquad \Rightarrow \lambda\tau(x) \approx \pi\sigma(x) = \varphi^*\sigma(x)$ $\qquad$ (see *)

$\qquad$ <u>Case 2</u> $\qquad x \notin \mathbb{V}(s,t)$ $\quad \Rightarrow x \notin DOM(\sigma)$ $\qquad\qquad$ ($x \in VCOD(\tau)$ and $\mathbb{V}(\sigma) \cap \mathbb{V}(\Theta) \subseteq \mathbb{V}(s,t)$)

$\qquad\qquad\qquad\qquad\qquad\qquad\qquad \Rightarrow \varphi^*\sigma(x) = \varphi^*(x) = \lambda\tau(x)$ $\qquad$ (Definition of φ^*) $\square$ $\qquad \square$

<u>Step 2</u> $\quad$ Now we prove that $\quad \varphi^*\sigma(VARS(\tau)) \approx \varphi^*\sigma(TERMS(\tau)).$

$\qquad$ Let $x \in DOM(\tau)$ with $\tau(x) = q \in COD(\tau)$

$\qquad \Rightarrow x \in \mathbb{V}(s,t)$ $\qquad\qquad\qquad\qquad\qquad\qquad\qquad$ ($\tau \in \mu U\Sigma(s, t)$ and 3.18)

$\qquad \Rightarrow \varphi^*\sigma(x) = \pi\sigma(x)$ $\qquad\qquad\qquad\qquad\qquad$ (see **)

$\qquad\qquad\qquad \approx \lambda\tau(x)$ $\qquad\qquad\qquad\qquad\qquad$ (see *)

$\qquad\qquad\qquad = \lambda\tau\tau(x)$ $\qquad\qquad\qquad\qquad\qquad$ ($\tau \in \underline{\Sigma}^*$)

$\qquad\qquad\qquad \approx \varphi^*\sigma\tau(x)$ $\qquad\qquad\qquad\qquad\quad$ (step 1 and lemma 3.5)

$\qquad\qquad\qquad = \varphi^*\sigma(q)$

$\qquad \Rightarrow \varphi^*\sigma(VARS(\tau)) \approx \varphi^*\sigma(TERMS(\tau))$ $\qquad\qquad\qquad\quad \square$

With this step it is shown that φ^* unifies $\sigma(VARS(\tau))$ and $\sigma(TERMS(\tau))$. Next we have to prove that $\varphi^*|_W$ is equivalent to a most general element of $\mu U\Sigma(\sigma, \Theta)|_W$.

<u>Step 3</u> We have proved that $\exists \tau \in \Theta$ with $\varphi^* \in U\Sigma(\sigma(VARS(\tau))), \sigma(TERMS(\tau)))$.

$\qquad$ By the definition of $\mu U\Sigma(\sigma, \Theta)|_W$ there exists a $\tau' \in \mu U\Sigma(s, t)$ and a $\varphi \in \mu U\Sigma(\sigma, \Theta)|_W$

$\qquad$ and a $\varphi' \in U\Sigma(\sigma(VARS(\tau')), \sigma(TERMS(\tau')))$ with $\varphi = \varphi'|_W$ and $\varphi^* \leq \varphi' \, [\![W]\!]$.

$\qquad$ With $\varphi'\sigma(VARS(\tau)) \approx \varphi'\sigma(TERMS(\tau))$

$\qquad\qquad\qquad \Rightarrow \varphi'\sigma s \approx \varphi'\sigma t$ $\qquad\qquad\qquad\qquad$ (Lemma 3.21)

$\qquad\qquad\qquad \Rightarrow \varphi\sigma s \approx \varphi\sigma t$ $\quad \Rightarrow \varphi \in U\Sigma(\sigma s, \sigma t)$

$\qquad$ With $\varphi^* \leq \varphi' \, [\![W]\!]$ $\quad \Rightarrow \pi \leq \varphi \, [\![W]\!]$ $\qquad\qquad$ ($\varphi^*|_W = \pi$)

$\qquad\qquad\qquad \Rightarrow \pi \equiv \varphi \, [\![W]\!]$ $\qquad\qquad\qquad\qquad$ ($\pi \in \mu U\Sigma(\sigma s, \sigma t)$ and 3.20) $\square$

<u>Proof ii)</u> $\quad$ Let $\varphi \in \mu U\Sigma(\sigma, \Theta)|_W$. We look for a $\pi \in \mu U\Sigma(\sigma s, \sigma t)$ with $\varphi \equiv \pi \, [\![W]\!]$.

$\qquad$ By the definition of $\mu U\Sigma(\sigma, \Theta)|_W$ there exists a $\tau \in \mu U\Sigma(s, t)$ and a

$\qquad \varphi^* \in U\Sigma(\sigma(VARS(\tau))), \sigma(TERMS(\tau)))$ with $\varphi = \varphi^*|_W \in \mu U\Sigma(\sigma, \Theta)|_W$.

$\qquad \Rightarrow \varphi^*\sigma s \approx \varphi^*\sigma t$ $\qquad\qquad\qquad\qquad\qquad$ (Lemma 3.21)

$\qquad \Rightarrow \varphi\sigma s \approx \varphi\sigma t$

$\qquad \Rightarrow \exists \pi \in \mu U\Sigma(\sigma s, \sigma t)$ with $\varphi \leq \pi \, [\![W]\!]$

$\qquad \Rightarrow \exists \varphi' \in \mu U\Sigma(\sigma, \Theta)|_W$ with $\varphi' \equiv \pi \, [\![W]\!]$ $\qquad$ (Proof i))

$\qquad \Rightarrow \varphi \leq \varphi' \, [\![W]\!]$ $\quad \Rightarrow \varphi = \varphi'$ $\qquad\qquad\qquad$ (Def. 3.17,b)

$\qquad \Rightarrow \varphi \equiv \pi \, [\![W]\!]$ $\qquad\qquad\qquad\qquad\qquad\qquad\quad \square$

From proof i) and proof ii) and lemma 3.16 we can conclude the theorem:
$$\mu U\Sigma(\sigma s, \sigma t) \equiv \mu U\Sigma(\sigma, \Theta)|_W \, [\![W]\!] \qquad\qquad \blacksquare$$

<u>Corollary</u>

$\qquad$ For two terms or literals s,t and a substitution σ: $\mu U\Sigma(s, t) = \emptyset \Rightarrow \mu U\Sigma(\sigma s, \sigma t) = \emptyset.$

5. Abstract Clause Graphs

The original formulation of the connection graph calculus [Ko75] had only one type of links: resolution links connecting Robinson unifiable literals with opposite signs in different clauses. This "pure" connection graph calculus was later augmented by other link types supporting different graph operations like subsumption recognition [Ei81], tautology and purity checking [Wa81], paramodulation [SW80] etc. Except for paramodulation links which are links between terms, all these links are links between literals and have to be treated very similar in an actual implementation. Therefore it is advantageous to describe all these different literal link types within one single calculus.

5.1 Definition   (Abstract Clause Graph)

Let $\approx \subseteq \mathbf{WST} \times \mathbf{WST}$ be a stable congruence relation (definition 3.1) and $\{\approx_i | i = 1, \dots , n\}$ be a set of extensions of the $\approx$-relation to literals (definition 3.13) with an associated unification algorithm for each $\approx_i$. Let $\mathbf{D}$ be a set of variable disjoint clauses. A four tupel $G(\mathbf{D}) := (\text{LNODES}, \psi, \sim, \text{LINKS})$ is called an ***abstract clause graph*** over $\mathbf{D}$ iff:

a) LNODES is an arbitrary set. (The set of literal nodes.)

b) ψ is a mapping $\psi: \text{LNODES} \to \text{Literals}(\mathbf{D})$ from the set LNODES to the literals occurring in the clauses $\mathbf{D}$, i.e. each node is labelled with a literal.
   (We write L, K etc. for literal nodes and $\psi(L) = L$ for literals)

c) $\sim$ is an equivalence relation on LNODES:
   $\forall\ L, K \in \text{LNODES}\ \ L \sim K$ iff $\exists D \in \mathbf{D}\ \ \psi(L) = L \in D$ and $\psi(K) = K \in D$.
   (The equivalence classes of $\sim$ just represent the clauses of $\mathbf{D}$.)

d) $\text{LINKS} = \{(\approx_i, X_i, XIW_i, XI_i) \mid i = 1, \dots , n\}$ with

$$X_i \quad = \{(L, K, \Theta) \mid L, K \in \text{LNODES}, L \not\sim K, \emptyset \neq \Theta \subseteq \mu U\Sigma_i(L, K) \}$$

$$XIW_i = \{(L, K, \varrho, \Theta) \mid L, K \in \text{LNODES}, L \sim K,$$
$$\varrho \in \text{REN}_=(\mathbf{V}(L)) \text{ with } \text{VCOD}(\varrho) \cap \mathbf{V}(K)) = \emptyset,\ \emptyset \neq \Theta \subseteq \mu U\Sigma_i(\varrho L, K)\}$$

$$XI_i \quad = \{(L, K, \Theta) \mid L, K \in \text{LNODES}, L \sim K,\ \emptyset \neq \Theta \subseteq \mu U\Sigma_i(L, K)) \}$$

X_i- Links   connect $\approx_i$-unifiable literals in different clauses;

XIW_i-Links connect weakly $\approx_i$-unifiable (unifiable after renaming of one literal) literals in the same clause and

XI_i-Links   connect $\approx_i$-unifiable links in the same clause.

An Example: Let $\approx$ be the relation between terms as defined by the commutativity of the function f. Let $\approx_1$ be the relation between literals with opposite sign whose corresponding terms are in the $\approx$ relation. In addition assume that the symbol P denotes a symmetric predicate. Let $\approx_2$ be the relation connecting literals with equal sign and predicate, whose corresponding terms are in the $\approx$-relation. For example: $g(f(a,b),c) \approx g(f(b,a),c)$, $P(f(a,b),c) \approx_1 \neg P(c,f(b,a))$ and $P(f(a,b),c) \approx_2 P(c,f(b,a))$. (In the clause graph terminology [KMR83] $\approx_1$ stands for the R-Link family and $\approx_2$ for the S-Link family. $X_{1,2}$ are the R and S Links, $XIW_{1,2}$ are the RIW and SIW Links and $XI_{1,2}$ are the RI and SI Links.)

A graphical representation for a clause graph may look like:

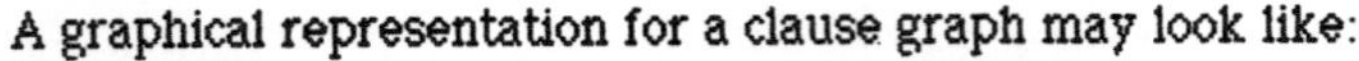

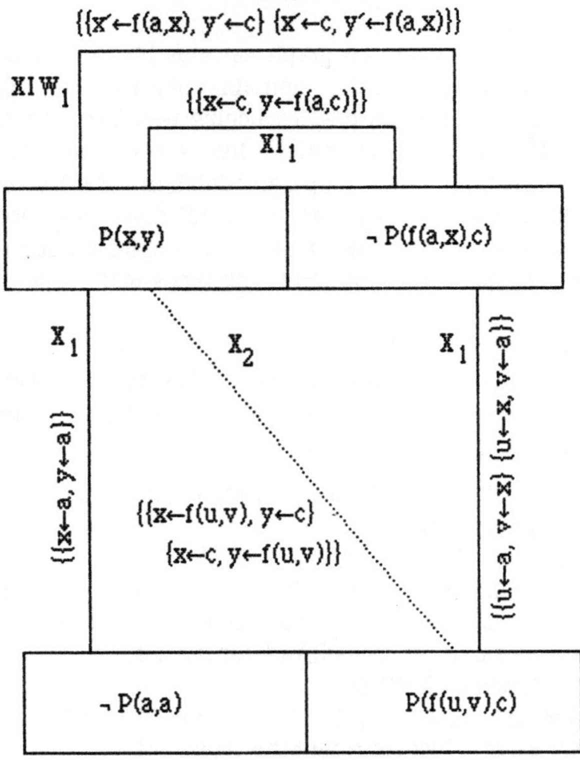

<u>Remark</u> The X-Link and XI-Link partial graph is always undirected because of the symmetry of the $\approx_i$-relations. The **XIW**-links however are directed because it is the <u>first</u> literal which is renamed in $\mu U\Sigma_i(\varrho L, K)$.

<u>5.2 Definition</u>: For $i \in \{1, \dots ,n\}$ an abstract clause graph $G(D) := (LNODES, \psi, \sim, LINKS)$ is

a) X_i-total iff all possible X_i-links exist and are attached with all possible mgus, i.e

$$\forall \mathbf{L,K} \in LNODES, \mathbf{L} \not\sim \mathbf{K}, \Theta = \mu U\Sigma_i(L, K) \neq \emptyset \;\Rightarrow\; \exists \Theta' \equiv \Theta \; [\![\mathbb{V}(L, K)]\!] \text{ and } (\mathbf{L,K}\Theta') \in X_i.$$

b) XIW_i-total iff all possible XIW_i-links exist and are attached with all possible mgus,

i.e. $\forall \mathbf{L,K} \in LNODES, \mathbf{L} \sim \mathbf{K}, \Theta = \mu U\Sigma_i(\varrho L, K) \neq \emptyset$ for some $\varrho \in REN_=(\mathbb{V}(L, K))$

$\Rightarrow \exists \Theta' \equiv \Theta \; [\![\mathbb{V}(\varrho L, K)]\!]$ and $(\mathbf{L,K}\varrho,\Theta') \in XIW_i$ or $(\mathbf{K,L}\varrho,\Theta') \in XIW_i$.

c) XI_i-total iff all possible XI_i-links exist and are attached with all possible mgus, i.e.

$$\forall \mathbf{L,K} \in LNODES, \mathbf{L} \sim \mathbf{K}, \Theta = \mu U\Sigma_i(L, K) \neq \emptyset \;\Rightarrow\; \exists \Theta' \equiv \Theta \; [\![\mathbb{V}(L, K)]\!] \text{ and } (\mathbf{L,K}\Theta') \in XI_i.$$

G is ***total*** iff for all $i=1, \dots ,n$ G is X_i-total, XIW_i-total and XI_i-total. ∎

Finally we have to define operations like resolution, factorization etc. upon abstract clause graphs. Fortunately it is possible to combine a whole class of operations and describe them with one mechanism. This class covers all the operations which take a number of literals from the graph, instantiate them with one common substitution and put them as a new clause into the graph.

5.3 Definition (Ω-Operations) Let $G(D) := (\text{LNODES}, \psi, \sim, \text{LINKS})$ be an abstract clause graph. An Operation $\Omega(G, C, \varrho, \sigma)$ is called an Ω-***Operation*** with substitutions $\sigma \in \mathbb{WF\Sigma}^*$ and $\varrho \in \text{REN}_=(\mathbb{V}(G))$ with $\text{COD}(\varrho) \cap \mathbb{V}(G) = \emptyset$ iff

a) $G' = \Omega(G, C, \varrho, \sigma) =: (\text{LNODES} \cup C, \psi', \sim', \text{LINKS}')$ is an abstract clause graph. (C represents a new clause).

b) each new literal node has exactly one parent literal node:
   $$\forall L \in C\ \exists_1\ K \in \text{LNODES}\ \text{ with } \psi'(L) = \varrho\sigma\,\psi(K)$$

   (we use $K = L'$ resp. $K = L' = \psi'(L')$ as an abbreviation for this relation. L' is the "parent literal node" and L' the "parent literal" of L.)

   and $\psi'|_{\text{LNODES}} = \psi$ and $\sim'|_G = \sim$ and C is a new equivalence class of the $\sim'$ relation

c) If $\text{LINKS} = \{(\approx_i, X_i, XIW_i, XI_i) \mid i = 1, \dots, n\}$

   then $\text{LINKS}' = \{(\approx_i, X_i \cup XN_i, XIW_i \cup XIWN_i, XI_i \cup XIN_i) \mid i = 1, \dots, n\}$

   and each new link is connected to at least one element of C

XN_i, $XIWN_i$ and XIN_i are the links connecting the new clause with the old graph. Optimized formulas for the computation of the new links from the old ones are given in chapter 7.

Typical Ω-Operations are resolution, factoring, and UR-Resolution. Hyperresolution and E-resolution are Ω-Operations as long as only one copy of each clause involved is used. If more than one copy is necessary, these clauses have to be copied explicitly. Paramodulation, too, does not fit completely into this definition because the paramodulated literal itself is not an instance of an already existing literal. The other literals in a paramodulant however can be treated with this mechanism.
Also "self resolution", (resolution with two copies of the same clause) is not an Ω-Operation because two new literals may have the same parent literal.
For example: $\{\neg Px, Pf(x), Qx\} \Rightarrow \{\neg Px', Pf(f(x')), Qx', Qf(x')\}$

6. Special Inheritance Mechanisms

This chapter establishes some special inheritance mechanisms for links in abstract clause graphs. The formulas for calculating the new unifiers from the old ones in special situations in the graph are derived from theorem 4.1. The proofs for the correctness of the formulas can be found in [Oh85]. The pictures at the beginning of each paragraph illustrates a situation typical for the inheritance of links to a resolvent. Boxes represent literals and a string of boxes represents a clause.

The following situations are possible and are described in detail in the next paragraphs:
An X-Link connecting a new and an old literal can be inherited from:
an X-Link connecting
- one parent literal and an unconcerned literal   (Paragraph 6.1,i)   or
- two parent literals   (Paragraph 6.1,ii) or
an XIW-Link connecting two parent literals   (Paragraph 6.4).

An XIW-Link can be inherited from
- an X-Link connecting two parent literals   (Paragraph 6.3)   or
- an XIW-Link connecting two parent literals   (Paragraph 6.6).

An XI-Link can be inherited from
- an X-Link connecting two parent literals   (Paragraph 6.2)   or
- an XIW-Link connecting two parent literals   (Paragraph 6.5).

6.1 X-Links → X-Links

i) **Non-Parallel Case**: (Connection of the new clause with the unconcerned clauses.)

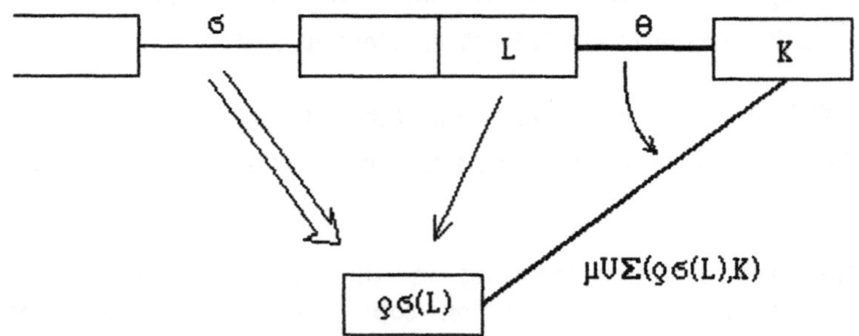

6.1 Theorem Let a) $\Theta = \mu U\Sigma(L, K)$, b) $\sigma \in W\!S\!\Sigma^*$ with $\sigma K = K$,

c) $\rho \in REN_\subseteq(G)$ with $\rho K = K$ and $COD(\rho) \cap W(L, K, \Theta, \sigma) = \emptyset$ and $W(\sigma L) \subseteq DOM(\rho)$

d) $W := W(\rho \sigma L, K)$ and $W' := W(\sigma L, K) = W(\sigma L, \sigma K)$

then $\mu U\Sigma(\rho \sigma L, K) \equiv \rho \bullet \mu U\Sigma(\sigma, \Theta)|_{W'}$ $[\![W]\!]$ ∎

ii) **General Case** (Connection of the new clause with the parent clauses)

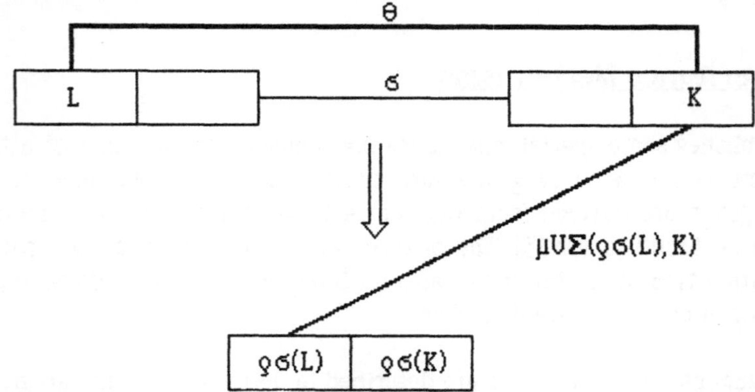

6.2 Theorem Let a) $W(L) \cap W(K) = \emptyset$, b) $\Theta = \mu U\Sigma(L, K)$, c) $\sigma \in W\!S\!\Sigma^*$,

d) $\rho \in REN_\subseteq(G)$ with and $COD(\rho) \cap W(L, K, \theta, \sigma) = \emptyset$ and $W(\sigma L, \sigma K) \subseteq DOM(\rho)$ and

e) $W := W(\rho \sigma L, K)$ then $\mu U\Sigma(\rho \sigma L, K) \equiv \mu U\Sigma((\rho \bullet \sigma)\rho|_{W(L)}, \Theta)|_W$ $[\![W]\!]$. ∎

Corollary $\mu U\Sigma(\rho \sigma(L), K) \neq \emptyset \Rightarrow \mu U\Sigma(L, K) \neq \emptyset$ ∎

6.2 X-Links → XI-Links

A new XI-link can be inherited from an old X-link connecting the parent clauses.

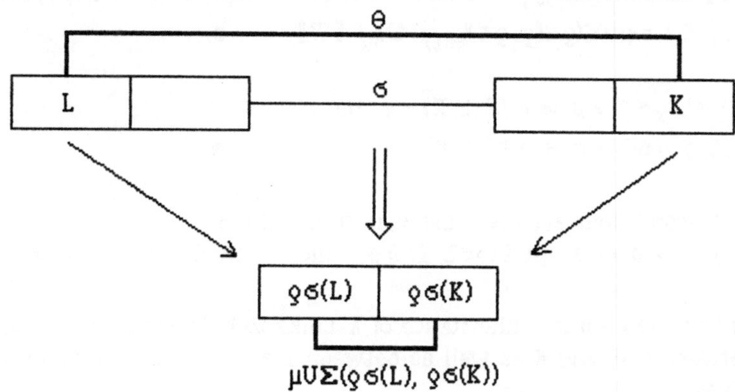

$$\mu U \Sigma(\varrho\sigma(L), \varrho\sigma(K))$$

6.3 Theorem Let a) $\mathbb{V}(L) \cap \mathbb{V}(K) = \emptyset$, b) $\Theta = \mu U \Sigma(L, K)$, c) $\sigma \in \mathbb{W}\mathbb{S}\mathbb{Z}^*$
 d) $\varrho \in REN_\subseteq(G)$ with and $COD(\varrho) \cap \mathbb{V}(L, K, \Theta, \sigma) = \emptyset$ and $\mathbb{V}(\sigma L, \sigma K) \subseteq DOM(\varrho)$ and
 e) $\mathbb{W} := \mathbb{V}(\varrho\sigma L, \varrho\sigma K)$ and $\mathbb{W}' := \mathbb{V}(\sigma L, \sigma K)$ then $\mu U \Sigma(\varrho\sigma L, \varrho\sigma K) \equiv \varrho \bullet \mu U \Sigma(\sigma, \Theta)|_{\mathbb{W}'}\,[\![\mathbb{W}]\!]$ ∎

Corollary $\mu U \Sigma(\varrho\sigma L, \varrho\sigma K) \neq \emptyset \Rightarrow \mu U \Sigma(L, K) \neq \emptyset$ ∎

6.4 Theorem The preconditions are the same as for theorem 6.3. Then
 $\mu U \Sigma(\varrho\sigma L, \varrho\sigma K) \neq \emptyset \Rightarrow$ a) $\mu U \Sigma(\varrho\sigma L, K) \neq \emptyset$ and b) $\mu U \Sigma(L, \varrho\sigma K) \neq \emptyset$. ∎

The consequence of this theorem is:
 Inheritance of X-links to XI-links is only possible if both X-links between $\varrho\sigma L$ and K as well as between L and $\varrho\sigma K$ can be inherited too.

6.3 X-Links → XIW-Links

A new XIW-link can be inherited from an old X-link connecting the parent clauses.

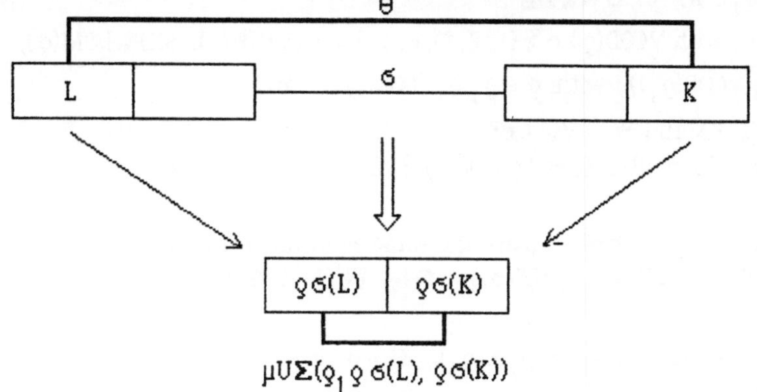

$$\mu U \Sigma(\varrho_1 \varrho\sigma(L), \varrho\sigma(K))$$

6.5 Theorem Let a) $\mathbb{V}(L) \cap \mathbb{V}(K) = \emptyset$, b) $\Theta = \mu U\Sigma(L, K)$, c) $\sigma \in \mathbb{WSE}^*$,
d) $\varrho \in REN_{\subseteq}(G)$ with and $COD(\varrho) \cap \mathbb{V}(L, K, \Theta, \sigma) = \emptyset$ and $\mathbb{V}(\sigma L, \sigma K) \subseteq DOM(\varrho)$,
e) $\varrho_1 \in REN_=(\varrho\sigma L, \varrho\sigma K)$ with $COD(\varrho_1) \cap \mathbb{V}(L, K, \Theta, \sigma, \varrho) = \emptyset$ and f) $W := \mathbb{V}(\varrho_1\varrho\sigma L, \varrho\sigma K)$
then $\mu U\Sigma(\varrho_1\varrho\sigma L, \varrho\sigma K) \equiv \mu U\Sigma(\varrho\sigma(\varrho_1\varrho\sigma)|_{\mathbb{V}(L)}, \Theta)|_W \ [\![W]\!]$ ∎

Corollary $\mu U\Sigma(\varrho_1\varrho\sigma L, \varrho\sigma K) \neq \emptyset \Rightarrow \mu U\Sigma(L, K) \neq \emptyset$ and
$\qquad\qquad \mu U\Sigma(\varrho\sigma L, \varrho_1\varrho\sigma K) \neq \emptyset \Rightarrow \mu U\Sigma(L, K) \neq \emptyset$ ∎

6.6 Theorem The preconditions are the same as in theorem 6.5.
$\qquad \mu U\Sigma(\varrho_1\varrho\sigma L, \varrho\sigma K) \neq \emptyset \Rightarrow$ a) $\mu U\Sigma(\varrho\sigma L, K) \neq \emptyset$ and b) $\mu U\Sigma(L, \varrho\sigma K) \neq \emptyset$ ∎

The consequence of this theorem is: Inheritance of X-Links to XIW-Links is only possible if both X-Links between $\varrho\sigma L$ and K as well as between L and $\varrho\sigma K$ can be inherited too (see also Theorem 6.4).

6.4 XIW-Links → X-Links

New X-links connecting a new clause with one of its own parent clauses can be inherited from old XIW-links.

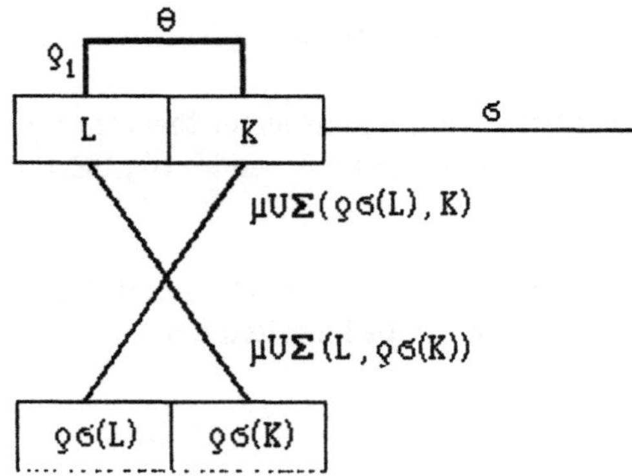

6.7 Theorem Let a) $\varrho_1 \in REN_=(L, K)$ with $VCOD(\varrho_1) \cap V(L, K, \sigma) = \emptyset$,
 b) $\Theta = \mu U\Sigma(\varrho_1 L, K)$ c) $\sigma \in \mathbb{WSE}^*$,
 d) $\varrho \in REN_{\subseteq}(G)$ with $VCOD(\varrho) \cap \mathbb{V}(L, K, \Theta, \sigma, \varrho_1) = \emptyset$ and $\mathbb{V}(\sigma L, \sigma K) \subseteq DOM(\varrho)$,
 e) $\varrho_2 \in REN_=(VCOD(\varrho_1))$ with $\varrho \simeq \varrho_2\varrho_1 [\![DOM(\varrho_1)]\!]$ and
 f) $V := \mathbb{V}(\varrho\sigma L, K)$ and $W := V(\varrho L, \sigma K)$
then $\mu U\Sigma(\varrho\sigma L, K) \equiv \mu U\Sigma((\varrho \bullet \sigma)\varrho_2, \Theta)|_V \ [\![V]\!]$ ∎

6.8 Theorem The preconditions are the same as in theorem 6.7.
$\qquad$ Then $\mu U\Sigma(L, \varrho\sigma K) \equiv \varrho \bullet \mu U\Sigma(\sigma\varrho_2, \Theta)|_W \ [\![\mathbb{V}(L, \varrho\sigma K)]\!]$ ∎

Corollary $\mu U\Sigma(\varrho\sigma L, K) \neq \emptyset \Rightarrow \mu U\Sigma(\varrho_1 L, K) \neq \emptyset$ and
$\qquad\qquad \mu U\Sigma(L, \varrho\sigma K) \neq \emptyset \Rightarrow \mu U\Sigma(\varrho_1 L, K) \neq \emptyset$ ∎

6.5 XIW-Links → XI-Links

New XI-links can be inherited from old XIW-links.

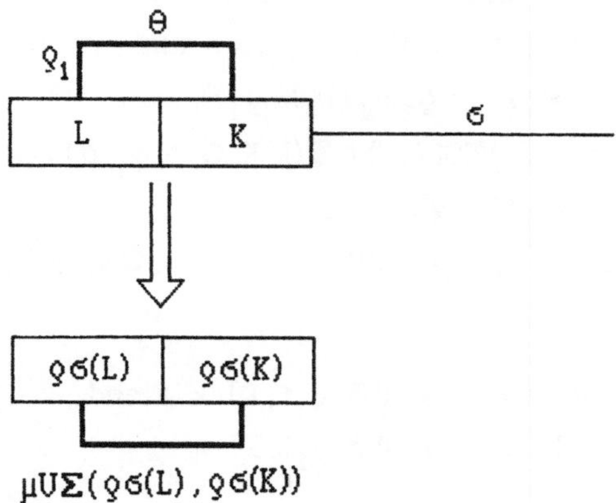

6.9 Theorem Let a) $\varrho_1 \in REN_=(L, K)$ with $VCOD(\varrho_1) \cap \mathbb{V}(L, K, \sigma) = \emptyset$,

  b) $\Theta = \mu U\Sigma(\varrho_1 L, K)$, c) $\sigma \in \mathbb{WS\Sigma}^*$,

  d) $\varrho \in REN_\subseteq(G)$ with $VCOD(\varrho) \cap \mathbb{V}(L, K, \Theta, \sigma, \varrho_1) = \emptyset$ and $\mathbb{V}(\sigma L, \sigma K) \subseteq DOM(\varrho)$,

  e) $\varrho_2 \in REN_=(VCOD(\varrho_1))$ with $\varrho \approx \varrho_2 \varrho_1 [\![DOM(\varrho_1)]\!]$ and f) $W := V(\varrho \sigma L, \varrho \sigma K)$

then $\mu U\Sigma(\varrho \sigma L, \varrho \sigma K) \equiv \mu U\Sigma((\varrho \bullet \sigma) \varrho \varrho_2, \Theta)|_W [\![W]\!]$

Corollary $\mu U\Sigma(\varrho \sigma L, \varrho \sigma K) \neq \emptyset \Rightarrow \mu U\Sigma(\varrho_1 L, K) \neq \emptyset$ ∎

6.10 Theorem $\mu U\Sigma(\varrho \sigma L, \varrho \sigma K) \neq \emptyset \Rightarrow$ a) $\mu U\Sigma(\varrho \sigma L, K) \neq \emptyset$ and
                          b) $\mu U\Sigma(L, \varrho \sigma K) \neq \emptyset$ ∎

6.6 XIW-Links → XIW-Links

New XIW-links can be inherited from old XIW-links.

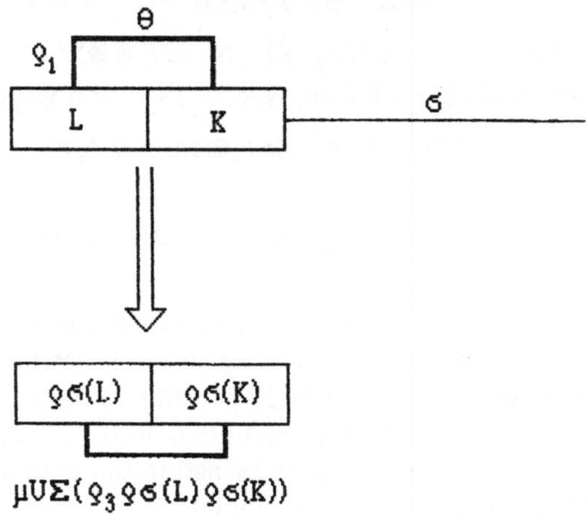

6.11 Theorem Let a) $\varrho_1 \in REN_=(L, K)$ with $VCOD(\varrho_1) \cap \mathbb{V}(L, K, \sigma) = \emptyset$,

b) $\Theta = \mu U\Sigma(\varrho_1 L, K)$, c) $\sigma \in \mathbb{WS\Sigma}^*$,

d) $\varrho \in REN_\subseteq(G)$ with $VCOD(\varrho) \cap V(L, K, \Theta, \sigma, \varrho_1) = \emptyset$ and $\mathbb{V}(\sigma L, \sigma K) \subseteq DOM(\varrho)$,

e) $\varrho_2 \in REN_=(VCOD(\varrho_1))$ with $\varrho \approx \varrho_2 \varrho_1 \,[\![DOM(\varrho_1)]\!]$,

f) $\varrho_3 \in REN_=(\varrho\sigma L, \varrho\sigma K)$ with $VCOD(\varrho_3) \cap \mathbb{V}(L, K, \Theta, \sigma, \varrho_1, \varrho) = \emptyset$,

g) $W := \mathbb{V}(\varrho_3\varrho\sigma L, \varrho\sigma K)$ and $W' = \mathbb{V}(\varrho\sigma L, \sigma K)$,

then $\mu U\Sigma(\varrho_3\varrho\sigma L, \varrho\sigma K) \equiv (\varrho \, \varrho_3) \bullet \mu U\Sigma(\sigma \, (\varrho \bullet \sigma) \, \varrho_2 , \Theta)|_{W'} \,[\![W]\!]$. ∎

Corollary $\mu U\Sigma(\varrho_3\varrho\sigma L, \varrho\sigma K) \neq \emptyset \Rightarrow \mu U\Sigma(\varrho_1 L, K) \neq \emptyset$ and

$\qquad\qquad \mu U\Sigma(\varrho\sigma L, \varrho_3\varrho\sigma K) \neq \emptyset \Rightarrow \mu U\Sigma(\varrho_1 L, K) \neq \emptyset$ ∎

6.12 Theorem $\mu U\Sigma(\varrho_3\varrho\sigma L, \varrho\sigma K) \neq \emptyset \Rightarrow \mu U\Sigma(\varrho\sigma L, K) \neq \emptyset$ and $\mu U\Sigma(L, \varrho\sigma K) \neq \emptyset$ ∎

6.7 XI-Links → XI-Links

New XI-links can be inherited from old XI-links.

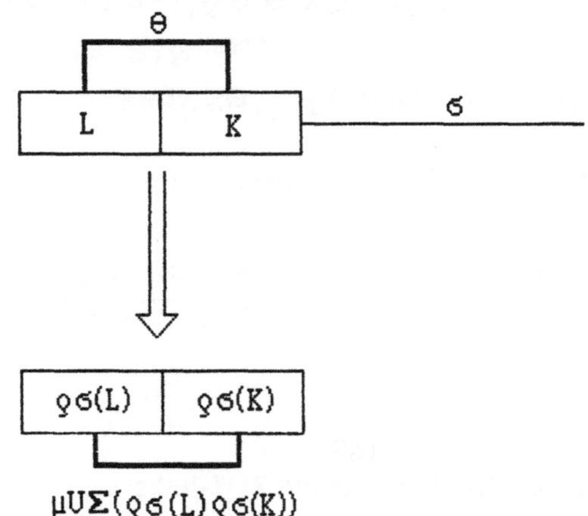

$$\mu U\Sigma(\varrho\sigma(L)\varrho\sigma(K))$$

6.13 Theorem Let a) $\Theta = \mu U\Sigma(L, K)$, b) $\sigma \in \mathbb{WS\Sigma}^*$,

c) $\varrho \in REN_\subseteq(G)$ with $VCOD(\varrho) \cap \mathbb{V}(L, K, \Theta, \sigma, \varrho_1) = \emptyset$ and $\mathbb{V}(\varrho\sigma L, \varrho\sigma K) \subseteq DOM(\varrho)$ and

d) $W := \mathbb{V}(\varrho\sigma L, \varrho\sigma K)$ and $W' := \mathbb{V}(\sigma L, \sigma K)$ then $\mu U\Sigma(\varrho\sigma L, \varrho\sigma K) \equiv \varrho \bullet \mu U\Sigma(\sigma , \Theta)|_{W'} \,[\![W]\!]$. ∎

6.14 Theorem If L,K are literals, $\varrho \in REN_=(L)$, then $\mu U\Sigma(L,K) \neq \emptyset \Rightarrow \mu U\Sigma(\varrho L,K) \neq \emptyset$. ∎

This theorem states the fact that whenever an XI-Link is possible, there is also an XIW-Link possible. Therefore it is not necessary to inherit XI-Links, because all the new links can be inherited from the parallel XIW-Links using the theorems of the last paragraph. Sometimes, however, it is useful to inherit XI-Links directly from XI-Links in order to inherit also certain properties attached to the unifiers. Inheritance of XI-Links to X-Links and XIW-Links, however, is incomplete.

7. The General Inheritance Algorithm

The Ω-Operations, as defined in chapter 5, map clause graphs onto clause graphs taking a set of literals of the graph, applying a substitution σ and a renaming substitution ϱ to the literals and inserting them as a new clause into the graph. The remaining problem is: how to get the new links connecting the new clause with the rest of the graph without to much search. How to optimize this search in standard connection graphs is already known since 1975 [Ko75], [Br75] and there is not much difference to the inheritance algorithm in abstract clause graphs. The idea is to scour the links connected to the parent clauses and to unify the substitutions attached to these links with σ as it is described in the last chapter in order to get the unifiers for the new links. We will describe the method in this chapter and prove that it transforms total graphs into total graphs.

7.1 Theorem Let

a) $G = (\text{LNODES}, \psi, \sim, \{(\approx_i, X_i, XIW_i, XI_i) \mid i = 1, \ldots, n\}$ be a <u>total</u> abstract clause graph and.

b) Let Ω be an Ω-Operation and $G' = \Omega(G, C, \varrho, \sigma)$ be an abstract clause graph generated by Ω. $G' = (\text{LNODES} \cup C, \psi', \sim', \{(\approx_i, X_i \cup XN_i, XIW_i \cup XIWN_i, XI_i \cup XIN_i) \mid i = 1, \ldots, n\}$

If we calculate the new links according to the following formulas:

c) $XN_i = \{(L, K, \mu U\Sigma_i(L, K)) \mid L \in C \wedge K \notin C, \mu U\Sigma_i(L, K) \neq \emptyset$ and

$[(L', K, \mu U\Sigma_i(L', K)) \in X_i$ or $\qquad$ (see 6.1)

$(L', K, \varrho_1, \mu U\Sigma_i(\varrho_1 L', K)) \in XIW_i$ or $\qquad$ (see 6.4)

$(K, L', \varrho_1, \mu U\Sigma_i(L', \varrho_1 K)) \in XIW_i]\}$ $\qquad$ (see 6.4)

d) $XIWN_i = \{(L, K, \varrho_3, \mu U\Sigma_i(\varrho_3 L, K)) \mid L \in C \wedge K \in C, \mu U\Sigma_i(\varrho_3 L, K) \neq \emptyset$ and

$[(L', K', \mu U\Sigma_i(L', K')) \in X_i$ or $\qquad$ (see 6.3)

$(L', K', \varrho_1, \mu U\Sigma_i(\varrho_1 L', K')) \in XIW_i$ or $\qquad$ (see 6.6)

$(K', L', \varrho_1, \mu U\Sigma_i(L', \varrho_1 K')) \in XIW_i]\}$ $\qquad$ (see 6.6)

e) $XIN_i = \{(L, K, \mu U\Sigma_i(L, K)) \mid L \in C \wedge K \in C, \mu U\Sigma_i(L, K) \neq \emptyset$ and

$[(L', K', \mu U\Sigma_i(L', K')) \in X_i$ or $\qquad$ (see 6.2)

$(L', K', \varrho_1, \mu U\Sigma_i(\varrho_1 L', K')) \in XIW_i$ or $\qquad$ (see 6.5)

$(K', L', \varrho_1, \mu U\Sigma_i(L', \varrho_1 K')) \in XIW_i]\}$

then G' is total and therefore Ω is totality preserving.

<u>Proof</u> Let $i \in \{1, \ldots, n\}$

i) Let $L, K \in \text{LNODES} \cup C, L \not\sim K, \Theta = \mu U\Sigma(L, K) \neq \emptyset$

We have to prove that $(L, K, \Theta) \in X_i \cup XN_i$.

<u>Case 1</u> $L \notin C$ and $K \notin C \Rightarrow (L, K, \Theta) \in X_i$ because G is total.

<u>Case 2</u> w.L.o.G $K \notin C$ and $L \in C$ with $L = \varrho \sigma L'$

$\quad$ <u>Case 2.1</u> $L' \not\sim K \Rightarrow \mu U\Sigma_i(L', K) \neq \emptyset$ $\qquad$ (Corollary 6.2)

$\qquad \Rightarrow (L', K, \mu U\Sigma_i(L', K)) \in X_i \Rightarrow (L, K, \Theta) \in XN_i$

$\quad$ <u>Case 2.2</u> $L' \sim K \Rightarrow \mu U\Sigma_i(\varrho_1 L', K) \neq \emptyset$ $\qquad$ (Corollary 6.8)

$\qquad \Rightarrow (L', K, \mu U\Sigma_i(L', K)) \in X_i$ or $(K, L', \mu U\Sigma_i(L', \varrho_1 K)) \in X_i$

$\qquad \Rightarrow (L, K, \Theta) \in XN_i$

$\Rightarrow (L, K, \Theta) \in X_i \cup XN_i.$

ii) Let $L, K \in$ LNODES $\cup C$, $L \sim K$, $\Theta = \mu U \Sigma_i (\varrho_3 L, K) \neq \emptyset$. We have to prove that

$(L, K, \varrho_3, \Theta) \in XIW_i \cup XIWN_i$ or $(K, L, \varrho_3, \mu U \Sigma_i (L, \varrho_3 K)) \in XIW_i \cup XIWN_i$.

<u>Case 1</u> $L \notin C, K \notin C \Rightarrow (L, K, \varrho_3, \Theta) \in XIW_i$ or $(K, L, \varrho_3, \mu U \Sigma_i (L, \varrho_3 K)) \in XIW_i$

(because G is total.)

<u>Case 2</u> $L \in C, K \in C$

   <u>Case 2.1</u> $L' \not\sim K' \quad \Rightarrow \mu U \Sigma_i (L', K') \neq \emptyset$ (Corollary 6.5)

                   $\Rightarrow (L', K', \mu U \Sigma_i (L', K')) \in X_i \quad \Rightarrow (L, K, \varrho_3, \Theta) \in XIWN_i$

   <u>Case 2.2</u> $L' \sim K' \quad \Rightarrow \mu U \Sigma_i (\varrho_1 L', K') \neq \emptyset$ (Corollary 6.11)

                   $\Rightarrow (L', K', \varrho_1, \mu U \Sigma_i (\varrho_1 L', K')) \in XIW_i$ or $(K', L', \varrho_1, \mu U \Sigma_i (L', \varrho_1 K' \in XIW_i$

                   $\Rightarrow (L, K, \varrho_3, \Theta) \in XIWN_i$ or $(K, L, \varrho_3, \mu U \Sigma_i (L, \varrho_3 K)) \in XIWN_i$.

We have $\forall L, K \in C \; L \sim K$, therefore $L \in C$ and $K \notin C$ is not possible.

$\Rightarrow (L, K, \varrho_3, \Theta) \in XIWN_i$ or $(K, L, \varrho_3, \mu U \Sigma_i (L, \varrho_3 K)) \in XIWN_i$.

iii) Let $L, K \in$ LNODES $\cup C$, $L \sim K$, $\Theta = \mu U \Sigma_i (L, K) \neq \emptyset$

    $\Rightarrow \mu U \Sigma_i (\varrho_3 L, K) \neq \emptyset$ for an appropriate ϱ_3.   (Theorem 6.14)

The proof for $(L, K, \Theta) \in XI_i \cup XIN_i$ is similar to ii)

i), ii), iii) and Definition 5.2 $\Rightarrow$ G´ is total.   ■

8. Summary

Two goals have been achieved with this work:

1. The variety of different types of links which have been used so far in the clause graph calculus has been described within a unique framework: Three link types are combined into one link family, the common characteristic of which is a relation between literals. This relation has to be defined for each link family such that a unifier can be calculated, the application of which makes the relation hold between two literals. The unification algorithms on the literal level are supported by a common theory unification algorithm for the unification of two terms according to a given congruence relation for terms. The three link types in a link familiy only differ in that one type connects unifiable literals in different clauses (X-Links), whereas the other two types connect unifiable literals in the same clause (XI-Links) resp. weakly unifiable (unifiable after renaming of one literal) literals in the same clause (XIW-Links).

2. It is possible to define the link inheritance mechanism for a relatively large class of operations on the clause graph (resolution, factoring, hyperresolution, E-resolution etc.) completely independently of the respective literal relation. The only necessary rules are those for inheriting the three link types inside a link family. The literal relations themselves need only be used during the construction of the graph and may be ignored afterwards. In order to achieve this independence, our analysis has shown how to calculate the mgu-set for instances of two literals directly from the mgu-set of the two literals without unifying these instances again. This method was demonstrated for a very general class of many sorted calculi and congruence relations on terms. The extensions of the term relation to literals have also been kept very general, since only certain compatibility conditions are required.

The advantage of the new inheritance mechanism is not only that it is usually (but not always!) cheaper to calculate the new unifiers from the old ones, but that an ancestor relation between the new and old unifiers can be established which allows the inheritance of properties attached to the unifiers to their descendants and to use these properties for new deletion rules in the clause graph calculus.

Acknowledgements

I would like to thank my colleagues N. Eisinger, A. Herold, M. Schmidt-Schauss, H.J. Bürckert and Ch. Lingenfelder for their support during the preparation of this work. Jörg Siekmann read two drafts of this paper. His helpful critisism and support contributed very much to its present form.

References

[Br75]   Bruynooghe, M. 'The Inheritance of Links in a Connection Graph'.
            Report CW2 (1975). Applied Mathematics and Programming
            Division. Katholieke Universiteit Leuven.

[Ei81]   Eisinger, N. 'Subsumption and Connection Graphs'.
            Proc. of IJCAI-81, Vancouver (1981).

[He83]   Herold, A. 'Some Basic Notions of First-Order Unification Theory'.
            Interner Bericht 15/83,
            Inst. für Informatik I, Univ. of Karlsruhe, (1983).

[KMR83]   Karl Mark G. Raph, 'The Markgraf Karl Refutation Procedure'.
            Interner Bericht, Memo-Seki-MK-84-01,
            FB Informatik, Univ. of Kaiserslautern (1984).

[Ko75]   Kowalski, R. 'A Proof Procedure Using Connection Graphs'.
            J.ACM 22,4, (1975).

[Oh85]   Ohlbach, H.J. 'Theory Unification in Abstract Clause Graphs'.
            Interner Bericht, FB. Informatik, Univ. of Kaiserslautern (1985).

[Si84]   Siekmann, J. 'Universal Unification'
            Proc. of CADE-84, Nappa USA. Springer (1984).

[SS85]   Schmidt-Schauss, M. 'A Many-Sorted Calculus with Polymorphic Functions
            Based on Resolution and Paramodulation'.
            Proc. of IJCAI-85, Los Angeles (1985).

[St83]   Stickel, M.E. 'Theory Resolution: Building in Non-Equational
            Theories'. SRI Report, (1983).

[SW80]   Siekmann, J., Wrightson, G.   'Paramodulated Connection Graphs'.
            Acta Informatica (1978).

[Sz82]   Szabo, P. 'Unifikationstheorie erster Ordnung'
            Dissertation, Inst. für Informatik I, Univ. of Karlsruhe (1982).

[Wa81]   Walther, Ch. 'Elimination of Redundant Links in Extended Connection
            graphs'. Proc. of GWAI-81, Springer Fachberichte (1981) and
            Interner Bericht 10/81, University of Karlsruhe.

[Wa82]   Walther, Ch. 'A Many-Sorted Calculus Based on Resolution and
            Paramodulation'. Interner Bericht 34/82
            Inst. für Informatik I, Univ. of Karlsruhe (1982).
            see also Proc. of IJCAI-83, Karlsruhe (1983).

Completion of Globally Finite Term Rewriting Systems for Inductive Proofs

Richard Göbel

Fachbereich Informatik

Universität Kaiserslautern

6750 Kaiserslautern

Abstract

The Knuth-Bendix Algorithm (KBA) is not able to complete term rewriting systems with cyclic rules such as the commutativity. This kind of rules cause cycles in a reduction chain. This problem may be solved by an extension of the KBA for globally finite term rewriting systems. For a globally finite term rewriting system, cycles may occur in a reduction chain, but for each term there is only a finite set of reductions. A confluent and globally finite term rewriting sytem R provides a decision procedure for equality induced by R:
Two terms are equal iff there is a common term in their reduction sets.
This extension requires new methods for testing the global finiteness and a new confluence test, because local confluence does not imply global confluence for globally finite relations. In this paper we give a theoretical framework for this extension. We will show how this theory can be applied to term rewriting systems, if we are mainly interested in the initial algebra which is induced by the set of rules.

This research was granted by the Deutsche Forschungsgemeinschaft under contract SFB 314

Notation and Basic Definitions

We assume familiarity of the reader with the basic proofs and results of the Knuth-Bendix Algorithm (e.g. [HU 77], [HO 80], [KB 70]).
We denote by:

V	set of variables
$F = C \uplus D$	set of function symbols, which may be splitted into constructors C and defined functions D
t	terms constructed by symbols from V and F
T	set of all terms constructed by symbols from V and F
GT	set of all ground terms constructed by symbols from F
CT	set of all constructor terms constructed by symbols from V and C
CGT	set of all constructor ground terms constructed by symbols from C
u, v, w	occurences in terms
$O(t)$	set of all occurences of t
$V(t)$	set of all variables of t
$\alpha \longrightarrow \beta, \gamma \longrightarrow \delta$	rewrite rules
σ	substitutions
R	set of rules
$t \longrightarrow_R t'$	t is reducible in one step to t' by R
$t \xrightarrow{n}_R t'$	t is reducible in n steps to t' by R
$t \xrightarrow{*}_R t'$	t is reducible in a finite number of steps to t' by R or $t = t'$
$\longmapsto_R$	symmetric closure of $\longrightarrow_R$
$\xmapsto{*}_R$	transitive closure of $\longmapsto_R$
$\xmapsto{*}_{R,G}$	$\xmapsto{*}_R$ restricted to ground terms
$t \downarrow R$	the normalform of t with respect to R

Definitions

t is **linear**, iff: $\forall\, x \in V(t) : \forall\, u, v \in O(t) : t / u = x \wedge t / v = x \Longrightarrow u = v$

A variable x is linear in a term t, iff: $\forall\, u, v \in O(t) : t / u = x \wedge t / v = x \Longrightarrow u = v$

A rule is linear, iff the left hand side of the rule is linear.

R is **terminating**, iff for any term t, there is no infinite reduction chain derivable from t.

R is **globally finite**, iff for any term t, the reduction set of t is finite.

R is **confluent**, iff: $\forall\, t, t_1, t_2 : t \xrightarrow{*}_R t_1 \wedge t \xrightarrow{*}_R t_2 \Longrightarrow \exists\, t' : t_1 \xrightarrow{*}_R t' \wedge t_2 \xrightarrow{*}_R t'$

R is **locally confluent**, iff: $\forall\, t, t_1, t_2 : t \longrightarrow_R t_1 \wedge t \longrightarrow_R t_2 \Longrightarrow \exists\, t' : t_1 \xrightarrow{*}_R t' \wedge t_2 \xrightarrow{*}_R t'$

A term t is in **R-normal form**, iff: $\forall\, t' : t \xrightarrow{*}_R t' \Longrightarrow t = t'$

A term t is in **R-normal form modulo cycles**, iff: $\forall\, t' : t \xrightarrow{*}_R t' \Longrightarrow t' \xrightarrow{*}_R t$

For this paper we assume further, that no left hand side of a rule consists of a single variable.

Completion of globally finite term rewriting systems for inductive proofs

---

(1) Introduction

During the completion of term rewriting systems, the Knuth-Bendix Algorithm creates sometimes critical pairs which can not be directed to terminating rules (cyclic rules). For example, if we complete the following set of rules, the commutativity axiom is created as a critical pair:

(R1) $f(f(x,y),z) \rightarrow f(x,f(y,z))$
(R2) $f(0,x) \rightarrow x$
(R3) $f(x,0) \rightarrow x$
(R4) $f(x,x) \rightarrow 0$

After a few completion steps the Knuth-Bendix Algorithm (KBA) creates the commutativity from this set of rules and stops with failure.
If we want to complete systems with cyclic rules, we have to extend the Knuth-Bendix Algorithm. There are two ways for this extension:

(i) Separate the cyclic rules from the term rewriting system and perform reduction steps on equivalence classes which are created by these cyclic rules. This extension preserves the finite termination property but in general requires a unification algorithm for the equational theory induced by the cyclic rules (e.g. [JK 84]).

(ii) Drop the finite termination property and extend the KBA for globally finite term rewriting systems. This extension requires methods for proving the global finiteness of term rewriting systems and for proving the confluence of a globally finite term rewriting system.

In this paper we will discuss confluence properties for arbitrary relations in section (2) and apply these results to term rewriting systems for proofs in the initial algebra in section (3).

(2) Confluence Properties of Globally Finite Relations

In this chapter we discuss confluence properties for arbitrary relations, which are not necessarily induced by term rewriting systems.

The local confluence test which does imply the confluence of a terminating relation, cannot be applied for globally finite term rewriting systems. Let us consider the following example:

This globally finite relation is locally confluent but not confluent, therefore we need a stronger property which implies the confluence of globally finite relations. This stronger property has to prove, whether from all exits of a cycle, we can reach the same element.

(2.1) Definition
Let R be a globally finite relation. R is locally confluent modulo cycles iff:

$$\forall\, t_1, t_2, t'_1, t'_2 : t_1 \xrightarrow{*}_R t_2 \wedge t_2 \xrightarrow{*}_R t_1 \wedge t_1 \rightarrow_R t'_1 \wedge t_2 \rightarrow_R t'_2$$
$$\Rightarrow \exists\, t' : t'_1 \xrightarrow{*}_R t' \wedge t'_2 \xrightarrow{*}_R t'$$

Completion of globally finite term rewriting systems for inductive proofs

---

Fig. 2.1 Local Confluence Modulo Cycles

The local confluence modulo cycles implies the global confluence:

(2.2) Theorem
Let R be a globally finite relation. R is globally confluent, iff R is locally confluent modulo cycles.

Unfortunately, the local confluence modulo cycles cannot be proven by a simple test, because the cycles may be of arbitrary size. In general, the confluence for globally finite term rewriting systems might be not decidable. Therefore, we have to find stronger properties, which are sufficient but not necessary for proving the confluence property.

In [JK 84] the coherence property is introduced for proving the confluence of equational term rewriting systems. The results of this paper can be carried over to globally finite term rewriting systems.

For a globally finite and coherent relation, there exists for every element of an arbitrary cycle a derivation to an element, which is not a member of this cycle. We will show now, that for a globally finite and coherent relation R, the local confluence of R implies the global confluence.

The next definition introduces two coherence properties:

(2.2) Definition
Let R be a globally finite relation.

- R is **coherent** iff:
$$\forall\, t, t_1, t_2 : t \longrightarrow_R t_1 \wedge t \xrightarrow{*}_R t_2 \wedge t_2 \xrightarrow{*}_R t \wedge t_1 \xrightarrow{*}_R t$$
$$\Longrightarrow \exists\, t'_2 : t_2 \longrightarrow_R t'_2 \wedge t'_2 \xrightarrow{*}_R t_2 \wedge \exists\, t' : t'_2 \xrightarrow{*}_R t' \wedge t_1 \xrightarrow{*}_R t'$$

- R is **locally coherent** iff:
$$\forall\, t, t_1, t_2 : t \longrightarrow_R t_1 \wedge t \longrightarrow_R t_2 \wedge t_2 \xrightarrow{*}_R t \wedge t_1 \xrightarrow{*}_R t$$
$$\Longrightarrow \exists\, t'_2 : t_2 \longrightarrow_R t'_2 \wedge t'_2 \xrightarrow{*}_R t_2 \wedge \exists\, t' : t'_2 \xrightarrow{*}_R t' \wedge t_1 \xrightarrow{*}_R t'$$

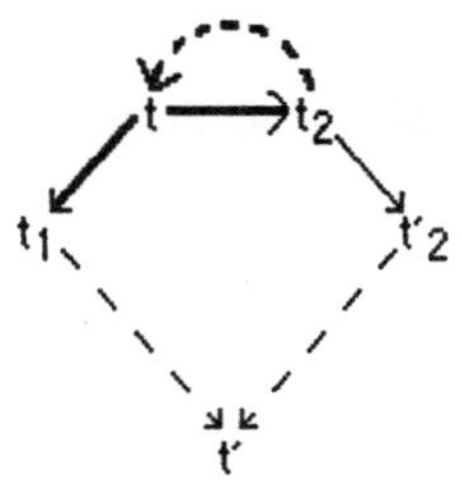

Fig. 2.2   Local Coherence

Completion of globally finite term rewriting systems for inductive proofs

---

For confluent relations, these two properties are equivalent:

(2.4) Lemma
Let R be a globally finite and confluent relation. R is coherent iff it is locally coherent.

The confluence of a relation R is implied by the local confluence and local coherence of R:

(2.5) Theorem
Let R be a globally finite relation. R is confluent, if R is locally coherent and locally confluent.

A globally finite and confluent relation is not necessarily coherent, therefore we may find weaker properties for proving the confluence. A completion procedure with a weaker confluence test might create less rules than a completion procedure which requires the coherence property. On the other hand, a completion procedure needs an efficient algorithm for reducing terms. If we do not want to traverse all elements of a cycle during the reduction of an element, we need the coherence property for this relation.
In the next defintion, we split a globally finite relation R into a cyclic subrelation C(R) and a reducing subrelation R(R).

(2.6) Definition
Let R be a globally finite relation. The reducing subrelation R(R) and the cyclic subrelation C(R) of R are defined as follows:

$$t \to_{R(R)} t' \iff : t \to_R t' \land t' \not\xrightarrow{*}_R t$$
$$t \to_{C(R)} t' \iff : t \to_R t' \land t' \xrightarrow{*}_R t$$

Note:
- $R = C(R) \cup R(R)$
- $R(R)$ is terminating

Normal forms in R(R) are normal forms modulo cycles in R:

(2.7) Lemma
Let R be a globally finite, coherent and confluent relation. An element t is in R(R) normal form, iff t is in R normal form modulo cycles.

It is sufficient to use R(R) for reducing terms:

(2.8) Lemma
Let R be a globally finite, confluent and coherent relation.
Then:

$$\forall\, t, t' : t \xrightarrow{*}_R t' \land t' \text{ is in R normal form modulo cycles} \implies t \downarrow R(R) \xrightarrow{*}_{C(R)} t'$$

Completion of globally finite term rewriting systems for inductive proofs

---

(3) Confluence of Term Rewriting Systems

Now, we will apply the results of chapter (2) to term rewriting systems. Unfortunately, the coherence property seems to be to restrictive for arbitrary term rewriting systems. For example, if we apply a cyclic rule to a subterm which can be matched by a nonlinear variable of a reduction rule, the reduction rule cannot be applied to the result of the application of the reduction rule. The cyclic rule can be applied in arbitrary depth of the term, therefore the term rewriting system cannot be made coherent by adding a finite set of rules.

<u>Example</u>
$$(1)\ f(x,I(x)) \longrightarrow 0$$
$$(2)\ f(x,y) \longrightarrow f(y,x)$$

$$f(h(\mathbf{f(a,b)}),I(h(f(a,b)))) \quad \longrightarrow \quad f(h(\mathbf{f(b,a)}),I(h(f(a,b))))\ \text{with}\ (1)$$
$$\longrightarrow \quad 0\ \text{with}\ (2)$$

In fact, rule (2) can be applied in arbitrary depth of a term which can be matched by the left hand side of rule (1):

$$f(h^n(\mathbf{f(a,b)}),I(h^n(f(a,b)))) \quad \longrightarrow \quad f(h^n(\mathbf{f(b,a)}),I(h^n(f(a,b))))\ \text{with}\ (1)$$
$$\longrightarrow \quad 0\ \text{with}\ (2)$$

for $n = 1, 2, 3, \ldots$

In this paper we present an approach to solve this problem, which can be applied for proofs in the initial algebra (inductive proofs). An equation $\alpha = \beta$ is inductive derivable from a set of equations E, if $\alpha = \beta$ holds in the initial algebra of E. This fact is provable by a consistency proof, the equation $\alpha = \beta$ holds in the initial algebra of E, if $E \cup \alpha = \beta$ does not identify more ground terms than E [MU 80], [HH 82]. For this method we will split the set of function symbols into defined functions and constructors. All constructor ground term represent the elements from the domain and codomain of the defined functions. Every defined function should be completely defined in E, this means for every ground term t, there is a constructor ground term t′, which is equal to t in the theory of E. We call a set of equations E consistent, iff all different constructor ground terms are not equal in the theory of E.
We define now the completeness and consistency of term rewriting systems. For a confluent term rewriting system R, these properties also hold in the equational theory induced by R.

(3.1) Definition
Let R be a term rewriting system.
- R is consistent, iff:
$$\forall\ t : t \in CGT \Longrightarrow t\ \text{is in R-normal form}$$
- R is complete, iff:
$$\forall\ t : t \in GT \Longrightarrow \exists\ t' : t \xrightarrow{\ *\ }_R t' \wedge t' \in CGT$$

Note:
The completeness as defined here is different from the completeness of a term rewriting system R after applying the Knuth-Bendix Algorithm to R. In this paper we will use the meaning of Definition 3.1 for the completeness property.

Completion of globally finite term rewriting systems for inductive proofs

---

The consistency test for a term rewriting systems is simple, it only has to be checked whether no left hand side of a rule is a constructor term. Then, no rule can be applied to a constructor ground term. The completeness of a terminating term rewriting system can be proven by the test of Kounalis [KO 85]. This test checks, whether every term of the form $f(t_1, \ldots, t_n)$, where f is a defined function and $t_1, \ldots, t_n$ are constructor ground terms, is reducible.

With these tests and the Knuth-Bendix Algorithm, we may try to prove, that a set of equations E' holds in the initial algebra of another set of equations E by the following method:

(1) Transform the equations from E into rewrite rules and complete them by the Knuth-Bendix Algorithm.
(2) Check the consistency and the completeness of the confluent term rewriting system, if it is inconsistent or incomplete stop with error.
(3) Add the equations from E' as rules to the term rewriting system and complete this extended set of rules by the Knuth-Bendix Algorithm
(4) Check the consistency of the extended term rewriting system, if R is consistent, then E' holds in the initial algebra of E, otherwise there are equations in E' which do not hold in the initial algebra of E.

The completeness test for this method works only for terminating term rewriting systems, but here we are interested in globally finite term rewriting systems. The next lemma shows, that under certain conditions, it is sufficient to use the reducing subrelation for the completeness test. We get this reducing subrelation by splitting the set of rules into cyclic and reduction rules. A procedure, which splits a term rewriting system into reduction and cyclic rules using a term ordering can be found in [GO 83].

(3.2) Lemma
Let R be a globally finite term rewriting system with:
- R is confluent and coherent
- R is consistent
- $R = CR \cup RR$, CR are cyclic and RR are reduction rules

Then:

    R is complete $\Longleftrightarrow$ RR is complete.

Now we will define a weaker relation $\longrightarrow\!\!\!\!\rightarrow$ on terms, where the variables from the left hand side of a rule can only be replaced by constructor terms (Definition 3.3). This restricted relation creates the same congruence on ground terms as the classical relation (Theorem 3.5). For consistent term rewriting systems, a rule cannot be applied to a subterm, which can be matched by a variable from another rule. Therefore, the coherence property may also hold for term rewriting systems with nonlinear rules. Theorem 3.7 gives a critical pair test for the local confluence and the local coherence of the relation $\longrightarrow\!\!\!\!\rightarrow$.

(3.3) Definition
Let σ be a substitution, V a set of Variables and $F = C \cup D$ a set of functions, which can be splitted into defined functions D and constructors C. We call σ a constructor substitution, iff:

    $\forall\, x \in V : \sigma(x) \in CT$

We denote a constructor substitution by σ_C.

(3.4) Definition
Let R be a term rewriting system and $F = C \cup D$ the set of function symbols from R. We define the relation $\longrightarrow\!\!\!\!\rightarrow_R$ is as follows:

Completion of globally finite term rewriting systems for inductive proofs

---

$t_1 \longrightarrow\!\!\!\!\twoheadrightarrow_R t_2 \Longleftrightarrow$:

$$\exists\, u : \exists\, \sigma_c : \exists\, \alpha \longrightarrow \beta \in R : t_1\,/\,u = \sigma_c(\alpha) \wedge t_2 = t_1\,[u \leftarrow \sigma_c(\beta)]$$

The $\longrightarrow\!\!\!\!\twoheadrightarrow_R$ relation is sometimes closer to the intended meaning of the rewrite rules, because we would like to define our functions on the elements of their domain, but not on arbitrary terms. The next lemma shows, that if a term rewriting system R is complete, then every ground term can be reduced to a constructor ground term by $\longrightarrow\!\!\!\!\twoheadrightarrow_R$.

(3.5) Lemma

Let R be a globally finite term rewriting system with:
- $R = CR \uplus RR$, CR are cyclic rules and RR are reduction rules
- RR is complete

Then:

$$\forall\, t \in GT : \exists\, t' \in CGT : t \stackrel{*}{\longrightarrow\!\!\!\!\twoheadrightarrow}_R t'$$

(3.6) Theorem

Let R be a globally finite term rewriting system with:
- $R = CR \uplus RR$, CR are cyclic rules and RR are reduction rules
- $\longrightarrow\!\!\!\!\twoheadrightarrow_{RR}$ is confluent
- RR is complete

Then:

$$\forall\, t_1, t_2 : t_1 \stackrel{*}{\longmapsto}_{R,G} t_2 \Longrightarrow \exists\, t : t_1 \stackrel{*}{\longrightarrow\!\!\!\!\twoheadrightarrow}_R t \wedge t_2 \stackrel{*}{\longrightarrow\!\!\!\!\twoheadrightarrow}_R t$$

In the next theorem, we show how the local confluence and the local coherence of $\stackrel{*}{\longrightarrow\!\!\!\!\twoheadrightarrow}_R$ can be checked by critical pair tests.

(3.7) Theorem

Let $R = CR \uplus RR$ be a globally finite and consistent term rewriting system, which can be splitted into cyclic rules CR and reduction rules RR.

R is locally confluent if condition (1) is satisfied:

(1) $\forall\, \alpha \longrightarrow \beta,\ \gamma \longrightarrow \delta \in RR : \sigma_c(\alpha)\,/\,u = \sigma_c(\gamma)$

$$\Longrightarrow \sigma_c(\alpha)\,[u \leftarrow \sigma_c(\delta)]\!\downarrow RR \stackrel{*}{\longrightarrow\!\!\!\!\twoheadrightarrow}_{CR} \sigma_c(\beta)\!\downarrow RR$$

R is locally coherent if condition (2) and (3) are satisfied:

(2) $\forall\, \alpha \longrightarrow \beta \in RR,\ \gamma \longrightarrow \delta \in CR : \sigma_c(\alpha)\,/\,u = \sigma_c(\gamma)$

$$\Longrightarrow \exists\, t' : \sigma_c(\alpha)\,[u \leftarrow \sigma_c(\delta)] \longrightarrow\!\!\!\!\twoheadrightarrow_{RR} t' \wedge t'\!\downarrow RR \stackrel{*}{\longrightarrow\!\!\!\!\twoheadrightarrow}_{CR} \sigma_c(\beta)\!\downarrow RR$$

(3) $\forall\, \alpha \longrightarrow \beta \in RR,\ \gamma \longrightarrow \delta \in CR : \sigma_c(\alpha) = \sigma_c(\gamma)\,/\,u$

$$\Longrightarrow \exists\, t' : \sigma_c(\delta) \longrightarrow\!\!\!\!\twoheadrightarrow_{RR} t' \wedge t'\!\downarrow RR \stackrel{*}{\longrightarrow\!\!\!\!\twoheadrightarrow}_{CR} \sigma_c(\gamma)\,[u \leftarrow \sigma_c(\beta)]\!\downarrow RR$$

If R is confluent and coherent, then the conditions (1), (2) and (3) are satisfied.

Completion of globally finite term rewriting systems for inductive proofs

---

(4) Implementation

We have implemented an extended completion procedure which bases on the results of this paper. The global finiteness of a term rewriting system will be proven by a weak term ordering [GO 83].
For reasons of efficiency we had to extend our theory:

- The completion procedure should be able to remove rules during the completion, if they can be reduced by new rules. After removing a rule from a set R, some critical pairs which were reducible by R might no longer be reducible by the new system. Then the local coherence or local confluence for these pairs may not hold. For this purpose, we have proven that weak versions of the local confluence and local coherence property still imply the confluence. These weaker properties are guaranteed for all critical pairs, which have been tested during the completion, even if some rules have been removed from R.

- The relation $\longrightarrow\!\!\!\!\gg_R$ is weaker than the relation $\longrightarrow_R$, therefore some critical pairs which are reducible by $\longrightarrow_R$ might not be reducible by $\longrightarrow\!\!\!\!\gg_R$. This will cause the completion procedure to diverge sometimes, when it would converge with the relation $\longrightarrow_R$. In our implementation we distinguish between declared variables and other variables. A declared variable can only be replaced by a constructor term and the other variables may be replaced by arbitrary terms. This extension works correctly, if all nonlinear variables in left hand sides of rules are declared.

The extended completion procedure works similar to the classical completion procedure, which is well known, therefore we emphasize only the main differences between the classical completion procedure and our approach:

- The extended procedure distinguishes between cyclic rules and reduction-rules.
- The reduction of critical pairs for the coherence test is different (Theorem 4.7)
- If one side of a new rule is a constructor term, it has to be the right hand side of the rule.
- If both sides of a new rule are constructor terms, the term rewriting system is inconsistent.

For a confluent and globally finite term rewriting system, the completeness (Definition 3.1) of the reduction rules can be checked by the test of Kounalis.

(5) Conclusion

There are two aspects for the results of this paper:
Firstly, it desrcibes a extended completion procedure for inductive proofs. This procedure is able to complete globally finite term rewriting systems with arbitrary cyclic rules, if these rules cause finite cycles. No theory unification is required, nor does it restrict the kind of rules (linear rules, certain cyclic rules, . . .). It works also efficient, since no theory matching is required for reducing terms and we have to traverse the cycles only for comparing normal forms, which are usually small terms.
Secondly, it describes a theoretical framework for extending the Knuth-Bendix Algorithm to globally finite term rewriting systems, which differs from former approaches. These former approaches allowed reductions modulo equivalence classes (e.g. [JK 84]). This keeps the finite termination property, but requires a theoretical background for this extension, where we have to consider two different relations. This complicates sometimes the theory, because we have to consider both relations and their combinations. Another problem is, that all cyclic rules have to be incorporated into the matcher and unfier of the completion algorithm. In our theoretical frame, the confluence results are completely independent from the kind of rules, we may use a theory matcher, where the theory is generated by an arbitrary subset of the cyclic rules.

References

[DE 82]   Dershowitz N.:
          Orderings for Term-Rewriting Systems
          Theoretical Computer Science 17 p. 279-301
          North-Holland Publishing Company (1982)

[GO 83]   Göbel, R.:
          A Completion Procedure for Globally Finite Term Rewriting Systems
          Proceedings of an NSF Workshop on the Rewrite Rule Laboratory
          General Electric
          Schenectady (1983)

[HH 82]   Huet G., Hullot J.:
          Proofs by Induction in Equational Theories with Constructors
          Journal of the Association for Computing Machinery 25(2), p. 239-266 (1982)

[HO 80]   Huet, G:, Oppen D.:
          Equations and Rewrite Rules: A Survey
          Technical Report CSL - 111
          SRI International (1980)

[HU 77]   Huet, G.:
          Confluent Reductions: Abstract Properties and Applications to Term Rewriting Systems
          18th IEEE Symposium on foundations of Computer Science, p. 30 - 45 (1977)

[JK 84]   Jouannaud J. P., Kirchner H.:
          Completion of a Set of Rules Modulo a Set of Equations
          11th Symposium on Principles of Programming Languages
          Salt Lake City, Utah (1984)

[KA 85]   Kapur D., Narendran P., Benanav D.:
          Complexity of Matching Problems
          First International Conference on Rewriting Techniques and Applications
          Dijon (1985)

[KB 70]   Knuth D., Bendix P.:
          Simple Word Problems in Universal Algebras
          Computational Problems in Abstract Algebra
          Ed. Leech I., Pergamon Press, p. 263 - 297 (1970)

[KO 85]   Kounalis E.:
          Completeness in Data Type Specifications
          Proc. 3rd EUROCAL
          Linz (1985)

[LB 77]   Lankford D.S., Ballantyne A.M.:
          Decision Procedure for Simple Equational Theories with Commutative-Associative Axioms :
          Complete Sets of Permutative Reductions
          Report ATP - 39
          Departments of Mathematics and Computer Science
          University of Texas at Austin (1977)

[MU 80]   Musser D.:
          On Proving Inductive Properties of Abstract Data Types
          7th Annual ACM Symposium on Principles of Programming Languages
          Las Vegas (1980)

[PS 81]   Stickel M., Peterson G.:
          Complete Sets of Reductions for Some Equational Theories
          Journal of the ACM, Vol 28, No. 2, p. 233-264 (1981)

ON THE UNIFICATION HIERARCHY

R. Book*
University of California
Department of Mathematics
Santa Barbara
Cal. 93106
USA

J. H. Siekmann**
Universität Kaiserslautern
Fachbereich Informatik
Postfach 30 49
6750 Kaiserslautern
West Germany

Introduction

We are interested in first order unification problems, and more specifically in the hierarchy of equational theories based on the cardinality of the set of most general unifiers.

The following result is established in this paper: if T is a suitable first-order equational theory that is finitary, then T is not bounded, that is, there is no integer $n > 1$ such that for every unification problem $\langle s = t \rangle_T$, the cardinality of the set of most general unifiers for $\langle s = t \rangle_T$ is at most n.

Our interest in this result stems from the description of the unification hierarchy in [Si 84], where it is argued that one of the major open problems of unification theory is to characterize the border between finitary and infinitary theories as well as between unitary and finitary theories. We show that the class of (non-unitary) finitary theories cannot be decomposed into a hierarchy obtained by uniformly bounding the cardinalities of the sets of most general unifiers. Hence, one cannot use the notion of "bounded size" to characterize the difference between finitary and unitary theories.

This research was supported in part by:
* The National Science Foundation under grant MCS83-/4977;
** The "Deutsche Forschungsgemeinschaft", Sonderforschungsbereich 314,   Künstliche Intelligenz, West Germany.

Unification in Equational Theories

Unification theory is concerned with problems of the following kind: Let f and g be function symbols, a and b be constants and x and y be variables. Consider two first order terms built from these symbols; for example:

$$t_1 = f(x, g(a, b)) \qquad\qquad t_2 = f(g(y, b), x).$$

The problem is to decide whether there exist terms which can be substituted for the variables x and y such that the two terms thus obtained from t_1 and t_2 become equal: in the example $g(a, b)$ and a are two such terms. We shall write $\sigma_1 = \{\, x \leftarrow g(a, b), y \leftarrow a \,\}$ for such a unifying substitition: σ_1 is a <u>unifier</u> of t_1 and t_2 since $\sigma_1 t_1 = \sigma_1 t_2$.

In the addition to the above decision problem there is also the problem of finding a unification algorithm which enumerates the unifiers for a given pair t_1 and t_2 .

Consider a variation of the above problem, which arises when we assume that f is commutative:

$$\textbf{(C)} \qquad f(x, y) = f(y, x).$$

Now σ_1 is still a unifying subtitution and moreover $\sigma_2 = \{\, y \leftarrow a \,\}$ is also a unifier for t_1 and t_2 , since

$$\sigma_2 t_1 = f(x, g(a, b)) =_C f(g(a, b), x) = \sigma_2 t_2 .$$

But σ_2 is more general than σ_1 , since σ_1 is an instance of σ_2 obtained as the composition $\lambda \circ \sigma_2$ with $\lambda = \{\, x \leftarrow g(a, b) \,\}$; hence a unification algorithm only needs to compute σ_2.

In many cases there is a single and essentially unique least upper bound on the generality lattice of unifiers, called <u>the most general unifier</u>.

Under commutativity, however, there are pairs of terms which have more than one most general unifier, but they always have at most finitely many. This is in contrast, for example, to the above situation of free terms, where every pair has at most one most general unifying substitution.

The problem becomes entirely different when we assume that the function denoted by f is associative:

$$\textbf{(A)} \qquad f(x, f(y, z)) = f(f(x, y), z).$$

In that case σ_1 is still a unifying substitution, but

$$\sigma_3 = \{\, x \leftarrow f(g(a, b), g(a, b)), y \leftarrow a \,\}$$

is also a unifier:

$$\sigma_3 t_1 = f(f(g(a, b), g(a, b)), g(a, b))$$
$$=_A f(g(a, b), f(g(a, b), g(a, b))) = \sigma_3 t_2.$$

But $\sigma_4 = \{\, x \leftarrow f(g(a, b), f(g(a, b), g(a, b))), y \leftarrow a \,\}$ is again a unifying situation and it is not difficult to see that there are infinitely many unifiers, all of which are most general.

Finally, if we assume that both axioms **(A)** and **(C)** hold for f then the situation changes once again and for any pair of terms there are at most finitely many most general unifiers under **(A)** and **(C)**.

Definitions and Notation

Unification theory resets upon the usual algebraic notation (see e.g. [GR 79]) with the familiar concept of an algebra $\mathbf{A} = (A, \Omega)$, where A is the <u>carrier</u> and Ω is the family of <u>operators</u> given with their arities.

As usual let F_Ω denote the algebra with carrier the terms (built up from variables V and the symbols in Ω) and with operators the term constructors corresponding to each operator of Ω. F_Ω is called the <u>absolutely free (term) algebra</u>, i.e. it just gives an algebraic structure to the terms.

Let $\hat{\sigma}: V \to F_\Omega$ be a mapping equal to the identity almost everywhere. A <u>substitution</u> $\sigma: F_\Omega \to F_\Omega$ is the endomorphic extension of $\hat{\sigma}$ to F_Ω and is represented as a finite set of pairs: $\sigma = \{\, x_1 \leftarrow t_1 , ..., x_n \leftarrow t_n \,\}$; Σ is the <u>set of substitutions</u> on F_Ω .

An <u>equation</u> $s = t$ is a pair of terms. For a set of equations T, the <u>equational theory presented by T</u> (in short the equational theory T) is defined as the finest congruence, on F_Ω containig all pairs $\sigma s = \sigma t$ for $s = t$ in T and σ in Σ; this congruence is denoted by $=_T$. $F_\Omega \mid_{=T}$ is the quotient algebra modulo T. An equation $s = t$ is <u>valid</u> in an algebra $\mathbf{A}$, in symbols $\mathbf{A} \models s = t$ iff for every homomorphism $\varrho: F_\Omega \to \mathbf{A}$, $\varrho s = \varrho t$ in $\mathbf{A}$. We also say $\mathbf{A}$ is a model of $s = t$. Algebra $\mathbf{A}$ is a model of a set of equations E iff $\mathbf{A} \models s = t$ for every $s = t$ in E. The class of models of E is called the <u>variety</u> defined by E.

An equation is <u>unifiable</u> (is <u>solvable</u>) in an algebra $\mathbf{A}$ iff there exists a substitution $\sigma \in \Sigma$ such that $\mathbf{A} \models \sigma s = \sigma t$.

For a given set of equations T a <u>unification problem</u> for T is denoted as
$$\langle s = t \rangle_T \quad \text{for } s, t \in F_\Omega.$$
The problem is to decide whether or not $s = t$ is unifiable in $F_\Omega \mid_{=T}$.

A substitution $\sigma \in \Sigma$ is called a T-unifier for $\langle s = t \rangle_T$ iff $\sigma s =_T \sigma t$ (iff $F_\Omega \mid_{=T} \models \sigma s = \sigma t$). The subset of Σ which unifies $\langle s = t \rangle_T$ is denoted by $U\Sigma_T(s, t)$, the set of unifiers (for s and t) under T. The composition of substitutions is defined by the usual composition of mappings: $(\sigma \circ \tau)t = \sigma(\tau t)$. For a set of variables W, T-equality is extended to substitutions by
$$\sigma =_T \tau\,[W] \quad \text{iff} \quad \forall x \in W: \sigma x =_T \tau x.$$
We say σ and τ are T-equal in W.

Let $\leq_T$ be a partial order on terms such that $s \leq_T t$ iff there exists $\delta \in \Sigma$ satisfying $s =_T \delta t$. This relation is extended to substitutions: We say σ is an instance of τ and τ is more general than σ, in symbols
$$\sigma \leq_T \tau\,[W] \quad \text{iff there exists } \lambda \in \Sigma \text{ with } \sigma =_T \lambda \circ \tau\,[W] \quad \text{for some } W \subset X.$$
If $\sigma \leq_T \tau\,[W]$ and $\tau \leq_T \sigma\,[W]$ then $\sigma \sim_T \tau\,[W]$, σ and τ are called T-equivalent in W.

For a given unification problem $\langle s = t \rangle_T$, we do not want to compute the whole set of unifiers $U\Sigma_T(s, t)$, but a smaller set useful in representing $U\Sigma$. For this reason we define

CUΣ(s, t), the <u>complete set of unifiers of s and t</u> for W = Var(s, t) as:

(i)   CUΣ ⊆ UΣ   *(correctness)*

(ii)   ∀δ ∈ UΣ there exists σ ∈ CUΣ such that δ ≤$_T$ σ [W]   *(completeness)*

The <u>set of most general unifiers</u> μUΣ$_T$(s, t) is defined by (i), (ii) and the following minimality condition:

(iii) ∀σ, δ ∈ μUΣ: if σ ≤$_T$ δ [W] then σ =$_T$ δ [W] *(minimality)*

The set μUΣ$_T$ does not always exist; if it does, then it is unique up to the equivalence ~$_T$ (see FH 83]). For that reason it is sufficient to generate one μUΣ$_T$.

Central to unification theory is the notion of the hierarchy of equational theories based on μUΣ:

(i)   a theory T is <u>unitary</u> if μUΣ always exists and has at most one element;

(ii)   a theory T is <u>finitary</u> if μUΣ always exists and is finite;

(iii) a theory T is <u>infinitary</u> if μUΣ always exists and there exists a pair of terms such that μUΣ is infinite for his pair;

(iv)   a theory T is <u>type zero</u> otherwise.

The field of unification theory and its applications are surveyed in [RSS 79], [SS 82], [SI 84].

Bounded Unification Problems

Let | μUΣ | denote the cardinality of the set μUΣ. We say a given unification problem ⟨ s = t ⟩$_T$ is <u>bounded by</u> n for n ∈ N iff | μUΣ$_T$(s, t) | ≤ n.

An equational theory T <u>is bounded</u> iff there exists n ∈ N such that

$$\forall s, t \in F_\Omega : | \mu U\Sigma_T(s, t) | \le n.$$

We are interested in the questions of whether the class of finitary equational theories can be subclassified into bounded theories. In other words: can the hierarchy of unification problems described above be decomposed or is it the <u>finest</u> structure based on the cardinality of μUΣ?

Consider the following three examples of trivially bounded problems.

Commutativity

Let T_0 = { f(x, y) = f(y, x) } and consider the unification problem ⟨ f(x, y) = f(a, b) ⟩$_{T_0}$ which is bounded by n = 2:

$$\mu U\Sigma = \{ \{ x \leftarrow a, y \leftarrow b \}, \{ x \leftarrow b, y \leftarrow a \} \}.$$

If we take the set of terms as those in which "f" occurs at most once, it is easy to see that T_0 is bounded by 2 for <u>this set</u> of terms. Let h be a binary function symbol, which is free in T_0 – i.e. it does not occur anywhere in T_0 and define

$$s = f(x, y) \qquad t = f(a, b)$$
$$s' = f(u, v) \qquad t' = f(a, b).$$

The unification problem $\langle\, h(s', s) = h(t', t)\, \rangle_{T_0}$ has $n^2 = 2^2 = 4$ most general unifiers (i.e. T_0 is <u>not</u> bounded by 2):

$$\mu U\Sigma = \{\, \{\, x \leftarrow a,\, y \leftarrow b,\, u \leftarrow a,\, v \leftarrow b\, \},\ \{\, x \leftarrow a,\, y \leftarrow b,\, u \leftarrow b,\, v \leftarrow a\, \},$$
$$\{\, x \leftarrow b,\, y \leftarrow u,\, u \leftarrow a,\, v \leftarrow b\, \},\ \{\, x \leftarrow b,\, y \leftarrow a,\, u \leftarrow b,\, v \leftarrow a\, \}\, \}.$$

This is essentially the construction in the proof of the main lemma below.

Associativity

Let $T_1 = \{\, f(f(x, y), z) = f(x, f(y, z))\, \}$ and abbreviate $f(a, a)$ to aa and $aa \ldots a$ (n-times) to a^n.

Then $\langle\, xa = ax\, \rangle_{T_1}$ is unbounded [PL 72], since:

$$\mu U\Sigma = \{\, x \leftarrow a^n \mid \text{for } n \in N\, \}.$$

However $\langle\, xa^n = a^n y\, \rangle_{T_1}$ is bounded by $n + 1$, since:

$$\mu U\Sigma = \{\, \{\, x \leftarrow a,\, y \leftarrow a\, \},\ \{\, x \leftarrow a^2,\, y \leftarrow a^2\, \},\, \ldots,$$
$$\{\, x \leftarrow a^n,\, y \leftarrow a^n\, \},\ \{\, x \leftarrow a^n v,\, y \leftarrow v a^n\, \}\, \}$$

Associativity and Commutativity

Let $T_2 = \{\, f(f(x, y), z) = f(x, f(y, z)),\, f(x, y) = f(y, x)\, \}$.

Using the same abbreviations as above, the problem $\langle\, x^2 ya = b^2 z\, \rangle_{T_2}$ where $x, y, z \in V$ and $a, b \in C$, is bounded by two, since

$$\mu U\Sigma = \{\, \{\, x \leftarrow vb,\, y \leftarrow u,\, z \leftarrow uv^2 a\, \},\ \{\, x \leftarrow v,\, y \leftarrow ub^2,\, z \leftarrow uv^2 a\, \}\, \}$$

(assuming an identity element in our theory). In general the cardinality of $\mu U\Sigma$ is determined by the dimension of the solution space of certain diophantine equations (see [ST 81], [HS 85] for details).

Equational Theories are Unbounded

We refer to a theory as being <u>suitable</u> if it is a first order theory with at least one binary function symbol that is free and if there are no bounds on the number of times an individual variable, an individual constant, or an individual function symbol may occur in any term.

Lemma

Let T be a suitable theory. For any integer $n \geq 1$ and any problem $\langle s = t \rangle_T$ such that $\mu U\Sigma\langle s, t\rangle$ has cardinality n, there exists a problem $\langle s' = t'\rangle_T$ such that $\mu U\Sigma\langle s', t'\rangle$ has cardinality n^2.

From this lemma, which is proved in the full paper [BS 84], we immediately obtain the main result: if T is a first-order theory such that the set of most general unifiers for any two terms has at most finitely many elements, then T is not bounded. That is, there is no integer $n > 1$ such that for every unification problem $\langle s = t \rangle_T$, the cardinality of the set of most general unifiers for $\langle s = t \rangle_T$ is at most n:

Theorem

If T is a suitable first-order equational theory that is finitary, then T is not bounded.

References

[BS 84]   Book, R., Siekmann, J.: "On the Unification Hierarchy", SEKI Research Report, Universität Kaiserslautern, West Germany, 1985 (full paper submitted)

[FH 83]   Fages, F., Huet, G.: "Complete Sets of Unifiers and Matchers in Equational Theories", Proc. CAAP-83, Springer Lecture Notes in Comp.Sci., vol. 159, 1983

[GR 79]   Grätzer, G.: "Universal Algebra", Springer Verlag, 1979

[HS 85]   Herold, A., Siekmann, J.: "Unification in Abelian Semigroups", Univ. Kaiserslautern, 1985

[HT 76]   Huet, G.: "Resolution d'equations dans des langages d'ordre 1,2,…, ", These d'Etat, Univ. Paris, VII, 1976

[PL 72]   Plotkin, G.: "Building in Equational Theories", Machine Intelligence, vol. 7, 1972

[RSS 79]   Raulefs, P., Siekmann, J., Szabo, P., Unvericht, F.: "A Short Survey on the State of the Art in Unification Theory", SIGSAM Bulletin, vol. 13, 1979

[SI 84]   Siekmann, J.: "Universal Unification", Proc. of 7th Conf. on Automated Deduction, Springer Lecture Notes on Comp. Sci., vol. 170, 1984

[SS 82]   Siekmann, J., Szabo, P.: "Universal Unification: A Survey", Proc. GWAI-82, Springer Fachberichte, vol. 58, 1982

[ST 81]   Stickel, M.: "A Unification Algorithm for Assoc. Comm. Functions", JACM. vol.28, no. 3, 1981

Unification in a Many-sorted Calculus with Declarations

Manfred Schmidt-Schauß
Fachbereich Informatik, Universität Kaiserslautern
Postfach 3049, 6750 Kaiserslautern

Key Words: Abstract Data Types, Logic Programming, Automation of Reasoning, Theorem Proving, Unification.

Abstract. The many-sorted first order calculus ΣRP^* is extended to a many-sorted calculus, which allows declarations , i.e. a term t of sort S can be declared to be of some lesser sort S'. The heart of such a calculus is the unification algorithm for terms, which respects the declarations. In this paper it is shown, that the set of most general DS-unifiers is recursively enumerable and that such a set may be infinite. Furthermore , it is shown, that it is undecidable, whether two terms are DS-unifiable.

Introduction.   The advantages of a many-sorted calculus in automated reasoning systems are well known [CD83,Co83,GM84, Hay71,Hen72, HO80,Ob62,Sch85a,Wa83]. Our interest is in the development of a resolution based many-sorted calculus, which includes subsorts and declarations.This calculus is designed similarily to the calculi of [WR73,Wa83,Sch85a]. In [GM85,Go83] declarations are introduced to handle errors and to increase the expressiveness of a sorted specification language, e.g. 0^{-1} can be declared to be of sort ERROR or $(SQRT(x_{NAT}))^2$ can be declared to be of sort NAT.

In [Sch85b] a sort generating algorithm SOGEN is defined. This algorithm failed, if a unit clause {P(t)} has to be transformed, where t is a term, which is not a constant, variable or $f(x_1,...,x_n)$. If declarations are allowed, and S_P is the sort, which corresponds to P, then the term t could be declared to be of sort S_P (t: S_P) , and the algorithm would not fail.

Declarations may be helpful also in situations, where a unit equality {s $\equiv$ t} is in the clause set, and the sort of s is A and the sort of t is B and A and B are incomparable. If the information is available, that "A $\cap$ B = C", then the sort-information of this clause could be coded as s: C and t: C.

For that reason we found, that declarations are a very useful tool in Automated Theorem Proving too.

Since the heart of such a many-sorted calculus with declarations is the signature and the corresponding unification algorithm, this paper is only concerned with unification under sorts and declarations.

1. Signatures with Declarations.

We define a signature with declarations similar to a polymorphic signature [Sch85a] but polymorphic functions are not defined explicitly, since they can be coded with declarations. For example the domain-range relation $f: (S_1,...,S_n) \rightarrow S_{n+1}$ can be coded as the declaration $f(x_{S_1},...,x_{S_n}): S_{n+1}$. The signature is defined such that all terms are well--sorted. This restriction makes proofs easier and does not influence the results on unification.

This work is supported by the Deutsche Forschungsgemeinschaft, SFB 314.

1.1 Definition. A <u>signature</u> is a pair $(\mathbb{S}, \mathbb{F})$, where

a) $\mathbb{S}$ is the finite set of sorts. $\mathbb{S}$ is ordered by $\leq$, such that the sort structure $\langle \mathbb{S}, \leq \rangle$ is a
   semilattice with a greatest element $\top$.

b) $\mathbb{F}$ is the set of function symbols:

   $\mathbb{F} = \bigcup \mathbb{F}_{n,S}$, where $\mathbb{F}_{n,S}$ is the set of function symbols of arity n with range sort S.

   i.e. the functions in $\mathbb{F}_{n,S}$ map $\top \times ... \times \top \to S$. We use $\mathbb{F}_n = \bigcup \mathbb{F}_{n,S}$. $\mathbb{C}_S$ is the set of

   constants of sort S .(functions with arity 0 and range sort S) and $\mathbb{C}$ is the set of all
   constants. ∎

In the semilattice of sorts $\langle \mathbb{S}, \leq \rangle$, we denote with R∧S the (unique) greatest element of the
set $\{U \mid U \in \mathbb{S} , U \leq R \text{ and } U \leq S\}$, if it exists.

Let $\mathbb{V}_S$ be the infinite set of variables of sort S, which we assume to be pairwise disjoint.

Let $\mathbb{V}$ be the set of all variables, i.e. $\mathbb{V} = \bigcup \mathbb{V}_S$.

Let $\mathbb{T}$ be the set of all terms, i.e. $\mathbb{T}$ is the least set with $\mathbb{V} \subseteq \mathbb{T}$ and $f(t_1, ...,t_n) \in \mathbb{T}$ for all

$f \in \mathbb{F}$ and $t_i \in \mathbb{T}$. For $t = f(t_1,...,t_n)$, we say that f is the top-level function symbol of t.

   A (homogeneous) <u>algebra</u> is a pair $(A, \mathbb{F})$, such that A is a nonempty set (the carrier)
and for every $f \in \mathbb{F}$ of arity n, a function $f^A: A^n \to A$ is defined.

$(\mathbb{T}, \mathbb{F})$ is an algebra, if we define $f^{\mathbb{T}}(t_1,...,t_n) := f(t_1,...,t_n)$.

For two algebras $(A, \mathbb{F})$ and $(B, \mathbb{F})$ a mapping $\varphi: A \to B$ is a <u>homomorphism</u>, iff
$\varphi(f^A(a_1,...,a_n)) = f^B(\varphi a_1,..., \varphi a_n)$ for all elements $a_1,...,a_n$ of A. [Gr79].

We define substitutions on $\mathbb{T}$ as

   1.2 Definition. An endomorphism on the term-algebra $(\mathbb{T}, \mathbb{F})$, which is identical almost
everywhere, is called a <u>substitution</u>. ∎

   A substitution σ can be represented as a set of variable-term pairs: $\{x_1 \leftarrow t_1,...,x_n \leftarrow t_n\}$.

The application of σ to a term t gives the term σt, which is derived from t by replacing
(simultaneously) in t all variables x_i with the corresponding term t_i. The set of all

substitutions is called $\mathbb{\Sigma}$.

   1.3 Definition. A <u>DS-signature</u> is a triple SIG= $(\mathbb{S}, \mathbb{F}, \mathbb{D})$, such that

a) $(\mathbb{S}, \mathbb{F})$ is a signature

b) $\mathbb{D}$ is a finite set of pairs (DT,DS), where DT is a term, which is neither a variable nor a
   constant. DS is a sort with DS $\leq$ S, where S is the range sort of the top level function
   symbol of DT. ∎

   Instead of (DT,DS) $\in \mathbb{D}$ we use the notation DT: DS. The meaning of DT: DS is that the term
DT is declared to be of sort DS.

The first step in defining the sort of a term is to define the sets of terms of some fixed
sort.

   1.4 Definition. Let $(\mathbb{S}, \mathbb{F}, \mathbb{D})$ be a DS-signature. We define the sets T_S of terms of sort S

recursively (the recursive parts are d) and e)):   for all S $\in \mathbb{S}$:

   a) $\mathbb{V}_S \subseteq T_S$ and $\mathbb{C}_S \subseteq T_S$.

   b) For all $t \in \mathbb{T}$: If S is the range sort of the top-level function symbol of t, then $t \in T_S$.

   c) $\forall$ (DT,S) $\in \mathbb{D}$: DT $\in T_S$

d)   For all $R \in \mathbb{S}$: $R \leq S \Rightarrow T_R \subseteq T_S$.

e) $\forall \sigma \in \mathbb{\Sigma}, t \in T_S$: $(\forall x \in \mathbb{V}, R \in \mathbb{S}: x \in T_R \Rightarrow \sigma x \in T_R) \implies \sigma t \in T_S$ ∎

Since in general it is not true, that $T_R \cap T_S = T_{R \wedge S}$ for all sorts R,S we define regular signatures as:

1.5 Definiton. A DS-signature is <u>regular</u>, iff for all $R,S \in \mathbb{S}$:

$$T_S \cap T_R = \begin{cases} T_{S \wedge R} & \text{, if } S \wedge R \text{ is defined} \\ \varnothing & \text{, otherwise} \end{cases} \quad ∎$$

The construction of a regular DS-signature from a nonregular one may result in a DS-signature with infinitely many declarations (An example is constructed in 3.6).

It is interesting to note, that in a DS-signature, where all declarations are polymorphic, (i.e. all terms occuring in declarations are of the form $f(x_1,...,x_n)$ with different variables) the condition, that the signature is regular is equivalent with the condition, that the corresponding signature is polymorphic [Sch85a].

In a regular DS-signature, it is possible to define the unique sort of a term:

1.6 Definition. Let SIG be a regular DS-signature. For $t \in \mathbb{T}$ we define the <u>sort of t</u>, denoted as [t], as the (unique) least element of the set $\{S \mid t \in T_S\}$. ∎

This sort exists and is uniquely determined, since SIG is regular and $\langle \mathbb{S}, \leq \rangle$ is a semilattice. We define the notion of an algebra of type SIG as an extension of the usual definition:

1.7 Definition. Let SIG $= (\mathbb{S}, \mathbb{F}, \mathbb{D})$ be a regular DS-signature. Then (A,SIG) is an <u>algebra of type SIG</u>, iff the following conditions are satisfied:

a)   A is a nonempty set.

b)   For every sort $S \in \mathbb{S}$ a subset $S^A \neq \varnothing$ of A is defined, such that $\top^A = A$ and for all sorts R,S: $R \leq S \Rightarrow R^A \subseteq S^A$.

c)   For $c \in \mathbb{C}_S$, an element $c^A \in A$ exists, such that $c^A \in S^A$.

d)   For $f \in \mathbb{F} \setminus \mathbb{C}$: $f^A: A^n \to S^A$ is a mapping, where S is the range sort of f.

e) $\forall (DT, DS) \in \mathbb{D}$: Then for all (ordinary) homomorphisms $\varphi: \mathbb{T} \to A$: If $\varphi x \in [x]^A$ for all variables x occuring in DT, then $\varphi(DT) \in DS^A$. ∎

1.8 Definition. Let SIG be a regular DS-signature. Let (A,SIG) and (B,SIG) be algebras of type SIG. Then a mapping $\varphi: A \to B$ is a <u>DS-homomorphism</u>, such that:

a) $\varphi(S^A) \subseteq S^B$ for all $S \in \mathbb{S}$.

b) $\varphi(f^A(a_1,...,a_n)) = f^B(\varphi(a_1),...,\varphi(a_n))$ for all $f \in \mathbb{F}$ and all $a_i \in A$. ∎

Obviously, the composition of two DS-homomorphisms is again a DS-homomorphism. $(\mathbb{T},SIG)$ is an algebra of type SIG with the following termbuilding operations:

a) $S^{\mathbb{T}} = \{ t \in \mathbb{T} \mid [t] \leq S \}$ b) $f^{\mathbb{T}}(t_1,...,t_n) = f(t_1,...,t_n)$.

$(\mathbb{T},SIG)$ is the free algebra of type SIG. $(\mathbb{T}_{gr},SIG)$ is the initial algebra of type SIG, where the suffix "gr" denotes ground (variable-free) objects. For proofs we refer to [Sch85a].

1.9 Definition. A mapping $\sigma: \mathbb{T} \to \mathbb{T}$ is a <u>DS-substitution</u>, iff it is a DS-endomorphism on $(\mathbb{T},SIG)$, which is identical almost everywhere. ∎

Let $\mathbb{DS}$ denote the set of all DS-substitutions.

The following lemma is shown in [Sch85a]:

1.10 Lemma. Let SIG be a regular DS-signature. Let $\sigma: \mathbb{T} \to \mathbb{T}$ be a mapping. Then σ is a DS-substitution, iff the following is satisfied:

a) $\sigma c = c$ for all $c \in \mathbb{C}$.   b) $\sigma(f(t_1,...,t_n) = f(\sigma t_1,...,\sigma t_n)$.

c) $[\sigma x] \leq [x]$ for all $x \in \mathbb{V}$.   d) $\{x \in \mathbb{V} \mid \sigma x \neq x\}$ is finite. ∎

We denote with min(M) resp. max(M) the minimal respectively maximal element of the set M.

The following lemma is a direct consequence of the regularity of a DS-signature. A recursive algorithm for the computation of the sort of a term can easily be derived from this lemma.

    <u>1.11 Lemma.</u> Let SIG be a regular DS-signature. For $t \in \mathbb{T}$, the sort of t is given by the formula:

$[t] = \min_{\leq}(\{ DS \mid (DT,DS) \in \mathbb{D}$ and $\exists \sigma \in \mathbb{DS}$ with $\sigma DT = t\} \cup \{S_t\})$, where S_t is the sort of the toplevel function symbol of t. ∎

    <u>1.12 Lemma.</u> Let $t \in \mathbb{T}$. Then the following holds:

       If $[t] = S$, then one of the following cases is correct:

i)   t is a variable or a constant of sort S.

ii)   t is a term with top-level function symbol f having S as range sort.

iii)   There exists a declaration DT: S and a $\sigma \in$ DSUB, such that $\sigma DT = t$. ∎

We define the depth of a term in a standard way:

    <u>1.13 Definition.</u> Let $t \in$ TERM; $t = f(t_1,...,t_n)$. Then

$$\text{DEPTH}(t) = \begin{cases} 0 & \text{, if t is a variable or constant.} \\ 1 + \max(\{\text{DEPTH}(t_i) \mid 1 \leq i \leq n\}) \end{cases} \quad ∎$$

In order to select subterms of a term t, we use position vectors $(q_1,...,q_n)$ of nonnegative integers (occurrences in [Hu80]). The vector of length 0 denotes the term itself. For example the subterm z in $f(x, f(y, z))$ has the position (2,2). The depth of a term is the maximal length of a position vector of subterms.

    <u>1.14 Example.</u> Let N be the natural numbers and let I be the integers. We have $N \leq I$. Let the product of integers (∗) be a function with range sort I. Assume that the following declarations are given:

   $(-1)*(-1) : N; \quad x_N*y_I : I; \quad x_N*y_N : N; \quad x_I*y_N : I; \quad x_I*y_I : I$

Consider the two terms $x_I * (-1)$ and y_N . These two terms have sort I and N respectively.

Hence $\{y_N \leftarrow x_I * (-1)\}$ is not in $\mathbb{DS}$, .but

$\{x_I \leftarrow -1, y_N \leftarrow (-1)*(-1)\}$ is a unifying DS-substitution. ∎

The next theorem characterizes all signatures, which describe a sort-like structure on the set of terms. We show, that a natural condition on sorted term-algebras (i) implies, that this algebra is equivalent to one, which can be described by regular DS-signatures (with infinitely many declarations and possibly (countable) infinitely many sorts).

    <u>1.15 Theorem.</u> Let SIG be a signature and let $\mathbb{T}$ be the set of all terms. Let $\mathbb{S}$ be a set (of sorts) ordered by $\leq$, such that $\langle \mathbb{S},\leq \rangle$ is a semilattice with a greatest element ⊤. Let $\varphi: \mathbb{T} \to \mathbb{S}$ be a mapping, such that for every substitution σ:

       i) $(\forall x \in \mathbb{V}: \varphi(\sigma(x)) \leq \varphi(x)) \Rightarrow (\forall t \in \mathbb{T}: \varphi(\sigma(t)) \leq \varphi(t))$

Then there exists a regular DS-signature with the sort structure $\langle \mathbb{S},\leq \rangle$ and (possibly infinitely many) declarations, such that $\varphi(t) = [t]$.

    <u>Proof.</u> [Sch85c]

2. Unification under Sorts and Declarations.

In this chapter we give some basic definitions and lemmas, which are needed in the next chapter. Let $\mathbb{DS}^*$ denote the set of all idempotent substitutions.

$DOM(\sigma) := \{x \in \mathbb{V} \mid \sigma x \neq x\}$. $COD(\sigma) := \{\sigma x \mid x \in DOM(\sigma)\}$. $\mathbb{V}(t_1,...,t_n)$ is defined as the set of variables in $t_1,...,t_n$. $VCOD(\sigma) := \mathbb{V}(COD(\sigma))$. The identity substitution is denoted as ε.

The following lemmas can be proved just as in [He83,Sch85a], since they do not depend on the special signature in this paper.

2.1 Lemma. Let $\sigma \in \mathbb{DS}$. Then: $\qquad \sigma \in \mathbb{DS}^* \iff DOM(\sigma) \cap VCOD(\sigma) = \emptyset$.

2.2 Lemma. Let $\sigma,\tau \in \mathbb{DS}^*$. Then: $\quad DOM(\tau) \cap VCOD(\sigma) = \emptyset \implies \sigma \circ \tau \in \mathbb{DS}^*$.

2.3 Definition. A substitution $\varrho \in \mathbb{DS}^*$ is a <u>renaming substitution</u>, iff

a) $\quad COD(\varrho) \subseteq \mathbb{V}$

b) $\quad \varrho$ is injective on $DOM(\varrho)$, i.e. for all $x,y \in DOM(\varrho)$: $x \neq y$ implies $\varrho x \neq \varrho y$.

c) $\quad$ For all $x \in \mathbb{V}$: $[\varrho x] = [x]$. ∎

2.4 Definition. Let $s,t \in \mathbb{T}$. Then:

a) $\quad s \leq t \quad$ iff there exists a $\sigma \in \mathbb{DS}$, such that $s = \sigma t$. (σ is a matcher of s and t.)

b) $\quad s \equiv t \quad$ iff $s \leq t$ and $s \geq t$. ∎

Note that "$\leq$" is a reflexive and transitive relation on terms and that "$\equiv$" is an equivalence relation. We denote with $s < t$, iff $s \leq t$ and $s \not\equiv t$.
We extend these relation to DS-substitutions.

2.5 Definition. Let $W \subseteq \mathbb{V}$ and $\sigma,\tau \in \mathbb{DS}$.

a) $\quad \sigma = \tau \,[\![W]\!] \quad$, iff $\sigma x = \tau x$ for all $x \in W$.

b) $\quad \sigma \leq \tau \,[\![W]\!] \quad$, iff there exists a $\lambda \in \mathbb{DS}$ with $\sigma = \lambda \circ \tau \,[\![W]\!]$.

c) $\quad \sigma \equiv \tau \,[\![W]\!] \quad$, iff $\sigma \leq \tau \,[\![W]\!]$ and $\sigma \geq \tau \,[\![W]\!]$. ∎

Obviously the relation "$\leq [\![W]\!]$" is a reflexive and transitive relation on DS-substitutions. The relation "$\equiv [\![W]\!]$" is an equivalence relation.

2.6 Definition. A DS-substitution $\xi \in \mathbb{DS}$ is a <u>permutation</u>, iff there exists a DS-substitution ξ^-, such that $\xi \circ \xi^- = \varepsilon$.

2.7 Lemma. Let ξ be a permutation. Then:

a) ξ^- is a permutation. $\qquad$ b) $(\xi^-)^- = \xi$ $\qquad$ c) $DOM(\xi) = VCOD(\xi)$

2.8 Lemma. Let $\sigma,\tau \in \mathbb{DS}$ and let $W \subseteq \mathbb{V}$.
Then $\sigma \equiv \tau \,[\![W]\!]$, iff there exists a permutation ξ such that $\sigma = \xi \circ \tau \,[\![W]\!]$.

2.9 Lemma. Let $s,t \in \mathbb{T}$. Then:
$\qquad s \equiv t \quad$ iff there exists a permutation ξ such that $s = \xi t$.

2.10 Definition. Let $s,t \in \mathbb{T}$ and $\sigma \in \mathbb{DS}^*$.
Then σ is called a DS-unifier of s and t, if $\sigma s = \sigma t$.

2.11 Definition. Let $U \subseteq \mathbb{DS}$ and let $W \subseteq \mathbb{V}$.
We say <u>U is separated on W</u>, iff the following conditions hold:

a) $\forall \sigma \in U: DOM(\sigma) = W$ $\qquad\qquad\qquad$ b) $\forall \sigma \in U: VCOD(\sigma) \cap W = \emptyset$.

c) $\forall \sigma,\tau \in U: \sigma \neq \tau \implies VCOD(\sigma) \cap VCOD(\tau) = \emptyset$. $\qquad$ ∎

Note that a set U, which is separated on a set of variables, consists of idempotent substitutions only. For a given set of substitutions U, there exists an equivalent one, which is separated on W:

2.12 Lemma. Let $U \subseteq \mathbb{DS}$ and $W \subseteq \mathbb{V}$.
There exist a set $U^* \subseteq \mathbb{DS}$ and a bijection $\varphi: U \to U^*$, such that

a) U^* is separated on W and $\quad$ b) $\forall \sigma \in U: \sigma \equiv \varphi(\sigma) \,[\![W]\!]$. ∎

<u>2.13 Definition.</u> Let $s,t \in \mathbb{T}$ and let $W = VAR(s,t)$.

A minimal, complete set of most general DS-unifiers for s and t, $\mu U\Sigma(s,t)$, is defined as a subset of $\mathbb{DE}^*$, which is separated on W and satisfies the following conditions:

i) $\forall \sigma \in \mu U\Sigma(s,t)$: $\sigma s = \sigma t$. (correctness)

ii) $\forall \delta \in \mathbb{DE}$ with $\delta s = \delta t$: there exists a $\sigma \in \mu U\Sigma(s,t)$ such that $\delta \leq \sigma \, \llbracket W \rrbracket$. (completeness)

iii) $\forall \sigma,\tau \in \mu U\Sigma(s,t)$: If $\sigma \leq \tau \, \llbracket W \rrbracket$, then $\sigma = \tau$. (minimality). ∎

The condition, that a unifier set be separated on a set W is a technical one, which simplifies proofs. In practical applications, a unifier set generated by a unification algorithm is in general not separated.

The following lemma is an extension of lemma 1.12:

<u>2.14 Lemma.</u> Let $t \in \mathbb{T}$ and let $\sigma \in \mathbb{DE}$, such that $[\sigma t] = S \prec [t]$.

Then there exist a renaming ϱ, a declaration (DT,S) and a DS-unifier τ of ϱDT and t, such that $\tau t = \sigma t$. ∎

<u>3) A Unification Algorithm for Terms in a Regular DS-signature.</u>

We give a unification algorithm $DUNI_\infty$ for terms in a regular DS-signature which generates a complete set of most general unifiers, but does not terminate (in general). Since we show in the following chapter, that DS-unification is undecidable, there is no hope, that a unification algorithm exists, which terminates even in the case that the two input terms are not unifiable. We define the algorithms $DUNI(.,.,n)$ and $DWEAK(.,.,n)$, which consider only instances of the terms to be unified up to a given term depth n. For practical purposes it would be desirable however to have better motivated heuristic halting criteria than term depth or nesting of recursion.

It is assumed, that the variables in the declarations are not used elsewhere.

i.e. that $\mathbb{V}(DT) \cap \mathbb{V}(t) = \emptyset$ for every term t, which is not used as declaration.

Note that matching of two terms is decidable and that a matcher is unique, if it exists.

For a finite set U ordered by a transitive and reflexive relation $\leq$, we denote with $MAX_\leq(U)$ a minimal set of maximal elements. $MAX_\leq(U)$ always exists, since $\leq$ is transitive and reflexive.

The DS-unification algorithm DUNI and the DS-weakening algorithm DWEAK are defined recursively:

<u>3.1 Definition of DUNI.</u>

$DUNI : \mathbb{T} \times \mathbb{T} \times NAT \to POW(\mathbb{DE}^*)$.

$DUNI(s,t,mtd)$, where s,t are the terms to be unified and mtd is the maximal term depth of the common instance., is computed in the following way:

1) If $DEPTH(s) > mtd$ or $DEPTH(t) > mtd$ THEN RETURN $\emptyset$.

2) $U_{OLD} := \{\varepsilon\}$

3) WHILE $\sigma s \neq \sigma t$ for some $\sigma \in U_{OLD}$ DO_1:

    $U_{NEW} := \emptyset$.

    FOR ALL $\sigma \in U_{OLD}$ DO_2:

      IF $\sigma s = \sigma t$ THEN $U_{NEW} := \{\sigma\} \cup U_{NEW}$

      ELSE   Let (d,e) be the first disagreement pair of $(\sigma s,\sigma t)$.

          Let dd be the depth of d in σs, i.e. dd is the length of

          the position vector of d in σs.

IF   d is a variable and d does not occur in eTHEN

$U_{NEW} := U_{NEW} \cup$

         $\{ \tau \circ \{d \leftarrow \tau e\} \circ \sigma \mid \tau \in DWEAK(e,[d],mtd-dd)$

             and $DEPTH(\tau \circ \{ d \leftarrow \tau e \} \circ \sigma (s)) \le mtd \}$

     ELSE IF e is variable and e does not occur in d THEN

$U_{NEW} := U_{NEW} \cup$

         $\{ \tau \circ \{e \leftarrow \tau d\} \circ \sigma \mid \tau \in DWEAK(d,[e],mtd-dd)$

             and $DEPTH(\tau \circ \{e \leftarrow \tau d\} \circ \sigma (s)) \le mtd \}$

         ELSE $U_{NEW} := U_{NEW}$ ($\sigma s, \sigma t$ not unifiable) OD_2

     $U_{OLD} := U_{NEW}.$ OD_1 .

4) $U_{NEW} := MAX_{\le [\![VAR(s,t)]\!]}(U_{NEW}).$

5) Change every $\sigma \in U_{NEW}$ in such a way, that U_{NEW} is separated on $\mathbb{V}(s,t)$ and all

     codomains consist of new variables.

6) RETURN U_{NEW} ∎

3.2 Definition of DWEAK.

$DWEAK: \mathbb{T} \times \mathbb{S} \times NAT \to POW(\mathbb{DE}^*).$

$DWEAK(t,S,mtd)$ is the returned set of the algorithm, where t is the term, which is to be weakened to sort S and mtd is the maximal term depth of instances of t.

1)   IF $DEPTH(t) > mtd$ THEN RETURN $\emptyset$.

2)   CASE i) $[t] \le S$:   RETURN $\{\varepsilon\}$.

         ii) $t \in \mathbb{V}$:

            IF $[t] \wedge S$ is not defined THEN RETURN $\emptyset$.

            ELSE RETURN $\{t \leftarrow z\}$ where z is a new variable of sort $[t] \wedge S$.

         iii) $DEPTH(t) \ge 1$

            $U := \bigcup DUNI(t,DT,mtd)$, where the union ranges over all $(DT,DS) \in \mathbb{D}$

                     where $DS \le S$.

            Restrict all $\sigma \in U$ to $\mathbb{V}(t)$ and make U separated on $\mathbb{V}(t)$,

               such that all codomains consist of new variables.

            RETURN U.

         iv) ELSE   RETURN $\emptyset$. ∎

The algorithm $DUNI_\infty$ generates all mgu's successively:

3.3 Definition of $DUNI_\infty$ (s,t).

1) $U_\infty := \emptyset$

2) FOR ALL n: DO $U_\infty = U_\infty \cup \{\sigma \in DUNI(s,t,n) \mid DEPTH(\sigma s) = n\}$ OD. ∎

In [Sch85c] it is shown, that DUNI generates subsets of the set $\mu U\Sigma(s,t)$ in the following way: $D(.,,1) \subseteq D(.,,2) \subseteq ... \subseteq \mu U\Sigma(s,t)$. Furthermore it is shown, that $\mu U\Sigma(s,t)$ exists for every term pair (s,t), i.e. $\mu U\Sigma(s,t)$ is an upper bound of the above chain. Hence DS-unification is not of type 0 [Sz82, Si84].

3.4 Theorem. [Sch85c] The set $\mu U\Sigma(s,t)$ is recursively enumerable by the algorithm $DUNI_\infty(s,t).$ ∎

3.5 Theorem. The set $\mu U\Sigma(s,t)$ may be infinite.

Sketch of Proof. We give an example, such that this set is infinite: Let $\mathbb{S} = \{A,B\}$ with $B > A$. Let x,x',y,y',z be variables of sort A and let u be a variable of sort B.

$f \in \mathbb{F}$ is a function with range sort B.

The declarations are: D1: $f(x\, f(y\, u))$: A ;   D2: $f(f(x'\, y')\, z)$: A

Every weakening problem corresponds to a unification problem for a variable and a term.
We give an example for a term, which has infinitely many weakening substitutions.

Let x_0 and y_0 be variables of sort A and let $t_0 = f(x_0\, y_0)$ ($[t_0] = B$).

The term t_0 has infinitely many nonequivalent instances t_i of sort A, where

$t_1 := f(x_1\, f(y_1\, f(z_1\, u_1)))$ and $t_i := f(t_{i-1}\, x_i)$ for $i > 1$.

   (x_i, y_i, z_i are variables of sort A, the variables u_i are of sort B) ∎

We give an example where the regular completion has infinitely many declarations.

   3.6 Example. Let $\mathbb{S}$ = {T,A,B,C,D}.The ordering is $T > A,B,C,D$; $B,C > D$. The declarations are:

D1	$f(x_A\, f(y_A\, u_B))$: A	D2	$f(f(x'_A\, y'_A)\, z'_A)$: A
D3	$g(x'_A)$: B	D4	$g(f(x''_A\, y''_A))$: C

The terms DT of the declarations D3 and D4 have infinitely many unifiers. The
corresponding instances (which have to be of sort D) must all be added as declarations to
make the signature regular.

   3.7 Example. We give an example for a proof which uses unification in DS-signatures.
This proof is part of the proof, that in a group G, a subset U of G is a subgroup, provided
$x*y^{-1} \in U$ for all $x,y \in U$.

The (unsorted) axioms are: $x \in U \wedge y \in U \wedge z \notin U \Rightarrow x*y^{-1} \neq z$

                $x \in G \Rightarrow e*x = x$

                $e \in G$

The theorem is: $x \in U \Rightarrow x^{-1} \in U$

The negated theorem is: $c \in U \wedge c^{-1} \notin U$

Axiomization in a DS-signature:

Sorts: $S_U,\ S_{-U}, T.\ \ T \geq S_U,\ S_{-U}.$

Constants: $e{:}S_U$ and $c{:}S_U$

Declarations: $c^{-1}{:}\ S_{-U}$

Clauses: $x_U*y_U^{-1} \neq z_{-U}$ (the subscript U, -U means: of sort S_U, S_{-U} respectively.)

           $e*x_T = x_T$ (the variable x_T is of sort T.)

The literals in the two unit clauses are complementary unifiable with the unifier:

$\sigma = \{x_U \leftarrow e,\ y_U \leftarrow c,\ x_T \leftarrow c^{-1},\ z_U \leftarrow c^{-1}\}$. σ is a DS-substitution, since $[c^{-1}] = [z_{-U}] = S_U$. ∎

   3.8 Example. This examples shows, that the clause set may be empty , if the
axiomatization is not properly done.

This example is due to Kalman [Ka84].

Clauses: $P(x) \wedge P(f(x,y)) \Rightarrow P(y)$

                $P(f(f(x,y),\, f(f(x,z),\, f(y,z))))$

Theorem: $P(f(x,x))$;   negated Theorem: $\neg P(f(c,\, c))$

This theorem is deducable from the two axioms.

Axiomization in a DS-signature:

Sorts: $\quad\quad\quad \top \geq S_p, S_{-p}$

Constants: $\quad\quad c: \top$

Declarations: $\quad f(x_p, y_{-p}) : S_{-p}$, $\quad\quad f(c, c) : S_{-p}$

$$f(f(x_\top, y_\top), f(f(x_\top, z_\top), f(y_\top, z_\top))) : S_p$$

Clauses: The clause set is empty.

This clause set is satisfiable. In order to make the two axiomatizations equivalent, some clauses with equality literals have to be added to the clause set [Sch85b].

If these (undesired) clauses are missing, then a procedure, which tests the DS-signature for regularity may find a DS-unifier of two terms s,t of sort S_p respectively sort S_{-p}. Such a DS-unifier represents a contradiction.

4. DS-unification is Undecidable.

We reduce the decision problem for DS-unification to an undecidable problem. The reduction is done in two steps. First we reduce it to the problem to decide that a transitive, stable relation on terms is cycle free, and then we reduce it to the halting problem for register machines, which is known to be undecidable.

We define a TRCF-problem, i.e. the problem whether or not a transitive, finitely represented relation is cyclefree, as follows:

4.1 Definition. Let SIG be a one-sorted signature without declarations. Let R be a relation on $\mathbb{T}$, which satisfies the following conditions:

1) R is transitive

2) R is generated by a finite set of term-pairs (s_i, t_i) $1 \leq i \leq n$.

3) R is stable, i.e. $\forall \sigma \in \mathbb{DE}, \forall s,t \in \mathbb{T}: \ s \mathrel{R} t \Rightarrow \sigma s \mathrel{R} \sigma t$.

The problem, whether or not R is cycle free, (i.e. $\exists t \in \mathbb{T}: t \mathrel{R} t$) is called a TRCF-problem. ∎

4.2 Lemma. If TRCF is undecidable, then DS-unification is undecidable.

Proof. We show, that TRCF is equivalent to a DS-unification problem.

Let (s_i, t_i) $1 \leq i \leq n$ be the generating relations of R. We construct a DS-unification

problem: Let $\mathbb{S} = \{A,B\}$, where $B > A$. Let $h,f \in \mathbb{F}$, not contained in any term s_i, t_i, where the range of h is A and the range of f is B. Let the declarations be:

$D_{11}: \ f(f(x_1\, x_2\, x_3)\, f(x_3\, x_4\, x_5)\, f(x_5\, x_6\, x_7)) : A \quad\quad D_{12}: \ f(f(x_1\, x_2\, x_3)\, y\, f(x_3\, x_4\, x_5)) : A$

$D_{2i}: \ f(h(s_i)\, y\, h(t_i)): A \quad 1 \leq i \leq n. \quad\quad\quad\quad\quad ([x_i] = A, [y] = B.)$

Let B be the only sort used in all symbols of the terms s_i, t_i.

In order to show, that TRCF is equivalent to the solvability of the unification problem $\langle x_8 = f(x_9\, x_{10}\, x_9)\rangle$, we define the problem sets PS_n:

$$\left\{ \begin{array}{l} \langle f(u_j\, v_j\, u_{j+1}) = w_j\rangle \, , \ j = 1,\ldots,n-1 \\ \langle f(u_n\, v_n\, u_1) = w_n\rangle \end{array} \right\}$$

where u_i, v_i, w_i are variables with $[u_i] = [w_i] = [v_i] = A$. A solution is a (common) substitution, which solves all the problems simultaneously. Note that the terms in the problems PS_n are in some respects connected in a cycle:

$$f(u_1\, v_1\, u_2) - f(u_2\, v_2\, u_3) - \ldots - f(u_n\, v_n\, u_1) - f(u_1\, v_1\, u_2) .$$

In the following we say sometimes: " ... the declarations $DT_1 \ldots DT_n$ are used". This means that the declarations $DT_1 \ldots DT_n$ are the declarations, which are needed to compute the sort of the considered terms.

We prove the two statements:

ST1) PS_j has a solution $\Rightarrow$ $\exists n \geq j$, such that PS_n has a solution, where only the declarations D_{2i} are used. i.e. for $k>1$

$$\sigma u_k = h(\sigma s_{i(k)}) = h(\sigma t_{i(k-1)}) \text{ and } h(\sigma s_{i(1)}) = h(\sigma t_{i(n)}),$$

ST2) $\forall n$ PS_{n+1} has a solution $\Rightarrow PS_n$ has a solution.

Using this statements it is easy to prove, that PS_1 is solvable, iff the relation R has a cycle:

"$\Rightarrow$": Let PS_1 be solvable. Then there exists $n \in NAT$, such that PS_n is solvable, where only declarations D_{2i} are used . This solution determines a cycle in R of length n.

"$\Leftarrow$": Let R have a cycle of length n. Then PS_n is solvable, where only the declarations D_{2i} are used. Repeated application of ST2 yields, that PS_1 is solvable. $\blacksquare$

<u>Proof of ST1:</u>

Let σ be a solution for PS_j. The proof is by induction on the term depth of the terms in $COD(\sigma)$. It is $[\sigma f(u_j \, v_j \, u_1)] = A$. Lemma 1.11 shows, that there exists a declaration $DT: DS$, such that DT matches $\sigma f(u_j \, v_j \, u_1)$.

<u>Case 1.</u> The declaration is D_{11} or D_{12}. Then the top level function symbol of σu_j and σu_1 is f. For all $i= 1,\ldots,j-1$: $[\sigma f(u_i \, v_i \, u_{i+1})] = A$, but $[f(u_i \, v_i \, u_{i+1})] = B$, hence all the terms $\sigma f(u_i \, v_i \, u_{i+1})$ are matched by one of the declarations D_{11} or D_{12}. If the declaration D_{11} is used k times and the declaration D_{12} is used m times (k+m = j) at the top level of the terms $\sigma f(u_i \, v_i \, u_{i+1})$, then the problem PS_{j+k} has a solution σ_0, where $\sigma u_{i'} = \sigma_0 t_{i'}$, the $u_{i'}$ are the variables in the problem set PS_j and the terms $t_{i'}$ are the terms in the problem PS_{j+k}. The maximal term depth of terms in $COD(\sigma_0)$ is decreased by one.

<u>Case 2.</u> The declaration is one of D_{2i}. Then all σu_j have h as their top level function symbol. Only declarations D_{2i} are used. We have:

for $k>1$ $\sigma u_k = h(\sigma s_{i(k)}) = h(\sigma t_{i(k-1)})$ and $h(\sigma s_{i(1)}) = h(\sigma t_{i(n)})$. $\blacksquare$

The induction works as follows: If Case2 occurs, then ST1 is proved. If Case1 occurs, then the initial situation (σ a solution for PS_j) occurs with a σ_0 and a $k \geq j$, such that the DS-substitution σ_0 has smaller terms in it's codomain. This must come to an end, hence Case 2 occurs after a finite number of steps. $\blacksquare$

<u>Proof of ST2.</u>

Consider the problem PS_n. Solving the Problem PS_j we use the declaration D_{11} for $\langle f(u_n \, v_n \, u_1) = w_n \rangle$ and the declaration D_{21} for the other subproblems. This generates the problem PS_{n+1}:

The common DS-substitution has to satisfy:

for $f(u_n\, v_n\, u_1)$: $u_n \leftarrow f(x_{n,1}, x_{n,2}, x_{n,3})$; $v_n \leftarrow f(x_{n,3}, x_{n,4}, x_{n,5})$; $u_1 \leftarrow f(x_{n,5}, x_{n,6}, x_{n,7})$

for $f(u_1\, v_1\, u_2)$: $u_1 \leftarrow f(x_{1,1}, x_{1,2}, x_{1,3})$; $y_1 \leftarrow v_1$; $u_2 \leftarrow f(x_{1,3}, x_{1,4}, x_{1,5})$

for $f(u_i\, v_i\, u_{i+1})$: $u_i \leftarrow f(x_{i,1}, x_{i,2}, x_{i,3})$; $y_i \leftarrow v_i$; $u_{i+1} \leftarrow f(x_{i,3}, x_{i,4}, x_{i,5})$.

The compatibility gives now more conditions:

$$x_{n,5} \leftarrow x_{1,1}\ ;\ x_{n,6} \leftarrow x_{1,2}\ ;\ x_{n,7} \leftarrow x_{1,3} \quad \text{and for } 1 \le i \le n-1:$$

$$x_{i,3} \leftarrow x_{i+1,1}\ ;\ x_{i,4} \leftarrow x_{i+1,2}\ ;\ x_{i,5} \leftarrow x_{i+1,3} .$$

The problems, which are to be solved, such that this substitution is a DS-substitution are:

$$u_i \leftarrow f(x_{i,1}, x_{i,2}, x_{i,3}),\ 1 \le i \le n \quad \text{and} \quad v_n \leftarrow f(x_{n,3}, x_{n,4}, x_{n,5}).$$

This is equivalent with the problem PS_{n+1}

Now a solution τ of PS_{n+1} leads to a solution of PS_n. ∎

The definition of a register machine [EF78]. is:

4.3 Definition. A register machine uses registers $R_1,...,R_m$ and an alphabet $A = \{a_1,...,a_n\}$.

Program lines have the following possibilities:

1)   Z LET $R_i = R_i + a_j$,

Z is the line number and this statement means, that the character a_j is

pushed onto the register stack.

2)   Z LET $R_i = R_i - a_j$

"If the last character in R_i is a_j, then delete it"

3)   Z IF $R_i = e$ THEN Z' ELSE Z_1 OR ... OR Z_n.

"If R_i is empty, go to Z' else if the last character in R_i is a_j go to Z_j.

4)   Z PRINT

5)   Z STOP ∎

4.4 Lemma. TRCF is undecidable.

Proof. We show, that the decidability of TRCF would imply the decidability of the halting problem for register machines, which is known to be undecidable [EF78].

Let a program for a register machine be given. We use a signature, which includes enough natural numbers for all the line numbers and the alphabet $A = \{a_1,...,a_n\}$ of the register

machine. The function FW is a unary function, which is used to control the execution of the program. REG is a binary function, which denotes the contents of one register $(b_1...b_k)$

in the form $REG(REG(...(REG(e,b_1),..),b_{k-1}),b_k)$. The empty register is represented as e. STM

is a function with m+2 arguments, which corresponds to a program statement respectively the program status. The first argument is for control of program execution, the second argument is the line number and the next m arguments are for the register contents.

 We describe, how program statements can be coded:

Every program line corresponds to one or more pairs of terms of the form (STM(...),STM(...)). A program execution, which stops is directly related with a cycle in the relation R_{RM} generated by these pairs of terms.

−   First the control arguments are described:

a normal statement looks like (STM(x,...),STM(FW(x),...)). A STOP-statement looks like (STM(x,...),(STM(y,...))), where x and y are variables.

- The statement number in $(STM(.,Z_0,...),STM(.,Z_1,...))$ means, that this pair belongs to the line with the number Z_0 and the next line to execute is the line with number Z_1. The default number for Z_1 is Z_0+1. The STOP-statement has $Z_1 = 1$ and the START-statement has $Z_0 = 1$.

Now it is obvious, that a cycle in the relation R_{RM} corresponds to an execution of the register machine, i.e. it starts with statement number 1 and stops with a STOP-statement. Due to the first argument, a STOP-statement must be involved in every cycle, and the next line to execute after a STOP is the START line.

We go through the possibilities for program lines and describe their coding.

1) Z LET $R_i = R_i + a_j$ is coded in one pair:

$(STM(x, Z, x_1,...,x_m), STM(FW(x), Z+1, x_1,...,REG(x_i, a_j),...,x_m))$

2) Z LET $R_i = R_i - a_j$ is coded in n+1 pairs:

$(STM(x, Z, x_1,...,e,...,x_m), STM(FW(x), Z+1, x_1,...,e,...x_m))$.

$(STM(x, Z, x_1,...,REG(x_i,a_k),...,x_m), STM(FW(x), Z+1, x_1,..., REG(x_i,a_k),...,x_m))$ for $k \neq j$.

$(STM(x, Z, x_1,...,REG(x_i,a_j),...,x_m), STM(FW(x), Z+1, x_1,...,x_i,...x_m))$ for the case, that the last character of R_i is a_j.

3) Z IF $R_i = e$ THEN Z′ ELSE Z_1 OR ... OR Z_n.   is coded in n+1 pairs:

$(STM(x, Z, x_1,...,e,...,x_m), STM(FW(x), Z′, x_1,...,e,...x_m))$, for the empty register R_i.

$(STM(x, Z, x_1,...,REG(x_i,a_j),...,x_m), STM(FW(x), Z_j, x_1,..., REG(x_i,a_j),...,x_m))$ for $j = 1,...,n$

4) Z PRINT. is not relevant for the halting problem.

5) Z STOP. is coded in one pair: $(STM(x,Z,x_1,...,x_n), STM(y,1,e,...,e))$.

This includes that the program starts with empty registers.

If the relation R_{RM} has a cycle, then this cycle represents a program execution starting at statement 1 with empty registers and halting at a STOP-statement. The converse, that a cycle of R_{RM} corresponds to a normal program execution, is also true.

The instances of the generating term pairs, which occur in such a cycle represents the program status at a given point including the register contents.

Thus TRCF is undecidable, since the halting problem for register machines is undecidable. To summarize we have:

4.5 Theorem. DS-unification is (uniformly) undecidable.

Proof. Combination of lemma 4.2 and lemma 4.4 above. ∎

4.6 Corrollar. The regularity of a DS-signature is undecidable.

Proof. Let ‹s=t› be a unification problem. Then we construct a regularity problem: Let A,B,C be new sorts with T ≥ A,B ≥ C. Let h be a new function.

Then we add the declarations h(s): A and h(t): B. If the regularity is decidable, then it is decidable, whether h(s) and h(t) are unifiable, hence it is decidable, whether s and t are unifiable. This contradicts 4.5. ∎

We have the following special results for undecidablity:

4.7 Theorem. There exists a DS-signature, such that the DS-unification in this signature is undecidable.

Proof. [Sch85c] ∎

5) Concluding Remarks.

The unification problem for free terms (i.e. no defining equations) with an additional many-sorted signature has been investigated in [Wa84,Sch85a]. The following table presents an overview about the main results. and should be seen as an extension of the table in [Si84] ,where the equational theorie T is empty.

Properties of the signature	number of mgu's	weakening necessary	Unification decidable	Reference
one-sorted	1	NO	YES	[Ro65]
many-sorted $\langle S, \leq \rangle$ is a tree no polymorphic functions	1	NO	YES	[Wa84]
many-sorted $\langle S, \leq \rangle$ is a semilattice no polymorphic functions	1	YES	YES	[Wa84,Sch85a]
many-sorted $\langle S, \leq \rangle$ is a poset no polymorphic functions	finite	YES	YES	[Wa83]
many-sorted + polymorphic functions	finite	YES	YES	[Sch85a]
many-sorted + declarations	∞	YES	NO	Theorem 3.5 Theorem 3.6 Theorem 4.5

A unification problem that requires weakening is somewhat more complex than one without it, especially weakening introduces new variables not occuring in the terms to be unified.

This table indicates, that the behaviour of DS-unification differs completely from the other unification algorithms.

It is an interesting open problem to characterize, which subcases of DS-signatures have a decidable unification problem.

Another approach to a unification algorithm for terms in a DS-signature, which is similar to a unification algorithm of [Hu76], reveals, what properties are sufficient for a decidable DS-signature.

Such an algorithm of Huet-type treats simultaneously the weakening problems, which occur at some point during the unification of terms. The status of the unification is then characterized by a set of weakening problems, which have to be solved simultaneously.

If this set of weakening problems does not grow indefinitely in the case of not unifiable terms, then unification is decidable.

The following unification problems have this property and are thus decidable:

- besides declarations, which define polymorphic functions, all declarations have only unary function symbols in it or the declaration term is a ground term.
- In all declarations and in the terms to be unified, all variables occur at most once

Another interesting question is, which properties a combination of DS-signatures with equational theories may have. The equational theories A (associativity), C (commutativity) and I (idempotence) are the standard examples considered in unification theory. The combination of A + DS-signatures has an undecidable unification problem (the word problem for groups can be coded in a straightforward way). We guess, that the combination AC + DS-signatures has a decidable unification problem, but we have been unable to prove this conjecture.

DS-unification may be part of a resolution based calculus, which has a many-sorted signature with declarations. If such a calculus is used, the problem, that the sorted and unsorted version of a logical problem are equivalent, should not be underestimated . There are some examples which can only be coded with declarations, if some unary predicate P together with it's negation, is coded as a sort. But this may lead to the curious situation, that the clause set is empty, even if the unsorted clause set is unsatisfiable (see 3.8). Thus care should be taken, if a predicate together with its negation is coded into a sort.

We conjecture, that a calculus, which has resolution, factoring and para- modulation as its basic operation together with DS-unification, is sound and complete (provided the clause set is functionally reflexive and the DS-signature is regular) and that the Sort-Theorem holds.

An advantage of declarations is, that information about typed equations can be used directly in the inference mechanism, e.g. in a sort structure with subsorts, the information about sorts and functions of the equations
$x - x = 0$ and $f(x,x) = x$ can be coded by declarations. Another advantage over the polymorphic calculus ΣRP^* is it's improved expressiveness.

Example 3.8 indicates, that DS-unification in a test-procedure for the regularity of a DS-signature may advantageously be used for a search for a contradiction.

DS-unification is currently being implemented and evaluated in the MKRP Automated Theorem Prover at Kaiserslautern [KM85].

References.

CD83   Cunningham, R.J., Dick, A.J.J. Rewrite Systems on a Lattice of Types. Rep. No. DOC 83/7, Imperial College, London SW7 (1983)

Co83   Cohn, A.G. Improving the Expressiveness of Many-sorted Logic AAAI-83, Washington (1983).

EF78   Ebbinghaus, H.-D., Flum, J., Thomas, W., Einführung in die mathematische Logik. Wissenschaftliche Buchgesellschaft. Darmstadt, (1978)

Go83   Gogolla, M., Algebraic Specification with Partially Ordered Sorts and
         Declarations. Techn. Report, Institut für Informatik, Dortmund (1983)
GM84   Goguen, J.A. Meseguer, J., Equalities, Types, Modules and Generics for Logic
         Programming, Journal of Logic Programming (1984).
GM85   Goguen, J.A. Meseguer, J., Order Sorted Algebra I. Parial and Overloaded
         Operators, Error and Inheritance. SRI Report (1985).
Gr79   Grätzer, G. Universal Algebra, Springer Verlag, (1979)
Hay71   Hayes, P., A Logic of Actions. Machine Intelligence 6, Metamathematics
         Unit, University of Edinburgh. (1971)
He83   Herold, A., Some Basic Notions of first order Unification Theory,
         Univ. Karlsruhe, Interner Report, (1983)
Hen72   Henschen, L.J., N-sorted Logic for Automated Theorem Proving in
         Higher-Order Logic. Proc. ACM Conference, Boston (1972)
HO80   Huet, G.,Oppen, D.C.Equations and Rewrite Rules, SRI Technical Report CSL-111,
         (1980)
Hu76   Huet, G. Resolution d'equations de languages d'ordere 1,2,...,ω, These d'Etat,
         Univ. de Paris, VII, (1976)
Hu80   Huet, G. Confluent Reductions: Abstract Properties and Applications to Term
         Rewriting Systems, JACM vol. 27, no 4 (1980)
Ka84   Kalman J. A., Auckland, New Zealand, private communication.
KM84   Karl Mark G Raph,The Markgraf Karl Refutation Procedure,
         Memo-SEKI-MK-84-01 (1984)
Ob62   Oberschelp, A. Untersuchungen zur mehrsortigen Quantorenlogik.
         Mathematische Annalen 145 (1962)
Ro65   Robinson, J.A., A Machine-Oriented Logic Based on the Resolution Principle.
         JACM 12 (1965)
Sch85a   Schmidt-Schauss. M., A Many-Sorted Calculus with Polymorphic Functions
         Based on Resolution and Paramodulation. Proc. of the 9th IJCAI, Los Angeles,
         (1985)
Sch85b   Schmidt-Schauss, M., Mechanical Generation of Sorts in Clause Sets. Interner
         Bericht. Institut für Informatik,Universität Kaiserslautern (forthcoming)
Sch85c   Schmidt-Schauss, M., Unification in a Many-Sorted Calculus with Declarations.,
         Interner Bericht. Univ. Kaiserslautern (forthcoming)
Si84   Siekmann, J.H., Universal Unification, 7th Int. CADE, Napa, California (1984).
Sz82   Szabo, P., Theory of First Order Unification ,(in German), Thesis, Univ
         Karlsruhe, (1982)
Wa83   Walther C., A Many-Sorted Calculus Based on Resolution and Paramodulation.
         Proc. of the 8th IJCAI, Karlsruhe, (1983)
Wa84   Walther, C. Unification in Many-Sorted Theories. Proc. of the 6th ECAI, Pisa,
         (1984)
WR73   Wos, L.,Robinson, G. Maximal Models and Refutation Completeness:
         Semidecision Procedures in Automatic Theorem Proving. In "Wordproblems"
         (W.W.Boone, F.B. Cannonito, R.C.Lyndon eds.) North-Holland (1973)

4. Logik-orientiertes Programmieren und Programmsynthese

LOGIC PROGRAMMING DEVELOPMENT

Hervé Callaire

ECRC

Logic Programming is going in many directions. In a sense,
this is intrinsic to the matter. Logic Programming is advertised
as being the right framework for tasks ranging from specification
to system-programming, through theorem-proving, problem solving,
knowledge representation and the like. Obviously, this induces
research in various ways to enhance logic programming as it
is best known and supported today, namely Prolog. Again, in
the light of the various targets assigned to it, these enhancements
cover very theoretical problems such as enriching negation
treatment or more practical ones, such as providing access
to other paradigms such as object programming or constraints
programming, and possibly functional programming.

We argue through these case studies that the logic programming
community needs to pay thorough attention to basic tools and
techniques to fully realise the potential it claims to have.
If this is not done, logic programming will be pushed into
the corner of a modelling tool, itself being disputed. Practical
problems and proposed solutions are discussed.

Extraktion und Verifikation von Programmen
durch Analyse formaler Beweise

Extended Abstract
Werner Alexi
ADV/ORGA F.A. Meyer AG
Gustav Stresemann Ring 12–16, Wiesbaden
August 1985

Einleitung

"Above all, the proposal to use something like and something of traditional
proof theory for computer science is perfectly natural" (*Kreisel* [9], S. 130).

Die explizite Angabe der in konstruktiven Beweisen implizit enthaltenen Algorithmen ist von verschiedenen Standpunkten aus interessant:

1) Die *Beweistheorie* fragt nach Konstruktionen, die für eine möglichst große Klasse von Beweisen
   arbeiten und deren Korrektheit für die ganze Klasse bewiesen werden kann. Diese Verfahren – z.B.
   Realisierbarkeit, Funktionalinterpretation, Normalisierung ("E-Theoreme", *Troelstra* [18], *Stein* [17],
   Mints [13]) – sind jedoch oft ineffizient und erfordern höhere Begriffe (Rechnen mit Programmnummern, Funktionale, Manipulationen formaler Beweise usw.).

2) Für die *Informatik* hat ein aus einem Beweis auf systematische Weise extrahiertes Programm den
   Vorteil, durch die Konstruktion verifiziert zu sein; d.h. es muß kein Korrektheitsbeweis mehr für das
   Programm geführt werden. Die erzeugten Programme sollen hier jedoch effizient sein und nur elementare Datenstrukturen verwenden. Der Bereich der betrachteten Beweise wird daher meist enger gefaßt
   (*Manner und Waldinger* [11]).

Wir geben hier ein neues Verfahren an, das einerseits für alle Beweise der konstruktiven Arithmetik (mit
voller Induktionsregel) anwendbar ist, andererseits aber (im wesentlichen) nur die elementaren im Beweis
erwähnten Daten benutzt. Dies bestätigt sich an dem hier durchgeführten Beispiel des Chinesischen
Restsatzes. Korrektheit und Terminierung der erzeugten Programme kann für den vollen Kalkül bewiesen
werden. Wir lösen also folgende Aufgabe:

Gegeben ein formaler konstruktiver oder konstruktivierbarer Beweis Π für die
Aussage $\wedge x \vee y A(x,y)$. Es soll polynomial in Π ein Computerprogramm F
angegeben werden, das zu jeder Eingabe x_0 ein $y_0 = F(x_0)$ berechnet mit
$A(x_0, F(x_0))$. Der Übergang $\Pi \mapsto F$ soll mechanisch effizient durchführbar sein.
F soll die im Beweis Π implizit angelegten Algorithmen möglichst gut
widerspiegeln, d.h. insbesondere nur Datenstrukturen aus Π benutzen.

1 Der Kalkül des natürlichen Schließens

Um aus einem Beweis für die Formel $\Lambda x V y A(x,y)$ ein Programm F für eine "realisierende Funktion" f mit $\Lambda x A(x,f(x))$ *automatisch* extrahieren zu können, muß der Bereich der betrachteten Beweise in zweierlei Hinsicht eingeschränkt werden:

1) Der Beweis muß *konstruktiv* sein: Ist die genannte Formel inkonstruktiv bewiesen, so muß ein solches *rekursives* f nicht einmal existieren.

2) Der Beweis muß *formalisiert* sein: Einerseits ist eine Kodierung (=Formalisierung) erforderlich, damit ein Beweis überhaupt Eingabe eines Algorithmus sein kann, andererseits erfordert der (metamathematische) Korrektheitsbeweis des Extraktionsverfahrens eine vollständige Übersicht über die möglichen Schlußregeln.

Beide Bedingungen werden von Beweisen des intuitionistischen Kalküls der natürlichen Deduktion (Prädikatenlogik 1. Stufe mit Funktionszeichen, Rekursionsgleichungen für plus und mal und voller Induktionsregel) erfüllt (*Gentzen* [5], *Prawitz* [14], *Leivant* [10]). Beweise können hier verhältnismäßig leicht formalisiert werden, und der Normalisierungssatz (s.u.) ist die Grundlage für den Korrektheits- und Terminierungsbeweis.

Beweise werden als Bäume geschrieben. Die Knoten sind Regeln der Form $\dfrac{A_1 \ldots A_k}{B}$ mit Oberformeln $A_1, \ldots, A_k$ und Unterformel B. Um über einzelne Formelvorkommen im Beweis sprechen zu können, numerieren wir diese durch, d.h. ein Formelvorkommen im Beweis ist ein Paar (n,F), $n \in \mathbb{N}$, F eine Formel. Jede Regel ist dann durch die Nummer ihrer Unterformel im Beweisbaum eindeutig gegeben.
Zu jedem der logischen Zeichen $\wedge$, $\vee$, $\rightarrow$, Λ, V gibt es Einführungs- (Introduktions-) und Ausführungs- (Eliminations-)Regeln. Wir bezeichnen sie mit $\wedge I$ ($\wedge$-Introduktion), $\vee E$ ($\vee$-Elimination) usw. Die Oberformel einer E-Regel, die das eliminierte Zeichen enthält, nennen wir Hauptprämisse der Regel.
Die Blätter dieser Bäume sind Axiome (für plus, mal und =) oder unbewiesene *Annahmen*. Beim Schluß von B auf $A \rightarrow B$ können beliebig viele Annahmen der Gestalt A oberhalb von B *eliminiert* werden; d.h. $A \rightarrow B$ ist dann unabhängig von der Wahrheit von A bewiesen. Jeder Regel R ist also die Menge der von R eliminierten Annahmen $M(R) \subset \{n \mid n$ ist Nummer eines Blatts des Beweisbaums $\}$ zugeordnet. $M(R) = \emptyset$ ist zugelassen.

Ein Beweis heißt *geschlossen,* wenn es zu jeder Annahme eine Regel gibt, die diese eliminiert.

Als Metavariablen für Beweisfiguren verwenden wir Π, Π_i.

OBdA setzen wir für alle Beweise voraus, daß die freien Variablen (ggf. durch Umbenennungen) so gewählt wurden, daß maximal viele verschiedene auftreten. Es entstehen folgende 5 disjunkte Klassen:

1) Jede Variable, die von einem VE-Schluß betroffen ist, heißt *E-Variable*.
2) Jede Variable, die von einem ΛI-Schluß betroffen ist, heißt *A-Variable*.
3) Jede Variable, die von einem IND-Schluß betroffen ist, heißt *I-Variable*.
4) Jede Variable, die in der Endformel oder einer offenen Annahme vorkommt, heißt *F-Variable*.

5) Alle übrigen Variablen heißen *redundante oder R-Variablen*. Für sie kann auch irgendeine Zahl verwendet werden. OBdA seien alle betrachteten Beweise ohne R-Variablen.

Eine freie Variable v heißt *aktiv* bei der Regel R, wenn es eine F-Variable ist oder die Regel, die ihren Typ gemäß 1-3 bestimmt, im Beweisbaum unter R steht und R in dem Teilbeweis steht, in dem v vorkommt.

Normalisierungsschritte sind lokale Beweisumformungen unter Beibehaltung der Endformel. Schreibweise: $\Pi \vartriangleright \Pi'$, wenn Π' durch einen Normalisierungsschritt aus Π entsteht.

Ein Normalisierungsschritt ist bei einem Beweis stets möglich, wenn einer Einführungsregel unmittelbar eine Ausführungsregel folgt, z.B.

$$
\rightarrow N \qquad
\dfrac{\Pi_2 \quad \dfrac{\overset{\Pi_1}{B}}{A \rightarrow B}}{A \qquad\qquad B} \;\vartriangleright\;
\begin{array}{c} \Pi_2 \\ A \\ \Pi_1 \\ B \end{array}
$$

Kopien von Π_2 werden eingesetzt bei allen von der $\rightarrow$I Regel betroffenen Annahmen.

Außerdem gibt es entsprechende Normalisierungsregeln für die Induktion.

Gilt $\Pi \vartriangleright \Pi'$ durch einen Normalisierungsschritt, so gibt es eine natürliche Projektionsabbildung $P : \{\alpha \mid \alpha$ ist Vorkommen eines logischen Zeichens in $\Pi' \} \rightarrow \{ \beta \mid \beta$ ist Vorkommen eines logischen Zeichens in $\Pi \}$, die dem Zeichen in Π' das zugehörige Zeichen in Π zuordnet. Die Abbildung P kann in natürlicher Weise auf freie Variablen, Regeln usw. fortgesetzt werden. Grundlegend ist folgender Satz und seine Folgerungen.

Satz 1.1 (Starke Normalisierung)

Jede Folge von Normalisierungsschritten bricht ab. Das Ergebnis (normaler Beweis) ist unabhängig von der Reihenfolge der Schritte.

Einen Beweis von Satz 1.1 kann man mit den Methoden aus *Leivant* [10] erhalten.

Folgerung 1.2 (*Troelstra* [18], S. 301)

Sei $\dfrac{\Pi}{\forall x A(x)}$ ein normaler geschlossener Beweis, A ohne freie Variablen. Dann ist die letzte Regel von $\dfrac{\Pi}{\forall x A(x)}$ von der Gestalt $\dfrac{\overset{\Pi'}{A(t)}}{\forall x A(x)}$, t ein numerischer Term.

Ein analoges Resultat gilt für Beweise mit Endformel $A \vee B$. Durch Normalisierung kann man also stets einen A erfüllenden Term t finden. Dies ist aber oft ineffizient: Die Angabe des (elementaren) Zahlterms t mit A(t) erfolgt hier mit Manipulationen des Beweises. Intuitiv erwartet man aber, daß man allein mit elementaren Operationen auf den im Beweis *erwähnten* Daten auskommt. Im folgenden werden Konstruktionen angegeben, die diese Vorstellung bestätigen.

2 Interpretation der V-Quantoren als Unterprogramme

In einer Formel VyA(y) interpretiert man "Vy" zunächst als Symbol (Name) für (irgend–)eine Zahl a mit A(a). Enthält A freie Variablen $u_1,\ldots,u_n$, so hängt a von $u_1,\ldots,u_n$ ab, es handelt sich also um eine *Funktion* $a(u_1,\ldots,u_n)$. Tritt derselbe V-Quantor an verschiedenen Stellen im Beweis auf, so kann man ihn überall durch dieselbe Funktion interpretieren. Die Präzisierung dieser Vorstellung erfordert die Präzisierung des Begriffs "derselbe": die Zeichenkombination "Vy" kann an verschiedenen Stellen im Beweis in verschiedenen Bedeutungen benutzt werden; zwei verschiedenen Vorkommen der Formel VyA(y) können verschiedene Beweise (und damit verschiedene realisierende Funktionen) zugrunde liegen. Gleichheit der Zeichenketten ist also zu schwach; der Beweiszusammenhang muß berücksichtigt werden. Technisch gehen wir so vor, daß wir die Zeichen im Beweis mit einem unteren Index versehen, von den Regeln verlangen, die Indizes zu respektieren und die Indizierung maximal verfeinern.

Definition 2.1

Die Sprache 1. Stufe wird so erweitert, daß alle Zeichen (außer 0, ', +, ·, Klammern, Kommata) untere Indizes $\in \mathbb{N}$ haben. Die Regeln zur Bildung von Beweisen bleiben erhalten, d.h. für jeden Index $i\in\mathbb{N}$ gibt es dann eine $\wedge_i I$-, $\wedge_i E$-Regel usw.
Der neue Kalkül sei K. Für einen Beweis Π entstehe $\psi(\Pi)$ durch eine solche Indizierung der Zeichen in Π, daß maximal viele verschiedene Indizes auftreten, aber noch ein K-Beweis entsteht. Bis auf die konkrete Wahl der Indizes (von der wir im folgenden stets absehen) ist $\psi(\Pi)$ eindeutig bestimmt.

Ist die letzte Regel eines Beweises von $Vy_1A(u_1,\ldots,u_n,y)$ von der Gestalt $\dfrac{A(t)}{Vy_1A(u_1,\ldots,u_n,y)}$, so kann die definierende Gleichung der V_1 realisierenden Funktion $F_1(u_1,\ldots,u_n)$ unmittelbar abgelesen werden: $F_1(u_1,\ldots,u_n):=t$. Im allgemeinen Fall muß eine solche "definierende Stelle" im Beweis gesucht werden. Diese Suche kann systematisch von Regel zu Regel erfolgen:

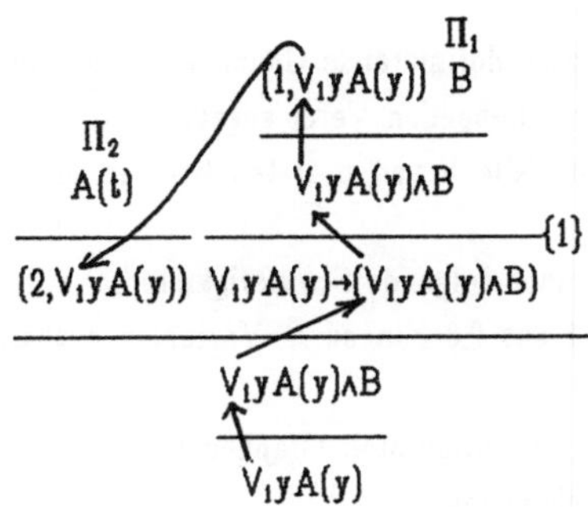

Dieses Beispiel legt es nahe, jedem V_i/v_i einen gerichteten Graphen zuzuordnen, dessen Knoten α_i genau die V_i/v_i-Vorkommen im Beweis sind und eine Kante (α_1,α_2) bedeutet: eine Realisierung von α_1 ist bei α_2 zu suchen.

Konstruktion 2.2 (der gerichteten Graphen)

Sei $\alpha = V_i/v_i$ ein Zeichen aus Π. Wir ordnen α einen gerichteten Graphen so zu:
Die Knotenmenge ist die Menge aller Vorkommen von α in Π. Seien α_1, α_2 zwei gleichgelegene Vorkommen von α in den Formelvorkommen (n_1,F_1) und (n_2,F_2) einer Regel in Π.
Bei v- und V-Zeichen bedeute eine Kante von dem Vorkommen α_1 zu dem Vorkommen α_2, daß eine Realisierung von α_1 bei α_2 gesucht wird. Die genaue Definition:
(α_2,α_1) ist eine Kante im gerichteten Graphen, wenn gilt:

1) (n_1,F_1) ist Oberformel von (n_2,F_2) und α_1 kommt positiv in F_1 vor, oder

2) (n_2,F_2) ist eine von R eliminierte Annahme und α_2 kommt positiv in F_2 vor, oder

3) $R \equiv \dfrac{(n_1,A)\quad(n_2,A{\to}B)}{(n_3,B)}$ und α_1 kommt positiv in (n_1,A) vor, oder

4) (n_2,F_2) ist Oberformel von (n_1,F_1) und α_1 kommt negativ in F_1 vor, oder

5) (n_1,F_1) ist eine von R eliminierte Annahme und α_1 kommt negativ in F_1 vor, oder

6) $R \equiv \dfrac{(n_2,A)\quad(n_1,A{\to}B)}{(n_3,B)}$ und α_2 kommt negativ in (n_2,A) vor.

Bemerkung 2.3 (Charakterisierung der Endknoten)

Endknoten v_j sind genau die Vorkommen von v in Formeln (n,F) mit:

1) (n,F) ist Unterformel einer Einführungsregel zu v.

2) (n,F) ist Unterformel einer vI-Regel $\dfrac{A_i}{A_0 \lor A_1}$, v_j in A_1 für i=0, in A_0 für i=1, v_j positiv in F.

3) (n,F) ist Unterformel einer $\perp$-Regel, v_j positiv in F.

4) (n,F) ist Oberformel von $\dfrac{A_0 \land A_1}{A_i}$, v_j in A_1 für i=0, v_j in A_0 für i=1, v_j negativ in F.

5) (n,F) ist die Endformel, und v_j kommt negativ in F vor.

6) (n,F) ist eine offene Annahme, und v kommt positiv in F vor.

Bemerkung 2.3 zeigt, daß die Endknoten definierende Gleichungen für die Funktionen liefern: Im Fall 1 ist die Funktion durch den in der Regel stehenden Term gegeben, in den Fällen 2, 3 und 4 kann an dieser Stelle $F_i \equiv 0$ gewählt werden und die Fälle 5 und 6 treten bei den uns interessierenden Funktionen nicht auf.
Für die Extraktionsaufgabe bleiben noch folgende Schwierigkeiten:

1) Die definierenden Terme im Fall 1 aus 2.3 können E-Variablen enthalten, die zunächst selbst realisiert werden müssen.

2) Zu einem Anfangsknoten kann es im gerichteten Graphen mehrere Endknoten geben und somit mehrere Möglichkeiten für die Definitionsgleichung.

3) Die gerichteten Graphen sind i.a. nicht zyklenfrei, d.h. es gibt keinen "Standardweg" vom Anfangs- zu

einem Endknoten.

Die Lösung für 1 ist offensichtlich: Für die V-Quantoren, die zu den E-Variablen gehören, müssen realisierende Funktionen angegeben werden. 2 und 3 treten z.B. im Zusammenhang mit der Induktionsregel auf, aber auch in anderen Fällen:

Beispiel 2.4

$$\cfrac{\cfrac{(8,V_1xA(x))}{(7,V_1xA(x){\to}V_1xA(x))}\{8\}\qquad \cfrac{\cfrac{\cfrac{(1,V_1xA(x))\quad(2,V_1xA(x){\to}V_1xA(x))}{(3,V_1xA(x))}\ \Pi_1\qquad (4,V_1xA(x){\to}V_1xA(x))}{(5,V_1xA(x))}}{(6,(V_1xA(x){\to}V_1xA(x)){\to}V_1xA(x))}\{2,4\}}{(9,V_1xA(x))}$$

Bezeichnet (n,j) das j-te Vorkommen von V_1 in Formel n, dann hat der Graph von V_1 die Gestalt:

$$(9,1){\to}(6,3){\to}(5,1){\to}(4,2){\to}(6,2){\to}(7,2){\to}(8,1){\to}(7,1){\to}(6,1){\to}(2,1){\to}(1,1)$$
$$\uparrow \qquad\qquad\qquad\qquad \downarrow$$
$$(2,2) \leftarrow (3,1) \leftarrow \quad (4,1)$$

Die Behandlung solcher Fälle ist eine der Hauptschwierigkeiten in 4.

Betrachten wir folgenden Beweis Π:

$$\Pi \equiv \cfrac{\cfrac{(2,V_1xA(x))\quad(1,V_1xA(x){\to}_2B)\ \Pi_1}{B}\qquad \cfrac{(4,V_1xA(x))\quad(3,V_1xA(x){\to}_2B)\ \Pi_2}{B}}{\cfrac{B{\wedge}B}{(5,(V_1xA(x){\to}_2B){\to}_1B{\wedge}B)}\{1,3\}}$$

In Formel 5 gibt es für V_1x zwei mögliche Realisierungen, eine davon durch Π_1, die andere durch Π_2 gegeben. Der gerichtete Graph zu V_1x hat eine Verzweigungsstelle. Wir entfernen sowohl die Kante von V_1x in Formel 5 zur entsprechenden Stelle in Formel 3 als auch zur Stelle in Formel 1. Die Stelle in Formel 5 wird als neue definierende Stelle aufgefaßt; einer der Parameter der zu definierenden Funktion muß regeln, ob jeweils die implizit durch Π_1 oder die durch Π_2 gegebene Realisierung zu wählen ist.

Definition 2.5

Sei G der gerichtete Graph zu einem Zeichen ν. Seien $\alpha_1,...,\alpha_k$ die Knoten, von denen mehr als eine Kante ausgehen, $\alpha_{k+1},...,\alpha_m$ die Knoten, von denen eine Kante wegen 2.2.5 ausgeht. Entfernt man dann alle Kanten, die von einem α_i ($1{\leq}i{\leq}m$) ausgehen, so heißen die Zusammenhangskomponenten des so gebildeten Graphen *gekürzte Graphen*.

Wir versehen die V/v-Zeichen zusätzlich so mit einem oberen Index, daß die oberen Indizes genau dann verschieden sind, wenn die Vorkommen in verschiedenen gekürzten Graphen liegen.

Man kann beweisen, daß die gekürzten Graphen zyklenfrei sind. Da von jedem Knoten nur eine Kante ausgeht, handelt es sich also um *Bäume*. Jeder solche Baum wird als Funktionsunterprogramm aufgefaßt. Die Wurzel ist die Stelle, an der die Definitionsgleichung abgelesen werden kann; die Blätter sind die Stellen, bei denen die Funktion – jeweils mit verschiedenen aktuellen Parametern – benutzt wird.

Bemerkung 2.6 (Charakterisierung der Wurzeln)

Sei Π ein K-Beweis, α ein V_i^j/v_i^j-Zeichen aus Π. Sei α_1 die Wurzel des Baumes zu α, d.h. das Vorkommen von α, von dem keine Kante ausgeht. Dann gilt einer der Fälle 1–6 aus 2.3 oder:

7) α_1 ist ein negatives Vorkommen in der Hauptprämisse einer vE–Regel.

8) α_1 ist ein negatives Vorkommen in der Prämisse der Unterformel einer →I–Regel.

9) α_1 ist ein negatives Vorkommen in der Hauptprämisse einer VE–Regel.

10) α_1 ist ein negatives Vorkommen in einer der Oberformeln einer Induktionsregel.

11) α_1 ist ein positives Vorkommen in der Unterformel einer vE– oder Induktionsregel.

12) α_1 ist ein positives Vorkommen in einer von einer Induktionsregel betroffenen Annahme.

Die nach 1)–12) eindeutig bestimmte Regel heißt *bewertende Stelle* von α. Wir bezeichnen sie mit $S(\alpha)$. Umgekehrt ist offenbar auch jeder der Fälle 1)–12) Wurzel eines Baumes.

Zu den Fällen 1–6 aus 2.3 kommen nun weitere Möglichkeiten für Stellen hinzu, bei denen einer Funktion ein definierender Term zugeordnet werden soll.

3 Technische Hilfsmittel

Jedem V_i^j-Zeichen des Beweises soll eine Funktionsdefinition der Gestalt

$$F_{ij}(u_1,\ldots,u_n):=\Phi$$

zugeordnet werden. Dabei sind $u_1,\ldots,u_n$ die *formalen Parameter* von F_{ij}, Φ ist eine Ausdruck der Programmiersprache, in dem die u_i sowie andere – in gleicher Weise definierte – Funktionen $G_k(t_{1,k},\ldots,t_{n_k,k})$ mit aktuellen Parametertermen $t_{l,k}$ vorkommen können. Das Beispiel aus 2.2 zeigt, daß unter den u_i i.a. nicht nur freie Variablen des Beweises, sondern auch Argumente auftreten, die sich aus dem Beweiszusammenhang ergeben. In komplizierteren Beweisen sind dies endliche Listen. Der Grund hierfür und der Aufbau dieser Listen ergibt sich aus der im folgenden skizzierten Analyse des Programmablaufs.

Sei Π ein Beweis mit Endformel $\wedge x V_i y A(x,y)$. Dann gilt:

1) In Π gibt es eine V_i-Einführungsregel $R=\dfrac{A(t)}{V_i y A(y)}$, so daß $y_0:=$numerischer Wert von t bei der "richtigen" Belegung der Variablen in t gesetzt werden kann (dies folgt aus 1.2).

2) Im gerichteten Graphen zu V_i gibt es einen "kanonischen" Weg von der Endformel zu R, der sich so beschreiben läßt: Sei

$$\frac{\overset{\textstyle\Pi}{\wedge x V_i y A(x,y)}}{V_i y A(x_0,y)} \ \triangleright\ \frac{\Pi_1}{V_i y A(x_0,y)} \ \triangleright\ \cdots\ \triangleright\ \frac{\Pi_n}{V_i y A(x_0,y)} \ \equiv\ \frac{\overset{\textstyle\Pi_n'}{V_i y A(x_0,t)}}{V_i y A(x_0,y)}$$

eine Folge von Normalisierungsschritten, $\dfrac{\Pi_n}{V_i y A(x_0,y)}$ sei normal. Die n–fache Projektion der Endformel

von $\dfrac{\Pi_n}{V_i y A(x_0,y)}$ ist die Endformel von $\dfrac{\Pi}{\dfrac{\Lambda x V_i y A(x,y)}{V_i y A(x_0,y)}}$, die n–fache Projektion der letzten Regel von

$\dfrac{\Pi_n}{V_i y A(x_0,y)}$ ist die Oberformel der gesuchten V_i–Einführungsregel in $\dfrac{\Pi}{\Lambda x V_i y A(x,y)}$. Ist ferner $\alpha_1,...,\alpha_n$

ein Weg in einem Graphen eines logischen Zeichens ν in einem $\dfrac{\Pi_j}{V_i y A(x_0,y)}$, so ist die Folge

$P(\alpha_1),..,P(\alpha_n)$ in $\dfrac{\Pi_{j-1}}{V_i y A(x_0,y)}$ – im wesentlichen – ein Weg in $\dfrac{\Pi_{j-1}}{V_i y A(x_0,y)}$. Durch iterierte Projektion

erhalten wir also den gesuchten Weg in $\dfrac{\Pi}{\dfrac{\Lambda x V_i y A(x,y)}{V_i y A(x_0,y)}}$ von der Endformel zur V_i–Einführungsregel; er

kann im ursprünglichen Graphen zu V_i Zyklen mehrmals durchlaufen.

Unser Ziel ist, diesen Weg am ursprünglichen Beweis zu verfolgen. Hierzu genügt es, zu jeder Position einen eindeutigen Nachfolger zu bestimmen. Wegen 1) betrachten wir dabei zugleich die Wertveränderungen bzw. Neubewertungen der freien Variablen. Diese Belegungen und die für die Definition des Nachfolgers erforderlichen Informationen werden durch Funktionale (*situationsdefinierende (s.d.) Funktionale,* Definition 3.2) beschrieben. Eine Position im gesuchten Weg ist dann durch ein Paar (Teilformelvorkommen in Π, s.d. Funktional) gegeben. Ein solches Paar nennen wir Algorithmische Situation (A.S., Definition 3.3).
Die konkret auftretenden s.d. Funktionale werden später als aktuelle Parameterterme aufgefaßt.

Definition 3.1

Sei A Teilformel einer Formel F, ν ein Vorkommen eines $\rightarrow$–Zeichens in F. Dann heißt ν *wesentlich für A in F*, wenn A Teil der Prämisse von ν ist.
Sei (n,F) ein Formelvorkommen in Π. Eine $\rightarrow$E, vE, VE oder Induktionsregel R heißt *wesentlich für* (n,F), wenn gilt:
1) Ist R vE– oder VE–Regel, so liegt (n,F) im Beweis der Hauptprämisse der Regel.
2) Ist R $\rightarrow$E–Regel, so liegt (n,F) im Beweis der Prämisse.
3) Ist R Induktionsregel, so liegt (n,F) in einem der Teilbeweise der Regel R.

Definition 3.2

Sei α eine Teilformel des Formelvorkommens (n,F) im Beweis Π. Ein (partielles) Funktional φ heißt *situationsdefinierend (s.d.) bei* α, wenn gilt:
Der Definitionsbereich Def(φ) ist beschrieben durch:
1) Ist ν ein für α wesentliches $\rightarrow$–Zeichen, so ist $\nu \in$ Def(φ).
2) Ist ν eine für (n,F) wesentliche Regel, so ist $\nu \in$ Def(φ).
3) Ist ν eine bei (n,F) aktive freie Variable oder eine Quantable mit α im Herrschaftsbereich des zugehörigen Quantors, so ist $\nu \in$ Def(φ).

Im Fall 3 sei $\varphi(\nu) \in \mathbb{N}$; in den Fällen 1) bzw. 2) sei $\varphi(\nu)=\tau$, τ ein neues, festes Objekt (für erkennbar undefiniert) oder ein Paar (j,φ_1) mit:

j ist Nummer einer Annahme C in Π (ist ν eine bei α wesentliche Induktionsregel, so darf j auch die Nummer der Unterformel dieser Regel sein) und es gibt eine Teilformel α' von C, deren führendes Zeichen gleichen unteren Index wie das von α hat, und φ_1 ist s.d. Funktional bei α'. π_1 und π_2 seien die Projektionen auf die erste bzw. zweite Komponente eines solchen Paares.

Definition 3.3

1) Ein Paar (α,φ) mit: α ist Teilformelvorkommen in Π und φ s.d. bei α, heißt *Algorithmische Situation* (A.S.).

2) Ist $\dfrac{(n_2,A(t))}{(n_1,\forall x A(x))}$ (bzw. $\dfrac{A_i}{A_0 \vee A_1}$) eine Regel in Π und $((n_1,\forall x A(x)),\varphi)$ (bzw. $((n_1,A_0 \vee A_1),\varphi)$) eine A.S., so heißt t – ausgerechnet unter der durch φ gegebenen Belegung der freien Variablen in t – (bzw. im $\vee$-Fall: i) Wert $W(\alpha,\varphi)$ der A.S. (α,φ).

Ist $\dfrac{\bot}{A}$ oder $\dfrac{B}{A \vee B}$ $\left(\dfrac{B}{B \vee A}\right)$ Regel in Π, α positive Teilformel von A mit führendem Zeichen $\vee$ oder $\forall$ und (α,φ) A.S. in Π, so sei $W(\alpha,\varphi)=0$.

Ist $\dfrac{A \wedge B}{B}$ $\left(\dfrac{B \wedge A}{B}\right)$ Regel in Π, α negative Teilformel von A mit führendem Zeichen $\vee$ oder $\forall$ und (α,φ) A.S. in Π, so sei $W(\alpha,\varphi)=0$.

Die A.S. sollen nun in folgender Weise benutzt werden, um zu einem Beweis Π mit Endformel $\forall y A(y)$ ein a mit A(a) zu finden: Ist die letzte Regel von Π eine $\forall$I-Regel, so ist der Wert b der A.S. $(\forall y A(y),\varphi)$ definiert; dabei sei φ das total undefinierte Funktional. Wir setzen a:=b. Ist die letzte Regel keine $\forall$I-Regel, so muß "der Weg des $\forall$-Quantors in Π verfolgt werden, bis man zu einer $\forall$I-Regel gelangt." Dies erreichen wir, indem wir zu jeder A.S. genau einen Nachfolger definieren. Die Kette der Nachfolger endet schließlich bei einer Regel, die den Wert der A.S. definiert. 3.2 stellt dabei sicher, daß der gefundene Term t zu einer Zahl ausgerechnet werden kann (alle vorkommenden freien Variablen sind durch φ bewertet).

Definition 3.4 (Nachfolger einer A.S.)

Sei (α,φ) eine A.S. Wir definieren den *Nachfolger* $N(\alpha,\varphi)$ so: Ist (α,α') eine Kante im gerichteten Graphen aus 2.1, so ist $N(\alpha,\varphi)=(\alpha',\varphi')$ (zu φ' s.u.). Gibt es mehrere von α ausgehende Kanten, so entscheidet φ – ausgewertet an der entsprechenden Stelle – welche Alternative zu wählen ist. Beispiel:

Ist α negativ in A in $(n_1,A \to B)$ bei $\dfrac{B}{(n_1,A \to_i B)}$, so ist $N(\alpha,\varphi):=(\alpha',\varphi')$ mit: α' ist die zu α logisch strukturgleiche Teilformel des durch $\pi_1(\varphi(\to_i))$ gegebenen Formelvorkommens.

φ' ergibt sich in natürlicher Weise aus φ, z.B. im Fall $\to$I:

Ist α positiv in einer von $\dfrac{B}{(n_1,A \to_i B)}$ betroffenen Annahme (n_j,A), so ist $N(\alpha,\varphi):=(\alpha',\varphi')$ mit: α' ist die zu α gleichgelegene Teilformel von $(n_1,A \to_i B)$, $\varphi'(\to_i)=(n_j,\varphi)$, $\varphi'(\nu):=\varphi(\nu)$ für alle bei n_1 aktiven freien

Variablen ν (diese sind eine Teilmenge der bei n_j aktiven freien Variablen), für alle Quantablen ν, bei denen φ definiert ist und für alle bei n_l wesentlichen Regeln (einer Teilmenge der bei n_j wesentlichen Regeln).

Die übrigen Fälle werden in analoger Weise behandelt.

Ist $W(\alpha,\varphi)$ nicht definiert, so sei $W(\alpha,\varphi):=W(N(\alpha,\varphi))$.

Es ergibt sich so folgendes Berechnungsverfahren für die gesuchte Realisierung: Beginnend mit der Startsituation iteriere man die Nachfolgeroperation so oft, bis der Wert der A.S. feststeht. Es ist nun zu beweisen, daß

1) das Verfahren nach endlich vielen Schritten abbricht und

2) der berechnete Wert die gewünschten Eigenschaften hat.

1) und 2) sind klar, wenn der Beweis für $V_i y A(x_0,y)$ (A ohne freie Variablen) normal ist. Es genügt daher zu zeigen: Gilt $\Pi \,\triangleright\, \Pi'$ durch einen Normalisierungsschritt und gelten 1) und 2) für Π', so auch für Π.

Hierzu kann man die Projektion P aus 1. auf A.S. erweitern. Eine A.S. (α,φ) heiße *endlich*, wenn die Folge der Nachfolger gemäß 3.4 abbricht. Es gilt dann der folgende Satz:

Satz 3.5

Gelte $\Pi \,\triangleright\, \Gamma$ durch einen Reduktionsschritt, sei (α,φ) eine endliche A.S. in Γ. Dann gilt:

1) $P(\alpha,\varphi)$ ist endliche A.S. in Π.

2) $N(P(\alpha,\varphi))=P(N(\alpha,\varphi))$ oder $P(N(\alpha,\varphi))= N(N(P(\alpha,\varphi)))$.

3) Ist das führende Zeichen von α ein V- oder v-Zeichen, und ist $W(\alpha,\varphi)$ definiert, dann ist auch $W(P(\alpha,\varphi))$ definiert, und es gilt $W(\alpha,\varphi)=W(P(\alpha,\varphi))$.

Folgerung 3.6

Ist Π ein Beweis mit Endformel $(n_l,VyA(y))$, A ohne freie Variablen, so ist $a=W((n_l,VyA(y)),\varphi_0)$ für das total undefinierte Funktional φ_0 definiert und es gilt $\vdash A(a)$.

4 Die Extraktion des Programms

Definition 4.1 (Programmiersprache PR in BNF)

<leer>   ::=
<Ziffer>   ::= 0 | 1 | 2 | 3 | 4 | 5 | 6 | 7 | 8 | 9
<Konstante>   ::= <Ziffer>{<Ziffer>}
<Variable>   ::= U<Konstante>
<Listenname>   ::= L<Konstante>
<Listennamenliste>   ::= <leer> | <Listenname>{,<Listenname>}
<Funktionsname>   ::= F<Konstante>

⟨Variablenliste⟩	::= ⟨leer⟩ | ⟨Variable⟩{,⟨Variable⟩}
⟨formale Parameterliste⟩	::= (⟨Variablenliste⟩ ; ⟨Variablenliste⟩ ; ⟨Listennamenliste⟩ ;
	⟨Listennamenliste⟩)
⟨Zahlterm⟩	::= ⟨Konstante⟩ | ⟨Variable⟩ | ⟨Zahlterm⟩+⟨Zahlterm⟩ |
	(⟨Zahlterm⟩ · ⟨Zahlterm⟩) | ⟨Funktionsterm⟩ | ⟨Fallunterscheidung⟩ |
	⟨Zahlterm⟩-1 | NTES(⟨Konstante⟩,⟨Zahltermliste⟩) |
	FIRST(⟨Regellistenelement⟩)
⟨Regellistenelement⟩	::= ⟨Listenname⟩ | (⟨Konstante⟩, ⟨Zahltermliste⟩, ⟨Regelliste⟩) |
	NTES(⟨Konstante⟩,⟨Regelliste⟩) | T
⟨Regelliste⟩	::= ⟨leer⟩ | ⟨Regellistenelement⟩{,⟨Regellistenelement} |
	THIRD(⟨Regellistenelement⟩)
⟨Zahltermliste⟩	::= ⟨leer⟩ | ⟨Zahlterm⟩{,⟨Zahlterm⟩} | SECOND(⟨Regellistenelement⟩)
⟨aktuelle Parameterliste⟩	::= (⟨Zahltermliste⟩ ; ⟨Zahltermliste⟩ ; ⟨Regelliste⟩ ; ⟨Regelliste⟩)
⟨Funktionsterm⟩	::= ⟨Funktionsname⟩⟨aktuelle Parameterliste⟩
⟨Fallunterscheidung⟩	::= IF ⟨Zahlterm⟩=0 THEN ⟨Zahlterm⟩ ELSE ⟨Zahlterm⟩
⟨Funktionsdeklaration⟩	::= ⟨Funktionsname⟩⟨formale Parameterliste⟩ := ⟨Zahlterm⟩
⟨Programm⟩	::= {⟨Funktionsdeklaration⟩;}⟨Zahlterm⟩

Als Abkürzung für geschachtelte IF-Ausdrücke verwenden wir das CASE-statement mit der üblichen Semantik.

Die Semantik soll auch ansonsten den natürlichen Vorstellungen entsprechen. NTES(n,L) sei das n-te Element der Liste L, FIRST(L), SECOND(L) bzw. THIRD(L) die erste, zweite bzw. dritte Komponente von L.

Die Syntax von PR erlaubt nur die Herstellung *kompilationsfähiger* Programme.

Die aktuellen Parameterlisten (a.P.) werden benutzt, die für eine A.S. (α,φ) wesentlichen Daten zu kodieren. Die 1. Komponente ist die Liste der φ-Werte für die bei α aktiven freien Variablen, die 2. Komponente die Liste der φ-Werte für die Λ-Quantablen, die 3. Komponente die Liste der φ-Werte für die bei α wesentlichen Regeln und die 4. Komponente die entsprechende Liste für die →-Zeichen. Den φ-Werten bei Regeln bzw. →-Zeichen ν entsprechen also Regellistenelemente. Die drei Komponenten kodieren den φ-Wert so: Die erste Komponente ist $\pi_1(\varphi(\nu))$. Die zweite Komponente enthält die Werte der bei $\pi_1(\varphi(\nu))$ aktiven Variablen, die nicht bei α aktiv sind, die dritte die entsprechenden Daten für die Regeln. Für Quantablen bzw. →-Zeichen sind die Werte bereits in der zweiten bzw. vierten Komponente der Parameterliste enthalten. Die Kodierung wird später präzisiert (s.u.).

Die Konstruktion des PR-Programms erfolgt nun so: Jedem V_i^j, v_i^j wird eindeutig ein Funktionsname F_{ij} aus PR zugeordnet. Jeder Regel und jedem →$_i$ wird eindeutig ein Listenname L_i zugeordnet. Jeder freien Variablen und jeder Quantablen in Π wird eindeutig eine Variable U_i aus PR zugeordnet. Die definierende Gleichung für F_{ij} wird aus der Gestalt von $S(V_i^j)$ bzw. $S(v_i^j)$ berechnet. Hieraus ergibt sich unmittelbar die zu F_{ij} gehörende formale Parameterliste. Sie enthält in der ersten und zweiten Komponente die zu den dort aktiven freien Variablen gehörenden U_i und die zu den Quantablen, für die V_i^j (v_i^j) im Herrschaftsbereich des zugehörigen Quantors liegt, gehörenden U_i. Die dritte und vierte Komponente enthält die entsprechenden L_i. Inspektion der verschiedenen Fälle der bewertenden Stelle zeigt: Der Wert für V_i^j (v_i^j) kann abhängen von:

– freien A-, I-, F-, E-Variablen. Die zugehörigen PR-Größen sind bereits in der formalen Parameterliste aufgeführt.

– Werten anderer V_k^l (v_k^l) an Blättern der hierzu gehörenden Bäume.

Letztere sind in PR durch F_{kl} und eine zugehörige a.P. gegeben. Unsere erste Aufgabe besteht darin, die zu den F_{kl} an den Blättern der Bäume gehörenden a.P. zu berechnen.

Definition 4.2 (Ordnung der Variablen, Quantablen, Regeln und →-Zeichen)

1) Sei M_1 die Menge der bei einem Teilformelvorkommen α aktiven freien Variablen und F-Variablen; seien $u_1,...,u_k$ die F-Variablen von Π, "<" irgendeine Ordnungsrelation auf den u_i, oBdA $u_1<...<u_k$. Auf M_1 definieren wir eine Relation "<" durch:

$v < u_i$ für alle A-, I- und E-Variablen v und

$v_2 < v_1$ genau dann, wenn die den Typ von v festlegende (ΛI- VE- oder Induktions-) Regel in Π unterhalb der entsprechenden Regel für v liegt.

2) Durch die analoge Vorschrift wird eine Relation "<" auf den bei α wesentlichen Regeln erklärt.

3) Seien Λ_1, Λ_2 zwei Quantoren, in deren Herrschaftsbereich α liegt. x_1 und x_2 seien die zugehörigen Quantablen. Dann sei $x_1 < x_2$, wenn Λ_2 im Herrschaftsbereich von Λ_1 liegt.

4) Durch die analoge Vorschrift wird eine Relation "<" auf den für α wesentlichen →-Zeichen erklärt.

"<" ist auf den jeweiligen Bereichen eine Ordnungsrelation. Hierzu ist im wesentlichen nur zu zeigen, daß die Objekte stets vergleichbar sind. Dies folgt aber leicht aus der Tatsache, daß sie bei einem α aktiv (bzw. wesentlich) sind.

Konstruktion 4.3 (Berechnung der aktuellen Parameterlisten)

Sei ν ein Blatt des Baumes zu V_i^j (v_i^j) gemäß 2. Wir wollen die aktuellen Parameterlisten berechnen, für die F_{ij} aufzurufen ist, wenn es bei ν in der Definition eines F_{kl} benötigt wird. Seien $\nu=\nu_1, \nu_2,...,$ die Vorkommen von V_i^j (v_i^j) längs des eindeutig bestimmten Weges vom Blatt zur Wurzel (d.h. zu $S(V_i^j)$ bzw. $S(v_i^j)$, der bewertenden Stelle). Wir beginnen bei ν_1, ordnen ν_1 eine a.P. zu und geben Regeln an, wie sich die a.P. beim Übergang von ν_i zu ν_{i+1} ändern sollen. Die sich so bei ν_k ergebende Liste ist die Gesuchte. Aus technischen Gründen fassen wir die Konstruktion etwas allgemeiner, d.h. starten nicht mit einem Blatt, sondern mit einem beliebigen Vorkommen.

1. Sei ν_1 ein Vorkommen von V_i^j (v_i^j). Sei $u_1,...,u_{n_1}$ die Aufzählung der bei ν_1 aktiven freien Variablen in der durch 4.2 gegebenen Ordnung, $x_1,...,x_{n_2}$ die entsprechende Aufzählung der Quantablen, $\alpha_1,...,\alpha_{n_3}$ die der wesentlichen Regeln und $\beta_1,...,\beta_{n_4}$ die der wesentlichen →-Zeichen. Dann sei ν_1 die a.P. ($U_1,...,U_{n_1}$; $U_{n_1+1},...,U_{n_1+n_2}$; $L_1,...,L_{n_3}$; $L_{n_3+1},...,L_{n_3+n_4}$) zugeordnet.

2. Sei zu ν_i eine a.P. konstruiert, diese habe die Gestalt ($t_1,...,t_{m_1}$; $s_1,...,s_{m_2}$; $r_1,...,r_{m_3}$; $l_1,...,l_{m_4}$) mit Zahltermen (im Sinne von PR) t_i, s_i und Regellistenelementen r_i, l_i.

Sei φ_{i+1} der eindeutig bestimmte Nachfolger von ν_i im Sinne der gerichteten zyklenfreien Graphen aus 2. Dann wird die a.P. zu ν_{i+1} so konstruiert, daß sie mit der Nachfolgeroperation aus 3.4 korrespondiert.

Beispiele:

Sei ν_i positiv in der Unterformel einer $\wedge E$-Regel $R = \dfrac{\wedge x A(x)}{A(t)}$. Dann sei ν_{i+1} die a.P. $(t_1,\ldots,t_{m_1}$; $S,s_1,\ldots,s_{m_2}$; $r_1,\ldots,l_{m_4})$ zugeordnet. Dabei sei S so entstanden: Jede freie Variable u in t ist aktiv bei R. Somit ist u ein t_i zugeordnet. Man setze nun in t für jede Variable u das ihr zugeordnete t_i ein. Es entsteht ein PR–Zahlterm S.

Sei ν_i positiv in einer von der Regel $\dfrac{B}{(n_1,A\to B)}$ betroffenen Annahme (n_2,A). Sei j_1 die Zahl der Variablen, die bei n_2 aktiv sind, nicht aber bei n_1, j_2 sei die Zahl der bei n_2, nicht aber bei n_i aktiven Regeln. Dann sei ν_{i+1} folgende a.P. zugeordnet: $(t_{j_1+1},\ldots,t_{m_1}$; $s_1,\ldots,s_{m_2}$; $r_{j_2+1},\ldots,r_{m_3}$; $(n_2,t_1,\ldots,t_{j_1},r_1,\ldots,r_{j_2})$, $l_1,\ldots,l_{m_4})$.

Sei ν_i positiv in der Unterformel der Regel $\dfrac{(n_1,V_i^{\downarrow}xA(x))\ C}{C}$. Das hier definierte Verfahren habe zu F_{ij} im Formelvorkommen n_1 die a.P. α geliefert. Dann sei ν_{i+1} folgende a.P. zugeordnet: $(F_{ij}(\alpha),t_1,\ldots,t_{m_1}$; $s_1,\ldots,s_{m_2}$; $r_1,\ldots,r_{m_3}$; $l_1,\ldots,l_{m_4})$.
Die Konstruktion bricht ab, berechnet also zu jedem Blatt des Baumes eines V_i/v_i eine a.P.

Konstruktion 4.4 (PR–Programm zu Π)

Ausgehend von Konstruktion 4.3 geben wir nun für jedes F_{ij} die definierende Gleichung (als PR–Programm) an. Hierbei sind die Fälle aus 2.3 und 2.6 zu unterscheiden. Die formale Parameterliste sei jeweils $(U_1\ldots U_{n_1}$; $U_{n_1+1}\ldots U_{n_2}$; $L_1,\ldots L_{n_3}$; $L_{n_3+1}\ldots L_{n_4})=(\alpha)$, die Bezeichnungen seien wie in 3.2 gewählt.

1. Fall: $F_{ij}(\alpha):=S$, wobei S aus t durch Ersetzung der freien Variablen u_i in t durch ihre zugehörigen PR–Namen U_i entsteht. Die Funktionssymbole f_i werden in t durch (neue) Funktionssymbole F_{k_i} aus PR ersetzt, analog bei der vI–Regel, dort ist $S\equiv 0$ oder $S\equiv 1$.
2., 3. und 4. Fall: $F_{ij}(\alpha):=0$
5. und 6. Fall: Es werden keine Definitionsgleichungen angegeben.
7. Fall: $F_{ij}(\alpha) := $ CASE FIRST(L_1) OF
$$n_1 : T_1$$
$$\cdot$$
$$\cdot$$
$$n_k : T_k$$
mit: n_k sind die Nummern der von der Regel eliminierten Annahmen, die vE–Regel habe die Nummer n_0. Sei (n_g,A) eine von der Regel eliminierte Annahme. Dann gibt es dort ein zu $V_i^{\downarrow}$ $(v_i^{\downarrow})$ gleichgelegenes Zeichen $V_i^{\downarrow}$ $(v_i^{\downarrow})$. Diesem ist dort eine a.P. $\alpha_1 = (t_1,\ldots,t_{m_1}$; $s_1,\ldots,s_{m_2}$; $r_1,\ldots,r_{m_3}$; $l_1,\ldots,l_{m_4})$ zugeordnet. In den t_i, s_i, r_i, l_i kommen folgende Namen aus PR vor:
1) bei n_g aktiven freien Variablen zugeordnete Namen $U_1,\ldots,U_{k_1}$

2) Quantablen, für die $V_i^{\downarrow}$ $(v_i^{\downarrow})$ im Herrschaftsbereich des zugehörigen Quantors liegt, zugeordnete Namen $U_{k_1+1},\ldots,U_{k_2}$

3) L_i, die bei n_g wesentlichen Regeln zugeordnet sind

4) L_i, die bei $V_i^{\downarrow}$ $(v_i^{\downarrow})$ wesentlichen $\to$–Zeichen zugeordnet sind.
T_g sei nun $F_{il}(\alpha_2)$, wobei α_2 aus α_1 so entsteht:
1) Für die Symbole U_i bzw. L_i nach 2) bzw. 4) gibt es in der formalen Parameterliste α von F_{ij} eindeutig

zugehörige $\overline{U}_i$ bzw. $\overline{L}_i$. Man ersetze in α_1 U_i durch $\overline{U}_i$ und L_i durch $\overline{L}_i$.

2) Die Variablennamen $U_1,\dots,U_{k_1}$ zerfallen in den Teil $U_1,\dots,U_{j_1}$, der Variablen zugehört, die aktiv bei n_g, es aber nicht bei n_0 sind und $U_{j_1+1},\dots,U_{k_1}$, die den Variablen zugehören, die aktiv bei n_0 sind. (Bemerkung: Jede bei n_0 aktive Variable ist bei n_g aktiv, diese Eigenschaft gilt bei Annahmen eliminierenden Regeln in entsprechender Weise.) Den $U_{j_1+1},\dots,U_{k_1}$ entsprechen die ersten Komponenten von α, die nach Konstruktion auch $U_{j_1+1},\dots,U_{k_1}$ lauten. Für $1\leq i\leq j_1$ ersetze man U_i in α_1 durch NTES(i,SECOND(L_1)).

3) Entsprechend 2) verfahre man auch für die wesentlichen Regeln.

8., 9. und 10. Fall: Diese Fälle werden weitgehend analog zum 7. Fall behandelt.

11. Fall:

11.1: $\dfrac{(n_2,Av_k^l B)\,(n_3,C)\,(n_4,C)}{(n_1,C)}$ sei Regel in Π, $\nu=V_i^l$ (v_i^l) liege in (n_1,C). Zu den zu ν gleichgelegenen Vorkommen in (n_3,C) bzw. (n_4,C) seien die a.P. β_1, β_2 berechnet. Zu v_k^l in $(n_2,Av_k^l B)$ sei die a.P. α berechnet. Die definierende Gleichung von F_{ij} lautet dann:

$F_{ij}(\dots) := $ IF $F_{kl}(\alpha[L_{n_1}\leftarrow T])=0$ THEN $F_{ij_1}(\beta_1)$ ELSE $F_{ij_2}(\beta_2)$.

11.2: $\dfrac{(n_1,A(0))\,(n_2,A(v'))}{(n_3,A(t))}$ sei Regel in Π mit $\nu=V_i^l$ (v_i^l) in $(n_3,A(t))$.

Sei S der t entsprechende PR–Term (d.h. alle freien Variablen seien durch die zugehörigen PR–Namen ersetzt). Zu den zu ν gleichgelegenen Vorkommen ν_1, ν_2 (mit oberem Index j_1 bzw. j_2) in $(n_1,A(0))$ bzw. $(n_2,A(v'))$ seien die a.P. β_1, β_2 berechnet. Die definierende Gleichung zu F_{ij} lautet dann:

$F_{ij}(\dots) := $ IF $S=0$ THEN $F_{ij_1}(\beta_1[L_{n_3}\leftarrow(n_{3,,})])$ ELSE $F_{ij_2}(\beta_2[U_v\leftarrow S-1][L_{n_3}\leftarrow(n_{3,,})])$

12. Fall: Weitgehend analog zu 11.2.

Hat Π nun die Endformel $(n_0,\Lambda x_1\dots\Lambda x_n V_i^l y A(x_1,\dots,x_n,y))$, so besteht das PR–Programm zu Π aus den wie oben angegeben berechneten Definitionsgleichungen und – als Zahlterm für V_i^l – $F_{ij}(\beta)$, wobei β die zu V_i^l bei n_0 berechnete a.P. ist.

Korrektheit und Terminierung der erzeugten Programme wird bewiesen, indem ein natürlicher Zusammenhang zu den A.S. aus 3. hergestellt wird: Die s.d. Funktionale sind durch a.P. kodiert und es kann gezeigt werden, daß der *Programmablauf* mit der Nachfolgeroperation korrespondiert.

Satz 4.5

Sei Π ein geschlossener Beweis mit Endformel $\Lambda x_1\dots\Lambda x_n V y A(x_1,\dots,x_n,y)$, A ohne freie Variablen. Dann gilt: Der zu Π berechnete PR–Zahlterm hat die Gestalt $F_{ij}(\beta)$, die a.P. β enthält nur die zu den x_i in PR gehörenden Variablennamen U_i und für jedes Tupel $(a_1,\dots,a_n) \in \mathbb{N}^n$ liefert die Ausrechnung von $F_{ij}(\beta[U_1\leftarrow a_1]\dots[U_n\leftarrow a_n])$ eine Zahl $b \in \mathbb{N}$ mit $A(a_1,\dots,a_n,b)$.

Die Konstruktion zeigt, daß das Programm nur die elementaren Daten des Beweises in ihrer üblichen Bedeutung benutzt.

Die Extraktion des PR–Programmes aus Π ist in polynomialer Zeit (gemessen in der Anzahl n der Zeichen von Π) durchführbar. Der genaue Grad des Polynoms hängt von der Kodierung von Π ab, es läßt sich leicht $O(n^3)$ erreichen: $\psi(\Pi)$ kann in $O(n^2)$ Schritten berechnet werden. – Zur Berechnung der a.P. hat man den Weg der $\leq n$ Blätter der Bäume zu den V_i^j/v_i^j zur Wurzel zu verfolgen. Die Länge dieses Weges ist $\leq n$, bei jedem Schritt sind höchstens $O(n)$ viele Operationen auszuführen. Die definierenden Gleichungen können dann in linearer Zeit – gemessen in der Größe der bis hierher berechneten Zwischenergebnisse – notiert werden.

Durch 4.5 wird sowohl die Terminierung als auch die Korrektheit des Programms garantiert. Es gilt: $\vdash A(a_1,\ldots,a_n,b)$ für die aus der Eingabe $a_1,\ldots,a_n$ berechnete Zahl b.

Damit ist die in der Einleitung formulierte Aufgabe gelöst.

5 Ein Beispiel: Der Chinesische Restsatz

Als Beispiel wenden wir das Extraktionsverfahrens auf einen (in den entscheidenden Teilen formalisierten) Beweis des *Chinesischen Restsatzes* an. Es ergibt sich im wesentlichen der von *Pritchard* [15] angegebene Algorithmus.

Die benötigten Aussagen des erweiterten GGT (Lemma 5.3) und der Existenz des additiven Inversen in $\mathbf{Z}_n$ (Lemma 5.4) wollen wir hier nicht beweisen, sondern annehmen, daß uns für die entsprechenden Funktionen bereits Unterprogramme zur Verfügung stehen.

Satz 5.1 (Chinesischer Restsatz, informale Fassung)

Seien $f_1,\ldots,f_m \in \mathbb{N}$ paarweise teilerfremd, $g_1,\ldots,g_m \in \mathbb{N}$. Dann gibt es ein $y \in \mathbb{N}$ mit $y \equiv g_i \bmod f_i$.

Die Formalisierung dieser Aussage scheint zunächst eine mit m wachsende Quantorkette $\bigwedge f_1 \ldots \bigwedge f_m$ zu erfordern. Führt man jedoch Funktionszeichen f und g für die f_i bzw. g_i ein, so erhalten wir:

Satz 5.2 (Chinesischer Restsatz, formalisierte Fassung, sei $u'=u+1$)

$(\bigwedge x_4 \bigvee y_4\ f(x_4)=y_4{}') \wedge \bigwedge x_1,x_2 (x_1 \neq x_2 \rightarrow (f(x_1),f(x_2))=1) \rightarrow \bigwedge x \bigvee y \bigwedge x_3\ x_3 \leq x \rightarrow y \equiv g(x_3) \bmod f(x_3)$

Wir benötigen die beiden folgenden Lemmata, die wir hier nicht beweisen wollen.

Lemma 5.3 (Erweiterter GGT)

$\bigwedge x,y \bigvee z,z_1,z_2\ (\bigwedge x_1\ x_1 | z' \wedge x_1 | y') \wedge z'+x' \cdot z_1 = y' \cdot z_2 \quad (\text{d.h. } z'=\mathrm{GGT}(x',y'))$

Lemma 5.4 (Additives Inverses in $\mathbf{Z_n}$)

$\Lambda n, y \lor z \; y+z \equiv 0 \bmod n$

Wir beweisen nun etwas allgemeiner unter der Annahme
$$(1,(\Lambda x_4 \lor y_4 \; f(x_4)=y_4') \land \Lambda x_1,x_2(x_1 \neq x_2 \to (f(x_1),f(x_2))=1))$$
die Formel

$(*) \; \Lambda x V_1^0 y V_2^0 y_1 \Lambda x_3((\Lambda x_5 \; x_5 \leq x \to (x_3,f(x_5))=1) \to (x_3,y_1)=1)\land(x_3 \leq x \to (y_1 \equiv 0 \bmod f(x_3) \land y \equiv g(x_3) \bmod f(x_3)))$

Zur Abkürzung sei

$A(u,v,v_1,u_3) := ((\Lambda x_5 \; x_5 \leq v \to (u_3,f(x_5))=1) \to (u_3,v_1)=1)\land(u_3 \leq u \to (v_1 \equiv 0 \bmod f(u_3) \land y \equiv g(u_3) \bmod f(u_3)))$

Es wird $V_1^0 V_2^0 y_1 \Lambda x_3 A(u,y,y_1,x_3)$ durch Induktion über u gezeigt. Mit $y:=g(0)$, $y_1:=f(0)$ folgt die Behauptung für $u=0$.

Induktionsschritt: Aus den Annahmen

$(2,\Lambda x_3 A(u,v,v_1,x_3))$, $(3,v+v_5 \equiv 0 \bmod f(u'))$ und $(4,v_1 \cdot v_4 \equiv 1 \bmod f(u'))$

beweist man

$$(1a,u_6 \leq u' \to (v_1 \cdot f(u') \equiv 0 \bmod f(u_6) \land v_1 \cdot v_4(g(u')+v_4)+v \equiv g(u_6) \bmod f(u_6)):$$

Es ist $v_1 \cdot v_4(g(u')+v_5)+v \equiv v \equiv g(u_6) \bmod f(u_6)$ für $u_6 \leq u$ (nach 2). Ferner ist $v_1 \cdot v_4 \cdot (g(u')+v_5) \equiv g(u')+v_5+v \equiv g(u')$ mod $f(u')$ (nach 4 und 3). Da aus der (neuen) Annahme $(5,u_6 \leq u+1)$ die Formel $u_6 \leq u \lor u_6=u+1$ folgt, erhält man 1a mit einer $\lor$E- und anschließender $\to$I-Regel (unter Elimination von 5).

Aus $(6,\Lambda x_5 \; x_5 \leq u' \to (u_6,f(x_5))=1)$ folgt $\Lambda x_5 \; x_5 \leq u \to (u_6,f(x_5))=1$, wegen 2 ist also $(u_6,v_1)=1$. Nach 6 ist auch $(u_6,f(u'))=1$, wegen $(u_6,v_1)=1$ also $(u_6,v_1 \cdot f(u'))=1$.

Mit einer $\to$I-Regel erhalten wir bei Elimination von 6 somit:

$$(1b,(\Lambda x_5 \; x_5 \leq u' \to (u_6,f(x_5))=1) \to (u_6,v_1 \cdot f(u'))=1)$$

Unter den Annahmen 1 bis 4 ist mit 1a und 1b somit $A(u',v_1 \cdot v_4 \cdot (g(u')+v_5)+v,v_1 \cdot f(u'),u_6)$ bewiesen. Sei Π_1 eine Formalisierung dieses Beweises.

Aus (7, wie 1) folgt: $\Lambda x_1(x_1 \neq u' \to (f(x_1),f(u'))=1)$, also auch $\Lambda x_5(x_5 \leq u \to (f(x_5),f(u'))=1)$. Mit (8, wie 2) für $x_3=u'$ erhalten wir $(f(u'),v_1)=1$. Mit 5.3 folgert man: $\lor z \; v_1 \cdot z \equiv 1 \bmod f(u')$. Sei Π_2 eine Formalisierung dieses Beweises. Wir schließen dann weiter so:

$$
\begin{array}{c}
\begin{array}{cc}
 & \begin{array}{c} [1,2,3,4] \\ \Pi_1 \\ A(u',v_1 \cdot v_4 \cdot (g(u')+v_5)+v,v_1 \cdot f(u'),u_6) \\ \hline \Lambda x_3 A(u',v_1 \cdot v_4 \cdot (g(u')+v_5)+v,v_1 \cdot f(u'),x_3) \\ \hline V_2^1 y_1 \Lambda x_3 A(u',v_1 \cdot v_4 \cdot (g(u')+v_5)+v,y_1,x_3) \end{array}
\end{array} \\[2pt]
\begin{array}{cc}
\begin{array}{c} [7,8] \\ \Pi_2 \\ V_3^1 z \; v_1 \cdot z \equiv 1 \bmod f(u') \end{array} &
\begin{array}{c} V_1^1 y V_2^1 y_1 \Lambda x_3 A(u',y,y_1,x_3) \end{array}
\end{array} \;\{4\} \\[2pt]
\Pi_3 \qquad \begin{array}{c} V_4^1 z_1 \; v+z_1 \equiv 0 \bmod f(u') \\ \hline V_1^1 y V_2^1 y_1 \Lambda x_3 A(u',y,y_1,x_3) \end{array} \;\{3\} \\[2pt]
\begin{array}{c} V_1^2 y V_2^2 y_1 \Lambda x_3 A(u,y,y_1,x_3) \qquad V_1^1 y V_2^1 y_1 \Lambda x_3 A(u',y,y_1,x_3) \end{array} \;\{2,8\} \\ \hline
V_1^1 y V_2^1 y_1 \Lambda x_3 A(u',y,y_1,x_3)
\end{array}
$$

Mit einem Induktionsschluß unter Elimination von Annahme 9 und einer $\to$I-Regel mit Elimination von 1 und 7 folgt die Behauptung. Π_3 erhält man aus einem Beweis zu Lemma 5.4.

Das hieraus extrahierte PR-Programm (nach Anwendung gewisser Vereinfachungen im Sinne von *Darlington/Burstall* [3] und *Burstall/Darlington* [2]):

151

$$F_{1,0}(x) := \text{IF } x=0 \text{ THEN } g(0) \text{ ELSE } F_{1,1}(x-1);$$
$$F_{1,1}(u) := F_{2,2}(u)*F_{3,1}(u,F_{2,2}(u))*(g(u+1)+F_{4,1}(F_{1,2}(u),f(u+1)))+F_{1,2}(u);$$
$$F_{2,0}(x) := \text{IF } x=0 \text{ THEN } f(0) \text{ ELSE } F_{2,1}(x-1);$$
$$F_{2,1}(u) := F_{2,2}(u)*f(u+1);$$
$$F_{1,2}(u) := \text{IF } u=0 \text{ THEN } g(0) \text{ ELSE } F_{1,1}(u-1);$$
$$F_{2,2}(u) := \text{IF } u=0 \text{ THEN } f(0) \text{ ELSE } F_{2,1}(u-1);$$

Die Funktionen $F_{3,1}$ und $F_{4,1}$ ergeben sich aus Lemma 5.4 bzw. 5.3. Offenbar ist $F_{4,1}(F_{1,2}(u),f(u+1))=$ $(-F_{1,2}(u) \bmod f(u+1))$ und $F_{3,1}(u,F_{2,2}(u)) = F_{2,2}(u)^{-1} \bmod f(u+1)$. Damit vereinfachen sich die Gleichungen zu:

$$F_{1,0}(x) := \text{IF } x=0 \text{ THEN } g(0) \text{ ELSE } F_{1,1}(x-1);$$
$$F_{1,1}(u) := F_{2,2}(u)*(F_{2,2}(u)^{-1} \bmod f(u+1))*(g(u+1)+(-F_{1,0}(u) \bmod f(u+1)))+F_{1,0}(u);$$
$$F_{2,2}(u) := \text{IF } u=0 \text{ THEN } f(0) \text{ ELSE } F_{2,1}(u-1)*f(u);$$

Dabei wurden zwei identische Definitionen zu einer zusammengefaßt. $F_{1,1}$ kommt nur noch einmal vor; wir können die Definition einsetzen und erhalten:

$$F_{1,0}(x) := \text{IF } x=0 \text{ THEN } g(0) \text{ ELSE } F_{2,2}(x-1)*(F_{2,2}(x-1)^{-1} \bmod f(x))*(g(x)+(-F_{1,0}(x-1) \bmod f(x)))+F_{1,0}(x-1);$$
$$F_{2,2}(u) := \text{IF } u=0 \text{ THEN } f(0) \text{ ELSE } F_{2,1}(u-1)*f(u);$$

Dieses Definitionsschema ist primitiv rekursiv, nach bekannten Methoden läßt sich die Rekursion auflösen und wir erhalten das iterative Programm:

```
PROCEDURE CHINRES(X);
BEGIN
  F10 := g(0);
  F22 := f(0);
  FOR U:=0 TO N-1 DO
  BEGIN
    F22 := f(U+1)*F22;
    F10 := F22*(F22⁻¹ MOD f(u+1))*(g(U+1)+(-F10 MOD f(U+1)))+F10;
  END;
END;
```

Das ist genau der von *Pritchard* [15] angegebene Algorithmus. Das auszugebende Ergebnis ist F10, d.h. nach Ablauf des Programms gilt F10=g(i) mod f(i) für i=0,...,N.

Literaturverzeichnis

[1] Aho, A.V.; Hopcroft, J.E.; Ullman, J.D.: The Design and Analysis of Computer Algorithms. Reading, 1974

[2] Burstall, R.M.; Darlington, J.: A Transformation System for Developing Recursive Programs. Journal of the ACM, 24 (1977), 44–67

[3] Darlington, J.; Burstall R.M.: A System which Automatically improves Programs. Acta Informatica, 6 (1976), 41–60

[4] Gandy, R.O.: Proofs of Strong Normalization. In: Seldin, J.P.; Hindley, J.R.: To H.B. Curry Essays on Combinatory Logic, Lambda Calculus and Formalism. London, San Francisco (1980) 457–477

[5] Gentzen, G.: Untersuchungen über das logische Schließen. Mathematische Zeitschrift, 39 (1935), 176–210 und 405–431

[6] Goad, C.A.: Proofs as Descriptions of Computation. Preprint, 1980

[7] Hoare, C.A.R.: An axiomatic Basis of Computer Programming. Communications of the ACM, 12, (1969), 576–580

[8] Jensen, K.; Wirth, N.: PASCAL – User Manual and Report. Berlin, Heidelberg, New York, 1974

[9] Kreisel, G.: Some Uses of Proof Theory for Finding Computer Programs. In: Colloque International de Logique (Clermont–Ferrand, 1975), Colloques Internationales CNRS, 249, Paris (1977), 123–134

[10] Leivant, D.: Strong Normalization for Arithmetic (Variations on a Theme of Prawitz). In: Proof Theory Symposium, Kiel 1974. Berlin, Heidelberg, New York, 1975

[11] Manner, Z.; Waldinger, R.J.: Toward Automatic Program Synthesis. Communications of the ACM, 14 (1971), S. 151–165

[12] Martin–Löf, P.: Constructive Mathematics and Computer Programming. In: Cohen, Los, Pfeiffer, Podewski: International Congress of Logic, Methodology and Philsophy of Science, Hannover 1979. Logic, Methodology, and Philosophy of Science VI. Amsterdam, New York, Oxford, 1982, 153–175

[13] Mints, G.E.: Stability of E–Theorems and Program Verification. 73–77 in Semiotika i informatica, 12, VINIT, Moscow

[14] Prawitz, D.: Natural Deduction. Stockholm, 1965

[15] Pritchard, P.: Some Negative Results Concerning Prime Number Generators. Communications of the ACM, 27 (1984) 53–57

[16] Sato, :

[17] Stein, M.: A General theorem on existence Theorems. Zeitschrift für mathematische Logik und Grundlagen der Mathematik, 27 (1981) 435–452

[18] Troelstra, A.S.: Metamathematical Investigation of Intuitionistic Arithmetic and Analysis. Berlin, Heidelberg, New York, 1973

[19] Winston, P.H.; Horn, B.K.P.: LISP. Reading, 1981

VERMEIDUNG ÜBERFLÜSSIGER BERECHNUNGEN IN HORNKLAUSEL-PROGRAMMEN DURCH VOR-LAUFZEIT-UNTERSUCHUNGEN

Astrid Schmücker
Universität Kaiserslautern
Fachbereich Informatik
6750 Kaiserslautern

ABSTRACT:

Eine Quelle der Ineffizienz bei der Auswertung von Hornklausel-Programmen liegt
in dem in ihnen enthaltenen Nichtdeterminismus. Dieser führt oftmals zu über-
flüssigen Berechnungen, die zum Auffinden der gewünschten Lösung nichts beitragen.
Das im folgenden vorgestellte, auf einer speziellen Termdarstellung basierende
Verfahren soll helfen, einen Teil dieser nutzlosen Berechnungen von vornherein
zu vermeiden. Zusätzlich können spezielle Arten von Programmschleifen erkannt und
vor der Laufzeit in Termschablonen übersetzt werden, die zur Laufzeit bei gegebener
aktueller Variablenbelegung das Resultat der Schleifenauswertung liefern.

1. EINLEITUNG:

Die Programmiersprache PROLOG hat in den letzten Jahren immer mehr Beachtung gefunden. Ihre Grundlage ist die Programmierung in Logik, genauer das Programmieren
mit Hornklausel-Programmen (s. [5] und [6].).

Seit die erste PROLOG-Implementierung vor mehr als einem Jahrzehnt in Marseille
entstand, hat man sich in zunehmendem Maße damit beschäftigt, effizientere Aus-
wertungsstrategien für PROLOG-Programme zu finden. Das Hauptproblem dabei war und
ist der solchen Programmen innewohnende Nichtdeterminismus.

Es gibt zwei prinzipielle Methoden, diesen zu behandeln: durch irgendeine Form
von Backtracking oder durch OR-parallele Auswertung des Programms. Während durch
Backtracking die verschiedenen Lösungswege nacheinander ausprobiert werden, versucht eine uneingeschränkte OR-parallele Auswertung, alle möglichen Alternativen
gleichzeitig zu berechnen. Im allgemeinen führt aber ein Großteil der vorhandenen
Alternativen nicht zu einer Lösung. Um den Aufwand zur Auswertung eines Programms
herabzusetzen, versucht man, derartige Berechnungen zu vermeiden. Dies kann auf
verschiedene Weise geschehen, zum einen durch intelligentes Backtracking [1,7],
zum anderen durch Festlegung einer günstigen Auswertungsreihenfolge, wozu teilweise heuristische Methoden eingesetzt werden (z.B. in [2].).

Der im folgenden beschriebene Ansatz erkennt von vornherein einige der nicht zu
einer Lösung fortsetzbaren Berechnungen. Das Verfahren kann sowohl vor als auch
während der Laufzeit eines Programms eingesetzt werden. Sein Einsatz vor der Laufzeit führt zu einer Transformation des Programms, die eine effiziente Auswertung
ermöglicht. Zusätzlich bietet der genannte Ansatz die Möglichkeit, bestimmte Arten
von Programmschleifen schon vor der Laufzeit zu erkennen und in eine Art von Schab-

lone zu transformieren. Aus dieser kann dann zur Laufzeit das Resultat der Schleife abgeleitet werden, ohne daß sie explizit durchlaufen werden muß.

2. GRUNDLAGEN:

Ein _Term_ besteht aus einer Variable, einer Konstante oder einem n-stelligen Funktionssymbol, gefolgt von n Argumenten, die selbst wieder Terme sind ($n \geq 1$). Eine _Substitution_ ist eine Funktion, die in einem Ausdruck, insbesondere einem Term, die vorkommenden Variablen durch Terme ersetzt. Der dadurch entstehende Ausdruck heißt _Instanz_ des Ausgangsterms. Zwei Terme lassen sich _unifizieren_, wenn es eine Substitution gibt, die sie gleich macht.

Ein _Hornklausel-Programm_ - und i.w. auch ein PROLOG-Programm - besteht aus einer Menge von Klauseln der folgenden Form:

$$\alpha) \qquad\qquad \leftarrow Q_1(t_1^1,\ldots,t_{n_1}^1),\ldots,Q_m(t_1^m,\ldots,t_{n_m}^m)$$

$$\beta) \quad Q_1(t_1^1,\ldots,t_{n_1}^1) \leftarrow Q_2(t_1^2,\ldots,t_{n_2}^2),\ldots,Q_m(t_1^m,\ldots,t_{n_m}^m)$$

$$\gamma) \quad Q_1(t_1^1,\ldots,t_{n_1}^1) \leftarrow$$

Die Q_i sind hierbei n_i-stellige Prädikatssymbole ($1 \leq i \leq m$), $n_i \geq 0$, die t_j^i Terme ($1 \leq j \leq n_i, 1 \leq i \leq m$).

Der links vom Pfeil stehende Teil wird jeweils _Klauselkopf_, der rechts stehende Teil _Klauselrumpf_ genannt. Der Klauselrumpf besteht aus $m \geq 0$ _goals_. Eine Klausel ohne Rumpf (Form γ)) wird _fact_ oder _assertion_ genannt. Eine Klausel ohne Kopf (Form α)) kommt nur einmal pro Programm vor und wird _Zielanweisung_ genannt. Sie spezifiziert das zu lösende Problem.

Der Standardinterpreter für PROLOG geht von der Zielanweisung des Programms aus. Zum Beweis einer Konjunktion von goals durchläuft er diese von links nach rechts und versucht jeweils, zu einem goal G eine Klausel im Programm zu finden, deren Kopf mit G unifizierbar ist. Diese Unifikation des Klauselkopfes mit G wird im folgenden _Beweisansatz_ zu G genannt. Die dabei entstehende Substitution wird dann auf die übrigen goals beider Klauseln angewendet. G selbst wird durch den so veränderten Rumpf der angewandten Klausel ersetzt. Ist dieser leer, so verkürzt sich die Liste der noch zu lösenden goals. Es wird immer davon ausgegangen, daß die Variablenmengen der angewandten Klauseln disjunkt sind.

Das beschriebene Verfahren wird solange fortgesetzt, bis entweder die goal-Liste leer ist oder zu einem goal kein passender Klauselkopf gefunden werden kann. Ist letzteres der Fall, so erfolgt _Backtracking_, d.h. es wird eine alternative Lösung für das zuletzt erfolgreich behandelte goal gesucht.

PROLOG-Programme bieten außer dem schon genannten OR-Parallelismus verschiedene Möglichkeiten zur parallelen Auswertung. An dieser Stelle sei hier nur noch die AND-parallele Auswertung erwähnt. Darunter versteht man den Versuch, alle goals der rechten Seite einer Klausel gleichzeitig und unabhängig voneinander zu lösen. Da diese goals i.a. durch gemeinsame Variablen untereinander in Beziehung stehen,

sind die auf diese Weise gewonnenen Lösungen oft nicht miteinander vereinbar. Daher
bringt uneingeschränkter AND-Parallelismus häufig eine große Zahl überflüssiger Berechnungen mit sich [3].

3. TERMDARSTELLUNG:

Die in den nächsten Abschnitten vorgestellten Verfahren basieren auf einer speziellen Termdarstellung, die eine Erweiterung der Kron'schen "Tree Templates" [4] bildet. Im Gegensatz zu letzteren ist es mit dieser Erweiterung, den sogenannten
Templateketten, möglich, gemeinsame Teilausdrücke - insbesondere gemeinsame Variablen - von Termen zu beschreiben und mit ihnen zu arbeiten. Sie werden in den
später vorgeschlagenen Verfahren zur Darstellung und Handhabung von Variablen- und
Argumentbelegungen bei Programmauswertungen benutzt.

Der Einfachheit halber werden die Templateketten informell durch die zugrundeliegenden graphischen Strukturen dargestellt.

Beispiel:

Die untenstehende Templatekette η repräsentiert die wie folgt gegebenen Belegungen
der Variablen x_1, x_2, x_3:

x_1: $g(h(a,f(y_1,y_2),b),f(y_1,c))$; x_2: $h(f(y_1,y_3),a,g(b,y_3))$; x_3: $g(b,y_3)$

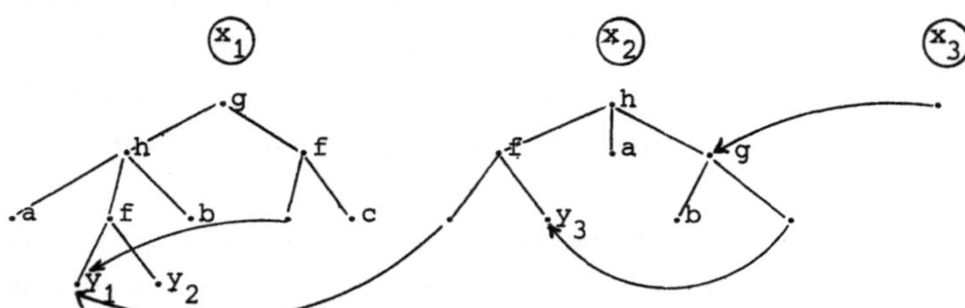

Diese Darstellung ist folgendermaßen zu interpretieren: Ein Knoten n_1, von dem ein
Zeiger auf einen Knoten n_2 verweist, wird identifiziert mit der mit n_2 "beginnen-
den" Teilstruktur (vgl. Belegung von x_3).
Solche mehrfach benutzte Strukturen werden allgemein als gemeinsame Teilstrukturen
bezeichnet. Kennzeichen einer Templatekette ist es, daß eine Variable immer als gemeinsame Teilstruktur behandelt wird. Ansonsten sind an die Verwendung beliebiger
gemeinsamer Teilstrukturen keine Bedingungen geknüpft, außer, daß sie nicht zu
zyklischen Abhängigkeiten führen dürfen.
x_1, x_2, x_3 werden die Parameter der Kette genannt.
Der "Meet" einer Menge von Templateketten enthält die unifizierten Belegungen ihrer
Parameter unter Berücksichtigung gemeinsamer Teilstrukturen. Er wird durch einen
speziellen Unifikationsalgorithmus berechnet.
Der Begriff der Instanz im Zusammenhang mit Termen läßt sich direkt auf die dar-
stellenden Templateketten übertragen.

4. GRUNDIDEE:

Wie schon in Abschnitt 2 angedeutet, äußert sich die gesamte Auswertung eines Logik-Programms in der schrittweisen Veränderung der Belegung aller vorkommenden Variablen. Diese wiederum kann mit Hilfe der genannten Templateketten - im wesentlichen auf Klauselebene - beschrieben werden.

Beispiel:

r_o : $P(x,y,z) \leftarrow Q_1(x,z), Q_2(z,y)$

r_{11} : $Q_1(f(a,x_1), g(f(a,x_1), x_2)) \leftarrow \ldots$

$\vdots$

r_{21} : $Q_2(f(y_1,b), g(y_1, h(b))) \leftarrow \ldots$

$\vdots$

Zugehöriger AND/OR-Baum bei Aufruf von r_o ohne spezielle Eingabe-Variablenbelegung:

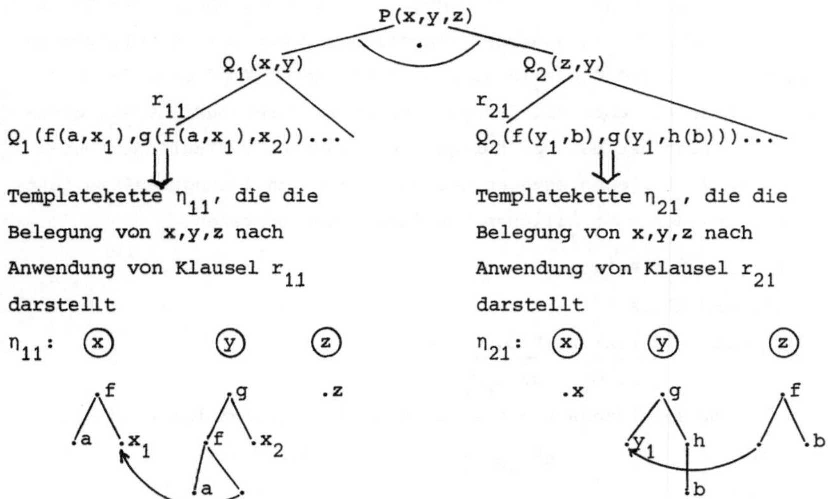

Die Anwendung von r_{11} und r_{21} nach Aufruf von r_o aus dem obigen Beispiel kann in einem beliebigen Hornklausel-Programm <u>höchstens</u> dann Teil einer Gesamtlösung sein, wenn die nachstehenden Bedingungen erfüllt sind:

1) η_{11} und η_{21} sind unifizierbar, d.h. sie besitzen einen Meet η.
2) die aktuelle Belegung der Klauselkopfvariablen x,y und z zum Zeitpunkt irgendeiner Anwendung von r_o während eines Programmlaufs muß mit den durch η gegebenen Belegungen verträglich, also wieder unifizierbar, sein.

Während Bedingung 2) erst während der Laufzeit eines Programms abprüfbar ist, stellt Forderung 1) eine statische Bedingung dar, d.h. sie ist unabhängig von spezieller Eingabe und Zielanweisung eines Programms und hängt allein von der (syntaktischen) Struktur der vorhandenen Klauseln ab. Daher kann Bedingung 1) vor der Laufzeit abgeprüft werden.

η_{11} und η_{21} aus unserem Beispiel erfüllen die erste Forderung; ihr Meet η ist die nachstehende Templatekette:

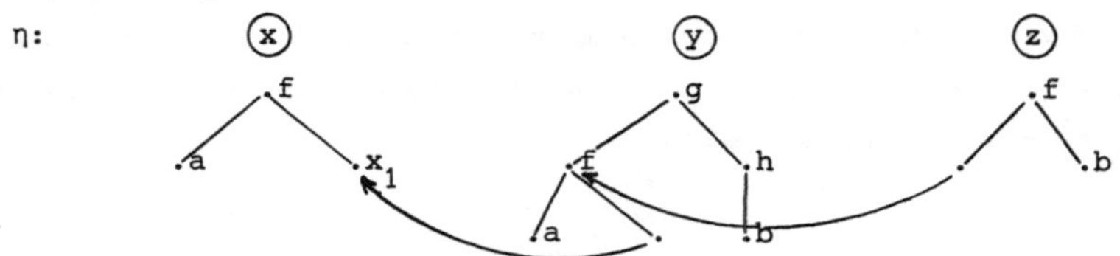

5. ELIMINATION UNBRAUCHBARER LÖSUNGSANSÄTZE VOR DER LAUFZEIT:

Die Zuordnung genau eines Beweisansatzes zu jedem goal der rechten Seite einer Klausel bildet einen Lösungsansatz für diese Klausel. Ziel ist es nun, solche Lösungsansätze auszusieben, die garantiert nicht zu einer vollständigen Lösung des goals fortsetzbar sind. Das dazu dienende Verfahren nutzt die beiden im letzten Abschnitt vorgestellten Eigenschaften aus.

Im 1. Schritt werden zu jeder Klausel r_o alle Möglichkeiten gesammelt, die goals ihrer rechten Seite mit dem Kopf irgendeiner Klausel des Programms zu unifizieren. Dadurch werden zuerst einmal die Klauseln ausgesondert, deren Kopf zwar das passende Prädikatssymbol besitzt, aber mit dem goal nicht zu vereinbarende Argumentbelegungen enthält. Aufgrund der bei den übrigen, erfolgreich verlaufenden Unifikationen entstehenden Variablenbelegungen werden diejenigen Lösungsansätze festgestellt, die aus miteinander verträglichen Beweisansätzen bestehen.

Zur Erläuterung ein einfaches Beispiel:

Das Programm enthalte die Klausel

$$r_o: P(x,z) \leftarrow \underbrace{Q(f(x),z)}_{\text{goal } G_1}, \underbrace{R(z,y)}_{\text{goal } G_2}$$

sowie die prinzipiell zum Beweisansatz der einzelnen goals geeigneten Klauseln:

<u>zu G_1</u>: r_{11}: $Q(v_1,h(a,v_1)) \leftarrow \ldots$ <u>zu G_2</u>: r_{21}: $R(g(v_3),u_3) \leftarrow \ldots$

         r_{12}: $Q(f(v_2),g(u_2)) \leftarrow \ldots$ r_{22}: $R(h(a,b),c) \leftarrow \ldots$

                                    r_{23}: $R(v_4,h(c,c)) \leftarrow \ldots$

Bei Unifikation von goal G_1 mit jeweils einem der angegebenen Klauselköpfe entsteht dann folgende Belegung der Variablen x und z:

G_1 mit r_{11}: G_1 mit r_{12}:

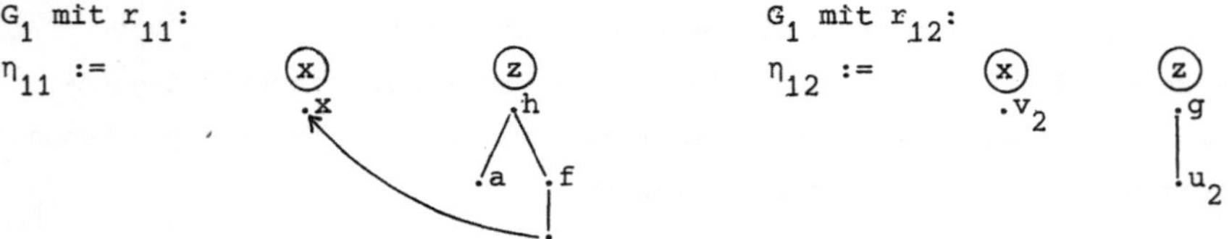

sowie nachstehende Belegungen der Variablen z und y durch die Beweisansätze zu G_2:

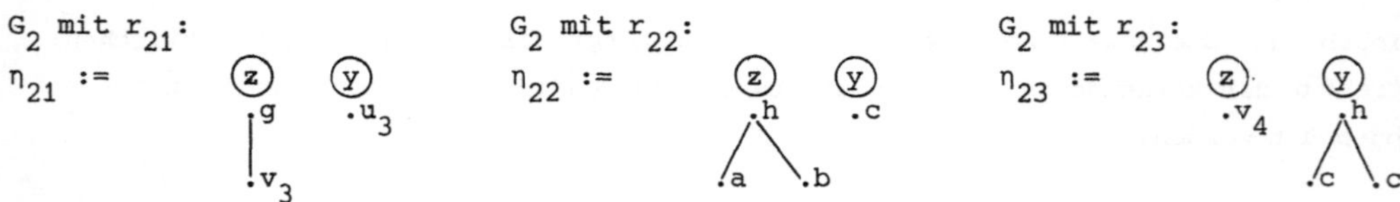

158

Anschließend werden nun alle Kombinationen $r_{1i} \times r_{2j}$, $1 \leq i \leq 2$, $1 \leq j \leq 3$,
betrachtet und durch Versuch der Unifikation der zugehörigen Templateketten festgestellt, welche dieser Kombinationen aufgrund der zu den einzelnen Komponenten
gehörenden Variablenbelegungen möglich sind.

Im Beispiel bleiben auf diese Weise folgende Kombinationen mit den zugehörigen
Templateketten übrig:

$r_{11} \times r_{23}$ mit $\eta_1 :=$ (x)   (z)   (y)   (= Meet von η_{11} und η_{23})

$r_{12} \times r_{21}$ mit $\eta_2 :=$ (x)   (z)   (y)   (= Meet von η_{12} und η_{21})

$r_{12} \times r_{23}$ mit $\eta_3 :=$ (x)   (z)   (y)   (= Meet von η_{12} und η_{23})

Es bleiben also von den ursprünglichen 6 Kombinationsmöglichkeiten noch 3 als zulässige Lösungsansätze übrig. Sie werden repräsentiert durch die Meets η_1, η_2 und
η_3. Wie erwähnt, kann das beschriebene Verfahren schon vor der Laufzeit durchgeführt werden. Die resultierenden Lösungsansätze mit den zugehörigen Templateketten
können dann zusammen mit einiger Zusatzinformation das Vorkommen der ursprünglichen
Klauseln im Laufzeitprogramm ersetzen.

6. ELIMINATION UNBRAUCHBARER LÖSUNGSANSÄTZE ZUR LAUFZEIT:

Die bisherigen Berechnungen waren unabhängig von einer bestimmten Ausgangsbelegung
der Klauselkopfvariablen von r_o. Eine solche Belegung ist erst zur Laufzeit vorhanden, nachdem das Programm mit einer bestimmten Eingabe gestartet wurde. Sie muß
beim Aufruf von r_o auf Verträglichkeit mit den berechneten möglichen Lösungsansätzen
untersucht werden und stellt somit meist eine weitere Einschränkung der Lösungsmög-
lichkeiten dar (s. Abschnitt 4, Bed. 2).

Die Suche nach den passenden Lösungsansätzen kann effizient durch eine Tabelle gesteuert werden. Dabei wird das evtl. Vorhandensein übereinstimmender Anfangsteil-
stücke der zu den Lösungsansätzen gehörenden Templateketten ausgenutzt. Die in
letzteren als gemeinsame Teilstruktur verwendeten Variablen werden hierbei zunächst
nicht berücksichtigt, sondern erfahren aus Effizienzgründen später eine Sonderbehandlung.

Zur Verdeutlichung der Vorgehensweise kehren wir zu unserem letzten Beispiel zurück.

Die aktuelle Belegung der Klauselkopfvariablen x und z zum Zeitpunkt der Anwendung
von Klausel r_o sei repräsentiert durch die Templatekette σ_o. Offensichtlich muß

für den obersten Knoten des Teils von σ_o, der die Belegung von z darstellt, eine
der folgenden Bedingungen erfüllt sein, damit der bisherige Beweis fortgesetzt
werden kann:

1) Der erwähnte Knoten ist ein Variablenknoten; dann nämlich ist er mit allen
   durch die η_i $(1 \leqq i \leqq 3)$ gegebenen Belegungen von z verträglich und läßt somit noch alle 3 Kombinationen von Klauselanwendungen zu.

2) Der erwähnte Knoten ist mit "h" markiert; dann kommt für eine Fortsetzung des
   bisherigen Beweises höchstens noch der Lösungsansatz zu η_1 in Frage.

3) Der erwähnte Knoten ist mit "g" markiert; dann sind nur noch die zu η_2 und η_3
   gehörenden Lösungsansätze möglich.

Besitzt der genannte Knoten dagegen irgendeine andere Marke, so ist keiner der
Lösungsansätze mehr zulässig und die aktuelle Klausel r_o - bzw. der den Aufruf
von r_o enthaltende momentan versuchte Lösungsansatz der aufrufenden Klausel - un-
geeignet zur Erstellung eines Gesamtbeweises.

Hat man festgestellt, daß der betrachtete Knoten aus σ_o Bedingung 2) oder 3) erfüllt, so muß die gleiche Untersuchung nun für seine Söhne durchgeführt werden, usw.

Aufbauend auf diesen Überlegungen kann man im allgemeinen Fall nun folgendermaßen
vorgehen:

Nach den in Abschnitt 5 beschriebenen Berechnungen seien k Lösungsansätze mit den
zugehörigen Templateketten $\eta_1, \ldots, \eta_k$ übrig.

Es wird eine Tabelle aufgestellt, die zu jeder in der Gesamtmenge der η_i $(1 \leqq i \leqq k)$
vorkommenden Knotenposition m. sowie zu jeder möglichen Marke die Menge derjenigen
Lösungsansätze angibt, die an m eine mit der Marke verträgliche Markierung besitzen.
Diese Tabelle kann vor der Laufzeit berechnet werden. Zur Laufzeit, bei gegebener
aktueller Belegung der Klauselkopfvariablen, wird die sie repräsentierende Templatekette σ knotenweise durchlaufen. Für jede dabei auftretende Position m und zugehörige Markierung M gibt die Tabelle an der Stelle (m,M) die damit verträglichen
Lösungsansätze an. Die Menge der nach Betrachtung von m noch zulässigen Lösungsansätze ergibt sich aus dem Schnitt der vorher gültigen Menge von Ansätzen mit
dem genannten Tabelleneintrag.

Von den nach Beendigung des Algorithmus übrigbleibenden Lösungsansätzen weiß man,
daß σ höchstens mit ihnen verträglich ist. Für jeden einzelnen Ansatz muß nun
noch die eingangs erwähnte Sonderbehandlung stattfinden, die als gemeinsame
Teilstruktur vorkommende Variablen bearbeitet. Dies erfolgt zur Zeit durch eine
abgewandelte Version des Unifikationsalgorithmus für Templateketten, die im Er-
folgsfall gleich den Meet von σ und dem jeweiligen η_i $(i \in \{1, \ldots, k\})$ liefert.

7. <u>BEHANDLUNG VON SCHLEIFEN</u>:

Die Lösungsansätze bzw. die zugehörigen Templateketten dienen nicht nur zur
Steuerung der Programmauswertung, sondern helfen auch bei der Erkennung und Verarbeitung von Schleifen vor und während der Laufzeit.

Eine ausführliche Beschreibung der genauen Zusammenhänge ist an dieser Stelle
nicht möglich. Daher wird i.f. nach einigen allgemeinen Bemerkungen versucht,
anhand eines möglichst einfachen Beispiels die prinzipielle Vorgehensweise zu
demonstrieren.

Man betrachte dazu eine Klausel r_o, deren Rumpf ein goal enthält, das dasselbe
Prädikatssymbol besitzt wie der Klauselkopf:

$$r_o: P(\ldots) \leftarrow \underbrace{Q_1(\ldots)}_{\text{goal } G_1}, \ldots, \underbrace{Q_k(\ldots)}_{\text{goal } G_k}, \underbrace{P(\ldots)}_{\text{goal } G} \quad, \quad k \geq 0.$$

Mindestens einer der gültigen Lösungsansätze zu r_o enthalte r_o selbst wieder.
Damit ist die Grundvoraussetzung für eine Schleife gegeben, die durch direkten,
immer wieder von G ausgehenden Aufruf von r_o entsteht.

Für die bisherigen Berechnungen waren nur die Werte der Kopfvariablen der aktuellen
Klausel interessant. Für Schleifenuntersuchungen muß man zusätzlich die durch den
speziellen Lösungsansatz entstehenden Belegungen der Kopfvariablen des Neuaufrufs von r_o in Betracht ziehen. Die Templatekette η' enthalte die Belegungen all
dieser relevanten Variablen. η_e sei die Instanz von η', die bei Vervollständigung
der Beweise der "inneren goals" $G_1, \ldots, G_k$ entsteht.

η_e stellt somit das Ergebnis eines Schleifendurchlaufs mit Neuaufruf von r_o dar;
das Ergebnis von zwei Schleifendurchläufen erhält man durch Unifikation von η_e
mit einer entsprechenden Kopie von η_e, usw. η_e^{alt} sei nun der Teil von η_e, der
die Belegung der Kopf-Variablen des aktuellen Aufrufs von r_o darstellt, η_e^{neu}
derjenige Teil, der zu den Kopf-Variablen des Neuaufrufs gehört.

Das Resultat einer gesamten Schleifenauswertung findet sich in der Belegung der
Kopf-Variablen der 1. Anwendung der Schleifenklausel. Information, die zum Endergebnis der Schleifenauswertung beiträgt, kann von einem Schleifendurchlauf
zum vorhergehenden nur über gemeinsame Variablen von η_e^{alt} und η_e^{neu} transportiert
werden. Das Verhältnis von η_e^{neu} zu η_e^{alt} läßt in einigen Fällen Rückschlüsse auf
die Art der Schleife bzw. auf die durch sie berechnete Information zu.

Dies soll am folgenden Beispiel verdeutlicht werden:

$r1: \text{Add}(o,y,y) \leftarrow$

$$r2: \text{Add}(s(x),y,z) \leftarrow \underbrace{\text{Add}(x,s(y),z)}_{\text{goal } G}$$

Die Klausel r_2 erfüllt die genannte Grundvoraussetzung für das Vorhandensein einer
Schleife zur Laufzeit. Die Menge der "inneren goals" ist leer. Die Lösungsansätze
zu r_2 bestehen in diesem einfachen Fall aus den möglichen Beweisansätzen zu goal G.
Sie werden repräsentiert durch die folgenden Templateketten, wobei η_e auch die
Belegungen der Kopfvariablen der aufgerufenen Klausel enthält:

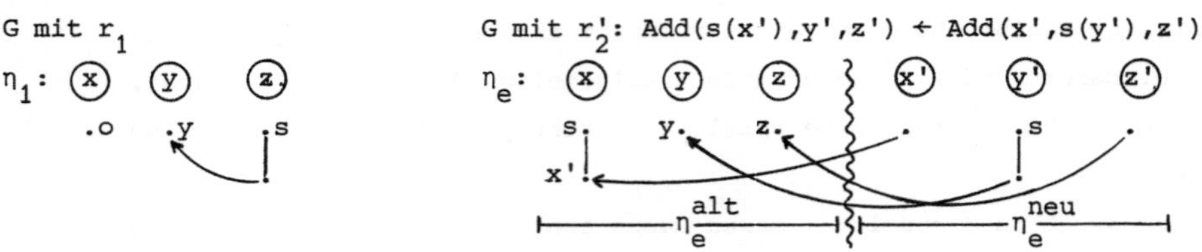

Hier ist zu beobachten, daß η_e in zwei Teilketten

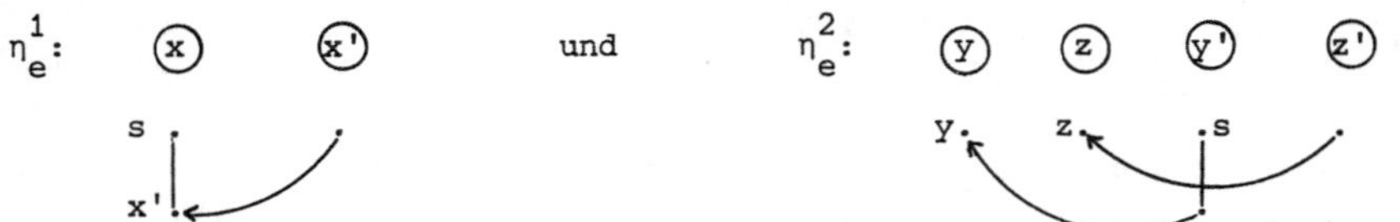

aufspaltbar ist, so daß folgende Bedingungen erfüllt sind:

1) Die genannten Teilketten sind variablenfremd.

2) Für jede der einzelnen η_e^i (hier: $i \in \{1,2\}$) gilt:

    a) Die Belegung jeder in η_e^i vorkommenden Kopfvariablen aus η_e^{alt} (hier: x)
       ist Instanz einer Kopie der Belegung, die zur entsprechenden Variablen
       aus η_e^{neu} (hier: x') gehört.

  oder b) Die Belegung jeder in η_e^i vorkommenden Kopfvariablen aus η_e^{neu} (hier: y',z')
       ist Instanz einer Kopie der Belegung, die zur entsprechenden Variablen
       aus η_e^{alt} (hier: y,z) gehört.

(Offensichtlich könnten z,z' hier auch η_e^1 zugeordnet werden).

Bei Erfülltsein dieser beiden Bedingungen können aus η_e bestimmte Gleichungen
abgeleitet werden, die in Abhängigkeit von der Anzahl j der Schleifendurchläufe
jeweils die Variablenbelegungen des j-ten Durchlaufs liefern. Auf die Herleitung
und den genauen Aufbau dieser Gleichungen kann hier aus Platzgründen nicht eingegangen werden. Ihr Resultat äußert sich in der Transformation des ursprünglichen
Lösungsansatzes η_e in eine Schablone, die für das Beispiel folgendermaßen aussieht:

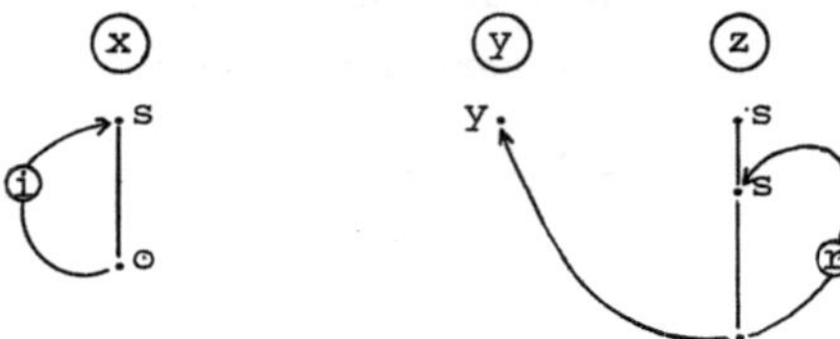

Eine solche Schablone darf im Gegensatz zu einer normalen Templatekette also zusätzlich 2 Arten von Sonderkanten enthalten, wobei die erste Art in der graphischen
Darstellung durch (i), die zweite durch (r) gekennzeichnet ist. Interpretiert werden derartige Schablonen wie folgt:

Bei sofortigem Aussprung aus der Schleife, d.h. Anwendung von Lösungsansatz η_1
nach dem 1. Aufruf von r_2, entfallen die Teile der Schablone, die "zwischen" An-
fangs- und Zielknoten einer mit (i) oder (r) markierten Kante liegen, ganz. Es
bleiben als Belegung der Kopfvariablen (hier: x,y und z) also nur die Anfangsknoten
solcher Kanten sowie deren Nachfolger übrig (s.u.).

Folgt dem 1. Aufruf von r_2 genau ein Neuaufruf von r_2 mit anschließendem Aussprung aus der Schleife, so treten die von einer Sonderkante umschlossenen Strukturen in der endgültigen Belegung der Kopfvariablen nach der gesamten Schleifenauswertung einmal auf (s.u.). Jeder weitere Schleifendurchlauf bedeutet im Fall einer mit ⓘ gekennzeichneten Kante die Ersetzung ihres Ausgangsknotens durch <u>eine Kopie der Struktur</u>, auf deren Wurzel die Kante zeigt, im Fall einer mit ⓡ markierten Kante die Ersetzung ihres Ausgangsknotens durch <u>die Struktur selbst</u>, auf deren Wurzel die Kante weist.

Zur Verdeutlichung:

Die folgenden Templateketten resultieren aus dem entsprechenden Aufblättern der Schablone und stellen den Wert der Kopfvariablen des 1. Aufrufs von r_2 nach Ausführung der Schleife mit 0, 1, 2 Neuaufrufen dar:

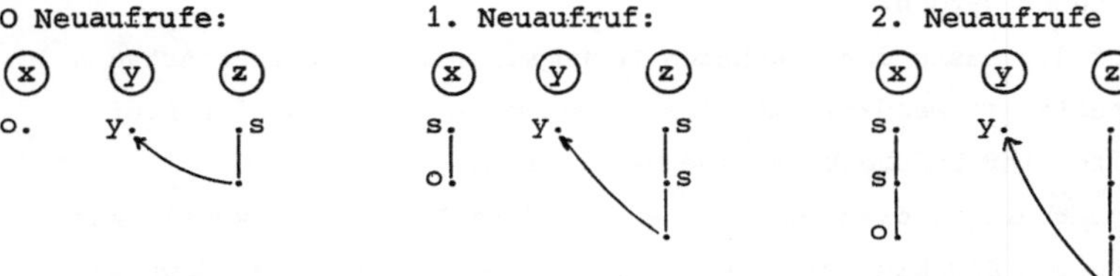

Damit ist bewiesen:

Add(s(o),y,s(y))   Add(s(s(o)),y,s(s(y)))   Add(s(s(s(o))),y,s(s(s(y))))

Ist zur Laufzeit bei Anwendung von r_2 beispielsweise eine aktuelle Belegung von x gegeben, so kann – je nach Art der Belegung – durch Vergleich mit der Schablone festgestellt werden, ob die Schleife überhaupt anwendbar ist bzw. wieviele Schleifendurchläufe sich bei normaler Auswertung ergeben würden. Im letzteren Fall können dann direkt die Endresultate für x und y abgelesen werden. Außerdem ist aus der Schablone zu entnehmen, daß zur Laufzeit bei Aufruf von r_2 mindestens eine der beiden Variablen x und z belegt sein muß, da sonst die Anzahl der Schleifendurchläufe nicht feststeht. Dies würde bei herkömmlicher Auswertung eine Endlos-Schleife bedeuten.

Es ist i.a. nur dann sinnvoll, die beschriebenen Schleifenberechnungen vor der Laufzeit durchzuführen, wenn der Aufwand zur Erstellung des vervollständigten Lösungsansatzes η_e gering ist. Dies ist insbesondere dann gegeben, wenn die "inneren" goals $(G_1,\ldots,G_k)$ durch facts bewiesen werden, also $\eta' = \eta_e$ gilt. In den übrigen Fällen kann das skizzierte Verfahren zur Laufzeit sofort nach Vervollständigung der Beweise der inneren goals durchgeführt werden, so daß – falls die Vorbedingungen zur Schleifenauflösung erfüllt sind – das Ergebnis der Gesamtschleife ohne Durchführung weiterer Durchläufe berechnet werden kann.

Die genannten Bedingungen 1) und 2) sind hinreichende Bedingungen für die Durchführbarkeit der Schleifenauflösung unter den eingangs erwähnten Voraussetzungen. An ihrer Abschwächung wird zur Zeit gearbeitet.

8. <u>ZUSAMMENFASSUNG UND AUSBLICK</u>:

Auf der Basis einer speziellen Termdarstellung, den Templateketten, wurden die Grundlagen eines Systems zur Steuerung der Auswertung von Hornklausel-Programmen entwickelt.

Vor der Laufzeit wird das Programm, unabhängig von einer bestimmten Eingabe, in sogenannte Lösungsansätze übersetzt, von denen jeder eine zusammenpassende Kombination von Beweisansätzen für sämtliche goals der rechten Seite einer Klausel angibt. Die Wirkung eines solchen Lösungsansatzes wird durch eine ihm zugeordnete Templatekette beschrieben.

Die zur Laufzeit bei Aufruf einer Klausel schon vorhandenen Variablenbelegungen schränken meist die evtl. zum Ziel führenden Lösungsansätze weiter ein. Die Auswahl der noch zulässigen Ansätze kann effizient durch vor der Laufzeit bereitgestellte Tabellen gesteuert werden.

Zusätzlich konnten auf der Basis der erwähnten Lösungsansätze bestimmte Arten von Schleifen charakterisiert werden, die sich - teilweise schon vor der Laufzeit - in Schablonen für ihr Endergebnis umsetzen lassen.

Zur Zeit wird daran gearbeitet, diese Grundlagen zu einem kompletten Modell zur effizienten Auswertung von Hornklausel-Programmen auszubauen, das u.a. Doppelberechnungen vermeidet und eine intelligente Backtracking-Strategie verwendet. Außerdem werden auf der beschriebenen Basis weitere Untersuchungen durchgeführt bezüglich der Auflösbarkeit bzw. Optimierung von Schleifen vor und während der Laufzeit.

<u>LITERATUR</u>:

[1] Bruynooghe, M.: Intelligent Backtracking for an Interpreter of Horn Clause Logic Programs. Colloquium on Mathematical Logic in Programming, Salgotarjan, Hungary, 1978.

[2] Conery, J.S., Kibler, D.F.: AND-Parallelism in Logic Programs. Proc. of the 8th International Joint Conference on Artificial Intelligence, Karlsruhe 1983, S. 539-543.

[3] De Groot, D.: Restricted AND-Parallelism. Proc. of the International Conference on Fifth Generation Computer Systems 1984, S. 471-478.

[4] Kron, H.H.: Tree Templates and Subtree Transformational Grammars. PhD. Thesis, University of California, Santa Cruz, 1975.

[5] Kowalski, R.A.: Predicate Logic as a Programming Language. Proc. IFIPS 74, 1974.

[6] Kowalski, R.A.: Logic for Problem Solving. Elsevier-North-Holland, New York, 1979.

[7] Pereira, L.M., Porto, A.: An Interpreter of Logic Programs Using Selective Backtracking. Report 3/80, Departamento de Informatica, Universidade de Lisboa, 1980.

Ein Beweisverfahren für Datenbankprädikate

Stefan Böttcher

Fachbereich Informatik
Johann Wolfgang Goethe-Universität
Dantestraße 9, D-6000 Frankfurt/Main 1

Kurzfassung

Gezeigt wird, wie mit Methoden des automatischen Beweisens eine zentrale Aufgabe
in Datenbanksystemen, die Synchronisation von Transaktionen, gelöst werden kann.
Das Beweisverfahren basiert nicht auf Resolution [Robinson65], sondern erweitert
eine Variante [Rosenkrantz80] der Sup-Inf-Methode. Die "Beweissuche" bzw. die
"Konstruktion von Gegenbeispielen" wird auf die Suche nach Zyklen in verschiedenen
Graphen reduziert. Dieses spezielle Beweisverfahren kann alle im vollen
relationalen Kalkül [Codd72] formulierbaren Datenmengen testen.

1 Einleitung

Relationale Datenbanken gewinnen als Systemkomponenten in wissensbasierten
Systemen zunehmend an Bedeutung. Die Leistungsfähigkeit solcher Systeme hängt
wesentlich von der Unterstützung durch das zugrundeliegende Datenbanksystem ab
[Appelrath85]. Dazu gehört u.a. die Kontrolle der Datenunabhängigkeit paralleler
ablaufender Aktionen auf der Datenbank (Transaktionen). Zweck dieser Kontrolle bzw.
des Testverfahrens ist, zu garantieren, daß nur solche Transaktionen parallel
ablaufen, die auf disjunkten Datenmengen arbeiten. (Weitere, die
Leistungsfähigkeit eines Datenbanksystems entscheidend bestimmende Komponenten, z.B.
die Anfrageoptimierung, erfordern genau dieselben Tests auf Datenmengen [Munz79],
[Böttcher85].)

1.1 Wie können Datenbanksysteme Beweisverfahren einsetzen ?

Zwei Transaktionen dürfen parallel ablaufen, wenn sie auf disjunkten Datenmengen
arbeiten [Eswaran76]. Dazu folgt ein Beispiel, notiert im relationalen Tupelkalkül
von DBPL ([Mall84],[Edelmann84]), der Nachfolgesprache von PASCAL/R [Schmidt77]:
Eine Transaktion arbeitet auf "Tupeln t der Datenbankrelation (Relation) R, die
im Attribut a1 einen kleineren Wert als 100 haben":

    { EACH t IN R : t.a1 < 100 }

Außerdem beansprucht eine andere Transaktion nur ein Exklusivzugriffsrecht auf
"alle Tupel t der Relation R, die im Attribut a1 den Wert 500 einnehmen":

    { EACH t IN R : t.a1 = 500 }

Dann dürfen beide Transaktionen parallel ablaufen, denn die gemeinsam benutzte
Datenmenge

    { EACH t IN R : (t.a1 < 100) AND (t.a1 = 500) }

ist leer.

Eine gemeinsam benutzte Datenmenge   { EACH t IN R : P(t) }   ist genau dann in jedem
Datenbankzustand leer, wenn das Prädikat   SOME t IN R (P(t))   unerfüllbar ist.
Ein Prädikat heißt <u>unerfüllbar</u>, wenn es für alle Datenbankzustände den Wert FALSE
annimmt.
(Im Unterschied zu Definitionen in [Klug83] und [Reiter84] ist der hier verwandte
Erfüllbarkeitsbegriff unabhängig von den Integritätsbedingungen der Datenbank. Will
man diese mit abprüfen, so muß man sie mit dem Prädikat konjunktiv verknüpfen.)

Betrachten wir N bereits aktive Transaktionen Ti, die auf Relationen Rk die
Datenmengen

        Datenmenge(Ti,Rk) = { EACH t IN Rk : PTi(t) }

benutzen: Eine weitere Transaktion Tx darf parallel laufen, wenn die Transaktionen
auf jeder Relation paarweise disjunkte Datenmengen benutzen, wenn also für jede
Relation Rk und für jede aktive Transaktion Ti gilt:

        Datenmenge(Tx,Rk) n Datenmenge(Ti,Rk) = { } ,   also

        { EACH t IN Rk : PTx(t) AND PTi(t) } = { } .

Dafür muß jeweils von einem Theorembeweiser bewiesen werden : Das Prädikat

            SOME t IN Rk (PTx(t) AND PTi(t))   ist unerfüllbar .

Jeder Synchronisationstest läßt sich auf einen Erfüllbarkeitstest in einem
mehrsortigen Prädikatenkalkül zurückführen [Böttcher85].   Die Datenbankrelationen
bilden paarweise disjunkte <u>Sorten</u>, da wertgleiche Tupel in verschiedenen Relationen
z.B.   in Update-Operationen einzeln änderbar sind, also als verschieden angesehen
werden müssen.

1.2 Probleme bei der Verwendung bekannter Beweisverfahren

Entwicklungsziel bekannter Testverfahren ([Andrews81], [Bibel81], [Bläsius81],
[Hsiang83], [Kowalski75]) ist der universell einsetzbare Beweiser für beliebige
Prädikate 1.Ordnung, nicht jedoch ein spezieller Tester für Datenbankprädikate.
Grundsätzlich stellen universelle Beweisverfahren das <u>Terminationsproblem</u>:
Wegen der Unentscheidbarkeit des Prädikatenkalküls [Kleene71] gibt es für jeden
vollständigen Entscheidungsalgorithmus Prädikate, für die er nicht terminiert. Man
kann also **nicht** berechnen: Der Entscheidungsalgorithmus wird nach spätestens n
Schritten terminieren.   Aber ein Synchronisationstest muß in abschätzbarer Zeit
terminieren. Deshalb wird in den folgenden Abschnitten ein spezielles Testverfahren
entwickelt.   Es   verbindet   Ideen der Sup-Inf-Methode ([Bledsoe77],[Shostak79]) mit
einer Alternative zur Skolemisierung [Bibel82].

2 Matrixtests

Der <u>Matrixtest</u> testet die Erfüllbarkeit einer Matrix in disjunktiver Normalform;
alle Tupelvariablen der Matrix müssen SOME-quantifiziert (kurz: <u>SOME-Variablen</u>)
sein. Das <u>Testprinzip</u> ist:
     Eine Matrix in disjunktiver Normalform ist genau dann erfüllbar, wenn mindestens
     eine ihrer Konjunktionen erfüllbar ist.
Deshalb werden im folgenden Erfüllbarkeitstests für Konjunktionen entwickelt. Diese
sind zudem der später beschriebenen Erweiterung des Matrixtests ähnlich.

2.1 Verzicht auf die Entscheidbarkeit, Zweifelsfälle

Läßt man die Vergleichsoperatoren ≠, = , >=, <=, > und < zu, ist das Problem, die Erfüllbarkeit einer Konjunktion festzustellen, NP-hard [Hunt79]. Ein Verfahren, das nicht "schnell" entscheidet, ist aber für viele Anwendungen nicht zu gebrauchen. Garey und Johnson [Garey79] empfehlen bei Problemen dieser Komplexität, eine Näherungslösung zu entwerfen, die in Polynomzeit in einer Klasse von häufigen Anwendungsfällen richtig entscheidet. Rosenkrantz und Hunt [Rosenkrantz80] schlagen eine Einschränkung der Sup-Inf-Methode vor, um in Polynomzeit O(Vergleichsanzahl hoch 3) die Erfüllbarkeit einer Konjunktion ohne ≠-Vergleiche zu testen. Dieses Verfahren läßt jedoch offen, wie man mit ≠-Vergleichen umgehen soll.

Allgemeiner gefragt: Wie soll man mit Prädikaten umgehen, für die ein gegebener Algorithmus nicht in akzeptabler Zeit entscheiden kann, ob sie erfüllbar sind oder nicht? Solche Prädikate werden im folgenden <u>Zweifelsfälle</u> genannt.

Die Synchronisation von Transaktionen ist nur dann sinnvoll, wenn der entsprechende Prädikattest kürzer dauert, als die Restlaufzeit der laufenden Transaktion. Sonst ist es günstiger die Transaktionen nacheinander laufen zu lassen.
Die Transaktionen müssen ebenfalls nacheinander laufen, wenn nicht garantiert werden kann, daß sie disjunkte Datenmengen benutzen, wenn also das schließlich getestete Prädikat erfüllbar ist. Da die Erfüllbarkeit des Testprädikates und zulange Testdauer zu demselben Synchronisationsverhalten führen, kann das Testverfahren erfüllbare Prädikate und Zweifelsfälle zusammenfassen zu:
"Das Testverfahren nimmt an, daß das Prädikat erfüllbar ist."
Anders gesagt, das Testverfahren verlangt nur <u>einseitige Korrektheit</u>:
Wenn der Test "unerfüllbar" liefert, muß das getestete Prädikat wirklich unerfüllbar sein.
Andere wichtige Anwendungen, z.B. die Anfrageoptimierung, fordern im Zweifelsfall dieselbe Entscheidung [Böttcher85].

2.2 Variation der Sup-Inf-Methode

Für den Test werden die Vergleiche jeder Konjunktion sortiert, sodaß ≠-Vergleiche zuletzt abgearbeitet werden. Außer ≠-Vergleichen werden alle Vergleiche wie bei der Sup-Inf-Methode durch folgende Regeln <u>gerichtet</u>:

$$a = b \quad ==> \quad (a <= b) \text{ AND } (b <= a)$$

$$c < d \quad ==> \quad c <= d + -1$$

$$e >= f \quad ==> \quad f <= e$$

$$g > h \quad ==> \quad h <= g + -1$$

$$\text{Konstante} <= x + \text{offset} \quad ==> \quad 0 <= x + (\text{offset-Konstante})$$

$$x <= \text{Konstante} \quad ==> \quad x <= 0 + \text{Konstante}$$

Aus jeder gerichteten Konjunktion wird ein gerichteter Graph konstruiert: Die Konstante 0 sowie jedes Paar t.ai bilden je einen Knoten. Für jeden gerichteten Vergleich a <= b + Konstante wird eine Kante von a nach b gezogen und mit der Konstante bewertet. Enthält der so entstandene Graph einen Zyklus mit negativem Gewicht, so ist die Konjunktion unerfüllbar. Diese Zyklensuche hat für n Vergleiche den Aufwand (n hoch 3), wenn mit jeder Kante alle transitiven Kanten gezogen werden.

Im Unterschied zur Sup-Inf-Methode werden die $\neq$-Vergleiche nur dann in den Test einbezogen, wenn der aus allen anderen Vergleichen aufgebaute Graph keinen Zyklus mit negativem Gewicht enthält. Dabei ist ein Kompromiß zwischen dem Testzeitaufwand und der Menge der erzeugten Zweifelfälle zu schließen. Deshalb beschränkt sich der Konjunktionstest darauf, die Verträglichkeit jedes einzelnen $\neq$-Vergleichs mit dem aufgebauten Graphen zu testen:

> Ein Vergleich a $\neq$ b ist unverträglich, die untersuchte Konjunktion ist also unerfüllbar, falls es im Graphen Kanten a <= b und b <= a gibt.
> Entsprechend ist ein Vergleich c $\neq$ Konstante unverträglich, falls es im Graphen Kanten c <= 0 + Konstante und 0 <= c - Konstante gibt. Dann ist die Konjunktion ebenfalls unerfüllbar.

Sonst wird angenommen, daß die Konjunktion erfüllbar ist.

Die Zweifelsfälle dieses Verfahrens sind nur solche Konjunktionen, bei denen eine k-Clique (k>2) von durch $\neq$-Vergleiche verbundenen Variablen in einem zu kleinen Konstantenintervall liegen müßte. Solche Prädikate dürften in der Praxis äußerst selten formuliert werden. Damit ergibt sich für praktisch relevante Konjunktionen eine Testzeitkomplexität O(Vergleichsanzahl hoch 3).

3 Test beliebiger Prädikate

In diesem Abschnitt wird der Matrixtest zu einem Verfahren erweitert, das auf beliebige Prädikate anwendbar ist. Durch geeignete Umformungsschritte [Böttcher85] erzeugt man aus einem beliebigen Prädikat ein Prädikat in disjunktiver Pränex-Normalform (DPNF), das keine leeren Relationen enthält. Für den häufigen Fall, daß das Prädikat nur SOME-Variablen enthält, genügt der Matrixtest. Deshalb wird jetzt ein Testverfahren für Prädikate entwickelt, die ALL-quantifizierte Tupelvariablen (ALL-Variablen) enthalten. Der Grundgedanke ist, daß ein Prädikat unerfüllbar ist, wenn man durch Substitution der ALL-Variablen ein Gegenbeispiel findet. Deshalb wird ein Algorithmus entwickelt, der systematisch potentielle Gegenbeispiele erzeugt. Dieser ergibt zusammen mit dem Matrixtest ein Testverfahren für beliebige Prädikate.

3.1 Das Beweisprinzip

Um die Unerfüllbarkeit eines Prädikates P zu zeigen, konstruiert man ein potentielles Gegenbeispiel, indem man alle ALL-Variablen durch Konstanten substituiert. Das erhaltene Prädikat P' ist logische Konsequenz aus P (P ==> P'). Da P' keine ALL-Variablen enthält, kann es durch den Matrixtest getestet werden. Liefert der Matrixtest "P' ist unerfüllbar" (P' ==> FALSE), dann gilt
>   P ==> P' ==> FALSE , also P ist unerfüllbar.

Wendet man zum Beispiel auf das Prädikat P1

>   SOME t IN R ALL x IN R ((t.a1 $\neq$ x.a1) AND (x.a2 < 20))

die Substitution x:=t an, erhält man das Prädikat P1'

>   SOME t IN R ((t.a1 $\neq$ t.a1) AND (t.a2 < 20)) .

Der Matrixtest zeigt, daß P1' unerfüllbar ist, also ist P1 unerfüllbar. P1' ist das gesuchte Gegenbeispiel.

3.2 Zulässige Tupelsubstitutionen

Der folgende Aufzählalgorithmus für potentielle Gegenbeispiele benutzt eine
Alternative zur Skolemisierung. Dafür unterscheidet er zwei Arten von Präzedenzen
zwischen Tupelvariablen : Durch die Prädikatstruktur gegebene Präzedenzen (<),
und durch Substitution hinzufügbare Präzedenzen (<--).

Zwei Tupelvariablen eines Prädikates P heißen <u>in Baumordnung</u> (t1 < t2), wenn in
einem äquivalenten Prädikat AP in Antipränexform t2 im Gültigkeitsbereich von t1
definiert ist. Zum Beispiel hat Prädikat P1 die Baumordnungspräzedenz t < x.

Eine <u>Tupelsubstitution</u> eines Prädikates ist eine Funktion der Form

    { t1 <-- x1 , ..., tn <-- xn } ,

die alle ALL-Variablen xi entweder auf SOME-Variablen oder auf Sortenkonstanten cR
von derselben Sorte wie xi abbilden. Zum oben genannten Prädikat P1 gibt es zwei
Tupelsubstitutionen
    T1 = { t <-- x } und T2 = { cR <-- x } .

Je mehr ALL-Variablen substituiert werden, desto wahrscheinlicher wird es, eine
Unerfüllbarkeit zu finden. Deshalb wird die "Tupelsubstitution" so definiert, daß
alle ALL-Variablen substituiert werden. (Nach oben genannten Umformungen darf für
jede Relation R die Existenz einer Sortenkonstante cR (eines Tupels), nicht jedoch
die Existenz zweier verschiedener Sortenkonstanten vorausgesetzt werden.)

Substitutionen sind nicht immer mit der Baumordnung verträglich, wie ein Vergleich
von Prädikat P1 mit folgendem Prädikat P2 zeigt :

    ALL x IN R SOME t IN R ((t.a1 ≠ x.a1) AND (x.a2 < 20)) .

Hier ist die Festlegungspräzedenz x < t (x muß vor t bekannt sein) durch die
Baumordnung der Tupelvariablen x und t vorgegeben. Die Substitution x:=t
(t <-- x) ist für P2 nicht zulässig, denn sie würde zusammen mit der
Festlegungspräzedenz x < t die zyklische Festlegungspräzedenz x < t <-- x
(x vor t vor x) verlangen.

Um zulässige von unzulässigen Tupelsubstitutionen unterscheiden zu können, führen
wir einen <u>Präfixgraphen</u> ein : Die Tupelvariablen und Sortenkonstanten bilden die
Knoten, und gegebene Präzedenzen und Substitutionspräzedenzen bilden die Kanten.
Wenn dieser Präfixgraph zyklenfrei ist, nennt man die Tupelsubstitution <u>mit der
Baumordnung verträglich</u> oder kurz <u>zulässig</u>. Beispiel : Prädikat 3 :

    ALL x IN R   ALL y IN S   SOME t IN R (...)

Gegeben sind die Präzedenzen { x < t , y < t } . Tupelsubstitutionen Ti zu Prädikat
P3 sind :

    T1 = { t <-- x , t <-- y }   (unzulässig) ,

    T2 = { t <-- x , cR <-- y }   (unzulässig) ,

    T3 = { cR <-- x , t <-- y }   (unzulässig) ,

    T4 = { cR <-- x , cR <-- y }   (zulässig) .

Die Tupelsubstitutionen T1 und T2 führen mit der Baumordnung zum Zyklus:

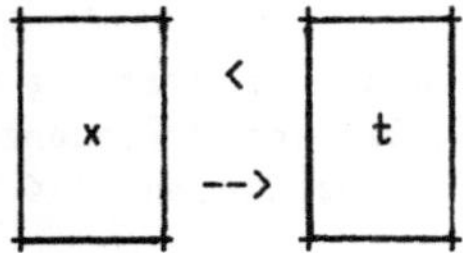

Die Substitutionen T1 und T3 führen zum Zyklus:

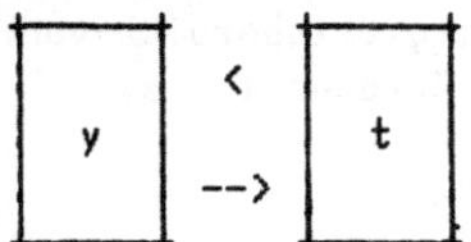

Also ist nur die Tupelsubstitution T4 zulässig.

Der folgende wichtige Schluß gilt nur für zulässige Tupelsubstitutionen :
Kann man auf ein Prädikat eine zulässige Tupelsubstitution anwenden, und erhält man
dabei ein unerfüllbares Prädikat, so war das untersuchte Prädikat unerfüllbar.
Diese Überlegung führt, verknüpft mit dem Matrixtest zu folgendem __Theorem__:

```
┌─────────────────────────────────────────────────────────┐
│    Ein Prädikat in DPNF ist unerfüllbar,                 │
│    wenn es einen zyklenfreien Präfixgraphen gibt,        │
│    sodaß (nach der Substitution) jeder Konjunktions-     │
│    graph einen Zyklus mit negativem Gewicht enthält.     │
└─────────────────────────────────────────────────────────┘
```

Aus diesem Theorem läßt sich folgender Testalgorithmus ableiten:

```
FOR EACH  Tupelsubstitution  DO
    IF  Präfixgraph ist zyklenfrei  THEN
        IF      der Matrixtest liefert, daß das substituierte
                Prädikat unerfüllbar ist  THEN
            RETURN  ("Das Prädikat ist unerfüllbar")
        END ;
    END ;
END ;
RETURN  ("Es wird angenommen, daß das Prädikat erfüllbar ist") ;
```

Der Zyklentest im Präfixgraphen läßt sich mit demselben Algorithmus wie der Test im
Konjunktionengraphen durchführen, wenn man den Präfix wie eine Konjunktion testet
und für Baumordnungs- und Tupelsubstitutionskanten (< und <--) <-Vergleiche setzt
[Böttcher85].

Die folgende Verbesserung dieses Algorithmus setzt voraus, daß im Präfixgraphen zu
neuen Baumordnungs- oder Substitutionspräzedenzen immer alle transitiven Kanten
gezogen werden. Somit ist eine neue Präzedenz a <-- b genau dann zulässig, wenn der
Graph keine Präzedenz b <-- a enthält.

3.3 Beschränkung der Matrixtests auf maximale Äquivalenzrelationen

Die Einführung der Begriffe "Äquivalenzrelation" [Bibel82] und "maximal" ermöglicht
es, einen Testalgorithmus zu formulieren, der mit weniger Matrixtests die gleichen
Ergebnisse liefert. Es genügt nämlich, die Tupelsubstitutionen zu testen, die
"maximal" viele Tupelvariablen gleichsetzen.

Jede Tupelsubstitution erzeugt eine Äquivalenzrelation "==", die angibt, welche Tupelvariablen nach der Substitution gleich sind :
Wird xi durch eine SOME-Variable ti ersetzt, gehören beide zu derselben Äquivalenzklasse, also ti == xi .   Werden ALL-Variablen x1 und x2 durch dieselbe Sortenkonstante cR substituiert, gehören beide zu derselben Äquivalenzklasse, also x1 == x2 .
Um anschließend den Begriff maximal definieren zu können, ist es sinnvoll, Sortenkonstanten cR aus den Äquivalenzklassen auszuschließen, die <u>Äquivalenzrelation</u> == also wie folgt zu definieren:
1. Jede SOME-Variable ti bildet eine eigene Äquivalenzklasse mit dem Namen ti und enthält auch ti.
2. Jede Relation R bildet eine eigene Äquivalenzklasse mit dem Namen cR.
3. Jede Substitution ti <-- xi ordnet der Äquivalenzklasse mit dem Namen ti die ALL-Variable xi zu.

Anmerkungen :
1. Elemente **derselben** Äquivalenzklasse **müssen** gleich sein, Elemente **verschiedener** Äquivalenzklassen **können** gleich sein! Deshalb bildet jede SOME-Variable eine eigene Äquivalenzklasse.
2. Da Tupelsubstitutionen und Äquivalenzrelationen in 1:1-Beziehung stehen, wird zwischen beiden Begriffen nicht weiter unterschieden, auch nicht in Verbindung mit den Begriffen "zulässig" und "maximal".

"Maximal" sind solche Äquivalenzrelationen, in denen soviele Tupelvariablen wie möglich gleichgesetzt, d.h. soviele Äquivalenzklassen wie zulässig vereinigt werden :

Eine Äquivalenzrelation heißt <u>maximal</u>, wenn
1. sie zulässig ist **und**
2. für jede Vereinigung zweier nicht leerer Äquivalenzklassen derselben Sorte (Relation) gilt :
    Sie enthält zwei SOME-Variablen **oder**
    die neue Äquivalenzrelation ist nicht mit der Baumordnung verträglich.

Anmerkungen :
1. Die Vereinigung mit einer leeren cR-Klasse wird ausgeschlossen, weil dies nicht zu mehr Gleichsetzungen führt.
2. Die Vereinigung zweier Äquivalenzklassen mit SOME-Variablen ist auszuschließen, da SOME-Variablen nicht gleich sein müssen, ihre Gleichsetzung also nicht erzwungen werden darf.

Beispiel : Zum Prädikat

    SOME t IN R   ALL x IN R   ALL y IN R   (...)

gehören die Tupelsubstitutionen und die Äquivalenzrelationen :

    T1 = { t <-- x , t <-- y }   ÄR1 = { [t == x == y] , [ ] }   (maximal)

    T2 = { t <-- x , cR <-- y }   ÄR2 = { [t == x] ,   [y] }

    T3 = { cR <-- x , t <-- y }   ÄR3 = { [t == y] ,   [x] }

    T4 = { cR <-- x , cR <-- y }   ÄR4 = { [t] ,   [x == y] }

Die Äquivalenzrelationen ÄR2 bis ÄR4 sind nicht maximal, denn immer können ihre beiden Äquivalenzklassen zulässig zu [t == x == y] vereinigt werden.

Matrixtests unter nicht maximalen Äquivalenzrelationen durchzuführen ist überflüssig, wie die folgende Überlegung zeigt :
Nehmen wir an, in einer Äquivalenzrelation eines Prädikates
    ... SOME t IN R ... ALL x IN R (P(t, x, ...))
ist die Gleichsetzung t == x zulässig. Dann ist es überflüssig, den Matrixtest das Prädikat
    ... SOME t IN R ... SOME x IN R (P(t, x, ...))
testen zu lassen - der Test des maximalen Prädikates
    ... SOME t IN R ... (P(t, t, ...))
genügt. Denn aus

    ... SOME t IN R ... (P(t, t, ...))

==>   ... SOME t IN R ... SOME x IN R (P(t, x, ...))

folgt : Findet der Matrixtest unter dem nicht maximalen Prädikat einen Widerspruch,
    ... SOME t IN R ... SOME x IN R (P(t, x, ...)) ==> FALSE
gilt auch
    ... SOME t IN R ... (P(t, t, ...)) ==> FALSE .
Weiterhin ist der Matrixtest so angelegt, daß er die Unerfüllbarkeit unter der maximalen Äquivalenzrelation finden muß. Daraus ergibt sich folgender Satz :

<u>Satz 1</u>
    Jede Unerfüllbarkeit, die der Matrixtest unter Tupelsubstitutionen findet, findet er auch, wenn er ausschließlich unter maximalen Tupelsubstitutionen testet.

Also genügt es, Matrixtests unter maximalen Tupelsubstitutionen durchzuführen.

Im letzten Beispiel genügt es, den Matrixtest unter der Äquivalenzrelation ÄR1 durchzuführen. Denn, angenommen der Matrixtest findet eine Unerfüllbarkeit unter ÄR2, d.h. nach Gleichsetzung von t und x, y jedoch bleibt beliebig; dann muß er unter der umfassenderen Äquivalenzrelation { [t == x == y] } auch eine Unerfüllbarkeit finden, wenn zusätzlich zu t = x noch t = y gefordert wird.

3.4 Ein Maximalitätstest

Wie testet man, ob eine zulässige Äquivalenzrelation maximal ist? Sie ist dann maximal, wenn jede Vereinigung einer nicht-leeren cR-Klasse mit einer SOME-Klasse ti derselben Sorte zu einem Zyklus im Präfixgraphen führt.
Die Vereinigung einer cR-Klasse [x1, ..., xn] mit einer Klasse ti = [ti, y1, ..., yn] fügt zum Präfixgraphen neue Substitutionskanten ti <-- x1, ..., ti <-- xn hinzu. Eine dieser Kanten ti <-- xj führt genau dann zum Zyklus, wenn es im Graphen schon eine Kante xj <-- ti gibt, also wenn es eine Kante cR <-- ti gibt. Dies genügt, denn zu cR <-- xj und xj <-- ti muß es im Präfixgraphen auch eine transitive Kante cR <-- ti geben.

Erweitert man diese Überlegung auf alle Paare von Klassen, ergibt das den Satz :

<u>Satz 2</u>

Eine zulässige Äquivalenzrelation ist genau dann maximal, wenn für jede SOME-Klasse ti gilt :
Der Präfixgraph enthält eine Präzedenz cR <-- ti zur cR-Klasse derselben Sorte **oder** die cR-Klasse ist leer.

Eine cR-Klasse ist **leer**, wenn es keine Präzedenz
cR <-- Tupelvariable gibt.

Der Maximalitätstest läßt sich also vollständig auf die Suche nach bestimmten Kanten im Präfixgraphen reduzieren. Der Suchaufwand ist der Anzahl der SOME-Variablen proportional und damit wesentlich geringer als der Aufwand der Matrixtests.

3.5 **Der Testalgorithmus**

Um alle Tupelsubstitutionen aufzuzählen, muß man alle Zuordnungskombinationen von ALL-Variablen zu Klassen ihrer Relation erzeugen.
Der dafür implementierte Backtracking-Algorithmus schließt einen Zulässigkeitstest mit ein. Ausgehend von der Baumordnung werden nur zyklenfreie Präfixgraphen aufgebaut :

```
     Übertrage die Baumordnungspräzedenzen und ihre transitiven Kanten
     in den Präfixgraphen, und markiere alle Kanten mit 0 ;
     Sortiere bzw. numeriere die n ALL-Variablen : x1 , ... , xn ;
     Substituiere ALL-Variablen ab Nr( 1 ) ;
     RETURN ("Es wird angenommen, daß das Prädikat erfüllbar ist") ;
```

Kern des Algorithmus ist folgende rekursive Prozedur :

<u>Substituiere ALL-Variablen ab Nr(i)</u> :

```
IF   alle ALL-Variablen sind  zugeordnet { i > n }  THEN
     { die Tupelsubstitution T ist zulässig }
     IF  die Tupelsubstitution ist auch maximal  THEN
          IF      der Matrixtest liefert, daß das substituierte
                  Prädikat PT unerfüllbar ist  THEN
               EXIT-RETURN ("das untersuchte Prädikat P ist unerfüllbar")
          END
     END
ELSE
     FOR EACH  Sorten respektierende Substitution für xi  DO
          IF  diese Substitution ist zulässig  THEN
               Speichere sie und ihre transitiven Kanten mit Markierung i ;

               Substituiere ALL-Variablen ab Nr( i+1 ) ;

               Lösche mit i markierte Kante aus dem Präfixgraphen
          END
     END
END ;
```

3.6 Aufwandsabschätzung und Alternativen

Die Anzahl der Tupelsubstitutionen ¦ T ¦ eines Prädikates hängt primär von der Quantorenzahl pro Relation ab:

¦ T ¦ = P r o d u k t von ((SOMEs + 1) hoch ALLs)
       s=1..Relationenanzahl

SOMEs = Anzahl der SOME-Variablen gebunden an Relation s ;
ALLs = Anzahl der ALL-Variablen gebunden an Relation s .

Eine früh gefundene Unzulässigkeit verringert die Anzahl der erzeugten Tupelsubstitutionen beträchtlich. Dennoch gibt es Prädikate, in denen alle Tupelsubstitutionen zulässig sind.
Weitaus kleiner als die Zahl der zulässigen Tupelsubstitutionen ist die Anzahl der maximalen Tupelsubstitutionen. Eine Formel für die obere Grenze ist nicht bekannt.

Der Aufwand für den Aufbau des Präfixgraphen ist höchstens O((Quantorenzahl + Relationenzahl) hoch 3) . Der Engpaß des Verfahrens ist im allgemeinen der Matrixtest mit dem Aufwand O(Vergleichsanzahl hoch 3).

Nach Abschätzung des Testaufwands und des erwarteten Effizienzgewinns bei positivem Testergebnis bleiben dem System folgende Alternativen zum erweiterten Matrixtest :
1. Das Prädikat wird sofort wie ein Zweifelsfall behandelt, die Transaktionen laufen also nacheinander.
2. Das System fordert für einzelne Transaktionen einfacher testbare Obermengen der benötigten Daten an.
3. Das System prüft, ob ein anderes, z.B. auf Resolution basierendes Verfahren schneller ein Ergebnis erwarten läßt.

4 Zusammenfassung

Transaktionen dürfen parallel ablaufen, wenn das Datenbanksystem garantieren kann, daß die benutzten Datenmengen disjunkt sind.

Durch die Alternative, Transaktionen nacheinander ablaufen lassen zu können, ist ein dafür entwickeltes Testverfahren nicht in jedem Einzelfall zu einer Entscheidung gezwungen. Stattdessen muß die erforderliche Testzeit kurz und im voraus abschätzbar sein. Deshalb behandelt der erweiterte Matrixtest (in der Praxis seltene) zu komplizierte Prädikate als Zweifelsfälle, also so, daß das Datenbanksystem die Transaktionen nacheinander ablaufen läßt.

Dem erweiterten Matrixtest liegt folgendes Beweisverfahren zugrunde :
    Ein Prädikat in DPNF ist unerfüllbar, wenn es einen zyklenfreien Präfixgraphen gibt, sodaß jeder Konjunktionsgraph einen Zyklus mit negativem Gewicht hat.

Die Effizienz des erweiterten Matrixtests kann mit einfachen Maximalitätstests noch gesteigert werden, denn es gilt :
    Matrixtests können auf maximale Äquivalenzrelationen beschränkt werden, ohne daß das Testverfahren dadurch unvollständiger wird.

Der erweiterte Matrixtest ist zwar beschränkt auf eine Teilklasse von Prädikaten 1.Ordnung, jedoch ist er, wie die Aufwandsabschätzung zeigt, für die häufigen Prädikate mit wenigen Tupelvariablen pro Relation gut geeignet. Dies bestätigt auch die Implementation.

Danksagung: Diese Arbeit wurde zum Teil von der deutschen Forschungsgemeinschaft gefördert unter der Projektnummer SCHM450/3-1 (Leitung Prof. J.W. Schmidt). Herrn Dr. Volker Linnemann danke ich herzlich für Anregungen beim Lesen früherer Versionen dieser Arbeit.

Literatur

[Andrews81]
Andrews, P.B.: Theorem Proving via General Matings.
JACM 28, 2, 1981. pp. 193-214.

[Appelrath85]
Appelrath, H.J., Bense, H.: Zwei Schritte zur Verbesserung von
PROLOG-Programmiersystemen : DB-Unterstützung und Meta-Interpreter.
In Blaser, A., Pistor, P. (Eds.): Datenbank-Systeme für Büro,
Technik und Wissenschaft. Berlin, Springer, 1985. pp. 161-177.

[Bibel81]
Bibel, W.: On Matrices with Connections. JACM 28, 4, 1981. pp. 633-645.

[Bibel82]
Bibel, W.: Automated Theorem Proving. Braunschweig, Vieweg, 1982.

[Bläsius81]
Bläsius, K., Eisinger, N., Siekmann, J., Smolka, G., Herold, A., Walther, C.:
The Markgraf Karl Refutation Procedure. Proceedings 7th IJCAI, Vancouver, 1981.

[Bledsoe77]
Bledsoe, W.W.: Non-resolution Theorem Proving.
Artificial Intelligence 9 , 1977, pp. 1-35.

[Böttcher85]
Böttcher, S.: Ein Testverfahren für Datenbankprädikate.
Bericht Nr. 114, Universität Hamburg, Fachbereich Informatik, 1985.

[Brodie84]
Brodie, M.L., Mylopoulos, J.L., Schmidt, J.W. (Eds.): On Conceptual Modelling:
Perspectives from Artificial Intelligence, Databases and Programming Languages.
Berlin [u.a.], Springer, 1984.

[Codd72]
Codd, E.F.: Relational Completeness of Data Base Sublanguages.
Courant Computer Science Symposia 6, pp. 65-101.

[Edelmann84]
Edelmann, J.: Die Datenbankprogrammiersprache DBPL:
Eine Beschreibung ausgewählter Sprachkonstrukte und deren Implementation.
Diplomarbeit, Universität Hamburg, Fachbereich Informatik, 1984.

[Eswaran76]
Eswaran, K.P., Gray, J.N., Lorie, R.A. Traiger, I.L.: The
Notions of Consistency and Predicate Locks in a Database System.
CACM, Vol.19, No.11, Nov. 1976, pp. 624-633.

[Garey79]
Garey, M.R., Johnson, D.S.: Computers and Intractability.
Bell Telephon Laboratories, 1979.

[Hsiang83]
Hsiang, J., Dershowitz, N.: Rewrite Methods for Clausal and Non-Clausal
Theorem Proving. Automata, Languages and Programming, 10th Colloquium,
Barcelona, Juli 1983, Berlin [u.a.], Springer 1983.

[Hunt79]
Hunt, H.B., Rosenkrantz, D.J.: The Complexity of Testing Predicate Locks.
Proceedings ACM-SIGMOD International Conference on Management of Data,
Mai 1979. pp. 127-133.

[Kleene71]
    Kleene, S.C.: Introduction to Metamathematics. Wolthers-Noordhoff,
    North Holland, 1971.
[Klug83]
    Klug, A.: Locking Expressions for Increased Database Concurrency.
    JACM 30, 1, Januar 1983. pp. 36-54.
[Kowalski75]
    Kowalski, R.: A Proof Procedure Using Connection Graphs.
    JACM 22, 4, Oktober 1975. pp. 572-595.
[Mall84]
    Mall, M., Reimer, M., Schmidt, J.W.: Data Selection, Sharing and Access
    Control in a Relational Scenario. In [Brodie84].
[Munz79]
    Munz, R., Schneider, H.J., Steyer, F.: Application of Sub-Predicate Tests in
    Database Systems. Proc. of 5th International Conference on Very Large Data
    Bases, Rio de Janeiro, October 1979.
[Reiter84]
    Reiter, R.: Towards a Logical Reconstruction of Relational Database Theory.
    In [Brodie84].
[Robinson65]
    Robinson, J.A.: A Machine Oriented Logic Based on the Resolution Principle.
    JACM 12, 1, Jan. 1965. pp. 23-41.
[Rosenkrantz80]
    Rosenkrantz, D.J., Hunt, H.B.: Processing Conjunctive Predicates and Queries.
    Proc. of 6th International Conference on Very Large Data Bases,
    Montreal, October 1980. pp.64-74.
[Schmidt77]
    Schmidt, J.W.: Some High Level Language Constructs for Data of Type Relation.
    ACM Transactions on Database Systems 2, 3, September 1977.
[Shostak79]
    Shostak, R.E.: Deciding Linear Inequalities by computing loop residues.
    In Joyner, W.S. (Ed.): Proc. 4th Workshop on Automated Deduction,
    Austin, Texas, 1979, pp. 81-89.

Extended Unification and its Implementation

S.Hölldobler   U.Furbach   T.Laußermair
Universität der   Universität der   TU
Bundeswehr   Bundeswehr   München

Abstract

We propose to combine functional and logic programming languages while preserving the advantages of both programming styles. The syntax and semantics
of combined functional and logic programming languages are defined. An extended unification algorithm which additonally handles functional expressions is formally introduced to evaluate programs written in those languages. Finally, an implementation of the proposed system is described.

1. Introduction

The combination of logic and functional languages has been proposed by numerous
workers in the field of theoretical computer science and in artificial intelligence.
For example, (ROBINSON, SIBERT 82) have mutually embedded LOGIC and LISP. (KORNFELD
83) suggests to prove that two terms are equal with respect to a predicate defined by
the user if they are not unifiable in the usual way. (SUBRAHMANYAM, YOU 84) have
defined a "semantic unification" where two terms s and t are semantically unifiable
iff there exist semantically equivalent forms obtained by reductions of s and t. All
these proposals are unsatisfiable in that they are incomplete from a logical point of
view.

We have presented an alternative which really *combines* a logic and a functional
language retaining the specific properties and advantages of both types of languages
(FURBACH, HöLLDOBLER 84,85). The semantics of this combined language FHCL (functional
and Horn clause logic), however, is defined by a very simple mapping of the functional language into Horn clause logic, which makes it easy to describe our requirements
to an implementation of FHCL.

This paper aims at a brief description of an implementation of the system we
have proposed in (FURBACH, HöLLDOBLER 85) and a short report of our first experiences. In the next section we define FHCL as a class of languages which combines functional and logic programming and give a short characterization of its semantics. An
extended unification algorithm is presented as a base for an implementation in section 3. Finally, in section 4, we describe the implementation of our Horn clause
interpreter embedding the extended unification algorithm.

2. Combining Functional and Logic Languages

We assume the reader to be familiar with the usual notations and basic results of logic programming and theorem proving (see e.g.: LLOYD 84 and APT, VAN EMDEN 83) and with the programming language LOGLISP (ROBINSON, SIBERT 82). Throughout this paper A,B,.. denote atoms, s,t,.. terms, gs,gt,.. ground terms, P,Q,.. predicate symbols, f,g,.. function symbols, x,y,.. variables, and a,b,.. constants; all symbols are possibly indexed.

Both, the functional and the logic programming language is intended to operate on the same data, namely Herbrand terms. We define the set of *terms* in the usual way, such that FS is a countable set of j-place function symbols, $j>0$, and CS is a countable set of constants. In the following GT denotes the set of ground terms.

Let *HCL* (*Horn clause logic*) be a language of a first order predicate calculus restricted to Horn clauses. A *program clause* is a clause of the form $A<-B_1 \wedge...\wedge B_n$. A is called *head* and $B_1 \wedge...\wedge B_n$ is called the *body* of the program clause. The predicate symbol in the head of a program clause is called *name* of the program clause. A clause of the form A<- containing no variables is called *datum* and all program clauses which are not data are a called *rules*. A *goal clause* is a clause of the form $<-B_1 \wedge...\wedge B_n$ and each B_i, $1 \leq i \leq n$, is called a *subgoal* of the goal clause. A *logic program* is a finite set of program clauses.

Let *FL* (*Functional Language*) be a functional language, such that
a) Syntax: $F_{FL} \subseteq FS$, $C_{FL} \subseteq CS$, and def f $\in$ FL if f $\in F_{FL}$;
b) Semantics: if def f $\in$ FL and f is an n-place function symbol, then there is a valuation function M, such that M⟦def f⟧ $\in$ (GT^n --> GT).

The *combination* of *HCL* and *FL*, called *FHCL* is the set of pairs ({def f_1,..., def f_m},S), where def f_i $\in$ FL for all $1 \leq i \leq m$ and S is a logic program. Elements of FHCL are called *programs*. The first component of an FHCL-program can be regarded as a functional environment for S.

As an example take the following FHCL-program which can be used to prove that the edges x,y, and z of a triangle satisfy the law of Pythagoras. The set of program clauses S is given by

```
{ Pythagoras(x,y,z) <- Square(z,x*x+y*y)
  Square(x,x*x) <-
  Mult(x,0,0) <-
  Mult(0,y,0) <-
  Mult(x+1,y,y+z) <- Mult(x,y,z)      }
```

and def + and def * are elements of an arbitrary functional language FL such that M⟦def +⟧ and M⟦def *⟧ are the operations on natural numbers one would expect.

Note that functional expressions can be used freely within a program clause and that the multiplication of two numbers can be performed functionally as well as logically.

Semantics

In the above definition of FHCL both components, the functional and the logic part, seem to play a balanced role. To define the semantics of an FHCL-program, however, we focus on the logic part in transforming every FL-definition into program clauses which represent the graph of its meaning. Therefore, the semantics of a combined language can be defined entirely within the logic framework, which is well-known.

The *graph of def f (graph(f))* is the possibly infinite set of program clauses
$$\{ f(gt_1,\ldots,gt_n)=gt\langle-\ :\ M[\![def\ f]\!](gt_1,\ldots,gt_n)=gt \}.$$

In order that an inference mechanism can use these new program clauses we have to include the *set of equality axioms K* for a given program prog = ({def $f_1,\ldots,$ def f_m},S) which is defined as follows:

x=x <-	(R)
y=x <- x=y	(S)
x=z <- x=y ∧ y=z	(T)

$P(x_1,\ldots,x_j,\ldots,x_n) \langle- x_0=x_j \wedge P(x_1,\ldots,x_0,\ldots,x_n)$
   for "=" and each n-ary predicate symbol occurring an S and for all 1≤j≤n   (P)
$f(x_1,\ldots,x_j,\ldots,x_n)=f(x_1,\ldots,x_0,\ldots,x_n) \langle- x_j=x_0$
   for every n-ary function symbol occurring in prog and for all 1≤j≤n.   (F)

If prog = ({def $f_1,\ldots,$def f_m},S) is a program, its *functional closure (fcl(prog))* is defined as S ∪ K ∪ F where K is the set of equality axioms for prog and F = graph(f_1) ∪ ... ∪ graph(f_n).

We can now define the semantics of an FHCL-program prog as the semantics of fcl(prog). fcl(prog) consists solely of program clauses and therefore the denotational, operational, and fixpoint semantics as given in (APT, VAN EMDEN 83) are equivalent (for further details see FURBACH, HöLLDOBLER 84,85).

3. Extended Unification

There are two obvious arguments against the use of our semantic model as a base for evaluating FHCL-programs. Firstly, we cannot in general compute the set F of program clauses and secondly, taking program clauses from S ∪ K would require complex control mechanisms to avoid loops and to terminate a program evaluation. On the other hand, functional expressions should be evaluated functionally whenever this is possible.

Therefore, it is not sufficient to unify two terms t_1 and t_2 in the usual way. We have also to check whether $t_1=t_2$ follows logically from K∪F. Two terms for which the above condition holds are said to be *E-unifiable*. Furthermore, two atoms $P(t_1,\ldots t_n)$ and $Q(s_1,\ldots s_m)$ are said to be *E-unifiable* iff P=Q, m=n and $t_1=s_1\wedge\ldots\wedge t_n=s_n$ follows logically from K∪F. This definition is equivalent to the one given in (JAFFAR,LASSEZ,MAHER 84).

Unfortunately this definition gives us no hint how to compute the E-unifier of two atoms and to avoid clauses from KuF as program clauses. Let us now take a closer look at the process of unifying two atoms A and B. Assume that w and w' are the elements of the disagreement set. One of these elements may be reducible which is defined as follows.

An atom or a term X is said to be *reducible with respect to s*, iff s is a subterm of X such that $s \equiv f(gt_1,...,gt_n) \wedge def\ f \in FL \wedge M[\![def\ f]\!](gt_1,...,gt_n)=gt$. A *term-substitution* is an expression of the form $[s,s']$. The *application of a term-substitution* $[s,s']$ is given by

- $P(t_1,...t_n)[s,s'] = P(t_1[s,s'],...,t_n[s,s'])$,
- $t[s,s'] = t'$ where t' is obtained from t by simultaneously substituting each occurrence of a subterm s by s'.

The *reduction of an atom or a term X (red(X))* is given by $red(X) = X[s,gt]$, where X is reducible with respect to $s \equiv f(gt_1,...,gt_n)$ and $M[\![def\ f]\!](gt_1,...gt_n) = gt$.

Now if either w or w' is reducible then try to unify red(A) and red(B). Otherwise if one element of the disagreement set is a variable then proceed with the unification in the usual way. If no element of the disagreement set is reducible or a variable then check if one element of the disagreement set, say w, is of the form $f(t_1,...t_n)$ and $f \in F_{FL}$. In this case w and w' are E-unifiable if the subgoal $eql(f)(t_1,...,t_n,w')$ can be refuted, where eql yields an equivalent predicate symbol for f. Therefore, unification proceeds by applying the term-substitution $[w',w]$ to A and B and adding the above subgoal to a set α. If the unification terminates successfully, the elements of α are added to the new resolvent.

The partial function eql applied to a function symbol $f \in F_{FL}$ yields the equivalent predicate symbol. More precisely, if $M[\![def\ f]\!](gt_1,...,gt_n) = gt$ then eql(f) is an (n+1)-ary predicate symbol, for which S contains clauses such that

$$\{ (gt_1,...,gt_n,gt) : M[\![def\ f]\!](gt_1,...,gt_n) = gt \} \subseteq D[\![eql(f)]\!] \}.$$

where $D[\![P]\!]$ denotes the denotation of the predicate symbol P. Note that $D[\![eql\ (f)]\!]$ must contain a model for graph(f) and the equality axioms as subset.

For our extended unification algorithm it is not sufficient to compute the disagreement set in the usual way. This can be examplified if we try to unify 3+x and 2+y. The usual disagreement algorithm will yield 3 and 2 and because both numbers are constants the unification will fail. But it is easy to see that 3+x and 2+y are E-unifiable. To avoid this incompleteness we define the extended disagreement set as follows:

The *extended disagreement set* of a nonempty set W of expressions is obtained by locating the leftmost symbol, called *disagreement symbol*, at which not all expressions in W have exactly the same symbol and then extracting from each expression in W the subexpression that begins with the leftmost function symbol $f \in F_{FL}$ and contains the disagreement symbol, if such a function symbol exists, or with the disagreement symbol, otherwise.

We can now define the extended unification algorithm, where σ is a variable substitution and α is a set of subgoals. σ and α are initialized with ϵ, the empty substitution, and $\emptyset$, respectively.

```
E-unify ({A},<σ,α>) = <σ,α>
E-unify ({A,B},<σ,α>) = E-equate ({A,B},E-dis(A,B),<σ,α>)

E-equate ({A,B},{w₁,w₂},<σ,α>) =
        if w is reducible then E-unify ({A,B}[red(w),w],<σ,α>) else
        if w is a variable then E-unify ({A,B}(w'/w),<σ(w'/w),α>) else
        if w = f(t₁, ... ,tₙ) and f ∈ F_FL
            then E-unify ({A,B}[w',w],<σ,α u {eql'(w,w')}>) else 'impossible'
        where {w,w'} = {w₁,w₂} (and w ≠ w'),

    where  E-dis computes the extended disagreement set
       and  eql'(f(t₁,...,tₙ),s) = eql(f)(t₁,...,tₙ,s).
```

TABLE 1: The Extended Unification Algorithm

As described above we have to add the elements of α to the resolvent. Let $G \equiv$ $\leftarrow G_1 \wedge \ldots \wedge G_n$ be a goal clause and let $P \equiv B \leftarrow B_1 \wedge \ldots \wedge B_m$ be a program clause. If G_1 and B are E-unifiable with the extended unifier $\langle \sigma, \{C_1, \ldots, C_k\} \rangle$ then the goal clause
$$\leftarrow (G_1 \wedge \ldots \wedge G_{i-1} \wedge B_1 \wedge \ldots \wedge B_m \wedge G_{i+1} \wedge \ldots \wedge G_n \wedge C_1 \wedge \ldots \wedge C_k) \sigma$$
is called *extended resolvent of G and P*.

```
        <- Pythagoras(3,4,5)
        <- Square(5,3*3+4*4)          (1)
        ▯                             (2)


        <- Pythagoras(3,4,z)
        <- Square(z,3*3+4*4)          (3)
        <- Mult(z,z,25)               (4)
        :
        ▯                             (5)
```

TABLE 2: The Pythagoras Example

As an example take table 2 where some computations are performed using the FHCL-program given in section 2. Goal clause (1) is obtained from the initial goal clause by usual resolution. The empty clause can be inferred from (2) in one step since 3*3+4*4 and 5*5 are both reducible to 25. In the second refutation goal clause (3) has to be E-unified with Square(x,x*x). Therefore x is identified with z, 3*3+4*4 is reduced to 25, and it remains to E-unify 25 and z*z. This is performed by adding Mult(z,z,25) to α thus receiving (4). Finally, (4) can be refuted yielding the desired answer substitution {5/z}.

The extended unification algorithm as depicted in table 1 can be improved such that a functional expression is replaced by its equivalent logic expression only if a reducible inverse functional application does not exist. If the system knows the inverse function, unification proceeds with the inverse functional application (FUR-BACH, HöLLDOBLER 84).

4. Implementation

The extended unification algorithm is embedded in an Horn clause interpreter which is implemented in FranzLISP on a VAX 11/750 running under a DEC-Ultrix 32 operating system. Our Horn clause interpreter is closely related to LOGLISP. The data structures and the deduction cycle are almost identical. Function definitions are also LISP functions. However, instead of the simplification step we have implemented the extended unification algorithm thus allowing functional expressions to appear anywhere within a clause.

The system is invoked by applying the function *setof* to the arguments k, X, and G, where k either is a natural number or ALL, X is a LISP expression containing the variables $x_1,...,x_n$, $n \rangle 0$, and G is a goal clause containing the same variables. *Setof* computes either at most k or all instantiations of X with respect to the variable bindings (*environments*) for $x_1,...,x_n$ generated by demonstrating that G is a logical consequence of the program clauses.

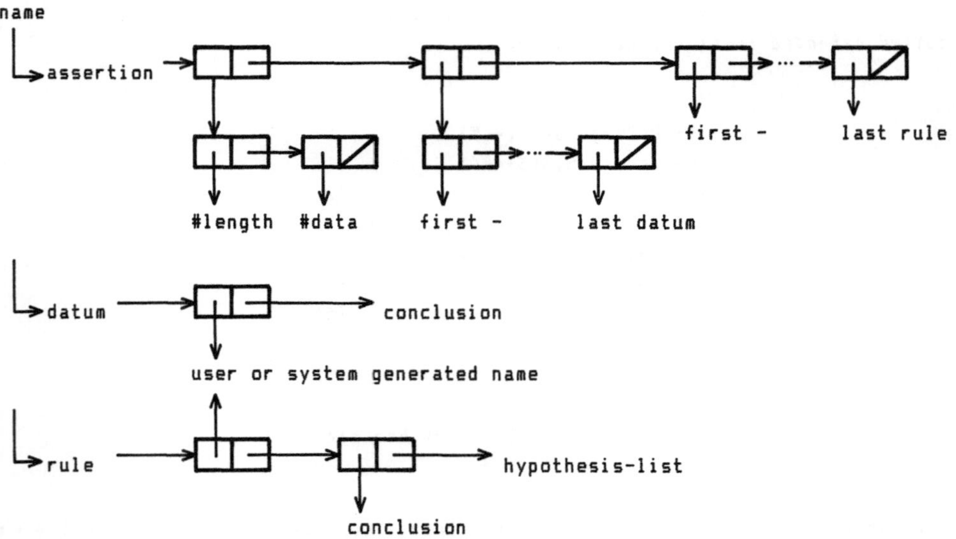

TABLE 3: Data Structures

Data Structures

Internally the system works with *implicit clauses* (BOYER, MOORE 72) which consist of a sceleton part Q and an environment part E and will be denoted (Q E). The equivalent explicit clause is obtained by computing the recursive realisation of Q in the environment E. The internal representation of program clauses is depicted in table 3. Note that the implicit representation of program clauses corresponds directly to the explicit one in that their environment part is always empty.

Entering the assert-mode permits the user to add program clauses as well as to store and retrieve them by a primitive file management. An overview over the program clauses is given when calling the function printfacts. For an example see table 5.

Deduction Cycle

The main part of the system is the deduction cycle which is invoked by the *setof* function. The deduction cycle operates on two finite sets, called *waiting* and *solved* consisting of implicit goal clauses (Q_i, E_i) and environments E_j, respectively. Initially *waiting* only contains the implicit goal clause $(G, \emptyset)$ and *solved* is the empty set. The deduction cycle is laid down in table 4. All resolvents of a selected goal clause with respect to the program clauses are computed in a quasiparallel way. Note that the computation terminates if either *waiting* is empty or *solved* contains k elements.

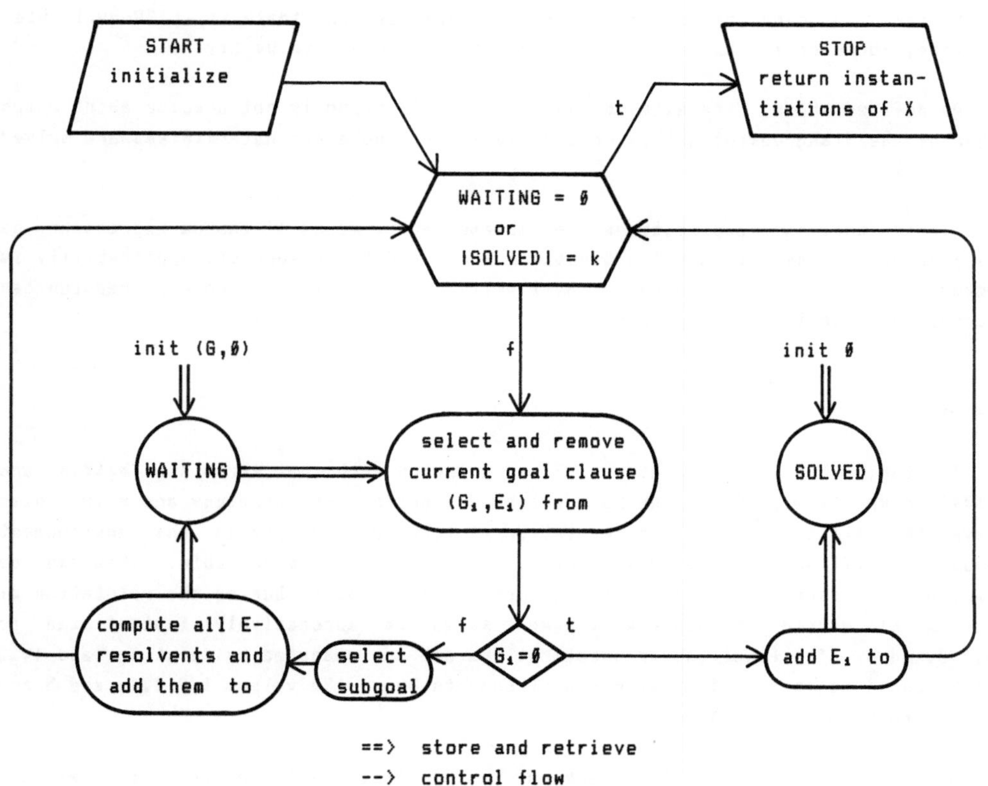

TABLE 4: The Deduction Cycle

Control

Within the deduction cycle control can be imposed by (1) selecting a current goal clause from *waiting* and (2) selecting a subgoal from a current goal clause. In both cases the system provides three possibilities for doing so. The current goal clause can be selected using a breadth first or a depth first strategy or by the user. Similarily, a subgoal is chosen by selecting a most recently generated or the "oldest" subgoal or by the user. Control is exercised by assigning appropriate values to the system variables %select.goal and %select.subgoal. Since we are not aware of an optimal control strategy our aim is to support an experiencing user with a maximum of flexibility (not efficiency) and a guarantee of termination whenever a solution exists.

The Extended Unification Algorithm

The function E-res applied to an implicit goal clause (Q E) computes in a quasi-parallel way all resolvents of (Q E) with respect to the program clauses. We have implemented a data-preference over rules to resolve at first against data.

A term is reducible if it contains a subexpression that is LISP-evaluable. Therefore, for each f ∈ F_{FL} a LISP function definition has to be given.

As defined above, the extended unification algorithm is not precise about which member of the disagreement set is considered first. These non-determinisms are solved sequentially.

Inverse functional applications are implemented by means of lambda expressions as "inv"-properties of the function symbols f ∈ F_{FL} and their specific applicability is checked in the context of E-equate. Similarily, the equivalent logic expression can be accessed under the "eql"-property of a function symbol f ∈ F_{FL}.

Example

In table 5 the set of pairs (X,Y) is computed such that for 0<X<6 Y=2*X+4 and Y=X*X+1, respectively. Assume we have selected a depth-first strategy and have chosen always the first subgoal. The refutation of (greater X 0) yields the environment ((add1 *X_23)/X) where *X_23 is an arbitrary system generated variable. This can be regarded as a partially instantiated object (Kornfeld 83). During the refutation of (less X 6) within the above environment *X_23 is successively instantiated to 0,1,2,3,and 4. The final answer substitutions are now computed by refuting (add (* 2 X) 4 Y) and (add (* X X) 1 Y) within environments where the values 1,2,3,4, and 5 are assigned to the variable X.

Note, if we select the third subgoal in the first resolution step, then we have to unify (add (* 2 X) 4 Y) and (add 0 *Y_1 *Y_1). Assume the system knows the inverse function symbol for *, namely /, then the value of X can be computed as (/ 0 2) = 0.

History

Users can turn on a history-mode by setting the system variable %history to true. Then they are dynamically supplied with control and status information on the screen during the execution of a *setof*-query. These information comprises the sets *waiting* and *solved* and the selected goal clause and subgoal. Advanced facilities should provide the user to change the flow of control and amount of information at every stage of the computation much like the common trace, stepper, and debugger tools.

```
(facts)
assert ((less 0 (add1 X)))
assert ((less (add1 X) (add1 Y)) (less X Y))
assert ((greater X Y) (less Y X))
assert ((add 0 Y Y))
assert ((add (add1 X) Y (add1 Z)) (add X Y Z))
assert ((mult 0 Y 0))
assert ((mult X 0 0))
assert ((mult (add1 X) Y (+ Y Z)) (mult X Y Z))
assert q

(printfacts)
0 facts_of_less
2 rules_of_less...........(less 0 (add1 X)) <-
                          (less (add1 X) (add1 Y)) <- (less X Y)
0 facts_of_greater
1 rules_of_greater........(greater X Y) <- (less Y X)
0 facts_of_add
2 rules_of_add............(add 0 Y Y) <-
                          (add (add1 X) Y (add1 Z)) <- (add X Y Z)
0 facts_of_mult
3 rules_of_mult...........(mult 0 Y 0) <-
                          (mult X 0 X) <-
                          (mult (add1 X) Y (+ Y Z)) <- (mult X Y Z)

(setof 'all '(X Y) '((greater X 0) (less X 6) (add (* 2 X) 4 Y)))
((1 6) (2 8) (3 10) (4 12) (5 14))
(setof 'all '(X Y) '((greater X 0) (less X 6) (add (* X X) 1 Y)))
((1 2) (2 5) (3 10) (4 17) (5 26))
```

TABLE 5: The less-greater Example

Efficiency

We consider the following measure as adequate for this kind of systems combining functional and logic programming languages:

$$(\text{unification attempts} + \text{reduction steps}) / \text{time}.$$

The main consuments of time are the reduction steps, reducible tests, recursive realizations, and the recursive calls of E-dis. Again we would like to stress that we are especially interested in how functional and logic programming systems should be merged and therefore we have paid much attention to a maximum of flexibility.

5.Conclusion

We have implemented a combined functional and logic programming language with the help of an extended unification algorithm. This algorithm relies on the reduction of functional expressions, inverse functional applications, and equivalent logic programs for function definitions. Within the combined functional and logic programming system the advantages of both styles are preserved.

Our aim was to provide a flexible system for experiencing in a combined functional and logic programming system. There are several open problems yet to be solved: At what time within the extended unification algorithm should a functional expression be reduced? How can a function definition be automatically transformed into an equivalent logic program? How can the system recognize that a subgoal should be evaluated functionally? What is a "good" control strategy? For our future research we concentrate on solving these problems. As soon as we have found satisfying answers for these questions we believe that we can improve the efficiency of our system considerably.

The system is designed in a way such that our interpreter based on the resolution principle can easily be replaced by a theorem prover based on the connection method (BIBEL 82). It would be an interesting experience to compare both methods. We also consider it an interesting problem to study the derivation or synthesis of inverse functions as part of an advanced logic programming environment.

References

K.R.Apt, M.H.van Emden 82: Contibutions to the Theory of Logic Programming, J.ACM, 841-862 (1982).

W.Bibel 82: Automated Theorem Proving, Vieweg Verlag (1982).

R.S.Boyer, J.S.Moore 72: The Sharing of Structure in Theorem-Proving Programs, Machine Intelligence 7 (eds.: Meltzer, Mitchie), Edinburgh University Press, 101-116 (1972).

U.Furbach, S.Hölldobler 84: The Combination of Functional and Logic Programming Languages, UniBwM, Report No. 8409 (1984).

U.Furbach, S.Hölldobler 85: Modelling the Combination of Functional and Logic Programming Languages, submitted to the Journal of Symbolic Computation.

J.Jaffar, J.L.Lassez, M.J.Maher 84: A Theory of Complete Logic Programs with Equality, Proc. Int. Conf. Fifth Generation Computer Systems 1984, 175-184 (1984).

W.A.Kornfeld 83: Equality for Prolog, Proc. 8th IJCAI, 514-519 (1983).

J.W.Lloyd 84: Foundations of Logic Programming, Springer Verlag (1984).

J.A.Robinson, E.E.Sibert 82: LOGLISP: An Alternative to PROLOG, Machine Intelligence 10 (eds.: Hayes, Michie, Pao), J.Wiley & Sons, 399-419 (1982).

P.A.Subrahmanyam, J.H.You 84: Conceptual Basis and Evaluation Strategies for Integrating Functional an Logic Programming, Proc. 1984 Symposium on Logic Programming, 144-153 (1984).

5.   Verarbeitung natürlicher Sprache

REPRESENTING AND PROCESSING
COPULA AND FULL-VERB SENTENCES IN HAM-ANS

S. Busemann[1], W. Hoeppner[2], H. Marburger[2], K. Morik[1]

[1]Technische Universitaet Berlin
Institut fuer Angewandte Informatik
Projektgruppe KIT
Sekr. FR 5-8
Franklinstr. 28/29
D-1000 Berlin 10

[2]Universitaet Hamburg
Fachbereich Informatik
Projektgruppe WISBER
Postfach 30 27 62
Jungiusstr. 6
D-2000 Hamburg 36

1. INTRODUCTION

The representation and processing of verbs is a crucial point in natural language (NL) systems since it affects components of all processing phases. The question of how to represent and process verbs in the German language dialog system HAM-ANS (HAMburg Application-oriented Natural language System) is of special interest in two respects. First, HAM-ANS is a completely operational system of considerable depth and breadth whose processing phases (analysis, evaluation, generation) are evenly developed. This implies a 'holistic' view of verbs in that it is not possible to restrict the power of verb representation to the special requirements of an isolated module such as a parser. Second, HAM-ANS provides access to three different background systems dealing with a hotel reservation situation, oceanographic data and image sequences of a traffic scene - instances of highly diverse application classes (for details see [6]). Each of these domains of discourse requires the modeling of different types of states and actions.

In this paper we will first introduce the domains HAM-ANS operates in, illustrating which types of verbs (and actions) may occur. We will then argue that two different kinds of representation are necessary in order to process these verbs in an adequate manner. How this is done by some of the major components without incurring the expense of duplication is described in the following sections, revealing relations between linguistic and domain specific verb properties and dependencies between the model of the respective domain and the depth of the verb's semantic representation.

2. VERBS AND ACTIONS IN HAM-ANS' DOMAINS

In the hotel reservation situation domain, the dialog is divided into three parts: the first and the last concern the booking of a room and will not be discussed in this paper (but cf. [7]). In the kernel part, HAM-ANS answers user questions about the interior of the selected room. In this dialog phase, no actions of system or user and no actions in the domain occur as dialog topics. Questions and answers refer to states. For example, talking about seating-accomodations, the user may ask a question like (1). Here, the verb must be treated with respect to its copula function. It is most often used for assigning a property or questioning a property, as in example (2).

(1) Ist der Sessel rot?
    [Is the easy-chair red?]

(2) Welche Farbe hat der Sessel?
    [What color is the easy-chair?]

Questions (and answers) about spatial relations between objects can also be regarded as a use of the copula.

(3) Ist ein Sessel vor dem Fenster?
    [Is an easy-chair in front of the window?]

The property assigning, the property questioning and the locative use of the copula are represented in the domain-independent, semantic-oriented representation language SURF (cf. [6] [7]) in similar structures (compare (1') to (3')).

```
(1') (af-d: IS
      (t-s: (q-d: D- (r: 1 1)) (lambda: x1 (af-a: ISA x1 SESSEL)))
      (lambda: x2 (af-a: REF x2 ROT)))

(2') (af-d: IS
      (t-s: (q-d: D- (r: 1 1)) (lambda: x1 (af-a: ISA x1 SESSEL)))
      (lambda: x2 (af-a: REF x2
                    (t-s: (q-w WELCH) (lambda: x3 (af-a: V FARBE x3))))))

(3') (af-a: IS
      (t-s: (q-qt: E-) (lambda: x1 (af-a: ISA x1 SESSEL)))
      (lambda: x2 (af-a: RAEUMLICH VOR x2
                    (t-s: (q-d: D- (r: 1 1))
                      (lambda: x3 (af-a: ISA x3 FENSTER))))))
```

'Where'-questions can also be uniformly represented in this manner, in which case the question particle is internally transformed into 'next to which thing' (cf. (13) below). Copulas with a predicate noun used for identification, membership, or class inclusion are not dealt with in HAM-ANS.

In the other two applications of HAM-ANS - access to data stored in a relational data base and access to data assumed to be produceable by an image sequence analysis system - actions in the domain of discourse may occur as dialog topics in addition to states, e.g., cruises of ships or hauls of ships and movements of objects at a street intersection. Since, in the first of these two applications we are dealing with a static data base and in the second HAM-ANS gains access to the data long after the real image sequence has been recorded, only completed actions are modeled. We call completed actions 'events'. The main difference between these two applications is that in the data base application events are stored in relations in fully instantiated form whereas in the image sequence analysis system application events have to be reconstructed on the basis of snapshots representing the locations of objects over time. Since verbs referring to events cannot be represented and processed as copulas, SURF provides means for representing full verbs and their semantic roles in case frame structures [3] (compare (4)-(4')).

```
(4) Wohin fuhren die Schiffe?
    [Where were the ships sailing to?]

(4') (af-d EVENT
      (t-s: (q-qt: E-ACT) (lambda: x1 (af-a: ACT x1 FAHR)))
      (d-e: role-list:
       (rl-s:
        agent:   (lambda: x2
                   (af-a: AGENT x2
                         (t-s: (q-d: D- (r: 2 T))
                           (lambda: x3 (af-a: ISA x3 SCHIFF)))))))
         goal:   (lambda: x4 ZU
                   (af-a: GOAL x4
                         (t-s: (q-w: WELCH)
                           (lambda: x5 (af-a: ISA x5 ZIELHAFEN)))))))
       mod:
        (d-m: tense:
         (lambda: x6 (af-a: TENSE x6 PAST))
         voice:
         (lambda: x7 (af-a: VOICE x7 ACTIVE)))))))
```

3. *REPRESENTATION OF COPULATIVE AND FULL VERBS*

A uniform representation for copula and full-verb sentences would of course be
desirable for theoretical and practical reasons and has been realized in
strictly semantic analyzing systems as, e.g., the NL interface XCALIBUR [2],
or in strictly syntactic analyzing systems as, e.g., the USL system [17],
which uses a parsing algorithm based on that of the REL system [15].

In XCALIBUR, for every sentence a frame representation is constructed. Frame
headers are given with respect to the data base. Thus (5)-(7) have a uniform
representation not regarding case theoretic but practical issues.

(5) What is the price of the disc?
(6) What does the disc cost?
(7) How expensive is the disc?

The opposite approach to uniformity is followed by, e.g., the REL parser. Here
data structures called 'verb tables' are filled with both copulative and full
verbs. This approach is justified by the similar morpho-syntactic behavior of
copulas and full verbs. In a pure syntactic module a deep case representation
is not necessary.

Our goal was, however, to take advantage of semantic information while parsing
into a domain-independent, semantic-oriented structure, i.e., a SURF
expression. Thus case theory, in which sentences are analyzed into a verb with
its semantic roles, offered a convenient framework. Given the positive
properties of case frame representations (cf. [1], [12]), the question arises
whether every sentence should be represented by a case frame.

The semantics of sentences with a copula (like (1) to (3) above) clearly
cannot be captured by associating a case frame with the verb 'to be' and
filling in some kind of subject and predicative roles. What is predicated in
the above examples does not depend on the copula, but rather on the predicate

complement of the sentence (cf. [13]:263). Example (1) could be represented within a case frame formalism by allowing adjectives as well as verbs to be inserted into case frames. According to Fillmore's proposal, 'red' in (1) would be contained in the case frame feature [__O] (cf. [3]:68). The situation with a prepositional phrase (PP) as in the predicate complement of the sentence, as in (3), must then be treated in a somewhat different manner. Fillmore represents the locative use of copulas by the case frame [__O+L] which is filled by a 'zero verb' (cf. [3]:81).

Allowing for adjectives as headers of a case frame is supported by examples in which the set of complements and marking of surface cases is governed by the adjectives:

(8) Er ist bemueht, die Wahrheit zu sagen.
     [He is endeavored to tell the truth.]

(9) Er ist seinem Vater gram.
     [He is angry with his father.]

(10) Er ist des Mordes schuldig.
     [He is guilty of murder.]

There are, however, at least two arguments against this approach; one that holds for linguistic reasons alone, and one that becomes important for NL systems. First, the subject and the predicate complement do not play independent roles in a copula sentence, as is assumed by case theory for the constituents in a full-verb sentence, but rather the copula (be) is semantically empty and merely expresses the relation between subject and predicate [14]. Second, it is difficult to determine this relation during the analysis phase in an NL system, if the semantic information captured in case frames is to support the parsing as in HAM-ANS (cf. 4.1). Starting the parsing with the appropriate case frame if no full verb is detected during lexical analysis would require processing along the following line:

Look for an adjective and, if there is one, try to instantiate the case frame [__O] with that particular adjective, or look for a preposition assuming locative use of the copula. If there is one, try to instantiate [__O+L] with a 'zero verb'. This method is only applicable if the syntactic function of adjectives and prepositions has already been determined, since adjectives as well as PPs may belong to the modifier part of noun phrases (NPs).

Let's look at another example concerning the same point:

(11) Das Auto ist schnell.
     [The car is fast.]

(12) Das Auto faehrt schnell.
     [The car goes fast.]

According to Fillmore, (11) would have to be represented by a case frame for 'fast'. In order to exclude the adverb 'fast' in (12) from being a case-frame header, syntactic analysis is necessary before a case frame can be selected. Hence a parsing process could not be guided by a case frame, but would eventually provide the information as to which case frame to select for the internal representation of the sentence. This ordering problem of processing steps is particularly relevant for NL systems.

4. PROCESSING VERBS IN HAM-ANS

How can the two types of internal meaning representation be handled in a NL
dialog system without incurring the expense of duplication in the components
which process these representations? In the following sections, we will
inspect the most essential components within HAM-ANS dealing with copula- and
case-representations, namely the parser, the normalization and the evaluation
components.

4.1. GENERATION OF SURF REPRESENTATIONS

The role of the parsing process in this twofold representation is, first, to
decide which representation form is appropriate for a given user utterance
and, second, to generate the chosen form as an expression in SURF. In HAM-ANS
the decision between copula- and case-representation relies on the existence
or non-existence of a case-frame indicator associated with the main verb.
Since, in a first pass, the complete user utterance has been processed
lexically (handling inflected words and syntagmatic units, among other
things), this information is available in the preterminal structure before
parsing starts (see fig. 1).

Whenever the copula-representation is chosen, the ATN-parser consumes the
preterminal structure from left to right trying to identify syntactic
substructures - e.g., NPs, adjective phrases - constructing their
corresponding substructures in SURF. Most of the information necessary for
these tasks is already contained in the preterminal structure since lexical
analysis has provided each individual word with its morphosyntactic features
(e.g., part of speech, surface case). Additionally, the declarative definition
of SURF and the conceptual knowledge is consulted in the course of parsing.
These two knowledge sources provide a basis for discriminating between
semantic differences which are not explicit in the syntactic form. One example
of this is the distinction in SURF between ordinary NPs (describing some type
of object) and those containing 'dimension head nouns' (describing some
property of objects), as in (2) above.

For the parsing of full-verb sentences, a further knowledge source is required
containing the specification of verbs with respect to a unique case frame for
the respective domain as well as the set of case frames itself. This case-
frame lexicon enables the system to employ the semantic restrictions which are
closest to the domain at hand.

Moreover, full-verb sentences in HAM-ANS are analyzed by starting off with the
information contained in a case frame and attempting to find this information
in the utterance's preterminal structure [5]. This difference in parsing
strategy does not, however, imply that the ATN-grammar employed for copula-
and full-verb sentences consists of a disjunct set of states for each type.
The basic syntactic constructions below the sentence level are defined by
grammar subsections which are used for both sentence types in the same way.
The difference comes in when these SURF expressions are integrated into either
copula-representations or event-representations for complete utterances.

Having sketched the difference between parsing of copula- and full-verb
sentences, let's examine the impact of this distinction on the generation of
SURF representations. Apart from the distinction between events and states and
their respective sentence structure, the handling of wh-particles is a
conspicuous feature.

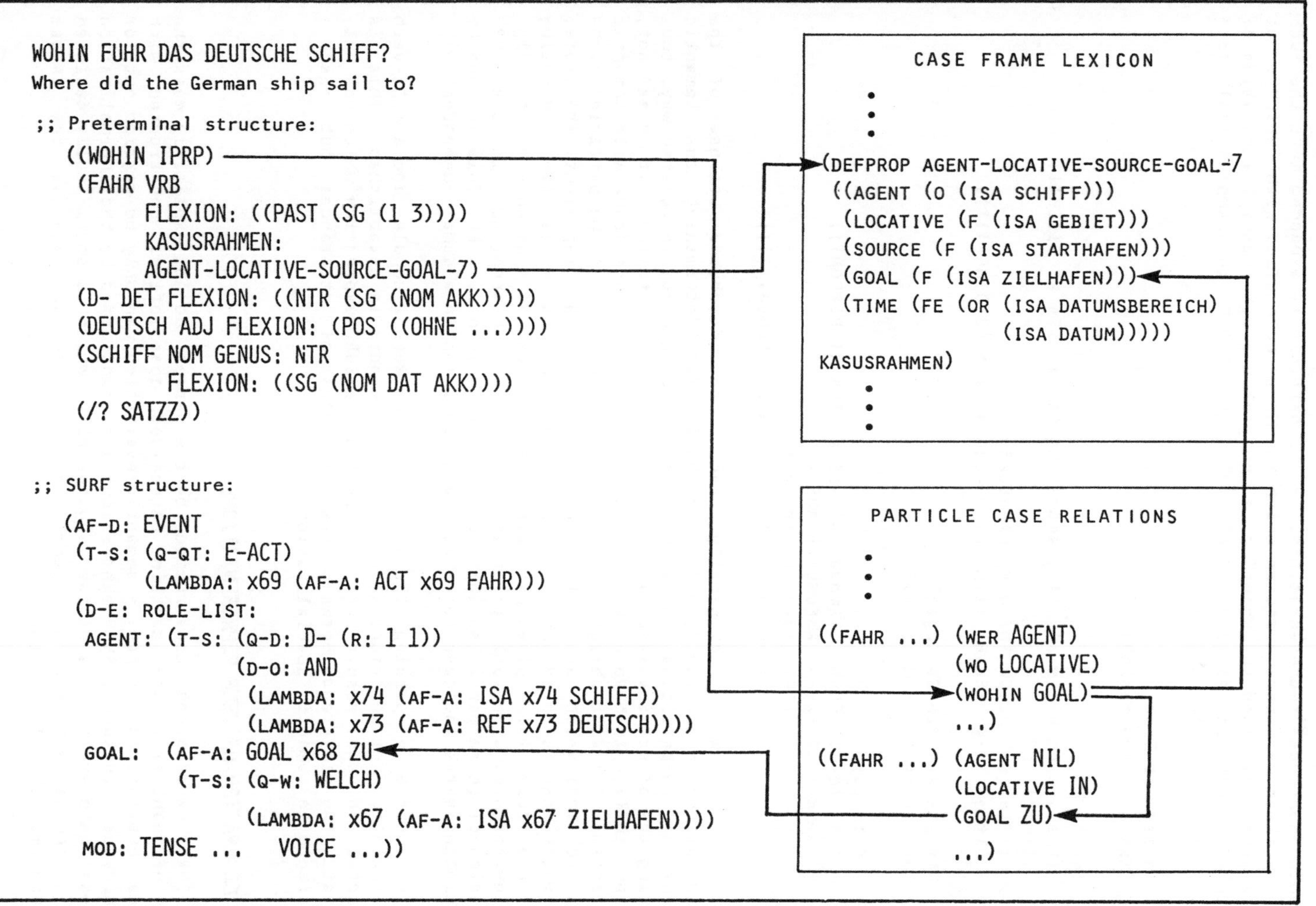

Fig. 1: Interaction between knowledge in the case-frame lexicon and the expansion of the wh-particle

In both sentence representations, a wh-particle is expanded into the SURF representation of a paraphrase in which the NP is quantified with 'WHICH'. For copula-sentences such an expansion can only give a very general indication of possible concept classes (e.g., DING [THING] and PERSON in examples (13)-(13') and (14)-(14'), respectively).

```
(13)  Wo ist der Tisch?
      [Where is the table?]

(13') (af-d: IS
        (t-s: (q-d: D- (r: 1 1)) (lambda: x1 (af-a: ISA x1 TISCH)))
        (lambda: x2
          (af-a: RAEUMLICH IN/ DER/ NAEHE x2
            (t-s: (q-w: WELCH) (lambda: x3 (af-a: ISA x3 DING)))))))

(14)  Wer ist auf den Gehwegen?
      [Who is on the sidewalks?]

(14') (af-d: IS
        (t-s: (q-w: WELCH) (lambda: x1 (af-a: ISA x1 PERSON)))
        (lambda: x2 (af-a: RAEUMLICH AUF x2
                    (t-s: (q-d: D- (r: 2 T))
                        (lambda: x3 (af-a: ISA x3 GEHWEG)))))))
```

Case frames, which originally had been introduced because of the considerations in section 2, provide a basis for determining the semantic content of wh-particles in a more specific and domain-related way, thus reducing the effort involved in referential interpretation. It does not, however, suffice to have a verb and its relation to a case frame with semantic restrictions for each obligatory or optional case role. A wh-particle alone gives no indication about the case role it might represent. Therefore, information has to be added to the case-frame lexicon explicitly indicating the case role for a given particle in the context of a given verb (cf. fig. 1). Furthermore, a suitable preposition has to be incorporated in the SURF expansion of those particles which can be paraphrased by a PP. This is done by associating verbs and case roles with a preposition in a domain-dependent way.

In the course of parsing, the distinction between a copula- and a full-verb representation for questions about states and events is established. This is reflected in the result of the parsing, a SURF expression which not only indicates the difference between these two types of utterances but also a difference in semantic specialization.

4.2. GENERATION OF DEEP REPRESENTATIONS

The SURF expressions constructed by the parser do not explicitly mark the scope of quantifiers and contain unresolved descriptions constructed with lambda expressions. Since a semantic evaluation can only be carried out for unambiguous structures, SURF expressions are transformed by the normalization process into expressions of the language DEEP, which is specifically designed as a source language for the system's inference processes and as the target language for the composition of the evaluation results.

194

In general, DEEP expressions are constructed according to the following recursive definition: A DEEP formula consists first of a structure (denoting an NP) which contains a quantifier with an associated variable and a restriction formula denoting the kind of values the variable may take. The second part of a DEEP formula is a logical predicate that may contain quantified formulas. But, at the deepest level of a DEEP formula only quantifier-free formulas (QFFs) are allowed. The scope of quantifiers is explicitly determined by the position of the quantifier in the expression, i.e., quantifiers at deeper levels have a narrower scope.

The normalization process works in a recursive, top down manner and thereby resolves lambda expressions, constructs QFFs and, if necessary, rearranges quantifiers together with their corresponding restriction formulas. It is independent of the two types of sentence representation since its underlying concepts apply to both and are based on the syntactic definition of SURF and DEEP. The content of the structures is used only during some of the processing steps. For instance, the determination of the scope of quantifiers (modeled after Hendrix [4]), takes into account the intrinsic strength of natural language quantifiers and their relative position within the SURF expression. This strength is established by assigning a numeric value, which in some cases is modified by the degree of generality of the head noun.

```
(3'') (f-d: (t-q: (for: (q-d: D- (r: 1 1)) x1) (af-a: ISA x1 FENSTER))
       (f-d: (t-q: (for: (q-qt: E-) x2) (af-a: ISA x2 SESSEL))
        (af-a: RAEUMLICH VOR x2 x1)))

(4'') (f-d: (t-q: (for: (q-w: WELCH) x1) (af-a: ISA x1 ZIELHAFEN))
       (f-d: (t-q: (for: (q-d: D- (r: 2 T)) x2) (af-a: ISA x2 SCHIFF))
        (f-d: (t-q: (for: (q-qt: E-ACT) x3) (af-a: ACT x3 FAHR))
         (f-e: role-list:
          (rl-d:
           agent: (af-a: AGENT x3 x2)
           goal:  (af-a: GOAL x3 ZU x1))
          mod:
          (f-m: tense:
           (af-a: TENSE x3 PAST)
           voice:
           (af-a: VOICE x3 ACTIVE))))))))

(13'') (f-d: (t-q: (for: (q-d: D- (r: 1 1)) x1) (af-a: ISA x1 TISCH))
        (f-d: (t-q: (for: (q-w: WELCH) x2) (af-a: ISA x2 DING))
         (af-a: RAEUMLICH IN/ DER/ NAEHE x1 x2)))
```

Although the DEEP representation for the two types of representation still differs after the process of normalization - especially in the representation of the QFFs (compare (3''), (4'') and (13'')) - they are unified to the greatest possible extent since the QFFs of the full-verb representation are evaluated as if they were connected by a multiple AND.

4.3. EVALUATION OF DEEP FORMULAS

In general, the next processing phase evaluates the DEEP formulas in the following way. For each restriction formula, the set of reference objects is recursively determined using the conceptual and referential knowledge of the system. For all possible combinations of the members of the reference sets, the variables in the QFFs are replaced by the set members. The truth value of the resulting fully instantiated formulas is determined on the basis of the referential knowledge (for a more detailed description cf. [7]).

Differences during the evaluation do not arise from the copula and case frame representation, but rather are introduced by the different levels of abstraction of the representation of the referential knowledge. If, for example, the referential knowledge is represented in fully instantiated form, the truth value of the instantiated formulas (15)-(17) could be verified by simple lookup.

(15) (REF AUTO1 ROT)
    Ist das Auto, das hinter dem grossen Baum ist, rot?
    [Is the car that is behind the large tree red?]

(16) (RAEUMLICH HINTER AUTO2 BAUM1)
    Ist das gruene Auto hinter dem grossen Baum?
    [Is the green car behind the large tree?]

(17) ((AGENT FAHR1 AUTO1)
     (LOCATIVE FAHR1 AUF SCHLUETERSTRASSE))
    Ist das rote Auto auf der Schlueterstrasse gefahren?
    [Did the red car go by on Schlueterstrasse?]

For data base access, this procedure is applicable with the distinction that the referential knowledge is stored in the data base. In contrast, in the hotel reservation situation and in the traffic scene, spatial and temporal/spatial referential knowledge is not represented in this form, but rather on a lower level of abstraction indicating the locations of objects in a two-dimensional coordinate system. The fact that a specific static spatial relation holds in th room under consideration or in the traffic scene is verified by processes simulating visual search [7][16]; the fact that a specific event has occurred in the traffic scene is verified by processes implementing the referential semantics of predicates associated with verbs of locomotion [11].

Another dimension which is responsible for differences during the evaluation process and which is orthogonal to the levels of abstraction of the representation of referential knowledge concerns the accessibility of data. In the hotel reservation situation and in the traffic scene, HAM-ANS has direct access to the referential knowledge via access and manipulation functions for the semantic networks of FUZZY [8]. In the data base access, however, queries have to be generated in the data base query language and their results have to be interpreted in order to construct the DEEP representation of the answer (cf. [9], [10]).

5. CONCLUSION

In HAM-ANS, copula sentences and those with a full verb are represented differently. A case-frame representation for copulas seems to be inadequate, especially because the case roles are not determined by the copula as they are by a full verb but rather established by the role fillers themselves. After the first morpho-syntactic processing, the parsing is guided by a case frame if a full verb is present. Copula sentences are parsed strictly bottom-up.

The similarities of both sentence types are reflected in the evaluation process. The referential semantic processing follows the same strategy for both. Differences in the evaluation are due to the level of abstraction and to the accessibility of referential knowledge. By taking into account the entire processing phases within an operational dialog system - a consideration that pure syntax theorists generally ignore - we can demonstrate both the differences and the similarities between copula and full-verb sentences.

REFERENCES

[1] BRUCE, B.: Case systems for natural language. In: Artificial Intelligence 6, 4, 1975, pp. 327-360.

[2] CARBONELL, J. G., BOGGS, W. M., MAULDIN, M. L., ANICK, P. G.: The XCALIBUR project: A natural language interface to expert systems. In: Proc. 8th IJCAI, Karlsruhe, 1983, pp. 653-656.

[3] FILLMORE, Ch.: The case for case. In: Bach, E., Harms, R. T. (eds.): Universals in linguistic theory. Holt, Rinehart & Winston, N.Y., 1968, pp. 1-88.

[4] HENDRIX, G. G.: Semantic aspects of translation. In: Walker, D. E. (ed.): Understanding spoken language. North-Holland, N.Y., 1978, pp. 193-228.

[5] HOEPPNER, W.: ATN-Steuerung durch Kasusrahmen. In: Wahlster, W. (ed.): GWAI-82. German Workshop on Artificial Intelligence. Springer, Heidelberg, 1982, pp. 215-226.

[6] HOEPPNER, W., CHRISTALLER, T., MARBURGER, H., MORIK, K., NEBEL, B., O'LEARY, M., WAHLSTER, W.: Beyond domain-independence: Experience with the development of a German natural language access system to highly diverse background systems. In: Proc. 8th IJCAI, Karlsruhe, 1983, pp. 588-594.

[7] HOEPPNER, W., MORIK, K., MARBURGER, H.: Talking it over: The natural language dialog system HAM-ANS. Univ. of Hamburg, Research Unit for Information Sc. and AI, Report ANS-26, 1984. To appear in: Bolc, L. (ed.): Cooperative interactive systems. Springer, Berlin.

[8] LEFAIVRE, R. A.: FUZZY reference manual. Rutgers Univ., Dept. of Computer Sc., 1977.

[9] MARBURGER, H.: Kooperativitaet in natuerlichsprachlichen Zugangssystemen. To appear in: GI-Kongress 'Wissensbasierte Systeme', Muenchen, Oktober 1985.

[10] MARBURGER, H., NEBEL, B.: Natuerlichsprachlicher Datenbankzugang mit HAM-ANS: Syntaktische Korrespondenz, natuerlichsprachliche Quantifizierung und semantisches Modell des Diskursbereichs. In: SCHMIDT, J.W. (ed.): Sprachen fuer Datenbanken. Springer, Berlin, 1983, pp. 26-41.

[11] MARBURGER. H., WAHLSTER, W.: Case role filling as a side effect of visual search. In: Proc. 1st EACL Metting, Pisa, 1983, pp. 188-195.

[12] METZING, D.: Plaedoyer fuer Kasus wiedereroeffnet - fuer die Kuenstliche Intelligenz? In: Pleines, J. (ed.): Beitraege zum Stand der Kasustheorie. Tuebingen 1981, pp. 193-210.

[13] SEYFERT, G.: Zur Theorie der Verbgrammatik. Narr, Tuebingen, 1976.

[14] TESNIERE, L.: Elements de syntaxe structurale. Paris, 1959.

[15] THOMPSON, F. B., LOCKEMANN, P. C., DOSTERT, B., DEVERILL, R. S.: REL: A rapidly extensible language system. In: Proc. 24th National ACM conference, N.Y., 1969, pp. 399-417.

[16] WAHLSTER, W., JAMESON, A., HOEPPNER, W.: Glancing, referring and explaining in the dialogue system HAM-RPM. In: AJCL. Microfiche 77, 1978, pp. 53-67.

[17] ZOEPPRITZ, M.: Syntax for German in the User Specialty Language system. Niemeyer, Tuebingen, 1984.

SCRIPT-BASED GENERATION
AND EVALUATION OF EXPECTATIONS
IN TRAFFIC SCENES

Gudula Retz-Schmidt

Fachbereich Informatik, Universität Hamburg,
Schlüterstraße 70, 2000 Hamburg 13

Current address: SFB 314, FB-10 Informatik IV,
Universität des Saarlandes, 6600 Saarbrücken 11

Abstract

For the recognition and verbalization of events in real-world image sequences it is in certain cases necessary to have expectations, which are based on common-sense knowledge. This paper deals with the use of scripts as a means of generating expectations about events in the domain of traffic scenes and with the evaluation of these expectations for the purpose of verbalization.

1. Introduction

This work is based on the system NAOS, which simulates a human speaker who describes a traffic scene to a hearer who cannot himself see the scene. As described elsewhere [1, 2, 3, 4] the system NAOS uses event models for the recognition of events in traffic scenes. Event models are a representation of classes of events in a relational notation, organized around verbs of change, in NAOS restricted to a subset of the verbs of locomotion, and certain other concepts which are important for a simple scenario (e.g. "stehen" = "stand") [3]. The event recognition process tries to match the event models against the "geometrical scene description" (GSD), the output of the scene analysis component (which is currently still supported by human interaction [4]), stored in an associative database. The recognized events (i.e. instantiated event models) are added to the GSD and can then be verbalized, i.e. used to generate a scene description in natural language [4].

But there are still many sensible statements describing a scene which the process described above cannot yield. For instance in certain situations it might be sensible to include the negative statement "Der Bus hielt nicht an der Bushaltestelle an." ("The bus didn't stop at the bus stop.") in the description of a scene. On the other hand a lot of other negative statements which are also true in the same situation, like for instance "The lorry didn't take off and fly away.", are not sensible. What makes the difference between the former and the latter? The reason why some negative statements are sensible in a given situation, whereas others are not, is that they express the fact that an expectation of the speaker has been contradicted (or the speaker's model of the hearer's expectations; this aspect is not dealt with in NAOS except in the case of answering explicit questions of the hearer).

The same phenomenon is involved in the German verbs "weitergehen", "weiterfahren", and "stehenbleiben", which mean "not stop walking", "not stop driving", and "not resume moving" respectively and thus are one-word paraphrases of negated verbs.

In order to be able to make negative statements we need a mechanism for generating expectations and comparing them with reality.

We encounter a similar task when we want to make statements in present tense about non-durative, composite events (e.g. "überholen" = "overtake"), i.e. verbalize composite events while they are actually happening and not yet completed. We will only make such a statement if we expect the event to be completed.

Even more extreme in this respect are future-tense statements. They are based on expectations about events that haven't even begun at the time of utterance.

What is needed in all three cases are expectations. We will now look at a model of common-sense knowledge and its use for generating expectations.

2. Scripts

When we are watching a traffic scene, we usually don't know the intentions and goals of the participating agents. Nevertheless in many cases we are able to expect what will happen next. For instance, if we see red traffic lights, we expect cars approaching the traffic lights to slow down and stop in front of them. This is possible because we have knowledge about what events usually happen in certain situations or in connection with other events or, to put it another way, knowledge about typical sequences of events.

Scripts have been introduced as a model of this kind of knowledge. "A script is a structure that describes appropriate sequences of events in a particular context." [5, p.41]. "In actual use, scripts represent a knowledge structure composed of stereotyped sequences of events that define some common everyday occurence, ..." [6, p.6]. "A SCRIPT is a stereotypic event sequence in a specific situational context." [7, p.4].

Scripts were originally developed as a means of supporting story understanding [5, 6, 8]. More generally, they were claimed to be a model of human memory structures that facilitate the understanding of situations and events in daily life [5]. Whether or not one accepts this claim, scripts seem to be a knowledge-representation structure sufficiently general and thus also appropriate for the purpose of understanding scenes.

The next sections will be dealing with the use of scripts for generating expectations in NAOS and with the evaluation of these expectations for the purpose of generating natural-language statements.

3. An Example

To get an idea of the representation of the scripts used in NAOS let us look at a simple example.

A stereotypic event sequence in a situation where an agent is near some traffic lights could be represented as shown in figure 1.

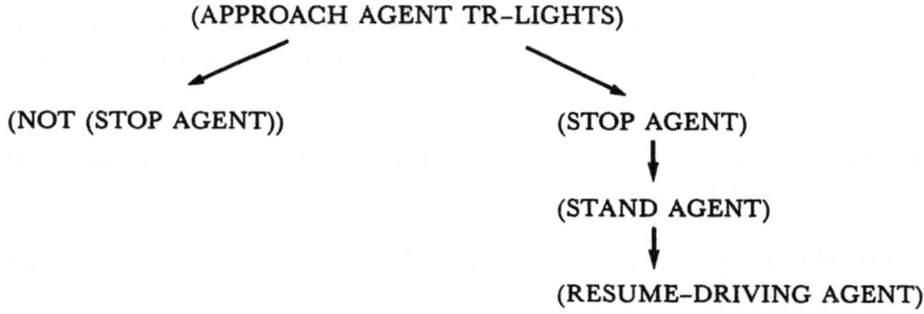

Figure 1: Skeletal TRAFFIC-LIGHTS script

The script in figure 1 has a tree structure. Each node consists of a tuple which specifies an event in a relational notation. AGENT and TR-LIGHTS are variables.

This kind of representation might be sufficient for story understanding, where the task is to fill gaps, i.e. fill in details that have been left out by the storyteller, because expectations derived from it are only used for implicit reasoning. In the case of explicit verbalization, however, more certainty and thus more detailed and exact expectations (including the approximate place and time of occurrence of the events) are needed. Hence the representation scheme for the description of scenes needs to be more powerful.

Figure 2 shows an example of the representation used in NAOS.

In figure 2 each node consists of two parts: an event component (E), that refers to an action of the agent (these components essentially contain the same information as the skeletal script shown in figure 1) and a background component (B), that refers to important additional characteristics of the situation. Each component consists of a tuple or a conjunction of tuples. The notation of the tuples corresponds to the notation of the event models and the GSD in NAOS. T1 to T6 are time variables. They always occur in pairs denoting interval boundaries. RED and GREEN are constants.

B: (COLOUR TR-LIGHTS RED T1 T2)
   (DRIVE AGENT T1 T2)

E: (APPROACH AGENT TR-LIGHTS T1 T2)

B: (COLOUR TR-LIGHTS GREEN T3 T4)
   (NEAR AGENT TR-LIGHTS T3 T4)

E: (NOT (STOP AGENT T3 T4))

B: (COLOUR TR-LIGHTS RED T2 T3)
   (NEAR AGENT TR-LIGHTS T2 T3)

E: (STOP AGENT T2 T3)

B: (COLOUR TR-LIGHTS RED T3 T4)

E: (STAND AGENT T3 T4)

B: (COLOUR TR-LIGHTS GREEN T5 T6)

E: (RESUME-DRIVING AGENT T5 T6)

Figure 2: TRAFFIC-LIGHTS script used in NAOS

4. Expectations

In the process described below scripts are used for the generation of expectations, and the geometrical scene description (GSD) is used for the evaluation of these expectations, i.e. for determining whether an expectation is satisfied or not.

The process of generation and evaluation of expectations inspects the content of the GSD at consecutive instances of time. At each instance of time the following actions can be performed: New scripts can be activated, new expectations can be generated using active scripts, and existing expectations can be evaluated.

In order for a script to be activated, its header (i.e. its root) must be instantiated. In the case of our example (figure 2) the header is:

B: (COLOUR TR-LIGHTS RED T1 T2)
   (DRIVE AGENT T1 T2)

E: (APPROACH AGENT TR-LIGHTS T1 T2)

The process thus matches the header against the GSD and tries to instantiate all variables of the header. Whenever a header can be completely instantiated, the corresponding script is activated. Several scripts can be active at the same time.

Expectations are generated in the following way: For an instance of time the current position of each active script can be determined by instantiating the tree (or rather the appropriate branch of the tree) down to the maximally possible depth at that instance of time. The deepest node that can be instantiated is the current position. The successors of the current position (if it has successors) are then taken as the current expectations. If the current position of a script has changed, compared to the last instance of time, the process of the generation of expectations will yield new current expectations as well.

5. Evaluation and Verbalization

If both the B and E components of an expectation can be instantiated, the expected event (i.e. the E component of the expectation) together with the label SATISFIED and the evaluation time is stored in the database of expectations (an associative database similar to the one of the GSD). This entry in the expectation database can then be used to generate a past tense statement comprising the expected event. This kind of statement, however, can be generated in NAOS without the aid of expectations as well.

If the B component can be instantiated and the E component is a non-durative, composite event and can be partly (i.e. at the beginning) instantiated, the expected event together with the label BEGUN and the evaluation time is stored in the expectation database. This entry can then be used to generate a present tense statement comprising the expected event. In the case of durative events present tense statements can be generated without the aid of expectations as well because, if a durative event is happening during some time interval, the same applies to all subintervals thereof.

Future tense statements can be generated using the current expectations. However, it seems reasonable to impose the additional condition on this kind of verbalization, that only those expectations that are the only successors of a current node should be verbalized. If there were alternative expectations, the certainty of each one would be too low and it would be difficult to decide which one to verbalize. In the case of only one expectation the expected event together with the label EXPECTED and the generation time is stored in the expectation database and can be used to generate a future tense statement. The same holds if the process of the evaluation of expectations yields, that the current position of a script hasn't changed compared to the last instance of time. In this case, if there was an entry in the expectation database comprising the expected event, the entry is updated, i.e. the generation time or the last evaluation time is replaced by the new evaluation time. The new entry can then be used to generate a future tense statement.

If the B component can be instantiated, but the E component can't, the expected event together with the label CONTRADICTED and the evaluation time is stored in the expectation database. This entry can then be used to generate a negative past tense statement.

The processes descibed above are implemented in LISP and FUZZY on a DEC-10 system.

6. Conclusions

In this paper we have introduced scripts as a model for the representation of knowledge about stereotypic sequences of events and as a means for generating expectations in the domain of traffic scenes. Making use of the generation and evaluation of expectations we can extend the set of possible statements about traffic scenes in the system NAOS.

Of course we are limited to those statements that can be derived from scripts. Without a script we can't generate any expectations. For instance, if we only have the script shown in figure 2, we can't generate a statement like "Die Ampel wurde nicht grün." ("The traffic lights didn't turn green."). This would only be possible if we had a script in which the traffic lights are the agent and in which the knowledge is represented that traffic lights turn red and green every now and then. This points out another limitation which lies in the tree structure of the scripts used in this approach. In certain cases, like for instance the behaviour of traffic lights, a net structure that permits cycles seems to be more adequate to represent the knowledge.

Another problem lies in the exactness of the scripts. In order to cope with the problems that are presented by real-life traffic scenes a lot more details have to be represented in the nodes. For instance the TRAFFIC-LIGHTS script would have to represent the knowledge that cars usually stop directly in front of red traffic lights only if there is no other car in front of them and that otherwise they usually stop directly behind the last car of the queue in front of the traffic lights.

A more severe limitation is the fact that, using scipts, we can only deal with frequently occurring sequences of events, whereas human speakers have ways of expecting events in more unusual situations as well. One way to overcome this limitation would be to incorporate models of the kind of plans, goals, and themes (cf. [5]) and to make use of reasoning mechanisms about intentions of agents.

Finally, there are still types of statements that can't be generated by NAOS. One such kind are causal statements. In order to be able to generate sentences containing words like "weil" ("because"), "da" ("since"), "denn" ("for"), "deshalb" ("therefore") etc., one would need to represent knowledge about causal (and not only temporal and spatial) relations between events. If this had to be incorporated into NAOS, it would also rise the question, how deep and how exact the knowledge should be, i.e. whether only qualitative, common-sense knowledge or quantitative, scientific knowledge too (e.g. physical laws, cf. [9]) should be represented.

Acknowledgements

I would like to thank Bernd Neumann and Hans-Joachim Novak for their valuable comments and suggestions.

References

[1]   B. Neumann: Towards Natural Language Description of Real-World Image Sequences. GI 12. Jahrestagung, Informatik-Fachberrichte 57, Springer, 1982, 349-358

[2]   H.-J. Novak: On Verbalizing Real-World Events: An Interface of Natural Language and Vision. In: B. Neumann (ed.): GWAI-83, 7th German Workshop on Artificial Intelligence, Dassel/Solling, September 1983, Springer, 1983

[3]   B. Neumann and H.-J. Novak: Event Models for Recognition and Natural Language Description of Events in Real-World Image Sequences. IJCAI-83, 1983, 724-726

[4]   B. Neumann: Natural Language Description of Time-Varying Scenes. Report 105, Fachbereich Informatik, Universität Hamburg, August 1984

[5]   R.C. Schank and R.P. Abelson: Scripts, Plans, Goals and Understanding. Hillsdale/New Jersey: Erlbaum, 1977

[6]   R.C. Schank and C.R. Riesbeck (eds.): Inside Computer Understanding: Five Programs Plus Miniatures. Hillsdale/New Jersey: Erlbaum, 1981

[7]   W.G. Lehnert: Text Processing Effects and Recall Memory. Research Report 157, Yale University, Department of Computer Science, 1979

[8]   R.E. Cullingford: Script Application: Computer Understanding of Newspaper Stories. Research Report 116, Yale University, Department of Computer Science, 1978

[9]   K.D. Forbus: Spatial and Qualitative Aspects of Reasoning about Motion. AAAI-80, 1980, 170-173

HALBAUTOMATISCHE ERWEITERUNG EINES THESAURUS

Rüdiger Wirth

IBM Deutschland GmbH
Wissenschaftliches Zentrum Heidelberg
Tiergartenstr. 15
D-6900 Heidelberg

ABSTRACT

In der Einführung wird kurz die Bedeutung von Allgemeinwissen für textverstehende Systeme dargestellt, wobei insbesondere auf generische Beziehungen und Selektionsbeschränkungen eingegangen wird. Dann wird ein experimentelles System zur Halb-Automatischen Thesaurus-Erweiterung vorgestellt, das durch Analyse von Texten einen wichtigen Teil des Allgemeinwissens - generische Beziehungen und Selektionsbeschränkungen - erwirbt. Das System beschränkt sich derzeit noch darauf, einem Benutzer möglichst "intelligente" Fragen zur Bedeutung von Wörtern zu stellen. Abschließend wird auf einige Probleme hingewiesen, die bei einer stärkeren Automatisierung auf der Grundlage induktiven Lernens auftreten.

1.0 EINFÜHRUNG

Textverarbeitung ist in viel stärkerem Maße von Wissen abhängig als Satzverarbeitung. Bei der Analyse von Texten tauchen Probleme auf, die in der Form oder zumindest in dem Ausmaß bei Satzanalysen nicht auftreten. Die Auflösung kontextueller Referenzen, die Überprüfung der Textkohärenz und die Herstellung temporaler und kausaler Zusammenhänge sind ohne Allgemeinwissen nicht vernünftig durchzuführen. Betrachten wir zur Illustration

(1) Eine Limousine steht an einer Kreuzung
(2) Die Ampel wird grün.

Der Zusammenhang der Sätze (1) und (2) wird nur richtig erkannt, wenn man weiß, daß eine Limousine ein Fahrzeug ist, Fahrzeuge auf Straßen fahren, Kreuzungen Teile von Straßen sind und daß Ampeln an Kreuzungen stehen können.

Das Problem der kontextuellen Referenz, das uns hier besonders interessiert, wird verdeutlicht, wenn dieser Text um

(3) Das Auto fährt weiter.

erweitert wird. Bei einer Analyse des Textes (1)(2)(3) muß erkannt werden, daß 'das Auto' in (3) keinen neuen Referenten einführt, sondern sich auf das gleiche Objekt bezieht wie 'eine Limousine' in (1). Hierzu ist u.a. die Kenntnis der generischen Beziehung zwischen den Begriffen 'Limousine' und 'Auto' erforderlich. Der kausale Zusammenhang zwischen (2) und (3) muß bei der Textanalyse noch nicht bekannt sein, kann aber bei der weiteren Verarbeitung des Textes, z.B. zur Beantwortung von Fragen, benötigt werden. Ebenso implizite Informationen wie z.B. daß die Ampel zur Zeit des Ereignisses (1) rot war und die Limousine deswegen an der Kreuzung stand.

Die Pronominalisierung stellt ein ähnliches Problem dar wie die kontextuelle Referenz. Der Vorgang der Pronominalisierung wird durch morphologische, syntaktische, semantische und pragmatische Kriterien bestimmt (Guenthner und Lehmann (1983)). Wir interessieren uns hier vor allem für das semantische Kriterium, das bei Guenthner und Lehmann (1983) wie folgt definiert ist.

> If s is a sentence containing a pronoun p and c a full noun phrase in the context of p. If p is substituted by c in s to yield s' and s' is not semantically anomalous, i.e. does not imply a contradiction, then c is semantically compatible with s and is hence a semantically possible candidate for the reference of p.

Vermutlich reicht in den meisten Fällen die Kenntnis von Selektionsbeschränkungen und generischen Beziehungen zur Überprüfung dieses Kriteriums aus.

Selektionsbeschränkungen machen Aussagen über die semantische Kompatibilität zwischen einem Wort und seinen Ergänzungsbestimmungen, indem sie die Klassen der als Ergänzungen erlaubten Begriffe einschränken.[1]

Generische Beziehungen machen Aussagen über die Klassenzugehörigkeiten von Begriffen.

Um dies zu verdeutlichen, ändern wir unseren Beispieltext leicht ab.

(1)   Eine Limousine steht an der Kreuzung.
(2)   Die Ampel wird grün.
(3') *Sie* fährt weiter.

Worauf bezieht sich 'sie' in (3')? Aufgrund morphologischer und syntaktischer Kriterien ergeben sich 'Limousine', 'Kreuzung' und 'Ampel' als mögliche Kandidaten. Nur unter Berücksichtigung der Semantik - hier die Selektionsbeschränkung des Verbs 'fahren' - kann der richtige Referent des Pronomens gefunden werden. Wenn man weiß, daß nur eine Limousine ein Fahrzeug ist und daß Fahrzeuge fahren können, ist die Entscheidung einfach.

Generische Beziehungen und Selektionsbeschränkungen sind also, wie wir gesehen haben, wichtige Informationen bei der Textanalyse.

Eigentlich müßte jedes Nomen in eine Begriffshierarchie eingeordnet werden, und für jedes Wort müßten dessen Selektionsbeschränkungen bekannt sein. Wegen der Vielzahl der Wörter lohnt sich die Überlegung, wie man diese Informationen maschinenunterstützt (oder gar automatisch) erwerben kann. Doch zunächst sind einige Bemerkungen zu dem Begriff Thesaurus erforderlich.

2.0 KLÄRUNG DES BEGRIFFS THESAURUS

In der Sprachwissenschaft werden mit dem Begriff Thesaurus Wörterbücher bezeichnet, die die Sprache (mehr oder weniger vollständig) nach Sach- oder Bedeutungsgruppen ordnen. Es werden Begriffe zu Gruppen zusammengefaßt, die in irgendeiner Weise mit-

---

[1]   Selektionsbeschränkungen gibt es für Nomina, Adjektive und Verben. Der Einfachheit halber werde ich im folgenden nur von Selektionsbeschränkungen von Verben reden.

einander in Beziehung stehen (Nomina mit ähnlichen oder verwandten Bedeutungen, ab-geleitete Verben und Adjektive u.ä).[2] Implizit steckt darin eine Menge an Allgemeinwissen. Selten, wenn überhaupt, wird jedoch die Art der Beziehung angegeben. Somit sind diese Thesauri für eine maschinelle Verarbeitung weitgehend unzugänglich.

Im Bereich Information und Dokumentation gilt daher eine etwas andere Definition. Die DIN-Norm 1463 definiert den Begriff Thesaurus folgendermaßen.

> Nach seiner Funktion ist ein Thesaurus ein Mittel zur terminologischen Kon-trolle. ... Nach seiner Struktur ist ein Thesaurus ein kontrolliertes, dyna-misches Vokabular von bedeutungsmäßig und generisch verbundenen Termini, das umfassend einen spezifischen Fachbereich abdeckt.

Wesentlich dabei ist, daß versucht wird, die Beziehungen explizit anzugeben. Dies ist natürlich für ein engbegrenztes Fachgebiet wesentlich einfacher als für die gesamte Sprache.[3]

Die DIN-Norm sieht im wesentlichen folgende Beziehungen vor

BTG/NTG Oberbegriff/Unterbegriff (broader/narrower term generic)
BTP/NTP Verbandsbegriff/Teilbegriff (broader/narrower term part)
RT   verwandter Begriff (related term)
USE   Synonym

Diese Beziehungen reichen aber nicht aus, die Bedeutung von Begriffen ausreichend zu bestimmen.

Wir fassen daher den Begriff Thesaurus etwas allgemeiner als dies in der Linguistik oder bei der Dokumentation üblich ist. Unser Ansatz versucht in gewissem Sinn, die Auffassungen von Linguistik und Dokumentation zu vereinigen und damit die jeweiligen Nachteile zu überwinden.

Wir verstehen unter Thesaurus eine Ansammlung von Bedeutungsregeln, die sowohl Welt- als auch Sprachwissen ausdrücken können. Diese Regeln können beliebig komplex werden. Dadurch werden die Beziehungen zum einen explizit gemacht und zum anderen die be-grenzte Ausdruckskraft des DIN-Thesaurus überwunden. Der DIN-Thesaurus kann als Teilmenge unseres Thesaurus aufgefaßt werden. Bereits existierende Thesauri für be-stimmte Fachgebiete können daher ohne großen Aufwand in unseren Thesaurus mit aufge-nommen werden.

Typische Bedeutungsregeln unseres Thesaurus sind z.B. generische Beziehungen und Selektionsbeschränkungen. Er kann jedoch auch komplexere Regeln über Zusammenhänge in der Welt enthalten. Ein Beispiel hierfür ist die Regel "wenn ein Fahrzeug von der Strasse abkommt, dann war es vorher auf der Straße", die einen wesentlichen Teil der Bedeutung des Verbs 'abkommen' ausdrückt.

3.0 BESCHREIBUNG VON HATE

---

[2]   Der bekannteste Thesaurus dieser Art ist wohl der "Thesaurus of English Words and Phrases", den P. M. Roget 1852 für die englische Sprache erstellte.

[3]   Für einige Fachgebiete gibt es bereits derartige Thesauri auch in maschinenles-barer Form

HATE (Halb-Automatische Thesaurus-Erweiterung) wurde am Wissenschaftlichen Zentrum der IBM in Heidelberg im Rahmen des LEX-Projekts entwickelt. Eine genauere Beschreibung des Programms ist Wirth (1984) zu entnehmen. Eine Beschreibung von LEX findet man in Alschwee et al. (1985).

3.1 GRUNDLEGENDE IDEEN

Texte enthalten eine Menge Wissen, z.B. über die Welt oder über die Bedeutung von Wörtern, das als allgemein bekannt vorausgesetzt wird und dementsprechend für eine vernünftige Textanalyse bekannt sein muß.

Die Erstellung einer entsprechenden Wissensbasis gestaltet sich vor allem wegen des sehr umfangreichen Wissens, das potentiell benötigt wird, sehr schwierig. Eine vollständige Beschreibung dieses Wissens ist praktisch nicht durchführbar. Zusätzlich ist dieses Wissen unsicher, vage und stark kontext- bzw. situationsabhängig. In heutigen natürlich-sprachlichen Systemen wird dieses Wissen daher lediglich für eng-begrenzte Anwendungen repräsentiert. Da jedoch bei verschiedenen Anwendungsbereichen verschiedene Aspekte des gleichen Sachverhalts relevant sind, ist eine Übertragung auf andere Anwendungen nur beschränkt möglich.

Die zentrale Fragestellung, die mich daher beschäftigt, ist folgende:

> *Kann ein textverstehendes System mit einer Lernkomponente ausgestattet werden, die dieses implizite Wissen erschließen kann ?*

Der Vorteil einer solchen Komponente ist offensichtlich. Selbst wenn nur ein Teil dieses Hintergrundwissens erschlossen werden kann, wird der Wissenserwerb erleichtert und beschleunigt. Außerdem wäre eine selbständige Anpassung des Systems an neue Anwendungsbereiche zumindest zum Teil möglich. Der Erwerb neuen Wissens erfolgt quasi als Nebeneffekt zu der eigentlichen Anwendung.

Als Einstieg in diese Problematik wählten wir aus mehreren Gründen generische Beziehungen und Selektionsbeschränkungen. Zum einen sind dies wichtige Informationen für eine Textanalyse, deren manuelle Eingabe langwierig und aufwendig ist, so daß Überlegungen in Richtung einer Automatisierung entsprechend motiviert sind. Zum anderen eignen sie sich als Einstieg, weil sie häufig in Texten vorkommen, d.h. ausreichend Untersuchungsmaterial liefern, und weil sie - zumindest halbautomatisch - relativ einfach zu erwerben sind.

3.2 BESCHREIBUNG DES SYSTEMS

Das System besteht aus

- Thesaurus
- Thesaurusverwaltung
- Erweiterungskomponente

Hinzu kommt noch das natürlich-sprachliche System USL (Lehmann (1978)), das die Analyse von Eingabesätzen übernimmt.

Der *Thesaurus* enthält derzeit im wesentlichen zwei Arten von Bedeutungsregeln

- generische Beziehungen
- Selektionsbeschränkungen

Ausgangspunkt für HATE ist ein manuell erstellter Basisthesaurus, der die generischen Beziehungen von ca. 200 Nomina und ca. 800 Regeln für Selektionsbeschränkungen enthält.

Die *Thesaurusverwaltung* übernimmt die üblichen Verwaltungsaufgaben. Hierunter fallen Aufgaben wie die Beseitigung redundanter Einträge, Behandlung polysemer Wörter, Reorganisation, Hinzufügen und Löschen von Einträgen und das Editieren von Selektionsbeschränkungen.

Die *Erweiterungskomponente* analysiert den Text im Hinblick auf Informationen, die für eine Erweiterung herangezogen werden können und erstellt daraus mögliche neue Thesauruseinträge. Im Dialog mit dem Benutzer wird dann der richtige Eintrag ausgewählt.

HATE beschränkt sich darauf, einem Benutzer gezielte Fragen über die Bedeutung von Wörtern zu stellen. Dies sind jedoch Fragen, wie sie z.B. auch bei der Auflösung von Referenzen gestellt werden müßten, wenn das entsprechende Wissen fehlt.

HATE nutzt die enge Verflechtung von generischen Beziehungen und Selektionsbeschränkungen aus. Diese Verflechtung wird an verschiedenen Stellen in der Literatur beschrieben, z.B. in der Valenztheorie (Helbig und Schenkel (1983)) und auch bei Rollinger (1984). Meines Wissens wurde jedoch noch nie versucht, dies zu realisieren.

Selektionsbeschränkungen werden u. a. bei der Auflösung von Pronomina verwendet, um die semantische Verträglichkeit möglicher Referenten mit dem Verb zu überprüfen. Dies kann aber auch in der umgekehrten Richtung interpretiert werden, wenn als Ergänzung ein Begriff verwendet wird, dessen Stellung in der Begriffshierarchie unbekannt ist. Dann geben die Selektionsbeschränkungen starke Hinweise für eine mögliche Einordnung dieses unbekannten Begriffs.

Andererseits kann ein bekannter Begriff, der als Ergänzung zu einem Verb mit unbekannten Selektionsbeschränkungen verwendet wird, als Beispiel für eine möglicherweise vorhandene Selektionsbeschränkung dienen. Bei genügend vielen Beispielen kann die Selektionsbeschränkung durch Klassifikation der Beispiel-Begriffe bestimmt werden.

Selektionsbeschränkungen geben also Hinweise auf mögliche Oberbegriffe der Ergänzungen und umgekehrt erlauben die Ergänzungen Rückschlüsse auf Selektionsbeschränkungen.

Betrachten wir zur Illustration den Satz

Der Mann stirbt.

Bei bekannter Selektionsbeschränkung für 'sterben' kann vermutet werden, daß 'Mann' ein Lebewesen bezeichnet. HATE teilt dem Benutzer diese Vermutung mit. Bestätigt der diese Vermutung, so wird im Dialog der neue Begriff so tief wie möglich in der Hierarchie eingeordnet.

Ist die Selektionsbeschränkung jedoch unbekannt, so ist zumindest die Aussage erlaubt, daß 'Mann' als Nominativ zu dem Verb 'sterben' verwendet werden kann, d.h. das Verb und dessen Ergänzungen werden als Beispiel für die unbekannte Selektionsbeschränkungen gespeichert. Bei einer genügend großen Anzahl von Beispielen zu einem Verb wird versucht, die Begriffe zu klassifizieren, um neue Selektionsbeschränkungen zu erhalten. Hat man also hier in unserem Fall noch weitere Beispiele für die Verwendung des Verbs 'sterben' wie z.B. 'das Pferd stirbt', 'die Frau stirbt' usw., so kommt man durch Klassifikation der Begriffe 'Mann', 'Pferd' und 'Frau' zu der Selektionsbeschränkung 'der Nominativ zu sterben ist ein Lebewesen'.

Im einfachsten Fall lassen sich alle Beispielwörter unter einen Oberbegriff ungleich der Wurzel zusammenfassen. Dies ist jedoch nicht immer möglich bzw. nicht immer sinnvoll. Oft ist es besser, statt eines allgemeinen Oberbegriffs zwei oder drei speziellere Oberbegriffe als Klassifikationsbegriffe zu nehmen. So ist z.B. bei Vorliegen der Beispiele 'Auto', 'Mann', 'Frau' und 'Fahrzeug', wie sie bei dem Verb 'fahren' auftreten könnten, eine Disjunktion von 'Mensch' und 'Fahrzeug' einer allgemeineren Klassifizierung wie 'Objekt' vorzuziehen. Aus diesem Grund wurde ein einfacher heuristischer Klassifikationsalgorithmus entwickelt, der diesen Aspekt berücksichtigt.

4.0 ERFAHRUNGEN MIT HATE

Die Bedeutung von HATE liegt sicher nicht in seiner konzeptuellen Komplexität. Die Bedeutung von generischen Beziehungen und von Selektionsbeschränkungen und die Menge von Wörtern lassen selbst ein halbautomatisches Verfahren wie HATE sinnvoll erscheinen.

Der Vorteil gegenüber einem rein manuellen Verfahren liegt in mehreren Punkten.

* Der Thesaurus wird gezielt erweitert

   d.h. es werden Wörter aufgenommen die tatsächlich im Anwendungsbereich vorkommen bzw. es werden Bedeutungen von Wörtern erfaßt, die in interessierenden Kontexten wichtig sind (keine exotischen Bedeutungen)

* ungewöhnliche und seltene Bedeutungen werden eher erkannt

   ungewöhnliche oder seltene Bedeutungen werden bei einer manuellen Erstellung eines Thesaurus leicht übersehen. Bei HATE können solche Bedeutungen erkannt werden, wenn sich z.B. Verwendung und bekannte Selektionsbeschränkungen widersprechen

* flexible Anpassung an neue Anwendungsbereiche

* Auswirkungen subjektiver Auffassungen werden vermindert

   Bei einer manuellen Erstellung werden zwangsläufig subjektive Auffassungen mit aufgenommen (vor allem wenn verschiedene Leute daran beteiligt sind). Durch den vorgegebenen Rahmen des Programms kann dies vermindert werden.

* Unterstützung bei Einordnung der Begriffe

   Bei einer entsprechenden Größe des Thesaurus ist es für einen Menschen schwierig, den Überblick zu bewahren. Durch Interaktion mit dem System kann der Benutzer die Begriffe gezielter einordnen und entstehende Wechselbeziehungen mit anderen Begriffen leichter erkennen.

* HATE läuft neben der eigentlichen Systemanwendung

   - jeder Benutzer kann seinen Thesaurus nach seinen Bedürfnissen erweitern
   - geringer zusätzlicher Arbeitsaufwand
     Der Benutzer kommuniziert sowieso mit dem System. Da bedeutet es wenig zusätzlichen Aufwand, ein paar Fragen zu der Bedeutung von Wörtern zu beantworten.

Die eigentliche Bedeutung von HATE liegt jedoch woanders. HATE ist ein Zwischenschritt
für ein System zum automatischen Erwerb von Allgemeinwissen. HATE hat gezeigt, daß
das Entdecken von generischen Beziehungen und von Selektionsbeschränkungen möglich
ist, wenn eine der beiden Beziehungen bekannt ist, d.h ein wichtiger Teil des
Allgemeinwissens kann zumindest halbautomatisch erworben werden. Die Erfahrungen,
die während der Arbeit an und mit HATE gesammelt wurden, lassen hoffen, daß dies noch
stärker automatisiert werden kann.

5.0 AUSBLICK

Bei HATE spielt der Benutzer eine wichtige Rolle. Er muß Alternativen auflösen und
neue Einträge bestätigen. Die eigentlich "intelligente" Aufgabe liegt also nach wie
vor bei einem Menschen. Durch weitere Arbeiten in dieser Richtung soll der menschliche
Eingriff vermieden oder zumindest auf ein Mindestmaß beschränkt werden.

Daher wird in zukünftigen Arbeiten ein induktiver Lern - Ansatz verfolgt.

Aus der Verwendung der Wörter werden Beispiele für neue Regeln erzeugt. Hierzu kann
das bereits vorhandene Wissen, d.h. bekannte Regeln, ausgenutzt werden. Durch
Induktion können dann aus diesen Beispielen neue Bedeutungsregeln gewonnen werden.
Ich werde hier nicht weiter auf diesen Ansatz eingehen. Abschließend jedoch will ich
auf einige Probleme hinweisen, die bei einem solchen Ansatz auftreten.

- Unvollständigkeit

  Man kann nicht davon ausgehen, daß der Thesaurus alle Bedeutungsregeln zu einem
  Wort enthält (Deshalb soll er ja erweitert werden). Dies wirkt sich vor allem bei
  der Generierung der Beispiele aus. Wenn ein Nomen gemeinsam mit einem Verb verwendet wird, und diese Kombination nach dem derzeitigen Wissensstand nicht erlaubt
  ist, sind selbst unter der Voraussetzung des korrekten Gebrauchs prinzipiell drei
  Erklärungen für diesen Widerspruch möglich.

  - Es gibt eine unbekannte Interpretation des Nomens, die eine der bekannten
    Selektionsbeschränkungen des Verbs erfüllt
  - Es gibt eine unbekannte Selektionsbeschränkung des Verbs, die eine der be-
    kannten Interpretationen des Nomens erlaubt
  - Es gibt eine unbekannte Selektionsbeschränkung des Verbs und eine unbekannte
    Interpretation des Nomens

  Dies hat natürlich erhebliche Konsequenzen auf die Beispiele, die generiert werden.

- Unsicherheit

  aus Beispielen induzierte Regeln können nicht vollständig verifiziert werden,
  d.h. sie sind unsicher

- erweiterter Gebrauch von Wörtern erschwert das Erstellen von Regeln

- Qualität der Beispiele

  die Beispiele werden aus der Verwendung der Wörter automatisch gewonnen, d.h. der
  Zufall entscheidet, ob die Beispiele für eine Regel charakteristisch sind.
  Außerdem überträgt sich die Unsicherheit der Regeln auf die von ihnen generierten
  Beispiele. Es wird daher nicht zu vermeiden sein, daß falsche Beispiele generiert
  werden.

- unklare Zielvorstellungen

Bei den meisten in der Literatur beschriebenen Systemen (s. z.B. Michalski et al. (1983)) gibt es klare Zielvorstellungen über die Konzepte, die bei einer Lernaufgabe zu entdecken sind. D.h. es ist eine eindeutige Zuordnung der Beispiele zu den zu lernenden Konzepten möglich. Aufgrund der Unvollständigkeit des Thesaurus und der Unsicherheit von Regeln und Beispielen kann es hier eine solche Zuordnung nicht geben.

- Konfidenz von Regeln

Da induzierte Regeln nicht verifiziert werden können, muß ein Verifikationsschema entwickelt werden, das den Regeln nach objektiven Kriterien ein Konfidenzmaß zuordnet.

- Entdecken und Korrigieren falscher Regeln

- Auswirkungen der Korrektur falscher Regeln

Da die Regeln für generische Beziehungen und für Selektionsbeschränkungen eng miteinander verbunden sind, kann sich jede Änderung einer Regel direkt auf andere Regeln auswirken. Eine indirekte Auswirkung ergibt sich daraus, daß bei jeder Änderung einer Regel auch die von ihr erzeugten Beispiele geändert werden müssen. Regeln, die aus diesen Beispielen gewonnen wurden, müssen dann entsprechend geändert werden.

Ein System, das vollautomatisch Bedeutungsregeln lernt, ist in absehbarer Zeit sicher nicht zu realisieren. Dennoch lohnen sich weitere Arbeiten in dieser Richtung, da selbst von einem teilautomatisierten Verfahren großer Nutzen zu erwarten ist.

6.0 LITERATUR

Alschwee. B., A. Blaser, He. and Hu. Lehmann, W. Schoenfeld (1985): "Ein juristisches Expertensystem mit natuerlichsprachlichem Dialog - ein Projektbericht". Vortrag gehalten bei Systems 85, Okt.1985, Muenchen, erscheint in Proceedings der Konferenz als Springer Fachbericht

Guenthner, F., Lehmann, H. (1983): "Rules for Pronominalization" First Conference of the European Chapter of the Association for Computational Linguistics, Pisa

Helbig, G., Schenkel, W. (1983): Wörterbuch zur Valenz und Distribution deutscher Verben, 7.Aufl., Max Niemeyer Verlag, Tübingen

Lehmann, H. (1978): "Interpretation of Natural Language in an Information System", in: IBM Journal of Research and Development Vol. 22 No. 5

Michalski, R. S., Carbonell, J. G., Mitchell, T. M. (ed.) (1983): Machine Learning. An Artificial Intelligence Approach, Tioga, Palo Alto

Rollinger, C. R. (1984): "Die Repräsentation natürlichsprachlichen Wissens - Behandlung der Aspekte Unsicherheit und Satzverknüpfung" KIT-REP 26, TU Berlin

Wirth, R. (1984): Halbautomatische Erweiterung eines bestehenden Thesaurus, Diplomarbeit, Universität Heidelberg / FH Heilbronn

6. Wissensrepräsentation

What is Common Sense and How to Formalize it?

John McCarthy

Stanford University

- Condensed Slides -

1. What is Common Sense?

   A certain combination of knowledge and reasoning ability
   required for successful behavior in complex environments.

   I will discuss three things:

   - what kind of knowledge?

   - examples of common sense knowledge.

   - what reasoning abilities?

2. Philosophical presuppositions of AI:

   In 1958 the linguistic philosopher Bar-Hillel remarked that
   formalizing common sense involved philosophical presuppositions. He was right. For example, axioms about the relation
   between appearance and reality assume that both exist.

3. Feigenbaum's question:

   Is common sense just a matter of a very large number of pattern-action rules?

   My answer:

   No! Unless the expert system interprets a more sophisticated
   knowledge using system. If you do that you still have to define the more sophisticated system and write your knowledge
   in its formalism.

4. The Advice Taker (1958):

   Represent as sentences of mathematical logic

   - general facts about the effects of actions and events

- goals to be obtained
- the principle that actions that achieve goals should be done
- facts about the particular situation

  Deduce a sentence of the form (SHOULD action) and then do the action.

5. The original Advice Taker plan won't work. Why it won't work wasn't apparent until something better came along - namely non-monotonic reasoning.

6. Areas of common sense knowledge :
    - effects of actions and other events
    - relations between appearance and reality
    - objects and their parts
    - is-a-hierarchies
    - knowledge and belief
    - vision as a dynamic process
    - communication as a process
    - natuaral kinds vs. arbitrary boundaries

7. Effects of actions in achieving goals

   The subject of the most axiomatic work.
    - situation calculus. s' = result(e,s) is the situation that results when event e occurs in situation s.
    - frame problem. How to avoid specifying everything that does not change?
    - qualification problem. How to avoid endless qualifications in axioms?

8. Meta-facts about appearance and reality:
    - We must infer from appearance to reality.
    - We jump to conclusions.
    - Our stable knowledge goes from reality to appearance.

Facts about appearance and reality

- Dogs sometimes look for food in trash cans.

- An overturned trash can was overturned by a dog.

- Mischievous children sometimes overturn trash cans.

- Fleeing burglars sometimes run into trash cans.

9. Material objects

   1. Material objects have locations in space in situations.

   2. Material objects change location only by following a trajectory through intermediate space.

   3. Every trajectory between the inside and the outside of a 3-d container passes through the material of the container.

10. Processes occurring in time

   1. Now and the future. (also the past).

   2. General reasoning about processes.

   3. Situations, events, actions, causes.

   4. Achievement of goals.

   5. Prevention.

11. Common sense data base:

Once we have a good common sense reasoning system and know how to express common sense database usable by any program that requires common sense. Opinions differ by factor 1000 as to how many facts the database would need to be useful. I think ten thousand, but some think ten million.

12. The epistemology of common sense:

- What must a robot know about the common sense world?

- What inferences must it admit?

We can often usefully separate this epistemological problem from the heuristic problem of programming the search for useful inferences.

13. Issues about common sense:

   1. Is it necessary for expert systems? - For some.

   2. Can it be done with just a very large number of production
      rules? - No.

   3. Some requirements:

      a) Theoretical knowledge   eg. sterile container

      b) Elaboration tolerance

      c) Facts independent of purpose

      d) Logic representation

      e) Non-monotonic reasoning

14. Theoretical knowledge

"A container is sterile if all bacteria in it are dead".

The knowledge is theoretical, because we don't use it directly
by

   - checking each bacterium to see if it is dead

   - or knocking each bacterium on the head to kill it.

Instead we put the contents in agar to test it or heat it to
sterilize it.

15. Open questions about common sense:

  - effects of concurrent events

  - approximate theories, granularity, levels of detail

  - Which facts can be used directly in pattern-action rules ?

  - Which facts can be used directly as fragments of logic pro-
    grams?

  - When must the same fact be used in various ways?

  - expression of heuristic information as facts

  - maintaining modularity

16. Example of unnecessary elaboration:

"He believes that stepping on the brake will stop his car
and avoid hitting the car in front, so he intends to step
on the brake."

A non-monotonic contraction:

"The car in front has stopped, so he'll hit the brake."

17. The principle of rationality:

- It will do what it believes will achieve its goals.

  An elaboration:

- It intends to do what it believes will achieve its goals.

  Non-monotonic contractions:

- It will do what will achieve its goals.

- It will achieve its goals.

18. Formalized non-monotonic reasoning (1978):

Monotonicity:

If a sentence p is inferrred from a set A of premises and

A   B, then p is inferred from B.

Common sense reasoning includes non-monotonic steps.

- Non-monotonic logic (McDermott and Doyle)

- Default logic (Reiter)

- Circumscription (McCarthy)

Über unnormale Vögel, anwendbare Regeln
und einen Default-Beweiser

Gerhard Brewka
Gesellschaft für Mathematik und Datenverarbeitung
Forschungsgruppe Expertensysteme
Postfach 1240
5205 Sankt Augustin

Abstract

This paper presents the most important approaches to formalizing nonmonotonic
reasoning and discusses some difficulties involved in these approaches. For avoiding specific problems arising in applying default rules, a representation form
for these rules is suggested which allows the explicit control of their
applicability. On the one hand, this helps to avoid unplausible results, on the
other, the defaults are maintained in a form familiar to the user.

Default rules of this type are also used in FAULTY, a prover for a decidable subset of the nonmonotonic (predicate) logic developed by McDermott and Doyle.
Wellknown weaknesses of this logic are avoided by restricting to specific theories
that are however sufficient for default reasoning purposes.

An English version of this paper is available from the author.

> You can't always get what you want,
> but if you try some time, you get what you need.
> Mick Jagger, Rolling Stones

1. Einleitung

Die klassische Logik ist monoton, d.h. Theoreme einer Theorie (einer Menge von
Formeln) sind auch Theoreme jeder Obermenge dieser Theorie. Unser alltägliches
Schließen dagegen ist nichtmonoton. Das in der Literatur immer wieder verwendete
Standardbeispiel lautet: wenn wir von Tweety nur wissen, daß er ein Vogel ist,
werden wir annehmen, daß er fliegt, weil Vögel in der Regel fliegen. Durch die Zu-
satzinformation "Tweety ist ein Pinguin" werden wir gezwungen, diese Annahme zu-
rückzunehmen, wir revidieren dabei jedoch nicht unsere Prämissen (Tweety ist ein
Vogel, Vögel fliegen in der Regel). Es liegt also ein Fall von Nichtmonotonie vor.

Der Frage, wie man diese Art von common sense reasoning formalisieren kann, haben
sich in den letzten Jahren etliche KI-Forscher gewidmet. Als ein wichtiges Ergebnis stellte sich heraus, daß man gar nicht von der Nichtmonotonie des common sense
reasoning sprechen kann. Moore [Moore 83] hat auf zwei Hauptarten nichtmonotonen
Schließens hingewiesen:

Default-Schlüsse, d.h. plausible Schlüsse nach Art des obigen Beispiels:

> Die meisten (typischen, normalen) Vögel fliegen.
> Tweety ist ein Vogel.
> --
> Tweety fliegt.

autoepistemische Schlüsse:

> Wenn jemand mein Bruder ist, so weiß ich das.
> Ich weiß nicht, daß Peter mein Bruder ist.
> ____
> Peter ist nicht mein Bruder.

Bei autoepistemischen Schlüssen geht Wissen über das eigene Wissen in die Prämissen mit ein. Sie sind, im Gegensatz zu Default-Schlüssen, gültig (angedeutet durch die durchgezogene Linie). Die Nichtmonotonie entsteht durch die Kontextabhängigkeit der Bedeutung autoepistemischer Sätze (vgl. [Moore 83], S.6 f).

McCarthy [McCarthy 84] unterscheidet immerhin schon 7 verschiedene Arten von Nichtmonotonie. Wir wollen uns hier im wesentlichen auf default reasoning beschränken.

Als die wichtigsten Versuche einer Formalisierung nichtmonotonen Schließens sind die folgenden Ansätze zu nennen:

> die nichtmonotone Logik I (NML I) von McDermott und Doyle und ihre verschiedenen Weiterentwicklungen,

> Reiters default Logik,

> McCarthys verschiedene Versionen der circumscription (Umschreibung).

Im folgenden geben wir einen kurzen Überblick über diese Ansätze und gehen auf Schwierigkeiten ein, die mit ihnen verbunden sind. Auf eine Schwierigkeit, die allen hier vorgestellten nichtmonotonen Logiken gemeinsam ist, sei jetzt schon hingewiesen: sie sind alle nicht-semientscheidbar, eine Eigenschaft, die ihre Verwendbarkeit in KI-Programmen natürlich erheblich erschwert.

2. NML I und darauf basierende Logiken

Die Idee von McDermott und Doyle [McDermott/Doyle 80] war es, Nichtmonotonie in ihrer Logik über den Begriff der Konsistenz zu erzielen. Dazu erweitern sie die Sprache einer zugrundeliegenden klassischen Logik um den aus der Modallogik bekannten Operator M (für "ist konsistent"). Default-Regeln werden auf folgende Weise repräsentiert:

$$\forall x.bird(x) \ \& \ M \ flies(x) \ \rightarrow \ flies(x),$$

was intuitiv soviel heißen soll wie: wenn x ein Vogel ist und es konsistent ist anzunehmen, daß er fliegt, dann leite ab, daß er fliegt. Für die Definition der aus einer Axiomenmenge nichtmonoton ableitbaren Formeln ist eine etwas aufwendige Fixpunktkonstruktion notwendig. Es wird dazu ein Operator NM wie folgt definiert (Th(X) bezeichnet dabei wie üblich die Menge der Theoreme von X, L die Menge aller Formeln): Seien A und S Mengen von Formeln, dann ist

$$NM_A (S) = Th \ (A \cup AS_A (S)),$$

wobei AS_A (S), die Menge der Annahmen aus S bezüglich A, gegeben ist durch

$$AS_A \ (S) = \left\{ Mq / q \in L \ \text{und} \ -q \notin S \right\} \qquad - Th(A) \ .$$

Die nichtmonotonen Theoreme einer Theorie A werden dann definiert als Schnitt aller Fixpunkte von NM_A (abkürzend Fixpunkte von A genannt). Für eine eingehende und
motivierendere Darstellung von NML I siehe [Brewka/Wittur 84].

Schon McDermott und Doyle selbst haben als Mangel ihrer Logik erkannt, daß der
Operator M die Bedeutung von "ist konsistent" nicht voll erfaßt. Dadurch kommt es
zu einigen unbefriedigenden Resultaten. So ist etwa die Theorie
$\{ -Mp \}$ inkonsistent, $\{ Mp, -p \}$ dagegen konsistent.

Schon sehr bald ist man deshalb dazu übergegangen, an NML I Veränderungen vorzunehmen. Zunächst hatte McDermott [McDermott 82] die naheliegende Idee, die nichtmonotone Logik nicht auf der gewöhnlichen, sondern auf einer Modallogik aufzubau-
en, denn Modallogiken formalisieren ja gerade die Begriffe "möglich" ($\approx$ konsistent) und "notwendig" ($\approx$ beweisbar). Es gibt drei klassische Modallogiken, die
sich hier anbieten, nämlich T, S4 und S5. Wenn in der Definition von NM Th die
T-, S4- oder S5-Theoreme bezeichnet, erhält man drei verschiedene nichtmonotone
modale Logiken. Unglücklicherweise hat die nichtmonotone Logik S5 einen "serious
bug", wie McDermott es ausdrückt: sie ist monoton. McDermott wendet sich deshalb
dem nichtmonotonen S4 zu, eine nicht recht befriedigende ad-hoc-Entscheidung.

Lukaszewicz [Lukaszewicz 83] hält an S5 als zugrundeliegender Logik fest, ändert
aber, um Nichtmonotonie zu erreichen, die Definition der Annahmen AS_A ab. Nur noch
ganz bestimmte Annahmen, die sogenannten "preferable assumptions", werden bei der
Bildung der Fixpunkte berücksichtigt. Was die "preferable assumptions" einer Theorie sind, legt Lukaszewicz nur für Default-Theorien fest, d.h. Theorien, in denen
der Operator M nur in Formeln der Gestalt

$$p \ \& \ M \ q1 \ \& \ \ldots \ \& \ M \ qn \ -> \ r$$

auftritt. Die resultierende Logik ist tatsächlich nichtmonoton. Sie hat die ungewöhnliche, aber beabsichtigte Eigenschaft (vgl. [Lukaszewicz 84]), daß die nichtmonotonen Theoreme einer Theorie von der syntaktischen Repräsentation dieser Theorie abhängen: aus S5-äquivalenten Theorien lassen sich nichtmonoton unterschiedliche Formeln ableiten.

Da es in dieser Logik in bestimmten Fällen zu unerwünschten Resultaten kommt (vgl.
[Brewka/Wittur 84]), hat Lukaszewicz [Lukaszewicz 84] eine neue, noch komplizier-
tere Version seiner Logik geliefert, die zumindest die in [Brewka/Wittur 84] kri-
tisierten Mängel nicht mehr aufweist.

Auch die von Moore [Moore 83] vorgeschlagene autoepistemische Logik ist eine
Weiterentwicklung von NML I, wenn auch die Modaloperatoren eine andere intuitive
Bedeutung erhalten (der zu M duale Operator L wird interpretiert als "es wird
geglaubt, daß ..."). Moore definiert die Fixpunkte einer Theorie so, daß sie nicht
nur, wie in NML I, Mq enthalten müssen, wenn -q nicht enthalten ist. Er fordert
zusätzlich, daß sie Lq (=-M-q) enthalten, wenn q enthalten ist. Dadurch erübrigt
sich der Übergang zu Modallogiken.

Insgesamt ist die von NML I ausgehende Entwicklung in zwei Richtungen gegangen.
Zum einen sind die Logiken immer komplizierter und schwerer handhabbar geworden,
zum anderen hat, wenigstens bei Lukaszewicz, eine Einschränkung auf eine engere
Klasse von Theorien stattgefunden. Unsere Auffassung ist es, daß man die zweite
Tendenz nur ernst genug nehmen muß, um die erste, wenigstens für Zwecke des
default reasoning, überflüssig zu machen. Schränkt man sich auf spezielle Klassen
von Theorien ein, so leistet NML I genau das, was man von einer Logik für default
reasoning erwartet, und der festgestellte Mangel kommt nicht zum Tragen. Wir werden darauf in Abschn. 5 zurückkommen und wenden uns jetzt der Default-Logik von
Reiter zu, der ebenfalls eine solche Beschränkung befürwortet.

3. Reiters Default-Logik

Der wichtigste Unterschied zwischen Reiters Ansatz [Reiter 80] und dem von McDermott und Doyle ist es, daß bei Reiter Default-Regeln nicht innerhalb der Logik repräsentiert sind, sondern als eine Art von Meta-Regeln neben eine gewöhnliche klassische Theorie treten und bestimmte Erweiterungen, sog. Extensionen, dieser Theorie induzieren. Defaults besitzen folgende Gestalt:

$$a(x) \ : \ M \ b1(x), \ \ldots \ , \ M \ bn(x)$$
$$\overline{\qquad\qquad\qquad\qquad\qquad\qquad}$$
$$w(x)$$

wobei a(x), b1(x),..., bn(x), w(x) klassische Formeln mit freien Variablen aus x=x1,...,xm sind. Die intuitive Bedeutung der Regel lautet: wenn für ein bestimmtes Objekt (Tupel von Objekten) a gilt und b1 ... bn konsistent sind, so leite ab, daß es w erfüllt. Die von einer Menge von defaults induzierten Extensionen einer Theorie werden durch eine ähnliche Fixpunktkonstruktion definiert wie bei McDermott und Doyle.

Es gibt noch einen wesentlichen Unterschied zu den bisher vorgestellten Logiken. Reiter definiert die nichtmonotonen Theoreme nicht als Schnitt von Fixpunkten, er betrachtet jede Extension für sich genommen als akzeptablen "set of beliefs". In seiner Beweistheorie geht es ihm dann auch konsequenterweise um die Frage: gibt es zu einer Theorie eine Extension, die eine bestimmte Formel q enthält. In dieser Auffassung können wir Reiter nicht folgen. Betrachten wir ein Beispiel:

    1) Die meisten Informatiker sind keine Millionäre.
    2) Die meisten Porschefahrer sind Millionäre.
    3) Müller ist Informatiker und Porschefahrer.

In Reiters Beweistheorie sind, da sowohl "Müller ist Millionär" als auch "Müller ist kein Millionär" in einer Extension enthalten ist, diese beiden kontradiktorischen Aussagen "ableitbar" – eine sicher recht ungewöhnliche Eigenschaft. Nach unserer Auffassung reicht in diesem Fall die vorliegende Information einfach nicht aus, um die eine oder die andere Annahme als akzeptabel erscheinen zu lassen. Es sollte deshalb gar nichts bezüglich Müllers Millionärsein abgeleitet werden, d.h. der Schnitt der Extensionen sollte für die Definition der ableitbaren Formeln gewählt werden.

Reiter nimmt in seiner Beweistheorie eine Einschränkung vor, die auf den ersten Blick überzeugend scheint: er beschränkt sich auf **normale** defaults, die folgende Gestalt besitzen:

$$a(x) \ : \ M \ w(x)$$
$$\overline{\qquad\qquad\qquad\qquad}$$
$$w(x)$$

Leider tauchen aber doch Probleme auf, die mit dieser Klasse von Regeln nicht gelöst werden können. Wir wollen diese Probleme anhand einiger Beispiele erläutern.

a) **Spezifizität von Default-Regeln**

    1) Die meisten Erwachsenen sind verheiratet.
    2) Die meisten 21jährigen sind nicht verheiratet.

Wenn Hans 21 Jahre alt ist (und somit auch erwachsen), dann erwarten wir natürlich, daß defaultmäßig abgeleitet wird "Hans ist nicht verheiratet", daß also 1) nicht angewendet wird, weil 2) die spezifischere Information enthält.

b) Transitivität von Default-Regeln

> 1) Die meisten Studenten sind erwachsen.
> 2) Die meisten Erwachsenen sind verheiratet.
> 3) Die meisten Studenten sind nicht verheiratet.

Von einem Studenten sollte in diesem Fall natürlich, solange nichts Gegenteiliges bekannt ist, abgeleitet werden, daß er nicht verheiratet ist. Durch Verkettung von Default-Regeln (hier 1) und 2)) tritt ein Plausibilitätsverlust ein. Die eine Klasse von Objekten direkt betreffende Regel (hier 3)) ist vorzuziehen.

c) Ausnahmen von Default-Regeln

Betrachten wir noch einmal die Regel 1) aus Beispiel a): "Die meisten Erwachsenen sind verheiratet". Wir interessieren uns aus irgendeinem Grunde für 26jährige. Nun gilt weder "Alle 26jährigen sind nicht verheiratet" noch "Die meisten 26jährigen sind unverheiratet", doch wir wissen "Es ist unsicher, ob 26jährige verheiratet sind". Die Regel 1) darf in diesem Fall nicht auf 26jährige angewendet werden.

Reiter und Criscuolo [Reiter/Criscuolo 81] lösen die genannten Probleme dadurch, daß sie zu **seminormalen** defaults übergehen, das sind Regeln der Gestalt

$$\frac{B(x) \ : \ M \ (-A(x) \ \& \ C(x))}{C(x)} \quad .$$

Die Regel 1) aus Beispiel a) wird etwa formalisiert als

$$\frac{erwachsen(x) \ : \ M \ (- \ 21j\ddot{a}hrig(x) \ \& \ verheiratet(x))}{verheiratet(x)}$$

und man erhält die gewünschten Ergebnisse. Ähnlich lassen sich die anderen genannten Probleme lösen.

Diese Art der Repräsentation hat zwei Nachteile:

> die Notwendigkeit, bei Erweiterungen von Theorien ständig schon vorhandene Defaults anzupassen,

> mangelnde kognitive Adäquatheit: Niemand verwendet im Alltag solche seminormalen Regeln, sondern es wird mit Sätzen wie "Die meisten Erwachsenen sind verheiratet" argumentiert, und in bestimmten Fällen sagt man: "Ja, aber hier kann diese Regel nicht angewendet werden".

Wir werden im folgenden zwei in dieser Hinsicht bessere Vorschläge für die Repräsentation von Default-Regeln kennenlernen.

4. McCarthys Circumscription

McCarthy vermeidet modale oder sonstige Erweiterungen der klassischen Logik, stattdessen wendet er sich einer Logik höherer Ordnung zu. Bei den verschiedenen Formen der circumscription (Umschreibung) handelt es sich um bestimmte Minimisierungstechniken. Predicate circumscription [McCarthy 80] gestattet es, in einer Theorie (1. Ordnung) die Menge der Objekte, von denen man zeigen kann, daß sie ein Prädikat P erfüllen, mit der gesamten Extension von P gleichzusetzen. Da sich predicate circumscription nicht für eine Formalisierung des Default-Reasoning eignet (vgl. [Brewka/Wittur 84], [Etherington et al. 84]), hat McCarthy [McCarthy 84] eine Verallgemeinerung dieser Technik vorgeschlagen, die die Minimisierung einer beliebigen Formel gestattet: formula circumscription (des weiteren auch einfach circumscription genannt).

Def.: Sei A(P) eine Formel, die die Prädikatensymbole P=P1,...,Pn enthält, E(P,x) eine Formel, in der P und ein Tupel x von Individuenvariablen frei auftreten. Die circumscription von E(P,x) bezüglich A(P) ist die Formel (2. Ordnung):

$$A(P) \ \& \ \forall P'.[A(P') \ \& \ [\forall x.E(P',x) \rightarrow E(P,x)] \rightarrow [\forall x.E(P',x) \leftrightarrow E(P,x)]].$$

Um circumscription für Zwecke des default reasoning nutzbar zu machen, entwickelt McCarthy eine neue Art der Repräsentation von defaults. Er verwendet das Standardprädikat **ab** (abnormal), das als Argument einen bestimmten Aspekt erhält, hinsichtlich dessen sich ein Objekt unnormal verhält. Unsere bekannte Vogelregel sieht dann so aus

1) $\quad\quad\quad \forall x.bird(x) \ \& \ - \ ab(aspect1(x)) \rightarrow flies(x)$.

Umschrieben, also minimisiert, wird die Formel **ab z** , wobei die Prädikate, bezüglich derer man Default-Schlüsse ziehen will, mit als Variable (in P, s.o.) verwendet werden müssen (hier: flies). Zusätzlich werden "cancellation of inheritance axioms" folgender Art verwendet:

2) $\quad\quad\quad \forall x.ostrich(x) \rightarrow ab \ (aspect1 \ (x))$.

Dazu McCarthy a.a.O. Seite 300:

> **This doesn't say that an ostrich cannot fly - merely that (4) [in unserer Darstellung 1), G.B.] can't be used to infer that it does.**

Diese Aussage weist schon darauf hin, wie eng die Beziehung zwischen McCarthys Repräsentation von Default-Regeln und unserem Vorschlag [Brewka/Wittur 84] ist, den wir im nächsten Abschnitt behandeln wollen.

Mit McCarthys Repräsentation gelingt es, die in Abschn. 3 besprochenen Probleme zu lösen, ohne immer wieder an den Default-Regeln selbst Änderungen vornehmen zu müssen. Der Nachteil seiner Methode ist sicherlich, daß die Spezifikation einer Theorie mit Default-Regeln und cancellation of inheritance axioms obiger Art nicht ausreicht: neben der zu minimisierenden Formel (ab z) muß festgelegt werden, welche Prädikate bei der circumscription als Variable verwendet werden sollen. McCarthy a.a.O. Seite 302:

> **My present, admittedly somewhat unsatisfactory, idea is to include some sort of metamathematical statement like**
>   **circumscribe (ab z; ab, flies, bird, ostrich, penguin)**
> **in a "policy" database available to the program.**

Außerdem sind in bestimmten Fällen zusätzliche Axiome erforderlich, die etwa garantieren, daß verschiedene Konstanten verschiedene Objekte repräsentieren oder daß die Extensionen von Prädikaten sich nicht überschneiden. All das ist in NML I nicht nötig.

5. Unser Vorschlag: explizite Kontrolle der Anwendbarkeit von Default-Regeln

Wir haben - unabhgängig von McCarthy - eine Repräsentation von defaults vorgeschlagen, die seiner sehr nahe kommt [Brewka/Wittur 84]. Die Ähnlichkeit wird am deutlichsten, wenn man sich klarmacht, daß gerade die Objekte hinsichtlich eines Aspektes unnormal sind, auf die man eine bestimmte Default-Regel nicht anwenden kann, denn Defaults drücken ja gerade aus, was normalerweise der Fall ist. Während

McCarthy die Unnormalität von Objekten bezüglich bestimmter Aspekte in der Logik
repräsentiert und minimisiert, gehen wir den dazu "dualen" Weg. Wir repräsentieren
explizit die Anwendbarkeit von Default-Regeln und "maximieren" sie: Default-Regeln
sollen anwendbar sein, solange nichts Gegenteiliges bekannt ist. Dazu verwenden
wir in NML I das Standardprädikat ANW für "anwendbar" (strenggenommen handelt es
sich nicht um <u>ein</u> Prädikat, sondern um die Klasse der Prädikate ANWi, $i \in \mathbb{N}$, wobei
i die Stelligkeit der jeweiligen Default-Regel angibt; wir wollen diese Unterscheidung jedoch hier vernachlässigen). Default-Regeln schreiben wir als:

$$\forall x. M\ ANW\ (R1,x)\ \&\ bird\ (x)\ \&\ M\ flies\ (x)\ \rightarrow\ flies\ (x)\ ,$$

wobei R1 als Bezeichner für die Regel selbst fungiert. Die intuitive Bedeutung der
Regel ist: Leite von einem Vogel ab, daß er fliegt, wenn nicht bewiesen werden
kann, daß er nicht fliegt, es sei denn es läßt sich zeigen, daß die Regel (R1)
nicht angewendet werden darf. Mit Axiomen wie

$$\forall x. Penguin\ (x)\ \rightarrow\ -\ ANW\ (R1,x)$$

läßt sich die Anwendbarkeit von Default-Regeln nach Bedarf blockieren. Sie entsprechen genau McCarthys cancellation of inheritance axioms.

McCarthy selbst bedauert die Unanschaulichkeit seines Ansatzes, vor allem der verschiedenen Aspekte. McCarthy a.a.O. Seite 299:

**The aspects themselves are abstract entities, and their unintuitiveness is
somewhat a blemish on the theory.**

Vielleicht ist unser Vorschlag in dieser Hinsicht dem von McCarthy überlegen,
trotz der ungewöhnlichen Situation, daß Regeln über sich selbst sprechen (Para-
doxien, die durch diese Art von Selbstreferenz entstehen könnten, werden durch die
eingeschränkte Verwendung von ANW vermieden: ANW darf nur auf der linken Seite von
Default-Regeln (mit dem Operator M) und auf der rechten Seite von cancellation of
inheritance axioms (negiert) auftreten). Vor allem können wir, im Gegensatz zu
McCarthy, die oben vorgeschlagene Form von defaults als bloße interne Repräsentation "verstecken". Der Benutzer unseres Default-Beweisers FAULTY (siehe Abschn. 6)
spezifiziert und sieht nur Regeln wie

$$R1:\ \forall x. bird\ (x)\ \rightarrow\ pres\ (flies\ (x))\ ,$$

pres steht dabei für "presumably". Theorien haben damit bei uns eine natürlichere,
dem Benutzer vertrautere Form.

Warum aber gerade NML I, dessen Schwäche wir ja in Abschn. 2 diskutiert haben? Sicher ist NML I zu schwach. Aber zu schwach wozu? Um den Begriff "Konsistenz" in
seiner vollen Bedeutung zu erfassen. Das heißt aber noch lange nicht, daß NML I
nicht für Zwecke des default reasoning taugt, wenn man gewisse Einschränkungen
akzeptiert. Wir wollen folgendes festlegen :

I. Wir beschränken uns auf Default-Regeln der Gestalt:
   $\forall x. M\ ANW\ (Rj,x)\ \&\ P\ (x)\ \&\ M\ Q(x)\ \rightarrow\ Q(x)$,
   wobei weder P(x) noch Q(x) M oder ANW enthalten dürfen. Nur in solchen
   Default-Regeln darf M vorkommen.
II. Wir interessieren uns nur für die Ableitbarkeit von Formeln, die M nicht enthalten.

Mit diesen Einschränkungen werden die unerwünschten Konsequenzen der Schwäche von
NML I verhindert, und default reasoning läßt sich auf geeignete Weise modellieren.
Der Vorteil von NML I ist: diese Logik ist überschaubarer als ihre zahlreichen
Varianten, es ist kein zusätzliches metamathematisches Statement erforderlich, Be-
weisverfahren, die auf dem Resolutionsprinzip basieren, lassen sich recht einfach
für NML I erweitern, wie wir im nächsten Abschnitt sehen werden.

Es gibt natürlich auch inhaltliche Unterschiede zwischen circumscription und unserer Verwendung von NML I. Nehmen wir an, alle bekannten Fakten sind

    1) Vögel fliegen normalerweise.
    2) Pinguine fliegen normalerweise nicht.
    3) Tweety ist ein Vogel.
    4) Pinguine sind Vögel.

Formalisiert man diese Fakten, so sollte man, da 2) spezifischer ist als 1), hinzufügen, daß Pinguine hinsichtlich 1) "abnormal" sind, bzw. in unserer Darstellungsart, daß 1) nicht auf Pinguine angewendet werden kann. Mit circumscription kann man nun entweder nur ableiten "wenn Tweety kein Pinguin ist, fliegt er" (aber nicht: "Tweety fliegt"), oder es muß auch das Prädikat Pinguin minimisiert werden (das ist tatsächlich die Lösung, die McCarthy vorschlägt). Wir dagegen erhalten "Tweety fliegt", aber nicht "Tweety ist kein Pinguin". Nun mag es tatsächlich nur dann vernünftig sein, 1)-4) zu akzeptieren, wenn man auch akzeptiert "Vögel sind normalerweise keine Pinguine". Wir könnten eine ähnliche Lösung erreichen mit defaults der Art

$$\forall x.\text{ANW } (R1,x) \ \& \ \text{bird } (x) \ \& \ M \text{ flies } (x) \rightarrow \text{flies } (x),$$

wobei dann das "meta-default"

$$\forall xy.M \text{ ANW } (x,y) \rightarrow \text{ANW } (x,y)$$

hinzugenommen werden müßte. Alle unsere defaults wären dann normal. Wir haben uns jedoch entschlossen, diese zweite Art der Repräsentation von Default-Regeln nicht zu verwenden, da wir "implizite" defaults vermeiden wollten.

6. FAULTY, ein Default-Beweiser für eine entscheidbare Teilmenge der nichtmonotonen Prädikatenlogik

FAULTY [Brewka/Wittur 84] ist ein Default-Beweiser, den wir in SIEMENS-Interlisp auf einer SIEMENS-Rechenanlage implementiert haben. Mit der Beschränkung auf eine entscheidbare Teilmenge der Prädikatenlogik – es sind nur Formeln zugelassen, deren Pränex-Normalform in die Präfixklasse $\exists^m \forall^m$ fällt – umgehen wir das Problem der Nichtsemientscheidbarkeit von NML I. Natürlich ist auf lange Sicht eine solche Einschränkung unbefriedigend, und es müssen Heuristiken gefunden werden, die es erlauben, beliebige prädikatenlogische Theorien mit defaults zu verwenden und Beweisbarkeit in NML I zu approximieren. Wir wollten jedoch zunächst die Logik "pur" auf ihre Leistungsfähigkeit und Plausibilität hin untersuchen können.

Das FAULTY zugrundeliegende Beweisverfahren ist eine Verallgemeinerung des Verfahrens von McDermott und Doyle für nichtmonotone Aussagenlogik [McDermott/Doyle 80]. Wir führen zunächst gewöhnliche Resolutionsbeweise. Formeln der Gestalt Mq werden dabei wie Literale behandelt. Es sind drei Fälle möglich:

1) die leere Klausel ☐ ist ableitbar: die zu testende Formel ist bewiesen,
2) ☐ ist nicht ableitbar, und es ist keine Klausel ableitbar, die nur Literale enthält, die mit M beginnen (reine M-Klause): die zu testende Formel ist nicht ableitbar,
3) ☐ ist nicht ableitbar, und mindestens eine reine M-Klause ist ableitbar: in diesem Fall muß für jedes Literal Mp jeder solchen Klause ein neuer Beweis erzeugt werden, und zwar ist -p zu beweisen. Die so neu erzeugten Beweise können ihrerseits weitere Beweise erforderlich machen.

Für die auf diese Weise entstehende (endliche) Menge von Beweisen müssen dann zulässige Statuszuweisungen gefunden werden. Ein Beweis kann den Status OPEN (mißlungen) oder CLOSED (erfolgreich abgeschlossen) erhalten. Um zu prüfen, ob eine

Statuszuweisung zulässig ist, wird folgendermaßen vorgegangen: für jeden Beweis
einer Formel -p mit Status OPEN wird in allen Beweisen die Klause Mp hinzugefügt.
Jetzt muß in allen Beweisen mit Status CLOSED ⬚ ableitbar sein, in allen Beweisen
mit Status OPEN darf ⬚ nicht ableitbar sein. Es kann mehrere zulässige Statuszuweisungen geben, sie entsprechen gerade den Fixpunkten der zugrundeliegenden Theorie. Eine Formel ist ableitbar, wenn der für sie geführte Beweis in allen zulässigen Statuszuweisungen den Status CLOSED besitzt.

Die zulässigen Statuszuweisungen einer Menge von Beweisen entsprechen gerade den
Interpretationen, die eine bestimmte aussagenlogische Formel erfüllen (vgl.
[Brewka/Wittur 84], S. 110f). Die Überprüfung der Ableitbarkeit einer Formel läßt
sich deshalb - nach Erzeugung der Menge von Resolutionsbeweisen - durch einen gewöhnlichen aussagenlogischen Beweiser bewerkstelligen.

Wir wollen das Verfahren an einem kleinen Beispiel illustrieren. Wir gehen aus von
der in Klausenform dargestellten Theorie

1) -M ANW (R1,x) v -BIRD(x) v -M FLIES(x) v FLIES(x)
2) BIRD(Tweety)

und wollen FLIES(Tweety) beweisen. Die folgende Tabelle gibt eine Übersicht über
die erzeugten Beweise:

zu beweisen:	FLIES(Tweety)	-FLIES(Tweety)	-ANW(R1,Tweety)
resultierende (nicht subsu- mierte) Klausen:	-FLIES(Tweety) -M ANW(R1,Tweety) v -M FLIES(Tweety) <M ANW(R1,Tweety)> <M FLIES(Tweety)> < >	FLIES(Tweety)	ANW(R1,Tweety)
Status:	CLOSED	OPEN	OPEN

Zunächst wird versucht, FLIES(Tweety) zu beweisen. ⬚ ist zunächst nicht ableitbar,
jedoch die reine M-Klause -M ANW(R1,Tweety) v -M FLIES(Tweety). Es werden deshalb
zwei neue Beweise erzeugt, einer für -FLIES(Tweety), der andere für
-ANW(R1,Tweety). Beide mißlingen und liefern keine reine M-Klause. Ihr Status ist
deshalb OPEN, die Klausen M ANW(R1,Tweety) und M FLIES(Tweety) können also im ersten Beweis verwendet werden und ermöglichen die Ableitung der leeren Klause. In
diesem Fall gibt es nur eine zulässige Statuszuweisung und FLIES(Tweety) ist bewiesen.

Leider taucht noch ein Problem auf: durch die Skolemisierung von NML I- Theorien
werden Formeln (ohne Skolemkonstanten) ableitbar, die in der ursprünglichen Theorie nicht beweisbar sind. So ist etwa aus
$$\{\exists x.P(x), \forall x.P(x) \& M Q(x) \to Q(x)\}$$
nicht ableitbar $\exists x.Q(x)$. Diese Formel kann jedoch aus der skolemisierten Form der
obigen Theorie abgeleitet werden. Wir lösen dieses Problem in FAULTY dadurch, daß
wir die Anwendung von Default-Regeln auf Skolemkonstanten verhindern.

Wir können den FAULTY-Algorithmus hier nur informell beschreiben und verweisen für
die Einzelheiten auf [Brewka/Wittur 84]. Dort ist auch beschrieben, wie FAULTY
versucht, nach Eingabe einer Theorie in einem Dialog mit dem Benutzer Fälle zu
finden, für die die Anwendbarkeit bestimmter Default-Regeln blockiert werden muß.

McCarthy [McCarthy 84] erläutert seine Repräsentation von Default-Regeln anhand
einer Theorie, in der es (mal wieder) um Vögel geht. Die Dialogausschnitte auf der
folgenden Seite zeigen, wie diese Theorie in FAULTY dargestellt wird, sowie einige
Ableitungen.

227

```
(OUT)    DIE THEORIE THEORY-OF-BIRDS
(OUT)
(OUT)    AXIOME :
(OUT)
(OUT)    1
(OUT)    (BIRD TWEETY)
(OUT)    2
(OUT)    (OSTRICH FRITZ)
(OUT)    3
(OUT)    (PENGUIN FRANZ)
(OUT)    4
(OUT)    (CANARY HANSI)
(OUT)    5
(OUT)    ((ALL X) ((OSTRICH X) IMP (BIRD X)))
(OUT)    6
(OUT)    ((ALL X) ((PENGUIN X) IMP (BIRD X)))
(OUT)
(OUT)    DEFAULT-REGELN :
(OUT)
(OUT)    $R0
(OUT)    ((ALL X) ((BIRD X) IMP (PRES (FLIES X))))
(OUT)    $R1
(OUT)    ((ALL X) ((OSTRICH X) IMP (PRES (NOT (FLIES X)))))
(OUT)    $R2
(OUT)    ((ALL X) ((PENGUIN X) IMP (PRES (NOT (FLIES X)))))
(OUT)    $R3
(OUT)    ((ALL X) ((CANARY X) IMP (PRES (BIRD X))))
(OUT)    $R4
(OUT)    ((ALL X) ((BIRD X) IMP (PRES (FEATHERED X))))
(OUT)
(OUT)    AUSNAHMEN :
(OUT)
(OUT)    1
(OUT)    ((ALL X) ((OSTRICH X) IMP (NOT (ANW $R0 X))))
(OUT)    2
(OUT)    ((ALL X) ((PENGUIN X) IMP (NOT (ANW $R0 X))))



(OUT)    DIE ZU TESTENDE FORMEL :
(OUT)
(IN)     (flies tweety) end
(OUT)    DIE FORMEL IST AUS DER THEORIE
(OUT)    THEORY-OF-BIRDS BEWEISBAR
(OUT)    WOLLEN SIE EINE WEITERE FORMEL BEWEISEN ?
(OUT)    J/N ? :
(OUT)
(IN)     j
(OUT)    DIE ZU TESTENDE FORMEL :
(OUT)
(IN)     (flies fritz) end
(OUT)    DIE FORMEL IST AUS DER THEORIE
(OUT)    THEORY-OF-BIRDS NICHT BEWEISBAR
(OUT)
(OUT)    WOLLEN SIE EINE WEITERE FORMEL BEWEISEN ?
(OUT)    J/N ? :
(OUT)
(IN)     j
(OUT)    DIE ZU TESTENDE FORMEL :
(OUT)
(IN)     (flies hansi) end
(OUT)    DIE FORMEL IST AUS DER THEORIE
(OUT)    THEORY-OF-BIRDS BEWEISBAR
(OUT)
(OUT)    WOLLEN SIE EINE WEITERE FORMEL BEWEISEN ?
(OUT)    J/N ? :
(OUT)
(IN)     j
(OUT)    DIE ZU TESTENDE FORMEL :
(OUT)
(IN)     (feathered hansi) end
(OUT)    DIE FORMEL IST AUS DER THEORIE
(OUT)    THEORY-OF-BIRDS BEWEISBAR
(OUT)
(OUT)    WOLLEN SIE EINE WEITERE FORMEL BEWEISEN ?
(OUT)    J/N ? :
(OUT)
(IN)     j
(OUT)    DIE ZU TESTENDE FORMEL :
(OUT)
(IN)     (feathered fritz) end
(OUT)    DIE FORMEL IST AUS DER THEORIE
(OUT)    THEORY-OF-BIRDS BEWEISBAR
(OUT)
(OUT)    WOLLEN SIE EINE WEITERE FORMEL BEWEISEN
(OUT)    J/N ? :
(OUT)
(IN)     j
(OUT)    DIE ZU TESTENDE FORMEL :
(OUT)
(IN)     (penguin tweety) end
(OUT)    DIE FORMEL IST AUS DER THEORIE
(OUT)    THEORY-OF-BIRDS NICHT-BEWEISBAR
```

Ein FAULTY-Beispieldialog

7. Zusammenfassung und Ausblick

1. Es gibt Probleme bei der Formalisierung von default reasoning, die sich durch ausschließliche Verwendung von normalen defaults nicht lösen lassen.
2. Reiters seminormale defaults sind unnatürlich und unpraktisch.
3. McCarthys abstrakte Aspekte sind wenig intuitiv.
4. Circumscription ist kompliziert.
5. NML I ist (relativ) einfach.
6. NML I ist für Zwecke des default reasoning geeignet, wenn man bestimmte Beschränkungen akzeptiert.
7. Default-Regeln sind meistens anwendbar.
8. Die Anwendbarkeit von Default-Regeln sollte in bestimmten Fällen blockiert werden können; das läßt sich dadurch erreichen, daß man Namen für defaults und ein Standardprädikat verwendet.
9. Man kann auf Resolutionsverfahren beruhende Beweiser für entscheidbare Teilmengen von NML I bauen. FAULTY ist so ein System.

10. Es sind vor allem zwei Fragen zu klären:
    a) Wie kann die Beschränkung auf eine entscheidbare Teilmenge der Prädikatenlogik aufgehoben werden?
    b) Wie kann die Effizienz von FAULTY gesteigert werden? Da allgemein mehrere Resolutionsbeweise zu führen sind, bietet sich z.B. der Versuch einer Parallelisierung an.

8. Danksagung

Die meisten hier vorgestellten Ideen entstammen Diskussionen mit K.H. Wittur während der Erstellung unserer gemeinsamen Arbeit [Brewka/Wittur 84].

Ich danke Thomas Christaller, Franco di Primio (beide GMD) sowie Joachim Hertzberg (Universität Bonn) und Michael Reinfrank (Universität Kaiserslautern) für wichtige Anregungen.

9. Literaturverzeichnis

[Brewka/Wittur 84]
    Brewka, G.; Wittur, K.-H.:
    Nichtmonotone Logiken - Eine Untersuchung der Formalisierungen nichtmonotoner
    Schlußweisen und die Implementation eines nichtmonotonen Reasoning-Systems.
    Universität Bonn, Informatik Berichte Nr. 40, Bonn 1984.

[Etherington et al. 84]
    Etherington, D. W.; Mercer, R.; Reiter, R.:
    On the Adequacy of Predicate Circumscription for Closed-World Reasoning.
    Proc. Non-Monotonic Reasoning Workshop 1984.

[Lukaszewicz 83]
    Lukaszewicz, W.:
    General Approach to Nonmonotonic Logics.
    Proc. IJCAI 1983.

[Lukaszewicz 84]
    Lukaszewicz, W.:
    Nonmonotonic Logic for default Theories.
    Proc. ECAI 1984.

[McCarthy 80]
    McCarthy, J.:
    Circumscription - A Form of Non-Monotonic Reasoning.
    Artificial Intelligence 13, North-Holland 1980.

[McCarthy 84]
    McCarthy, J.:
    Applications of Circumscription to Formalizing Common Sense Knowledge.
    Proc. Non-Monotonic Reasoning Workshop 1984.

[McDermott 82]
    McDermott, D.:
    Nonmonotonic Logic II: Nonmonotonic Modal Theories.
    JACM Vol. 29 No. 1, 1982.

[McDermott/Doyle 80]
    McDermott, D.; Doyle, J.:
    Non-Monotonic Logic I.
    Artificial Intelligence 13, North-Holland 1980.

[Moore 83]
    Moore, R.C.:
    Semantical Considerations on Nonmonotonic Logic.
    SRI International, Techn. Note 284, 1983,
    erschienen auch in: Artificial Intelligence 25(1) 1985, S.75-94.

[Reiter 80]
    Reiter, R.:
    A Logic for default Reasoning.
    Artificial Intelligence 13, North-Holland 1980.

[Reiter/Criscuolo 81]
    Reiter, R.; Criscuolo, G.:
    On Interacting Defaults.
    Proc. IJCAI 1981.

            Zur Rekonstruktion von Wissen in
            neueren Repräsentationssprachen der
            Künstlichen Intelligenz

                    Peter Schefe
                Universität Hamburg

Abstract:

Recent knowledge representation languages such as KRL, KL-ONE and
KRYPTON are investigated with respect to their epistemological adequacy.
Among others, the notions of analytical and synthetic equivalence (co-
referentiality) are discussed arriving at different kinds of knowledge
(analytic, synthetic, epistemic) to be represented. KRYPTON, especially, shows up deficiencies if regarded as a means for modeling analytical (taxonomic) knowledge. Using predicate logic as a semantically
well founded reference language, several extensions are proposed as a
remedy. As to prototypical knowledge, it is argued that for a special kind
of synthetic knowledge downward inheritance is not a suitable model of
inference, but upward aggregation is.

1. Einleitung

1.1 Adäquatheitskriterien für die Wissensrekonstruktion

Die Modellierung oder Rekonstruktion von Wissen (meist nicht sehr glück-
lich mit 'Wissensrepräsentation' bezeichnet) gehört zu den zentralen
Fragestellungen des Entwurfs von KI-Systemen, bildet Wissen doch die
Grundlage für intelligentes Verhalten.

Dieses Vorhaben hat zum Entwurf einer Fülle von Systemen und Ansätzen
geführt, die sich vielfach als universell und konkurrierend zueinander
verstehen [viz. Brachman/Smith 1980] , z. T. aber auch auf bestimmte Anwendungen hin orientiert. Die Entwicklung dieser Systéme soll hier nicht
nachgezeichnet werden. Nur so viel sei hier festgehalten:

- die von Frege begründete Prädikatenlogik hat sich trotz aller
  Gegenentwürfe zumindest als universelles Referenzsystem behauptet bzw.

- alternative Beschreibungssysteme wie semantische Netze, Frames,
  lassen sich direkt in die (erweiterte) Prädikatenlogik übersetzen oder haben einen hybriden Charakter, der nur eine aspekt-
  weise Übersetzung bzw. Explikation möglich macht (z. B. Kon-
  trollinformation, Defaulttheorien u. a.)

Ein kalkülisiertes, und insbesondere ein algorithmisches Beschreibungssystem ist nach verschiedenen Kriterien der Adäquatheit zu betrachten:

- formal, mathematisch: Korrektheit, Vollständigkeit, Entscheidbar-
  keit

- algorithmisch: Komplexität, effiziente Interpretierbarkeit

- epistemologisch: Abbildbarkeit mentaler Phänomene

- ergonomisch: effiziente Kodierbarkeit und Verständlichkeit

1.2 Epistemologische Adäquatheit

Ich möchte mich hier vor allem auf den epistemologischen Aspekt konzentrieren: darunter ist die Behandlung einer Fülle von kognitiven Phäno-
menen zu verstehen, mit denen sich die Nachbardisziplinen Philosophie,
Linguistik, Psychologie u. a. beschäftigen. Diese Arbeitsteilung ergibt sich z. T. aus der Bündelung zu den Problemkomplexen:

- kategorial-begrifflich
- sprachlich-kommunikativ
- kognitiv-psychologisch
- ontologisch-epistemologisch

Der kategorial-begriffliche Aspekt ist insofern für die KI von besonderer Bedeutung, als die inhaltlichen Begriffe von Kategorisierung, Er-
kenntnis, Wahrnehmung, Sprache etc. durch formale Begriffe in einem
algorithmischen Beschreibungssystem ausgedrückt werden müssen. Die in
der KI in letzter Zeit vielfach verfolgte Vorgehensweise besteht demnach darin, von bestimmten inhaltlichen Anforderungen auszugehen und
von daher eine "Repräsentationssprache" zu entwerfen [viz. Bobrow/Wino-
grad 1977, Brachman 1979, Charniak 1981, Maida/Shapiro 1982, Brachman
et al. 1983].

Neben sehr allgemeinen Ansprüchen wie "to build systems for language
understanding" [viz. Bobrow/Winograd 1977] treten speziellere Themati-
ken, z. B. "the management of the technical vocabulary" [Brachman/Le-
vesque 1982] oder "the belief structure of a thinking, reasoning, language using being" [Maida/Shapiro 1982].

Ich werde mich hier vor allem auf die erste der beiden folgenden epistemologischen Fragen konzentrieren:

   In welcher Weise werden fachlich orientierte Begriffssysteme
   sowie Begriffsbildungsprozesse durch formale Objekte und Prozeduren abgebildet?

   Wie sind "natürliche" Begriffsbildungen formalisierbar bzw.
   in einem algorithmischen Beschreibungssystem von fachlich
   orientierten unterscheidbar?

Diese Trennung in zwei Fragestellungen ist durch die neuere Entwicklung
in der KI besonders motiviert. Zum einen besteht eine gewisse Aufgaben-
teilung in Bezug auf die wichtigsten Anwendungsfelder der Wissensrekon-
struktion:

- Expertensysteme
- Natürlichsprachliche Systeme

wobei sich weiterhin abzeichnet, daß das erste Anwendungsfeld der
Schwerpunkt einer informatik-orientierten KI-Forschung sein wird, das
zweite eher der stärker interdisziplinär ausgerichteten Kognitions-
wissenschaft.

Die oben genannten Fragen lassen sich jeweils in die Teilfragen zerle-
gen nach:

(1) Arten von formalen Objekten zur Rekonstruktion von
    Begriffsbildungsprozessen,
(2) Prozessen über diesen Objekten zur Rekonstruktion von
    Inferenzprozessen,
(3) Beschreibungen derselben.

Die untenstehenden Kurzfassungen meiner Antworten werden im folgenden
unter Bezugnahme auf neuere Beschreibungsansätze näher erläutert:

(1) Individuen, Klassen, Mengen, Funktionen, Relationen, Komplexe.
(2) Identifikation, Konstruktion, Selektion, Instantiierung,
    Rekognition (Klassifizierung), Referenzierung, Abgleich,
    Subsumierung, Differenzierung, Komplexion, Vererbung, Aggregation.
(3) Durch funktionale, relationale und objektorientierte Sprachen (u.a.)

Ich gehe dabei von den darzustellenden Inhalten (Begriffen) aus. Es wird
hier nicht die Vollständigkeit dieser Listen vorausgesetzt, aber doch
davon ausgegangen, dass diese Objekte, Prozesse und Ausdrucksmittel
die wesentlichen sind.

2. Analytisches und synthetisches Wissen

Es geht vor allem um eine adäquate Modellierung von fachlich orientierten Taxonomien, wenn Brachman et al. [op. cit.] "terminological adequacy" von Beschreibungssystemen fordern. Terminologien sind Systeme
von festgelegten, meist eindeutigen Benennungen, die die Kommunikation
u. a. über Taxonomien sichern sollen. (Es wird dabei von Brachman et
al. implizit die These vertreten, daß terminologisches Wissen unabhängig von Faktenwissen erworben und gehandhabt werden kann. Ob dies generell zutrifft, sei dahingestellt.) Auch ich will hier - ungeachtet phi-
losophischer Kontroversen - [viz. Stegmüller 1979] davon ausgehen, daß
es einen Unterschied gibt zwischen:

   (1) definitorisch-analytischem und
   (2) assertional-synthetischem Wissen

Die von Kant epistemologisch geprägte Dichotomie entspricht der von
Frege sprachanalytisch geprägten Unterscheidung zwischen 'Sinn' und
'Bedeutung' (Referenz). Im Anschluß daran läßt sich definieren:

(1) Zwei Ausdrücke A und B sind synonym (sinn-äquivalent),
    wenn sie in allen Kontexten (Deutungen, Interpretationen)
    gegeneinander austauschbar sind. Die Aussage: A = B heißt dann
    analytisch.
    Beispiele:
    "Junggeselle" = "unverheirateter Mann"
    (auf die Nicht-Adäquatheit dieses klassischen Beispiels
    komme ich noch zurück);
    "Bundespräsident" = "ranghöchste Person in der Bundesrepublik".

(2) Zwei Ausdrücke A und B sind koreferenziell (referenz-äquivalent)
    in einem Kontext, wenn sie in diesem Kontext füreinander aus-
    tauschbar sind. Die Aussage: A = B heißt synthetisch, wenn dies
    nicht in allen Kontexten der Fall ist.
    (Klassische) Beispiele:
    "Der Morgenstern" = "Der Abendstern",
    "Scott" = "The Author of Waverley".
    (Anmerkung: Diese Definition gilt nicht für anaphorische/
    kataphorische Ausdrücke.)

Diese Unterscheidung rechtfertigt eine gesonderte Darstellung von defi-
nitorischem und assertionalem Wissen, wie es in vielen KI-Systemen
praktiziert und neuerdings z. B. in Beschreibungssystemen wie KRYPTON
[Brachman et al., op. cit.] oder TAICOON [Hussmann 1984] im Entwurf
berücksichtigt wird. Die anscheinende Nichtunterscheidbarkeit von
definitorischen und assertionalen allquantifizierten Äquivalenzen wie
z. B.:

 Alle Caesaren waren römische Monarchen und vc. vs.
 Alle Lebewesen mit Herz sind Lebewesen mit Nieren und vc. vs.

im Prädikatenkalkül ist daher von Brachman et al. als eine Inadäquatheit dieses Beschreibungssystems interpretiert worden. In der Tat ist
diese Unterscheidung innerhalb einer rein extensionalen Semantik nicht
gegeben. Eine Lösung wäre der Übergang zur Modallogik, in der der erste
Satz mit dem Modaloperator 'notwendig', der zweite mit dem Modaloperator 'kontingent' ('möglich', 'zufällig') versehen würde. Eine andere
Lösung ist die, definitorische und assertionale Aussagen in zwei verschiedenen Sprachkontexten [Brachman et al.: 'Boxes'] zu halten.

Es scheint mir allerdings eine Verkennung der Sachlage, wenn Brachman
und Levesque [op. cit.] behaupten, daß es eine Eigenschaft des Prädikatenkalküls sei,

   that "there is no place left to introduce terminology"

Die Unterscheidung von analytischem und synthetischem Wissen ist auch
in einer objektorientierten Sprache (z. B. OMEGA [Hewitt et al. 1980])
nur möglich, wenn eine explizite Trennung auf der Metaebene vorgenommen wird. Die Möglichkeit, objektbeschreibende Terme in einer Sprache
zu bilden ("getting the right kind of structured terms", [Brachman/
Levesque]) hat nichts mit der Möglichkeit zu tun, die angesprochene Unterscheidung auszudrücken. Brachman und Levesque sind irrigerweise der
Meinung, sie würden die Repräsentationsmethodologie von Prädikatenkalkül und objektorientierten Sprachen kombinieren. Sie versuchen vielmehr,
die Unterscheidung von zwei Arten von Wissen zu realisieren.

3. Intension und Extension

An dieser Stelle sollte noch auf eine andere Dichotomie hingewiesen
werden, die für den Entwurf von Repräsentationssprachen relevant ist,
die Unterscheidung von Intension und Extension. Diese von Carnap eingeführte und von Kripke präzisierte Dichotomie läßt sich etwa wie folgt
charakterisieren:

  (1) Zwei Begriffe sind intensions-gleich, wenn sie in allen
      Situationen dieselbe Extension haben.
      Beispiel: "Alleinherrscher", "Monarch".

  (2) Zwei Begriffe sind extensions-gleich, wenn sie in einer
      Situation dieselbe Menge von Individuen bzw. dasselbe
      Individuum bezeichnen können.
      Beispiel: "Abendstern", "Morgenstern".

Die Definition hat große Ähnlichkeit mit der oben gegebenen Dichotomie,
unterscheidet sich aber in einer wichtigen Nuance: Während 'koreferenziell' und 'synomym' sich auf Namen und Terme beziehen, ist hier von
Begriffen die Rede. Es liegt nahe, die Intension als Erkennungsschema
oder Erkennungsfunktion aufzufassen und die Extension als den jeweiligen
Wert [so Maida 1983] in einer Anwendungssituation.

Diese Auffassung hat eine starke Affinität zu der psychologischen Theorie der 'Frames', 'Units', 'Prototypes', die den objektorientierten
Sprachen angeheftet wird. So wird der Entwurf von KRL [Bobrow/Winograd
1977] u. a. mit dem deskriptiv-intensionalen Charakter von Beschreibungen begründet:

   "A description is fundamentally intensional - the structure
   of the description can be used in recognizing a conceptual
   entity and comparing it with others."

Hier vermischen sich jedoch zwei Arten "intensionaler Beschreibung":

  (1) die definitorische
  (2) die charakterisierende

So kann der Ausdruck (der sich leicht in die KRL-Notation transformieren ließe):

"a person with at least one child"

sowohl als Ausgangspunkt einer Begriffsdefinition dienen, z. B.:

"a father is a person with at least one child",

also analytisches Wissen repräsentieren wie auch als _indefinite Beschreibung_ eines referenzierbaren Individuums:

"he was in search of a person with at least one child"

In einem beschreibenden _Text_, z. B. einer Zeugenaussage, benutzt, stellt der Ausdruck also eine _Funktionsanwendung_ im oben angegebenen Sinne dar, deren _"Wert"_ ein _referenzierbares Individuum_ ist.

Aus dem synthetischen Charakter des in dereferenzierbaren (aber nicht synonymen) Beschreibungen dargestellten Wissens ergibt sich, daß _koreferenzielle Beschreibungen_ in solchen Kontexten nicht austauschbar sind, in denen auf dieses Wissen nicht ohne weiteres zurückgegriffen werden kann; z. B. kann in dem Kontext:

"Peter kennt den Abendstern"

"Abendstern" nicht durch "Morgenstern" ersetzt werden, ohne auf Peters synthetisches Wissen zu rekurrieren (sog. 'opake Kontexte'). Shapiro und Maida [Shapiro/Maida 1982] haben m. E. aus diesem Sachverhalt die ungerechtfertigte Konsequenz gezogen, in ihrem Repräsentationsformalismus, dem sog. LAMBDA NET, nur noch sog. "intensionale Konzepte" darzustellen und damit 'Ersetzungen' bzw. analytisches Wissen generell auszuschließen. Sie bestehen allerdings zu Recht darauf, koreferentielle Konzepte nicht zusammenfallen zu lassen.

Wie anhand der Unterscheidung Synonymität - Koreferenzialität eine Metaebene der Beschreibung betreten werden muß, so auch hier. Um eine Aussage wie:

"Was Peter als Morgenstern kennt, ist die Venus"

"Tony does not know that Mike's phone number is the
same as Mary's phone number" (McCarthy)

angemessen zu rekonstruieren, bedarf es einer _Dereferenzierungsfunktion,_ die zu einem _Kontext,_ z. B. Peters Wissen, und einer Bezeichnung oder Beschreibung, z. B. "der Morgenstern" das Referenzobjekt liefert:

ref(Peter,iota(x) Morgenstern(x)) = Venus

oder genauer:

ref(Peter,iota(x) Morgenstern(x)) =
ref(Ich,Venus)

bzw.

ref(Tony,phone_number(Mike)) ≠
ref(Tony,phone_number(Mary))

Diese Art von Wissen wird gelegentlich etwas mißverständlich "knowledge of objects" (="Kenntnis von Gegenständen"?) genannt. Was heißt z. B. "to know Mike's phone number"? [viz. Habel 1982, Maida 1983] Es geht nicht um die Kenntnis von Sinnbeziehungen, nicht von Fakten oder Gesetzen, sondern um Kenntnis von Referenzbeziehungen. Eine Ersetzung von koreferenziellen Termen ist hier nicht sinnvoll. Da eine solche Beschreibung einen Kenntnisstand charakterisiert, nenne ich das darin ausgedrückte Wissen _epistemisch._

Auf eine weitere Vertiefung dieser Problematik muß ich hier verzichten.

Es sei nur noch eine Bemerkung angefügt: Natürlich sind auch die Referenzobjekte, als rein begriffliche Entitäten in der Vorstellung eines Agenten aufgefaßt, extensional, wenn deren reale Existenz unberührt bleibt, d. h. LAMBDA NET ändert nichts an der Notwendigkeit, Intensionen und Extensionen zu unterscheiden.

Die bisherigen Betrachtungen lassen sich zusammenfassen zu der Feststellung: Es gibt verschiedene Arten des Wissens, die sich mit einer semantisch wohlfundierten (extensionalen) Repräsentationssprache nicht auf einer Ebene adäquat darstellen lassen:

(1) <u>Analytisches Wissen</u>, d. h. Wissen über semantische Beziehungen von Ausdrücken (Regeln).

(2) <u>Synthetisches Wissen</u>, d. h. Wissen über Gegebenheiten und Gesetzmäßigkeiten (Fakten und Regeln) einer Welt.

(3) <u>Epistemisches Wissen</u>, d. h. Wissen über Wissenszustände, Referenz- und Koreferenzbeziehungen etc.

4. Bildung von Unterbegriffen: Relationen und Rollen

Die stärkste Motivation für die Entstehung von 'Repräsentationssprachen' wie KRL, KL-ONE, OMEGA, KRYPTON. u. a. ist die <u>Kodierung taxonomischen Wissens</u> in sogenannten 'strukturierten Vererbungshierarchien'. Begriffe werden in eine Hierarchie eingeordnet, um Inferenzen leichter durchführen zu können. Ein informal in der Sprache KL-ONE formuliertes Beispiel [Schmolze/Lipkis 1982]:

    PERSON is a primitive concept, is subsumed by MAMMAL,
    and has a roleset birthdate with:
      a number restriction of exactly one,
      and a value description of DATE.

Mit den vorliegenden Entwürfen sind eine Reihe von Schwierigkeiten aufgetreten, die aus einer Inadäquatheit von Wissensstruktur und Repräsentationsstruktur resultieren. Eine solche Inadäquatheit besteht z. B. in KL-ONE darin, daß aufgrund der Untertypbildung durch Hinzufügen von sogenannten 'role sets' die Frage der Disjunktheit der Extensionen der Unterbegriffe nicht entschieden werden kann. In KRYPTON gibt es z. B. das Problem, daß Rollenbegriffe mit verschiedener Bedeutung in der Repräsentation nicht differenziert werden können.

Die Probleme treten z. T. dadurch auf, daß für bestimmte Arten von Begriffsbildungsprozessen keine repräsentationale Entsprechung existiert, z. T. auch dadurch, daß die Notation oder die Denktradition inadäquate Anwendungen der repräsentationalen Konstrukte suggeriert.

Ein Beispiel dafür ist die von Brachman et al. [op. cit.] aufgenommene klassische Definition von 'bachelor' als 'conjoined generic' [vgl. auch Hussmann 1984]:

    bachelor:= (PrimGeneric (ConjGeneric unmarried-person man))

Damit wird 'bachelor' zum Unterbegriff von 'unmarried-person' und 'man',

(1) ohne daß klar wird, in welcher Weise (disjunkt?) sich dieser Unterbegriff zu anderen Unterbegriffen verhält,
(2) ohne daß solche Fälle wie 'pope' und 'monk' ausgeschlossen werden können.

Eine Lösung dieser Probleme ergibt sich in zwei Schritten:

(1) Die Unterbegriffsbildung erfolgt durch die auch in KRYPTON vor-

gesehene <u>Wertbeschränkung für Rollenfüller</u>, ("value restriction generic"):

  (VRGeneric man marital-status single)

Da 'single' ein Wert aus einer vorgegebenen Menge von Rollenfüllern ist, ist das Verhältnis zu anderen Unterbegriffen, die über dieser Wertmenge spezifiziert werden, meist leicht zu bestimmen. (Generell ist eine prädikatenlogische Restriktion natürlich nur semi-entscheidbar.)

(2) Dies reicht jedoch nicht aus. Damit 'man' auch auf 'the pope' anwendbar bleibt, bedarf es eines weiteren Unterbegriffs:

```
marriageable-man:= (PrimGeneric (VRGeneric man marriageable yes))
bachelor:= (PrimGeneric (VRGeneric marriageable-man marital-
                                          status single))
```

'the pope' fällt nicht unter den Unterbegriff 'marriageable-man', und es kann ihm daher kein 'marital-status' zugeschrieben werden.

Dies Beispiel sollte plausibel machen, daß Unterbegriffe durch Beschränkung von Rollenfüllern in Oberbegriffen gebildet werden sollten, nicht durch einfache Subsumptionsbeziehungen und nicht durch Konjunktion von Oberbegriffen. Auf die Fragen der Vererbung komme ich in einem späteren Abschnitt zurück.

Wir haben den <u>Rollenbegriff</u> noch zu präzisieren. Insbesondere ist zu klären, welche Bedeutung das <u>Hinzufügen von Rollen-Spezifikationen</u> ('role sets') bei Unterbegriffen hat.

Epistemologisch sind die sogenannten 'roles' als Attribute zu deuten, und zwar m. E. in zweierlei Weise:

(1) als Beobachtungs- oder Wahrnehmungskriterien, z. B. Größe, Farbe etc. oder als formale Eigenschaften wie Länge, Mächtigkeit, Eindeutigkeit etc.

(2) als reale Beziehungsrollenklassen wie Vater, Autor, Kapitän, Angestellter etc., bzw. formale wie Nachfolger, Wert etc.

In den gängigen Repräsentationssprachen werden diese Konzepte gleichermaßen als Funktionen oder Relationen dargestellt, was zu Adäquatheitsproblemen führen kann. In (1) sind die Wertemengen <u>Skalen</u>, d. h. <u>Intervallskalen</u>, <u>Ordinalskalen</u> oder <u>Nominalskalen</u>; z. B. in einer prädikatenlogischen Definitionssprache:

$$teenager(x) := person(x) \wedge 12 < age(x) < 20$$

ist 'age' eine Funktion vom Typ 'integer', d. h. eine natürliche Intervalskala. Andererseits haben wir:

$$book(x) := written\_material(x) \wedge$$
$$\exists y\ author(x) = y \wedge person(y) \wedge$$
$$\exists z\ printery(x) = z \wedge etc.$$

Die Rollenfüller sind in diesem Falle (2) nicht formale Skalenwerte, sondern 'inhaltliche' Begriffe.

Die Funktionen der <u>Kategorie (1) liefern Werte einer Skala</u>, auf die in der Regel keine weiteren Funktionen auf derselben Ebene der Beschreibung anwendbar sind; die der <u>Kategorie (2) liefern Objekte der Wissensbasis</u>, auf die evtl. weitere Funktionen anwendbar sind, z. B.:

  age(author('Waverley'))

Skalenwerte ('formale' Begriffe) gehören zur Beschreibungssprache, 'inhaltliche' Begriffe gehören zum Gegenstandsbereich dieser Sprache.

Wie kann nun eine Funktion definiert werden, die nur Objekte der Wissensbasis liefert? Hier bietet m. W. zum erstenmal die im Umkreis des SWYSS-Projektes von M. Hussmann entwickelte terminologische Komponente TAICOON [Hussmann 1984] die Möglichkeit, <u>Rollenbegriffe adäquat zu definieren</u>.

In KRYPTON z. B. lassen sich Rollenbegriffe wie 'father' zwar leicht handhaben in Ausdrücken wie:

    (VRGeneric person father painter)
    "a person with a father who is a painter"

jedoch ist es nicht adäquat zu definieren:

    parent:= (PrimGeneric (NRGeneric person child 1))
    = "a person with at least one child"

(NRGeneric schränkt die Kardinalität der Menge der Rollenfüller ein), da auf diese Weise 'person' für jede mögliche Rollendifferenzierung Slots vorsehen muß. Um 'child' zu definieren, müßte man entsprechend eine 'parent'-Rolle voraussetzen:

    child:= (PrimGeneric (NRGeneric person parent 1 2))

Als die einzig angemessene Weise erscheint mir jedoch, von der Eltern-Kind-Relation auszugehen und z. B. wie in TAICOON zu formulieren:

    CHILD is-a PERSON with PARENT-OF(x,self) = TRUE
    PARENT is-a PERSON with PARENT-OF(self,x) = TRUE

KRYPTON läßt auch offen, ob in den Ausdrücken:

    (VRGeneric social-structure child person)
    (NRGeneric person child 1 3)

die Rolle 'child' dieselbe Bedeutung hat oder nicht [vgl. Hussmann 1984].

Die Wichtigkeit einer adäquaten Formulierung von Rollenkonzepten kann kaum unterschätzt werden, ist doch eine große Zahl von natürlichsprachlichen Begriffen wie 'manager', 'employee', 'table', 'chair' etc. implizit durch Rollen definiert. Dies gilt insbesondere für alle Begriffe funktionaler Teil-von-Beziehungen, z. B.:

    surface(x):= plane(x)∧ ∃y surfaceof(y,x) ∧ physobj(y)
    physpart(x):= physobj(x)∧ ∃y partof(y,x)∧ physobj(y)
    leg(x):= physobj(x)∧∃y legof(y,x)∧ physobj(y)

Ich komme nun, wie schon angedeutet, auf die u. a. in KL-ONE [viz. Goodwin 1979] praktizierte und von Hayes und Hendrix [Hayes/Hendrix 1980] favorisierte Methode der <u>Unterbegriffsbildung durch Hinzufügen von Slots</u>.

Zunächst ein Beispiel, das diese Methode nahelegt; der Unterbegriff 'motor vehicle' wird in KRL etwa dadurch gebildet, daß man der neuen UNIT das Slot 'motor' hinzufügt:

    motor vehicle UNIT SPECIALIZATION
      [〈SELF(a vehicle)〉
        〈motor (XOR Combustion Steam Electro)〉]

bzw.

        motor_vehicle:= vehicle(x)∧ ∃y motor(x,y)∧...

Damit wird jedoch die Hierarchisierung von der eigentlichen Begriffsbildung abgekoppelt; aus einer entsprechenden Definition für 'muscle-driven-vehicle' mit dem zusätzlichen Slot 'instrument' (pedals, oars etc.) läßt sich nicht feststellen:

(1) ob die beiden Unterbegriffe disjunkt sind,
(2) ob ein 'muscle-driven-vehicle' einen 'motor' haben
    kann oder nicht.

Dies wird vermieden, wenn man stattdessen die Unterbegriffsbildung
durch Wert- bzw. Objektbeschränkung eines Slots des Oberbegriffs modelliert:

  motor_vehicle(x):= vehicle(x) $\wedge$ motor(propelling_force(x))

Es gibt also ein Slot 'propelling-force' für 'vehicle', nach dessen
Füllung (semi-)entscheidbar ist, ob zwei Unterbegriffe disjunkt sind
oder nicht, und somit auch, ob ein 'muscle-driven-vehicle'einen Motor
haben kann: 'motor' und 'muscle' sind einander ausschließende Antriebsarten. (Eine Disjunktion oder Konjunktion von Antriebsarten muß explizit angegeben werden.)

Dies Verfahren schließt nicht aus, daß man bei Unterbegriffen neue Slots
einführt, um von 'motor-vehicle' weitere Unterbegriffe zu bilden:

  combustion_motor_vehicle(x):=
    motor_vehicle(x) $\wedge$ combustion(class_of_motor(x))

wobei 'class_of_motor' eine Funktion ist, die sich nur auf 'motor-vehic-
les'anwenden läßt. Das Hinzufügen neuer Slots setzt die Unterbegriffs-
definition voraus! Eine weitere Möglichkeit der Unterbegriffsbildung
bespreche ich im nächsten Abschnitt.

5. Komplex- und Mengenbegriffe

Die bisher behandelten Begriffe sind einfach in dem Sinne, daß zu ihrer
Definition bzw. zu ihrer Interpretation keine Kenntnisse über Struktur
oder Zusammensetzung erforderlich sind. Sie werden als Mengen atomarer
Objekte modelliert, auf die einstellige Funktionen angewendet werden.
Als 'komplex' bezeichne ich solche Begriffe, bei denen eine Struktur
implizit ist, z. B. physisch:

  construction, connection, angle, crossing, action,
  succession etc.

sozial:

  family, marriage, department, community etc.

Eine angemessene Beschreibung dieser Begriffe setzt die Beschreibung
ihrer Struktur voraus.

Als kontrastiven Ausgangspunkt wähle ich wieder ein von Brachman et al.
[op. cit.] gegebenes Beispiel:

  a family is "a social structure with, among other things,
  a father who is a man, a mother who is a woman, and some
  number of children, all persons"

bzw.:

  (PrimGeneric (ConjGeneric
    (NRGeneric (VRGeneric social-structure father man) father 1 1)
    (NRGeneric (VRGeneric social-structure mother woman) mother 1 1)
    (VRGeneric social-structure child person)))

Die Inadäquatheit dieser Beschreibung scheint mir offensichtlich: sie
setzt für jede 'social-structure' u. a. eine 'child'-Funktion voraus.
Die Funktion kann aber - so ist die Intention - doch nur auf 'families'
angewendet werden.

    "a family is a collection of persons who are in
    family-relationship to each other"

bzw.

    family_collection(x):= x = {u,v} U w ∧ family_rel (u,v,w)

wobei etwa:

    family_rel(u,v,w):= father(u,w) ∧
                        mother(v,w) ∧
                        married(u,v)

In KRYPTON brauchte es demnach das Konstrukt:

    family_collection:= (PrimGeneric (CollectionGeneric family_rel))

Ferner benötigen wir ein Mittel, um beliebige Teilmengen von Klassen
ansprechen zu können, z. B.:

    person_group(x:= Vz (z ∈ x = > person(z))

in KRYPTON-Notation:

    person_group:= (PrimGeneric (SetGeneric person))

Hingegen:

    couple:= (PrimGeneric (CollectionGeneric married-with))

Um ein Beispiel von Brachman und Levesque abzuwandeln - statt:

    transistor:= (PrimGeneric (NRGeneric device connection 3 3))
    pull-down-transistor:= (PrimGeneric (VRGeneric transistor source GND))

    (Wie wird die logische Verbindung von 'connection' zu 'source',
    'drain' und 'gate' hergestellt?)

ist zu definieren:

    transistor:=
    (PrimGeneric (ComplexGeneric transistor_rel
                      source: connection
                      drain: connection
                      gate: connection)

Um einen Unterbegriff zu bilden, wird jetzt kein Rollenfüller, sondern
ein Bestandteil differenziert ("Component Restriction Generic"):

    pull-down-transistor:=
        (PrimGeneric (CPRGeneric transistor source GND))

bzw.

    pull-down-transistor(x):=
        transistor(x) ∧ GND(first(x))

wobei 'first' eine <u>Selektionsfunktion</u> für Komponenten einer Struktur ist.

Schließlich bilden wir die Menge der Bestandteile:

    parts_of_pull_down_transistor:=
        (CollectionGeneric pull_down_transistor)

<u>6. Vererbungsprobleme</u>

Als einer der größten Vorteile der Hierarchisierung von Begriffen gilt,
daß Unterbegriffe die Merkmale ihrer Oberbegriffe - seien es sog. Rol-
lenspezifikationen oder -füllungen - ererben. Dies gilt insbesondere
für konjunktiv verknüpfte Begriffe (sog. multiple Vererbung). Dazu ist

einiges anzumerken. Wie oben schon angedeutet, beruhen in sehr vielen
Fällen die Anwendungen von Konjunktionen auf einer fehlerhaften Analyse
der jeweiligen Begriffsbildung. Bei einigen Komposita wie "Spielzeug-
Auto" ist es auch innerhalb der KI aufgefallen [Laubsch 1982], daß diese Analyse nicht zutrifft [vgl. Hussmann 1984]. Auf die Fülle der möglichen Begriffsbildungen durch Nominalkomposita können wir hier nicht
eingehen. In sehr vielen Fällen handelt es sich dabei nicht um Kon-
junktionkonen, sondern metaphorische Rollenfüllungen, aufgrund von Vergleichen wie z. B. bei 'Wolkenbank'. Beim Verstehen solcher Begriffsbildungen spielt das synthetische Wissen eine größere Rolle als das
analytische. Auch Begriffe wie 'Motorfahrzeug', 'Wasserfahrzeug', 'Se-
gelflugzeug', 'Elektrokarren' sind keine konjunktiven Verknüpfungen,
vielmehr ergibt sich eine Heterarchie mit allerdings redundanter multipler Vererbung allein durch Beschränkung von Rollenfüllungen, z. B.:

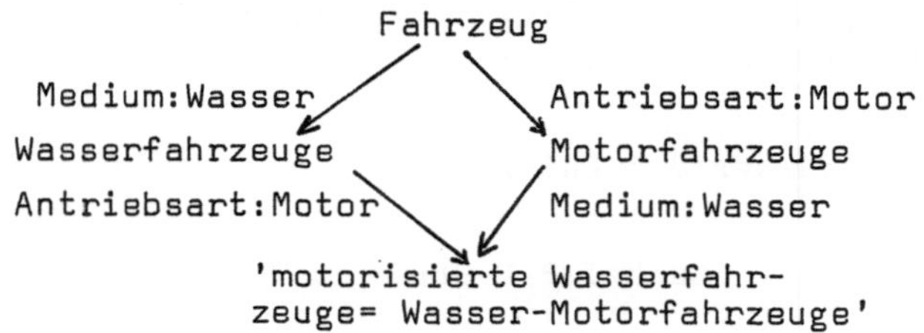

Von den jeweiligen Oberbegriffen werden also genau diejenigen Rollen-
spezifikationen vererbt, die im Unterbegriff noch nicht gefüllt wurden.
Wie oben ausgeführt wurde, kann man Unterbegriffen neue Rollen-Spezifi-
kationen hinzufügen, z. B. 'Motor-Art' bei Motorfahrzeugen oder 'Wasser-
verdrängung' bei Wasserfahrzeugen, deren Füllungen zur weiteren Unterbegriffsbildung dienen können.

Davon zu unterscheiden sind Vererbungsprozesse bei Komplexbegriffen.
Ein 'Transistor' ererbt seine Bestandteile, die in KRYPTON als Rollen
dargestellt werden müssen, nicht von einem Oberbegriff, sondern wird
durch sie konstituiert. Andererseits werden bei einem 'pull-down-trans-
istor' nicht nur alle Eigenschaften vererbt, sondern auch alle Bestandteile, da die Unterbegriffsbildung durch Spezialisierung eines Bestand-
teils erfolgte. Neben dieser allgemeingültigen Vererbungsregel gibt es
spezielle Regeln, die z. B. die Übertragung von Eigenschaften eines Be-
standteils auf das Ganze oder umgekehrt betreffen, z. B.:

   'Ein hoher Tisch ist ein Tisch mit hohen Beinen'

oder:

   'Wenn eine Familie ein Haus bewohnt, dann bewohnen
    es auch alle Familienmitglieder'

Während diese speziellen 'Vererbungsregeln' noch als Bedeutungspostulate bzw. als analytisches Wissen betrachtet werden können, so gilt dies
nicht mehr für die Vererbung von Eigenschaften oder Bestandteilen von
Prototypen oder natürlichen Arten, wie sie in der philosophischen Literatur auch bezeichnet werden. So war es ein Fehler in der Entwurfslo-
gik von KRL, Prototypen in den generellen Vererbungsmechanismus einzube-
ziehen.

Prototypen sind nicht als definitorische Beschreibung einer Klasse, sondern als synthetisches Wissen, und zwar als Aggregat dominierender Eigenschaften und Bestandteile von Mitgliedern einer Klasse, zu deuten. Wittgenstein [viz. Stegmüller 1979] sprach hier von Familienähnlichkeiten,
die eine Definition ausschließen.

Psychologische Untersuchung [Rosch 1977] und linguistische Analysen
[Cohen/Murphy 1984] haben erkennen lassen, daß weder der klassische Ansatz noch die 'Fuzzy Logic' [dazu Näheres in Schefe 1980] geeignete Modellvorstellungen lieferten: Nominalkomposita sind z. B., wie Murphy
und Cohen es ausdrücken, 'knowledge-dependent' zu interpretieren. Typikalität ist eben keine logisch-semantische Kategorie, und daher sind
auch sog. Default-Logiken [viz. Bobrow/Hayes 1980] in diesem Zusammenhang nicht sehr hilfreich. Die wichtigste Quelle für das Wissen über
Typikalität dürfte Wissen über Häufigkeiten im Anwendungsbereich sein.
Z. B. kann ein Segelboot ein typisches Wasserfahrzeug sein, ohne daß
die Antriebsart typisch für Fahrzeuge überhaupt ist. Typikalität ist
also nicht etwas Definitorisches. Schlußfolgerungen über Typikalität
- sofern sie überhaupt automatisierbar sind - können nicht durch Ab-
wärts-Vererbung, sondern nur durch Aufwärts-Aggregation modelliert werden. Ein hypothetisch-konstruiertes Beispiel möge dies verdeutlichen.
In der folgenden Tabelle sind die Slots einer Definition mit subjekti-
ven Häufigkeitswerten (0-10) versehen:

    Fahrzeug:
      Medium: Land/6   Wasser/3   Luft/1

    Landfahrzeug:
      Antriebsart: Motor/7   Muskel/3   Strömung/0

    Wasserfahrzeug:
      Antriebsart: Motor/2   Muskel/3   Strömung/5

    Luftfahrzeug:
      Antriebsart: Motor/9   Muskel/0   Strömung/1

Daraus ergibt sich unmittelbar, daß das 'Auto' das typische Landfahr-
zeug, das Segelboot das typische Wasserfahrzeug und das Motorflugzeug
das typische Luftfahrzeug ist. Darüberhinaus läßt sich durch einfache
statistische Aggregation - unter Annahme der Unabhängigkeit - die
'Typikalität' von Fahrzeugen allgemein 'berechnen'. Es überrascht nicht,
daß das 'Auto' auch als Fahrzeug die höchste Typikalität erhält, Segel-
flugzeuge hingegen sehr untypische Fahrzeuge sind.

Ist ein einfaches statistisches Modell sicher nicht adäquat für die kognitiven Vorgänge bei der Bildung von prototypischen Vorstellungen (zu
unterscheiden wären z. B. eher natürliche und eher kulturell vermittel-
te Vorstellungen), so zeigt es doch, wie wichtig die wiederholte Erfah-
rung bei dem Erwerb bereichsspezifischen Wissens ist. Der gänzliche Verzicht auf statistisches Wissen und statistische Modelle bei der Modellierung dieses Wissens kann daher auch für das Knowledge Engineering
nicht von Nutzen sein.

Die Adäquatheit der Wissensdarstellung, insbesondere ihre epistemische
Abbildbarkeit, ist Voraussetzung für eine Verarbeitung, die dem Anspruch
genügen kann, Wissen nicht bloß zu enkodieren, sondern Wissen auch zu
re-präsentieren. D. Lenats [Lenat/Brown 1983] Forderung, "to find a
representation in which the form <-> content mapping is as natural (i.e.
efficient) as possible", macht deutlich, worin sich Wissensverarbeitung
von bloßer Datenverarbeitung unterscheiden soll.

8. LITERATUR

D.G.Bobrow, P.J.Hayes (eds.) [1980]: Artificial Intelligence: Special
     Issue on Non-Monotonic Logic (13) 1980.

D.G.Bobrow, T.Winograd [1977]: An overview of KRL-0, a knowledge repre-
     sentation language, Cogn. Sc. 1, No.1

D.G.Bobrow, T.Winograd [1977a]: Experience with KRL-0.One cycle of a
     knowledge representation language, in: IJCAI 1977, 213-222.

R.J.Brachman [1979]: On the epistemological status of semantic networks,
     in: N.V.Findler (ed.): Association networks, (Academic) N.Y.

R.J.Brachman et al. [1983]: KRYPTON: Integrating Terminology and Asser-
     tion. IJCAI-83, 31-35.

R.J.Brachman, H.J.Levesque [1982]: Competence in knowledge representa-
     tion, in: AAAI-82, 189-92.

R.J.Brachman, B.Smith (eds.) [1980]: SIGART Newsletter 70, Special
     issue on knowledge representation.

E.Charniak [1981]: A common representation for problem-solving and
     language-comprehension information. In: Art.Int. 16, 225-255.

B.Cohen, G.L.Murphy [1984]: Models of concepts, in: Cogn.Sc. 8, 27-58.

J.W.Goodwin [1979]: Taxonomic programming with Klone, Matematiska Insti-
     tutionen, Linkoeping, Schweden.

C.Habel [1982]: Referential nets as knowledge structures. Some structural
     and dynamical properties, KIT-Report 8, Techn. Univ. Berlin,
     Fachbereich Informatik.

C.Hewitt, G.Attardi, U.Simi [1980]: Knowledge embedding in the descrip-
     tion system Omega, in: Proc. 1rst Am. Nat. Conf. on Art. Int.,
     Stanford.

M.Hussmann [1984]: IS-A isn't enough. Towards a taxonomic framework for
     intensional concepts (draft), Univ. Hamburg, Fachbereich Informatik.

D.J.Israel, R.J.Brachman [1984]: Some remarks on the semantics of repre-
     sentation languages. In: M.L.Brodie et al. (eds.), On conceptual
     modelling (Springer) N.Y. etc. 119-142.

J.Laubsch [1982]: ObjTalk - eine LISP-Erweiterung zum objektorientierten
     Programmieren. Institutsbericht 15/82, Univ. Stuttgart, Fachbereich
     Informatik.

D.B.Lenat, J.S.Brown [1983]: Why AM and Eurisko appear to work, in:
     IJCAI-83, 236-240.

J.McCarthy [1979]: First-order theories of individual concepts and pro-
     positions, in: D.Michie (ed.): Expert systems in the micro-electro-
     nic age, Edinburgh Univ. Press.

A.S.Maida [1983]: Knowing intensional individuals, and reasoning about
     knowing intensional individuals. In: IJCAI-83, 382-4.

A.S.Maida, St.C.Shapiro [1982]: Intensional concepts in propositional
     semantic networks. In: Cogn. Sc. 6, 291-330.

A.Oberschelp [1974]: Elementare Logik und Mengenlehre, Band I: Grundla-
     gen (BI-Wissenschaftsverlag) Mannheim.

E.Rosch [1977]: Natural Categorization. In: N.Warren (ed.), Advances in
     cross-cultural psychology, Vol.1 (Academic) N.Y.

P.Schefe [1980]: On foundations of reasoning with uncertain facts and
     vague concepts. Int.Journ. Man-Machine-Studies, 12, 35-62.

P.Schefe [1982]: Some fundamental issues in knowledge representation.
    In: GWAI-82, 42-62.

P.Schefe [1984]: Abstraction, representation and knowledge - some
    reflections on AI and philosophy. In: ECAI-84, 676 (extended
    abstract).

J.G.Schmolze, T.A.Lipkis [1983]: Classification in the KL-ONE knowledge
    representation system. In: IJCAI-83, 31-35.

D.W.Shipman [1979]: The functional data model and the data language
    DAPLEX. In: ACM-SIGMOD 1979, 1-19.

W.Stegmüller [1979]: Hauptströmungen der Gegenwartsphilosophie, 2 Bdd.
    (Kröner) Stuttgart.

BACK to Consistency and Incompleteness

K. v. Luck, B. Nebel, C. Peltason, A. Schmiedel

Technische Universität Berlin
Project Group KIT
Sekr. FR 5-8, Franklinstr. 28/29, D-1000 Berlin 10
CISKIT@DBOTUI11.BITNET

Abstract

The knowledge representation system BACK, a descendant of the 'New Implementation of SRL', is described focussing on the problems of how to achieve a consistent knowledge base and how to cope with incomplete knowledge [1].

Introduction

The Berlin Advanced Computational Knowledge Represenatation System BACK, a further development of the 'New Implementation of SRL' (cf. /Emde, v. Luck, Schmiedel 84/), is intended to be used as a basic component for a Natural Language and a Learning System. It is being designed with two objectives in mind: recent results of research in the area of knowledge representation are to be incorporated and at the same time the representation system is to be kept computationally tractable.

In this paper, we will focus mainly on two problems, namely on how to achieve consistency and how to cope with incomplete knowledge. All three components of the BACK-System, the *terminological*, the *assertional* and the *inferential* component are faced with these problems.

The terminological component serves as a device for introducing and defining the concepts of an application domain. The formalism used is essentially based on KL-ONE (cf. /Brachman, Schmolze 85/).

----

[1] This work was partially supported by the EEC and is part of the ESPRIT Project 311 which involves the following participants: Nixdorf, Olivetti, Bull, Technische Universität Berlin, Universita di Bologna, Universita di Torino, and Universität Dortmund.

Constraints and regularities not expressible in this framework will be represented as rules in the inferential component, which however will not be considered in this paper.

Knowledge about the state of the world is represented in the assertional component by employing a formalism based on ideas presented by Ch. Habel /Habel 84/, and extended by features to represent incomplete and multiple descriptions of objects, states, acts, and events [2].

The consistency problem is encountered in different disguises in the various components [3], in particular

- the definitions of new concepts must be consistent with the concepts already introduced;
- descriptions of objects, states, acts and events must meet the constraints of the associated concept definitions;
- multiple descriptions should be mutually compatible;
- the substructures of descriptions (so-called Value expressions) should be consistent.

In the last two cases, local inconsistency may be permitted in order to model partially inconsistent beliefs.

Incompleteness (in the logical sense) comes into play only in the assertional component. Descriptions are allowed to be incomplete in two ways. Either certain properties of the associated concepts are specified by disjunctive expressions or, as a special case, they are not specified at all [4].

Regarding incompleteness in a broader sense, we are also faced with this problem in the terminological component. In most cases, the terminological knowledge is modelled incompletely and must be extended incrementally (thus raising the consistency problem); even if all relevant concepts are represented it will be necessary to compose new concepts from the known concepts.

----

[2] This feature is to a certain extent comparable with the idea of *perspectives* (cf. /Bobrow, Winograd 77/).

[3] We do not address the consistency problem in general, i.e. whether a given first order theory is consistent. Only the special cases arising in the context of terminological and assertional knowledge are investigated without considering arbitrary constraints stemming from the inferential knowledge.

[4] For another approach to incompleteness cf. /Levesque 82/.

Representation of terminological knowledge

A first step in the process of modelling a selected domain for a knowledge base is the definition of the terminology. The terminological knowledge is only concerned with the purely definitional aspects of the domain knowledge; it is not concerned with any knowledge about exceptions, prototypes, defaults, etc. [5]. In BACK, this terminological knowledge is represented by a network structure in a component called *TBox* . Consistency of the terminological knowledge is maintained in the TBox by strictly enforcing inheritance rules which will be described below. Thus the TBox does not contain any inconsistencies; all terms represented in this component can be viewed as *semantically* well-formed.

The representation formalism

The general approach of the representation formalism follows the proposals given by the authors of KL-ONE (see e.g. /Brachman, Schmolze 85/). The following description will briefly sketch the main constructs stressing the specific characteristics of the KL-ONE variant which in being developed and implemented at the TU Berlin.

The basic structure of the formalism is a network in which hierarchically organized concepts are nodes linked together according to the subsumption relation. The network forms a directed acyclic graph with the characteristics of a lattice, i.e. every two concepts have a smallest common superconcept and a most general common subconcept; if two concepts have no subconcepts at all the concept NIL can always be added as a subconcept of all leaf concepts. The graph will be guaranteed to be a lattice by the Concept editor (see next paragraph). In addition to the definition within the concept hierarchy, the local structure of a concept can be expressed in terms of roles and roleset relations attached to it.

Concepts: One or more Root Concepts can be introduced, thus initializing a directed acyclic graph consisting of Concepts. A Concept is marked as *primitive* if its definition contains only necessary conditions, and as *defined* if its definition contains necessary and sufficient conditions. If an item of the assertional component is described by two concepts it can be classified as being described by their most general SubConcept if this Concept is a defined Concept. A pair of primitive Concepts can be marked explicitly to be disjoint, which means that they must not have a common SubConcept (different from NIL).

----

[5] For a recent discussion of these topics see e.g. /Brachman 85/.

Individual Concepts: An Individual Concept (IC) is an individuation of a Concept. It cannot be further specialized, and is used to describe an individual in its conceptual (not assertional, referential) sense. E.g. in *the president of the USA is elected by the people* the president is a generic individual president, but in *the president of the USA has a wife named Nancy* the president is the referential individual president and is to be represented in the ABox.

Roles: A Role defines a binary relation between a Concept and another Concept, which is called the *Value Restriction* V/R and restricts the range of the relation. The cardinality of the set of Role fillers is restricted to an interval N/R, the *Number Restriction.* The value '0' is also admitted as an upper or as a lower bound of the interval. All Rolenames are globally known in the network [6].

Role Restriction: V/R or N/R of a Role may be further restricted to SubConcepts of V/R, and to subintervals of N/R respectively. A Role Restriction modifies the rule that all Roles are strictly inherited from a Concept to all SubConcepts (see inheritance).

Role Differentiation: A Role can be differentiated locally at a Concept by defining one or more DiffRoles. The set of Role fillers of the DiffRoles can be specified as a collection of disjoint subsets of the original set of Role fillers. Appropriate cardinality conditions for the subsets must be specified as Number Restrictions of the DiffRoles. A formalism to define DiffRoles which also specify an exhaustive covering of the Role they differentiate would increase expressive power, but at the cost of (maybe considerable) additional computational complexity. This issue, and related others concerning the trade-off between expressive power and tractability require further investigation (s. e.g. /Brachman, Levesque 84/, /Levesque 84b/ and /Vilain 85/) [7].

Structural Descriptions: Relations between interdependent Roles are represented by RoleSet Relations, also called Structural Descriptions (RSR or SD), which define a constraining relation for the sets of Role fillers. The special type of Structural Description used here is introduced as an n-ary relation between n Role Chains, where the Role Chains are admissable combinations of the related Roles and where the relation expression may be an arbitrary PROLOG predicate. Further investigations for restricting the set of SD-predicates will be undertaken. A first suggestion of their impact on computational tractability is given in /Luck et al.

---

[6] This property is used especially by the inheritance of Roles to SubConcepts in the case of constructing a new Concept by connecting it with more than one SuperConcept.

[7] Some proposals for KL-ONE allow a Role Differentiation not only locally in a Concept, but from a Concept to a SubConcept. On the other hand, for computational reasons Role Differentiation is not included in e.g. KRYPTON (s. /Brachman, Pigman, Levesque 85/).

1985/ [8].

Inheritance: In principle, all Roles, RoleSet Relations, etc. of a Concept are strictly inherited by all SubConcepts of a Concept. No cancellation of inherited Roles is allowed (although it is possible to restrict a Role to N/R = 0.0, if this is a subrange of the inherited Role). The inheritance conditions generate a Role hierarchy analogous to the conceptual subsumption hierarchy. An Individual Concept inherits the Roles of its subsuming Concepts in a different way. If the Role has another Individual Concept as its Value Restriction the Role is defined as an Individual Role (IRole) with an implicit cardinality of one.

When new SubConcepts are defined in order to specialize SuperConcepts, one way to specify further properties is to define new Roles, new RoleSet relations, new Role Resrictions or Role Differentiation in addition to the inherited definitions. At the present stage of the BACK-system, whenever a new Role or DiffRole is introduced (i. e. is not inherited from a SuperConcept) the Concept the Role is defined for automatically becomes a Primitive Concept.

Another way to specialize Concepts is to merge two Concepts and define a new Concept with the conjunction of the corresponding RoleSet relations. If a conjunction is not constructable because of conflicting N/R- or V/R- definitions it is not possible to merge the two Concepts. In this case the Concepts are implicitely defined to be disjoint. It is also not allowed to merge Concepts if they or any of their SuperConcepts are marked to be disjoint explicitly.

It should be noted that if a merged Concept is marked as primitive a SuperConcept can always be constructed which is marked as defined.

All the mechanisms for introducing and defining Concepts mentioned above can be given a precise semantics in terms of first order predicate logic (cf. /Luck et al. 85/).

Attributes: A special problem for the KL-ONE paradigm is an adequate representation of scalar values. So in BACK Attributes are proposed as being special nodes for representing such scalars. So e.q. brown, white, red, green, and yellow are represented as Attributes. Attributes have no referential counterpart. Sets of these Attributes are represented as *Attribute Sets* like the colour of traffic lights, political colour or skin colour. Whereas the colour of traffic lights may only be red, yellow, or green, political colour may be red, black, brown, or green. The set of all colours is therefore as an Attribute Set a superset of the Attribute Sets representing the different types of colours. The relation between a Concept and an Attribute Set is represented by a *Property,* the counterpart of a Role as the representation of a relationship between two Concepts. In BACK numbers, strings

----

[8] In fact the Structural Descriptions of BACK are an extension of the mechanisms of the Role Value Maps. The Paraindividuals of KL-ONE as presented in /Brachman, Schmolze 85/ are not integrated in BACK because of tractability reasons.

etc. are predefined Attribute Sets [9].

A concept editor for terminological knowledge

In the concrete application of building a knowledge base for a specific domain, the terminological knowledge must be defined and transformed into the network structure of the representation formalism. This process is supported by a Structure Oriented Concept Editor, the component *SOCE* [10].

The demands on this component arise from the problems of handling a realistic portion of a domain and dealing with a dynamically changing or incrementally growing model. It is to serve as a tool for the manual construction of a taxonomy and it should automatically support all checking and processing steps required for managing the taxonomy.

SOCE is a managing component that offers various functions for entering the terminological knowledge into the system in a practicable way. The entities of the domain terminology can be formalised conceptually and entered via a cooperative user interface with prompting and messaging features. As described above, the representation formalism dictates consistency of terminological knowledge with respect to the inheritance rules. Thus the editor has to carry out all necessary checks in the process of filling a TBox with terminological knowledge.
The following operations are supported :
 − Generation of entities: Roots, Concepts, links, etc.
 − Attachment of Roles, DiffRoles, Restrictions, Structural Descriptions, etc.
 − Deletion of entities and subnets
 − Filetransfer for generated nets
 − Display and pretty−printing of entities, subnets or the entire net
SOCE maintains terminological consistency and guarantees in particular:
 − Generation of a directed acyclic Concept graph
 − Multiple inheritance of all Roles, DiffRoles, Structural Descriptions etc.
 − Resolution of conflicts in multiple inheritance

The editor keeps track of the origin of all Roles (explicit or inherited), and applies appropriate mechanisms for specializing definitions when necessary. All user−defined Concepts are kept in a names table, thus providing a 'Concept Dictionary' for potential export to other components.

----

[9] At the moment, we are working out the consequences of this proposal for the
    organisation of the TBox and especially of the ABox. So refinements of this part
    of the TBox will be undertaken in the near future.

[10] The system component SOCE has been implemented in MPROLOG and realizes the
    features described in this paper.

Working with SOCE typically proceeds in various steps. First, domain modelling yields concepts and relations which are entered into the TBox. Then, starting with Root Concepts, new Concepts and Roles are attached to the leaf level of the taxonomy. In an advanced stage, entities will be placed on all levels of the network. To support these operations, the system should be able to automatically determine the right place for a new term in the taxonomy; this is the task of a *classifier* (cf. /Lipkis 82/). SOCE already incorporates a number of functions for Concept classifying; a first version of a classifier is under development.

Another issue at this stage is multiple linking of existing Concepts. In /Hayes 79/ a generalised form of conceptual taxonomies is introduced as *axiom-concept graphs* (axioms are represented by links in the TBox). For an a-c graph the notion of *density* is defined as the ratio of axioms (links) to concepts, the a-c ratio. It is argued that a dense taxonomy, i.e. one with many links interconnecting the concepts, has a higher expressive and deductive potential than a sparse taxonomy with a low a-c ratio. Since higher expressiveness is generally desirable for a representation formalism, SOCE facilitates multiple linking.

A special feature has been developed for handling difficulties in the process of *densifying* the network. When linking a Concept to several SuperConcepts, consistency problems may arise if the SuperConcepts have Roles of the same name. In this case V/R- and N/R-compatibility of the SuperConcepts must be checked, in order to guarantee inheritance.   N/R-compatibility is tested in a straightforward way; V/R-compatibility is checked by testing on the existence of a most general SubConcept. If it exists, their join is inherited by the multiple linked Concept as the new V/R Concept; if no common subconcept can be found, a new Concept is generated by merging the two V/R Concepts to an artificial join Concept. This new Concept is an appropriate candidate for V/R inheritance.

Representation of assertional knowledge

The *ABox* is the component which maintains a description of the contingent facts about a real or fictive world the system has been told about.   It contains a representation of a world which is incrementally constructed by entering facts using the terms defined in the TBox.

The assertional knowledge is concerned with concrete objects, events, states and acts of a domain. These are represented by internal substitutes called *REFOs* (for *REFerential Objects* , s.   /Habel 84/) which are linked to descriptions. A description is a reference to a Concept defined in the TBox, together with a (possibly empty) set of Role-Value pairs, where the Role refers to a Role attached to the Concept, and the Value specifies the Role fillers [11].

----

[11] Especially with respect to the representation of assertional knowledge the

For example,

> *John travels to Berlin*

is represented in the ABox as

     REFO₁   <-d- *travel(agent: REFO₂   , goal: REFO₅   )*
     REFO₂   <-d- *John*
     REFO₅   <-d- *Berlin*

However, things are not always that simple. Since the TBox allows Roles of a Concept to have more than one Role filler, not just a single Role filler, but sets of these must be taken into consideration. So the notion of a *Value expression* is introduced in order to specify sets of Role fillers. Value expressions are terms composed of REFOs and a number of operators.

For example, to represent one reading of

> *John or Mary and Dick travel to Berlin.*

the Value expression

     ((REFO₂   xor REFO₃   ) and REFO₄   )

is used to specify the partially described set of appropriate Role fillers in

     REFO₁   <-d- *travel(agent:(REFO₂   xor REFO₃   ) and REFO₄   ), goal: REFO₅   )*

A more precise definition of syntax and semantics for Value expressions will be given below.

Terminological Consistency of Assertional Knowledge

Part of the job of keeping assertional knowledge consistent is accomplished by ensuring that facts entered into the ABox are *compatible* with the terminological knowledge defined in the TBox.

Given the structure of the TBox, the compatibility conditions can be stated in a straightforward way:

A REFO description is terminologically consistent if

- the associated Concept exists in the TBox,
- the Roles of the Role-Value pairs are defined either for that concept or for one of its SuperConcepts,
- all REFOs occurring in each Value expression satisfy the Value Restriction of the corresponding Role,
- the cardinalities of all Value expressions satisfy the Number Restrictions of the corresponding Roles,
- the requirements posed by the Structural Descriptions are fulfilled.

BACK-System differs from similar proposals like KRYPTON (s. /Brachman, Pigman, Levesque 85/) or KL-TWO (s. /Vilain 85/). KRYPTON uses predicate logic for representing the assertional knowledge, using a theorem prover with an extended unification algorithm to integrate the terminological knowledge. KL-TWO uses propositional logic by connecting the reasoning maintainance system PENNY as the ABox to the TBox NIKL as a special derivate of KL-ONE.

Typically, multiple descriptions of REFOs are encountered when building up assertional knowledge incrementally. For two descriptions of one REFO to be consistent, the following conditions must hold:
- the referenced concepts have a common SubConcept,
- all REFOs in each Value expression of the two descriptions satisfy the corresponding V/R at the common SubConcept,
- the cardinalitiy of the conjunction of corresponding Value expressions satisfies the N/R at the common SubConcept.

Although these conditions ensure terminological consistency of REFO descriptions, more consistency problems arise in considering incomplete descriptions of REFOs.

<u>Consistency of incomplete Role filler descriptions</u>

Value expressions allow partial descriptions of sets of Role fillers as indicated in the example above, whereby the sets can be incompletely specified in various ways. For instance, it may be clear that certain REFOs are in the Role filler set, it is however not known whether other REFOs not mentioned are also in that set. To distinguish this from the case where only the mentioned REFOs are Role fillers, the operator *cwa* is used, which roughly resembles the meaning of 'only'. Another kind of incompleteness has to do with disjunctive knowledge, i.e. different possible Role filler sets are known. This can be expressed by the operator *xor* resembling the natural language connective 'either ... or', or, in the inclusive case, by *or*. Finally, negative knowledge expressible by the *not* operator can serve as a constraint for possible Role filler sets.

Apart from these constraining operators, a constructive operator for building sets from REFOs or other sets is needed. For this purpose, the *and* is used with the meaning of the distributive reading of the natural language 'and'. Since the Value expressions should be incrementally refineable, they should be logically combinable in the sense of the logical 'and'. Interestingly, the *and* operator can be employed for this purpose too, as can be seen from the formal semantics below. The syntax of Value expressions is defined as follows:
- a REFO is a Value epression;
- card(i,j), i and j integers, is a Value expression;
- if A and B are Value expressions, then not(A), (A or B), (A and B), (A xor B) and cwa(A) are Value expressions.

Without constraints imposed by a Value expression, any set of REFOs [12] is a possible set of Role fillers in case the Number and Value Restrictions are met. Any Value expression constrains this set of all possible sets of role fillers. Thus, a Value expression is interpreted as the set of all sets of role fillers it is

----

[12] The set of all REFOs satisfying a given Value Restriction is an infinite set, unless a global 'closed world' is assumed for objects of a given type.

compatible with.   This set   is called   the   *set   of alternatives.* The   set of   role
fillers is   determined completely if   the set   of alternatives contains   exactly one
element.   It is overdetermined or inconsistent if the set of alternatives is empty.
In all other cases, it is more or less underdetermined, thus representing incomplete
knowledge of the set of role fillers.   The   powerset of the sets of alternatives is
partially   ordered by set inclusion,   corresponding to an ordering by degree of
determination.   The   semantics for Value expessions along these lines is given as
follows:

If a is a REFO,   i,j integer,   D the   set of all possible REFOs satisfying the Value
Restriction,   and   P(D)   the powerset   of D,   then   AS(A),   the set   of alternatives
determined by A, is defined as:

        AS(a)   := { m element P(D) ¦ a element m }
        AS(card(i,j))   := { m element P(D) ¦ i <= ¦m¦ <= j }
        AS(A and B)   := AS(A) intersection AS(B)
        AS(A or B)   := AS(A) union AS(B)
        AS(A xor B)   := AS(A) − AS(B) union AS(B) − AS(A)
        AS(not A)   := P(D) − AS(A)
        AS(cwa A)   := AS(A) intersection P(K(A))

   with K(A) as the set of the REFOs occurring in the expression A:
      K(a)   := {a}
      K(card(i,j))   := {}
      K(A and B) = K(A or B) = K(A xor B)
                       := K(A) union K(B)
      K(not A) = K(cwa A)
                       := K(A)

The set   theoretic interpretation   [13] is used when adding new assertional
information to the ABox in the form of Value expressions.   A Value Expression is
defined as *contradictory* if the set of alternatives is empty.   If an attempt is
made to add a REFO description to the ABox it is rejected if it contains a
contradictory Value expression.   Otherwise, three cases can be distinguished:
 − a new Value expression is *redundant* with respect to a Value expression already
   asserted if its corresponding set contains the set of that previously asserted,
 − a new Value expression is *inconsistent* with respect to an asserted one if the two
   sets are disjoint,
 − a new Value expression *constrains* an asserted Value expression in all other
   cases.

---

[13] A first prototype capable of dealing with value expressions has been
     implemented in MPROLOG.

The same relationships apply when queries concerning descriptions in the ABox are considered. The queries will be evaluated to *true, false or possible,* respectively.

In order to handle partial inconsistency between Value expressions, the formalism described above can be extended in a straightforward manner. Instead of simply rejecting a Value expression inconsistent with the already asserted one, its set of alternatives is kept in addition to the already known set. Since the intersection of the two is empty, this situation represents inconsistent knowledge with respect to the possible sets of role fillers. In querying the validity of a Value expression, it has to be evaluated with respect to each of the disjoint sets of alternatives. The result of the query is obtained using Belnap's four epistemological truth values and their approximative order /Belnap 76/. The result is

- *both* (or contradictory) if it is true in at least one of the sets of alternatives and false in at least one of the sets,
- *true* if it is true in at least one of the sets of alternatives and not false in any other,
- *false* if it is false in at least one of the sets and not true in any other,
- *possible* (Belnap's *none)* if it is neither true nor false in any set of alternatives.

Conclusion

The design of BACK with respect to the issues described in this paper is by no means complete. Several extensions are obvious and necessary:
  - Consistency checking must be extended to the inferential component, this is, however, to be done carefully avoiding computational intractability.
  - Partial specification of REFO descriptions should be possible. In fact, only negation is necessary because disjunctive and conjunctive descriptions can be modelled by using the smallest common SuperConcept or largest common SubConcept respectively.
  - The evaluation of query and insert operations on the ABox must be extended to handle not only Value expressions but also descriptions.
Nevertheless, we believe that the system at its present stage of development provides a solid basis for further research.

References

Belnap, N., How a Computer Should Think, in: Ryle, G. (ed.), Contemporary Aspects of Philosophy, Stocksfield: Oriel Press, 1976

Brachman, R.J., Fikes, R.E., Levesque, H.J., KRYPTON: Integrating Terminology and Assertion, AAAI-83, 1983, pp. 31-35

Brachman, R.J., Levesque, H.J., The Tractability of Subsumption in Frame-Based Description Languages, in: AAAI-84, pp. 34-37, 1984

Brachman, R.J., I Lied about the Trees, in: AI magazine, Vol 6, No 3, pp. 80-93, 1985,

Brachman, R.J., Schmolze, J.G., An Overview of the KL-ONE Knowledge Representation System, in: Cognitive Science, Vol 9, No 2, 1985

Brachman, R.J., Pigman, V., Levesque, H.J., An Essential Hybrid Reasoning System, in: IJCAI-85, pp. 532-539, 1985

Bobrow, D.G., Winograd, T., An Overview of KRL-0, a Knowledge Represenation Language, in: Cognitive Science, Vol 1, No 1, 1977, pp. 3-46

Emde, W., v. Luck, K., Schmiedel, A., Eine neue Implementation von SRL, in: Laubsch, J. (ed.), GWAI-84, 1984, pp. 219-228

Habel, Ch., Zur Repräsentation der referentiellen Struktur, in: Rollinger, C.-R. (ed.), Probleme des (Text-) Verstehens – Ansätze der Künstlichen Intelligenz, Tübingen: Niemeyer, 1984, pp. 125-142

Hayes, P.J., The Naive Physics Manifesto, in: Michie, D. (ed.), Expert Systems in the Microelectronic Age, Edinburgh: Univ. Press, 1979, pp. 242-270

Levesque, H.J., A Formal Treatment of Incomplete Knowledge Bases, Ph.D. Thesis, Tech. Report CSRG-139, Computer Systems Research Group, University of Toronto, Toronto, 1982

Levesque, H.J., Foundations of a Functional Approach to Knowledge Representation, AI Vol 23, No 2, 1984a pp. 155-212

Levesque, H.J., A Fundamental Tradeoff in Knowledge Representation and Reasoning, in: Proc. of Canadian Conf. on AI 1984b, pp. 141-152

Lipkis, T., A KL-ONE Classifier, in: Schmolze, J.G., Brachman, R.J. (eds.), Proceedings of the 1981 KL-One Workshop, Report No. 4842, Bolt Beranek and Newman Inc., Cambridge (MA), 1982, pp. 128-145

Luck, K.v., Nebel, B., Peltason, Ch., Schmiedel, A., The BACK-System, TU-Berlin, KIT-Report 28, Aug. 1985

Vilain, M., The Restricted Language Architecture of a Hybrid Representation System, in: IJCAI-85, pp. 547-551, 1985

7. Expertensysteme

Assumptionbased Truth Maintenance

Johan de Kleer

XEROX Palo Alto Research Center

(Abstract)

We present a new view of problem solving motivated by a new kind
of truth maintenance system. Unlike previous truth maintenance
systems which were based on manipulating justifications, this
truth maintenace system is, in addition, based on manipulating
assumption sets. As a consequence it is possible to work effectively and efficiently with inconsistent information, context swit-
ching is free, and most backtracking (and all retraction) is avoided. These capabilities motivate a different kind of problem-solving architecture in which multiple potential solutions are explored simultaneously. This architecture is particularly well-suited
for task where a reasonable fraction of the potential solutions
must be explored.

Representing and Analyzing Time and Causality

in HIQUAL Models

Hans Voss

Universitaet Kaiserslautern, Fachbereich Informatik
Postfach 3049, D-6750 Kaiserslautern, West-Germany

Abstract: Interest in fertile representations of complex mechanisms is widely increasing. For a variety of reasons many present AI-systems either anticipate or already have a desperate need for a deeper understanding of their respective domains of discourse.
HIQUAL is both a representation language and a tool for the analysis of the structure and behavior of complex systems. Individual components may be arranged horizontally as a set of highly modular, communicating model instantiations, designed to represent one level of abstraction. Separated from the individual models, vertical relations between models at different levels of abstraction allow for the formation of hierarchical representations. This paper focuses on the temporal and causal analysis of HIQUAL models. The presentation is mainly based on a simple but detailed example.

1 Introduction

A common source of many significant problems encountered in the field of expert systems and other areas of R&D in AI is the lack of both common sense world knowledge and flexible knowledge about the structures and possible behaviors in the domains of discourse. In accordance with [Hart 82] and similar discussions in [Chandrasekaran 83], this latter kind of knowledge will be referred to as **deep knowledge**.

1.1 Overview on HIQUAL

HIQUAL has been designed and - by now, that is August '85 - partially implemented as a representation system for hierarchical and qualitative knowledge, mostly about technical systems. Easy development and analysis, versatile usage, and comfortable management of deep knowledge structures are its major design goals. The achievements and mechanisms of HIQUAL shall now be surveyed with respect to these goals.

Easy Development: Composite aggregates reflecting the structure of the system to be modeled may be constructed from individual modular components. These components in turn may be newly constructed for this application, or they may be fetched from a library of already existing system components. Of course, components of one aggregate may themselves be aggregates comprising many other objects.

Easy Analysis: While it should be possible to model a system as concisely as needed, the complexity of the representation should not prohibit a detailed analysis of the possible behaviors of the system. In HIQUAL, the general behavior of each component prototype is first analyzed in isolation, before all components of one level combine their behavior descriptions producing a representation of the overall behavior. This complexity reduction, too, is a consequence of the modularity of the individual components.

Versatile Usage: In order to support many diverse application processes, deep knowledge should be independent from the respective application. In other words: different problem solving strategies like forward/backward chaining or "mixed" control, supplemented by appropriate knowledge for the considered problem class (e.g. explanatory, diagnostic, design or planning knowledge) should all rely on the same kernel of deep knowledge.

For the time being, HIQUAL has not been field tested in a realistic setting. Therefore, hard facts must be substituted by a fair optimism w.r.t. this goal.

Comfortable Management: Supporting efficient development cycles, individual objects as well as (sub-) system hierarchies of general interest may be stored in libraries. Modification of objects for special uses is facilitated by automatic considerations of many consistency checks among the objects in the hierarchies. New hierarchies may be constructed top-down, bottom-up, or in a free mix of both techniques.

This paper only discusses the temporal and causal analysis of a system of HIQUAL models. Representing hierarchies of models is an additional subject of a forthcoming report.

1.2 Related Work

The current shape of the HIQUAL language and the HIQUAL analysis system has been influenced by at least three concepts developed in rather diverse fields.

1. Although the semantic structures differ in many details, the overall syntactic structure and the principal asynchronous behavior of different HIQUAL models is similar to agents in the actor language CSSA (e.g. [Beilken/Mattern/Spenke 82], the development of which the author has participated in.

2. The basic terminology for the temporal analysis of individual objects and compound systems is based on the representation of temporal intervals in [Allen 83] and [Vilain 82]. Similar techniques for representing temporal relations between events in the physical world have been applied in the KIT project in Berlin, where an event is regarded as the meaning of part of a natural language text [Guenther et al 83].

3. The general structure of the HIQUAL representation and analysis system in some respects resembles the ENVISIONING system (e.g. [de Kleer,Brown 83,84]). Unlike ENVISIONING, HIQUAL does not base its behavioral analysis on qualitative differential equations as descriptions of the naive physics of the domain. Compared with ENVISIONING, the modeling approach suggested by HIQUAL is not connected as closely to the models of concrete physics. However, it provides more elaborate facilities for the specification and the automatic synthesis of qualitative temporal relations between events and the states of the objects.

The independent development of QRL [Raulefs 84] intensively describes the behaviors of objects and processes by explicitly specified structures of temporal intervals. In HIQUAL, most of the corresponding structures would be derived automatically during the temporal analysis without the need for explicit representations.

As a general reference to other related work, citing the 'Special Volume on Qualitative Reasoning about Physical Systems' of the journal 'Artificial Intelligence' [AI Journal 84] should suffice.

2 Qualitative Relations Between Temporal Intervals

The basic mechanism for the representation of temporal knowledge in
HIQUAL models and in HIQUAL's temporal analysis (TA) is defined in
[Allen 83,84]. Therefore, only the main characteristics are surveyed:

1. For technical reasons and in substance, there exist only **non-zero
temporal intervals.** Nevertheless, TA incorporates an extended
mechanism for designating special intervals as **qualitative time points**
(cf. section 4.1).
2. Between two concrete intervals X and Y, exactly one of **seven disjoint relations or one of their inverses** may hold (see Fig 1). In the
following, let RALLEN be the set of all 13 possible relation names.
3. **Uncertainty or missing knowledge** about the concrete relation
between two intervals can be represented by stating all relations
which might hold. E.g. for intervals I1 and I2, and R⊆RALLEN,
I1 -- R --> I2 is interpreted as follows: if I1 -- r --> I2 holds for
some r∈RALLEN, then r∈R.
4. Given some relations between a subset of intervals, the resulting
reduced relations between all intervals can be computed by **constraint
propagation,** using a complete transitivity matrix for each combination
of two of the 13 relations.

Example: I1 -- starts-in --> I2 ∧ I2 -- m --> I3
                  ⇒   I1 -- starts-before --> I3

          where starts-before := {<,m,o,fi,di},
                 starts-in   := {=,d,oi,s,si,f}.

Let R⊆RALLEN; then

- inv(R)⊆RALLEN is the result of substituting every relation in R
  by its inverse relation,

- not(R) := RALLEN\R is the complement of R.

  Example: - I1 -- <,m,o,fi,di --> I2 ⇔
           I1 <-- inv(<,m,o,fi,di) -- I2 ⇔
           I1 <-- >,mi,oi,f,d -- I2

         - I1 -- not(starts-before) --> I2
           ⇔ I1 -- =,>,mi,oi,f,d,s,si --> I2

3 Defining Models in HIQUAL

An example being adopted from [de Kleer/Brown 83] describes the
behavior of a **buzzer** with its two components: a coil and a clapper.
Fig. 2a shows a naive picture of the buzzer structure. A two-level
hierarchy of the buzzer is depicted in fig. 2b.
The HIQUAL model definitions for COIL and CLAPPER (fig. 3 and 4)
will be first explained informally. The following presentation of the
result of the temporal analysis in essence can be viewed as a formal
definition of the semantics of the models.
A model of type CLAPPER has an input port TENSION-I of type FORCE
and two output ports CUR-O and NOISE. NOISE of type SOUND has three
possible values: usually, there is no noise (quiet); and only for instants of time, the noise may rise to a low or high value, resp. (The
is-inst-construct is used here merely for demonstration without the
objective of realistic modeling). In the development of large systems,
commonly used type and function definitions (functions are not needed
in this example) may be stored to and fetched from global databases
[Scherer 85].

relation	symbol	inverse	graphics
X before Y	<	>	xxx yyy
X equal Y	=	=	xxx yyy
X meets Y	m	mi	xxxyyy
X overlaps Y	o	oi	xxx yyy
X during Y	d	di	xxx yyyyy
X starts Y	s	si	xxx yyyyy
X finishes Y	f	fi	xxx yyyyy

Fig.1: The temporal relations of Allen.
(Fig. taken from [Allen 83])

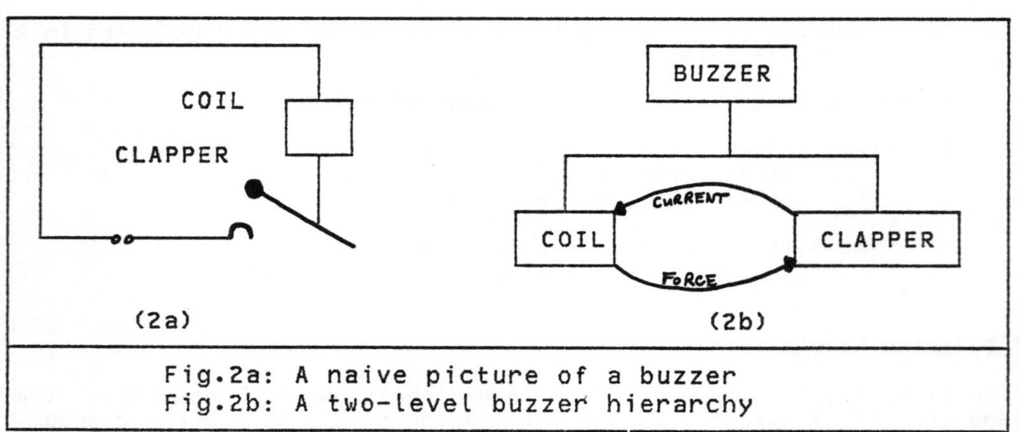

Fig.2a: A naive picture of a buzzer
Fig.2b: A two-level buzzer hierarchy

```
type CLAPPER is model

   types CURRENT is (neg;0;pos);
         FORCE   is (low;high);
         SOUND   is (quiet; low is inst; high is inst);

   ports in  TENSION-I is FORCE;
         out NOISE is SOUND,
             CUR-O is CURRENT;

   okfacet CLOSED is
     CL is preconds (TENSION-I=high a);
           actions  enter OPENED, CUR-O=0;
           relations facet is im with a;

   okfacet OPENED is
     OP is preconds (TENSION-I=low a);
           actions  enter CLOSED, (NOISE>quiet b),
                                  (CUR-O>0 c);
           relations a is fi,o,di with facet,
                     b is im with facet,
                     c is im with facet;
   initially OPENED;

end CLAPPER;
```

Fig.3: The HIQUAL definition of CLAPPER

```
type COIL is model

   types CURRENT is (neg;0;pos);
         FORCE   is (low;high);

   ports in  CUR-I is CURRENT;
         out TENSION-O is FORCE;

   okfacet ON is
     ON-R  is preconds (CUR-I=0 a);
             actions  enter OFF, (TENSION-O=low  b);
             relations b is del with a;

   okfacet OFF is
     OFF-R is preconds (CUR-I>0 c);
             actions  enter ON, TENSION-O=high;
             relations c is fi,o,di with facet;
   initially OFF

end COIL
```

Fig.4: The HIQUAL definition of COIL

A CLAPPER model is either in facet CLOSED or OPENED. Both facets are termed as **okfacets**. The distinction between okfacets and **exfacets** (exception facets) as their counterparts is only relevant for special application processes such as diagnosis or monitoring. Exception facets are not further needed and discussed in this paper. Each facet consists of only one rule. Facet CLOSED is left when a value **high** is received in port TENSION-I. For later reference in the relations-clause the precondition TENSION-I=high has been provided with the label 'a'. The comma between the two actions of CL indicates that the syntactic ordering of the actions in the right hand side (rhs) of a rule is semantically not important. The effect of rule CL is a switch to the new state OPENED, and issuing a 'CUR-O=O' – message to the model connected with port CUR-O.

Rule OP of CLAPPER and the definition of COIL work according to the same scheme. In all cases, the interpretations of the relations-clauses will be explained later. Finishing the informal explanation, each instantiation of CLAPPER (COIL) is restricted to be initially in facet OPENED (OFF).

4 The Temporal Analysis of Single Models

Before analyzing a system of models, each individual model of the system will be examined in separation.

4.1 Associating Temporal Intervals with States and Events

TA defines the semantic of HIQUAL models by determining the possible behaviors of the models. Only some of the important concepts can be illustrated in this paper.

Behavior is essentially described as a set of relations between the temporal intervals associated with the events and states of the model executions. In the ontology of TA, **states** are instantiations of facets. An **event** is defined as the "occurence" of

- an action on the rhs of a rule, which is not an enter-action,

- a matching condition on the lhs of a rule.

States and **events** are partially denoted by the **syntactical objects** (conditions, actions, facets) of the model. Unique denotations for states and events, and hence, for the intervals in which they are occuring, are obtained by adding the following qualifications:

- the name of a model instance, or the name of the model type if only one instantiation is considered;

- the name of the rule in which the condition or action occurs (not needed for states);

- a number, say i, for the i-th instance of the state/condition/action during the (hypothetical) model execution. i is called the **index** of the interval.

In addition to these parameters, a fourth parameter specifies the type of the occurence as one of the values **in** (instantaneous), **ni** (not instantaneous). The type of an occurence is 'in', if its respective facet or value declaration in the model includes the 'is-inst'-clause. Unfortunately, there is insufficient space to go into the exact details of the consequences of an 'is-inst' specification. Principally, the possible temporal relations, say R', of an instantaneous occurence o_1 with another occurence o_2 is restricted to a subset of the relation set, say R, which would be established if o_1 were non-instantaneous. The concrete shape of the restriction depends on the type of o_2:

- if o_2 is non-instantaneous, then R' := R\{o,=,fi,si,oi,di}; i.e. o_1 must not be equal with o_2 or have both a common part and a disjoint part with o_2.

- if o_2 is instantaneous, then R' := R\{o,s,d,f,fi,si,oi,di}; i.e. two instantaneous events either are equal, or they meet, or one is before the other.

Example: Let inst1, inst2 be instantaneous events;
            ninst be a non-instantaneous event;
            inst1 -- m --> ninst <-- m -- inst2;

            then inst1 -- = --> inst2 is the result of the
            extended propagation algorithm respecting the
            types of intervals.

   Allen's   propagation   algorithm   would   establish inst1 -- f,fi,= --> inst2. In contrast to Allen, and similar to our approach, Vilain expands the logic of intervals to include time points. However, there are two main differences:

- Vilain does not allow for a meets-relation (m) between a time point and another time point or an interval. (Hence, the example from above would not work because its preconditions cannot be satisfied.) This seems reasonable because Vilain's time points really correspond to points - say, on the real axis - whereas instantaneous states/events in HIQUAL are still considered as intervals, if only very small ones.

- For each possible relation between two time points, and between a time point and an interval, Vilain introduces a new temporal relation. Conceptually, allowing the 'old' relations to respect the types of their arguments, and only manipulating the result of the propagation operation seems to be the simpler idea.

   TA does not really execute the models, but tries to establish the set of all possible behaviors. Therefore, TA usually refers to fixed but undetermined temporal intervals by using variable indices or more general "index expressions". In unambiguous contexts, the instantiation and the rule parameter are optional. Let <caf> be a condition, an action, or a facet; <inst-name> be an instantiation name (or a model type name); type $\in$ {ni,in}; then

   <caf> [/ [<inst-name>] / [<rule name>]] / <type> / <index>

is the general format of event/state-expressions, **ES-expressions** for short. Arguments enclosed in square brackets are optional. For example,

     OFF/COIL/ON-R/ni/1; NOISE>quiet//OP/in/j; CUR-I=0/ni/i-1

are valid ES-expressions.

4.2 Establishing Temporal Relations

The general format of a temporal relation between two ES-expressions is an extension of Allen's notation:

$$\langle es_1 \rangle \;\text{------}\; [\langle\text{ont-type}\rangle \;/]\; \langle arel \rangle \;\text{------}\!\!\rightarrow\; \langle es_2 \rangle \qquad (*)$$

where $\langle\text{ont-type}\rangle$ is the "ontological" type of the relation (see below); $\langle arel \rangle$ is a subset of RALLEN; $\langle es_i \rangle, i \in \{1,2\}$, are ES-expressions. Existing ontological qualifications must be explicitly specified, otherwise it will be assumed that no such qualifications exist.

The essential result of TA is a **set** of these relations. In a rather crude presentation of the formal background, an interpretation Γ of this set associates a concrete interval $\Gamma(es)$ with each ES-expression es in consideration, such that for every temporal relation specification $(*)$ the following holds:

$$\Gamma(\langle es_1 \rangle) \;\text{--}\; \langle arel \rangle \;\text{-->}\; \Gamma(\langle es_2 \rangle)$$

Please notice the dashed arrow (cf. chapter 2) being used for the interpreted expressions. A more formal treatment must take some care for generating consistent substitutions of multiple occurences of index variables.

4.2.1 Ontological Relationships

The following ontological qualifications are distinguished by TA:

- if a new state is established in an enter-action of a rule R, then (the ES-expression for) this state **is defined by** (id) the events denoted by the conditions of R; the 'old' state corresponding to the facet encompassing R **is left by** (il) these conditions.

- events denoted by non-enter-actions on the rhs of a rule are said

  - to **be effected in** (ie)
    the state in which they are occuring. This state is either denoted by the facet name of the enter-action of R, or, if no enter-action exists, by the facet R belongs to.

  - to **be caused by** (ic)
    events denoted by the conditions on the lhs of R.

- an event denoted by a condition in a rule R without enter-action **is registered** (ir) in the state corresponding to the facet in which R is defined.

If a relation containing 'id','ie','ic','il', or 'ir' is inverted (building **inv** of the temporal relation), then the ontological qualification will also be inverted to 'd', 'e', 'c', 'l', or 'r', resp.
TA associates a **default temporal relation** with each ontological relationship:

- the temporal aspects of id and ic are defined by the standard relation not(starts-before). Effects may not start before their causes.

- the temporal aspect of ie is represented by the relation starts-in.

- 'il' is associated with the relation not(<,mi).

- 'ir' is associated with the relation not(>,m). [Notice that inv(not(>,m)) = not(<,mi), which is the temporal relation for il. Indeed, il can be considered as a special case of 'r' (registers).]

These standard relations allow for very liberal interval relations, i.e. only the start points of the intervals are restricted, whereas the end points are totally undetermined. Hence, delayed effects as well as causes and effects occuring simultaneously (like e.g. in a system of connected gears) may be modeled. In practice, however, one often knows much more about the relative extensions of the states and events to be modeled. For these cases, HIQUAL provides facilities for specifying **subsets** of the standard relations. Some special care has to be taken that the possible relations are even more restricted if instantaneous events or states are part of the relation. The definitions of COIL and CLAPPER in fig. 3 and 4 offer some examples making use of these facilities by means of the temporal relations-clause. The effects of these restrictions can be examined in fig. 5 and 6. which depict the result of TA for the individual models of CLAPPER and COIL. For better reference in the text, the relations occuring in these figures have been labeled. Here are some examples:

- the condition 'a {TENSION-I=low} is (fi,o,di) with facet' in rule OP leads to relation CL4 (fig.5). Notice that CL4 uses inv(fi,o,di)=(f,oi,d);

- 'c {CUR-O>O} is im with facet' in rule OP generates the restricted relation CL6. 'im' is a shorthand for (=,s,si), expressing the **immediate** start of the state w.r.t. the event.

- 'b {TENSION-O=low} is del with a {CUR-I=O}' in ON-R yields CO7 (fig.6). 'del' as a shorthand for (f,oi,d) éxpresses the **delayed** effect of the tension going down to 'low' due to zero current.

Notice that the explicit restriction of more than one standard relation may lead to inconsistencies recognized by generating an empty relation during the constraint propagation. Unfortunately, the development of all relations occuring in the figures cannot be explained in this paper.

4.2.2 The Continuity Assumption

Most models of the physical world make the general assumption of **continuity,** i.e. they work according to the (simplifying) principle of variables changing their values continuously. HIQUAL respects the continuity assumption by controlling the value transitions in in-ports for possible departures from continuity. The current implementation only allows for explicit continuous transitions. As an example, consider the following hypothetical situation: for a port P of type T=(t1;t2;t3) TA recognizes that P changes its value from t1 to t3. TA will indicate this situation as a potential flaw in the modeling. In a more advanced implementation, TA will probably add to its result the explicit information that P must have had the value t2 during an interval immediately between the intervals for the values t1 and t3.
The incorporation of the continuity assumption is one of the important differences between TA and "usual" temporal semantics of distributed systems.

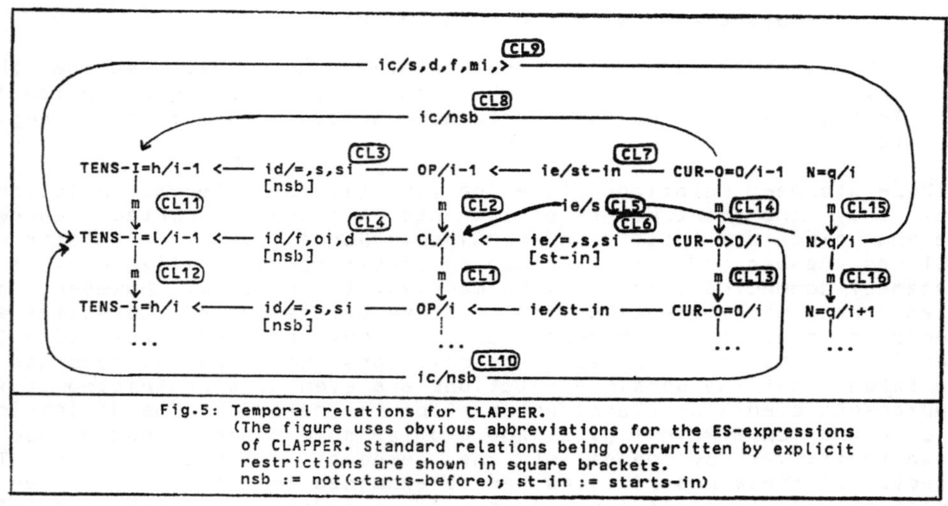

Fig.5: Temporal relations for CLAPPER.
(The figure uses obvious abbreviations for the ES-expressions
of CLAPPER. Standard relations being overwritten by explicit
restrictions are shown in square brackets.
nsb := not(starts-before); st-in := starts-in)

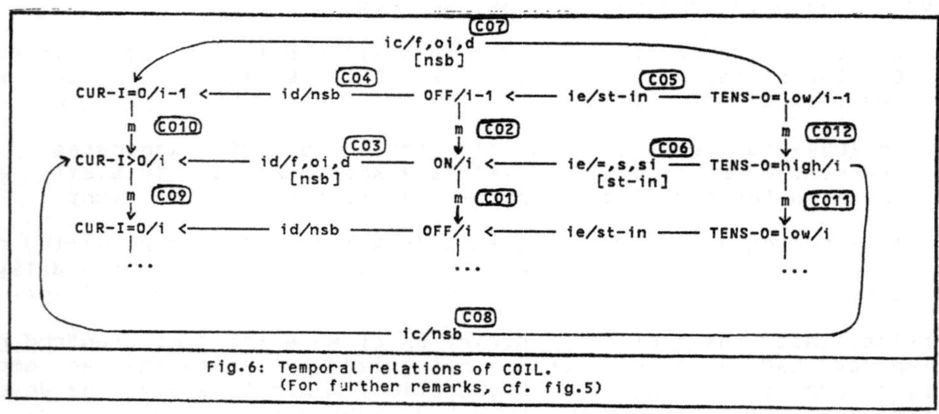

Fig.6: Temporal relations of COIL.
(For further remarks, cf. fig.5)

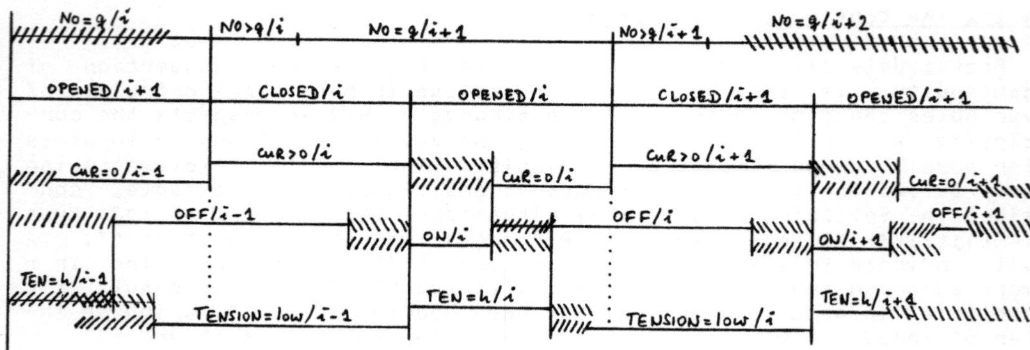

Fig.7: Interval graphic for the CLAPPER/COIL system

5 Analysis of a System of Models

A system of models is defined by instantiating and connecting its individual components. E.g., a CLAPPER/COIL system can be defined by

```
level BUZZER-1 is
  models C is COIL, CL is CLAPPER;
  connect CUR-I(C) = CUR-O(CL),
          TENSION-I(CL) = TENSION-O(C);
```

The important effect for TA consists of the "temporal identifications" of the in- and out-ports, and hence the possible propagation of temporal relations across the borders of the individual models. In the simplest possible case, an out-event of a sender may be exactly identified with a corresponding in-event of its receiver. In the example, the combination of the two models can be represented by adding the following relations to the union of the CLAPPER and COIL relations:

```
COMB1:    CUR-I=0/ni/i ---- = ----> CUR-O=0/ni/i
COMB2:    CUR-I>0/ni/i ---- = ----> CUR-O>0/ni/i
COMB3:    TENSION-I=low/ni/i ---- = ----> TENSION-O=low/ni/i
COMB4:    TENSION-I=high/ni/i ---- = ----> TENSION-O=high/ni/i
```

In general, these combination relations are not as simple as in the example. If, for example, COIL would receive 'CUR-I=1' instead of 'CUR-I>0' in OFF-R (a suitable definition of CURRENT presupposed), while CLAPPER is still sending "only" 'CUR-O>0', then many continuations are possible, depending on whether CUR-O increases up to the value 1 (and if, how often ?) or remains below.

Presenting the result of TA as the effect of propagating COMB1-COMB4 as a new set of linearly listed relations would be boring both for the reader and the author. Instead, fig.7 visualizes the final relation set by an interval graphic depicting two cycles of the BUZZER-1 system. The labeling of the intervals deliberately uses obvious abbreviations. A "slashed" part of an interval covers its possible starting points, a "back-slashed" part of an interval denotes its possible end points.

There are many interesting observations the reader is invited to make on her or his own. As a start, one might be attentive to the different overlapping relations between OFF and CLOSED on the one hand, and ON and OPENED on the other hand. One thing the graphic shows at any rate, namely that even in such simple examples the combination of individually simple components may exhibit sophisticated behavioral details which scarcely can all be recognized in advance.

6 Conclusions

HIQUAL has been described as a representation language and as a system for the qualitative temporal and causal analysis of (physical) systems. The results of the local analysis of each individual model can be merged to obtain the global behavior of a whole system of connected models. HIQUAL is distinguished by integrating such concepts as

- (systems of) highly **modular models** constructed according to the message passing paradigm;

- the interpretation of states **and** events as temporal intervals denoted by suitably indexing the corresponding syntactical elements in the model definitions;

- the interpretation of messages as **continuous** flow of material and forces;

- the permission of instantaneous events and states as specially handled temporal intervals;

- the building of **hierarchies** of object representations (not discussed in this paper).

7 Future Work

Much work remains to be done both at the conceptual and the implementation level.

An implementation of a precursor of HIQUAL including a data base system for the management of models, model hierarchies, and global type and function definitions to be used in different models has been completed in spring '85 on a Symbolics Lispmachine. This system has been tested by a three level modeling of an internal-combustion engine (without a complete temporal analysis as discussed in this paper) [Scherer 85]. The experiences with this first prototype led to the integration of qualitative temporal relations, as discussed in this paper. Implementation of the new system is in progress.

The conceptual work will be extended in several directions, where the focus will be on

- the refinement of the data flow analysis for HIQUAL models, i.e. for generating more accurate index informations;

- the more profound elaboration of the underlying temporal logic;

- refinement of the temporal specifications including duration reasoning;

- extensions of the basic framework in the direction of specific application classes like explanation and justification components being used by "conventional" expert systems. This will certainlyy include the formation of processes and episodes (cf. [Forbus 84]) as suitable abstractions for the behaviors established by TA.

Acknowledgements: This work has been influenced by many discussions with Michael Th. Reinfrank, Werner Scherer, Marc Linster, and Hans-Werner Eiden. The presentation profits from helpful suggestions by Vijay Bandekar, Werner Dilger, and Peggy Johnson.

8 Literature

AI-Journal 84 : Artificial Intelligence (1984), Vol.24, Numbers 1-3, Special Volume on Qualitative Reasoning about Physical Systems.

Allen, James F. (1983) : Maintaining Knowledge about Temporal Intervals, CACM, Vol.26, No.11, 832-843.

Allen, James F. (1984) : Towards a General Theory of Action and Time, Artificial Intelligence, Vol.23, 123-154.

Beilken, Christian; Mattern, Friedemann; Spenke, Michael (1982) : Entwurf und Implementierung von CSSA, Memo SEKI-82-03 (6 volumes),

Fachbereich Informatik, Universitaet Kaiserslautern.

Chandrasekaran, B. (1983) : Towards a Taxonomy of Problem Solving, AI Magazine, Vol.IV, No.1, 9-17.

de Kleer, Johan; Brown, John S. (1983) : Assumptions and Ambiguities in Mechanistic Mental Models, in D. Gentner/ A. L. Stevens (Eds.): Mental Models, Lawrence Erlbaum Associates, 155-190.

de Kleer, Johan; Brown, John S. (1984) : A Qualitative Physics Based on Confluences, in [AI Journal 84], 7-83.

Forbus, Kenneth D. (1984) : Qualitative Process Theory, in [AI Journal 84], 85-168.

Guenther, Siegfried; Habel, Christopher; Rollinger, Claus-Rainer (1983): Ereignisnetze : Zeitnetze und referentielle Netze, KIT Report 12, Fachbereich Informatik, Technische Universitaet Berlin.

Hart, P.E. (1982) : Direction for AI in the Eighties, SIGART Newsletter, 79:11-16.

Raulefs, Peter (1984) : Foundation of Expert Systems for Conceptional Design in Mechanical Engineering, Memo SEKI-84-08, Fachbereich Informatik, Universitaet Kaiserslautern.

Scherer, Werner (1985) : Ein Repraesentationssystem fuer hierarchisch strukturiertes Tiefenwissen, Diplomarbeit, Fachbereich Informatik, Universitaet Kaiserslautern.

Steele, Guy Lewis Jr. (1980) : The Definition and Implementation of a Computer Programming Language Based on Constraints, AI-TR-595, MIT AI-LAB.

Vilain, Marc B. (1982) : A System for Reasoning about Time, Proceedings of AAAI-82, National Conference on Artificial Intelligence, 197-201.

MED2: HOW DOMAIN CHARACTERISTICS INDUCE EXPERT SYSTEM FEATURES

Frank Puppe, Bernhard Puppe
Universitaet Kaiserslautern
Fachbereich Informatik
Postfach 3049
6750 Kaiserslautern

Abstract: We present the integration of mechanisms handling uncertain and incomplete data, data gathering, time-dependant and anatomical reasoning into the expert system shell MED2 for (medical) diagnosis. Special attention is given to explain the adequateness of system features for domain characteristics.

I.   Introduction

Building expert system shells is the art of matching problems and methods. Current research emphazises the "method-side": developing knowledge programming environments (e.g. LOOPS, Xerox [Bobrow 83]; SRL, Carnegie Group [Wright 84]; KEE, IntelliCorp. [KEE 84]; BABYLON, GMD [DiPrimio 85]) offering different established knowledge representation schemes like rules, logic, frames; and designing components for non-monotonic [Reinfrank 85] and qualitative [AI-Journal 84] reasoning. Our MED-project concentrates on the "problem-side" by carefully studying the domain of medical diagnosis, identifying the most relevant domain characteristics, and constructing a diagnostic expert system shell. It is tailored to medical demands but sufficiently general to deal with similiar complex technical domains. Medical diagnosis is particularly challenging because of the coexistence of many different problem solving strategies whose usefulness varies from case to case.

In chapter 2, we give an overview on the variety of different approaches to mechanize medical decision making. In chapter 3, we describe those domain characteristics we selected for modeling by system features in the current version of MED2, an example of which is presented in the appendix.

II.   Medical Domain

Many people, especially physicians, tend to think of medical diagnosis as an art. Indeed, the domain is ill-structured, extremely complex, and poorly understood compared to standards of sciences. This is compensated by a large body of heuristic knowledge partly contained in the rich medical terminology. In particular, it is striking that multiple disease classification schemes (e.g. symptomatical anatomical, pathophysiological, etiological etc.) are used for solving one problem.

The lack of a unifying theory has lead to many complementary approaches for computer aided medical decision making, which have proven useful in certain subareas. Non-AI-approaches [Shortliffe

79] range from flow charts over the application of Bayes' Theorem
and the use of clinical data banks for pattern matching to
mathematical modeling. Even AI-systems with their emphasis on
heuristics show a broad spectrum of knowledge representations and
reasoning strategies. Different medical subdomains have suggested
different special features and architectures:

- Backward-Reasoning (MYCIN [Shortliffe 76]: certain kinds of
                                                    infections)
- Hierarchical Establish-Refine (MDX [Chandrasekaran 83b]: Cholestasis)

- Hypothesize-and-Test (PIP [Pauker 76]: Oedema;
                        MED1 [Puppe 83]: Chestpain)
- Two-Level-Representation of Pathoconcepts (CASNET
                                [Kulikowski 82]: Glaucoma)
- Differential Diagnosis (INTERNIST [Pople 82]: Internal Medicine)

- Differential Diagnosis in a Heterarchical Network (CADUCEUS
                                [Pople 82]: Internal Medicine)
- Multiple Abstraction Levels (ABEL [Patil 82]: Acid-Base and
                                Electrolyte Disorders)

However, all systems have serious shortcomings due to unsatisfactorily
accounting for the multitude of different domain features. We take MED1
[Puppe 83] as an example for illustration:

- lack of a reason maintenance component
  The program should be able to retract any of its conclusions
  (like an established diagnosis), if additonal data prove a
  conclusion to be wrong.

- unsatisfactory termination criteria
  MED1 terminates when one of its final diagnoses is rated
  much higher than the rest. This criterium is too weak if there
  are multiple diseases, and too strong if therapeutic options
  do not require further diagnostic elaboration.

- no time-dependant reasoning
  MED1 is designed for a single diagnostic work-up and is
  unable to deal with subsequent changes. However, quite often the
  temporal changes of findings with and without therapy give decisive
  diagnostic hints. To exploit such hints, MED1 lacks an explicit
  representation of time and the ability to recognize temporal patterns
  (e.g. temporal change of pain intensity or fever).

- limited representational capabilities for differential diag-
          nosis and functional relationships
  In MED1, it is possible to represent relations between
  pathoconcepts as diagnosis-to-diagnosis rules, with negative
  evidence for competitors and support for positive related
  pathoconcepts. However, the evaluation of these rules depends
  on establishing the respective pathoconcept beforehand, yielding two
  serious limitations in the line of reasoning:

1. MED1 cannot apply rule-out and differentiate techniques
   to discriminate among unestablished, but highly probable
   competing pathoconcepts.

2. MED1 is unable to detect functional or hierarchical
   relations between unestablished pathoconcepts; nor between
   established pathoconcepts, if there is one unestablished
   pathoconcept in the chain connecting them.

- inadequate resolving of contradictions
  MED1 resolves contradictary evidence by computing the mean.
  Instead, it should reason about the origin of the contradiction,
  possibly resulting in detection of underlying wrong assumptions (data,
  rules or hypotheses).

- cliff-and-plateau-effect in performance
  MED1 is competent in its domain of 20 diseases associated
  with chest pain (plateau), but its competence degrades ungracefully in
  cases just outside its domain (cliff). This is a typical problem of
  specialized systems since recognition and adequate handling of
  borderline-cases requires a very large knowledge base.

III   <u>Domain Characteristics and System Features</u>

MED2 is intended to simulate routine diagnosis of physicians.
Therefore, we chose to model domain characteristics (fig 1)
enabling MED2 to perform routine diagnosis at a high level. In
Kahn's terminology [Kahn 84, p22], MED2 is a "mediated system"
lacking a functional model of its domain. The representation of
functional models characterize "dynamic systems", exemplified in the
domain of hardwarefault-diagnosis by e.g. [Davis 84].

Large Domain

Diagnostic Reasoning in a large domain requires rapid focussing,
which may be achieved by the Hypothesize-and-Test-strategy, by
the Establish-Refine-strategy or by Differential Diagnosis. In
MED2, these techniques are integrated in the Working-Memory
concept. The core idea is continued updating of a small set of
active hypotheses. This concept is motivated and described in
[Puppe 84].

Uncertain Data and Knowlegde

Medical data and knowledge are usually non-exact. However, there
are different aspects of non-exactness, which should be kept
seperated as pointed out clearly by Szolovits' AIM-group at
MIT: the distinction between categorical and probabilistic reasoning
methods [Szolovits 78] and between uncertain and incomplete data [Patil
82, p 209ff]. Studies of human medical decision making [Elstein 78;
Kassirer 78] also revealed the use of a variety of methods to deal with
non-exactness ranging from differential diagnosis over plausibility
checks and belief revision to the reduction of the overall diagnostic
task into easier subtasks.

MED2 seperates the notions of incompleteness (see next section)
and uncertainty. To reason with uncertainty, MED2 has an evidence model
with three different accounts (matching-, binding- and disposition
score) for each pathoconcept. The evidence model is supported by
differential diagnosis and hierachical classification. The matching
score indicates how well a given hypothesis is supported by known
findings. Rules contributing to the matching score are classified in six
positive and five negative groups. For counterchecking, we use the
binding score measuring to what degree the hypothesis may explain the
existing findings. MED2 computes the binding-score not from the
multitude of single findings, but on the base of high-level
concepts, called explanation-sets, comprising many findings (e.g.
the explanation-set "jaundice" comprises various history items

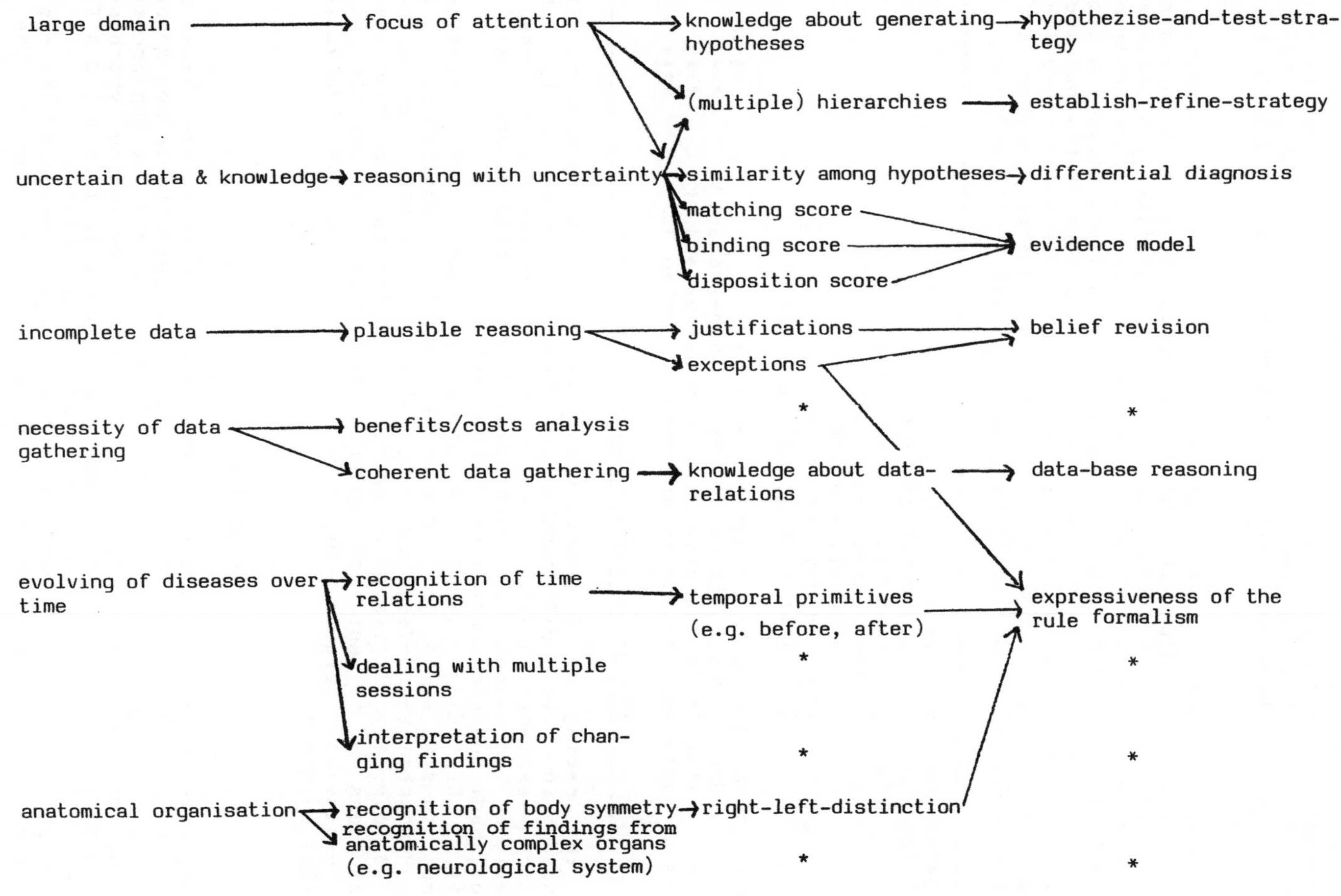

*   not yet implemented (May 85)

fig 1   domain characteristics inducing system features

and lab results). The binding score of a hypothesis is the percentage of explanation-sets it explains against all explanation-sets (explained and unexplained). The binding-score is most useful towards the end of a session, when the system tries to establish its final diagnosis.

The third account is the disposition score with the meaning: if no disease-specific findings are known, how probable is the hypothesis? The disposition score reflects the a-priori probability of a disease when only sex and age is known and is modified by family disposition and personal habits (e.g. smoking, jogging etc.). The disposition score in itself is not sufficient to establish a pathoconcept, but modifies degrees of belief derived from the matching- and binding score. The way these accounts are combined to yield an overall estimation of the disease-probability is illustrated in fig 2. and in the example.

```
(defun combine (matching binding disposition)
   (let ((points (plus matching binding))
         (modifier (analyze disposition)))
        (cond ((less-than-average disposition)
               (plus modifier points))
              ((minusp points) points)
              (t (times points modifier))))))

***        Meaning of the function "analyze":               ****
***        If the "disposition" is "less-than-average",     ****
***        then it is transformed in a negative amount,     ****
***        else in a factor greater-or-equal than 1.        ****
```

fig 2: evidence-combining-function

When the rating of a pathoconcept surpasses a threshold, it is compared to its differential diagnoses, which share enough of its explanation-sets. Only if the difference to the best competitor surpasses a threshold, the pathoconcept will be established, and the competitors become excluded.
Usually the high level pathoconcepts have been investigated before consideration of the more specific hypotheses. However, the Hypothesize-and-Test strategy allows to ignore the hierarchy and to directly activate a specific hypothesis. In this case, its predesessors - if not yet under investigation - are checked only for exclusion because negative evidence is as valuable as positive evidence.

Incomplete Data

Dealing with incomplete data requires making plausible inferences, which must be retracted if invalidated by additional data. While non-monotonic reasoning is very common in medicine, it is not yet implemented in existing medical expert systems. Usually, establishing hypotheses is delayed until all relevant data are known and a rule like A & B & C => D will not fire until all of A, B and C are fully explored.
The unability to reason non-monotonically becomes increasingly intolerable when extending such systems in size or in the time dimension (i.e. dealing with multiple sessions). To allow these extensions, MED2 has a belief revision component based on explicit data dependencies. It allows a rule condition to be separated in "necessary" and "default" assumptions: default assumptions represent exceptions from the rule, which should be considered only if they are already known or if contradictions arise. It also enables the

system to retract established pathoconcepts allowing a less cautious reasoning style.
Most existing belief revision systems are realized as independent systems, which can be added to any reasoning system, as e.g. Doyle's Truth Maintenance System [Doyle 79]. However, "they are very inefficient in time and space" [de Kleer 84]. We feel that efficiency results from close integration of the belief revision in the ordinary reasoning process. Our belief revision algorithm (fig 3) takes advantage of the accumulation of evidence: the retraction of one piece of evidence may not be significant for a conclusion, which is immediately checked by MED2 (step 3). This approach assumes that the affected dependency network has no negative feedback-loops ("non-monotonic loops"; for terminology, see [Reinfrank 85]) so that a hierarchy (step 2) can be established. If a positive feedback-loop ("monotonic loop") is detected, a warning is printed for the user, who can choose between restarting the computation from scratch or ignoring the maybe small distortion caused by the feedback-loop.

Belief Revision Algorithm

INPUT: Something has changed (the user corrects some data; an exception to a rule becomes known (see fig 4); a pathoconcept or another conclusion must be retracted).
OUTPUT: Update of all conclusions

1. Retraction resp. execution of all rules directly affected by the change
2. Gathering and hierarchical ordering of all directly affected conclusions (in later cycles the existing hierarchy is updated)
3. Selection (and subsequent deletion) of the most basic conclusion in the hierarchy and check if it is still valid ***
   If there are no conclusions left, then stop.
4. If there was a relevant change, then goto 1, else goto 3.

*** A special feature reduces the effect of small changes: establishing a pathoconcept requires a score slightly higher than the threshold, and it will not be retracted until the score falls clearly below the threshold.

fig 3

Necessity of Data Gathering

A physician must always decide if he/she should start therapy immediately or if the benefits of additional data gathering for diagnosis outweigh the resulting costs (like delay, patient discomfort, money). While MED2's ability to perform differential diagnosis allows an analysis of the diagnostic benefits of additional data gathering, MED2 lacks knowledge about therapy, making a cost-benefit analysis unsatisfactory. We deferred a cost-benefit analysis until therapy will be integrated. Therefore, MED2 is globally passive and infers diagnoses from user-forwarded data only. However, MED2 has local knowledge about data gathering, especially about hierarchies of findings which allow immediate pursuing of interesting findings in more detail, about bottom-up inferences from data not requiring global knowledge (e.g. infering types of chestpain; see example in chapter 4), and about logical contradictions among data. This knowledge is organized in data gathering units, called "questionsets", which provide a high level to the user for specifying the data he/she wants to enter to the system. With the questionset-concept, we are able to realize the distinction between data-base reasoning and diagnostic reasoning as proposed in [Chandrasekaran 83a].

Evolving of Diseases over Time

Temporal relations and developments of findings and conditions
are highly important in medical diagnosis. Current research
reflects the many facets of the time dimensions like recognition
of time patterns (e.g. acute or recurrent) and time relations
(e.g. the time-model in PATREC [Chandrasekaran 83b]), dealing
with multiple sessions (e.g. the PSM-concept in ABEL [Patil 82])
and interpreting changing findings (e.g [Long 83, Fagan 79]).

Currently, MED2's rule-formalism (see fig 4) provides representation
schemes for the three major time relations between different symptoms:
"before" [some interval], "after" [some interval] and "simultaneously".
The user can answer questions concerning time either directly (e.g.
before 3 years) or with reference to other time-identifications (e.g. 3
months after surgery), where surgery may have been defined either
directly or indirectly.

Rule-Structure in MED2

- condition   (by "and" connected predicates (including $before
                $after $cl [contralateral = on the other side])
- default   (a list of conditions representing exceptions to
                the rule as e.g. the ifnot-part below)
- activation (a list of pathoconcepts, which must be active
                (in the Working-Memory), before the rule is taken
                in consideration, as e.g. the ifactive-part of
                rule rp22 in the example)
- type   (type of the rule including forward, backward,
                forward&backward, ask (other questions),
                contradiction)
- action   (adresses and points representing the evidence)

Example of a rule:

	internal representation	external representation
If	($= maxe351 1)	lung_percuss_abnorm is dullness
and	($= maxe361 1)	lung_auscult_abnorm is decreased_bs
ifnot	($cl maxe3511 maxe3611)	lung_percuss_dullness_locat
		is on the other side as
		decreased_breathing_sound_locat
then	(maxe91 40)	add 40 points to sign_of_infiltrate

fig 4: the slots of a rule

Anatomical Organization

Anatomical knowlegde helps to interprete findings, where the
relationship between localization and origin is not easy to see as e.g.
recognizing manifestations of anatomically distributed organ-systems
like the neurological system or the joints. In general, MED2 requires
the user to do this interpretation. Currently MED2 holds hierarchically
structured knowledge of human topography (e.g. abdomen upper_abdomen
epigastrium) including its mainly bilateral organization. This
knowledge is used in rule predicates concerning the right/left
symmetry like ipsilateral (on the same side) and contralateral

(on the other side) of two or more locations. Such predicates are very useful for consistency checks, that different symptoms concerning a double-sided organ (like the lungs) are really on the same side (see fig 4).

IV   <u>Conclusions</u>

We have described how domain characteristics induce the mechanisms of the diagnostic expert system shell MED2:

- Handling of non-exact data by separation of uncertainty and incompleteness, measuring the uncertainty by three different accounts, and deciding by differential diagnosis.

- Seperation between diagnostic and data-base reasoning, which is realized by the questionset-concept.

- Special representation of time and anatomical data, which is used in the rule-formalism.

We feel that with increasing complexity of expert systems, their architectures become so domain-specific as to divide the field in different application areas.

References

[AI-JOURNAL-84]
      SPECIAL VOLUME ON QUALITATIVE REASONING ABOUT PHYSICAL SYSTEMS
      ARTIFICIAL INTELLIGENCE, VOLUME 24, NUMBERS 1-3, 1984

[BOBROW-83]   BOBROW.D STEFIK.M
      THE LOOPS MANUAL
      PALO ALTO, CALIFORNIA, XEROX, 1983

[CHANDRASEKARAN-83A]   CHANDRASEKARAN.B
      TOWARDS A TAXONOMY OF PROBLEM SOLVING TYPES
      AI MAGAZINE WINTER/SPRING 1983 S. 9 - 17

[CHANDRASEKARAN-83B]   CHANDRASEKARAN.B MITTAL.S
      CONCEPTUAL REPRESENTATION OF MEDICAL KNOWLEDGE FOR DIAGNOSIS BY
      COMPUTER: MDX AND RELATED SYSTEMS
      ADVANCES IN COMPUTERS, VOL22, PP 217-293, 1983

[DAVIS-84]   DAVIS.R
      DIAGNOSTIC REASONING BASED ON STRUCTURE AND BEHAVIOR
      ARTIFICIAL INTELLIGIENCE, VOL 24, P 347-410, SPECIAL ISSUE ON
      QUALITATIVE REASONING ABOUT PHYSICAL SYSTEMS, 1984

[DEKLEER-84]   DEKLEER.J
      CHOICES WITHOUT BACKTRACKING
      PROC OF AAAI-84,P 79-85, 1984

[DIPRIMIO-85]   DIPRIMIO.F BREWKA.G
      BABYLON: KERNSYSTEM EINER INTEGRIERTEN UMGEBUNG FUER ENTWICKLUNG
      UND BETRIEB VON EXPERTENSYSTEMEN
      DEUTSCHER DOKUMENTARTAG 1984, SAUR-VERLAG, S. 456-470, 1985

[DOYLE-79]   DOYLE.J
      A TRUTH MAINTENANCE SYSTEM
      ARTIFICIAL INTELLIGENCE 12, P 231-272, 1979

[ELSTEIN-78]   ELSTEIN.A SHULMANN.L SPRAFKA.S
      MEDICAL PROBLEM SOLVING
      HARVARD UNIVERSITY PRESS, 1978

[FAGAN-79]   FAGAN.L KUNZ.J FEIGENBAUM.E OSBORN.J
      REPRESENTATION OF DYNAMIC CLINICAL KNOWLEDGE: MEASUREMENT
      INTERPRETATION IN THE INTENSIVE CARE UNIT
      PROC. OF IJCAI-79, 1979

[KAHN-84]   KAHN.G
      ON WHEN DIAGNOSTICS SYSTEMS WANT TO DO WITHOUT CAUSAL KNOWLEDGE
      PROC. OF ECAI-84, P 21-30, 1984

[KASSIRER-78]   KASSIRER.J GORRY.A
      CLINICAL PROBLEM SOLVING: A BEHAVIORAL ANALYSIS
      ANNALS OF INTERNAL MEDICINE 89: S. 245 - 255 (1978)

[KEE-84]   INTELLI._CORP
     THE KNOWLEDGE ENGENEERING ENVIRONMENT
     MENLO PARK, CALIFORNIA: INTELLI_CORP, 1984

[LONG-83]   LONG.W RUSS.T
     A CONTROL STRUCTURE FOR TIME DEPENDANT REASONING
     PROC. OF IJCAI-83, PP 230-232, 1983

[PATIL-82]   PATIL.R SZOLOVITS.P SCHWARTZ.W
     MODELING KNOWLEDGE OF THE PATIENT IN ACID-BASE AND ELECTROLYTE
     DISORDERS
     IN SZOLOVITS.P (EDITOR) : ARTIFICIAL INTELLIGENCE IN MEDICINE, AAAS
     SELECTED SYMPOSIUM 51, 1982

[PAUKER-76]   PAUKER.S GORRY.G KASSIRER.J SCHWARTZ.W
     TOWARDS THE SIMULATION OF CLINICAL COGNITION: TAKING THE PRESENT
     ILLNESS BY COMPUTER
     AMERICAN JOURNAL OF MEDICINE 60, 1976, P 981-996

[POPLE-82]   POPLE.H
     HEURISTIC METHODS FOR IMPOSING STRUCTURE ON ILL-STRUCTURED PROBLEMS
     IN SZOLOVITS.P (ED.) ARTIFICIAL INTELLIGENCE IN MEDICINE, AAAS
     SELECTED SYMPOSIUM 51 (1982)

[PUPPE-83]   PUPPE.F PUPPE.B
     OVERVIEW ON MED1: A HEURISTIC DIAGNOSTICS SYSTEM WITH AN EFFICIENT
     CONTROL STRUCTURE
     PROC. OF GWAI-83 SPRINGER-VERLAG (1983) , P 11-20

[PUPPE-84]   PUPPE.F PUPPE.B
     DIAGNOSTIC REASONING WITH A WORKING MEMORY
     PROC. OF GWAI-84, SPRINGER-VERLAG (1984)

[REINFRANK-85]   REINFRANK.M
     AN INTRODUCTION TO NON-MONOTONIC REASONING
     UNIVERSITY KAISERSLAUTERN, MEMO-SEKI-85-02, 1985

[SHORTLIFFE-76]   SHORTLIFFE.E
     COMPUTER-BASED MEDICAL CONSULTATIONS: MYCIN
     AMERICAN ELSEVIER, 1976

[SHORTLIFFE-79]   SHORTLIFFE.E BUCHANAN.B FEIGENBAUM.E
     KNOWLEDGE ENGINEERING FOR MEDICAL DECISION MAKING: A REVIEW OF
     COMPUTER-BASED CLINICAL DECISION AIDS
     PROCEEDINGS OF THE IEEE, 67: 1207-1224 (1979) .

[SZOLOVITS-78]   SZOLOVITS.P PAUKER.S
     CATEGORICAL AND PROBABILISTIC REASONING IN MEDICAL DIAGNOSIS
     ARTIFICIAL INTELLIGENCE 11, 1978, P 115-144

[WRIGHT-84]   WRIGHT.J FOX.M ADAM.D
     SRL_1.5 USER MANUAL
     TECHNICAL REPORT, ROBOTICS INSTITUTE, CARNEGIE MELLON UNIVERSITY,
     1984

Appendix: <u>Example</u>

MED2 is implemented in FRANZ-LISP and runs on a VAX 750 under the operating system UNIX. In the current version (May 85), the LISP-code needs ca. 360 K byte, the experimental knowledge base additional 240 K byte storage in pretty-print format. The bilingual user-interface (german and english) is rather primitive at the moment. With the following example, we want to demonstrate particular three aspects of MED2:

1. The amount of data-base reasoning taking place in MED2: the many aspects of the leading finding "thoracical pain" are condensed to "pleural pain". Such pain types provide a high level for diagnostic reasoning.

2. The ability of MED2 to recognize that it has solved the case by checking that all explanation-sets ("xsets") have been explained.

3. The use of the evidence model: it yields a strength of 82 for "pleuracy" compared to a strength of 20 for each of its differential diagnoses. The strength is computed by multiplying the sum of the matching score (74) and the binding score (0) with a factor (1.1) derived from the disposition (relatively often). For explanation, each score stands for itsself; the strength is necessary for comparison with other pathoconcepts.

[Comments are in square brackets.]

[<u>The case:</u> a mother takes her 7 year old son to the family practioner. The child has had flu symptoms for a week, breathes rapidly and complains of right chest pain aggraveted by frequent coughing fits. The family practioner's findings include:

temperature 41.0' C (105' F),
breathing rate: 25 per min,
pulse: 150 per min,
dullness to percussion, diminished breathing sounds and a friction rub of the right chest.]

[We present parts of the results for this case derived by MED2:
  (1) The questions, answers and 'derivatives' (i.e. local conclusions)
      of the questionset 'thoracic pain'.
  (2) The final results.
  (3) The justification of the pathoconcept 'pleuracy'.]

[<u>Terminology:</u> Each object is described by its internal representation
               and its verbalisation. Object types are denoted as following:

               questionset (qset):   q... (e.g qac)
               manifestation: m... (e.g. mac50)
               rules: r... (e.g. rdq109)
               explanationset (xset):   dx.. (e.g. dx4)
               pathoconcept (pc):   p... (e.g. p4)
               rule predicates: $... (e.g. $=, $or)   ]

[Among other questionsets, MED2 explored 'thoracic pain' (thp) and
 infered the pain type as 'pleural pain'.]

Questionset
gac = thoracic pain   true
mac50 = thp_type   unknown
mac11 = thp_start   6 h
mac10 = thp_stop   unknown
mac12 = thp_etiology   2 = non-traumatic
mac13 = thp_temp_category   1 = ac first time
mac14 = thp_duration   6 h
mac15 = thp_mode_of_onset   2 = gradual
mac16 = thp_intensity   2 = moderate
mac17 = thp_trend   unknown
mac18 = thp_miscell   false
mac19 = thp_origin   1 = superficial
mac20 = thp_localization   1 = well
mac22 = thp_locat   (hemithorax r)
mac23 = thp_quality   5 = throbbing
mac24 = thp_precip/aggrav   11 = coughing
                                             12 = deep breathing
mac26 = thp_relief   4 = holding breath
mac27 = thp_drug_response   false
mac28 = thp_accomp_symptoms   unknown
mac29 = thp_iatrogenic_causes   unknown
mac30 = thp_environmentals   unknown
mac31 = thp_contributing_PMHx   unknown
mac32 = thp_FHx   unknown

Derivatives of the actual Qset :
mac7 = musculoskeletal_p   3 = unclear

Actionrules of musculoskeletal_p
10   rdq109   ($= mac24 11)   thp_precip/aggrav   is coughing

mac2 = pleural_pain   5 = very probable

Actionrules of pleural_pain
20   rdq5   ($= mac1 3)   thp_category   is (chest wall p)
20   rdq8   ($or mac24 10 11 12) thp_precip/aggrav   is (valsava maneuver
                                                      or coughing
                                                      or (deep breathing)
20   rdq9   ($= mac26 4)   thp_relief   is (holding breath)
10   rdq6   ($or mac23 5 6)   thp_quality   is throbbing
                                                      or sharp
-4   rdq16 (non $= mac24 6)   thp_precip/aggrav   not is (chest muscle con

mac1 = thp_category   3 = chest wall p

Actionrules of thp_category
10   rdq1   ($= mac19 1)   thp_origin   is superficial
10   rdq2   ($= mac20 1)   thp_localization   is well

[The final diagnosis is 'pneumonia' being infered from the pathopysiological
 states 'infiltrate' and 'pleuricy'. These pathoconcepts can explain all
 known symptoms, which have been aggregated in explanationsets (xsets).]

Hierarchical Order of the established Pathoconcepts:

```
p5 = infiltrate
      --> p4 = Pneumonia
p2 = pleuricy
      --> p4 = Pneumonia
```

Explained Xsets :   215

```
dx4 = x_fever (10) by :              p4 = Pneumonia
dx5 = x_coughing (5) by :            p4 = Pneumonia
dx3 = x_infiltrate (50) by :         p4 = Pneumonia
dx7 = x_pleuricy (40) by :           p4 = Pneumonia
dx8 = x_infilt_sign (40) by :        p5 = infiltrate
dx2 = x_friction_rub (50) by :       p2 = pleuricy
dx1 = x_chestpain (20) by :          p2 = pleuricy
```

Xsets having to be explained and Points : none

[We show here the justification of the pathoconcept 'pleuricy'. Three levels
 of detail are presented:

  (1) The overall strength = 82 compared to the strength of 20 for each of the
      differential-diagnoses 'pneumothorax' and 'lungembolism'.
  (2) The components of the strength: the matching-, binding-, and
      disposition-score.
  (3) The justification of each score.]


```
p2 = pleuricy
```
                                Strength : 82

Matching-score : very probable (74 0)
Binding-score   : 32 %
Praedisposition : relatively often
Diff.-Diagnosis : positive

Justification of Matchingscore (74)

```
Pros of pleuricy
50    rp21      ($= maxe361 6)      lung_auscult_abnorm     is (friction rub)
20    rp2       ($= mac2 5)         pleural_pain            is (very probable)
4     rp22      ($sim maxe3116 macll min 0 10)
                                    dyspnea_start           simultaneously to
                                    thp-start
      ifactive  p2                  pleuricy
```

Contras of pleuricy : none

Justification of Bindingscore (32%)

Sum of Xsets : 215
Of those the Pc explains : 70
dx1 = x_chestpain   Points : 20
dx2 = x_friction_rub   Points : 50

Justification of Predisposition

The apriori-probability of the Pathoconcept is relatively often

Justification of differential-diagnoses

p3 = Pneumothorax   Strength : 20   Known : excluded
p1 = lungembolism   Strength : 20   Known : excluded

Formal description of objects, processes, and levels of expert reasoning

Peter Heinen, Heinrich Reusch, Michael M. Richter, Thomas Wetter

1. Introduction and general remarks

Some characteristics of expert knowledge

In this paper an expert system is described which supports the medical diagnosis of ear-diseases. Its purpose is not only to supply the final diagnosis but also to guide the user through the whole process of *examinations and tests* which lead to the final decision. The situation described here is simple under the aspect that the knowledge base is not too big and can be relatively clearly structured. The authors nevertheless feel that the methods and concepts presented are of some general interest and of use in other applications. The situation we analyze is mainly described as follows:

1. Case related knowledge is often inherently incomplete and insufficient for the intended decisions
2. Domain related knowledge is often vague
3. New knowledge about a case may be (and remain) inconsistent with previous knowledge
4. Reasoning may lead to conclusions which are only valid in a sense other than formal logic
5. Reasoning is not only based on the present confirmed positive knowledge but may involve the absence of contradictory evidence; hence it may be non-monotonic
6. Knowledge has to be structured in order to allow adequate use in different contexts
7. Most of the meta-knowledge about the given situation is not formalized and difficult to formalize

These problems are well known from several domains. The main purpose of this paper is to show by an implemented example how these problems can be dealt with in a systematic way.

Basic objects

The system described here has three types of basic objects:

- **Symptoms:** These are indicators of health status, e.g. the calcium concentration in the blood, blood pressure, or sudden pain in the ear. For a specific patient these indicators have certain values, which are represented as numbers.

- **Tests:** These are measurements, which result in symptom values; questions to the patient are also regarded as tests.

- **Diseases:** For each disease the conditions are described under which it is accepted or rejected. A description is given in terms of the symptoms, which means that the conditions depend only on the outcome of the tests.

Formalization of the process

Although the system has complete lists of all *possible* symptoms, tests, and diseases, the information about a *particular* patient is typically incomplete. This means e.g. that only some of the symptom values are known. We will model this by introducing the concept of an **information graph**. In each situation of incomplete infomation, certain actions will be carried out (e.g. forming a hypothesis) in order to suggest new tests which will provide additional symptom values. This process continues until sufficient information for a diagnosis has been collected or no further tests are possible.

Medical knowledge is contained in the system in various different forms:

1. True facts about the basic objects, e.g. descriptions of diseases, contraindications to tests etc.
2. Relations between these objects, e.g. that the assumption of a certain disease will provide a sufficient explanation of a certain symptom value
3. Relations between such relations etc., e.g. that "pain" is more important than "price"
4. Actions which have to be undertaken

Knowledge can be represented in an explicit form as in such lists or production rules or implicitely. The overlaying implicite knowledge determines the use of the explicitely described knowledge items. It consists of the general process type - abstraction -, of how to cope with vagueness etc..

2. The basic data structures

We begin with a mathematical description of the main notions. First we deal with situations of incomplete information.

We assume to have M different symptoms, $M \geq 1$. For each i, $1 \leq i \leq M$, we have

- A symptom variable s_i

- The range r_i of the symptom variable; $r_i \subset \mathbb{R}$ being a set of real numbers. This will typically be either a real interval [a , b] or the two element set $\{0, 1\}$. In the latter case the symptom is called *boolean*. The elements of r_i are called *symptom values*. For simplicity the symptom variables are identified with their ranges.

1.Definition:

A *situation* or an *information vector* x is of the form $x = (x_1 ... x_M)$ where x_i is either the symptom variable s_i or a symptom value in r_i.

x is called *complete*, iff $x_i \in r_i \forall i$

An information vector represents a state of knowledge about a patient; it is incomplete, if the values of some variables are missing.

2. Definition:

Tests are sets of symptom variables.

It is assumed that tests are a partition of the symptom variables. At the first glance this definition may appear confusing, because a test is not the process of measuring the symptom, as expected. The process, however, depends on the individual patient; the formal definition only describes, which symptoms *can* be measured. The assumption means that in principle each symptom can be measured by exactly one examination. Next we describe the relation between symptoms and tests.

3. Definition

The *evaluation graph* G is a directed graph with the properties

The nodes of G are the situations x

The arrows of G are labelled by tests. An arrow labelled t connects x and y iff $t = (s_{i_1} ... s_{i_k})$ and

(α) $x_i = y_i \ for \ i \neq i_1 ... i_k$

(β) $x_i = s_i \ and \ y_i \in r_i \ for \ i \in \{i_1 ... i_k\}$. In symbols: $x \xrightarrow{t} y$ or simply $x \to y$.

The meaning of $x \to_t y$ is that y is a new (possible) knowledge state obtained from x by measuring the variables in t; y is not uniquely determined, because the variables in t can be replaced by every number in their range. For each patient there is a specific subvector $(y_{i_1}...y_{i_k})$ with respect to x and t. As usual, the composition of arrows gives rise to the notion of a path in G; a path is labelled by the sequence of labels of the single arrows. For each patient, the outcomes of the examinations determine a path in G.

The evaluation graph describes an ideal situation, in which all test are admitted under all circumstances. In reality the applications of examinations are subject to various restrictions. This implies that certain situations present in the model may not occur during the diagnosis.

4. *Definition*

A *real evaluation graph* G_r is a subgraph of G.

G_r depends again on the individual patient; it will be fixed throughout our discussion.

In order to describe diseases in terms of their symptoms, we use formulae of a many-sorted predicate calculus. Such formulae are built up from atomic formulae using the usual logical connectives $\wedge, \vee$, and $\sim$. Atomic formulae are of the form $s_i \leq a$, $s_i \geq a$, or $s_i = a$, where s_i is a symptom variable and $a \in r_i$. For a formula ϕ each complete information vector x assigns a truth value to ϕ: Replace all variables s_i in ϕ by the values x_i of x and evaluate the truth using the ordinary definition of the connectives. This is still possible for incomplete vectors as long as they contain values for all variables occuring in ϕ. If x assigns "true" to ϕ, x is said to satisfy ϕ.

We assume a fixed number of diseases; for each disease H we have two formulae H^+ and H^-, which are both conjunctions of disjunctions of atomic formulae, i.e. of the form $(a_1 \vee a_2...a_n) \wedge (b_1 \vee b_2...b_m) \wedge ....$

5. *Definition*

H is *confirmed* by some information vector x, iff x satisfies H^+. H is *rejected* by some information vector x, iff x satisfies H^-.

Medical knowledge provides the precise definitions of H^+ and H^-. This may be incomplete or inconsistent such that H is neither confirmed nor rejected or both confirmed and rejected by some x. For a real evaluation graph G_r one wants to make statements about diseases with a minimal amount of information. To express this we use the modal operators $\square$ and $\lozenge$.

6. *Definition*

A formula is *possibly* true in a situation x iff some complete y that can be reached by a path from x in G_r satisfies ϕ. In symbols: $x \underset{G_r}{\triangleright} \lozenge_r \phi$.

A formula ϕ is *necessarily* true in a situation x, iff each complete y that can be reached from x by a path in G_r satisfies ϕ. In symbols: $x \underset{G_r}{\triangleright} \square_r \phi$.

For the full graph G we use $\square$ and $\lozenge$; in this case the quantifiers $\forall$ and $\exists$ applied to the variables in x could be used as well.

Certain formulae in this enriched language will be used to denote the **proof state** of a hypothesis H in some situation x. This indicates in a very rough way the present degree of certainty concerning H. The main proof states are given in the table below. If a formula ψ occurs in the column "definition", this has to be read as "ψ evaluates to true in the situation x".

Table 1

state	definition	comment
possible	$\Diamond H^+ \wedge \Diamond H^-$ but not ϕ for any subformula ϕ of H^+	theoretically possible but no positive information
suspected	$\Diamond H^+ \wedge \Diamond H^- \wedge \phi$ for some subformula ϕ in H^+	some positive information
confirmed	$\Box H^+ \wedge \Diamond_r H^-$	proof succeeds, rejection possible
rejected	$\Diamond_r H^+ \wedge \Box H^-$	rejection succeeds, proof possible
unprovable	$\sim\Diamond_r H^+ \wedge \Diamond H^-$	proof fails, rejection possible
undeniable	$\Diamond H^+ \wedge \sim\Diamond_r H^-$	rejection fails, proof possible
true	$\Box H^+ \wedge \sim\Diamond H^-$	proof succeeds, rejection fails
false	$\sim\Diamond H^+ \wedge \Box H^-$	proof fails, rejection succeeds
controversal	$\Box H^+ \wedge \Box H^-$	proof and rejection succeed
indifferent	$\sim\Box H^+ \wedge \sim\Box H^-$	proof and rejection fails
contraindication	$\Diamond H^+ \wedge \Diamond H^- \wedge \sim\Diamond_r H^+ \wedge \phi$ for some subformula ϕ in H^+	some test for H^+ cannot be carried out

Next we describe the main attributes of the basic objects and their main relations. They may be dynamic or static, i.e. depend on x or not. In the sequel s denotes symptom, t test, and H disease.

Table 2

Attribute		Comment
Parity(s)	dynamic	values are left and right
Parity(t)	dynamic	values are left, right, and both
Risk(t)	static	medical risk of performing examination
Time(t)	static	amount of time needed for the examination
Pain(t)	static	pain caused by examination
Cost(t)	static	
Access(t)	static	place where examination can be performed
Done(t)	dynamic	indicates, whether t has been applied
Definition(H)	static	formulae H^+ , H^-
Formula(H^+), Formula (H^-)	dynamic	patially evaluated formulae H^+ , H^-
Parity(H)	dynamic	values are left, right, and systemic, i.e. referring to the whole body without side preference
Urgency(H)	static	indicates urgency of therapy
Effect(H)	static	indicates effectiveness of known therapy
Probability(H)	static	*a priori* probability (prevalence) of H
Cost(H)	static	cost of therapy
Plus(H),Minus(H)	dynamic	number of true subformulae in H^+ resp. H^-
State(H)	dynamic	proof state as in table 1
Uncertainty(H)	dynamic	a number indicating, how many subformulae of H^+ are only "approximately true" (see below)

Table 3

Binary relations

Relations between symptoms

| Refinement(s_i, s_j) | static | s_i is a refinement of s_j. The symptoms with the refinement relation form a partially ordered structure, which is assumed to be a collection of trees. |
| Neighbor(s_i, s_j) | static | s_i is closely related to s_j. This non-hierarchical concept defines a graph, whose nodes are the symptoms. |

Relations between symptoms and tests

| Eval(s,t) | static | t evaluates s |
| Contra (s,t) | dynamic | It depend on s, if t is admitted |

Relations between symptoms and diseases

Occurs(s,H)	static	s occurs in H^+ or H^-
Relevant(s,H)	dynamic	s occurs in Formula(H^+) or Formula(H^-) i.e. in expressions from which all subexpressions covered e.g. by confirmed disjoints, have already been cancelled
Key(s,H)	static	s may hint strongly at H
Covers(s,H)	static	With H confirmed the occurence of s is sufficiently explained

Table 3 (cont.)

Relations between diseases and diseases

| Diff(H_1, H_2) | static | H_2 is a differential diagnosis for H_1 i.e. if the proof for H_1 fails then H_2 is a new hypothesis |
| Compl(H_1, H_2) | static | H_2 is a complication of H_1, i.e. if H_1 is confirmed then H_2 is a new hypothesis |

Relations between tests and diseases

| Needed(t,H) | dynamic | t is needed to prove Formula(H^+) or Formula(H^-) |

It may be argued that all subformulae occur in a formula with the same "weight". This certainly is a point of discussion. Assigning mere numbers to subformulae may, however, lose too much information too early. The presented approach prefers to express the different levels of importance by using additional relations like Key(s,H) thus putting special emphasis on symptom s with respect to disease H. Uncertainty(H) is a simple device to measure the vagueness of statements. Each atomic formula, say $s \geq a$, is split into two formulae $s \geq a_1$ and $s \geq a_2$, with $a_1 < a_2$. If $s \geq a_2$ holds then the formula is evaluated true; if in addition $s < a_1$ fails then a "negative point" is collected. The number of negative points collected in the process of evaluation of a formula measures in some sense the uncertainty of the truth. An example is the definition of "high fever", which is definitely true above $39^{\circ}C$, and true with a negative point above $38.5^{\circ}C$.

3. Reasoning structures

In this section the main tools for reasoning are presented. We start with a general description. We think of the knowledge organized in (fixed) levels $E_1...E_n$ where E_n contains the final decision or suggestion. On some level E a certain set of objects, e.g. diseases, is described by a certain number (say k) of descriptor variables, e.g. Urgency, Effect ... . In other words: E is a set of "points" $a^1...a^l$ in a k-dimensional space $d_1 \times d_2...d_k$; for each object we have $a^j = (a^j_1...a^j_k)$, where $a^j_m \in d_m$.

An object can of course be seen as described by k variables $e_1...e_k$, with range$(e_m)=d_m$. But these variables e_m must not be confounded with symptom variables; they more resemble the attributes of table 2. Furthermore it will be admitted that some range d itself be a power set or part of a power set.

The knowledge in E_{i+1} is assumed to represent a *smaller window* or to be *more abstract* than that in E_i. By windowing we mean concentration on fewer objects, i.e. reducing the number of points. Abstraction can be seen as concentration on fewer though possibly more concise variables, i.e. reduction of dimensionality. Both mechanisms imply that the knowledge in E_{i+1} is simpler to describe than that in E_i.

7. Definition

E_{i+1} is obtained from E_i by **windowing** iff $E_{i+1} \subseteq E_i$ and $E_{i+1} \neq E_i$.

8. Definition

1. An *abstraction mapping* is a function $A: d_{k_1} \times ... \times d_{k_r} \to d,\ r \geq 1$

2. E_{i+1} is obtained from E_i by **abstraction** if

    a. The variables associated with E_{i+1} are obtained from those of E_i by replacing some $e_{k_1}...e_{k_r}$ by a new variable e with some new range d.

    b. There is an abstraction mapping $A: d_{k_1} \times ... \times d_{k_r} \to d$

Both mappings can be implemented by production rules:

- The description of an object j on a level E_i appears as a symbolic expression $a_1^j...a_{k_i}^j$ in the condition part of the rules.

- The action part transfers object descriptions to E_{i+1}.

    - In the case of **windowing**, those objects matching the condition part of some rule are transferred to E_{i+1}, with identical description a^j in E_{i+1}

    - In the case of **abstraction**, all objects are transferred to E_{i+1} but with a^j subject to abstraction mapping(s).

The process of reasoning will be represented in this model of different levels. The model also includes the transition from the initial static to the dynamic data structures of the basic objects. In the following simplified figure, most steps must be seen as composed of several individual steps.

E_n	(n-2)-abstraction list	
↑	•	
•	•	Reasoning: formation of hypothesis and proposals and their abstract discussion
•	first abstraction list	
↑	list of interesting objects	
E_2	dynamic list	case related knowledge obtained from test
E_1	static list	domain specific general knowledge

The process of reasoning is divided into two phases, the initial phase and the the final phase The initial phase is data driven and characterized by forward chaining. It uses symptom-symptom and symptom-test relations of table 3, there is no hypothesis generated. The end of the initial phase is given by the fact that no more such relations find matching symptoms or by an external user command. The end of the initial phase is defined to be the start of the final phase. The final phase again has two subphases:

(a1) *anamnesis phase*: automatic suggestion for tests on the ground of relations and hypotheses already generated
(a2) *hypothesis phase*: generation of (additional) hypotheses and their discussion

The final phase consists of iterated calls of (a1) and (a2). All lists in the level model are dynamic except for the bottom list. We will now describe the main abstraction steps and indicate which lists are affected. On each level symptoms, tests, and diseases are discussed. The summary is not complete and a number of details are suppressed.

The first step from the static list to the dynamic list is clear from chapter 1.

1. The step

E_3	list of interesting objects
↑	↑
E_2	dynamic lists

is a combination of windowing steps, which in general belong to the initial phase.

a. *Interesting symptoms*: These are certain non-evaluated symptoms. They are selected by the relations Refinement(s_i, s_j), Neighbor(s_i, s_j), and Eval(s,t). In the final phase also the list of interesting hypotheses is used.

b. *Interesting diseases*: They are also called actual diseases and selected using the relations State(H), Parity(H), Key(s,H), Diff(H_i, H_j), Compl(H_i, H_j), and Relevant(s,H). If e.g. State(H_1)=confirmed or State(H_1)=true and Compl(H_1, H_2), then H_2 is interesting.

c. *Interesting tests*: This section belongs mainly to the final phase. It uses Parity(t), Eval(s,t), the list of interesting diseases, Needed(t,H), and several lists of a higher level of abstraction It is important here not only to consider individual tests but sequences of tests (i.e. paths in the evaluation graph). If i.e. only a combination of three tests gives sufficient information about some H, then it is misleading to consider the cost of individual tests in order to select the "cheapest" test.

2. The abstraction lists

a. *Structured list of interesting diseases:* This is a combination of two abstraction steps:

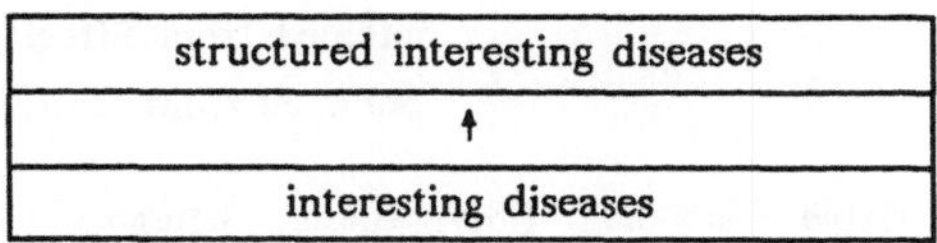

structured interesting diseases
↑
interesting diseases

Both lists contain the same diseases but the structured list describes them in a more abstract way. The descriptions are again given as lists of attributes, which are derived from the attributes in table 2. The common domain of the two abstraction mappings is as follows:

$$\% \qquad \frac{\text{number of true subformulae of } H - \frac{1}{2} \times \text{Uncertainty}(H)}{\text{number of subformulae of } H}$$

#Rel	number of symptoms s such that Relevant(s,H) holds
#Key	number of symptoms s such that Key(s,H) holds
#Diff	number of H' such that State(H')=unprovable and Diff(H',H) holds
#Comp	number of H' such that State(H')=confirmed and Comp(H',H) holds

The first abstraction A_1 maps onto a new variable "degree", the second mapping A_2 maps onto the variable "reason". The ranges of these variables are

range(degree)= {*weak, positive, strong*}

range(reason)={*Rel, Diff, Comp,* %} and subsets of {*Rel, Diff, Comp,* %}

The mappings are (partially) described in the following table.

%			≥50				≥75		≥60
#Rel		≥1				≥2			≥1
#Key									
#Diff				≥1					
#Comp					≥1				
degree	weak	positive	positive	positive	positive	strong	strong	strong	strong
reason	{}	Rel	%	Diff	Comp	Rel	%	Key	(Rel,%)

Of course there is additional information on this level carried over from below.

b. *List of hypothesis categories* This is on top of the structured list of interesting diseases and obtained by abstraction. The abtraction mapping has the variables

	comment
degree	obtained from % and #Rel
prob	obtained from Probability(H)
urg	obtained from Urgency(H)
eff	obtained from Effect(H)
cost	obtained from Cost(H)

The new variable is hc ("hypothesis category"). The range of hc is {*primary, secondary, tertiary, neglegible*}. The range of the other variables and the definition of the abstraction mapping is again indicated in a table; in the present implementation it does not depend on cost.

degree		positive	strong			
prob		often		often		rarely
urg					hours,days	no
eff		life,function,pain				
hc	tertiary	secondary	secondary	secondary	primary	neglegible

The category "neglegible" means that the disease has to be rejected (i.e. that H^- has to be proved), but possibly later. The other categories represent the degrees of importance to prove H^+. As in the former case there is a second abstraction mapping which gives the reason for the category in a similar way; this reason mapping is omitted in the sequel.

c. **Stress list and importance list** Both lists are obtained from the lists of interesting tests. by abstraction. The new variables are stress and importance. We have

range(stress)=*{low, admissible, high}*
range(importance)=*{unimportant, important, very important}*

The abstraction mappings are obtained in terms of Risk, Pain, Time, Cost resp. Needed(t,H) and the hypothesis categories. We omit the details.

d. **The list of proposals** This list is obtained from the stress list and the importance list by abtraction. The new variable is pc ("proposal category"), with

range(pc)=*{tertiary, secondary, primary, urgent}*

The abstraction mapping is defined in terms of stress, importance, and access, where access ranges over here, close, far and is obtained using Access(t). Stress is not used here but will gain importance as criterion for proposals, if access=here or access=close (in specialized hospitals) is the rule for most tests.

importance		important	important	very important
stress				
access	close,far	here		
pc	tertiary	secondary	primary	urgent

The output to the user can be organized in different ways. Ordinarily he will obtain the tests in the most important proposal categories; if these are empty he will obtain the diseases in the hypothesis categories (in decreasing order). In both cases this is supported by "reasons".

4. Additional remarks

The intention of the system is not to replace the expert but to support the expert. This implies that the user can activate at any time arbitrary processes of the system. In particular the user can change the value assignments of symptoms (e.g. if they contain errors). This leads to the problem of

Recovery: The change of symptom values may lead to a serious inconsistency of the system. This is because only some of the symptom values are assigned directly on the basis of tests. If e.g. Refinement(s_i, s_j) holds then assigning a noncritical *measured* value to s_i lets s_j inherit this noncritical value without any direct measurement. Therefore the user does not become aware of all value assignment and may find contradiction between inherited assignments and results of more elaborate tests. The consequences of changing a value assignment are captured in the recovery process:

1. delete all derived evaluations
2. delete all derived information
3. insert new value(s) and update all dynamic lists
4. start hypothesis generation

This means that we start from the situation where the correct values of the changed variables and the value of all unaffected variables are assumed to have arrived at the same instance of time. The system will not work in the same way as if it had obtained the correct values in the first place. This is caused by the increased *amount* and higher *specifity* of information now accessible.

Updating The updating process has roughly the following components:

1. replace variables by values
2. (partially) evaluate formulae
3. compute State(H) of affected diseases
4. evaluate formulae of contraindications
5. evaluate all useful paths in the evaluation graph
6. erase subformulae already explained by Covers(s,H)

5. Implementation

The system is implemented in an interpreted ML on a VAX 11/780 under VMS. The polymorphic type structure of ML proved particularly useful for expressing the abstract hierarchical concepts. It allows, in particular, to define new primitive functions on each defined type. The usefulness of recursive types is evident in several places, e.g. when dealing with formulae. It is fair to say that the defined types constitute already a fine grain description of the essential structures and processes.

Acknowledgements

Parts of the investigation were supported by DFG under grant Re 427/3-1. The investigation was carried out in the Department of Medical Statistics and Documentation at the RWTH Aachen. We thank the head of this department, Prof. Dr. R. Repges, for making available his EDP equipment and for his permanent interest and encouragement for this investigation.

We also want to thank Dr. Radermacher and Prof. Dr. Strauß, whose profound medical knowledge and readiness to search for the structures of their knowledge were the soil from which the presented concept could grow. Maria Elisabeth Blum did invaluable work in establishing the details of the medical knowledge base.

References

P. Heinen   Informelle Schlußweisen auf verschiedenen Abstraktionsniveaus in einem medizinischen Expertensystem: Konzepte und Implementierung
Dipl.Arbeit Aachen 1985

H. Reusch   Beschreibung und Implementierung der Grundstruktur eines Expertensystems
Dipl.Arbeit Aachen 1985

M.M. Richter   Abstraktion in der künstlichen Intelligenz.
to appear in: Aspekte der Abstraktionstheorie (ed. M. Gatzemeier); Aachener Schriften zur Wissenschaftstheorie, Logik und Logikgeschichte, Heft 3.

Th. Wetter   Ein modallogisch beschriebenes Expertensystem, ausgeführt am Beispiel von Ohrenerkrankungen. Dissertation Aachen 1983.

Addresses of the authors

Dr. Thomas Wetter
Wissenschaftliches Zentrum der IBM
Tiergartenstr.15
D-6900 Heidelberg

Prof. Dr. M. M. Richter, cand.inf. P. Heinen, and cand.inf. H. Reusch
Mathematische Grundlagen der Informatik
Rheinisch-Westfälische Technische Hochschule Aachen
Templergraben 64
D-5100 Aachen

**WISSENSAKQUISITION FUER DAS
NATUERLICHSPRACHLICHE ZUGANGSSYSTEM HAM-ANS**

Henning Bergmann   Annedore Paeseler

Fachbereich Informatik
Universitaet Hamburg
Schlueterstrasse 70
D-2000 Hamburg 13

ZUSAMMENFASSUNG

Am Beispiel des natuerlichsprachlichen Systems HAM-ANS wird der Aufbau einer Wissensakquisitionskomponente skizziert, deren zentraler Bestandteil eine frame-orientierte Repraesentation der Eigenschaften der unterschiedlichen Repraesentationsformalismen ist, die die heterogene Wissensbasis von HAM-ANS charakterisieren. Diese Metarepraesentation stellt die noetige Information fuer eine Komponente zum interaktiven Aufbau sowie zur Konsistenzpruefung von Wissensquellen zur Verfuegung.

1 EINLEITUNG

Damit wissensbasierte Systeme der Kuenstlichen Intelligenz (KI) an verschiedene Anwendungsbereiche angepasst werden koennen, muessen anwendungsunabhaengiges (z.B. der Inferenzmechanismus in Expertensystemen) und anwendungsspezifisches Wissen (z.B. Regeln in Expertensystemen) streng voneinander getrennt sein. Die Anpassung des KI-Systems an eine neue Anwendungsumgebung erfordert dadurch nicht mehr eine Modifizierung vieler prozeduraler Verarbeitungskomponenten, sondern kann auf den Aufbau einer Wissensbasis zurueckgefuehrt werden, in der das anwendungsspezifische Wissen repraesentiert ist. Diesen Prozess des Neuaufbaus bzw. der Erweiterung der Wissensbasis eines Performanzsystems zur Anpassung an eine neue Anwendungsumgebung bezeichnen wir als Wissensakquisition.

Im folgenden wird der Systemaufbau einer Wissensakquisitionskomponente fuer das natuerlichsprachliche Zugangssystem HAM-ANS (HAMburger Anwendungsorien-tiertes natuerlichsprachliches System, HOEPPNER et al. 1983) vorgestellt. Das von uns implementierte System IWAS (Interaktives WissensAkquisitionsSystem, BERGMANN/PAESELER 1985) verfuegt ueber eine eigene Wissensbasis, in der fuer jede HAM-ANS-Wissensquelle Strukturinformation, Integritaetsbedingungen sowie Zugriffs- und Aenderungsfunktionen festgelegt sind. Ein Programm zur Konsistenzpruefung vorhandener Wissensquellen (WQ) sowie eine Komponente, die den interaktiven Aufbau von WQ unterstuetzt, arbeiten ausschliesslich mit generischen Operationen und sind somit von den speziellen Eigenschaften der in HAM-ANS verwendeten Repraesentationsformalismen unabhaengig.

2 PROBLEMSTELLUNG

Ziel des Projekts HAM-ANS war "der Entwurf und die Implementation eines wissensbasierten natuerlichsprachlichen KI-Systems, das dem Benutzer ... den Zugang zu anderen Software-Produkten (z.B. Datenbanksystem, Bildfolgenanalysesystem) ermoeglicht" (CHRISTALLER et al. 1982, S. 100). Jedes Softwareprodukt repraesentiert eine Anwendungsklasse. Innerhalb einer Anwendungsklasse kann von einem Diskursbereich auf einen anderen durch Austauschen von WQ umgeschaltet werden.

Die Wissensbasis von HAM-ANS gliedert sich in mehrere WQ, fuer deren Implementation unterschiedliche Repraesentations- und Implementationssprachen verwendet wurden. So sind z.B. extensionales und intensionales Wissen ueber einen Diskursbereich durch in Kontexte gegliederte semantische Netze repraesentiert und als assoziative Netze in FUZZY (LE FAIVRE 1977) implementiert. Das Wortlexikon dagegen ist durch Verbundstrukturen (records) repraesentiert, die durch spezielle LISP-Datenstrukturen implementiert sind.

Um HAM-ANS an eine neue Anwendungsklasse anzupassen, kann es erforderlich sein, zusaetzliche WQ einzufuehren oder die Repraesentationsformalismen bestehender WQ zu erweitern. Um den Zugang zu einem Datenbanksystem zu ermoeglichen, musste z.B. eine WQ fuer die Repraesentation des Datenbankschemas eingefuehrt werden. Fuer semantische Netze wurden neue Kantentypen definiert, um die Abbildung von Begriffen auf Datenbankobjekte zu ermoeglichen.

Fuer die Adaption des Systems an einen neuen Diskursbereich muessen die diskursbereichsabhaengigen WQ neu aufgebaut (z.B. semantische Netze) oder erweitert werden (z.B. das Lexikon). Dies betrifft sowohl die diskursbereichsabhaengigen WQ der jeweiligen Anwendungsklasse als auch die diskursbereichsabhaengigen WQ, die von einer bestimmten Anwendungsklasse unabhaengig sind (vgl. Abb. 1).

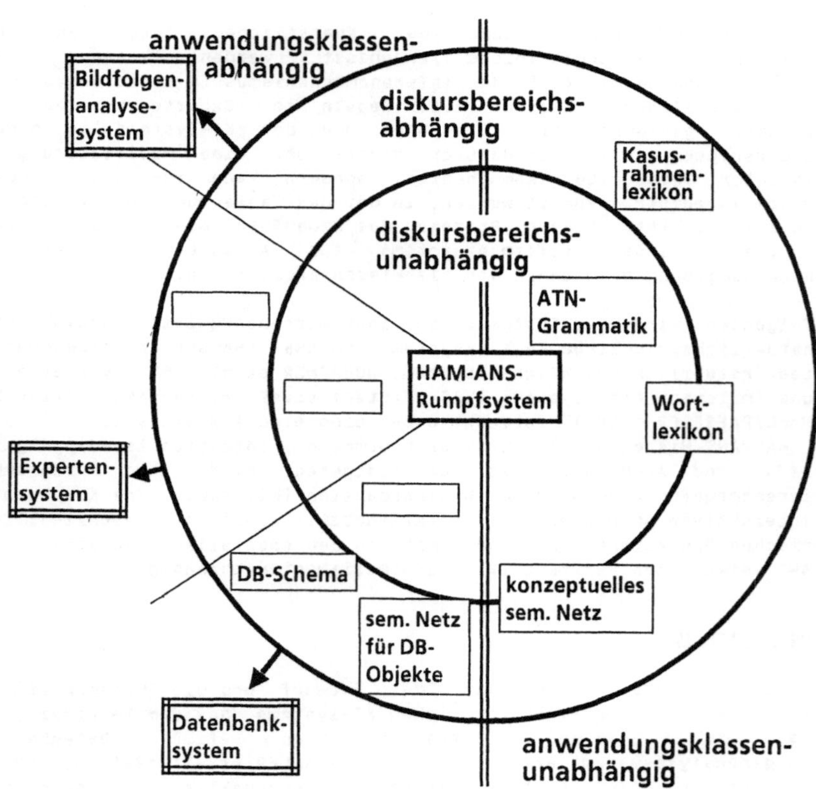

Abb. 1: Klassifizierung von Wissensquellen

Ohne automatische Unterstuetzung sind fuer die Modifikation der Wissensbasis genaue Kenntnisse der Repraesentationsformalismen der einzelnen WQ erforderlich, ueber die nur ein HAM-ANS-Systemexperte verfuegt.

Eine Wissensakquisitionskomponente ist ein Werkzeug, das den inkrementellen Aufbau der heterogenen Wissensbasis des Performanzsystems HAM-ANS unterstuetzt, so dass die Anpassung an einen neuen Diskursbereich durch einen Experten der jeweiligen Anwendungsklasse (z.B. einen Datenbankadministrator) durchgefuehrt werden kann. Sie sollte dem Benutzer eine einheitliche Schnittstelle zu den verschiedenen WQ anbieten, um die Komplexitaet, die mit der Beachtung der Konventionen unterschiedlicher Repraesentationsformalismen verbunden ist, zu reduzieren. Weiterhin ist ein Verfahren zur Konsistenzpruefung und -erhaltung waehrend des interaktiven Aufbaus der WQ zu entwickeln, das voruebergehend Inkonsistenzen zulassen soll, um einen flexiblen Dialogverlauf zu ermoeglichen. Schliesslich sollte die Moeglichkeit zur Anpassung an andere Anwendungsklassen (d.h. die Moeglichkeit zur Bearbeitung weiterer WQ) bestehen.

Um diesen Aufgaben gerecht zu werden, muss das System modular aufgebaut sein und leicht an unterschiedliche Repraesentationsschemata angepasst werden koennen. Diese Probleme stehen bei bisher existierenden Wissensakquisitionskomponenten fuer natuerlichsprachliche Systeme (vgl. HAAS/HENDRIX 1981, MARTIN et al. 1983) nicht im Mittelpunkt. Wir haben uns daher an Systemen orientiert, die zur Loesung dieser Probleme eine Wissensbasis mit deklarativen Definitionen der Repraesentationsschemata des Performanzsystems verwenden (vgl. DAVIS 1982).

3 ARCHITEKTUR DER WISSENSAKQUISITIONSKOMPONENTE IWAS

Im folgenden wird der Aufbau von IWAS beschrieben (vgl. Abb. 2). Das System besteht aus drei Subkomponenten:
- einem Modul fuer die Pruefung bestehender WQ,
- einer zentralen Verwaltungswissensbasis (VWB),
- einem Modul fuer den interaktiven Aufbau von WQ.

Das Modul fuer die Konsistenzpruefung bestehender, nicht mit IWAS aufgebauter WQ ist erforderlich, um diese (moeglicherweise fehlerhaften) WQ zu testen und mit IWAS weiter bearbeiten zu koennen.

Die VWB enthaelt in frame-orientierter Repraesentation die von den beiden Moduln fuer die Dialogfuehrung bzw. Konsistenzpruefung benoetigte Information ueber die WQ und bietet ihnen eine einheitliche Schnittstelle zu den verschiedenen WQ. Die VWB ist in Kontexte gegliedert, wobei fuer jede WQ, die mit IWAS bearbeitet werden soll, ein Kontext angelegt wird. Ein Kontext enthaelt Definitionen fuer die verschiedenen Typen von Eintraegen in den WQ. Diese Typdefinitionen sind als Frames in FRL (Frame Representation Language, ROBERTS/GOLDSTEIN 1977) implementiert und in einer Hierarchie angeordnet. Jede Typdefinition umfasst folgende Informationen:
- eine Strukturbeschreibung fuer Eintraege der WQ, die die moeglichen Attribute sowie den Typ und die Anzahl der Attributwerte festlegt,
- eingebettete spezielle Zugriffsfunktionen fuer die WQ und Testfunktionen fuer Integritaetsbedingungen, die entweder beim Eintragen oder Loeschen eines Attributwertes ausgefuehrt werden.
Die Integritaetsbedingungen fallen in drei Klassen:
- Lokale Integritaetsbedingungen beziehen sich auf einzelne Eintraege (Typ- und Anzahlbedingungen fuer Attributwerte).
- Eintragsuebergreifende Integritaetsbedingungen beziehen sich auf mehrere Eintraege oder ganze WQ (z.B. das Verbot von Zyklen in semantischen Netzen)
- Globale Integritaetsbedingungen gelten ueber mehrere WQ hinweg, wobei wir uns auf referentielle Bedingungen beschraenken. Integritaetsbedingungen dieses Typs sind nicht einzelnen Typdefinitionen, sondern einem ausgezeichneten globalen Kontext zugeordnet.

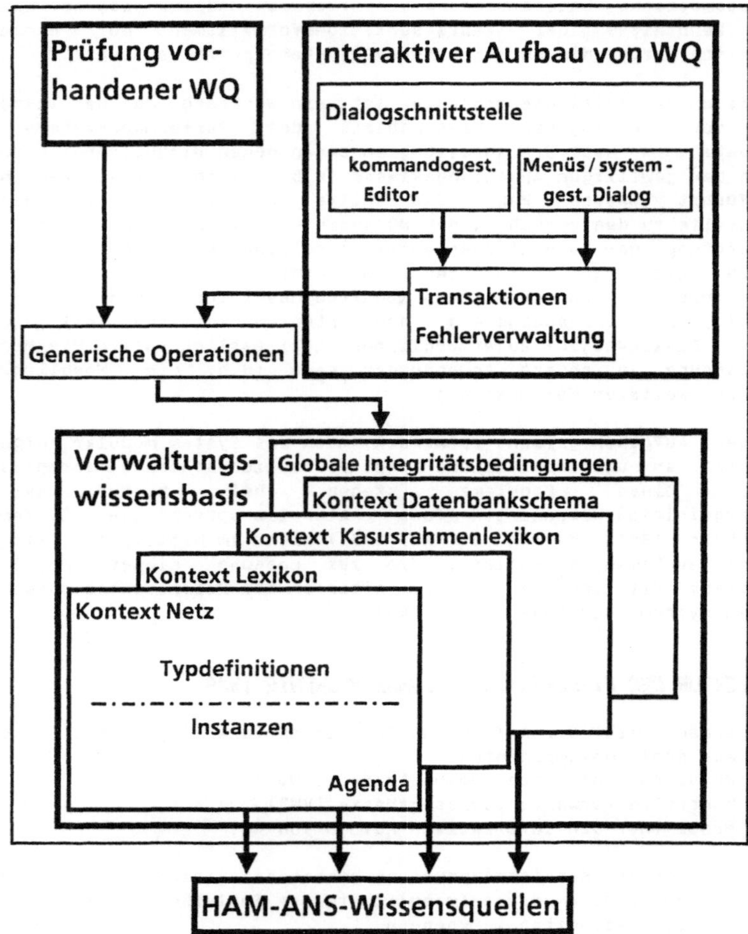

Abb. 2: Uebersicht ueber den Aufbau von IWAS

Waehrend des interaktiven Aufbaus bzw. der statischen Ueberpruefung einer WQ werden fuer die Eintraege der WQ Instanzen der ihrem Typ entsprechenden Typdefinition erzeugt. Fuer die Bestimmung des Typs eines Eintrages werden unterschiedliche Verfahren eingesetzt. Bei der statischen Ueberpruefung wird vom System fuer jeden Eintrag durch ein Klassifizierungsverfahren der am besten passende Typ ermittelt. Beim interaktiven Aufbau wird Attributwerten, fuer die noch keine Instanz vorhanden ist, der Typ zugeordnet, der fuer dieses Attribut vorgesehen ist.

Aenderungsoperationen und Testfunktionen arbeiten nicht auf den Eintraegen in den WQ selbst, sondern auf den Instanzen der VWB. Dadurch verfuegen die prozeduralen Subkomponenten ueber eine einheitliche Schnittstelle zu den WQ. Durch die Aktivierung der in den Typdefinitionen eingebetten speziellen Zugriffsfunktionen werden Aenderungen in den WQ ausgefuehrt. Die wichtigste Funktion der Instanzen liegt in der Zuordnung eines Eintrages zu einer Typdefinition. Darueber hinaus dienen sie zur Markierung von fehlerhaften Eintraegen und werden als (virtuelle) Kopie eines Eintrages verwendet.

Neben den Typdefinitionen und Instanzen enthaelt jeder Kontext eine Agenda, auf der waehrend des interaktiven Aufbaus alle fehlerhaften sowie die noch nicht bearbeiteten bzw. geprueften Instanzen verzeichnet sind. Waehrend des systemgesteuerten Dialogs wird der jeweils als naechstes zu bearbeitende Eintrag von der Agenda genommen.

Das Modul fuer den interaktiven Aufbau stellt dem Benutzer eine einheitliche Dialogschnittstelle zu den heterogenen WQ zur Verfuegung. Es werden zwei Dialogformen angeboten:
- ein kommandosprachenorientierter Editor und
- ein systemgesteuerter Dialog mit Menues und Formularen.

Die Kommandos fuer Aenderungen einer WQ werden durch Transaktionen ausgefuehrt. In diesen Transaktionen wird zunaechst mit generischen Operationen eine Modifikation der gerade bearbeiteten Instanz vorgenommen. Abhaengig vom Typ der Instanz wird die generische Operation auf eine spezielle Zugriffsfunktion abgebildet, die den Eintrag in der WQ aendert. Daran schliesst sich eine Konsistenzpruefung an. Sie besteht im wesentlichen aus einer Aktivierung der in die Typdefinitionen eingebetteten Testfunktionen, die im Fehlerfall eine Meldung ueber die Art des Fehlers zurueckliefern. Diese Meldungen werden innerhalb einer Fehlerverwaltungsfunktion ausgewertet. Die Fehlerverwaltung fuehrt vereinfacht die folgenden Schritte durch:
1. Falls nichttolerierbare Fehler (z.B. Zyklen) aufgetreten sind, ist die Transaktion zurueckzusetzen.
2. Falls tolerierbare Fehler (z.B. unvollstaendige Eintraege) aufgetreten sind, werden diese in den betroffenen Instanzen markiert.
3. Falls vor der Aenderung der Wissensquelle eine Fehlermeldung fuer die Instanzen vorlag, wird durch nochmalige Ausfuehrung der entsprechenden Testfunktionen ueberprueft, ob der Fehler beseitigt ist und ggf. die Fehlermarkierung entfernt.

Die beschriebene Architektur soll in erster Linie der speziellen Problemstellung, die bei HAM-ANS vorliegt, gerecht werden. Der verwendetete Ansatz scheint jedoch auf aehnliche Systeme mit heterogener Wissensbasis uebertragbar zu sein.

LITERATUR

Bergmann, H., Paeseler, A. (1985): Entwurf und Implementation einer Wissens-akquisitionskomponente fuer ein natuerlichsprachliches Datenbank-zugangssystem. Univ. Hamburg, Fachbereich Informatik, Diplomarbeit.
Christaller, T., v. Hahn, W., Hoeppner, W., Marburger, H., Morik, K., Nebel, B., Wahlster, W. (1982): Wissensbasierter Zugang zu unterschiedlichen Diskursbereichen mit dem KI-System HAM-ANS. In: Slama, R. (ed.): Workshop Sprachverarbeitung, 8. Dez. 1982, GMD Bonn, S. 100-135
Davis, R. (1982): Teiresias: Applications of meta-level knowledge. In: Davis, R., Lenat, D.B. (eds.): Knowledge-based systems in Artificial Intelligence. New York: McGraw-Hill, S. 227-490.
Haas, N., Hendrix, G.G. (1981): Machine learning for information management. SRI International, Inc., Menlo Park (Calif.), Tech. Note 252.
Hoeppner, W., Christaller, T., Marburger, H., Morik, K., Nebel, B., O'Leary, M., Wahlster, W. (1983): Beyond domain-independence: Experience with the development of a german language access system to highly diverse background systems. In: Proc. of the 8th International Joint Conference on Artificial Intelligence, Karlsruhe, S. 588-594.
Le Faivre, R.A. (1977): FUZZY reference manual. Rutgers Univ., Department of Computer Science.
Martin, P., Appelt, D., Pereira, F. (1983): Transportability and Generality in a natural-language interface system. In: Proc. of the 8th International Joint Conference on Artificial Intelligence, Karlsruhe, S. 573-581.
Roberts, R.B., Goldstein, I.P. (1977): The FRL manual. M.I.T., Cambridge (Mass.), AI Lab., AI Memo 409.

CONSTRUCTIVE THEORY FORMATION
IN KNOWLEDGE BASED SYSTEMS

Ioan Georgescu
Institute for Computers
and Informatics
167 Calea Floreasca
72321 BUCHAREST 2 - ROMANIA

ABSTRACT

The interest in knowledge acquisition systems has especially been emphasized by the recent development of domain independent expert systems. The paper presents a method for automated organization of knowledge bases using the constructive formation of theories, starting from unstructured knowledge. The method has been developed in connection with the system INKAS (Interactive Knowledge Acquisition System), a project for a domain-independent knowledge acquisition system currently in progress at Institute for Computers and Informatics in Bucharest, Romania. Domain specific knowledge bases prepared by the INKAS system are supposed to support various implementations of our operational domain independent expert system INTEXP [3].

1.   THE NEED FOR A MODEL-THEORETIC ORGANIZATION OF KNOWLEDGE BASES
1.1. Introduction

It seems obvious that, in knowledge based systems, the more knowledge the system is supplied with, the more competence it reveals in operation. This sentence is true both for humans, and for artificial intelligence programs. However, there is a difference which seems to be unnatural with respect to the qualitative aspects the behaviour: humans having more knowledge usually become more efficient, they spend less time for solving their problems, whereas actual artificial intelligence programs become slower. Suppose we have a knowledge based system whose knowledge K_o contains only the minimal set of knowledge pieces necessary to solve a given problem p in an amount of time t_o. Further suppose we add to our knowledge base new knowledge pieces, all of them unrelated to any existing knowledge piece in K_o. As the knowledge base grows to K_1, the system still uses only the knowledge pieces from $K_o \subset K_1$ to solve the problem p but, having to search through the new knowledge space K_1, the time to solve the problem grows accordingly to $t_1 > t_o$.

Facing the task of building a knowledge base for a given domain
of expertise, the knowledge engineer has to find out appropriate
heuristics for restricting the increasing search space. These heuristics mainly discriminate subspaces in knowledge bases, where the searching process for the solution becomes more efficient. The attempt to
define such heuristics is strongly dependent on the talents of human
experts. Therefore, research efforts are dedicated to those methods
which aim at automated organization of knowledge bases during the
knowledge acquisition process.

The method we present in the following is based on structural
properties of theories in formal systems. Assuming that the knowledge
base has already been organized according to some criteria which discriminate consistent theories, we can recognize that a given problem
pertains to a theory T, and then use to solve the problem only those
knowledge pieces within T, regardless the remaining knowledge entities
in the base. This method has been developed as a conceptual basis for
the project INKAS (Interactive Knowledge Acquisition System), currently
in progress at Institute for Computers and Informatics in Bucharest,
Romania. The project aims at developing an interactive domain independent knowledge acquisition system, which builds theories from unstructured knowledge and finds structural and taxonomic trees for the knowledge base.

1.2. Structures and structural trees

The fundamental abstraction that captures all the structural
characteristics of theories is the <u>similarity type</u> τ which is
defined by the tuple

$$\tau = \langle S, I, J, K, \theta, \mu, \varphi, \psi, \xi \rangle$$

where:

S   is the index set for the families of objects, called <u>sorts</u>;

I   is the index set for the families of relations;

J   is the index set for the families of functions;

K   is the index set for the distinctive, ground elements, at least
     one ground element for each sort (this condition allows for the
     development of the Herbrand universe);

$\theta : I \to N$ is the <u>arity application</u> for the families of relations;

$\mu : I \to \bigcup_{i \in I} S^{\theta(i)}$ is the type application for the families of relations, such that $\mu(i) \in S^{\theta(i)}$ for each $i \in I$;

$\varphi : J \to N$ is the _arity application_ for the families of functions;

$\psi : J \to \bigcup_{j \in J} S^{\varphi(j)}$ is the _source type application_ for the families of functions, such that $\psi(j) \in S^{\varphi(j)}$ for each $j \in J$;

$\xi : J \to S$ is the _cosource type application_ for the families of functions;

N is the set of non-negative integers.

A _structure_ α with the similarity type τ is a 4-tuple

$$\alpha = \langle A, R_i, F_j, e_k \rangle_{i \in I, j \in J, k \in K}$$

where:

$A = \bigcup_{s \in S} A_s$ is a nonempty set called the _support_ or the _universe_ of the stucture α, obtained by the union of the disjunctive sorted subsets A_s, $s \in S$;

$\{R_i \mid i \in I\}$ is a family so that, for every $i \in I$, R_i is a relation defined on A with arity $\theta(i)$, and with type $\mu(i)$;

$\{F_j \mid j \in J\}$ is a family so that, for every $j \in J$, F_j is a function in A with arity $\varphi(j)$, source type $\psi(j)$, and cosource type $\xi(j)$;

$\{e_k \mid k \in K\}$ is a subset of A so that, for every $k \in K$, e_k is a ground element in A and, for every $s \in S$, there exists at least one ground element.

Given a structure α, a sort $s \in S$, and some selection criteria stated in terms of relational symbols, there are two ways of obtaining an object a with the sort s:

- by _extracting_ an object $a \in A_s$ from the initial sorted support, using the selection criteria;

- by _producing_ an object a, using a functional F with cosource type s, selected from the family F_j of the structure with the given selection criteria.

A relation R_{i_o} is a _natural extension_ of the relations $R_{i_1}, \ldots, R_{i_n}$ with $i_o, i_1, \ldots, i_n \in I$, iff:

(i) $R_{i_o} \subseteq R_{i_1} \ldots R_{i_n}$;

(ii) $\theta(i_o) = \sum_{p=1}^{n} \theta(i_p)$;

(iii) $\mu(i_o) = [\mu(i_1) \ldots \mu(i_n)]$.

We observe that the sorted subsets A_s, $s \in S$, could be viewed as l-ary relations and, consequently, use them in building natural extensions of relations.

A function F_j is a __natural extension__ of the source function F_j with respect to the functions $F_{j_1},\ldots,F_{j_n}$, with $j,j_0,j_1,\ldots,j_n$ J, iff:

(i) $\psi(j_0) = \left[\xi(j_1)\ldots\xi(j_n) \right]$;

(ii) the formal expression of F_j is obtained from F_{j_0} by replacing every free occurence of s-sorted variables, $s \in \{\xi(j_1),\ldots,\xi(j_n)\}$, with their equivalent formal expressions in terms of $F_{j_1},\ldots,F_{j_n}$;

(iii) the source type of F_{j_0} after (ii) is equivalent to $\psi(j)$.

The __structural tree__ of a given structure α is a diagrammatic representation, organized by arity levels, as follows:

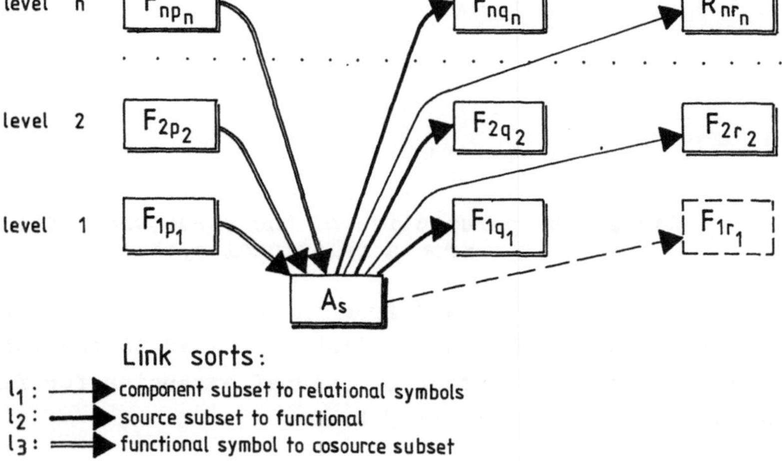

Fig.1. The perspective of the structural tree
from a s-sorted support subset A_s.

- at the ground level, there are the disjunctive s-sorted subsets A_s from the universe of α;

- every intermediate level i contains all the functional and relational symbols with arity i, correspondingly connected, through structural links, to:
    - the source subsets of functional symbols;
    - the cosource subsets of functional symbols;
    - the component subsets of relational symbols;
    - their natural extensions.

As illustrated in Figure 1, every s-sorted subset A_s provides
support objects for functional and relational symbols at various
levels either directly, or from the objects produced by those functions having A_s as cosource subset. The significance of link sorts
is obvious from the details of the drawing.

The perspective of the structural tree from a relational symbol
at the intermediate level i, is shown in Figure 2. The links of sort
l_1 come from the component subsets $A_{s_1},\ldots,A_{s_i}$ of the relational symbol. A new sort of links, l_4, show that R_{ir_i} is the natural extension of other relations. If the relational symbol could be obtained
by natural extension from several combinations of component relations,
the l_4-sorted links are clustered accordingly.

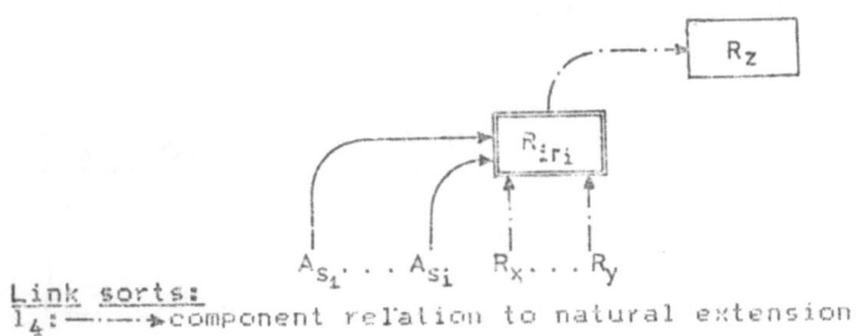

**Fig.2. The perspective of the structural tree
from a relational symbol.**

The structural tree viewed from the perspective of a functional
symbol, reveals two new sorts of links, related to the role played by
the function in the definition of natural extension for functions.
They are illustrated in Figure 3 below.

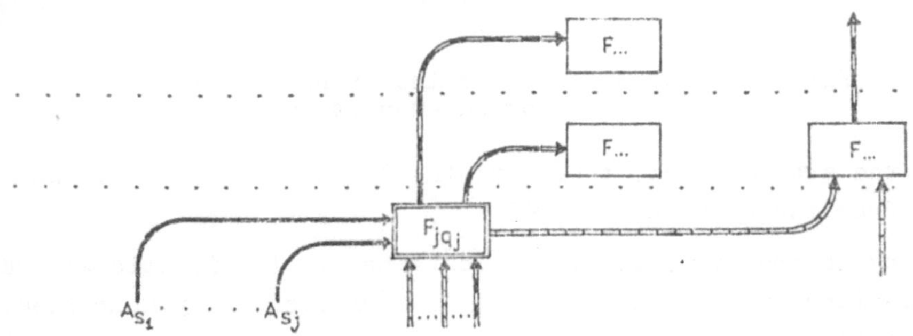

**Fig.3. The perspective of the structural tree
from a functional symbol.**

2.   PERSPECTIVES OF KNOWLEDGE ACQUISITION AND REPRESENTATION
2.1. Declarative perspectives

The existence of a human expert acting as a source of domain knowledge and interacting with the system during the incremental process
of knowledge acquisition, represents the basic conceptual assumption
of the INKAS system. Therefore, a declarative perspective over the
domain knowledge is supposed to be at the starting point of the knowledge acquisition process. There are several declarative knowledge acquisition alternatives, which mainly depend on the focus of interest
in building useful knowledge bases. We have considered the following
alternatives for the declarative perspectives within the INKAS system:

- Focusing on domain definition, the knowledge acquisition process
  takes the taxonomic trees for supervisory information and accordingly asks the expert to describe other concepts and related instances concerning the objects, functions, and relation within
  the field.

- Focusing on problem definition, the knowledge acquisition process
  takes the problem description pattern for supervisory information
  and accordingly asks the expert to describe other concepts and
  related instances concerning the objects, functions, and relations which stand for components of the actual problem definition.

- Focusing on individual knowledge piece definition, the knowledge
  acquisition process takes the description of the actual knowledge
  piece for supervisory information and accordingly asks the expert
  to describe other concepts and related instances occuring as components or arguments within the focused knowledge piece.

The INKAS knowledge acquisition system generates knowledge pieces
represented according to the formalism of the hypernets knowledge representation method [4].

2.2. Behavioural perspectives

The behaviour of entities represented as knowledge pieces adds new
perspectives to the process of knowledge acquisition. There are three
behavioural alternatives considered by the INKAS system:

- The knowledge about how the represented entity behaves in time,
  reveals its stability with respect to the moment of implication
  in some reasoning processes, or its evolutive properties.

- The knowledge about how the represented entity behaves in processes, which could be transformational (functions) or inferential

(judgments) reveals the significant states and events character-
izing its initial, intermediate, and final aspects.

- The knowledge about how the represented entity behaves in
relations, reveals the roles it plays when associated with
other entities in well-defined combinations.

From these perspectives, the knowledge is supposed to exhibit the
potential of the represented entity in evolutive processes regarding
the aspects concerning the objects, the development of transformational
and inferential activities, and the interaction between entities when
considered together in some definite relation. Using the behavioural
perspectives of knowledge representation, expert systems become able
to develop reasoning chains concerning expected evolution of objects
and situations, of actions and processes.

2.3. Inferential perspectives

One of the most important categories of knowledge perspectives captures within knowledge pieces the way new entities are inferred from
existing ones, or some normative criteria are applied to reasoning processes. From these inferential perspectives, the INKAS system
produces the following types of rules:

- rules concerning objects: how objects, or their properties are
generated, transformed, inferred, re-written, restricted, or
used;
- rules concerning functions: how functions are generated, sorted,
performed, supervised, interrupted, restricted, justified, how
they originate actions and processes, how act and interact their
participants (agents, objects), how they behave in definite
contexts;
- rules concerning relations: how relations are generated, restricted, used, justified, what their properties are, what significance their places bear.

2.4. Knowledge levels

The above-mentioned perspectives are applied during the knowledge
acquisition process, with respect to the following levels of knowledge within actual knowledge bases:

- the basic level, which contains conceptual and factual objects,
functions, and relations from the domain of expertise;
- the heuristic level, which contains judgmental criteria to be
used when entities from the basic level produce insatisfactory

results;
- the metaknowledge level, which contains the knowledge about knowledge, that is how knowledge pieces from basic and heuristic
  levels are represented, organized, and used, thus providing control information for the system.

3.   STAGES OF KNOWLEDGE ACQUISITION
3.1. The architecture of the INKAS processor

Presuming that an ideal knowledge acquisition system should imply
only domain experts, provided that there is no assistance from the part
of knowledge engineers, the original draft of the INKAS system specifies the following components (Figure 4):

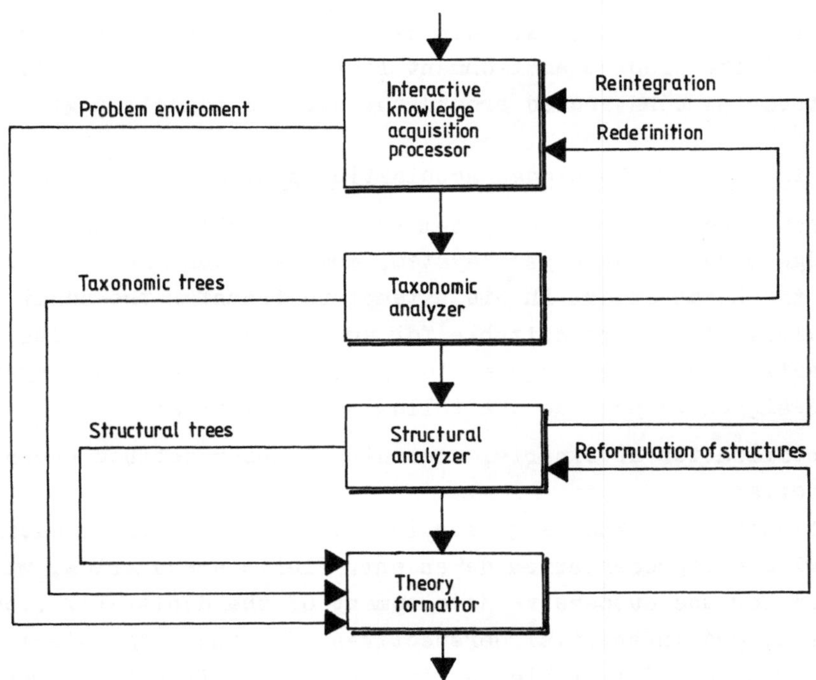

Fig.4. The architecture of the INKAS processor

- The interactive knowledge acquisition processor is responsible
for the brute acquisition of the domain knowledge, from the perspectives mentioned in chapter 2. The domain expert is supervised in his
effort by the system, according to predefinite, flexible scenarios.
Apart from the knowledge pieces normally produced as a result of the
interactive knowledge acquisition process, a problem environment list
is produced for being used in the theory formation stage.

- The taxonomic analyzer explores the unorganized knowledge base and builds taxonomic trees. For this respect, it proposes new concepts by applying appropriate rules for concept formation (generalization of knowledge entities, abstraction of concepts from definite subsets of knowledge pieces etc.), when necessary. Taxonomic trees are produced by the taxonomic analyzer for later use in the theory formation stage and, of course, in applications.

- The structural analyzer is mainly responsible for building structural trees, according to the theoretical considerations given in chapter 2. Its first step is concerned with the basic problem of automatic determination of sorts, which then stand as criteria for structural analysis. Structural trees produced by the structural analyzer provide the key information for the theory formation stage.

- The theory formattor extracts taxonomic and structural trees for each entry in the problem environment list, and relates them to the proposed theories constructed around the problem reduction graphs.

3.2. The interactive knowledge acquisition processor

Any knowledge acquisition system that is capable to build a specific knowledge base for an expert system, must at least have the ability to assist the human expert in his attempt to transfer the domain specific knowledge in a form suitable for automated reasoning. Therefore, the interactive knowledge acquisition processor of the INKAS system has been designed to provide the following facilities:

- identification of experts, according to user defined acceptance criteria;
- initiation of a knowledge acquisition session using predefinite, knowledge-representation dependent, flexible scenarios, which allow for the successive development of the declarative, behavioural, and inferential perspectives of a knowledge piece;
- construction of a problem environment list, from the perspectives of the declarative knowledge acquisition which have been focused on the problem environment;
- embody the described knowledge pieces into the knowledge base.

As a consequence of its interactive characteristics, the knowledge acquisition processor asks the domain expert for confirmation, each time specific information has been attached to the evolutive structure of the knowledge piece. This ensures that the knowledge piece resulted after the expert has completed its description, is consistent with the representation formalism and may be used as a valid knowledge piece.

When operating upon well-structured domains of expertise, the interactive knowledge acquisition processor alone may satisfactorily assume the task of building a knowledge base. However, for large knowledge bases, the further refinement provided by the other components of the INKAS system adds confidence in the resulted base by avoiding taxonomic and structural inconsistencies. Moreover, the systems performance becomes more efficient, as a result of the theory formattor activity.

3.3. The taxonomic analyzer

The task of the taxonomic analyzer is to build the taxonomic tree of the knowledge base. Usually, each knowledge piece contains taxonomic information pointing up to its concept, and down to the set of its instances. However, after the brute knowledge acquisition in the previous phase, there is no proof that the resulted knowledge base has a consistent taxonomic tree. With respect to such possible inconsistency, the taxonomic analyzer explores the contents of the knowledge base while having the following objectives:

- development of the taxonomic trees by considering the taxonomic information supplied with each knowledge piece, and collecting, within a rejection subset, all the knowledge pieces with no taxonomic links, or no taxonomic information at all;
- verification of the taxonomic trees with respect to the properties stated within the knowledge pieces;
- formation of new concepts, by applying generalization rules to individual knowledge pieces, and abstractization rules to collections of knowledge pieces, thus allowing for further development of taxonomic trees from rejected entities;
- merging several taxonomic trees, with appropriate conceptualization of new parent nodes;
- proposing the resulted taxonomic tree and knowledge pieces (such as new concepts, new parent nodes etc.) to the interactive knowledge acquisition processor, for confirmation or redefinition.

3.4. The structural analyzer

In its attempt to build structural trees, the first task a structural analyzer has to accomplish is concerned with automated determination of sorts. The knowledge representation method based on hypernets, which is used for INKAS system, requires the specification of a sort for each knowledge piece. Provided that domain experts should know the significance of the concept of sort, and already have a many-sorted description of their domain, we generally assume that the structural analyzer is responsible for proposing new sorts, for verifying user defined sorts and their consistency with functional and relational entities from the knowledge base. The algorithm for primitive sort definition has the following steps:

(i)   For every relational symbol R_i is defined a _primary relational expression_ $R_i(\underline{\quad}_1, s_{i1}, \underline{\quad}_2, s_{i2}, \ldots, \underline{\quad}_n, s_{in})$, where: $n = \theta(i)$ is the arity of the relation; $s_{ik} \in S$, $1 \leq k \leq n$, is the sort of the place k; $i \in I$, where I is the index set for relations.

(ii) For each functional symbol F_j is defined a _sort_ s and a _primary functional expression_ $F_j(\underline{\quad}_1, s_{j1}, \underline{\quad}_2, s_{j2}, \ldots, \underline{\quad}_m, s_{jm})$, where: $s = \xi(j)$ is the sort of the functional F_j (the cosource type); $m = \varphi(j)$ is the arity of the function; $s_{jk} \in S$, $1 \leq k \leq m$, is the sort of the place k; $j \in J$, where J is the index set for functions.

<u>Note</u>: After step (ii), the system has two sets of sorts: S, which contains initial assigned sorts, with distinctive symbols for distinctive places, and S_o, which contains user defined sorts. For each declared sort $s \in S_o$, the system builds two reference lists:

L_s^R which contains all the relational symbols where the sort s has been assigned to one or more places;

L_s^F which contains all the functional symbols of the sort s, and all the functional symbols where the sort s has been assigned to one or more places.

(iii) For each declared sort s, the system performs the following:
   (1)- selects the first relational symbol from L_s^R and displays its primary expression, interactively asking the expert to fix the sort s to its corresponding places;
   (2)- deletes the relational symbol from L_s^R and adds the symbol to the working list L;
   (3)- if L_s^R is empty, goes to (4); else goes to (1);
   (4)- selects the first functional symbol from L_s^F and displays its primary expression interactively asking the expert to fix the sort s to its corresponding places;
   (5)- deletes the functional symbol from L_s^F and adds the symbol to the working list L;
   (6)- if L_s^F is empty, goes to (iv); else goes to (4).

(iv) For each primary expression E in L, the system performs the following:
   (1)- selects pairs of places, where one sort s is fixed and the other sort s' is unfixed; unsuccessful pair formation com-

mutes on step (v);

(2)- interactively asks the expert to confirm wether the pair has the property of relative commutativity; if confirmed, then s'=s; else, goes to (3);

(3)- the place of sort s' is removed and replaced with another existing place (if any), having the unfixed sort s"; then s':=s" and goes to (2); if there is no place with unfixed sort to explore, then selects another place with another fixed sort as a basis for building pairs, and goes to (1).

<u>Note</u>: An expression E has the property of relative commutativity with respect to the places j and k, iff:

$$E(\dots, \underline{\quad}_{j,s_j}, \dots, \underline{\quad}_{k,s_k}, \dots) \quad E(\dots, \underline{\quad}_{j,s_k}, \dots, \underline{\quad}_{k,s_j}, \dots)$$

Then, $s_j = s_k$.

(v)   All the remaining not fixed sorts are further proposed for interactive sort definition.

After the knowledge base has been completely sorted, the structural analyzer proceeds with the development of structural trees, according to the paragraph 1.2. If structural inconsistencies are detected, the structural analyzer requests the interactive knowledge acquisition processor to complete the knowledge base with new pieces for missing entities and reintegrate all the involved knowledge pieces into well-formed structures.

3.   THE THEORY FORMATTOR

The key information for theory formation is supplied by the problem environment list. Each problem entry in the list provides a model-theoretic problem description, which specifies:

- the problem-class reduction graph, for composite descriptions;
- the problem-class environment, for primitive descriptions, in terms of the objectual, functional, and relational symbols involved in solving the problems from the given class.

Using this information, the theory formattor performs, for each selected problem environment list, the following:

- extracts the minimal taxonomic subtree which contains all the entities specified by the actual entry from the list;
- extracts the minimal structural subtree, which contains all the sorted support subsets, the functional and relational symbols, their natural extensions, pertaining to the problem-class environment;
- provides pointers from the selected problem entry to its minimal

taxonomic and structural subtrees;

- generates statements of the theory the selected problem belongs to and performs consistency proofs.

Taxonomic and structural subtrees are the basic preprocessed structures of the theory, which allow the expert system perform efficiently its reasoning tasks. Automatically formatted theories belonging to the same structure are subsequently merged.

R E F E R E N C E S

1. Chang C.C., Keisler H.J., _Model theory_. North Holland, 1973.

2. Dietterich T.G., Michalski R.S., _A comparative review of selected methods for learning from examples_. In: Michalski R.S., Carbonell J.G., Mitchell T.M. (eds.), _Machine learning_. Springer-Verlag, 1984.

3. Georgescu I., Hotăran A., Predescu R., Vlasiu M., Petrescu F., Nicolăiţă D., Nagy A., _INTEXP: A domain-independent expert system_. In: Bibel W., Petkoff B. (eds.), _Artificial Intelligence Methodology Systems Applications_. North Holland, 1985.

4. Georgescu I., _The hypernets method for representing knowledge_. In: Bibel W., Petkoff B. (eds.), _Artificial Intelligence Methodology Systems Applications_. North Holland, 1985.

5. Michalski R.S., _A theory and methodology of inductive learning_. In: Michalski R.S., Carbonell J.G., Mitchell T.M. (eds.), _Machine learning_. Springer-Verlag, 1984.

6. Michalski R.S., Stepp R.E., _Learning from observation: conceptual clustering_. In: Michalski R.S., Carbonell J.G., Mitchell T.M. (eds.), _Machine learning_. Springer-Verlag, 1984.

7. Thatcher J.W., Wagner E.G., Wright J.B., _Notes on algebraic fundamentals for theoretical computer science_. In: de Bakker J.W., van Leeuwen J. (eds.), _Foundations of computer science. Part 2: Languages, logic, semantics_. Mathematical Centre Tracts 1o9, Amsterdam, 1979.

Expert Systems in Statistics: Some Problems and Some New Views

Reinhold Haux
Abteilung Medizinische Statistik und Dokumentation der RWTH
Pauwelsstraße, D-5100 Aachen, FRG

Summary: In this paper examples for expert systems in statistics are discussed and criticized from the viewpoint of statistics.   It is intended to show that there does not exist one single type of a statistical expert system and that, on the contrary, there are various fields of application for expert systems in statistics. Finally it is pointed out which of these application fields seem to be promising and which requirements for the architecture of statistical expert systems have to be considered in order to obtain systems that could improve the quality of statistical data analysis.

Keywords: Expert systems, statistics, statistical expert systems, statistical analysis systems.

1 INTRODUCTION

Statistics is an important field for methodological considerations concerning the design of expert

systems: statistics is dealing with inductive, non-monotonic reasoning, i.e. with a type of problem

solving which is typical for empirical sciences. We also have the difficulty that there are concepts

which have an intuitive meaning as well as a precise meaning concerning a certain mathematical formalism.

This difficulty is a source for many errors. To reduce these errors it could be useful to give support

in statistical expertise.

This paper is dealing with expert systems in statistics, a field which is rapidly growing and which is

discussed very controversially among statisticians. The intention of the paper is to show some problems

with and deficiencies of statistical expert systems, which, to my belief, may well lesson the quality of

statistical data analysis rather than improve it.

After briefly analyzing what the task of a statistician is, some (as I hope) new views will be
presented and it will be pointed out where such systems are needed and where they can help to improve the
quality of statistical data analysis or facilitate the work of a statistician or of a statistical user.
Obviously these remarks have to be subjective. Furthermore my viewpoint is that of a medical
statistician.
The paper is not dealing with statistics f o r expert systems, e.g.   statistical or probabilistic
approaches in knowledge base management (a critical review of this subject can be found in Fox, 1985 and
in Spiegelhalter and Knill-Jones, 1984). It is also not treating technical aspects such as appropriate
representation techniques for statistical knowledge.

Chapter two is summarizing some elementary tasks and problems in statistics.   A reader, who is

experienced in statistics may skip this chapter.

2 STATISTICS

2.1 Preliminary remarks

Let us, in accordance with Victor (1984, p. 106), define statistics not only "as the axiomatic framework

of mathematical statistics but rather" (as) "the science of supporting empirical research gained through

the objective analysis of observations and experimental data".   A statistician has to deal with

methodological requirements from mathematical and from applied statistics.

2.2 Study phases

The work of a 'statistical expert' therefore does not only include the construction of statistical methods, such as statistical tests, and then prove some optimality or efficiency properties. It includes also the design of studies (experiments, clinical trials, observational studies), the assistance in carrying out these studies and in carefully analyzing and interpreting the obtained data and results. In each of these phases - design, carry-out, analysis - the statistician is in dialog with a 'statistical user' (e.g. a physician) from the subject matter field (e.g. medicine).

2.3 Study design and the error of the third kind

The process of statistical consulting includes

1. help in formulating the precise question(s) of interest,

2. construction of an adequate statistical model of the 'reality's excerpt' under consideration, a model in which the test or estimating problem(s) can be defined,

3. specification of the error probabilities and determination of the appropriate sample size,

4. selection of the statistical test(s) or estimator(s).

To the above mentioned tasks for the study design, however, belongs also the treatment of what Kimball (1957) called "the error of the third kind". Kimball defines this error as "the error committed by giving the right answer to the wrong problem". This error detection frequently starts, as Moses and Louis (1984) mention with a telephone call like "I have a simple statistical problem that should take only a minute of your time" and often ends "some orders of magnitude" after the estimated time with a strongly modified study design (see also Hahn, 1984).

2.4 Study types and problems arising from retrospective statistical analysis of observational data and data bases

Also of importance is the choice of the appropriate type of study (for a brief summary of study types and of their properties see Immich, 1985). Without intending to be complete let us summarize the following points.

1. For the comparison of treatments, in nearly all cases, a controlled clinical trial, where patients are at random allocated to their treatment, is appropriate. Through the randomisation each treatment shall run under the same conditions in order to reduce or to prevent bias.

2. Prospective studies are, in nearly all cases, superior to retrospective studies. This is, among other things, because for a prospective study, where the question of interest is formulated b e f o r e collecting the data, one can specify which attributes need to be observed and collected or which laboratory tests need to be done in order to find an answer for this question. In retrospective data analysis, where the question of interest is formulated after the data have been collected, one has to work with rather arbitrarily collected data which, in addition, is often largely incomplete.

We can see that for retrospective studies the above mentioned study phases have to be modified in their sequence. A discussion of the problems concerning observational data from registries can be found in Green and Byar (1984), the problems concerning the statistical data analysis of medical data bases are discussed in Byar (1980), Dambrosia and Ellenberg (1980), Immich (1969), Lee et al. (1980) and Mantel (1983). An important problem in studies, especially in retrospective ones, is that selectivity effects caused by missing data and unknown confounding variables can yield biased results which can even contradict the true outcome (see also Jesdinsky, 1977 and Rümke, 1970).

To demonstrate this fact let us have a look at the following table (taken from Green and Byar, 1984 and simplified; the data are fictive):

```
                success           success rate
                                  (yes/(yes + no))

                yes   no
                ............
            A : 40   200 :        17 %
treatment     :          :
            B : 44   166 :        21 %
              :..........:                    .
```

Obviously it seems that treatment B is superior to A. However the table could be divided for males and females as follows:

```
males           success           success rate

                yes    no
                ............
            A : 20    20 :         50 %
treatment     :          :
            B : 40    70 :         36 %
              :..........:              .

females         success           success rate

                yes    no
                ............
            A : 20   180 :         10 %
treatment     :          :
            B :  4    96 :          4 %
              :..........:              .
```

Here we find the opposite situation. Such a fallacy can easily occur in non-randomized studies.

Let us again cite Moses and Louis (1984): "Statistical attention after the data are in can be too late." ...   "If consultation is at the post hoc stage, it may be that objectives cannot be accomplished (sampling bias, poor design, etc.). It is the statistician's responsibility to state this frankly.   We cannot do magic, and we cannot participate in cover-ups.".

2.5 Carry-out and analysis of a study

The carry-out of a study imposes a lot of organisatory work in order to obtain high quality and sufficiently complete data. Insufficient data collection during the carry-out phase of a study can, like insufficient study design, bias the results or endanger the study analysis as a whole.

The last phase of a study, the data analysis and interpretation can usually be divided into three parts:

1. Confirmative data analysis (CDA). Here the test or estimation problem(s) are analyzed as it has been fixed in the study design. Conclusions are made based on the sample, the collected data, for the population under investigation. In CDA hypotheses are accepted ('significant' results) or rejected according to a-priori defined error probabilities. The acceptance or rejectance is based on computing certain p-values (probability-values). Special care has to be bestowed upon the problem of multiple testing, i.e. if more than one test problem has been specified (cf. Sonnemann, 1982).

2. Descritive data analysis (DDA). The DDA or descriptive statistics, respectively, is used to describe the sampled data. In this way one gets an impression of the data and its quality.

3. Exploratory data analysis (EDA). Apart from answering the question(s) of interest and documentation, the data are being explored. In doing so, one can find unknown correlations or other unexpected observations. These can be used to state new questions of interest. Obviously these questions cannot be answered with the same data. Obviously this would yield to a vicious circle. Therefore a new study has to be designed.

Although the CDA-part requires the most methodological work during the design phase, it poses, relative to the DDA and the EDA, the smallest work load during the analysis phase. Here, especially for observational and/or epidemiological studies, the EDA-part is the most demanding for the statistician.

3 STATISTICAL EXPERT SYSTEMS - STRUCTURE

A statistical expert system (StES) supports or takes over, partially or totally, the work of a statistician.

Let us define that a statistical expert system (in contrary to some other types of expert systems) consists of a knowledge base and a data base. The knowledge base contains as usual empirical knowledge, theoretical knowledge, etc.. The data base contains data from direct observation or measurement as well as data derived from these observations and measurements. Let us further define that the data base and the knowledge base are created and managed by a data and knowledge base management system (DKBMS).

The DKBMS has access to the data in the data base and uses the knowledge of the knowledge base in order to analyze the data. Important features of the DKBMS are its interfaces to the user(s) and to the knowledge engineer(s) - interfaces that include data and knowledge acquisition features and an explanation component. These definitions make it easy to compare (statistical) expert systems with related systems like data base systems and statistical analysis systems (Haux, 1983/84).

4 STATISTICAL EXPERT SYSTEMS - APPLICATIONS AND PROBLEMS

4.1 Preliminary remarks

The usefulness of statistical expert systems is discussed rather controversially among statisticians. Ideas for the construction of statistical expert systems have first been presented (as far as I know) by Chambers, Pregibon and Zayas (1981) and by Chambers (1981).

In a survey paper Chambers (1983, see e.g. also Hahn, 1985) states: "We need diagnostic techniques over a broad range of analytical methods, so that these methods may be used by non-professionals with some chance of alerting the client to possible dangers." ... "Because data analysis will take place far from expert statistical help, the challenges must be faced if quality analysis is possible.".
On the other side Zelen (1984) warns of the dangers. About statistical expert systems he writes: "The user will input a set of stylized questions dealing with various hypothesis and models. The system will choose one or more appropriate data analysis techniques and give the answer" ... "I do not welcome this future, as I believe it will stifle individual innovitations on particular problems.".

4.2 Application fields and existing systems

Statistical expert systems have been developed as

1. consulting system for the automated selection of statistical methods for exploratory data analysis (Hajek and Ivanek, 1982), as

2. system for the guidance, interpretation and instruction for data analysis using regression by (among others) model checking and fitting (Gale and Pregibon, 1983; Gale and Pregibon, 1984; Pregibon and Gale, 1984; suggestions to extend the REX-system are given in Ellman, 1985), as

3. consultation system for the detection of erroneous application and automated selection of test procedures by considering structural information (Wittkowski, 1984; structural informations are e.g. the type of factor (fix, random), the type of scale (nominal, ordinal, ...) or the value range), as

4. system for automated statistical data analysis of clinical data bases (Blum, 1980; Blum, 1982).

addition, proposals have been made to use statistical expert systems for

1. referral services, i.e. to give information on statistical methods or refer to a specific method implemented in a statistical analysis system (Hahn, 1985). This approach intends to provide a statistician or a statistical user mainly with information about text books and other literature concerning statistical methods. In analogy this proposal has been made for medical diagnosis and therapy by (Bernstein, Siegel and Goldstein, 1980). Another proposal deals with

2. the inclusion of knowledge from outside the present study. Victor (1984) argues: "I do not see the development of statistical expert systems, which support the user in his choice of suitable statistical procedures for his problems, as the most important goal. It seems to me far more important to develop systems which are in a position to provide the statistician with expert knowledge from the 'subject matter field' during the analysis of his data. For example in the analysis of a clinical trial to compare the efficiency of two treatments, knowledge of the biochemical characteristics of the drugs and experience of their effects on the human organism would be of use".

The list of applications and proposals is not intending to be complete but it gives, as I believe, an impression of important fields of development. Additional work on this subject is presented in Gale (1985), as well as in Hand (1984), Oldford and Peters (1984), Portier and Lai (1983).

4.3 Comments

Statistical expert systems differ from other expert systems mainly in the contents of the knowledge base and - as will be mentioned in the next chapter - in the structure of the data base. The data and knowledge base management system does not need to be different.

Definition StES gives an impression of the vagueness of what is meant by a statistical expert system. Some decades ago one would have included as 'statistical expertise' also numerical abilities, e.g. to be experienced in computing the test statistic of a rank test for complete block designs or of an analysis of variance. Nowadays one would argue that such tasks are mainly a 'technical' problem and that there exist appropriate tools - programs or statistical analysis systems - to do this work.

Usually one would not denote statistical analysis systems like BMDP, SAS or SPSS (for references see Francis, 1981) as expert systems. However attempts have been made to improve these systems and to make them more comfortable to statisticians and to statistical users in order to improve the statistical quality and in order to facilitate statistical data analysis (e.g. Nelder, 1977; Haux, 1983). Also, ways have been proposed to implement explanation facilities (Bodendorf, 1981) or support the selection of statistical methods (Erbe and Walch, 1979). All these approaches differ mainly in their techniques how to solve the problems, they do, e.g., not use production rules to represent knowledge. However technical aspects are not part of the StES definition. The approaches do not differ in the requirement of statistical expertise.

4.4 Problems concerning the automated selection of methods

Two fields of application will now be discussed. Let us first reflect about the automated selection of statistical methods such as statistical tests. And let us restrict ourselves to the most ticklish part, to the confirmative data analysis, which is mentioned in application 3. As has been outlined in section 2.3 it must be borne in mind that method selection starts with the process of statistical consulting, i.e. with a problem, with formulating the question(s) of interest, specifying the statistical model etc.. Thereafter we have to deal with data and their potential structural information.

Using the structural information of the data we can n o t reconstruct the study design as a whole, e.g. the process of coming to a question of interest. But exactly on the way from the problem to the statistical model lies the greatest risk that an 'error of the third kind' occurs. It therefore seems that automated method selection is often restricted to the less important part of finding an appropriate test statistic for a given statistical model. This may help "the user to concentrate on the more important formulation of his hypotheses rather than the choice of certain test procedures" (Wittkowski, 1984). But even in this restricted part of study design, problems arise and our task is not as easy to solve as it may appear at first glance. Let us take, as a rather simple example, a two-sample-test problem with independent samples. It seems to be rather easy to distinguish between applications for the 'parametric' t-test and for the 'nonparametric' Wilcoxon-Mann-Whitney test (cf. Hajek and Sidak, 1967, pp. 85,...). To determine, however, whether ranks as scores (Hajek and Sidak, 1967, p. 87) or whether exponential scores (Hajek and Sidak, 1967, p. 97) shall be chosen - which corresponds to two different test problems - is by no means easy to specify.

For a statistical expert system dealing with semi-automated method selection it is important not to let the system's user believe that he has done a complete and appropriate study design in using such an expert system.

4.5 Problems concerning the automated retrospective data analysis

Let us finally, at the end of this chapter, discuss application 4 (Blum, 1982), and retrospective statistical data analysis in general. The discussion will be restricted only on particular aspects.

Blum investigates the possiblities for the automated statistical data analysis of a large clinical data base. He developed a 'robot statistician' (Blum, 1982, p. 419) which, using a given question of interest starts to "create the statistical model" (p. 414), to "select statistical methods", (p. 414) and analyzes the data in order then to "interpret the results to determine significance" (p. 414).

Although in most of the cases Blum speaks about doing exploratory data analysis he finally writes on p. 421: "Naturally we are interested in knowing whether a given causal relationship is statistically significant" and presents in the section "medical results" on p. 423 a table with the 15 smallest, i.e. most significant, p-values. Nothing is mentioned in this section about an 'exploratory' nature of the p-values. Blum mentions that retrospective data analysis can be problematic. However, he nearly does not consider possiblities that cause bias by selection (Berkson's fallacy, ...) and he ignores the multiple test problems. On p. 406 he states that "The use of nonrandomized data for clinical inference demands" ... "study designs of greater sophistication" ... "than does the use of data gathered in a randomized trial.". Here, Blum compares the probably worst case - quite arbitrarily collected data without prespecifying a question of interest, retrospective data analysis - with the probably best one - a randomized clinical trial. For the first study type, even if the 'study design' is greatly sophisticated, bias can in no case be excluded in the same way as it can be done for the latter type of study.

5. STATISTICAL EXPERT SYSTEMS - SOME NEW VIEWS

5.1 Preliminary remarks

The quintessence of the last four chapters should be that the design of statistical expert systems demands a multitude of statistical methodology to be considered. In addition, recalling the study phases and the applications and proposals, we see that there exist a variety of possible application fields for expert systems in statistics. Let us now try to discuss in which fields expert systems seem to be promising in order to improve or facilitate statistical analysis. Let us first, however, in the next two sections, discuss some design aspects. With this discussion it is intended to give basic requirements for the architecture and for the modes of interaction of statistical expert systems.

5.2 Statistical expert systems and statistical analysis systems

For the first phase, the study design, a statistical expert system can be constructed separately of a statistical analysis system. We still do not have data in the data base of a statistical analysis system - for prospective studies -, or - for retrospective studies - we are not allowed to use them at the design phase in order not to get into a vicious circle. On the other side, access to sufficient descriptions of statistical methods of the method base could be of advantage (for (semi-) automated method selection).

For the carry-out and analysis phase access to data and methods is needed. At least for these two phases it is neccessary to have one system where a data base is included and where the statistical method base is part of the knowledge base. For the sake of ease let us in the next sections generally use this 'integrated' approach.

5.3 Data base and knowledge base

For a statistical expert system both bases are of equal importance. This assumption is not always true for expert systems in general. E.g. for diagnostic support systems one can reduce the data base part to the input of the patient's data and after the diagnoses have been proposed, to the deletion of the data. Statistical data analysis also needs a predefined concept for the data to be acquired. It is not sufficient or possible, like in diagnostic support systems to request in a dialogue the data which is minimally necessary to come to a diagnosis. Such a proceeding would cause bias in statistical data analysis.

5.4 Statistical expert systems for the statistician or for the statistical user?

Definition StES makes two interpretations possible.

1. (StES/U): The statistician will be replaced by a statistical expert system. The statistical user by himself is in dialogue with the statistical expert system.

2. (StES/S): The statistician will be supported by a statistical expert system, in his consulting and assisting tasks.

StES/Us and StES/Ss cannot be completely separated. There does not always exist the statistical user on the one hand and the statistician on the other. Both types of systems, with their corresponding audiences, should be regarded as two 'poles'.

With respect to point 1: Most of the above mentioned systems are intended to support the statistitician. It does, however, not seem to be unrealistic that users will directly work with such systems. Possible application fields are the design, carry-out, and analysis phases. Such systems will, as Zelen (1984) stated, stifle statistical data analysis, especially the design of studies, because such systems will always be restricted to a limited set of statistical methods. On the other hand these systems could be able to print out errors or warnings if statistical methods appear to be inapplicable to the data. This is especially of importance when we bring into mind that many statistical users never see a statistics department and, as the worst case, are convinced that statistical methodology is sufficiently learned by knowing the command language of their statistical analysis system.

Statistical analysis systems, extended to statistical expert systems, with improved diagnostics could increase the quality of statistical data analysis. Statistical expert systems, that support a user in retrospectively analyzing unsystematically collected, biased data and that make the user believe that his (probably senseless) analysis is 'statistically significant' will lessen the quality of statistical data analysis - even when the systems' user interfaces are of excellent quasi-natural language. In the latter case they are only a handy replacement for an unhandy (but probably honest) statistician, who admits that he cannot do magic. It is dangerous when systems make retrospective analyses too easy or when such systems hide the transparent statistical methodology by a perhaps easy-to-use interface, which makes statistical knowledge acquisition similar to bad metaphysics.

With respect to point 2: There are various ways how a statistician can use expert systems.   They can be more or less useful for all study phases and study types. Let us in the next two sections - mainly for StES/Ss - reflect where expert systems can be valuable tools.

5.5 Statistical expert systems and study types

As has been mentioned in section 2.4 prospective studies should be preferred against retrospective ones and randomized against non-randomized. In the same way statistical expert systems will help to improve statistical data analysis if they support the preferable study types.   Expert systems that make it easy to obtain 'significant results' which are meaningless because of an inappropriate design will not be of help for a statistician or for a statistical user and will not serve for a better understanding of working with statistics.

Of course, for some problems, retrospective studies are also necessary.   But we could see the problems of automated retrospective data analysis by discussing application 4 of section 4.2. So why not focus the work first on the more important types of studies which could also stimulate statisticians and statistical users in doing so.

5.6 For which study phase is a statistical expert system needed?

The seemingly most interesting and, in addition, most controversially discussed application phase is the study design.   Here a statistical expert system can make proposals for an adequate statistical model. The design is the most creative phase in a study (perhaps followed by the EDA phase) and, as mentioned in section 2.3, a lot of requirements - or knowledge, respectively - have to be considered. To me this part seems to be the less promising part for applications in the near future. In addition, very restricted 'design expert systems' can make the user believe that an adequate statistical model has been found although he has comitted an error of the third kind.   Especially for modelling the study design phase a sophisticated and - for this problem - adequate (expert system) methodology is needed (a promisable way is described in Richter, 1985). However a support in finding appropriate literature and other support by a statistical expert system as described in section 4.2, proposal 1, seems to be promising. In addition proposal 2 of Victor could also be of help in the design phase. During the carry-out phase, a statistical expert system could perhaps help to ensure a sufficient quality and completeness of the data that are collected, or could print out warnings if - in therapy studies - side effects occur. These tasks, however, do not need much statistical expertise. The tasks can also be solved by conventional systems or programs.

During the analysis phase a statistical expert system can be of help in two parts:

1. CDA: Here an expert system can help to check whether a called-up statistical method is appropriate for the data. This approach is according to the detection of errors as mentioned in section 4.3 and has been denoted by Nelder as 'intelligent software'. Note that this approach is a p a s s i v e one as opponent to the active method selection in study design. A rejection of a doubtable or inappropriate statistical data analysis method is much easier to handle than a proposal of 'the' method of choice.

2. EDA (and partially:DDA): This part is not sufficiently supported by statistical analysis systems. It is characterized by a rather monotonuous and time-consumining labour where knowledge about the data and about statistical methods is needed. Here seems to be a promisable application area which could improve the degree of completeness of the exploratory part of the analysis. Here it is of great importance not to confuse this part with the CDA-part and, if ever possible, not to talk of statistically significant results and of (misleading) p-values.

6 CONCLUDING REMARKS

Computer-supported statistical data analysis is, in many cases, indispensable in statistics and, therefore, in all empirical sciences using this methodology. And improving computer-supported statistical data analysis seems to be necessary, too. Expert systems designed for and used in statistics can be helpful for this improvement. Of great importance is that we have to take into consideration knowledge form informatics a n d statistics to design such systems, a task which is not easy.

Final remark: The Germain Region of the International Biometric Society - working group 'Informatik in der Statistik / Computational Statistics' - invites scientists from both disciplines, statistics and informatics, to cooperate in designing and evaluating statistical expert systems.

Acknowledgements: Many thanks are due to M.M. Richter and Ch. Schäber for their valuable comments concerning a previous version of this paper.

R e f e r e n c e s

Bernstein, L.M., Siegel, E.R., Goldstein, C.M. (1980). The hepatitis knowledge base: a prototype information transfer system. Ann. Int. Medicine 93, 169-181.

Blum, R.L. (1980). Induction of causal relationships from a time-oriented clinical database: an overview of the RX project. Proc. Conf. AAAI 1980, 355-357.

Blum, R.L. (1982). Discovery, confirmation, and incorporation of causal relationships from a large time-oriented clinical database: the RX project. Comp. and Biom. Res. 15, 164-187; also published in (and in this paper cited from) Clancey, W.J., Shortliffe, E.H. (1984). Readings in medical artificial intelligence - the first decade, 399-425. Reading, Ma.: Addison-Wesley.

Bodendorf (1981). Unterstützung der Anwender von Statistiksoftware - ein Methodenbankrahmen um das Programmpaket SPSS. Doctoral Thesis, Universität Erlangen-Nürnberg.

Byar, D.P. (1980). Why data bases should not replace randomized clinical trials. Biometrics, 36, 337-342.

Chambers, J.M. (1981). Some thoughts on expert software. Eddy, F. (ed.). Computer science and statistics: proceedings of the 13th symposium on the interface, 36-40. New York: Springer.

Chambers, J.M. (1983). The new future of data analysis. Proc. 44th session of the ISI, Vol. L, Book 1, 97-103.

Chambers, J.M., Pregibon, D., Zayas, E.R. (1981). Expert software for data analysis - an initial experiment. Proc. 43rd session of the ISI, Vol. XLIX, Book 1, 294-303.

Dambrosia, J.M., Ellenberg, J.H. (1980). Statistical considerations for a medical data base. Biometrics 36, 323-332.

Ellman, T. (1985). Representation of statistical computations: towards expert systems with a deeper understanding of statistics. In Gale (1985).

Erbe, R., Walch, G. (1979). Ein Dialogsystem zur Methodensuche. Mühlbacher, J. (ed.). GI - 5. Jahrestagung, 133-147. Heidelberg: Springer.

Fox, J. (1985). Decision making and uncertainty in knowledge based systems. In Gale (1985).

Francis, I. (1981). Statistical software: a comparative review. New York: North Holland.

Gale, W.A. (ed.) (1985). Preliminary papers for the workshop on artificial intelligence and statistics. Murray Hill, NJ: AT&T Bell Laboratories.

Gale, W.A., Pregibon, D. (1983). An expert system for regression analysis. Heiner, K.W., Sacher, R.S., Wilkinson, J.W. (eds.). Computer science and statistics: proceedings of the 14th symposium on the interface, 110-117. New York: Springer.

Gale, W.A., Pregibon, D. (1984). Constructing an expert system for data analysis by working examples. Havranek, T., Sidak, Z., Novak, M. (eds.). COMPSTAT 1984, 227-236. Wien: Physika.

Green, S.B., Byar, D.P. (1984). Using observational data from registries to compare treatments: the fallacy of omnimetrics. Stat. in Medicine 3, 361-370.

Hahn, G.J. (1984). Experimental design in the complex world. Technometrics 26, 19-31.

Hahn, G.J. (1985). More intelligent statistical software and statistical expert systems: future directions. Am. Statistician 39, 1-8.

Hajek, P., Invanek, J. (1982). Artificial intelligence and data analysis. Caussinus, H., Ettinger, P., Tomassone, R. (eds.). COMPSTAT 1982, 54-60. Wien: Physika.

Hajek, J. Sidak, Z. (1967). Theory of rank tests. New York: Academic Press.

Hand, D.J. (1984). Statistical expert systems: design. The Statistician, 33, 351-369.

Haux, R. (1983). How to detect and prevent errors in computer-supported statistical analysis: an example. Meth. Inform. Med. 22, 87-92.

Haux, R. (1983/84). Statistical analysis systems - construction and aspects of method design. Stat. Software Newsl. 9, 106-115 and 10, 14-27.

Immich, H. (1969). Kann man Behandlungserfolge aus der laufenden Krankenblattdokumentation heraus beurteilen? Therapiewoche 19, 1522-1525.

Immich, H. (1985). Wie beurteilt man die Qualität einer Therapiestudie? Internist. Prax. 25, 359-371.

Jesdinsky, H.J. (1977). Statistische Auswertung großer Datenmengen - nur ein technisches Problem? Stat. Software Newsl. 3, 68-75.

Kimball, A.W. (1957). Errors of the third kind in statistical consulting. J. Am. Stat. Assoc. 52, 133-142.

Lee, K.L., McNeer, J.F., Starner, C.F. et al. (1980). Clinical judgement and statistics - lessons from a simulated randomized trial in coronary artery disease. Circulation 61, 508-515.

Mantel, N. (1983). Cautions on the use of medical databases. Stat. in Medicine 2, 355-362.

Moses, L., Louis, Th.A. (1984). Statistical consulting in clinical research: the two-way street. Stat. in Medicine 3, 1-5.

Nelder, J.A. (1977). Intelligent programs, the next stage in statistical computing. Barra, R. et al. (eds.). Recent developments in statistics, 79-86. Amsterdam: North Holland.

Oldford, R.W., Peters, S.C. (1984). Building a statistical knowledge based system with Mini-MYCIN. Proc. Am. Stat. Assoc., Statistical Computing Section.

Portier, K.M.; Lai, P.-Y. (1983). A statistical expert system for analysis determination. Proc. Am. Stat. Assoc., Statistical Computing Section, 309-311.

Pregibon, D., Gale, W.A. (1984). REX: an expert system for regression analysis. Havranek, T., Sidak, Z., Novak, M. (eds.). COMPSTAT 1984, 242-248. Wien: Physika.

Richter, M.M. (1985). Abstraktion in der Künstlichen Intelligenz. To appear in: Gatzemeier, M. (ed.). Aachener Schriften zur Wissenschaftstheorie, Logik und Logikgeschichte, Heft 3.

Rümke, Ch.L. (1970). Über die Gefahr falscher Schlußfolgerungen aus Krankenblattdaten. Meth. Inform. Med. 9, 249-254.

Spiegelhalter, D.J., Knill-Jones, R.P. (1984). Statistical and knowledge-based approaches to clinical decision-support systems, with an application in gastroenterology. J. Roy. Stat. Soc., B, 147, 35-77.

Sonnemann, E. (1982). Allgemeine Lösungen multipler Testprobleme. EDP in Med. and Biol. 13, 120-128.

Victor, N. (1984). Computational statistics - tool or science? Stat. Software Newsl. 10, 105-116.

Wittkowski, K.M. (1984). On the use of structural information for a statistical expert system in medical research. Van Eimeren, W., Engelbrecht, R., Flagle, Ch.D. (eds.). Third. int. conf. on system science in health care, 1140-1143. Berlin: Springer.

8. Bildverstehen

Wissensbasierte Interpretation relationaler Bildbeschreibungen

Michael Gerlach
Fachbereich Informatik der Universität Hamburg [1]
Schlüterstraße 70, D-2000 Hamburg 13

Einleitung

Die überwiegende Zahl existierender Bildverarbeitungsysteme wurde für spezielle Anwendungsgebiete entworfen und arbeitet nur in einem sehr kleinen Bereich zufriedenstellend [4], [11]. Diese Spezialisierung bezieht sich sowohl auf die zur Anwendung kommenden Algorithmen als auch auf konkrete Werte für die Vielzahl der in einem Bildverarbeitungsystem anfallenden Parameter.

Demgegenüber steht der Anspruch einiger in Forschungslabors entwickelter Systeme, Verfahren bereitzustellen, die in der Lage sind, eine große Klasse von Bildverarbeitungs- und Bildinterpretationsaufgaben zu lösen, und damit dem angestrebten Ziel des *General Vision System* [4] ein Stück näher zu kommen. Dafür gibt es zwei Hauptansatzpunkte: 1. Verbesserung der Algorithmen zur Bildsegmentierung. 2. Steuerung der Bildanalyse durch Weltwissen, insbesondere durch Modelle der erwarteten Bildobjekte und optischer und photometrischer Eigenschaften des Abbildungsprozesses.

Die im folgenden zu beschreibende Arbeit geht den zweiten Weg: Zielgerichtete Bildinterpretation unter Verwendung von Modellen, Regeln und Algorithmen. Wir stellen ein Konzept vor, das den Aufbau von Expertensystemen auf ein modellgestütztes Bildanalysesystem überträgt, wobei aber den drei genannten Arten von Wissen – Modelle, Regeln, Algorithmen – drei verschiedene Repräsentationsformen entsprechen: Relationen, logische Formeln, algorithmische Sprache. Eine besondere Rolle nimmt dabei der Prädikatenkalkül ein [15], [9].

Geht man davon aus, daß ein Segmentierungsmodul eine relationale Beschreibung eines Bildes erzeugt und ein Modell der erwarteten Szene ebenfalls in relationaler Form vorliegt [12], dann läßt sich das Problem der Bildinterpretation zurückführen auf die Suche nach einem Morphismus zwischen beiden Relationalstrukturen [13]. Darin liegt ein wesentlicher Vorteil relationaler Bildbeschreibungen: Es existieren Konzepte und Algorithmen für fehlertoleranten Strukturvergleich in Relationalstrukturen [16]. Fehlertolerante Verfahren sind unbedingt notwendig, da die Bildbeschreibungen, die vom Segmentierungsmodul geliefert werden, aus

[1]Der vorliegende Aufsatz entstand im Rahmen des Projektes *Wissensgesteuerter Strukturvergleich*, das von der Deutschen Forschungsgemeinschaft gefördert wird.

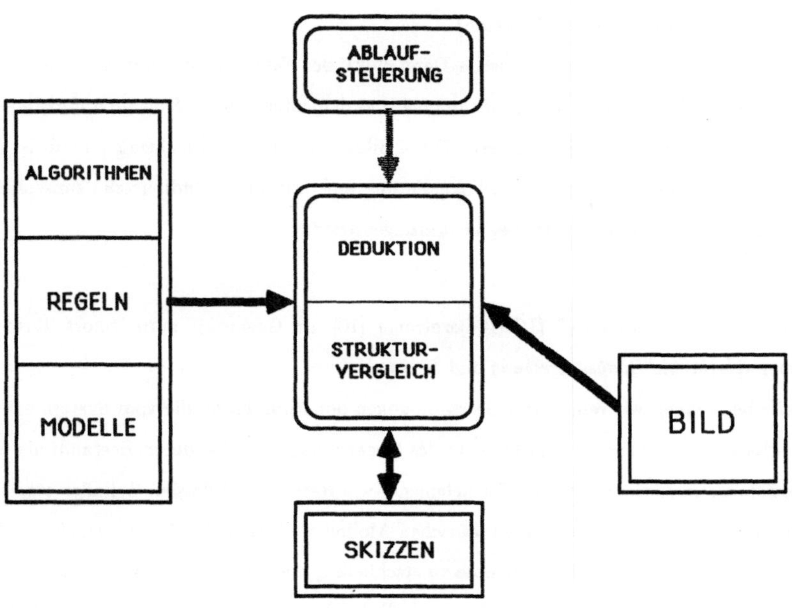

Abb.1: Systemstruktur

verschiedenen Gründen unvollkommen sind: Verdeckungen, schlechte Beleuchtung, Schattenwurf, Mängel im Segmentierungsprozeß.

Fehlertoleranz im bisher verwendeten Sinne beschränkt sich darauf, Teilmorphismen zwischen zwei Strukturen zu finden und zu bewerten. Wir wollem dem einen konstruktiven Ansatz zur Seite stellen. Lücken in einer Zuordnung zwischen Modell und Bild sollen auf ihre Ursachen hin untersucht werden, und, sofern eine plausible Erklärung gefunden wurde, durch hypothetisierte Bildelemente korrigiert werden. Zu diesem Zweck wird ein Expertensystem vorgeschlagen, das Regeln enthält, die diese Analyse und Rekonstruktion durchführen und so den Strukturvergleich unterstützen. Die formale Grundlage zur Beschreibung der Regeln und ihrer Anwendung bietet der Prädikatenkalkül: Begreift man Relationalstrukturen als Menge logischer Formeln, dann kann die Anwendung von Regeln als Deduktionsvorgang interpretiert werden.

Systemstruktur

Zur Konzeption eines wissensbasierten Bildverarbeitungssystems existiert bereits eine Reihe von Vorschlägen (z.B. [2], [5], [6], [7]). In unserem Entwurf (Abb.1) sind die charakteristischen Expertensystemkomponenten besonders deutlich wiederzufinden:

- Die relationale Bildbeschreibung (Falldaten)

  Dabei handelt es sich um eine symbolische Darstellung der Bildelemente, die von einem Segmentierungsprozeß ermittelt wurden. Die Grundsymbole sind dementsprechend Konturen und Regionen, ggf.
  versehen mit Güte- und Texturparametern. Diese Bildbeschreibung ist nicht als endgültig anzusehen,
  da im Laufe der Bildinterpretation eine Fokussierung auf bestimmte Bildbereiche sinnvoll sein kann,
  u.U. mit geänderten Parametern der Segmentierungsprozedur.

- Die Wissensbasis

  (Auch als "Long Term Memory" (LTM) bezeichnet [10], im Gegensatz zum "Short Term Memory"
  (STM), hier *relationale Bildbeschreibung* und *Skizzen*).

  Als *Modelle* bezeichnen wir relationale Beschreibungen der Bildinhalte, die vom System erwartet werden. Die Elemente der Modelle sind Objekte des Gegenstandsbereichs, deren Bestandteile und gegenseitige Beziehungen, sowie allgemeine Formelemente wie Rechtecke, Ellipsen, Zylinder etc.

  Regeln kommen zur Anwendung, wenn zwischen Modell und Bild Strukturunterschiede festgestellt
  werden. Regeln können helfen, Bildelemente zu erschließen, die aufgrund von Verdeckung oder mangel-
  hafter Segmentierung nicht erkannt worden sind. Dabei kann auch a priori-Wissen einfließen, so z.B.
  die Kenntnis von Beleuchtungsverhältnissen oder Erwartungswahrscheinlichkeiten für bestimmte Bildinhalte. Besondere Möglichkeiten ergeben sich auch bei der Anwendung auf Bildfolgen: Sind bereits
  $n-1$ Bilder einer Folge analysiert worden, so können Regeln dazu verwendet werden, Hypothesen über
  den Inhalt des $n$ten Bildes zu generieren. Von besonderem Interesse sind für uns die Auswirkung von
  Bewegung auf die Größe, Gestalt, Sichtbarkeit und Helligkeit von Objekten im Zusammenhang mit den
  Beleuchtungsverhältnissen.

  Viele Vorgänge bei der Bildinterpretation haben – auch auf der symbolischen Ebene – *prozeduralen*
  Charakter, so z.B. die Extrapolation von teilweise verdeckten Geraden zu einer unsichtbaren Ecke hin
  oder die Suche nach charakteristischen Elementen (Rechtecke, Dreiecke, Ecken) in der symbolischen
  Bildbeschreibung durch besonders effiziente Algorithmen.

- Der Interpreter

  Besondere Bedeutung kommt in einem Bildverarbeitungsprogramm einem effizienten Baustein für den
  Vergleich von Modell- und Bildstrukturen zu. Er muß Abbildungen von Modell- in Bildstrukturen er-
  mitteln, bewerten und die Modellobjekte instanziieren, die – zumindestens zum Teil – im Bild gefunden
  wurden. Dabei müssen Abweichungen in Struktur und Attributwerten bis zu einem gewissen Grad toleriert werden. Entsprechendes gilt auch für den Regelinterpreter: Daß die Falldaten eine mit Fehlern,
  insbesondere mit Streuungen numerischer Attribute behaftete Bildbeschreibung darstellen, muß auch
  bei der Überprüfung der Anwendbarkeit von Regeln berücksichtigt werden.

- Skizzen

  Mit einer Skizze (engl. *sketch* [8], *sketch map* [2]) bezeichnen wir eine Interpretation eines Bildes in
  Begriffen, die in den Modellen der Wissensbasis repräsentiert sind. Sie enthält Instanzen von Modell-

objekten in Beziehung zu den sie konstituierenden Bildelementen. An die Stelle von Bildelementen können auch Symbole und Beziehungen treten, die durch Deduktion 'erschlossen' wurden.

– Die Ablaufsteuerung

Sie muß das Wissen aus der Wissensbasis auswählen, das zur Fortführung der Bildinterpretation bei gegebenem Stand der Analyse am erfolgversprechendsten ist, und auf die 'beste' Skizze anwenden.

Relationenkalkül

Dieses Kapitel enthält eine formale Definition des Relationenkalküls sowie eine Darstellung der von uns zur Bild- und Modellbeschreibung verwendeten Grundelemente (Symbolklassen und Relationen).

Atome

I_{CS} Indexmenge: Bezeichner für Symbolklassen

I_{CV} Indexmenge: Bezeichner für Variablenklassen

CA Attributwertemenge

$(CV_i)_{i \in I_{CV}}$ Attributvariablenklassen

$(CS_i)_{i \in I_{CS}}$ Symbolklassen

$$CV := \bigcup_{i \in I_{CV}} CV_i \; , \quad CS := \bigcup_{i \in I_{CS}} CS_i$$

CA, CS_i, CV_i müssen alle paarweise disjunkt sein.

Symbole bezeichnen sowohl primitive Bildelemente wie z.B. Kanten oder Regionen, als auch höhere Modellobjekte (Dreieck, Haus, Fahrzeug). Attribute, die Parameter eines Modells darstellen, können durch Attributvariable ausgedrückt werden (z.B. Seitenlänge eines Dreiecks, Höhe eines Hauses).

Relationen

I_R Indexmenge: Bezeichner für Relationen

$(R_i)_{i \in I_R}$ paarweise disjunkte Relationen über den Atomen mit

$$\forall i \in I_R \; \forall k \; \exists j : \left(R_i^{(k)} \subseteq CS_j \right) \vee \left(R_i^{(k)} \subseteq CV_j \cup CA \right) \quad {}^2$$

d.h. jede Relation hat an einer Stelle nur Symbole einer Klasse oder Attribute (Variable und Konstante). Typische Beispiele für Relationen sind Nachbarschafts- oder Teil-von-Beziehungen.

$R := \bigcup_i R_i$ wird auch als Relationengebilde bezeichnet.

Morphismen

Gegeben seien zwei Relationengebilde $U, V \subset R$ (Modell und Bild); ferner für alle $i \in I_{CV}$ Abstandsmaße

---

${}^2 R_i^{(k)}$ ist die k-te Projektion von R_i

$\Theta_i : CA \times CA \to \Re$ und Schwellenwerte $\theta_i \in \Re$. Die Abstandsmaße bilden eine geeignete Form der Differenz zwischen Attributwerten auf ein normiertes Intervall ab, die Schwellenwerte kennzeichnen den Teil des Intervalls, der Attributdifferenzen entspricht, die vom Strukturvergleich noch toleriert werden sollen.

Eine Abbildung $\phi : U \to V$ ist ein *Relationenmorphismus*, wenn gilt:

$$\forall\, r = (r_1, \ldots, r_n),\; s = (s_1, \ldots, s_m),\; \phi(r) = (r'_1, \ldots, r'_n),\; \phi(s) = (s'_1, \ldots, s'_m) \; :$$

$$
\begin{aligned}
& r \in R_j \Rightarrow r' \in R_j && \text{(Strukturtreue)}\\
\wedge\; & (r_\nu \in CS_i \wedge r_\nu = s_\mu \Rightarrow r'_\nu = s'_\mu) && \text{(Symboleindeutigkeit)}\\
\wedge\; & (r_\nu \in CV_i \wedge r_\nu = s_\mu \Rightarrow \Theta_i(r'_\nu, s'_\mu) < \theta_i) && \text{(Toleranz bzgl. der Attributvariablen)}\\
\wedge\; & r_\nu \in CA \Rightarrow \Theta_i(r_\nu, r'_\nu) < \theta_i && \text{(Toleranz bzgl. der Attributkonstanten)}
\end{aligned}
$$

Ein *Comorphismus* ϕ ist ein Isomorphismus von einer Teilmenge von U in V, d.h.

$\phi : U_1 \to V$ mit $U_1 \subseteq U$ und

$$\forall\, r = (r_1, \ldots, r_n),\; s = (s_1, \ldots, s_m),\; \phi(r) = (r'_1, \ldots, r'_n),\; \phi(s) = (s'_1, \ldots, s'_m) \; :$$

$$r'_\nu \in CS_i \wedge r'_\nu = s'_\mu \;\Rightarrow\; r_\nu = s_\mu \qquad \text{(Symboleineindeutigkeit)}$$

Die Interpretation eines Bildes V als Instanz eines Modells U kann durch Angabe eines Comorphismus $\phi : U \to V$ ausgedrückt werden. Die Größe des Wertebereichs $U_1 = dom(\phi)$ sowie das Ausmaß der Abweichung der Attributwerte sind Kriterien für die Güte der Interpretation.

Strukturvergleich

Unter Strukturvergleich (Matching) verstehen wir die Bestimmung von Comorphismen ϕ zwischen zwei gegebenen Relationen U und V. Diese Aufgabe läßt sich auf die Bestimmung maximaler Cliquen in einem Kompatibilitätsgraphen zurückführen [1]. Da es für zwei gegebene Relationen U und V i.a. eine große Zahl verschiedener Comorphismen gibt, ist eine Bewertung der Alternativen unabdingbar. Wir wollen hier zwischen *quantitativer* und *qualitativer* Bewertung unterscheiden. Ein Beispiel für quantitative Bewertung ist der folgende Ansatz zur Erfassung der Attributstreuungen:

$$CV(\phi) := \{v_i \in CV \mid \exists u \in dom(\phi) : v_i \in u\}$$

$$\overline{\phi}(v) := \{c \in CA \mid \exists u \in dom(\phi)\; \exists i : u_i = v \wedge \phi(u)_i = c\}$$

$$\text{(Menge der Werte eines Attributs } v\text{)}$$

$$\sigma(\overline{\phi}(v)) := \text{Varianz von } \overline{\phi}(v)$$

$$\sigma(\overline{\phi}) := \frac{1}{|CV(\phi)|} \sum_{v \in CV(\phi)} \sigma\left(\overline{\phi}(v)\right) \cdot \left|\overline{\phi}(v)\right|$$

Andere Vorschriften zur Bewertung von Morphismen können aus gewichteten Summen über der Zahl der Symbole oder Tupel im Definitions- und Wertebereich gebildet werden (so z.B. [16], [17]). Der Nachteil dieses numerischen Ansatzes liegt darin, daß er auf die Ursachen der Strukturabweichungen keine Rücksicht

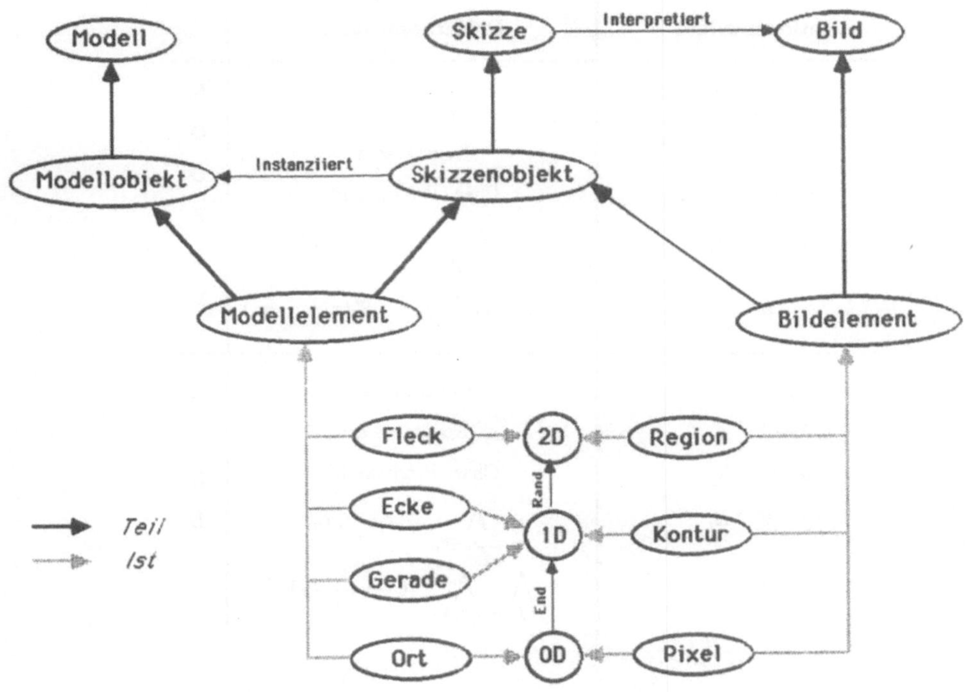

Abb.2: Symbolklassen

nimmt, und daher störungsbedingte Erkennungsfehler genauso behandelt werden wie manche inhaltliche Unterschiede zwischen Modell und Bild. Die Lösung dieses Problems erfordert eine qualitative Analyse der Relationscomorphismen und wird im nächsten Kapitel mit einer regelgestützten Methode angegangen.

Exemplarischer Wertevorrat

Eine Zusammenstellung von Symbolklassen, die zur Grundausstattung unseres relationalen Bildinterpretationssystems gehören, zeigt Abb.2. Der linke Teil (**Modell** → **Ort**) ist in der Wissensbasis angesiedelt, der mittlere Teil (**Skizze** → **Ort**) bildet die Hypothesen, und der rechte Teil (**Bild** → **Pixel**) ist das Ergebnis der Bildsegmentation und stellt somit die Schnittstelle zu den vorgelagerten Bildverarbeitungskomponenten dar. Die Abbildung zeigt die Relationen *Ist* $(U_1 \subseteq U_2)$ und *Teil* $((x \in U_1) \in (y \in U_2))$. Weitere Relationen sind z.B.

$$Rand \subset \mathbf{1D} \times \mathbf{2D} , \quad End \subset \mathbf{0D} \times \mathbf{1D}$$
$$Grau, Fläche \subset \mathbf{2D} \times \mathbf{CA}$$

Relationenkalkül	Prädikatenkalkül	
Symbol x	Variable x	**M**
Attribut a	Konstante a	**O**
Relation R_j	Char. Prädikat R_j'	**D**
$U_j = U \cap R_j$	$\bigwedge_{x_1,\dots,x_n \in U_j} R_j'(x_1,\dots,x_n)$	**E** **L**
U	$\exists s \in U : \bigwedge_j \bigwedge_{x_1,\dots,x_n \in U_j} R_j'(x_1,\dots,x_n)$	**L**
Symbol x	Konstante x'	**B**
Attribut a	Konstante a	**I**
Relation R_j	Char. Prädikat R_j'	**L**
$V_j = V \cap R_j$	$\bigwedge_{x_1,\dots,x_n \in V_j} R_j'(x_1' \dots, x_n')$	**D**
V	$\bigwedge_j \bigwedge_{x_1,\dots,x_n \in V_j} R_j'(x_1' \dots, x_n')$	

Abb.3: Relationenkalkül – Prädikatenkalkül

Regeln

Wie lassen sich Regeln zur Manipulation von Relationalstrukturen beschreiben? Wir erwarten neben präziser Semantik auch große Ausdrucksfähigkeit: Auf der einen Seite Charakterisierung der Situation, in der eine Regel anzuwenden ist, sowohl Struktur als auch Attributwerte und sonstige Randbedingungen betreffend, auf der anderen Seite Anweisungen, neue Strukturelemente zu erzeugen, ggf. unter Verwendung von Berechnungsvorschriften.

Die begrifflichen Mittel, beide Konzepte – Relationenkalkül und Regeln – zu verbinden, bietet uns der Prädikatenkalkül. Jede Relationalstruktur läßt sich als Menge atomarer logischer Formeln auffassen [14], indem man die Relationssymbole durch die charakteristischen Prädikate der Relationen interpretiert. Dieses Verfahren läßt sich auf das Paar Modell – Bild wie folgt anwenden (Abb.3): Das Bild ist eine Konjunktion von Aussagen über den als Konstante betrachteten Bildsymbolen, wogegen das Modell zur Existenzaussage wird, in der die Modellsymbole und -variablen als die quantifizierten Variablen auftreten. Die Aufgabe des Strukturvergleichs läßt sich in dieser Sichtweise neu formulieren als: *Leite aus dem Bild das Modell ab!*

Solange die Ableitung sich auf Variablensubstitution beschränkt, ist die Frage nach der Ableitbarkeit äquivalent zu dem oben beschriebenen Problem, Comorphismen zwischen Modell und Bild zu finden. Mit

Hilfe von Regeln hingegen ist es möglich, Modellelemente aus dem Bild "abzuleiten", die im Bild nicht unmittelbar gegeben sind.

Unsere Regeln haben die Form von Implikationen:

$$\forall s_1, \ldots, s_n : (R_{i_1}(\ldots) \wedge R_{i_2}(\ldots) \wedge \ldots$$
$$\wedge P_{\mu_1}(\ldots) \wedge P_{\mu_2}(\ldots) \wedge \ldots$$
$$\implies \exists s_{n+1}, \ldots, s_{n+m} : R_{j_1}(\ldots) \wedge R_{j_2}(\ldots) \wedge \ldots)$$

$s_1, \ldots, s_n$ sind Symbole oder Attributvariablen. Die linke Seite der Tupel besteht aus einem strukturellen Teil $R_{i_1}(\ldots) \wedge \ldots$, wobei $R_{i\kappa}$ eine Relation bezeichnet und die Argumente aus $s_1, \ldots, s_n$ sind, und einen Teil für Zusatzbedingungen $P_{\mu_1}(\ldots) \wedge \ldots$, wobei die $P_{\mu\kappa}$ berechenbare Prädikate sind. Die Argumente der Prädikate sind i.a. Attributvariablen aus $s_1, \ldots, s_n$ oder Konstante, können aber auch Funktionsterme über diesen sein. Dadurch lassen sich numerische Beziehungen zwischen den Strukturelementen ausdrücken.

Die rechte Seite der Implikation enthält i.a. einen Existenzquantor mit Symbolen $s_{n+1}, \ldots, s_{n+m}$. Dieser ist so zu interpretieren, daß bei Anwendung der Regel – d.h. wenn die beschriebenen Strukturelemente im Bild gefunden wurden und diese Bildelemente die Zusatzbedingungen erfüllen – *neue* Symbole erzeugt werden. Die Terme $R_{j\kappa}(\ldots)$ werden instanziiert, d.h. es werden Relationstupel aus $R_{j\kappa}$ erzeugt, die Bildelemente und ggf. neu erzeugte Symbole in Beziehung zueinander setzen. Die Argumente der $R_{j\kappa}$ können aus $s_1, \ldots, s_n, s_{n+1} \ldots, s_{n+m}$ sein oder Funktionsterme darüber, die zum Zeitpunkt der Regelanwendung evaluiert werden.

Hier nun einige Beispielregeln (sie werden im unten folgenden Ableitungsbeispiel verwendet) :

$$\forall s_1, s_2 \in \mathbf{2D}, g_1, g_2 \in CA : \mathrm{Grau}(s_1, g_1) \wedge \mathrm{Grau}(s_2, g_2) \tag{1}$$
$$\implies \mathrm{GrauVer}\left(s1, s2, \tfrac{g_1}{g_2}\right)$$

$$\forall s_1, s_2 \in \mathbf{2D}, k \in \mathbf{1D} : \mathrm{Rand}(k, s_1) \wedge \mathrm{Rand}(k, s_2) \implies \mathrm{Nachbar}(s_1, s_2) \tag{2}$$

Diese beiden Regeln führen neue Begriffe ein – *GrauVer*, das Verhältnis von Grauwerten, *Nachbar*, die Nachbarschaft von Regionen – die in der Bildbeschreibung nicht unmittelbar gegeben sind, die aber die Formulierung weiterer Regeln erheblich vereinfachen.

Die nun folgende Regel 3 drückt Wissen über den grundlegenden photometrischen Zusammenhang aus, daß der Grauwert einer Fläche direkt proportional vom Lichteinfall abhängt. Die Anwendung dieser Regel führt zu der Hypothese, daß r_1 und r_2 bzw. s_1 und s_2 die gleichen Reflexionseigenschaften haben und die Grauwertunterschiede durch ungleichen Lichteinfall begründet sind, mithin die Kante zwischen r_1 und s_1 auf der einen und r_2 und s_2 auf der anderen Seite auf Schattenwurf zurückzuführen ist. Die Relation

Licht Ver(s_1, s_2, v) drückt aus, daß das auf s_1 einfallende Licht v-mal so stark ist wie das von s_2.

$$\forall v \in CA, r_1, r_2, s_1, s_2 \in \mathbf{2D}:$$
$$\textit{Nachbar}(r_1, r_2) \wedge \textit{Nachbar}(s_1, s_2) \wedge \textit{Nachbar}(r_1, s_1) \wedge \textit{Nachbar}(s_2, r_2)$$
$$\wedge \textit{Grau Ver}(s_1, s_2, v) \wedge \textit{Grau Ver}(r_1, r_2, v) \tag{3}$$
$$\implies \textit{Licht Ver}(s_1, s_2, v) \wedge \textit{Licht Ver}(r_1, r_2, v)$$

Den Schritt zur Zusammenfassung der durch Schattenwurf getrennten Regionen führt Regel 4 aus. Die beiden sich daran anschließenden Regeln stellen den Teil einer axiomatischen Definition des Begriffes *Zerlegung* dar.

$$\forall s_1, s_2 \in \mathbf{2D}, \; g \in CA: \textit{Nachbar}(s_1, s_2) \wedge \textit{Licht Ver}(s_1, s_2, g) \wedge \textit{Grau Ver}\,(s_1, s_2, g)$$
$$\implies \exists s_3 \in \mathbf{Fleck}: \textit{Zerlegung}(s_1, s_2, s_3) \tag{4}$$

$$\forall s_1, s_2, s_3 \in \mathbf{2D}, \; f_1, f_2 \in CA: \textit{Zerlegung}(s_1, s_2, s_3) \wedge \textit{Fläche}(s_1, f_1) \wedge \textit{Fläche}(s_2, f_2)$$
$$\implies \textit{Fläche}(s_3, f_1 + f_2) \tag{5}$$

$$\forall s_1, s_2, s_3, n \in \mathbf{2D}: \textit{Zerlegung}(s_1, s_2, s_3) \wedge \textit{Nachbar}(s_1, n) \implies \textit{Nachbar}(s_3, n) \tag{6}$$

Größere Entscheidungen, wie z.B. in (3), können auch die Generierung einer neuen Skizze erforderlich machen. Die wiederholte Anwendung sich gegenseitig ausschließender Regeln führt so zu einem Hypothesenbaum, der zugleich Suchbaum der Bildinterpretationsaufgabe ist und von einer zugrunde liegenden relationalen Datenbank [3] mit aufgenommen werden kann.

Eine besondere Bedeutung kommt bei diesem Ableitungsverfahren der Ablaufsteuerung zu. Es wird nämlich bei hinreichend großer Zahl von Regeln möglich sein, aus einem gegebenen Bild nahezu alles abzuleiten, m.a.W. man kann bei genügend großer Toleranz in ein Bild alles hineininterpretieren. Um dennoch nur zu korrekten Bilddeutungen zu gelangen, kann eine numerische Bewertung von Hypothesen sinnvoll sein, die das Verhältnis von tatsächlich vorgefundener Bildinformation und vom System daraus abgeleiteten hypothetischen Bildelementen erfaßt und so eine Grenze zwischen realitätsnahen und realitätsfernen Interpretationen zieht.

Ableitungsbeispiel

Das Zusammenspiel der soeben beschriebenen Regeln soll an einem kleinen Beispiel demonstriert werden. Bild und Modell sind in Abb.4 relational dargestellt. Die Suche nach einer Zuordnung zwischen Modell und Bild entspricht in diesem Fall die folgende Ableitungsaufgabe:

$$\textit{Fläche}(L_1, 100) \wedge \textit{Fläche}(R_1, 30) \wedge \textit{Fläche}(L_2, 20) \wedge \textit{Fläche}(R_2, 100) \wedge \ldots$$
$$\implies \exists q_1, q_2 \in \mathbf{Fleck}, f_0 \in CA: \textit{Nachbar}(q_1, q_2) \wedge \textit{Fläche}(q_1, f_0) \wedge \textit{Fläche}(q_2, f_0)$$

d.h. es müssen zwei benachbarte Flecken gleicher Fläche gefunden werden. Dies wird durch folgende

MODELL **BILD**

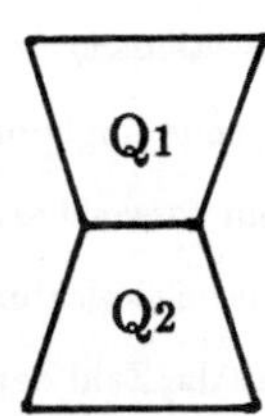

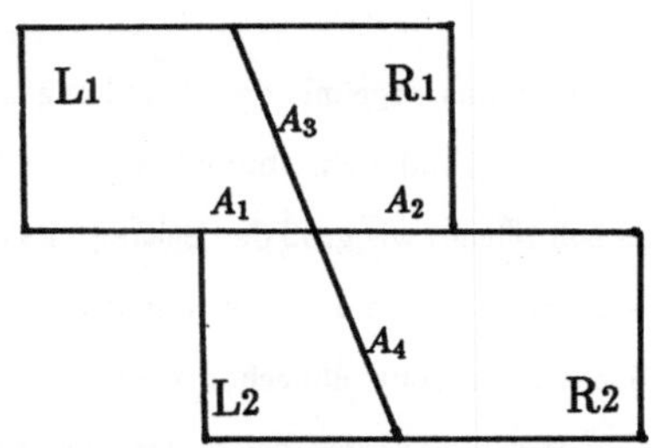

$Q_1, Q_2 \in$ **Fleck**

$(Q_1, Q_2) \in$ *Nachbar*

$(Q_1, f_0), (Q_2, f_0) \in$ *Fläche*

$L_1, L_2, R_1, R_2 \in$ **Region**

$A_1, A_2, A_3, A_4 \in$ **Kontur**

$(L_1, 100), (R_1, 30), (L_2, 20), (R_2, 100) \in$ *Fläche*

$(A_1, L_1), (A_2, R_1), (A_3, L_1), (A_4, L_2),$

$(A_1, L_2), (A_2, R_2), (A_3, R_1), (A_4, R_2) \in$ *Rand*

$(L_1, 40), (R_1, 20), (L_2, 100), (R_2, 50) \in$ *Grau*

Abb.4: Ausgangssituation des Ableitungsbeispiel

Ableitungskette erreicht:

$\overset{1,2}{\Longrightarrow}$ $Grau\,Ver(L_1, R_1, 2) \wedge Grau\,Ver(L_2, R_2, 2) \wedge$
$Nachbar(L_1, R_1) \wedge Nachbar(L_2, R_2) \wedge Nachbar(L_1, L_2) \wedge Nachbar(R_1, R_2)$

$\overset{3}{\Longrightarrow}$ $Licht\,Ver(L_1, R_1, 2) \wedge Licht\,Ver(L_2, R_2, 2)$

$\overset{4}{\Longrightarrow}$ $Zerlegung(L_1, R_1, M_1) \wedge Zerlegung(L_2, R_2, M_2)$

$\overset{5,6}{\Longrightarrow}$ $Fläche(M_1, 130) \wedge Fläche(M_2, 120) \wedge Nachbar(M_1, M_2)$

$\overset{(s.u.)}{\Longrightarrow}$ $\exists q_1, q_2 \in$ **Fleck**$, f_0 \in CA : Nachbar(q_1, q_2) \wedge Fläche(q_1, f_0) \wedge Fläche(q_2, f_0)$

Es war gefordert worden, daß die beiden Flächen – hier 130 und 120 – gleich groß sein sollen. Die in der Einleitung getroffene Feststellung über die Notwendigkeit der Fehlertoleranz des Strukturvergleichs trifft aber auf die Behandlung der Gleichheit in unserem logischen Kalkül gleichermaßen zu: Die Zuordnung einer Variablen – hier f_0 – zu Größen, die sich aus der Bildvorverarbeitung ergeben, muß Abweichungen in einem gewissen Maße tolerieren. Die Verwendung von Abstandsmaßen und Schwellenwerten aus der Definition von Relationsmorphismen läßt sich auf die Zuordnung im Rahmen des Deduktionsvorgangs übertragen: Der Vergleich der linken Seite einer Regel mit den vorliegenden Aussagen (Relationstupeln) ist gleichbedeutend mit dem Auffinden eines Morphismus zwischen beiden.

Ausblick

Das hier geschilderte Konzept ist das Ergebnis der Bemühungen, den Expertensystemansatz auf das Problem der Interpretation relationaler Bildbeschreibungen anzuwenden. Die nun folgende Implementierung der vorgestellten Konfiguration soll zeigen, wie groß der Beitrag tatsächlich ist, den ein wissensbasiertes System zur Bildinterpretation beisteuert. Besonderer Schwerpunkt der Arbeit wird auf der Entwicklung geeigneter Regeln liegen und in der Suche nach Kontrollmechanismen, die gewährleisten, daß die Zahl der Hypothesen nicht ins Uferlose wächst, sondern die Interpretation möglichst zielgerichtet zu einem Ergebnis kommt. Das System soll auch auf die Interpretation von Bildfolgen angewandt werden, indem die Strukturabweichungen zwischen den Bildern einer Folge aus den Bewegungsdaten heraus erklärt werden.

Literatur

[1] A. P. Ambler *et. al*, "A versatile system for computer controlled assembly," *Artificial Intelligence*, vol. 6, pp.129-156, 1975

[2] D. H. Ballard, C. M. Brown, and J. A. Feldman, "An approach to knowledge-directed image analysis," in *Computer Vision Systems*, A. Hanson and E. Riseman, Eds. New York: Academic, 1978

[3] W. Benn and B. Radig, "Retrieval of relational structures for image scene analysis," in *Proc. 10th Conf. Very Large Data Base Systems*, Singapore, Aug. 1984, pp. 533-536

[4] T. O. Binford, "Survey of model-based image analysis systems," *Int. J. Robotics Research*, vol. 1, No. 1, pp. 18-64, Spring 1982

[5] R. A. Brooks, "Model-based three-dimensional interpretations of two-dimensional information," *IEEE Trans. Pattern Anal. Machine Intell.*, vol. PAMI-5, No. 2, pp. 140-150, March 1983

[6] J. H. Kim, D. W. Payton, and K. E. Olin, "An expert system for object recognition in natural scenes," in *Proc. 1st Conf. on Artif. Intell. Applications*, Denver, Dec. 1984, pp. 170-175

[7] M. D. Levine and S. I. Shaheen, "A modular computer vision system for picture segmentation and interpretation," *IEEE Trans. Pattern Anal. Machine Intell.*, vol. PAMI-3, No. 5, pp. 540-556, Sept. 1981

[8] D. Marr, *Vision*. W. H. Freeman and Company, 1982

[9] J. Mylopoulos and H. Levesque, "An overview of knowledge representation," in *GWAI-83*, B. Neumann, Ed. Berlin: Springer Verlag, 1983, pp. 143-157

[10] A. M. Nazif and M. D. Levine, "Low level image segmentation: An expert system," *IEEE Trans. Pattern Anal. Machine Intell.*, vol. PAMI-6, No. 5, pp. 555-577, Sept. 1984

[11] B. Neumann, "Vision systems - State-of-the-art and prospects," in *Artificial Intelligence: Towards Practical Application*, T. Bernhold and G. Albers, Eds. Amsterdam: North Holland, 1985

[12] B. Radig, R. Kraasch, and W. Zach, "Matching symbolic descriptions for 3-D reconstruction of simple moving objects," *Proc. 5th Int. Conf. Pattern Recognition*, Miami Beach, Dec. 1980, pp. 1081-1084

[13] B. Radig, "Image sequence analysis using relational structures," *Pattern Recognition,* vol. 17, No. 1, pp. 161-167, 1984

[14] R. Reiter, "Towards a logical reconstruction of relational database theory," in *On Conceptual Modeling,* M. L. Brodie, J. Mylopoulos, and J. W. Schmidt, Eds. Berlin: Springer Verlag, 1984

[15] C. Rich, "Knowledge representation languages and predicate calculus: How to have your cake and eat it too," in *Proc. AAAI-82,* Pittsburgh, Aug. 1982, pp. 193-196

[16] L. G. Shapiro and R. M. Haralick, "Structural descriptions and inexact matching," *IEEE Trans. Pattern Anal. Machine Intell.,* vol. PAMI-3, No. 5, pp. 504-519, Sept. 1981

[17] L. G. Shapiro, "Relational matching – problems, techniques, and applications," in *Mustererkennung 1984,* W. Kropatsch, Ed. Berlin: Springer-Verlag, 1984, pp. 24-41

'No-Match' Punkte: Informationsquelle für die Detektion von Bewegung

Michael Mohnhaupt
Fachbereich Informatik, Universität Hamburg
Schlüterstraße 70, D-2000 Hamburg 13

Einleitung

Bewegungsanalyse ist ein wichtiger Teilprozeß des Bildverstehens und kann weiter unterteilt werden in [1]:

- Die Detektion von Bewegung, wie z.B. die Berechnung von Richtung und Betrag der Geschwindigkeiten einzelner Elemente des Bildes.

- Die Verwendung von Bewegungsmessungen, um z.B. die Bilder in verschiedene Gebiete zu unterteilen oder die 3-dimensionale Struktur der Szene abzuleiten.

Die elementare Ebene beim Bildverstehen ist ein Feld aus zeitabhängigen Intensitätswerten $I(x,y,t)$. Bewegung kann beschrieben werden mithilfe eines Vektorfeldes $V(x,y,t)$, welches z.B. aus den sich ändernden Intensitätswerten abgeleitet werden muß.

Ein Teil der vorgeschlagenen Modelle haben lediglich das Ziel, Bewegung zu entdecken [2-4]. In anderen Modellen wird ein volles Geschwindigkeitsvektorfeld berechnet, unter Einbeziehung von allgemeinen Annahmen, welche die lokalen Mehrdeutigkeiten (Blendenproblem) auflösen. Darunter fallen sowohl 'intensitätsbasierte' Verfahren [5-9] als auch 'token-matching' Verfahren [1,10-12].

Die Verfahren zur Berechnung von Geschwindigkeitsvektorfeldern zeigen plausible Ergebnisse bei einigen Real-Welt Bildfolgen (z.B. [6,11]), stoßen aber auf Schwierigkeiten an Verdeckungskanten, besonders dann, wenn der Hintergrund strukturiert ist. Für diese komplexen Bewegungssituationen müssen zusätzliche Informationsquellen herangezogen werden, um eindeutige Lösungen zu ermöglichen. Eine komplexe 'allgemeine' Bewegungssituation zeigen z.B. Bild 1 und Bild 2 (Anhang), Ausschnitte zweier Bilder einer Bildfolge, die im Abstand von 60ms gefilmt wurden. Ein Fahrradfahrer fährt vor einem parkenden Auto entlang und hebt sich schlecht gegen den Hintergrund ab. Außerdem wurden die Bilder bei starker Sonneneinstrahlung aufgenommen. Bild 3 ist ein Kantenbild von Bild 1. Es wurde ein 7x7 'mexican-hat' Operator (3x3 Innenzone) auf das Bild angewandt und anschließend die Nulldurchgänge markiert. Wegen des schwachen Kontrastes liegt über das Fahrrad nur wenig Kanteninformation vor. Außerdem tauchen einige neue Objektteile auf, während andere hinter dem bewegten Objekt verschwinden. Diese Gebiete werden eine Suche nach korrespondierenden Teilen (Korrespondenzanalyse) in beiden Bildern stören. Bestandteile der Bilder korrespondieren dann, wenn sie Abbildungen desselben Teils der Szene sind.

Im Folgenden wird versucht mit den 'No-Match' Punkten eine zusätzliche Informationsquelle zu erschließen, um den Anwendungsbereich von maschinellen Bewegungsanalyseverfahren zu vergrößern.

Bei der Modellierung von Einzelkomponenten des Bildverstehens muß nach D. Marr [4] ihre Rolle im Gesamtsystem im Auge behalten werden. Es dürfen nur solche Annahmen über die Welt gemacht werden, die allgemein plausibel sind [4,13]. Allgemeine Annahmen sind für eine eindeutige Interpretation einer Szene deshalb notwendig, weil eine 2-dimensionale Abbildung der 3-dimensionalen Welt prinzipiell mehrdeutig ist. Die Herausfindung sinnvoller allgemeiner Annahmen ist ein wichtiges Problem beim Bildverstehen. Eine sinnvolle Annahme ist z.B., daß Objekte nicht sprunghaft ihre Position verändern, in kleine Zeitabständen also nur kleine Ortsveränderungen beobachtbar sind. Diese Annahme rechtfertigt bei einer Bewegung eines Objektes die Suche in der Nachbarschaft.

Außerdem sollten Entscheidungen, die auf verschiedenen Ebenen des Bildverstehensprozesses gefällt werden, u.a. dem Prinzip der kleinsten Verpflichtung genügen [4]. Wenn Entscheidungen nicht sehr sicher sind, d.h. eventuell wieder rückgängig gemacht werden müssen, sollten sie aufgeschoben werden, bis weitere Informationen vorliegen.

Ein wichtiges Vorbild oder zumindest ein Ideenlieferant für maschinelle bildverstehende Systeme ist das menschliche visuelle System [4,18,19]. Diese Annahme rechtfertigt z.B. die Berücksichtigung von Erkenntnissen über das menschliche Sehsystem, die aus psychophysischen Experimenten gewonnen wurden.

'No-Match' Analyse

Grundsätzlich sind alle Veränderungen, welche durch die bewegten Teile einer Szene verursacht werden, mögliche Informationsquellen für eine Bewegungsdetektion. Sie müssen von Sehsystemen adäquat interpretiert werden und von solchen Veränderungen unterschieden werden, die nicht von Bewegung verursacht wurden, wie z.B. Beleuchtungsänderungen. Die bewegten Bestandteile einer Szene verursachen einerseits Veränderungen, weil sich ihre Abbildung in einem Sensor i.A. relativ zu den Abbildungen der stationären Teile verschiebt. Andererseits bewirkt die Bewegung, daß Teile der Szene sichtbar werden, die vorher verdeckt waren, bzw. Teile verdeckt werden, die vorher sichtbar waren.

Bei der oben erwähnten Korrespondenzanalyse werden Bildstrukturen zur Zeit t mit Bildstrukturen zur Zeit t+dt identifiziert. Unter Bildstrukturen werden in diesem Zusammenhang Beschreibungen der Intensitätsverläufe verstanden, z.B. irgendeine Anpassung an die Bildfunktion. Man sucht also zu zwei verschiedenen Zeitpunkten korrespondierende Teile der Szene. Die bewegte räumliche Nachbarschaft der markanten Struktur und der Hintergrund der Szene beeinflussen die Korrespondenzanalyse, weil ihre Struktur die

Anzahl der möglichen Korrespondenzpartner der bewegten Teile erhöhen kann.

'No-Match' Analyse werden im Folgenden Verfahren genannt, bei denen ausgenutzt wird, daß bei Bewegung einerseits Teile einer Szene sichtbar werden und andererseits Teile verdeckt werden, zwei Bilder einer Bildfolge also nicht Abbildungen derselben physikalischen Objekte der Szene sind. Diese Informationsquellen werden bei der Korrespondenzanalyse nicht genutzt. Die erwähnten Gebiete werden im folgenden 'No-Match' Punkte genannt, von denen zwei Arten existieren. Die einen sind in Bild n einer Bildfolge verdeckt und in Bild n+1 sichtbar (Typ I), die anderen sind in Bild n sichtbar und in Bild n+1 verdeckt (Typ II).

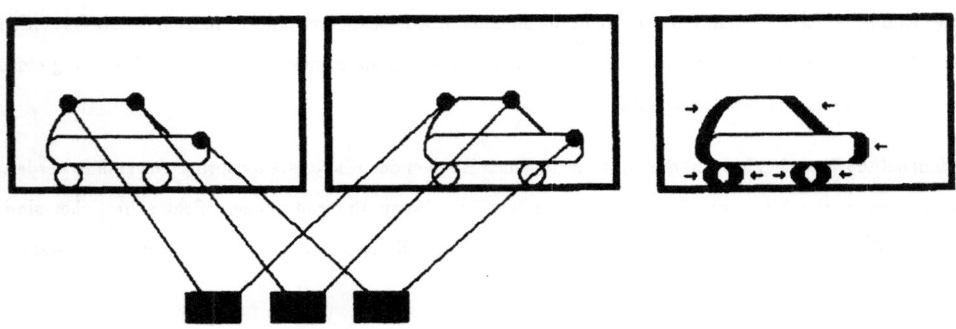

Im linken Bildpaar (Korrespondenzanalyse) bewegt sich das Auto nach rechts. Durch die Suche nach in beiden Bildern korrespondierenden Teilen kann Bewegung festgestellt werden. Im rechten Bild ('No-Match' Analyse) bewegt sich das Auto ebenfalls nach rechts. Es hat die einen markierte Gebiete (Pfeile nach rechts) freigegeben und die anderen markierten Gebiete (Pfeile nach links) verdeckt.

Verschiedene Autoren [14-16] vermuten, daß eine Art 'No-Match' Analyse auch bei der Bewegungsanalyse des menschlichen visuellen Systems verwendet wird und eine wichtige Rolle spielt.

Ein psychophysisches Experiment, welches im folgenden 'Sternenhimmel' Experiment genannt wird, soll ebenfalls belegen, daß das menschliche visuelle System Information aus 'No-Match' Analyse gewinnt.

Das 'Sternenhimmel' Experiment

Auf einem Bildschirm befinden sich zufällig verteilte Punkte vor einem homogenen Hintergrund. Löscht man die Punkte fortschreitend von links nach rechts so, daß pro Zeiteinheit in jeweils einer Spalte des Bildes die Punkte gelöscht werden, nimmt der menschliche Betrachter eine Kante wahr, welche von links nach rechts die Punkte verdeckt. Produziert man pro Zeiteinheit jeweils Punkte in eine Spalte des Bildes von links nach rechts, so nimmt man einen umgekehrten Effekt wahr. Die 'Kante' bewegt sich ebenfalls von links nach rechts und gibt jetzt die Punkte frei.

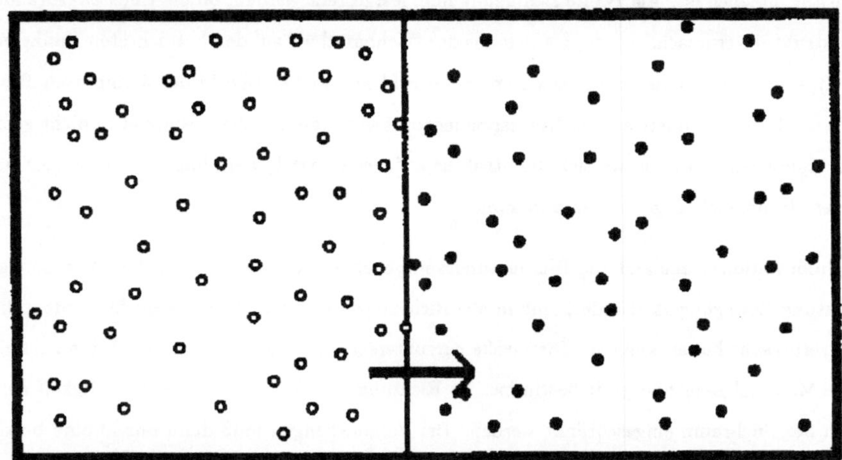

Das 'Sternenhimmel' Experiment: Die Scheinkante bewegt sich in Pfeilrichtung. Offene Kreise markieren bereits erloschene Punkte, geschlossenen Kreise stellen noch sichtbare Punkte dar.

Das visuelle System interpretiert neu auftauchende Punkte als von einem sich bewegenden Objekt freigegebene und verschwindende Punkte als von von einem Objekt verdeckte Punkte. Eine denkbare andere Interpretation, daß die Punkte Beleuchtungsänderungen sind, wie z.B. an- oder ausgeschaltete Lampen, wird nicht gewählt. Eine mögliche Erklärung ist, daß das Sehsystem folgende allgemeine Annahme macht, um diese mehrdeutige Situationen zu interpretieren:

Beleuchtungsänderungen ahmen keine Effekte nach, die von Bewegungsphänomenen verursacht werden können.

Es wird also versucht Veränderungen so zu interpretieren, als seien sie von Bewegung verursacht worden.

Ein Verfahren zur Entdeckung von 'No-Match' Punkten

Erste Bedingung für die Entdeckung von 'No-Match' Punkten ist, daß sich im Vergleich zum vorherigen Bild an denselben Ortskoordinaten die Bildstruktur geändert hat. Dann wird wegen der oben erwähnten allgemeinen Annahme davon ausgegangen, daß diese Änderung von Bewegung verursacht wurde. Bei Konstanz der Bildstruktur von einem Bild zum nächsten wird unterstellt, daß keine 'No-Match' Situation vorliegt, obwohl dies bei speziellen Koinzidenzen, wie z.B. Bewegung von homogenen Objekten vor einem Hintergrund gleicher Intensität, möglich ist. Als zweite Bedingung muß festgestellt werden, ob die Bildstrukturänderung von einer Bildstruktur verursacht wurde, die sich aus der Nachbarschaft auf den betrachteten Punkt bewegt hat (für Typ I), und ob die Bildstruktur aus dem ersten Bild im zweiten Bild in der Nachbarschaft zu finden ist (für Typ II). Dies erinnert an das Korrespondenzproblem, dessen volle Lösung aber nicht gefordert werden muß, da unwichtig ist, von wo sich die Struktur auf den Punkt bewegt hat. Es interessiert nur, ob es aufgrund der Nachbarschaft geschehen sein kann.

Liegen keine Informationen aus anderen Bilddeutungskomponenten vor, die z.B. darüber Auskunft geben, in welche Richtung Bewegung stattfindet, muß in alle Richtungen nach Strukturen gesucht werden, die eine Veränderung verursacht haben können. Die Größe der untersuchten Nachbarschaft wird dann durch eine angenommene Maximalgeschwindigkeit bestimmt. Ist Richtung oder Betrag der Geschwindigkeit zum Teil bekannt, kann der Suchraum eingeschränkt werden. Bei Veränderungen muß dann nur in eine bestimmte Richtung oder in einer bestimmten Entfernung nach Ursachen dieser Veränderung gesucht werden. Es ist zu erwarten, daß dadurch mehr 'No-Match' Punkte gefunden werden können.

Information über Betrag und Richtung von Bewegung kann durch Bilddeutungskomponenten der gleichen Ebene, z.B. durch ein Verfahren zur Schätzung von Verschiebungsvektorfeldern geliefert werden, oder durch 'top-down' Information, z.B. bei einer anfragegesteuerten Bildanalyse. Werden solche Informationen berücksichtigt wird dies im Folgenden mit 'No-Match' Analyse unter Berücksichtigung eines Geschwindigkeitsfilters bezeichnet.

Experimentelle Ergebnisse

Die Experimente wurden im Labor des Arbeitsbereiches 'Kognitive Systeme' am Fachbereich Informatik durchgeführt. Dabei wurden ein VTE-Bildverarbeitungssystem benutzt und die Programmierarbeiten in ADA-HH [17] durchgeführt.

Es wurden Bildfolgen von Laborszenen und Realweltszenen getestet, die Bewegung beinhalten und über strukturierten Hintergrund verfügen. Im Folgenden werden die Ergebnisse der Untersuchung am Bildpaar Bild 1 und Bild 2 geschildert. Es sind für eine Bewegungsanalyse interessante Ausschnitte zweier Geobilder.

Geobilder werden aus Rohbildern erstellt, indem Pixel eines Halbbildes zu Geopixeln zusammengefaßt werden. Dabei werden Vollbilder um Faktor 6 komprimiert und die Bildgeometrie korrigiert, weil in Zeilenrichtung um Faktor 3 und in Spaltenrichtung um Faktor 2 verkleinert wird.

Um die aufeinanderfolgenden Bilder an denselben Ortskoordinaten zu vergleichen, wurde die Differenz ihrer Grauwerte berechnet. War die Differenz größer als ein Schwellwert S1, wurden diese Stellen weiter untersucht. Bild 4 im Anhang zeigt diejenigen Stellen, die wegen Überschreitung des Schwellwertes S1 Kandidaten für 'No-Match' Punkte sind.

Die Grauwerte der markierten Stellen (siehe Bild 4) in Bild 1 (bzw. Bild 2) wurden dann mit den benachbarten Grauwerten im nächsten (bzw. vorherigen) Bild verglichen. Lag die Differenz mit allen untersuchten Nachbarn oberhalb eines Schwellwertes S2 wurde der Punkt als 'No-Match' Punkt vom Typ II (bzw. Typ I) markiert.

Die Bilder 5-8 zeigen verschiedene Analyseergebnisse für das zweite Bild der Bildfolge. Markiert wurden die 'No-Match' Punkte vom Typ I. Bild 5 entstand ohne Geschwindigkeitsfilter, d.h. bei einer Veränderung wurde in jede Richtung nach einer möglichen Ursache gesucht. In Bild 6 wurden nur Verschiebungen nach links unten getestet (Einschränkung der Bewegungsrichtung auf einen Sektor von 90 Grad), in Bild 7 wurden Betrag und Richtung auf 3 Pixel Genauigkeit, und in Bild 8 auf 1 Pixel Genauigkeit vorgegeben.

Die Bilder 9-12 zeigen die Ergebnisse des Algorithmus für die 'No-Match' Punkte vom Typ II. Es gingen ebenfalls die erwähnten Geschwindigkeitsfilter ein.

Man sieht, daß die Anzahl der entdeckten 'No-Match' Punkte größer wird, wenn der Geschwindigkeitsfilter den untersuchten Bereich entsprechend einschränkt. Der Berechnungsaufwand ist dabei proportional zum Grad der Einschränkung.

Die Größe der untersuchten Nachbarschaft ohne Geschwindigkeitsfilter ergab sich aus einer angenommenen Maximalgeschwindigkeit der beobachteten Objekte. Der Schwellwert S1 wurde so gewählt, daß das Bildrauschen keinen Einfluß auf die Untersuchung hat. Er kann z.B. dadurch festgelegt werden, daß zwei Aufnahmen derselben statischen Szene an denselben Ortskoordinaten verglichen werden und die höchste Differenz der Grauwerte als Schwellwert genommen wird. Bei der Festlegung des Schwellwertes S2 muß zusätzlich durch Bewegung bedingtes Quantisierungsrauschen berücksichtigt werden. S1 betrug bei den gezeigten Bildern 20 Graustufen (von 256), S2 betrug 28 Graustufen, und die angenommene maximale Verschiebung betrug 6 Pixel.

In anderen Versuchen wurden die Bilder mit unterschiedlichen 'mexican-hat' Operatoren gefaltet und die dann entstehenden Werte der Pixel wie bei der oben beschriebenen 'No-Match' Analyse verglichen. Die Pixel kodierten in diesem Fall die Intensitäten des Bildes in einer bestimmten Umgebung. Die Gleichbehandlung von homogenen Stellen unterschiedlicher Intensität bei Anwendung von 'mexican-hat' Operatoren verringert die Anzahl der gefundenen 'No-Match' Punkte. Außerdem bewirkte die Anwendung von Operatoren, je nach Ausdehnung, daß die Grenzen der Bewegung aufgeweicht wurden.

Diskussion

Es wurde ein Verfahren entwickelt, welches mithilfe der allgemeinen Annahme, daß Beleuchtungsänderungen keine Effekte nachahmen, die durch Bewegungsphänomene verursacht werden können, 'No-Match' Punkte detektiert. Die Resultate des 'No-Match' Verfahrens auf den Bildern 1 und 2 zeigen:

- Immer wenn markanter Hintergrund freigegeben oder verdeckt wird, können 'No-Match' Punkte entdeckt werden (z.B. am Nummernschild des Autos, am linken unteren Rand der Heckklappe und an Stellen, wo Teile des Fahrrades die Fahrbahnmarkierung verdecken oder freigeben). 'No-Match' Punkte markieren also Verdeckungskanten.

- Veränderungen, die durch Bewegung vorher bereits sichtbarer Teile der Szene verursacht wurden, werden erkannt und nicht als 'No-Match' Punkte markiert.

- Einige 'No-Match' Punkte werden ohne zusätzliche Information nicht detektiert. In Bild 5 werden z.B. die linke untere Ecke der Heckklappe des Autos und einige Stellen auf der Heckklappe nicht markiert. Diese Stellen könnten sich nach links bzw. oben bewegt haben. Erst bei Berücksichtigung eines einschränkenden Geschwindigkeitsfilters (Bild 6, 7 und 8) werden die Gebiete als 'No-Match' Gebiete erkannt. Außerdem ist lokal nicht zu entscheiden, ob 'No-Match' Punkte vorliegen, wenn ein Gebiet von einem anderen Gebiet ähnlicher Intensität verdeckt wird. Entsprechendes gilt für die Freigabe von Gebieten.

- Starke Beleuchtungsänderungen können falsche 'No-Match' Entscheidungen verursachen. Ein Beispiel ist in Bild 7 und 8 dort zu erkennen, wo im vorherigen Bild der Fahrradlenker war, der bei Sonnenschein ein starkes Glanzlicht bildet. In solchen Situationen ist auf der Ebene der Intensitäten eine 'Match' oder 'No-Match' Entscheidung nicht möglich. Diese Punkte müssen im Auge behalten werden bis mehr Informationen z.B. aus dem nächsten Bildpaar vorliegen.

Die Bedeutung der 'No-Match' Analyse liegt nicht darin, als Einzelverfahren Probleme der niederen Bilddeutung, wie z.B. Segmentation von Bildern zu lösen. Nur bei speziellen Anordnungen (z.B. dem 'Sternenhimmelexperiment') kann sie allein reichhaltige Information über die Szene liefern. 'No-Match' Analyse ist aber wichtig, um in Zusammenarbeit mit anderen Komponenten der niederen Bilddeutung Mehrdeutigkeiten in Bildern aufzulösen und vorsichtige Entscheidungen zu fällen, welche dem Prinzip der kleinsten Verpflichtung genügen.

Besonders ein Zusammenwirken mit Verfahren zur Berechnung von Verschiebungsvektorfeldern bietet sich an. Gerade an Stellen, wo solche Verfahren Schwierigkeiten haben liefert ein 'No-Match' Verfahren wichtige Information, z.B. über Verdeckungskanten und Gebiete die ohne Korrespondenzpartner sind. Denn gerade Verdeckungskanten werden von einer 'No-Match' Analyse markiert und damit von anderen Kantentypen unterschieden und könnten in die genannten Verfahren z.B. als Grenzen für die Befriedigung einer Glattheitsforderung eingehen. Die 'No-Match' Gebiete sollten nicht Grundlage einer Verschiebungsschätzung sein, da ihre Intensitäten in keinem Zusammenhang zu den vorher an diesen Stellen befindlichen Bestandteilen der Szene stehen. Dies gilt ebenfalls für die aufgrund starker Beleuchtungsänderungen detektierten Gebiete.

Andererseits liefern Vektorfelder Geschwindigkeitsinformation, welche wiederum als Geschwindigkeitsfilter in ein 'No-Match' Verfahren eingehen kann und die Anzahl der auffindbaren 'No-Match' Punkte erhöht. Ebenso ist denkbar, durch 'top-down' Information Geschwindigkeitsfilter aufzubauen, z.B. bei einer anfragegesteuerten Bildanalyse.

Außerdem können die unterschiedlichen Arten von 'No-Match' Punkten zur Bildung von Objekthypothesen herangezogen werden [18]. Objekthypothesen wiederum können Verfahren zur Berechnung von Vektorfeldern unterstützten und z.B. dazu beitragen, daß lokale Bewegungen, welche der Globalbewegung wiedersprechen, zunächst unterdrückt werden oder als Glanzlicht erkannt werden. Glanzlichter führen bisher bei solchen Verfahren zu Fehlinterpretationen.

Die Integration verschiedener Verfahren der niederen Bilddeutung ist ein notwendiger Schritt auf dem Weg zu universelleren bildverstehenden Systemen. Für 'komplexe' Bewegungssituationen kann eine 'No-Match' Analyse wichtige Informationen liefern, welche die Resultate anderer Komponenten der niederen Bilddeutung sinnvoll ergänzen.

Ausblick

Die laufenden Untersuchungen lassen vermuten, daß sich das 'No-Match' Verfahren weiter verbessern lässt, wenn die Nachbarschaft der Punkte mitberücksichtigt wird. Falls z.B. ein Punkt von einem Punkt ähnlicher Intensität verdeckt wird, aber eine unterschiedliche örtliche Umgebung hat, kann er dann als 'No-Match' Punkt erkannt werden. Darüber hinaus soll geklärt werden, wie eine Zusammenwirken von 'No-Match' Analyse mit solchen Verfahren denkbar ist, die Vektorfelder berechnen. In 'No-Match' Gebieten könnten z.B. die Verschiebungsschätzungen aufgrund der Intensitäten unterdrückt werden und dafür Verschiebungsinformation aus der Nachbarschaft importiert werden, ähnlich wie bei der Befriedigung der gerichteten Glattheitsforderung [6,7].

Außerdem lässt sich das 'No-Match' Verfahren auch auf Stereobilder anwenden. Erste Untersuchungen zeigen, daß dabei Gebiete detektiert werden, welche von jeweils nur einem der beiden Sensoren einsehbar sind.

Literaturverzeichnis

[1] Hildreth + Ullman 82: The measurement of visual motion, E. C. Hildreth and S. Ullman, MIT-AI-MEMO No.699,

Dezember 1982

[2] Barlow + Levick 65: The mechanisms of directional selective units in rabbit's retina, H. B. Barlow and W. R. Levick, Journal Physiol., Lond. Vol. 178, pp. 477-504, 1965

[3] Marr + Ullman 81: Directional selectivity and its use in early visual processing, D. Marr and S. Ullman, Proc.R.Soc.Lond. B 211, pp.151-180, 1981

[4] Marr 82: Vision, D. Marr, W. H. Freeman and Company 1982

[5] Horn + Schunk 81: Determining optical flow, B. K. P. Horn and B. G. Schunk, Artificial Intelligence Vol.17, M.Brady (Hrsg.), pp. 185-203, 1981

[6] Enkelmann 85: Mehrgitterverfahren zur Ermittlung von Verschiebungsvektorfeldern in Bildfolgen, W. Enkelmann, Dissertation am Fachbereich Informatik der Universität Hamburg, Juli 1985

[7] Nagel 83a: Constraints for the estimation of displacement vector fields from image sequences, H.-H. Nagel, Proceedings of International Joint Conference on Artificial Intelligence (IJCAI), Karlsruhe 1983, A. Bundy (Ed.), pp.945-951, 1983

[8] Nagel 83b: On the estimation of dense displacement vector fields from image sequences, H.-H. Nagel, ACM motion: representation and perception, pp. 59-65, 1983

[9] Nagel + Enkelmann 84: Berechnung von Verschiebungsvektorfeldern in Bildbereichen mit linienhafter oder partiell homogener Grauwertverteilung, H.-H. Nagel and W. Enkelmann, Proceeding der Deutschen Arbeitsgemeinschaft Mustererkennung (DAGM) 1984 in Graz, pp. 154-160, Springerverlag 1984

[10] Hildreth 83a: Computing the velocity fields along contours, E. C. Hildreth, ACM motion: representation and perception, pp. 26-32, 1983

[11] Hildreth 83b: The measurement of visual motion, E. C. Hildreth, Ph.D. Thesis, MIT Press, August 1983

[12] Hildreth 84: Computations Underlying the Measurement of Visual Motion, E. C. Hildreth, Artificial Intelligence Vol.23, August 1984

[13] Neumann 82: Knowledge Sources for Understanding and Describing Images Sequences, B. Neumann, Proceedings of German Workshop on Artificial Intelligence (GWAI) 1982, W. Wahlster (Ed.), pp. 1-31, Springerverlag 1982

[14] Gibson 68: What gives rise to the perception of motion ?, J. J. Gibson, Psychological Review Vol.75 No.4, pp. 335-346, 1968

[15] Gibson 79: The Ecological Approach to Visual Perception, J. J. Gibson, Houghton Mifflin Company, Boston 1979

[16] Kaplan 69: Kinetic disruption of optical texture: The perception of depth at an edge, G. A. Kaplan, Perception and Psychophysics Vol.6, pp. 193-198, 1969

[17] Dreschler + Haarslev 85: Konzeption für ein Bildverarbeitungssystem zur Lösung des Korrespondenzproblems bei Stereo-Bildfolgen im Rahmen einer komfortablen ADA-Programmierumgebung, L. S. Dreschler-Fischer and V. Haarslev, Robotersysteme 1, pp.29-34, Springerverlag 1985

[18] Mohnhaupt 85: Algorithmische Modelle für primäre Bewegungsanalyse vor dem Hintergrund des menschlichen visuellen Systems, M. Mohnhaupt, Diplomarbeit am Fachbereich Informatik der Universität Hamburg, März 1985

[19] Tsotsos 84: The scope of motion research: from image changes to semantic abstractions, J. K. Tsotsos, Computer Graphics, pp. 7-11, Januar 1984

Danksagung

Ich danke besonders Bernd Neumann für zahlreiche Diskussionen und Hinweise in vielen Phasen der Arbeit. Außerdem danke ich Wilfried Enkelmann für Diskussionen über Verfahren zur Schätzung von Vektorfeldern. Diese Arbeit wurde teilweise unterstützt durch die deutsche Forschungsgemeinschaft (DFG).

Anhang

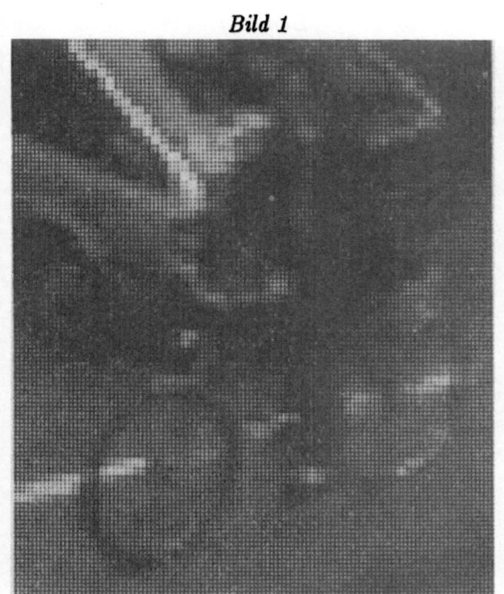

Bild 1

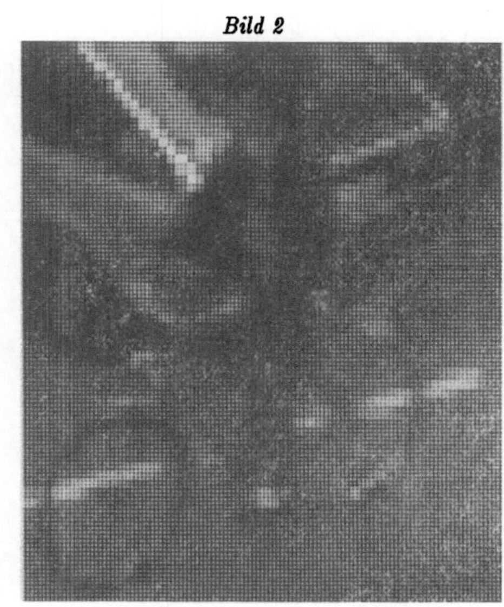

Bild 2

Bild 3

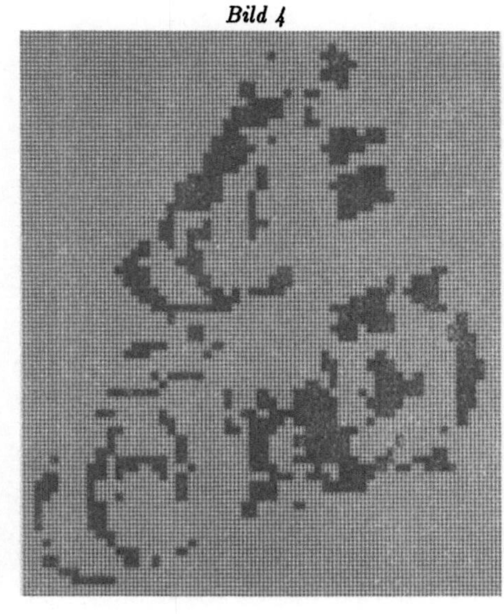

Bild 4

Bild 5

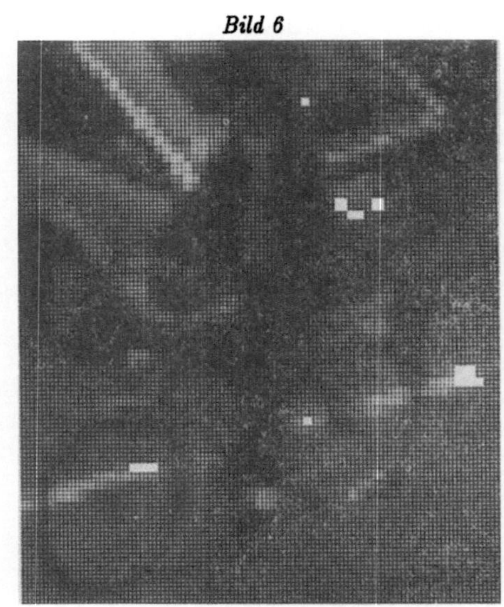

Bild 6

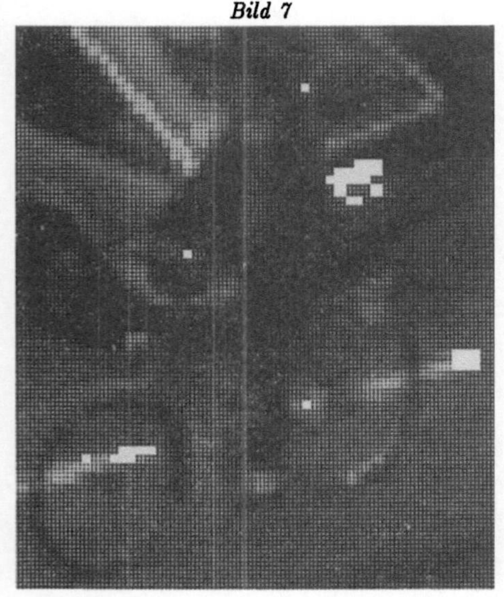

Bild 7

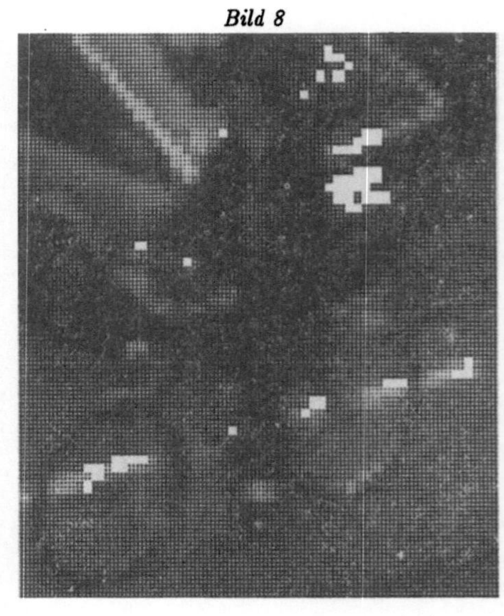

Bild 8

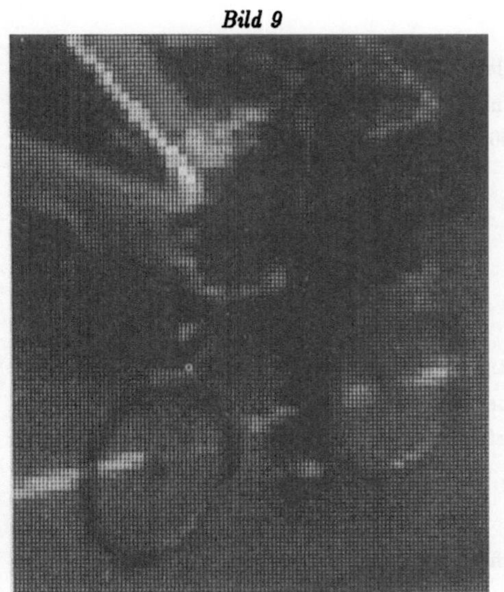

Bild 9

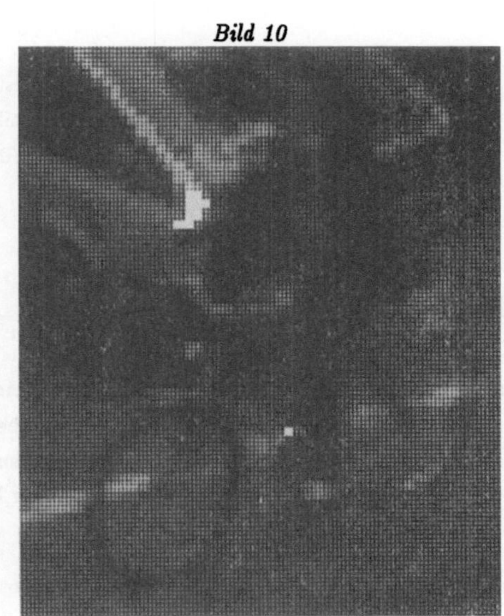

Bild 10

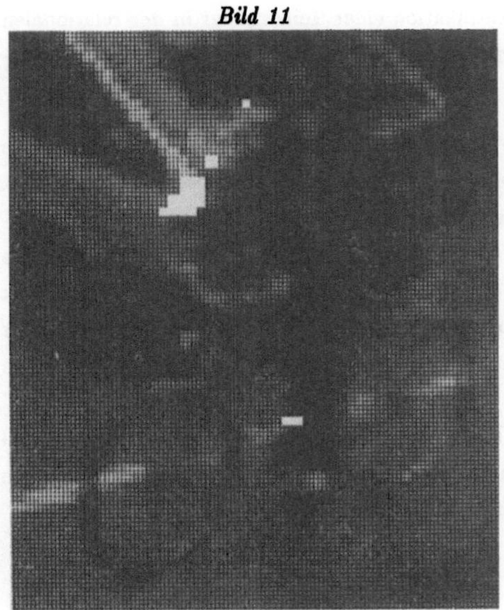

Bild 11

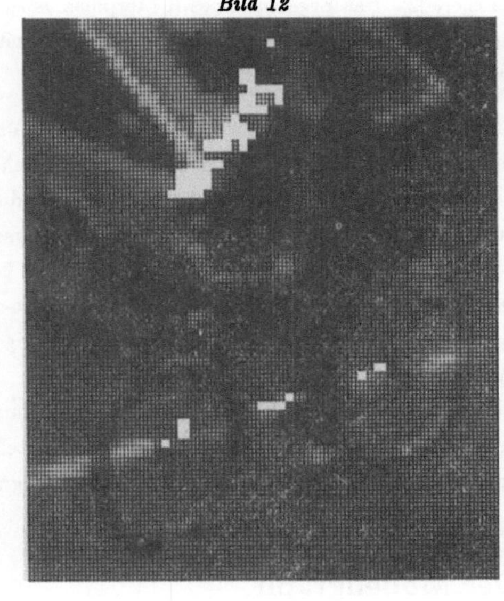

Bild 12

Hierarchische Dekomposition und Synthese
von Objekten

Christian Sielaff
Fachbereich Informatik der Universität Hamburg
Schlüterstraße 70, D-2000 Hamburg 13

Einleitung

Die Bildanalyse ist ein komplexes Problem, das ein mächtiges und flexibles System erfordert, um die verschiedenartigen Daten und Prozeduren zu handhaben, die benötigt werden, um Objekte in Bildern wiederzuerkennen. Daher ist es, vom Standpunkt des Systementwurfs vorteilhaft, wenn diese Daten und Prozeduren weitgehend vereinfacht und vereinheitlicht werden können, um ein solches System trotz seiner Komplexität komfortabel und durchsichtig zu gestalten.

Relationalstrukturen sind ein geeignetes Werkzeug zur Erfüllung dieser Forderung [1],[2]. Im Vergleich zu anderen ähnlich mächtigen Strukturen, wie Semantische Netze oder Frames, unterstützen Relationalstrukturen in hohem Maße tolerante Abbildungen zwischen Prototypen und den oft unvollkommen vorverarbeiteten Bilder [3],[4].

Der Kernpunkt der Bildanalyse ist die Konstruktion von Abbildungen zwischen relationalen Modell- und Bildbeschreibungen, um Objekte in einer Szene zu erkennen. Diese Abbildungen werden durch R-Morphismen realisiert [2]. Das Ergebnis eines R-Morphismus ist die Identifikation einer Teilstruktur in der relationalen Beschreibung des Bildes, und wird im folgenden mit *Inkarnation* des Modells bzw. des Teilmodells bezeichnet.

Die Konstruktion von R-Morphismen ist isomorph zu der Aufgabe, Cliquen – maximal zusammenhängende Teilgraphen – in einem Graphen zu finden, und gehört damit in die Klasse der NP-vollständigen Probleme. Um trotzdem mit vertretbarem Aufwand zu Abbildungsergebnissen zu kommen, werden die Relationalstrukturen, und damit auch die Abbildungen, hierarchisch organisiert. Diesen Ansatz, der von Barrow et al. in [5] zuerst formuliert wurde, haben wir in Kapitel 2 durch die Definition eines Modellgraphen konkretisiert und erweitert. In Kapitel 3 stellen wir eine objekt-orientierte Interpretation des Modellgraphen vor, in der jeder Knoten des Graphen weitgehend unabhängig von anderen Knoten seinen Teil der Erkennung leisten kann.

Der formale Aufbau einer Hierarchie liefert aber nur einen algorithmischen Rahmen für eine Bildinterpretation. In Kapitel 4 versuchen wir Kriterien aufzustellen, die die Zerlegung eines Modellobjektes beeinflussen und die damit die Inhalte der Knoten des Modellgraphen bestimmen.

Der Modellgraph

Die natürliche Grundlage einer hierarchischen Zerlegung eines Modellobjektes ist die TEIL-VON-Relation. Um den engen formalen Rahmen einer Baumstruktur, wie in [6], oder von Hierarchieebenen, wie in [7] oder [8], zu vermeiden, organisieren wir die Hierarchie als Graph. Dadurch erreichen wir, daß eine Teilstruktur zu verschiedenen übergeordneten Teilmodellen, ja sogar zu verschiedenen Modellobjekten beitragen kann. Jeder Knoten des *Modellgraphen* enthält eine relationale Beschreibung eines Teilmodells, die sich aus den relationalen Beschreibungen der untergeordneten Knoten und Relationen, die den Zusammenhang der untergeordneten Strukturen beschreiben, zusammensetzt. Die *Verklebung* der untergeordneten Strukturen erfolgt entweder durch Identifikation von Relationstupeln verschiedener Teile, oder durch Relationen, die diese Tupel in Beziehung zueinander setzen, ohne selbst aber Teil dieser Untermodelle zu sein (Abb.1).

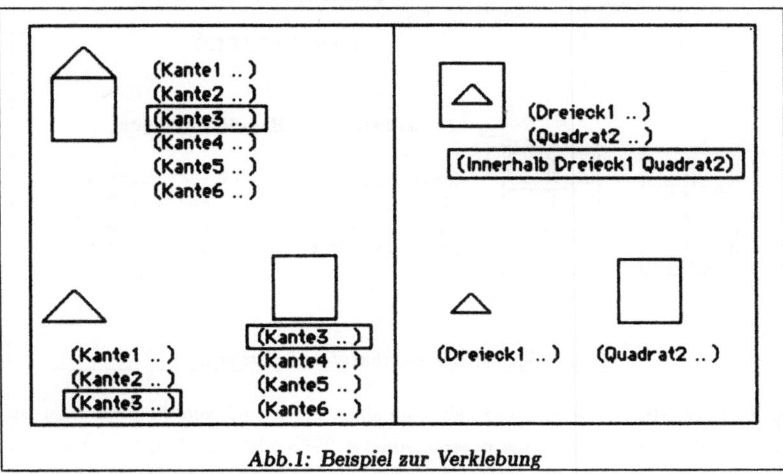

Abb.1: Beispiel zur Verklebung

Die TEIL-VON-Relation wird durch R-Monomorphismen – injektive R-Morphismen – beschrieben. Diese formale Beschreibung hat den Vorteil, insbesondere wenn man Attribut-tolerante R-Monomorphismen [4] betrachtet, daß eine untergeordnete Relationalstruktur in verschiedene übergeordnete Strukturen abgebildet werden kann, wobei die Bilder dieser Morphismen nicht identisch sondern nur strukturgleich sind. Dabei bedeutet strukturgleich, daß sich die Bildstrukturen nur in Attributswerten, beispielsweise in der Farbe, unterscheiden (Abb.2).

Die relationale Beschreibung eines Teilmodells muß nicht vollständig in den übergeordneten Knoten wiederholt werden. Es ist ausreichend, die Relationstupel, die an der Verklebung zu der übergeordneten Struktur beteiligt sind, an diese weiterzugeben. So hat jedes Teilmodell eine – für die Verklebung – *signifikante Teilstruktur*.

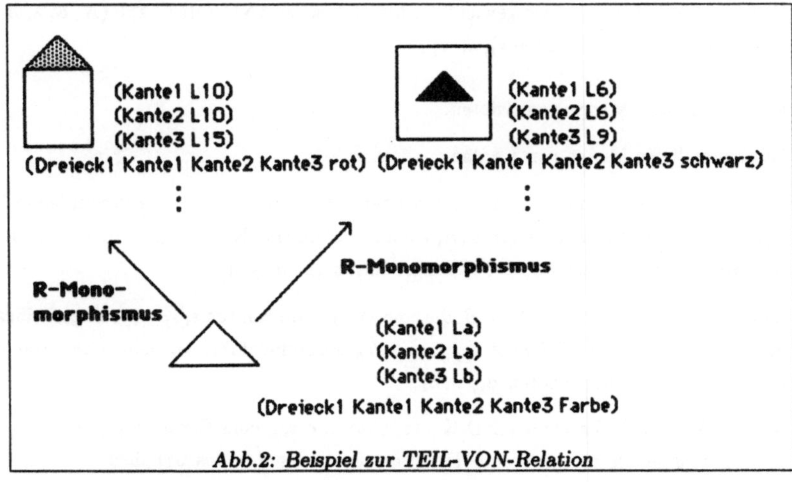

Abb.2: Beispiel zur TEIL-VON-Relation

Diese signifikante Teilstruktur kann nun zu einer weiteren Reduktion der Redundanz beitragen, in dem ähnliche Teilmodelle, die sich nur außerhalb der signifikanten Teilstruktur unterscheiden, in einem Knoten des Modellgraphen zusammengefaßt werden (Abb.3).

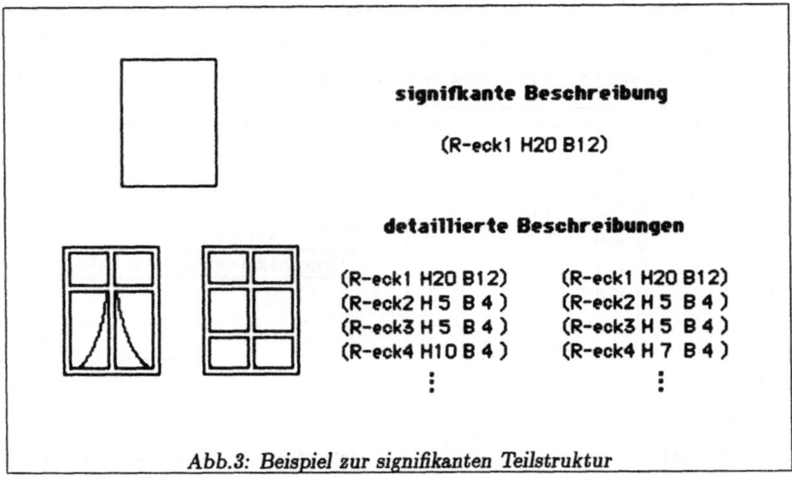

Abb.3: Beispiel zur signifikanten Teilstruktur

Die verschiedenen Teilmodelle eines Knotens haben im allgemeinen auch verschiedene untergeordnete Teilstrukturen. Daher müssen die hierarchisch untergeordneten Teilmodelle in Gruppen zusammengefaßt werden, von denen jede genau eine der übergeordneten Teilstrukturen innerhalb eines Knotens beschreibt. So führt die Einführung der signifikanten Teilstruktur direkt zur Verwendung von AND/OR-Prozessen [9] im Modellgraph und damit im Abbildungsprozess. Die Kanten des Graphen werden, entsprechend der Gruppierung der untergeordneten Knoten, in AND-Kanten zusammengefaßt.

Die verschiedenen Alternativen, die nun zu einer Inkarnation eines Knotens führen können, werden im allgemeinen verschiedene Kosten bei der Abbildung verursachen und auch unterschiedlich häufig in Bildern wiedergefunden werden. Daher ist es für die Steuerung des Abbildungsprozesses sinnvoll und vorteilhaft, die AND-Kanten des Modellgraphen zu bewerten, um an Hand dieser Bewertungen die günstigste Alternative auszuwählen.

Diese Überlegungen führen nun zu folgender formaler Beschreibung des Modellgraphen:

Definition Der Modellgraph ist ein gewichteter hierarchischer AND/OR-Graph $(N, E, \lambda, AND, p, q)$ mit einigen speziellen Eigenschaften $i), .., iv)$.

N ist eine endliche Menge von Knoten.

E ist eine endliche Menge von Kanten.

λ ist eine linkstotale Funktion, die einem Paar von Knoten n_i, n_j eine verbindende Kante $e_{i,j}$ zuordnet. Dem Knotenpaar n_i, n_j kann nur dann eine Kante zugeordnet werden, wenn in einer beliebigen aber festen Ordnungsrelation gilt $n_i \leq n_j$.

AND ist eine Abbildung $E^n \rightarrow E \wedge ... \wedge E$, die eine Menge von Kanten $e_{i,\{j,...,k\}}$ mit gemeinsamem Knoten n_i in eine AND-Kante $e_{i,j} \wedge ... \wedge e_{i,k}$ zusammenfaßt. n_i heißt dann Nachfolger oder Folgeknoten der Knoten $n_j, ..., n_k$.

p ist eine Funktion, die einer AND-Kante $e_{i,j} \wedge ... \wedge e_{i,k}$ eine Bewertung $p(e_{i,j} \wedge ... \wedge e_{i,k})$ zuordnet. q ist die entsprechende Funktion für die Knoten des Graphen.

i) Jeder Knoten enthält eine oder mehrere relationale Beschreibungen, die eine gemeinsame signifikante Teilstruktur besitzen.

ii) Für zwei Knoten n_i und n_j gilt $n_i \leq n_j$, wenn ein R-Monomorphismus existiert, der n_i in n_j abbildet.

iii) Die signifikanten Teilstrukturen der Vorfolger $n_j, ..., n_k$ einer AND-Kante $e_{i,j} \wedge ... \wedge e_{i,k}$ bilden die minimal mögliche Menge von Relationalstrukturen, die zur Beschreibung einer Teilstruktur des Nachfolgers n_i nötig ist.

iv) Die Knoten des Modellgraphen sind nicht bewertet.

Knotenkommunikation

Die Inkarnation eines Knotens des Modellgraphen setzt voraus, daß dieser Inkarnationsprozess auf Inkarnationen von hierarchisch untergeordneten Knoten, falls solche existieren, aufbaut. Dabei wird eine doppelte Bedeutung der Knoten deutlich:

Ein Knoten ist einerseits eine Datenstruktur. Er enthält die relationale Beschreibung einer signifikanten Teilstruktur, die zu inkarnieren ist. Andererseits ist ein Knoten eine Funktion, die als Wert die Inkarnation einer Teilstruktur liefert.

Dementsprechend ist auch die Hierarchie doppeldeutig:

Einerseits besteht zwischen den Knoten eine deklarative, d.h. inhaltliche Hierarchie, wie sie in der Modellgraphdefinition abzulesen ist, vergleichbar mit [4] oder [6]. Andererseits besteht zwischen den Knoten auch eine prozedurale Hierarchie, wie sie in ähnlicher Form in PLANNER [10] oder CONNIVER [11] auftritt.
Im Unterschied zu PLANNER ist die Inkarnation von hierarchisch untergeordneten Knoten (Beweis von Teilzielen) zwar notwendig für die Inkarnation eines Knotens, aber nicht hinreichend. Es muß daher auf jeden Fall in der Hierarchie wieder aufgestiegen werden, um eine Inkarnation des übergeordneten Knotens zu erreichen.

Ein mächtiger Ansatz zur Realisierung der Abbildung zwischen Modell und Bild, entsprechend der 'doppelten' Hierarchie, liefert eine objekt-orientierte Interpretation des Modellgraphen [12].

Die Knoten des Modellgraphen bilden eine Welt von *Objekten*, die durch den Austausch von *Nachrichten* miteinander kommunizieren. Das *Protokoll* eines Knoten, d.h. die Gesamtheit seines Verhaltens beim Empfang einer Nachricht, wird durch definierte *Methoden* bestimmt. Eine Methode beschreibt ein festgelegtes Verhalten des Objekts, das durch einen *Selektor* in einer Nachricht bestimmt wird. Neben einem Selektor kann eine Nachricht zusätzliche *Argumente* haben, die die Ausführung einer Methode näher bestimmen.

Durch die festgelegte Struktur des Modellgraphen ergeben sich einige Einschränkungen dieser allgemeinen Beschreibung, die aber die Flexibilität dieses Ansatzes nicht wesentlich beeinträchtigen.
Jeder Knoten ist nur durch seine ein- und ausgehenden AND-Kanten in den Modellgraphen eingebunden. Dadurch ergibt sich eine natürliche Einschränkung der Kommunikationskanäle auf diese AND-Kanten.

Die Knotenkommunikation muß nicht auf einen Knotendialog beschränkt sein. So kann man sich mehrere mögliche Kommunikationsklassen mit den entsprechenden Kommunikationskanälen und Nachrichten vorstellen:

- Alle von einem Knoten ausgehenden AND-Kanten

  "sind die untergeordneten Knoten schon inkarniert"

- Eine ausgehende AND-Kante

  "liefere alle Inkarnationen der AND-Kante"

- Eine Kante innerhalb einer AND-Kante (Dialog)

  "liefere eine Inkarnation, die bestimmten Einschränkungen genügt"

- Alle eingehenden AND-Kanten

  "der Knoten ist inkarniert".

Hierarchisierung

Der formale Aufbau einer Hierarchie, wie z.B. der in Kapitel 2 vorgestellte Modellgraph, liefert nur den algorithmischen Rahmen für eine Bildinterpretation durch ein oder mehrere Modellobjekte. Für die Performanz und Effizienz eines Systems sind aber die Inhalte der Hierarchie mindestens von gleicher Bedeutung. Während der formale Aufbau durch die TEIL-VON-Relation und durch die Forderung nach minimal möglicher Redundanz in gewisser Weise 'natürlich' bestimmt wird, kann für die inhaltliche Zerlegung eines Modellobjektes kein allgemeingültiges Kriterium angegeben werden. Als gemeinsamer Nenner aller Zerlegungskriterien kann daher nur eine sehr global formulierte Zielfunktion dienen :

> *Zerlege ein Modellobjekt so, daß unter den gegebenen Bildverarbeitungs- und Interpretationsmethoden jedes Teilobjekt erkannt werden kann und Teilobjekte sich leicht zu übergeordneten Objekten zusammenfügen lassen.*

Je nach Ausprägung der zugrundeliegenden Formalismen und Algorithmen kann diese Zielvorgabe durch verschiedene Zerlegungsstrategien oder durch Kombinationen dieser Strategien erreicht werden :

- Zerlegung nach funktionellen Kriterien

  "Ein Auto besteht aus Karosserie und Rädern ..."

- Zerlegung nach geometrischen (formalen) Kriterien

  "Ein Auto besteht aus einem Polygonzug und Kreisen ..."

- Zerlegung nach methodologischen Abhängigkeiten

  "Ein Auto besteht aus Flächen, die durch Kanten bestimmt werden ..."

Ein Beispiel für die Abhängigkeit der Hierarchie-Strukturen bzw. -Inhalte von den zugrunde liegenden Primitiven liefert die Modellbildung durch generalisierte Kegel, wie sie z.B. in [13] oder [14] beschrieben wird.

Ist die Wahl der Primitiven noch offen und liegt nur die formale Repräsentation fest, wie beispielsweise beim Modellgraphen durch Relationalstrukturen, so kann die Zielfunktion der Hierarchisierung schärfer gefaßt werden:

> *Zerlege ein Modellobjekt so, daß die Objekterkennung möglichst effizient geleistet werden kann.*

Die übergeordnete Strategie, der sich die anderen Strategien als Taktiken unterordnen, wird dann beschrieben durch

- Zerlegung nach Effizienzkriterien.

Das Ziel der größtmöglichen Effizienz, also die Kostenminimierung bei dem Abbildungs- (Erkennungs-) Prozess, wird durch mehrere Teilziele unterstützt, die unterschiedliche Taktiken der Zerlegung fordern. Auf den Modellgraphen bezogen, führt das zu folgenden Teilforderungen :

- Der Modellgraph sollte möglichst wenige Knoten umfassen.

- Die Abbildungskosten (Inkarnationskosten) jedes einzelnen Knoten sollten minimal sein.

- Die Teilmodelle übergeordneter Knoten sollten von Details untergeordneter Knoten abstrahieren.

Durch eine isolierte Betrachtung der einzelnen Teilforderungen erreicht man nun aber im allgemeinen nicht eine Kostenminimierung der Gesamtzerlegung, da die konsequente Anwendung jeder einzelnen Zerlegungstaktik zu durchaus widersprüchlichen Ergebnissen führt. Das Hauptproblem der hierarchischen Zerlegung ist es daher, eine optimale Kombination der Taktiken zu finden und zu entscheiden wann und unter welchen Bedingungen eine Taktik angewendet werden muß, um einen in Hinblick auf die Abbildungskosten optimalen Modellgraphen zu konstruieren.

Erste Ergebnisse

Ein Prototyp eines Hierarchisierungsalgorithmus wurde in COMMON LISP auf einer VAX 11/780 implementiert. Die relationale Beschreibung eines Modells wird in einen Graph transformiert, indem jedem Relationstupel ein Knoten zugeordnet wird und zwei Knoten dann durch eine Kante verbunden werden, wenn die zugehörigen Relationstupel mindestens einen gleichen Attributswert haben. Der Zerlegungsalgorithmus arbeitet auf dieser Graph-Struktur, mit Ausnahme der Abbildungen zwischen Teilmodellen, die auf den relationalen Beschreibungen konstruiert werden.

Die Hierarchisierung verläuft als Baumsuche, wobei jeder Knoten des Suchbaumes eine Teilhierarchisierung des Modells enthält. Jede Teilhierarchie besteht aus einem Graphen, dessen Knoten je eine Teilstruktur des Modells beinhalten und dessen Kanten eine TEIL-VON-Relation darstellen. Innerhalb dieses Graphen wird zwischen abgeschlossenen Knoten –Teilstrukturen die bereits eine Zerlegung haben– und offenen Knoten –noch nicht zerlegten Teilstrukturen– unterschieden.

Die Bewertung einer Teilhierarchie ist die Summe der Bewertungen ihrer Teilstrukturen. Die Bewertung einer abgeschlossenen Teilstruktur repräsentiert die Kosten, die bei einer Inkarnation dieser Teilstruktur mit Hilfe der untergeordneten Teilstrukturen auftreten. Die Bewertung einer offenen Teilstruktur repräsentiert die geschätzten Kosten, diese und die noch zu konstruierenden untergeordneten Strukturen zu inkarnieren.

Der Hierarchisierungsalgorithmus verläuft wie folgt :

0. Etabliere das vollständige Modell als Wurzel des Suchbaumes.

1. Wähle aus den Blättern des Suchbaumes das mit der kleinsten Bewertung aus.

2. Wähle aus allen offenen Knoten der ausgewählten Teilhierarchie den größten aus.

3. Erzeuge zwischen der ausgewählten Teilstruktur und den anderen offenen Teilstrukturen der Teilhierarchie alle möglichen R-Komorphismen, d.h. R-Isomorphismen zwischen Teilen der relationalen Beschreibungen.

4. Fasse alle isomorphen Teilstrukturen zusammen.

5. Erzeuge alle Zerlegungen, die sich aus den vorhandenen offenen Teilstrukturen konstruieren lassen.

6. Sollte in 5. keine Zerlegung konstruiert worden sein, konstruiere alle Zerlegungen, die zum Teil auf vorhandene offene Teilstrukturen zurückgreifen können.

7. Sollte in 5. und 6. keine Zerlegung konstruiert worden sein, konstruiere Zerlegungen unabhängig von anderen offenen Teilstrukturen.

8. Expandiere den aktuellen Knoten des Suchbaumes, indem für jede Zerlegung aus 5. 6. oder 7. eine weitere Teilhierarchie als Blatt an den Suchbaum angefügt wird.

9. Ist keine der erzeugten Hierarchien vollständig, existieren also noch in jeder Hierarchie offene Teilstrukturen, die nicht nur aus einem primitiven Relationstupel bestehen, so gehe weiter zu 1.

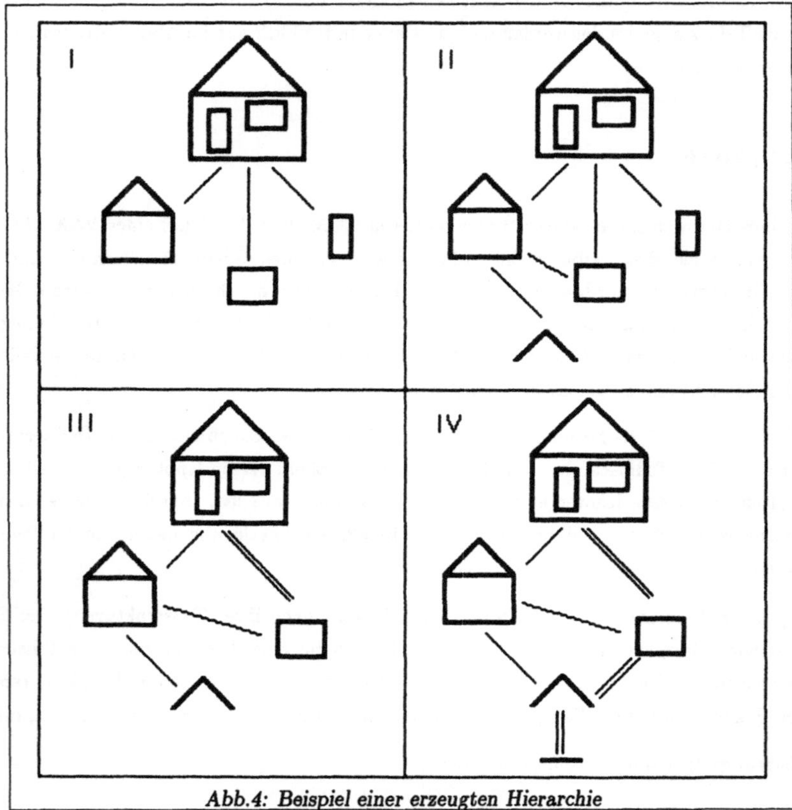

Abb.4: Beispiel einer erzeugten Hierarchie

Abb.4 zeigt das Ergebnis einer Hierarchisierung. Im ersten Schritt wird das Modellhaus in die drei nicht explizit zusammenhängenden Teile Tür, Fenster und Hauskörper zerlegt. Als größte offene Teilstruktur der entstandenen Teilhierarchie wird der Hauskörper als nächstes aktuelles Teilmodell ausgewählt. Da sich das Fenster als Rechteck strukturtreu auf den Hauskörper abbilden läßt, wird der Hauskörper durch die Fensterstruktur und die 'Reststruktur' (Dach-) Winkel zerlegt. Nun ist das Fenster die größte offene Teilstruktur. Es ist strukturisomorph zur Tür, daher werden beide Teilmodelle zusammengefaßt. Der Winkel läßt sich mehrfach auf die Fensterstruktur abbilden. Daher wird als günstigste Zerlegung des Fensters der Winkel zweimal ausgewählt. Als einzige offene Teilstruktur verbleibt nun der Winkel, der in zwei Kanten, die in diesem Modell die primitiven Relationen darstellen, zerlegt wird. In der letzten Operation werden diese beiden isomorphen Kanten in eine Kante zusammengefaßt. Die Hierarchisierung dieses, zugegebenermaßen günstig ausgewählten Modells dauerte ca. 15 Sekunden.

Dieser Algorithmus kann durch mehrere Parameter, die z.B. die Bewertung der Teilhierarchien beeinflussen, gesteuert werden. So wurde beispielsweise durch ungeschickte Parameterwahl das Modellhaus aus Abb.4 durch eine Baumstruktur, die insgesamt 32 Teilgraphen umfaßte, hierarchisiert. Diese Hierarchisierung dauerte ca 5 min. Welche Auswirkungen die Belegung verschiedener Parameter auf die Hierarchisierung hat und ob es eine optimale Parameterkonstellation gibt, ist eine der Fragen, die uns in den weiteren Untersuchungen beschäftigen werden. Eine weitere Frage ist, inwieweit Symmetrie bei der Zerlegung von Teilstrukturen berücksichtigt werden kann oder muß.

Literatur

[1] H.G. Barrow, R.J. Popplestone : *Relational Descriptions in Picture Processing*, Machine Intelligence 6, 1971, pp. 377-396

[2] B. Radig :*Image Sequence Analysis Using Relational Structures*, Pattern Recognition 17, 1984, pp. 161-167

[3] L.G. Shapiro, R.M. Haralick :*Structural Descriptions and Inexact Matching*, IEEE PAMI-3 , 1981, pp. 504-519

[4] B. Radig :*Symbolische Beschreibung von Bildfolgen I : Relationengebilde und Morphismen*, Universität Hamburg, Bericht IfI-HH-8-90/82 des Fachbereichs Informatik, 1982

[5] H.G. Barrow, A.P. Ambler, R.M. Burstall :*Some Techniques for Recognising Structures in Pictures*, in: Frontiers of Pattern Recognition, S. Watanabe (ed), Academic Press New York, San Francisco, London, 1972, pp.1-29

[6] A.P. Ambler et al. :*A Versatile System for Computer Controlled Assembly*, Artificial Intelligence 6, 1975, pp.129-156

[7] L.S. Davis, T.C. Henderson :*Hierarchical Constraint Processes for Shape Analysis*, IEEE PAMI-3, 1981, pp.265-277

[8] A.R. Hanson, E.M. Riseman :*VISIONS : A Computer System for Interpreting Scenes*, in : Computer Vision Systems, A.R. Hanson, E.M. Riseman (eds), Academic Press New York, San Francisco, London, 1978, pp.303-334

[9] J.S. Conery, D.F. Kibler :*AND Parallelism in Logic Programming*, Proc. IJCAI-8, Karlsruhe, 1983, pp.539-543

[10] C. Hewitt :*PLANNER : A Language for Manipulating Models and Proving Theorems in a Robot*, Proc. IJCAI-1, Washington D.C., 1970, pp.295-301

[11] A .Barr, E.A. Feigenbaum (eds) :*Handbook of Artificial Intelligence vol 2*, Pitman, London, 1982

[12] A. Goldberg, D. Robson (eds) :*The Smalltalk-80 System*, Byte Vol 6 No 8, 1981

[13] R. Nevatia : *Structural Descriptions of Complex Curved Objects for Recognition and Visual Memory*, Stanford Artificial Intelligence Laboratory MEMO AIM-250, 1974

[14] D.H. Ballard, C.M. Brown :*Computer Vision*, Prentice-Hall,Englewood Cliffs, New Jersey, 1982

9.   Anwendungen in Robotik und Fertigungsplanung

Planungssysteme in der Robotik

Klaus A. Hörmann

Universität Karlsruhe, Institut für Informatik III
Lehrstuhl für Prozessrechentechnik (Prof.Dr.-Ing. U. Rembold)

Zusammenfassung

In diesem Beitrag werden zunächst die Anforderungen
an Planungssysteme für Roboter aufgezeigt. Einige der
zu Grunde liegenden Verfahren für Teilfunktionen von
Planungssystemen, wie z.B. Planung kollisionsfreier Bahnen, automatisches Greifen, usw. werden vorgestellt. Abschließend wird ein Überblick gegeben über existierende
Planungssysteme bzw. über Ansätze zu solchen Systemen.

1. Einleitung

Das Interesse an Planungsverfahren für Roboter kommt von zwei sehr disjunkten
Fachgebieten, der *künstlichen Intelligenz* einerseits und den
ingenieurwissenschaftlichen Disziplinen andererseits.

Die künstliche Intelligenz versteht den Roboter dabei als eine Art Anwendungsbei-
spiel. Dabei stehen Verfahren wie *planning* und *problem solving* im Vordergrund und
nicht etwa das Interesse am Industrieroboter als industrielles Werkzeug.

Im Gegensatz dazu steht bei den Ingenieurwissenschaften der Roboter und die in-
dustrielle Fertigungsaufgabe im Vordergrund, wobei die dabei einzusetzenden
Planungs- bzw. Programmierwerkzeuge nur Mittel zum Zweck sind. Zur Lösung
dieser Probleme ist aber die Ingenieurwissenschaft zunehmend auf Verfahren der
künstlichen Intelligenz angewiesen.

Inzwischen wird diesem Schnittgebiet KI/Robotik vermehrt Interesse gewidmet,
und zwar sowohl von Seiten der Industrie als auch von öffentlichen Fördaterein-
richtungen, Hochschulen und Forschungsinstituten. Einer der Gründe für dieses Interesse ist, daß die ökonomischen Vorteile solcher Planungssysteme mit dem wach-
senden Robotereinsatz interessant geworden sind. Der Vorteil solcher Systeme liegt
in den Einsparungen von Zeit und Kosten für die Roboterprogrammierung und in der
höheren Softwarequalität.

Für anspruchsvolle Roboteranwendungen wie etwa die automatisierte Montage
verwendet man in der Regel spezielle textuelle Roboterprogrammiersprachen. Diese
Sprachen ermöglichen es erst, mit Hilfe von Sensorabfragen flexibel auf sto-
chastische Abweichungen in der Roboterumgebung durch numerische Berechnungen und Programmverzweigungen zu reagieren. Mit diesen Roboterprogrammiersprachen hat man allerdings die ganzen Probleme der EDV-Programmiersprachen
übernommen, wie etwa lange Zeiten für die Programmentwicklung und den Pro-
grammtest und Probleme mit der Strukturiertheit, Selbstdokumentation, Wartbar-
keit und Wiederverwendbarkeit von Programmen. Bei der Roboterprogrammierung
kommt hinzu, daß der Programmierer neben dem Beherrschen der Programmier-

sprache zusätzlich noch das fertigungstechnische Metier der jeweiligen Roboteranwendung beherrschen muß. Wo früher bei der einfachen Teach-in Programmierung das Programm von einem Maschineneinrichter erledigt werden konnte, müssen bei der textuellen Programmierung Fachkräfte mit Ingenieurausbildung eingesetzt werden. Ein Planungssystem, das automatisch Roboterprogramme erzeugt, würde also hier beträchtlich Zeit und Kosten einsparen. Betrachtet man die die Robotik aus der Sicht der integrierten CIM-Systeme so gibt es noch eine beträchtliche Lücke zwischen der Roboterprogrammierung und anderen CA-Gebieten. Während es beispielsweise schon Systeme zur automatischen Generierung von NC-Programmen aus CAD-Daten gibt, ist dies im Bereich der automatischen Montage mit Robotern noch Utopie.

Aus den genannten Gründen wurden schon (ansatzweise) einige Planungssysteme für die Robotik konzipiert bzw. entwickelt. In Kapitel 3 werden einige dieser Systeme vorgestellt. Zunächst werden aber im nächsten Kapitel die Anforderungen an solche Systeme und einige der grundlegenden Verfahren vorgestellt. Aus Platzgründen konnten leider nicht alle relevanten Verfahren vorgestellt werden. Näher erläutert werden einige Verfahren, die auf der *Configuration Space* Methode basieren. Daraus soll aber keineswegs auf eine dominierende Rolle dieser Ansätze geschlossen werden.

2. Planungsverfahren

Planungsverfahren in der Robotik kann man ganz grob in zwei Teilgebiete untergliedern :

* Konfigurationsplanung und

* Aktionsplanung

Unter Konfigurationsplanung versteht man das Planen des Layouts einer Fertigungszelle und die Auswahl bzw. Planung von Zuführeinrichtungen, Spannvorrichtungen und Effektoren (d.h. Greifer, Werkzeuge, usw.). Die Aktionsplanung beschäftigt sich mit der Planung der Reihenfolge von Aktionen und mit Detailproblemen dieser Aktionen, die notwendig sind, um das vorgegebene Ziel zu erreichen. Aktionsplanung läßt sich weiter untergliedern in Globalplanung und Feinplanung. Globalplanung ist dabei die Planung der Reihenfolge von Aktionen auf einem recht hohen Abstraktionsniveau. Unter Feinplanung versteht man die Detaillierung dieser Aktionen in enger gefaßte Problemkreise wie

* Planung von Greifoperationen und entsprechenden kollisionsfreien Annäherungsbahnen

* Planung kollisionsfreier Transferbewegungen

* Planung von Sensoroperationen

* Planung von Feinbewegungen

Diese detaillierten Aktionen sind nun keineswegs voneinander unabhängig, so daß sich die Problemlösung darauf beschränken könnte, eine passende Aufeinanderfolge dieser Aktionen zur Zielerreichung zu finden. So besteht z.B. eine gegenseitige Abhängigkeit zwischen Greifkonfigurationen und kollisionsfreien Bahnen zum Erreichen dieser Konfigurationen, d.h. manche Konfigurationen können nicht mit einer kollisionsfreien Bahn erreicht werden. Die nächsten Kapitel behandeln einige der o.g. Problemkreise. Verfahren zur Globalplanung werden dabei nicht extra behandelt, wohl aber sind einige der in Kapitel 3 vorgestellten Systeme diesem Typ zuzurechnen.

2.1 Feinplanung

Die Feinplanung beschäftigt sich mit der Detaillierung von Aktionen höheren Abstraktionsniveaus, wobei die Reihenfolge dieser Aktionen im wesentlichen festliegt. Dieses Gebiet wird oft auch als *task level programming*, *task planning* oder *implicit programming* bezeichnet. Durch diese Begriffe soll eine Abgrenzung gezogen werden zur sogenannten *expliziten Programmierung*, bei der genau festgelegte Bewegungen und Sensoroperationen spezifiziert werden und der Programmablauf somit festliegt. Bei der impliziten Programmierung werden dagegen Zustandsänderungen in der Umwelt spezifiziert, der genaue Ablauf ergibt sich dann *implizit*. Für solche Systeme gibt es bereits eine Reihe von Ansätzen (siehe Kap. 3).

Bei diesen Ansätzen wird in der Regel davon ausgegangen, daß die Zielspezifikation durch den menschlichen Benutzer erfolgt, evtl. in einer Art von interaktivem Prozeß. Eine *very high level* Spezifikation etwa der Art

> "Füge Bolzen in Bohrung, so daß Fläche Bolzen.x auf Fläche
> Bohrung.y liegt"

soll dabei umgesetzt werden in eine Sequenz von Aktionen, um dieses Ziel zu erreichen. Diese Sequenz könnte in diesem Beispiel etwa so aussehen :

* Bewegung des Roboterarms in die Nähe des Aufnahmeorts des Bolzens
* Sensorüberwachte Bewegung zum Greifpunkt
* Sensorüberwachtes Schließen des Greifers
* Bewegung vom Greifpunkt weg
* Bewegung in die Nähe des Werkstücks
* Sensorüberwachtes Aufsetzen in der Nähe der Bohrung
* Sensorgesteuertes Suchen der Bohrung
* Sensorgesteuertes Fügen des Bolzens in die Bohrung

Die Bewegungen müssen dabei so berechnet sein, daß keine Kollisionen des Roboterarms, des Greifers und des Bolzens mit der Umgebung möglich sind.

Besondere Aufmerksamkeit benötigen auch geometrische Unsicherheiten, d.h. die Aktionsfolge muß so beschaffen sein, daß der Plan trotz kleiner Abweichungen der Umweltgeometrie von ihrer nominalen Spezifikation zum Erfolg führt.

Die Art der Spezifikation der Aktionen muß zwei Komponenten enthalten :

* Modellbezogener Aspekt : Spezifikation der gewünschten geometrischen Relationen zwischen Objekten, die durch die Aktion bewirkt werden soll
* Operationaler Aspekt : Nähere Spezifikation der Operation, die den gewünschten Zielzustand herstellen soll

Die modellbezogene Komponente reicht meistens nicht aus, um einen Zielzustand genau genug zu beschreiben. Deswegen benötigt man zusätzlich die operationale Komponente, um die genauen Modalitäten der Aktion zu beschreiben. Z.B. ist zur Beschreibung einer Schraubverbindung zusätzlich die Information notwendig, mit welchem Drehmoment die Schraube bzw. Mutter angezogen werden soll. Bild 2.1 zeigt eine Sequenz von Modellzuständen für eine Handhabungsaufgabe [1] , bei der auf eine Welle zwei Lager, ein Distanzstück und eine Unterlegscheibe gefügt werden sollen und anschließend eine Mutter aufgeschraubt werden soll. Die zugehörige Folge von symbolischen Operationen sieht folgendermaßen aus [1] :

> place bearing1 so (shaft fits bearing1.hole) and (bearing1.bottom against shaft.lip)

> place spacer so (shaft fits spacer.hole) and (spacer.bottom against bearing1.top)

> place bearing2 so (shaft fits bearing2.hole) and (bearing2.bottom against spacer.top)

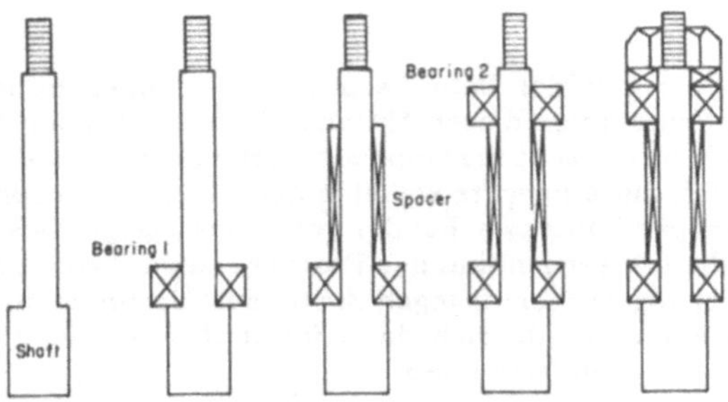

Bild 2.1 : Eine Sequenz von Modellzuständen (aus [1])

place washer so (shaft fits washer.hole) and (washer.bottom against bearing2.top)

screw-in nut on shaft to (torque = t0)

Diese symbolischen geometrischen Relationen müssen dann in Gleichungen der Objektparameter umgesetzt werden (siehe hierzu z.B. [2]).

Neben der task Spezifikation benötigt ein Planungssystem außerdem ein Weltmodell mit Modellen der Umwelt und allen relevanten Objekten der Handhabungsaufgabe. Benötigt werden im wesentlichen Informationen über :

* Geometrie der Objekte

* Eigenschaften von Objekten, wie z.B. Masse, Oberflächenbeschaffenheit, usw.

* Kinematik von aktiv in sich beweglichen Objekten, zB. Roboter, Zuführeinrichtungen, usw.

* Charakteristiken von Robotern, z.B. Arbeitsraumbegrenzung, Traglast, Genauigkeit, maximale und minimale Geschwindigkeit und Beschleunigung, usw.

* Charakteristik von Sensoren, z.B. Meßbereich, gelieferte Datenstruktur, Verarbeitungsgeschwindigkeit, Meßungenauigkeit, usw.

* geometrische Relationen von Objekten zur Umwelt, d.h. Position und Orientierung von Objekten relativ zu einem festen Weltkoordinatensystem

* Verbindungen zwischen Objekten und ihre Beschaffenheit und Eigenschaften

* geometrische Unsicherheiten, mit denen Objekte behaftet sind, z.B. Abweichungen von Sollposition und -orientierung, Fertigungstoleranzen, usw.

2.1.1 *Das Configuration Space Verfahren*

Dieses Verfahren bildet die Grundlage für eine Reihe weiterer Verfahren, z.B. zur Planung kollisionsfreier Bahnen, Planung von Greifoperationen und Synthese von Feinbewegungen. Daher soll es hier zunächst separat vorgestellt werden.

Das Configuration Space Verfahren ist ein geometrisches Planungsverfahren zur Lösung der Probleme *findspace* und *findpath*. Unter findspace versteht man das Problem, für ein Objekt A innerhalb eines Gebietes R einen Platz zu finden, so daß A nicht mit bereits in R befindlichen Objekten B_j kollidiert. Findpath ist das Problem, für A innerhalb R einen Weg zu finden von einem Ort zu einem anderen ohne Kollision mit irgendeinem der B_j.

Die Position und Orientierung eines Körpers mit n Freiheitsgraden kann durch seine *configuration*, einen n-dimensionalen Vektor ausgedrückt werden. Den n-dimensionalen Raum aller Konfigurationen dieses Körpers nennt man seinen *configuration space*.

Das Configuration Space Verfahren beruht nun darauf, aus jedem Objekt B_i ein neues Objekt (ein sogenanntes Configuration Space Hindernis) zu bilden, das alle Konfigurationen repräsentiert, in denen A mit B_i kollidieren würde. Findspace und findpath reduzieren sich dann darauf, in einem höherdimensionalen configuration space einen Platz bzw. Pfad für einen Punkt (der A repräsentiert) zu finden. Oder, vereinfacht ausgedrückt, man läßt A zu einem Punkt schrumpfen und gleichzeitig die Objekte B_j entsprechend wachsen.

Die Dimension des Raums, in den ein Objekt B_i abgebildet wird, ergibt sich aus der

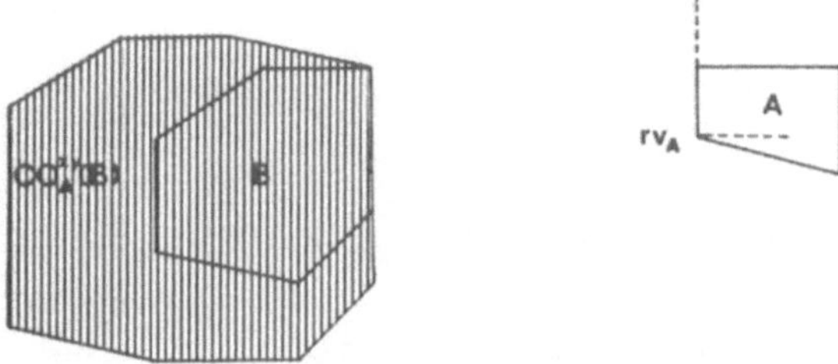

Bild 2.2 : Ein zweidimensionales C-space Beispiel (aus [1])

Anzahl der Freiheitsgrade des Objekts B_i (siehe hierzu z.B. [3]). Ein Polygon, das sich in zwei Richtungen bewegen kann und rotieren kann wird also in den R^3 abgebildet, ein Polyeder mit sechs Freiheitsgraden entsprechend in den R^6. Bild 2.2 zeigt ein einfaches zweidimensionales Beispiel für ein Polygon, dem nur Translationen erlaubt sind (daher nur Abbildung in den R^2). Die schraffierte Fläche ist das transformierte B. A wird zu seinem Referenzpunkt rv_A (dem linken unteren Punkt von A) geschrumpft und man sieht, daß der Referenzpunkt sich außerhalb der schraffierten Flächen bewegen kann, ohne daß A mit B kollidiert.

Bei der Lösung von findpath-Problemen geht man also vor in zwei Schritten :

1. Konstruieren der C-space Hindernisse

2. Suchen eines Weges für den Referenzpunkt von A zwischen den C-space Hindernissen

Für das Konstruieren der C-space Hindernisse gibt es verschiedene Verfahren, die stark von den Freiheitsgraden von A und der Gestalt von A (d.h konvex oder nicht konvex) abhängen (siehe z.B. [3]). So läßt sich z.B. für konvexe Polyeder A und B mit insgesamt n Eckpunkten das entsprechende Hindernis für B im C-space mit einem Aufwand von $O(n^2 \log n)$ Schritten konstruieren.

Für das Suchen eines Weges zwischen den C-space Hindernissen gibt es auch eine Reihe von Verfahren. Gemein ist diesen Verfahren, daß sie auf einem Graphen von C-space Konfigurationen operieren, wobei eine Verbindung zwischen zwei Knoten im Graphen genau dann existiert, wenn die beiden Konfigurationen durch einen kollisionsfreien Weg miteinander verbunden sind. Manche Verfahren verwenden dabei die Eckpunkte der C-space Hindernisse als Knoten des Graphen (sog. *visibility graph*, [4]). Dies hat den Nachteil, daß dadurch Wege erzeugt werden, die das zu bewegende Objekt A immer genau an der Berührungsgrenze an den Objekten B_j vorbeiführt. Andere Verfahren (z.B. [5]) teilen den freien Raum außerhalb der Hindernisse in

Zellen ein und verwenden diese Zellen als Knoten des Graphen.

Bei der Lösung von findpath für Körper mit sechs Freiheitsgraden erhält man beim Konstruieren der C-space Hindernisse sehr komplexe Körper im R^6, die sich nicht direkt berechnen lassen. In der Praxis behilft man sich damit, diese Körper im R^6 durch eine Sequenz von Körpern des R^3 zu approximieren. Ein Verfahren hierzu ist die Ausschnittsprojektion (*slice projection*). Bei diesem Verfahren wird ein Teilkörper des höherdimensionalen C-space Hindernisses in einen niederdimensionalen Raum projiziert, wobei sich die Teilkörper durch Koordinatenausschnitte des

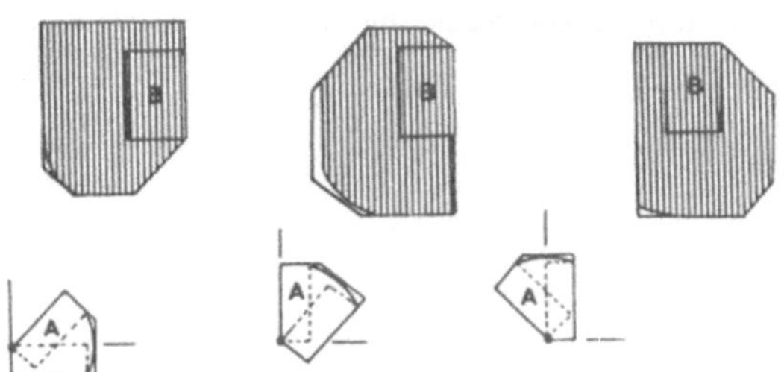

Bild 2.3 : Ein Beispiel zur slice projection (aus [1])

Hindernisses ergeben. Bild 2.3 zeigt ein Beispiel, wo Drehwinkelausschnitte eines dreidimensionalen C-space Hindernisses in den R^2 projiziert werden. Es läßt sich zeigen [3], daß diese Projektionen identisch sind zu dem Hindernis, das sich ergibt, wenn man statt A den von A überstrichenen Raum zur Berechnung des Hindernisses verwendet. Der von A überstrichene Raum kann nun wiederum durch ein Polyeder bzw. Polygon angenähert werden. In Bild 2.3 ist der Fehler ersichtlich, den man dabei macht, nämlich die Differenz zwischen dem schraffierten Gebiet und dem umgebenden Polygon.

Man erhält nun also eine Sequenz von Ausschnitts-Projektionen des höherdimensionalen Hindernisses. Die Suche nach einem sicheren Weg geht nun so vor sich, daß man zuerst nach einem Weg innerhalb einer Projektion sucht und dann in einer Konfiguration, die auch in einer anderen Projektion sicher ist, in die andere Projektion übergeht.

2.1.2 Planung kollisionsfreier Bahnen

Ein Großteil der Bewegungen von Robotern sind Grobbewegungen ohne Sensorinteraktion, z.B. zum Transfer von Teilen aus einer Lage in die andere (sog. *pick and place*). Daher ist eine wichtige Funktion eines Planungssystems die Fähigkeit zur Planung kollisionsfreier Bahnen zwischen Hindernissen im Arbeitsraum. Hierfür gibt es bereits eine Anzahl von Verfahren, die sich etwa wie folgt einteilen lassen [1]:

1. Hypothese und Test (*"hypothesize and test"*)
2. Gewichtungsfunktion (*"penalty function"*)
3. Freiraumberechnung (*"explicit free space"*)

Die Methode *Hypothese und Test* ist die älteste und einfachste Methode. Bei ihr wird zunächst als Hypothese ein Weg zwischen der Anfangs- und der Endposition angenommen. Dann wird eine Menge von Armkonfigurationen auf diesem Weg auf Kollisionen mit der Umwelt getestet. Wird eine Kollision entdeckt, wird eine Ausweichbewegung versucht. Die Berechnung dieser Ausweichbewegung ist nicht so einfach, vor allem in Räumen mit vielen eng beieinander liegenden Hindernissen führt eine

Ausweichbewegung oft zur Kollision mit einem anderen Objekt.

Bei Verfahren mit *Gewichtungsfunktion* werden die Armkonfigurationen gewichtet nach der Entfernung zu Hindernissen und nach Abweichungen vom kürzesten Weg. Das Gewicht ist dabei im inneren von Hindernissen unendlich hoch und fällt mit steigender Entfernung vom Hindernis stark ab. Diese Verfahren funktionieren allerdings nur für sehr einfache Roboter, nicht aber für reale Industrieroboterkonfigurationen.

Bei der dritten Klasse von Verfahren wird der Freiraum, also die Menge der kollisionsfreien Armkonfigurationen berechnet und in diesem Freiraum ein Weg gesucht.

Ein Bahnplanungsverfahren, das in einem Roboterplanungssystem für reale Industrieroboter eingesetzt werden soll, muß gewisse praktische Anforderungen erfüllen. Neben Anforderungen wie Laufzeitverhalten und Speicherplatzbedarf sind vor allem die Einschränkungen bezüglich der Art und der Freiheitsgrade des verwendeten Industrieroboters und der Einschränkungen der Art und der Approximation der Arbeitsraumhindernisse wichtig. Betrachtet man die vorgeschlagenen Bahnplanungsverfahren kritisch, so ragen zwei Verfahren heraus : das *freeway* Verfahren von Brooks [6] und das *Configuration Space* Verfahren von Lozano-Perez [7]. Brooks löst das Problem für sechsachsige Knickarmroboter unter Einfrieren von zwei Freiheitsgraden, also für vier Freiheitsgrade. Lozano-Perez löst das Problem für kartesische Roboter mit sechs Freiheitsgraden. Im folgenden wird dieses Verfahren vorgestellt.

Bei der Planung kollisionsfreier Bahnen für Roboter hat man bei der Anwendung des C-space Verfahrens das Problem, daß sich ein gängiger Industrieroboter nicht durch ein Polyeder darstellen läßt. Ein Industrieroboter kann approximiert werden durch eine Kette von verbundenen Polyedern. Hinzu kommt das Problem, daß bei den weit verbreiteten Gelenkarmrobotern die Stellung eines Armgliedes relativ zur Umwelt nicht allein durch das Gelenk an diesem Armglied, sondern zusätzlich durch die in der kinematischen Kette davorliegenden Gelenke beeinflußt wird. Dies macht die Anwendung des C-space Verfahrens besonders schwierig. Im folgenden wird eine Implementierung des C-space Verfahrens für *kartesische Roboter* vorgestellt [7] .

Bei einem kartesischen Roboter kommen in der kinematischen Kette zunächst bis zu drei Translationsachsen vor und dann am Handgelenk bis zu drei Rotationsachsen. Im Gegensatz zum Gelenkarmroboter ist dabei die Orientierung des am Handgelenk angebrachten Effektors unabhängig von der Position im Raum, die durch die Translationsachsen bewirkt wird.

Der kartesische Roboter A sei also durch eine Kette von Polyedern A_i beschrieben, ein Hindernis B ebenfalls durch eine Kette von Polyedern B_j. Die A^i in der kinematischen Kette vor dem Handgelenk besitzen nun nur ein bis drei translatorische Freiheitsgrade. Dadurch ist es möglich, den C-space Algorithmus für dreidimensionale Körper ohne Rotation anzuwenden. Von diesen einzelnen Hindernisräumen wird nun der vereinigte Hindernisraum für den translatorischen Teil des Arms gebildet. Da der rotatorische Teil des Arms mehr als drei Freiheitsgrade besitzt, ist die Anwendung des o.a. Algorithmus zunächst nicht möglich, sondern es muß vorher die Ausschnittsprojektion angewendet werden. Jede dieser so erhaltenen Projektionen beschreibt nun einen vom rotatorischen Teil des Arms überstrichenen Raum und kann insofern als ein *neuer* rotatorischer Teil betrachtet werden, der allerdings nur noch translatorische Freiheitsgrade besitzt. Für jedes dieser neuen Teile kann nun der o.a. Algorithmus angewendet werden. Für jeden dieser so erhaltenen Hindernisräume wird nun die Vereinigung mit dem Hindernisraum des translatorischen Armteils gebildet. Jeder dieser so erhaltenen Räume stellt nun den Hindernisraum für den kompletten Arm dar, wobei dem rotatorischen Armteil allerdings nur bestimmte Orientierungen entsprechend seiner Ausschnittsprojektion erlaubt sind.

Für jeden dieser Hindernisräume wird nun eine *space representation* aufgebaut, indem der Raum hierarchisch in Zellen verschiedener Größe und Form eingeteilt wird und aus diesen Zellen eine Baumstruktur aufgebaut wird. Für jede dieser Zellen wird vermerkt, ob es sich um eine *volle*, *gemischte* oder *leere* Zelle handelt. Eine volle Zelle ist vollständig durch ein Hindernis ausgefüllt, eine gemischte nur teilwei-

se und eine leere gar nicht. Aus dieser Repräsentation wird ein *free space graph*
gebildet, wobei jeder Knoten durch eine freie Zelle gebildet wird und eine Kante an-
zeigt, daß sich freie Zellen berühren oder überlappen. Außerdem werden Kanten
eingeführt zu Zellen von Graphen anderer Hindernisräume. Eine solche Kante steht
für eine Menge von Armkonfigurationen, die in beiden Hindernisräumen sicher ist.

Es werden nun die Zellen bestimmt, die die Anfangs- und Endkonfiguration des
Arms enthalten und mit einem Suchverfahren wird ein *Zellenpfad* gesucht, der die
beiden verbindet. Wird ein solcher Zellenpfad gefunden, so gibt es einen kollisionsfreien Pfad zwischen beiden Konfigurationen. Aus dem Zellenpfad wird dann ein
Streckenpfad gebildet. Ein Punkt auf diesem Streckenpfad repräsentiert eine
Konfiguration des Arms mit festgelegten Translationsparametern und einem
bestimmten Ausschnitt variabler Orientierung des rotatorischen Armteils.

2.1.3 Berechnung von Greifkonfigurationen

Die Berechnung einer Greifkonfiguration entspricht der Lösung des *findspace* Problems mit der besonderen Randbedingung, daß die Greiferfinger in Kontakt mit dem
zu greifenden Objekt sein müssen. Darüber hinaus muß der Roboterarm die zugehörige Stellung einnehmen können und die Konfiguration muß gewissen Bedingungen
genügen, wie z.B. Stabilität.

Von den vorhandenen Verfahren sind besonders zwei interessant : die Methode von
Laugier ([8] ,[9]) und die Methode von Lozano-Perez [7]. Beide Verfahren planen
Greifkonfigurationen für einen Greifer mit zwei parallelen Backen. Bei dem Verfahren von Laugier werden zunächst paarweise geometrische Features wie Punkte, Kanten und Flächen des zu greifenden Objekts untersucht, ob sie für einen Kontakt mit
den Greifbacken in Frage kommen. In einer zweiten Phase werden lokale Hindernisse
für die Greifbacken und den Greiferkörper untersucht. Im folgenden wird das Verfahren von [7] vorgestellt. Dabei werden folgende Vereinfachungen getroffen:

1. Es wird ein kartesischer Roboter und ein Zweifingergreifer mit parallelen
   Backen verwendet.

2. Als Greifflächen des zu betrachtenden Objekts kommen nur parallele, ebene
   Flächen in Betracht.

Seien P_i und P_j zwei parallele Flächen eines mit dem Roboterarm A zu greifenden

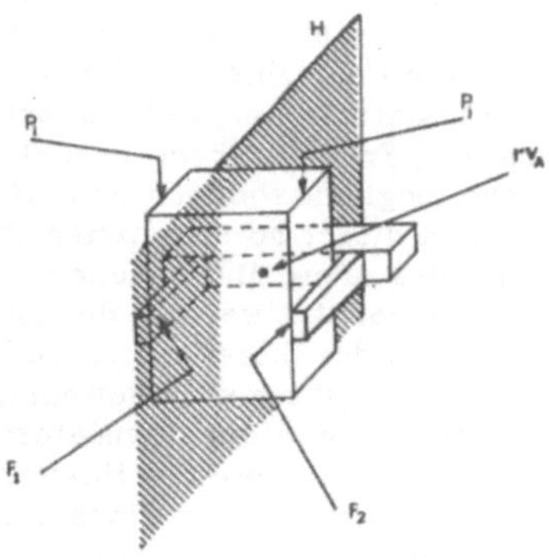

Bild 2.4 : Eine mögliche Greifkonfiguration (aus [7])

Objekts P (siehe Bild 2.4). F_1 und F_2 seien die Innenflächen der Greiferfinger. Die zulässigen Positionen eines Referenzvektors rv_A am Greifer liegen damit auf einer Ebe-

ne H parallel zu P_i und P_j. Sei nun $G_A(P_i,P_j)$ die Menge der Konfigurationen von A, für die rv_A in H ist. Damit ist aber noch nicht gewährleistet, daß die Finger in Kontakt mit P sind und die Stellung für den Arm kollisionsfrei ist. Sei $CO_{F1}(P_i)$ die Menge der Konfigurationen von A, für die F_1 P_i berührt. Demnach ist $CO_{F1}(P_i) \cap G_A(P_i,P_j)$ die Menge der Konfigurationen, für die der Finger in Flächenkontakt mit P_i ist. Daraus ergibt sich für die gewünschten Greiferkonfigurationen

$$FG_A(P_i,P_j)=(CO_{F1}(P_i) \cap CO_{F2}(P_j) \cap G$$

Dabei gibt es noch ein paar Feinheiten zu beachten. So ist zB. P auch eines der Hindernisse B_j, denn wir wollen ja auch Kollisionen mit P vermeiden. Dies würde aber wiederum bedeuten, daß man nach dem obigem Ausdruck die gewünschten Konfigurationen wieder subtrahiert. In diesem Ansatz behilft man sich mit einer kleinen Versetzung der Flächen von P nach innen. Eine weitere Schwierigkeit ist, daß die gewünschten Konfigurationen einen Körper im sechsdimensionalen Raum darstellen. Daher verwendet man auch hier das Verfahren der Ausschnittsprojektion.

2.1.4 Planung von Feinbewegungen

Von Feinbewegungen bei Industrierobotern spricht man dann, wenn Bewegungen des Effektors in unmittelbarer Nähe von Objekten oder in physischem Kontakt mit Objekten ausgeführt werden sollen. Solche Feinbewegungen sind gekennzeichnet durch hohe Präzisionsanforderungen, die gewöhnlich nur bei sehr geringer Bewegungsgeschwindigkeit erfüllt werden.

Feinbewegungen sind, insbesondere in der Montage, die kritischen Phasen bei der Ausführung von Roboterbewegungen. Der Grund dafür liegt in den geometrischen Unsicherheiten in der Arbeitsumgebung und im Roboter selbst. Solche Unsicherheiten werden z.B. bewirkt durch Ungenauigkeiten des Roboters, ungenaue Positionierung von Objekten durch Zuführeinrichtungen oder durch Fertigungstoleranzen von Werkstücken. Diese Unsicherheiten sind in der Regel so groß, daß sie nicht einfach ignoriert werden können.

Es gibt zwei Wege, um die Roboteraufgabe trotz dieser Unsicherheiten gelingen zu lassen. Die eine Möglichkeit ist, mit aufwendiger Ingenieurarbeit durch Einsatz von speziellen Zuführeinrichtungen, speziellen Vorrichtungen oder durch präzisere Robotermodelle diese Unsicherheiten zu minimieren, so daß sie für die Handhabungsaufgabe zu gering werden, um noch eine Rolle zu spielen. Dieser Weg ist natürlich teuer, zeitaufwendig und sehr unflexibel. Die andere Möglichkeit ist, Sensoren einzusetzen. Mit Sensoren kann man diese Unsicherheiten messen und den Bewegungsablauf so modifizieren, daß die Unsicherheiten ausgeglichen werden.

Ein Aktionsplanungssystem für Roboter muß daher in der Lage sein, sensorbasierte Feinbewegungsstrategien zu generieren, die solche Unsicherheiten ausgleichen. Zwei Typen von sensorgesteuerten Bewegungen sind dafür notwendig :

1. Sensorüberwachte Bewegungen ("*guarded motion*")

2. Kraftgeregelte Bewegungen ("*compliant motion*")

Sensorüberwachte Bewegungen ermöglichen es, eine Bewegung aufgrund eines Sensormeßwertes abzubrechen. Ein typisches Beispiel ist eine Bewegung senkrecht zu einer Oberfläche, die abgebrochen werden soll, wenn der Kontakt hergestellt ist. Dafür kann man z.B. einen taktilen Sensor oder einen Kraftsensor verwenden. Durch diese Bewegung kann man Abweichungen zwischen der nominalen und der tatsächlichen Relation dieser Oberfläche zum Roboter ausgleichen.

Kraftgesteuerte Bewegungen sind solche, bei denen eine oder mehrere Richtungen im Raum nicht wie üblich lagegeregelt sind, sondern kraftgeregelt. Dabei wird gewöhnlich eine Kraft/Momentenmeßdose im Handgelenk des Roboters verwendet. Die Regelung erfolgt z.B. mit der Vorgabe einer konstanten Kraft in einer bestimmten Raumrichtung. Das Anwendungsgebiet dieses Bewegungstyps ist überall dort, wo Relativbewegungen zu einer Oberfläche auszuführen sind, wobei aber die Lage und

Orientierung dieser Oberfläche mit Unsicherheiten behaftet sind.

Zu der Problematik der Feinbewegungen gibt es eine Reihe von Untersuchungen und Verfahren. Besonders für Fügeprobleme wurden in einer Vielzahl von Untersuchungen die mechanischen Bedingungen für den Erfolg oder Mißerfolg von Fügeoperationen untersucht. Diese Untersuchungen führten in erster Linie zur Konstruktion von speziellen Fügewerkzeugen (z.B [10]), nicht aber zu automatischen Planungsverfahren. Ein früher Ansatz zur Planung von Feinbewegungen basierte auf dem *Procedure Skeleton* Konzept [20]. Dabei werden für bestimmte, typisierte Feinbewegungen (wie z.B. für das Fügen eines Bolzens in eine Bohrung) Prozedurskelette bereitgehalten, die für die Anwendung nur noch parametrisiert werden müssen. Auf der Basis des RAPT Systems wurde von Koutsou [11] ein Planungssystem für Feinbewegungen entwickelt. Dabei werden in einem *Kontaktraum* die Kontaktbedingungen zwischen Objektfeatures (Punkte, Kanten, Flächen, Kugeln, Zylinder) zweier Objekte untersucht und die Übergänge zwischen Kontakten verschiedener Freiheitsgrade beschrieben.

Das Verfahren von Lozano-Perez [12] bietet einen sehr allgemeingültigen Ansatz zur Synthese von Feinbewegungen unter Unsicherheit. Dieses Verfahren wird im folgenden erläutert.

Das Verfahren von Lozano-Perez [12] synthetisiert eine Sequenz von sensorüberwachten und kraftgeregelten Bewegungen mittels eines *backward chaining* Verfahrens im *configuration space*. Bild 2.5 zeigt ein einfaches zweidimensionales Fügeproblem. Die links stehende ursprüngliche Aufgabe (a) wurde transformiert in die entsprechende configuration space Darstellung (b). Das Problem reduziert sich dann auf die Planung eines Pfades für den Referenzpunkt P des Bolzens zur Zielregi-

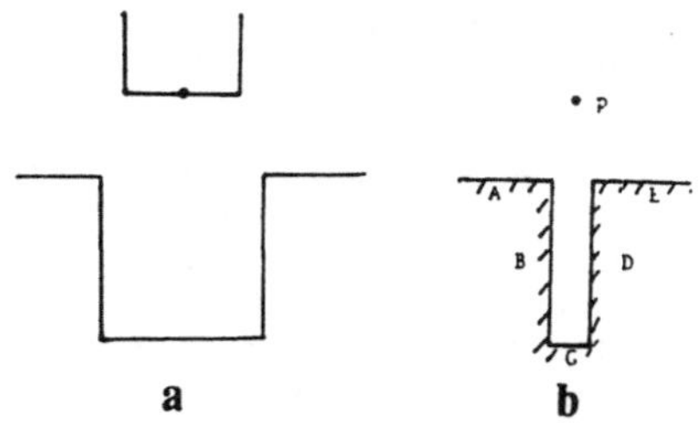

Bild 2.5 : Eine zweidimensionale Fügeaufgabe (aus [12])

on G. Bei diesem Verfahren wird nun für die Zielregion G ein sog. Vorfeld (*preimage*) berechnet, das die Summe aller Konfigurationen P_i ist, von denen man G mit einer Bewegung entlang eines Einheitsrichtungsvektors v_i erreichen kann. Wenn dieses Vorfeld die Bolzenanfangskonfiguration P nicht enthält, kann man das Vorfeld P_i als neue Zielregion G_i^1 definieren und rekursiv in einem *backward chaining* Vorgang ein neues Vorfeld P_2^i berechnen, usw., bis P erreicht ist. Bild 2.6 zeigt diesen Zusammenhang. Aus der Kette von Vorfeldern kann nun eine Sequenz von Bewegungen synthetisiert werden.

Nun müssen noch die geometrischen Unsicherheiten einbezogen werden. Die aktuelle Richtung v soll also von der nominalen Richtung v_0 so abweichen können, daß die Spitze von v in einer Kugel mit Radius ε_v liegt (bei gleichem Ursprung). Hierzu muß die Definition des Vorfeldes erweitert werden :

Ein *schwaches Vorfeld* ist ein Gebiet, von dem ein oder mehrere Richtungen in dem Unsicherheitskegel das Ziel erreichen.

Ein *starkes Vorfeld* ist ein Gebiet, von dem alle Richtungen im Unsicherheitskegel

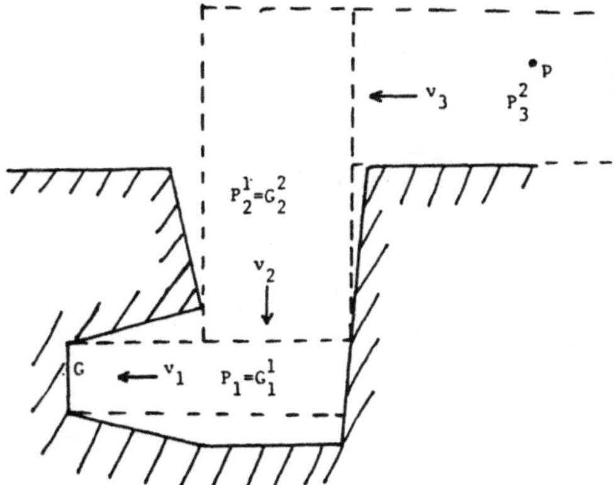

Bild 2.6 : Der backward chaining Vorgang (aus [12])

das Ziel erreichen.

Zusätzlich zur Richtungsunsicherheit muß man auch die Positionsunsicherheit von P berücksichtigen. Diese wird modelliert durch eine Kugel mit Radius ε_c um P. Die Vorfelder müssen nun, um sicher mit P in dem Vorfeld zu liegen, um den Betrag von ε_c geschrumpft werden. Dies führt oft zu leeren Vorfeldern und ist daher der Grund, warum man statt reiner Lageregelung des Arms kraftgeregelte Bewegungen (*compliant motion*) verwendet.

Bei kraftgeregelten Bewegungen kann das bewegte Objekt das Ziel indirekt durch Gleiten auf dazwischenliegenden Flächen erreichen. Daher erzeugen kraftgeregelte Bewegungen größere Vorfelder als lagegeregelte Bewegungen. Das Gleiten auf Oberflächen macht die Integration von Reibung notwendig. Es gelten die vereinfachenden Annahmen, daß alle Objekte aus einem einzigen Material mit statischem und dynamischen Reibungskoeffizient μ sind und es wird von ebener Bewegung ohne Rotation ausgegangen. Der aus dem Kontakt resultierende Kraftvektor liegt dann in einem *Reibungskegel* mit Kegelspitze im Kontaktpunkt und Achse senkrecht zur Oberfläche. Der *Reibungswinkel* zwischen der Normalen und der Kegelflanke ist $\Phi = \tan^{-1}\mu$. Eine Gleitbewegung wird sich nur ergeben, wenn der Richtungsvektor der Bewegung nicht in den Reibungskegel zeigt.

Das Schlüsselproblem zur Berechnung der Vorfelder ist die Berechnung zulässiger Bereiche für v_0. Hierzu geht man von einem ersten (großen) Bereich für v_0 aus und entfernt in Verfeinerungsschritten sukzessive alle Werte, die das Ziel nicht erreichen oder zum Stocken auf Oberflächen führen. Die Vorfelder werden nach folgendem Algorithmus berechnet :

1. Für einen v_0 Bereich wird zunächst das starke Vorfeld P berechnet, das sich aus der Schnittmenge aller starken Vorfelder aller v_0 Werte aus diesem Bereich ergibt.

2. Wenn P die Startposition enthält → fertig.

3. Wähle eine neue Oberfläche x aus (aber nicht die Zieloberfläche), in deren Reibungskegel ein v_0 aus dem gegenwärtigen Bereich zeigt. Wenn keine solche existiert → fertig.

4. Entferne alle Richtungsvektoren aus dem gegenwärtigen Bereich, die in den Reibungskegel von x zeigen.

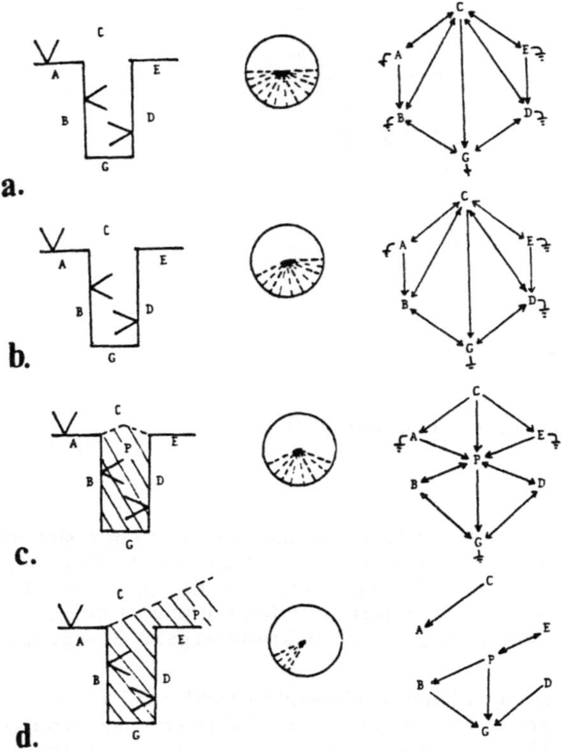

Bild 2.7 : Berechnung des starken Vorfeldes (aus [12])

5. Weiter bei 1.

Für diesen Algorithmus konstruiert man einen gerichteten Graphen (den sog. *Erreichbarkeitsgraphen*) mit Knoten für alle Oberflächen und einem Knoten für den leeren Raum C. Eine Kante zeigt von Knoten m nach n genau dann, wenn die Flächen m und n aneinander stoßen und m im schwachen Vorfeld von n liegt für den gegenwärtigen Richtungsbereich. Bild 2.7 zeigt diesen Vorgang für unser Beispiel. Bild 2.8 zeigt ein Beispiel, bei dem backward chaining erforderlich ist.

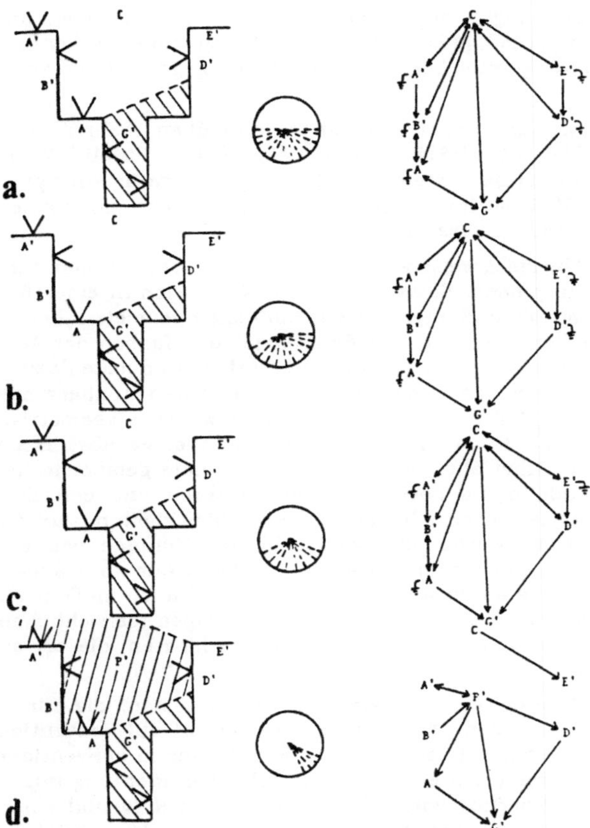

Bild 2.8 : Ein Beispiel für backward chaining (aus [12])

3. Übersicht über existierende Planungssysteme

Die grundlegenden Planungsverfahren in der Robotik, die in der Lage sind, Probleme in der realen Welt zu lösen, befinden sich eher noch im Grundlagenstadium, höchstens aber im Übergang von der Grundlagenforschung zur angewandten Forschung bzw. Anwendung. Das Gleiche gilt erst recht für *Planungssyteme*, die mehrere solcher Verfahren zu einem brauchbaren System integrieren. Schon gar nicht kann man also von einer industriellen Verwertbarkeit solcher Systeme sprechen. In diesem Sinne sollte man sich die *existierenden Planungssyteme* vorstellen. Besser wäre es, von *Ansätzen* oder *Vorschlägen* zu bzw. für solche Systeme zu sprechen. Meistens liegt, wenn überhaupt, nur eine Teilimplementierung solcher Systeme vor.

Die folgende Übersicht über Planungssysteme ist sicher nicht vollständig und soll auch nur Anhaltspunkte und Hinweise geben.

Ein Versuch der Einteilung der Planungsverfahren wurde bereits in Kapitel 2 gemacht. Verfahren der *Konfigurationsplanung* stehen bisher meistens noch isoliert (z.B. Layoutplanungsverfahren des Maschinenbaus für Fertigungszellen mit Robotern), da sich die meisten Planungssyteme mit *Aktionsplanung* beschäftigen und die Objekte in der Roboterumgebung und deren Anordnung als gegeben annehmen. Nur ein neueres System (ATLAS, [13]) schlägt eine Integration von Konfigurationsplanung und Aktionsplanung unter Berücksichtigung der gegenseitigen Abhängigkeiten vor.

Verfahren der *Globalplanung* findet man vor in den frühen, mehr KI-orientierten Systemen wie z.B. STRIPS, [14] ABSTRIPS, [15] HACKER, [16] BUILD [17] und NOAH [18] . Kennzeichnend für diese Systeme ist, daß sie nicht dafür konzipiert waren, Probleme in der realen Welt mit Robotern zu lösen. Oft arbeiten sie in einer abstrahierten, idealen Welt (der sog. *blocks world*).

STRIPS und ABSTRIPS beispielsweise wurden angewendet, um Aktionen für den mobilen Roboter SHAKEY zu planen. Dieser Roboter bewegte sich in einer Welt bestehend aus mehreren Zimmern und angefüllt mit einfachen geometrischen Objekten, die der Roboter manipulieren konnte. Der Roboter löste Aufgaben der Art wie z.B., einen Lichtschalter in einem anderen Zimmer zu betätigen und löste dazu Probleme wie z.B., Rampen aus Objekten zusammen zu bauen, um Stufen zu überwinden. Diese Welt wurde jedoch sehr sorgfältig von realen Problemen wie etwa geometrischen Unsicherheiten befreit. HACKER und BUILD arbeiteten in einer abstrakten blocks world. BUILD integrierte dabei aber schon dreidimensionale geometrische Modelle der Objekte und behandelte die Berührung von Objekten und den Einfluß von Schwerkraft und Reibungskräften. Geometrische Unsicherheiten wurden jedoch nicht berücksichtigt. NOAH wurde angewendet in der Montage von elektromechanischen Bauteilen und gab einem menschlichen Operateur Anweisungen. NOAH konnte auf Nachfragen seine Anweisungen detaillieren und auch im Fehlerfall einen neuen Plan generieren. Durch die Zwischenschaltung eines menschlichen Operateurs wurden natürlich die ganzen Detailfehler ausgeschlossen, die bei einem Roboter auftreten würden.

Verfahren der *Feinplanung* werden verwendet in Systemen, die für reale Industrieroboter konzipiert wurden. Diese Systeme setzen oft auf konventionelle Roboterprogrammiersysteme auf, d.h. sie erzeugen Programme in konventionellen expliziten Roboterprogrammiersprachen. Ein erster Schritt in Richtung *implizite Programmierung* ist die Generierung von Roboterbewegungen aufgrund einer symbolischen Spezifikation einer geometrischen Situation. Man beschreibt also eine geometrische Situation z.B. durch "Fingerfläche$_1$ liegt auf Fläche a von Werkstück x und Fingerfläche$_2$ liegt auf Fläche b von Werkstück x" oder "Kante a von Werkstück x ist senkrecht zu Fläche b von Werkstück y und ...". Das System inferiert dann aus solchen Spezifikationen die zugehörigen Roboterstellungen und deckt eventuelle Wiedersprüche auf. Mit Aktionsanweisungen kann man dann solche Stellungen durch Bahnen miteinander verbinden lassen. Vertreter dieser Kategorie sind die Systeme LM-GEO [19] und RAPT [2]. Mit LM-GEO werden Programme für die Roboterprogrammiersprache LM erzeugt, mit RAPT für die Sprache VAL. Keines dieser Systeme beschäftigt sich jedoch mit Problemen wie der Planung kollisionsfreier Bahnen oder Entwicklung von Strategien gegen geometrische Unsicherheiten. Allerdings sind beide Systeme voll implementiert.

[20] beschreibt einen Ansatz zur Synthese von sensorbasierten Programmen der Robotersprache AL. Taylor verfolgt die Methode der Parametrisierung vorgefertigter prototypischer Strategien (sog. *procedure skeletons*). Solche Strategien enthalten ein Gerüst aus Bewegungen, Fehlertests und Berechnungen für eine bestimmte Klasse von Aufgaben. Das Planungssystem führt anhand eines Weltmodells geometrische Berechnungen und Fehlerrechnungen durch und entscheidet dann über die Anwendbarkeit einer Strategie und ihre Parametrisierung. Ähnliche Verfahren basierend auf procedure skeletons benutzt das LAMA-System [21] .

Für das System AUTOPASS [22] wurde die Syntax und Semantik einer impliziten Roboterprogrammiersprache definiert. Der Forschungsschwerpunkt dabei war die Entwicklung eines Verfahrens zur Planung kollisionsfreier Bahnen für einen kartesischen Roboter.

Der am weitesten fortgeschrittene Ansatz ist mit Sicherheit der Vorschlag für das ATLAS-System [13]. ATLAS vereint in sich einige der erfolgversprechendsten Verfahren zur Feinbewegungssynthese, zur Planung kollisionsfreier Bahnen und zur Planung von Greifkonfigurationen. Die Eingabespezifikation wird hierarchisch zerlegt in Planungsinseln und für jede dieser Inseln werden die Vorbedingungen der Anwendung und die Auswirkungen der Anwendung in Form von symbolischen Ausdrücken über Planvariablen berechnet. Mit der *constraint propagation* Technik als Kommunikationsmechanismus zwischen den Planinseln werden symbolische Berechnungen über die Sequenz der Inseln hinweg ausgeführt, um die Planvariablen mit Werten besetzen zu können. Dabei kann es zu *backtracking* kommen, wenn die Vorbedingungen späterer Planinseln nicht befriedigt werden können, um die Sequenz zu modifizieren. Als einziges System integriert es auch Verfahren der Konfigurationsplanung und berücksichtigt die gegenseitigen Abhängigkeiten zwischen Konfiguration und Aktion.

Referenzen

1 T. Lozano-Perez : Task planning, from M. Brady et al.: Robot Motion : Planning and Control, The MIT Press, Cambridge Mass. 1982

2 R.J. Popplestone, A.P. Ambler, I. Bellos : An interpreter for a language for describing assemblies, Artificial Intelligence, vol 14, no. 1, 1980

3 T. Lozano-Perez : Spatial Planning : A Configuration Space Approach, IEEE Transactions on Computers, Vol. C-32, No. 2, Febr. 1983

4 T. Lozano-Perez and M.A. Wesley : An Algorithm for Planning Collision-Free Paths Among Polyhedral Obstacles, Communications of the ACM, Oct. 1979, Vol. 22, No. 10

5 R.A. Brooks and T. Lozano-Perez : A Subdivision Algorithm in Configuration Space for Findpath with Rotation, Proceedings of the IJCAI 8, Karlsruhe, 1983

6 R.A. Brooks : Planning Collision-Free Motions for Pick-and-Place Operations, The International Journal of Robotics Research, Vol. 2, No. 4, Winter 1983

7 T. Lozano-Perez : Automatic planning of manipulator transfer movements, IEEE Transact. on Systems, Man and Cybernetics, vol SMC-11, Oct. 1981

8 C. Laugier : A Program for Automatic Grasping of Objects with a Robot Arm, International Symposium on Industrial Robots, Tokyo, Oct. 1981

9 C. Laugier and J. Pertin : Automatic Grasping : A Case Study in Accessibility Analysis, Proceedings Advanced Software in Robotics, Liege, Belgium, May 1983

10 D.E. Whitney : Quasi-Static Assembly of Compliantly Supported Rigid Parts, J. Dynamic Systems, Measurement, Control 104, March 1982

11 A. Koutsou : A Spatial Reasoning System for Parts Mating Operations, Working Paper (draft), Department of Artificial Intelligence, University of Edinburgh, 1984

12 T. Lozano-Perez, L.T. Mason, R.H. Taylor : An Approach to Automatic Fine Motion Synthesis, 1st International Symposium on Robotics Research, Breton Woods, Aug. 1983

13 T. Lozano-Perez and R.A. Brooks : An Approach to Automatic Robot Programming, in Solid Modeling by Applications, J.W. Boyse and M.S. Picket, eds., Plenum Press, New York, 1984

14 R.E. Fikes and N.J. Nilsson : STRIPS : A New Approach to the Application of Theorem Proving to Problem Solving, Artifcial Intelligence 2, 1971, pp. 189-208

15 E.D. Sacerdoti : Planning in a Hierarchy of Abstraction Spaces, Artificial Intelligence 5, 1974, pp. 115-135

16 G.J. Sussman : A Computer Model of Skill Aquisition, American Elsevier, New York, 1975

17 S.E. Fahlman : A Planning System for Robot Construction Tasks, M.S. dissertation, MIT-AI-Lab. Techn. Report 283, Cambridge, Mass., 1973

18 E.D. Sacerdoti : A Structure for Plans and Behaviour, Doctoral Dissertation, AI-Center, SRI International, Inc., Techn. Note 109, Menlo Park, Calif., 1975

19 E. Mazer : Geometric Programming of Assembly Robots (LM-GEO), Int. Conf. on Advanced Software in Robotics, Liege, France, May 1983

20 R.H. Taylor : The Synthesis of Manipulator Control Programs from Task-level Specifications, Ph.D. dissertation, AI-Lab., Stanford Univ., Rep. AIM-282, July 1976

21 T. Lozano-Perez and P.H. Winston : LAMA : A Language for Automatic Mechanical Assembly, in Proc. 5th IJCAI, Cambridge, Mass., Aug. 1977

22 L.I. Lieberman and M.A. Wesley : AUTOPASS : An Automatic Programming System for Computer Controlled Mechanical Assembly, IBM Journal of Res. and Developm., Vol. 21, No. 4, 1977

REPRESENTATION AND MANIPULATION OF PROCESS PLANS IN
GENERIC EXPERT PLANNING SYSTEMS

Jean Patrick Tsang

LIFIA (IMAG)
BP 68
38402 Saint Martin d'Hères
France

ABSTRACT

From an AI point of view, process planning is a typical planning problem that can be formulated as follows: given the initial state which is the raw material, the goal state which is the manufactured part, the repertory of permissible actions (operations) and the available resources (machines, tools,...), the problem is to determine the sequence of actions (process plan) which enables the goal state to be reached starting from the initial state. The fact that the process planning know-how required is typically ill-defined and intuitive explains why the expert system paradigm is so well suited to automate such a process. However, process planning being a vast collection of problem areas (e.g. machining, assembly, moulding, forging,...) and subareas (e.g. prismatic parts, rotational parts, sheet metal parts,... for the machining area), situations where different problem areas/subareas involving slightly different problem-solving methodologies would require distinct traditional expert systems. Generic expert systems may spare us this wasteful duplication of efforts by encompassing a broader scope of problem areas. We are presently developing a generic process planning expert system XPS-E whose scope include subareas of machining and assembly. It is based on experience gained from GARI, a prismatic parts process planing expert system. In this paper, we describe a generic structure for internal representation and manipulation of process plans which confers a high degree of domain parametrizability to the system built around it.

1. INTRODUCTION

Process planning can be defined as the activity which consists in determining the sequence of operations required for manufacturing a part given its description (usually through a blue print) and the target technology (usually implicit). Operation planning, which is the downstream activity, details the process plan and produces code (usually NC code) that are run on the shopfloor. Process planning, being a major bottleneck in the production flow as it bridges the gap between design and manufacture, is a key activity whose automation rightly deserves full attention especially in our production era.

From an AI point of view, process planning is a typical planning problem that can be formulated as follows: given the initial state which is the raw material, the goal state which is the manufactured part, the repertory of permissible actions (operations) and the available resources (machines, tools,...) which are both highly dependent of the employed technology, the problem is to determine the sequence of actions (process plan) which enables the goal state to be reached starting from the initial state. The fact that the process planning know-how required is typically ill-defined and intuitive explains why the expert system paradigm is so well suited to automate such a process. However, process planning being a vast collection of problem areas (e.g. machining, assembly, moulding, forging,...) and subareas (e.g. prismatic parts, rotational parts, sheet metal parts,... for the machining area), situations where different problem areas/subareas involving slightly different problem-solving methodologies would require distinct traditional expert systems. Generic expert systems may spare us this wasteful duplication of efforts (in terms of money, time and intellectual achievement) by encompassing a broader scope of problem areas. This is so because they draw their higher degree of parametrizability from the flexibility of their kernel in addition to that of their knowledge base.

Section 2 presents major strategies employed for the automation of process planning and section 3 explains our approach. We propose a general purpose/specific purpose kernel architecture that confers a relatively high degree of parametrizability to the overall system in section 4 and discuss the representation and manipulation of a structure adapted to that architecture in sections 5 and 6. We explain how a generic system built around this generic structure is parametrized in section 7 before concluding in section 8.

2. MAJOR STRATEGIES

Work aiming at the automation of process planning has been pursued along 2 major directions which are the variant and the generative approaches.

Variant Approach

The variant approach is based on group technology concepts which consist in grouping in part-families geometrically and technologically similar parts. A coding system of parts (OPITZ, MICLASS,...) associates a code to a part and thus permits the corresponding standard process plan to be retrieved. Though the design of a process plan is basically retrieving the associated process plan, it may include modifications to make up for the idiosyncratic characteristics of the part. The CAM-I CAPP [1] system and extended versions such as GENPLAN [21] are a good illustration of this method. We should point out that the distinction between variant and generative is not clear-cut. Systems based on a variant approach may also show generative capabilities: GECAPP [13] and XPS-1 [2] for example.

Generative Approach

The generative approach builds a process plan from a description of the part by using process planning knowledge of various nature (technological, economic, ...). This approach is obviously more complex because the system has to handle a vast amount of ill-defined knowledge. Designed systems therefore tend to address relatively easy and specific applications: systems like APLAN, AUTAP, CAPSY, DREKAL and SISPA [17][9][12][20][14] address different kinds of rotational parts while AUTAP and SIB [10][15] address very simple sheet metal parts too. The process planning logic is often coded procedurally. In XPS-1, these procedures are "decision models"; they are sequences of smaller units called "decision rules" (different from production rules). The major drawback of such an algorithmic coding of knowledge is the inherent rigidity of the system.

The need for more general and adaptable systems, on the one hand, and the fact that the process planning expertise is intrinsically ill-defined, on the other hand, have suggested use of AI techniques, in particular, the expert system approach. Designing a process plan is typically an AI planning problem. The strategy used in STRIPS [11] (a planner designed at the SRI in the early

70's to plan the displacement of a robot called SHAKEY) has inspired systems such as TOM [18] and EXCAP [4]. This strategy consists in determining the sequence of actions in the reverse order by working back from the final state to the initial state. TOM operates at a feature level and employs the alpha-beta algorithm (an improved minmax algorithm) to search for the minimum machining time process plan for a feature. EXCAP which is based on experience gained from ICAPP [8] and AUTOCAP [7] operates at a part level and uses certainty values to guide the pruning of the solution space. The forward chaining (with no backtracking) hierarchical strategy used in NOAH [19] (the first hierarchical planner) has also inspired systems such as HICLASS [16]. NOAH plans by fleshing out iteratively an abstract procedural net (representing the plan) by expanding actions and fixing inconsistencies through "critics". HICLASS uses nested networks instead for representing the plan and also permits meta-knowledge to be used. However, it seems that HICLASS does not incorporate "critics".

We follow a yet different approach called "global" approach which originated in GARI [5] and is followed in XPS-E [3]. The major advantages of this approach are that it permits operations interactions as well as considerations of various nature (technological and economic) to be taken into account "naturally" and also outputs a set of alternative process plans.

3. THE GLOBAL APPROACH

The process planning knowledge is captured in a knowledge base in the form of weighted production rules. The weights indicate the degree of importance with which the pieces of advice are to be satisfied. We regard the overall expertise as being a collection of naturally conflicting pieces of advice to satisfy as well as possible. As an illustration, here is an example from everyday life. When one wants to purchase a car, one typically looks for a nice-looking, comfortable, inexpensive, spacious, easy to park, powerful and economical car!

The global approach consists of the following steps.

1. building an initial set of potential process plans from a feature description of the part to manufacture. The process plans are obviously not built separately and put together, which would be pointless, but are generated simultaneously by a relatively simple procedure which associates a tentative subplan to each feature. The problem is to find an adequate representation with great expressiveness (to express a large set of plans) and which takes relatively little memory space (for efficiency reasons).

2. applying the pieces of advice on the RHS of the rules capturing the process planning knowledge to delete "bad" plans from the representation and also propagating induced constraints. If the rules are instantiable, then additional hypothesis generation might be necessary. This is because rules which are pending because their conditions are not satisfied by the whole set of current plans might be applicable to one particular plan and be contradicted by it.

3. outputting the feasible process plans left in the representation after exhaustive application of constraints.

This approach brings forward the universal problem of representation whose importance is further amplified since planning in this approach is essentially the manipulation of the representation encoding the current plans. The problem is to find a good representation for expressing the current plans and good manipulation functions for initializing and constraining it.

Some words need to be said concerning 2 related issues. First, in case contradictions appear upon application of constraints, some constraints must be relaxed before constraint application may resume. This means that the manipulation of the representation should include backtracking capabilities. Second, this approach would be of limited value if output solutions cannot be characterized by some optimality criterion. In other words, this approach should be combined with an optimization algorithm. For example, the compromising algorithm employed in GARI (based on the weight paradigm) ensures that the output solutions are such that the maximum weight of rejected pieces of advice is minimum over the whole set of solutions [6]. Briefly, this algorithm consists in applying constraints with highest weights first and in rejecting constraints with lowest weights upon contradiction. It includes an ingenious weight updating machinery which permits the optimality criterion enunciated above to be satisfied.

The global approach is fundamentally different from the STRIPS approach: STRIPS-based systems manipulate states (initial stock state, final finished state and intermediate states); the planning process consists in determining sequentially or recursively the machining operations and only one process plan is designed at a time; the process plan is the (reverse) sequence of operations determined during the planning process. The global approach manipulates a representation of a set of plans; the planning process organizes the machining operations and thus refines the current process plans; the process plans (a set of process plans is generated) are contained in the manipulated representation structure. In other words, in the STRIPS approach, the process plan is associated to the planning process itself whereas in the global approach, the process plan is associated to the result of the planning process which is captured in the representation.

The global approach also differs from the NOAH's approach. What is hierarchical in NOAH is the planning; what is hierarchical in the global approach is the plan representation (see section 5). Such a hierarchical planning requires that the planning subtasks be sequenced beforehand and that they be weakly interdependent. Decisions taken at an advance stage of the planning should not question implications of decisions taken at an earlier stage; which is surely not the case for the process planning world.

4. SCOPE AND GENERICITY

Though a specific system may be reliable and efficient with respect to its specifications, it may nevertheless suffer from stiffness and unflexibility regarding the domain scope. It may be of no help when another conceptually similar problem area is to be addressed, thus resulting in duplication of efforts. Furthermore, the global approach is not restricted to the machining of prismatic parts. The global approach combined with an adequate solution optimizing algorithm and the right knowledge base can potentially address any problem area where a "generalized feature" decomposition of the problem is appropriate. This suggests a domain parametrizable domain kernel.

Building a general purpose system entails drawbacks too. If the system is very general, it means that its kernel is very small (only lisp) and adapting it to address a particular problem area typically requires a tremendous amount of work. As a result, the general purpose approach is not viable.

We therefore combine both approaches using a general purpose/specific purpose kernel architecture (fig 1). The general purpose plan kernel contains a parametrizable representation and its corresponding parametrizable manipulation. Upon specifications of the domain,.a special purpose plan kernel is generated and corresponds to a formatted representation and its manipulation. This automatic genration is realized through the use of macros. The general purpose plan kernel is encoded as macros which upon evaluation with the proper arguments (given upon user specifications) generate functions corresponding to the formatted representation and its manipulation (section 7).

It is obvious that not all functions of the specific kernel might be generated this way, in particular, because some may be very specific. We therefore permit a manual definition of functions in addition. A simple attaching/detaching mechanism, based on a function dependency graph updated upon user definition of functions, warns the user of the implications of a

SP-FUNCTIONS
SP-KERNEL
GP-KERNEL
GP-FUNCTIONS

fig 1

GP1
GP2
V
SP1
SP2
^
USER

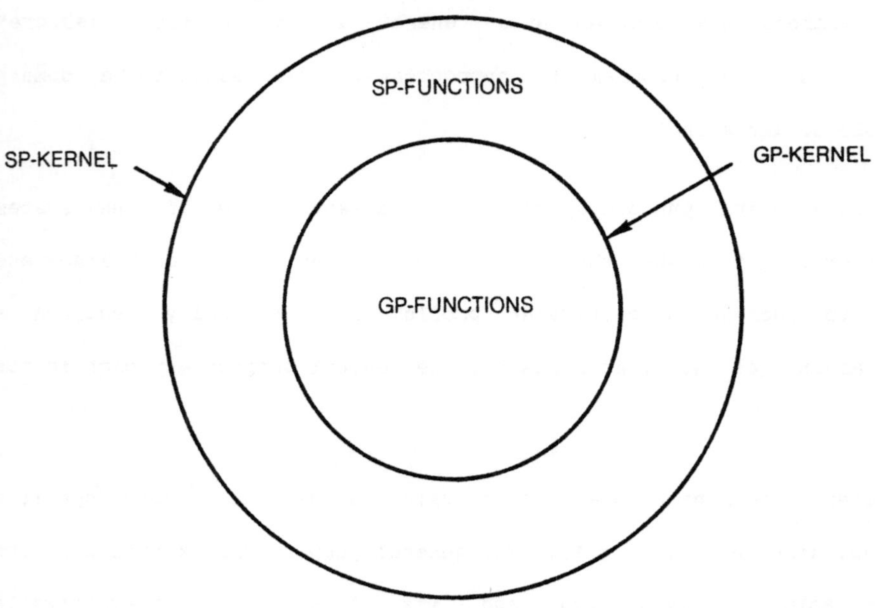

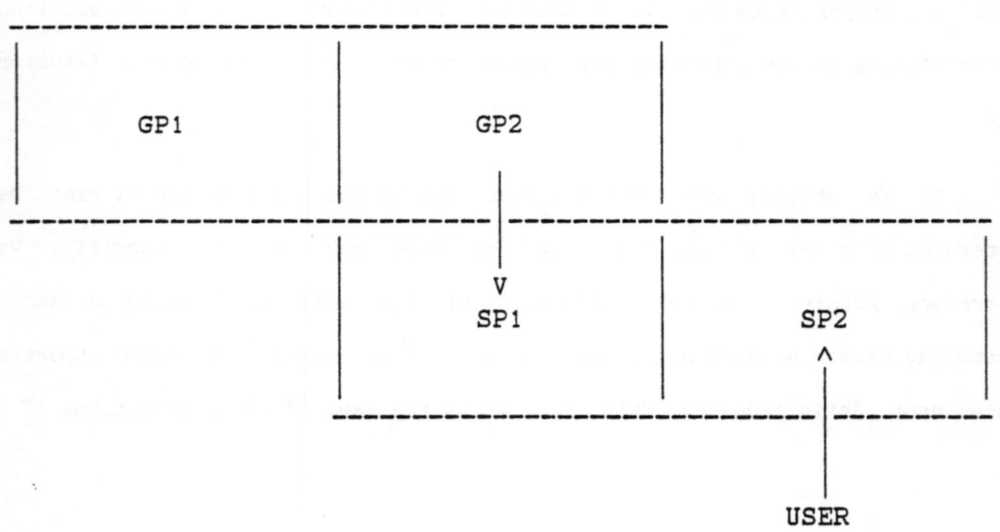

fig 2

deleted function and deletes functions that can no longer be called.

To recapitulate, the plan kernel is comprised of GP1, GP2, SP1 and SP2: where GP1 represents non-generating general purpose functions, GP2 represents general purpose functions that generate specific purpose functions, SP1 represents generated functions and SP2 represents manually defined functions (fig 2).

5. REPRESENTATION

The representation encodes possible process plans for a part and permits them to be manipulated. The representation is a generic n-level hierarchy of actions based on resource concepts. The lowest level represents elementary actions and the higher levels represent groupings of actions of the level immediately below. A level to which resources R1...Rn are associated represent actions which group actions of the level just below on the basis that the latter actions use the same resource values r1...rn of the resources R1...Rn for an uninterrupted interval of time. We distinguish between resources and resource values: a resource is a type of entity an action requires for its execution whereas a resource value is a physical entity an action effectively uses for its execution. Two types of relations are supported in the representation: horizontal temporal relations such as before, before or simultaneous, non simultaneous,... between actions of a level and a vertical set-inclusion "contain" relation between actions of adjacent levels to denote the fact that some actions share the same resource values for an uninterrupted interval of time (fig 3).

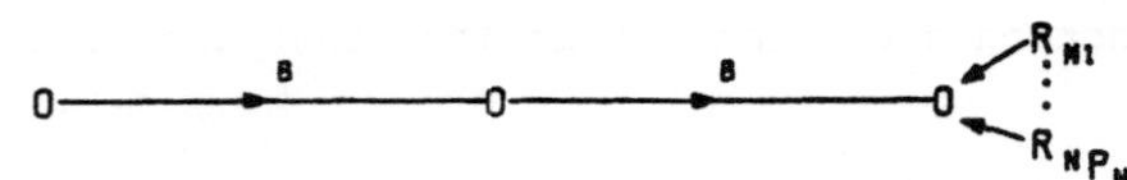

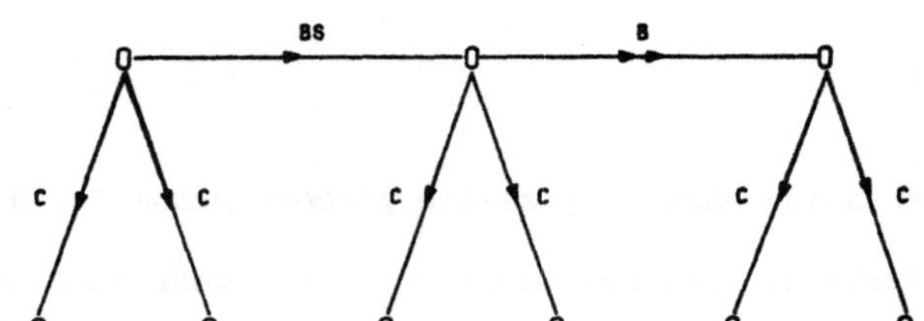

fig 3

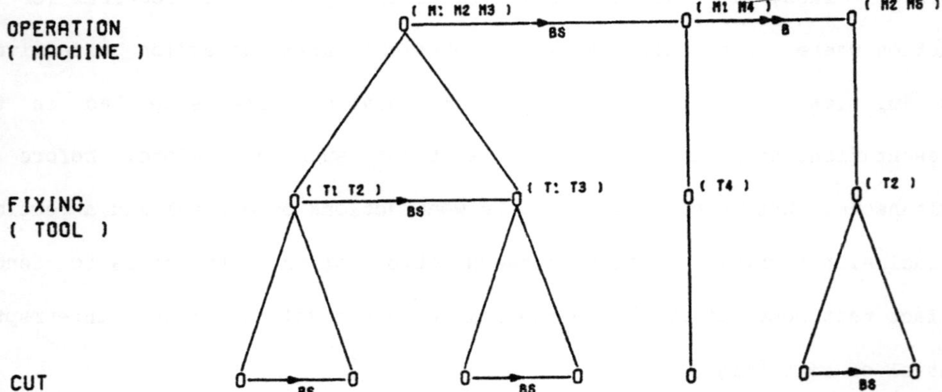

fig 4

This generic representation requires formatting to be adapted to a problem domain. This is fulfilled automatically upon user specifications of the addressed domain (section 7). As an illustration, here is a 3-level hierarchy (cuts, fixings and operations) that can be suitable for some subarea of machining and that can be easily defined from the generic representation by associating the tool and machine resources to the fixing and the operation levels respectively (fig 4).

It should be pointed out that the levels of this hierarchy are more than sets of equivalence classes defined on top of the set of actions of the level just below modulo resource values. This is because of the "uninterrupted interval of time" condition. In effect, 2 actions using the same resource values $r1...rn$ may give rise to 2 actions of the level just above if their execution time intervals are separate. The proposed representation permits phantom actions (i.e. actions that do not require resource values of resources associated to their level for their execution) to be expressed. This is the case for a surface treatment action in a fixing level for example. The phantom actions can be integrated in the representation by extending the definition of a resource to include the nil value among the possible resource values. The proposed representation also permits static auxiliary features (auxiliary features which are known beforehand) to be taken into account. This comes from the fact that the lowest level does not exclude destruction actions. Classical features would correspond to a sequence of creation actions whilst auxiliary features would correspond to a sequence of creation actions followed by a destruction action. The only problem is at the manipulation level where the auxiliary feature instance should be "forgotten" for actions after its corresponding destruction action.

6. MANIPULATION

The global approach can be regarded as an opportunistic combination of tentative subplans (emanating from the features) based on knowledge in the knowledge base. Subplans are tentative because their actions can be ordered (e.g. cut A is before cut B) or be destroyed (e.g. rough cut A is unnecessary) or their associated resource values can be chosen or rejected (e.g. choose M1, reject M2,...) during the planning process. Their combinations include ordering of actions of different subplans and also their merging on a resource basis.

The global approach requires 5 different types of manipulation (listed below) to be possible on the representation. These are captured through macros which upon specification of the format of the representation generate the appropriate manipulation functions for the formatted representation.

1. creation

The initial set of solutions is built by putting together (in parallel) the tentative subplans corresponding to the various features. It is precisely the creation functions that are responsible for the building of these subplans.

2. modification

The application of constraints on the current set of plans is materialized through modification functions. Typical functions are ordering functions, merging functions and resource assignment functions. Propagation is an important issue here because the application of a constraint may induce more constraints to be applied so as to preserve the consistency of the representation. For example, if 2 actions are merged then their parent actions have to be merged if they are distinct and recursively,... because an action with 2 parent actions is inconsistent in this representation. Constraint propagation may be implemented through demons (data driven pieces of code) or recursive modification functions which have the advantage of being less costly.

3. interrogation

Applicable constraints are constraints which appear on the RHS of rules whose LHS are satisfied. This means that the determination of applicable constraints require conditions on the LHS to be evaluated. Interrogation functions participate in this task by interrogating the current state of the plan representation, the part and the features, the resources,... Since constraints are naturally conflicting, contradictions may occur at any constraint application and should therefore be watched for. Again, this can be done by demons. Interrogation functions are however less costly.

4. restoration

When contradictions occur, the solution space is overconstrained and some constraint must be relaxed. When the constraint to relax has been chosen, then all constraints applied after that constraint must be undone to put the representation back in the state it was before application of the constraint to relax. However, propagation is such that the application of a constraint may have different effects depending on the current state of the representation. As a result, the only knowledge of the applied constraint and the configuration of the representation is insufficient. Restoration functions permit to do so by storing in a stack the elementary effects of each constraint. Backtracking to a chosen constraint then consists in "popping" the stack and executing on the representation the inverse of the elementary modifications up to that constraint.

5. output

After plan constraining, the possible process plans are those which are left in the representation. Output functions are functions that interpret the internal representation to communicate the result to the user.

7. SYSTEM GENERATION

The described generic structure confers to the system built around it a higher degree of parametrizability than traditional expert systems because the system may draw its flexibility from the representation structure in addition to that of the knowledge base. As a result, this generic structure requires formatting in terms of the representation itself and its manipulation before any problem solving. This is done upon user specifications of the domain which defines:

1. the number of levels in the hierarchy

2. the level names and the associated resources

3. optionally, the attributes to include in the actions (actions are described as a set of attributes)

4. optionally, the attribute types (e.g. a resource is a predefined type of attribute)

Note that the attribute values such as resource values (e.g. M1 M2 M3 for machines) need only be specified at run time.

Let us take a simplified example where the user specifies:

1. there are 2 levels

2. level 2 is operation and the associated resource is machine

3. attributes of operation are: name, source, target, son and machine.

The system generates (1) SP primitives from GP primitives (defstructs) and then (2) SP functions defined on top of SP primitives from GP functions (fig 5). It is these SP functions that are relevant for the problem area in question. Typical generated SP primitives are shown in fig 6. An example of a generated SP function as well as the GP function which genrated it are shown in fig 7.

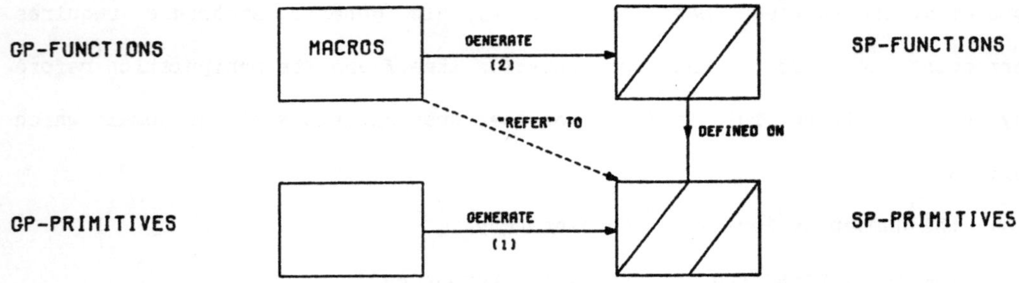

fig 5

MAKE-OPERATION (constructor function)

NAME-OPERATION (access function)

SOURCE-OPERATION (access function)

TARGET-OPERATION (access function)

SON-OPERATION (access function)

MACHINE-OPERATION (access function)

:

:

fig 6

An SP-generated function: OPERATION-MERGE

```
(defun operation-merge (op1 op2)
   :
   (setq new-op (make-operation))
   :
   (setf (machine-operation new-op)
         (intersection (machine-operation1 op1)
                       (machine-operation2 op2)))))
```

A GP-generating function: GENERATE-MERGE

```
x --> (operation name source target son machine)

(def generate-merge (macro (x)
   `(defun ,(concat (car x) '-merge)(op1 op 2)
    :
    (setq new-op ,(concat 'make- (car x)))
   :
    ,(mapcar
        '(lambda (att)
            (cond((eq 'resource (attribute-type att))
                   `(setf (,(concat att '- (car x)) op1)
                          (,(concat att '- (car x)) op2))))
                  :
                  :))
        (cdr x))
    :
    :)
   :
   :))
```

fig 7

8. CONCLUSION

We have proposed in this paper a generic structure based on resource concepts for expressing and manipulating process plans. The major advantage of this generic structure is that it confers a higher degree of parametrizability to the system built around it than traditional systems. The major advantage of the formatted structure is that it permits considerations of various nature (technological and economic) to be taken into account "naturally". This work is based on experience gained from GARI and is now being implemented with some variations in XPS-E. Future work consists mainly in finding new problem areas where the global approach is appropriate and applying the global approach to them.

REFERENCES

[1] CAM-I: "Results of CAPP Users Survey"
    (Report R-79-PPP-01, CAM-I Inc, Arlington, Texas, 1979)
[2] CAM-I: "Detailed Conceptual Design of an Experimental Planning System,
    XPS-1" (Report R-82-PPP-02 Vol 1 & 2, CAM-I Inc, Arlington, Texas 1982)
[3] CAM-I: "XPS-E: An Expert System for Process Planning"
    (Reports R-84-PPP-03, CAM-I Inc, Arlington , Texas, Aug 1984
    and R-85-PPP-02, CAM-I Inc, Arlington, Texas, Jul 1985)
[4] I Darbyshire, B J Davies: "EXCAP: An Expert Generative Process Planning
    System" (UMIST 1984)
[5] Y Descottes: "Représentation et exploitation de connaissances expertes
    en génération de plans d'actions -- Application à la conception
    automatique de gammes d'usinage"
    (Thèse de 3eme cycle, INPG, Grenoble 1981)
[6] Y Descottes, J C Latombe: "Compromising among antagonist constraints
    in a planner" (Report RR417, IMAG, Grenoble 1984)
[7] T El Milany: "Interactive Computer Assisted System for Turning Parts"
    (PhD Thesis, UMIST 1979)
[8] H Eskicioglu, B J Davies: "An Interactive Planning System for Prismatic
    Parts" (Annals of the CIRP, Vol 32 1983)
[9] W Eversheim, H Fuchs: "Integrated Generation of Drawings, Process Plans
    and NC-Tapes" (CASA-SME, Technical Paper, MS 79-178)
[10] W Eversheim et al:Automatische Arbeitsplan- und
    NC-Lochstreifenerstellung fur Blechteile"
    (Industrie-Anzeiger 102 Jg Nr 1, 1980)
[11] R E Fikes, N J Nilsson: "STRIPS: a new approach to the application of
    theorem proving to problem solving" (AI Handbook 2, 1971)
[12] F Fricke: "Beitrag zur Automatisierung der Arbeitsplaung unter
    besonderer Berucksichtigung der Fertigung von Drehwerskucken"
    (Dissertation TU Berlin, 1974)
[13] T Gongaware et al: "Application of Automated Process Planning to
    Electronics Manufacturing" (proc CAM-I's 12th annual meeting and
    technical conference, Dallas, Texas, Nov 1983)
[14] W Hoheisel: "Rechnerunterstutzte Arbeitsplanerstallung fur die
    spanende Bearbeitung von Teilen (SISPA) Unterlagen zum VDI-IPA-Seminar"
    (Zukunftsorientierte Formen der Fertigungs- und Montageplanerstellung,
    Stuggart, Mai 1982)
[15] W Hoheisel: "Rechnerunterstutzte Arbeitsplanerstellung mit
    Kleinerechnern, dargestellt am Beispiel der Blechbearbeitung"
    (Forschung und Praxis 45, Springer-Verlag, 1981)
[16] D Liu: "Utilization of Artificial Intelligence in Manufacturing"
    (proc CAM-I's 13th annual meeting and technical conference,
    Clearwater Beach, Florida, Nov 1984)
[17] W Lorenz: "Rechnerunterstutzte Arbeitsplanerstellung mit APLAN"
    (ZwF 76 (1981), 3)
[18] K Matsushima, N Okada, T Sata: "The integration of CAD and CAM by
    application of Artificial Intelligence Techniques"
    (Annals of the CIRP, Vol 31, No1, 1982)

[19] E D Sacerdoti: "A Structure for Plans and Behavior"
     (Technical Note 109, AI Center, SRI-International, 1975)
[20] H K Tonshoff et al: "DREKAL - Ein System Zur Automatischen
     Arbeitsplannerstellung, Teil 1 und 2"
     (Arbeitsvorbereitung, 18 Jg 1981, Nr 3/4)
[21] J Tulkoff: "Applying GT for Automated Process Planning"
     (proc CAM-I's 12th annual meeting and technical conference,
     Dallas, Texas, Nov 1983)

10. Materialien des Tutorials "Situationssemantik und
     Diskursrepräsentationstheorie"
     Herausgegeben von Manfred Pinkal

Zusammenfassung

Dies Kapitel enthaelt die Beitraege zu einem Tutorial der Fachgruppe Natuerlich-sprachliche Systeme, das von Manfred Pinkal im Rahmen der GWAI '85 durchgefuehrt wurde. Es beginnt mit Pinkals Beitrag, einer ersten Uebersicht ueber die behandelten Theorien mit besonderer Beruecksichtigung der Anwendungsaspekte. Anschliessend gibt Uwe Reyle eine Einfuehrung in die von Hans Kamp entwickelte Diskursrepraesentationstheorie (DRT). Sein Beitrag verdeutlicht zunaechst die Motivation dieses semantischen Neuansatzes, fuehrt anschliessend anhand der Pronominalanaphorik in den DRT-Formalismus ein, und stellt interessante Erweiterungen des Standardansatzes, vor allem im Bereich des Tempus vor. Es folgt eine Zusammenfassung des Beitrags von Michael Herweg, einer Einfuehrung in den Standardformalismus der von Jon Barwise und John Perry entwickelten Situationssemantik. Alice ter Meulen demonstriert in ihrem Beitrag zum einen die Anwendung des situationssemantischen Konzepts auf das Anaphernproblem, indem sie die in einer "Informal Note" von Jon Barwise enthaltenen Gedanken explizit rekonstruiert; zum anderen gibt sie anhand der Anaphernbehandlung einen detaillierten Vergleich von Situationssemantik und DRT. Am Ende des Kapitels befindet sich ein recht vollstaendiges Verzeichnis der aktuellen Literatur zu Situationssemantik und DRT.

Summary

This chapter contains the contributions to a tutorial of the Fachgruppe "natuerlich-sprachliche Systeme", organized by Manfred Pinkal, at the GWAI' 85. The chapter begins with an introduction by Pinkal, containing a short overview of the theories concerned and perspectives of their practical application. Next, Uwe Reyle gives an outline of Discourse Representation Theory (DRT), which was developed by Hans Kamp. He first elucidates the motivation underlying this novel approach to natural language semantics. Next he presents the basics of the DRT formalism, using pronominal anaphora as an example. Finally, he indicates how the core system can be extended in order to cover different phenomena, esp. tense. A summary of Michael Herweg's contribution follows next, an introduction into the standard formalism of Situation Semantics developed by Jon Barwise and John Perry. Alice ter Meulen presents a treatment of anaphora in Situation Semantics which is an explicit reconstruction of the ideas of one of Jon Barwise's "Informal Notes". Further, she carries out a detailed comparison of Situation Semantics and DRT, on the basis of the anaphora treatment. A rather comprehensive list of recent publications on Situation Semantics and DRT is added at the end of the chapter.

<u>Situationssemantik</u> <u>und</u> <u>Diskursrepraesentationstheorie</u>
<u>Einordnung</u> <u>und</u> <u>Anwendungsaspekte</u>

Manfred Pinkal
Institut fuer Linguistik
und
Fraunhofer-Institut IAO
Universitaet Stuttgart
Keplerstrasse 17
7000 - Stuttgart 1

1. <u>Namen</u> <u>und</u> <u>Daten</u>

Situationssemantik und Diskursrepraesentationstheorie sind recht junge Forschungsansaetze, beide in der Zeit um 1980 entstanden. Beide haben in den mit Sprache befassten Disziplinen starke Publizitaet erhalten, wobei in der Kuenstlichen Intelligenz vor allem die Situationssemantik Beachtung gefunden hat.

Die Entwicklung der Situationssemantik ist eng mit den Namen John Perry und Jon Barwise verbunden, und ueber diese beiden Wissenschaftler mit dem CSLI (Center for the Study of Language and Information) in Stanford, dessen Initiatoren und Direktoren sie sind. Perry hat sich als Philosoph mit seinen Untersuchungen zur Identitaet (personal identity) einen Namen gemacht und ist von dort aus ueber die Problematik propositionaler Einstellungen zur Entwicklung situationssemantischer Grundgedanken gelangt. Barwise hat als Mathematiker ueber Modelle der Mengentheorie geforscht und ist in der Linguistik durch seine Arbeiten zu generalisierten Quantoren (generalized quantifiers, zusammen mit Robin Cooper) bekannt geworden. Barwise und Perry haben die Situationssemantik gemeinsam geschaffen und sind in Stanford mit ihrer Weiterentwicklung befasst.

Dieser Beitrag ist waehrend meiner Zeit as Heisenberg-Stipendiat der Deutschen Forschungsgemeinschaft entstanden. Fuer die Vorbereitung des Tutorias, insbesondere fuer die Informationen ueber neueste Entwicklungen in Situationssemantik und DRT, war ein Forschungsaufenthalt sehr foerderlich, den ich von Juni bis August 1985 im Rahmen des Heisenberg-Stipendiums am CSLI in Stanford durchfuehren konnte.

Die Diskursrepraesentationstheorie (DRT) ist das Werk des Mathematikers und Philosophen Hans Kamp. Kamp hat sich seit Ende der Siebziger Jahre kontinuierlich mit Zeit- und Ereignislogik und mit deren Anwendung auf die Analyse des Tempus in natuerlichen Sprachen beschaeftigt. Die Beschreibung der anaphorischen Verwendung von Tempus und Zeitadverbialen war die Hauptmotivation fuer die Entwicklung der DRT, und sie ist nach wie vor eines ihrer wesentlichen Ziele. Unabhaengig von Hans Kamp hat die Linguistin Irene Heim ein System zur Behandlung von Kennzeichnungen und Anaphern konzipiert, das der DRT sehr aehnlich ist. Ihre "File Change Semantics" ist die am saubersten ausgearbeitete und am besten dokumentierte Theorie in diesem Bereich; allerdings hat sie weniger Breitenwirkung gehabt als DRT und Situationssemantik. Kamp und Heim lehren zur Zeit in Austin, Texas.

Der Stand der Dokumentation in DRT und Situationssemantik laesst sehr zu wuenschen uebrig. Neben vielen vorlaeufigen und inoffiziellen Arbeitspapieren existieren wenige allgemein zugaengliche Publikationen und noch weniger zur Einfuehrung geeignete Texte - ein Zustand, der mit den Beitraegen dieses Kapitels ein wenig verbessert werden soll. Als weiterfuehrende Lektuere in den beiden Bereichen koennen (bedingt) die folgenden Titel empfohlen werden.

Zur Situationssemantik:

-Barwise/Perry (1983), die 'autorisierte Version' und gleichzeitig die einzige geschlossene Darstellung der Situationssemantik; leider schwer lesbar und in einigen wichtigen Aspekten nicht mehr aktuell;

-Linguistics and Philosophy 8, 1985, Heft I, enthaelt im ersten Teil eine Sammlung von Kommentaren zu Barwise/Perry (1983), unter anderem Partee (1985) und Winograd (1985); im zweiten Teil ist abgedruckt:

-Barwise/Perry (1985), eine Antwort in der Form eines Interviews, das unter anderem Aufschluesse ueber juengere Entwicklungen in der Situationssemantik gibt;

-ausserdem: diverse CSLI-Reports; eine aktuelle Liste kann beim CSLI angefordert werden (Ventura Hall, Stanford, CA 94305, USA; vgl. auch das Literaturverzeichnis am Ende des Kapitels)

Zu DRT und File Change Semantics:

-Kamp (1981), eine Darstellung der elementaren DR-Theorie; leider gibt es keine juengere zusammenhaengende Beschreibung des inzwischen vielfach erweiterten Systems;

-van Eijck (1983) und Partee (1984), zwei der wenigen gut zugaenglichen DRT-Anwendungen bzw. -Extensionen

-Heim (1982), enthaelt die ausfuehrliche Begruendung und Entwicklung der File Change Semantics

-Heim (1983), eine gut lesbare einfuehrende Zusammenfassung von Heim (1982)

2.Stichworte zur inhaltlichen Einordnung

Situationssemantik und DRT sind ungefaehr gleichzeitig und aus einer aehnlichen generellen Motivation entstanden: Es ging darum, prinzipielle Beschraenkungen der gaengigen, auf der klassischen Praedikatenlogik und ihren Extensionen beruhenden 'logischen Semantik natuerlicher Sprachen' zu ueberwinden, die in den siebziger Jahren vor allem als Moegliche-Welten-Semantik im Rahmen der Montague-Grammatik die linguistische und philosophische Bedeutungsforschung gepraegt haben.

Situationssemantik und DRT haben im einzelnen sehr unterschiedliche Zielrichtungen. In der DRT geht es hauptsaechlich um die semantische Interpretation von Texten als satzuebergreifenden sprachlichen Einheiten, und damit insbesondere um die semantische Erfassung anaphorischer Phaenomene (vor allem Pronominal- und Tempusanaphorik).

Die Ziele der Situationssemantik sind vielfaeltiger und weiter gesteckt: Einen Ausgangspunkt der Analyse bildet das Phaenomen der Deixis: die systematische Beziehung zwischen konkreten Aeusserungssituationen und beschriebener Situation (und evtl. weiteren am Kommunikationsprozess beteiligten Situationen). Einen zweiten Anstoss fuer die Situationssemantik haben Probleme mit propositionalen Einstellungen (z.B. glauben) und Praedikate der Sinneswahrnehmung (z.B. _sehen_) gegeben: Im Kontext dieser Verben sind weder logisch aequivalente Saetze noch

Kennzeichnungen mit identischer Referenz gegeneinander austauschbar, und es ist im Rahmen der konventionellen logischen Semantik nicht moeglich gewesen, zufriedenstellende alternative Substitutionsbedingungen zu formulieren. Ein dritter, fundamentaler Beweggrund fuer die Etablierung einer alternativen Theorie sind fuer Barwise und Perry die unrealistischen ontologischen Grundannahmen der Moegliche-Welten- Semantik gewesen, in der kognitiv elementare Eigenschaften (z.B. 'rot') als mengentheoretische Konstrukte (Abbildungen von der Menge moeglicher Welten in die Potenzmenge des Individuumbereichs) repraesentiert werden.

Ein wichtiger Punkt ist den beiden Neuansaetzen bei aller Unterschiedlichkeit gemeinsam: Das Phaenomen der Kontextabhaengigkeit, in der Semantiktheorie oft nur als Randphaenomen wahrgenommen und durch Zusatzformalismen behandelt, steht in der Situationssemantik wie in der DRT im Zentrum der Bedeutungsbeschreibung; gleichzeitig wird das Konzept der Kontextsemantik durch die Betrachtung des wechselseitigen Einflusses, den Kontext und Aeusserungsinhalt aufeinander nehmen, erweitert und dynamisiert. In der DRT wird die Bedeutung von Ausdruecken als 'Kontextveraenderungspotential' redefiniert. Die Situationssemantik legt ein relationales Konzept der Bedeutung zugrunde, die Aeusserungssituationen und beschriebene Situationen als gleichartige und im Prinzip gleichwertige Gebilde miteinander verknuepft und die den Informationsfluss in beide Richtungen erlaubt.

Die formalen Konsequenzen, die sich fuer DRT und Situationssemantik aus ihren jeweiligen Zielsetzungen ergeben, sind ebenfalls unterschiedlich. Ich moechte mich hier auf einige sehr allgemeine Andeutungen beschraenken, da detaillierte Darstellungen der Formalismen in den anderen Beitraegen folgen werden.

Die wesentliche formale Neuerung der DRT besteht in der Einfuehrung der Diskursrepraesentationsstruktur (DRS) als einer zusaetzlichen Ebene der semantischen Repraesentation. Die DRS besteht, grob gesagt, aus 'Diskursreferenten' und einer Menge elementarer Fakten, die Eigenschaften von und Relationen zwischen Diskursreferenten repraesentieren. Die DRS wird beim Durchgang durch Saetze/Texte (von links nach rechts) sukzessive aufgebaut und dient in ihrem momentanen Zustand jeweils als Eingabe fuer die Analyse des naechstfolgenden Ausdrucks. Im zweiten Schritt erhaelt dann die gesamte DRS durch die geeignete Verankerung der Diskursreferenten an reale Objekte (Individuen eines logisch-semantischen Modells) eine konventionelle wahrheitssemantische Interpretation.

Die Situationssemantik fuehrt keine zusaetzliche Repraesentationsebene ein, sondern modifiziert die semantische Basis selbst, und zwar ziemlich radikal: Die Ontologie wird mit verschiedenen Sorten elementarer Objekte angereichert- Eigenschaften, Relationen, raum-zeitliche Lokationen - aus denen sich Situationen zusammensetzen. Moegliche Welten kommen nicht vor: Saetze denotieren Situationen bzw. Situationstypen; die Interpretation komplexer Ausdruecke ergibt sich nicht durch funktionale Applikation, das 'Herunterrechnen' komplexer mengentheoretischer Gebilde, sondern durch Unifikation der endlichen Informationen, die die Teilausdruecke und der Kontext beisteuern.

Das Prinzip der Partialitaet, der Repraesentation begrenzter Bedeutungsinformation durch endliche Objekte (im einen Fall auf der DRS-Zwischenebene, im anderen in der Semantik selbst), macht die wesentliche formale Gemeinsamkeit von DRT und Situationssemantik aus. Es hat nicht nur interessante theoretische Konsequenzen, sondern macht die Theorien auch unter dem Implementierungsaspekt attraktiv, auf den ich gleich zu sprechen komme. Zuvor moechte ich ein moegliches Missverstaendnis ausraeumen, das zu falschen Erwartungen an die neuen Theorien und an die Beitraege dieses Kapitels fuehren koennte.

3.Zum praktischen Stellenwert der neuen Theorien

Was ich im letzten Abschnitt angedeutet habe und was in den folgenden Beitraegen im einzelnen ausgefuehrt wird, duerfte sich fuer den KI-Forscher zum grossen Teil recht vertraut anhoeren: Die zentrale Rolle der Kontextabhaengigkeit, das Phaenomen der Textanaphorik, die kontextveraendernde Wirkung von Aeusserungen, die Repraesentation kognitv elementarer Einheiten durch elementare Objekte der Theorie, die Partialitaet als Repraesentationsprinzip - dies klingt nach einer Liste zum Teil wohlbekannter Forschungsgegenstaende, zum Teil selbstverstaendlicher Voraussetzungen in der sprachorientierten KI-Forschung des letzten Jahrzehnts. Was ist eigentlich das Neue an DRT und Situationssemantik? Inwiefern sind sie fuer die KI ueberhaupt relevant? Terry Winograd stellt die Frage nach der Forschungsrelevanz neuer Theorien in seinem 'Linguistics and Philosophy'-Beitrag, und er gibt eine Antwort fuer die Situationssemantik, indem er zwischen zwei Aspekten differenziert:

"Why are AI researchers looking for new semantic theories at all?
What is wrong with the existing ones as a basis for building effective
natural language programs? These questions can be answered in two
different directions, and it is important to distinguish them. One is
failure of coverage and the other is lack of respectability. Barwise
and Perry have done a relatively small amount to help with the former,
but are being hailed as a great step forward with respect to the
latter." (Winograd 1985, S.94)

Winograd fuehrt anhand einiger Beispiele aus, dass die Situationssemantik
fuer offene Sprachverarbeitungsprobleme der KI-Forschung ebenfalls keine
Loesung anbietet. So sagt die situationssemantische Theorie definiter
Nominalausdruecke nichts zu der Frage, wie die Referenzidentifizierung in
einer konkreten Aeusserungssituation praktisch durchgefuehrt wird.
Allerdings liefert Winograds Ansicht nach die Situationssemantik einen
konsistenten und ueberschaubaren Rahmen, in den vorhandene Loesungsansaetze
eingeordnet werden koennen, und traegt auf diese Weise zu ihrer
'Respektabilitaet' bei.

Das Lob, das Winograd der Situationssemantik ausspricht, klingt ein wenig
ambivalent. Seine uebrigen Ausfuehrungen legen jedenfalls die Lesart nahe,
dass sich die Vorzuege der neuen Theorie auf Aesthetisches beschraenken,
waehrend sie in der Substanz nichts Neues bringt, da sie sich in kluger
Selbstbeschraenkung gar nicht erst auf Substantielles einlaesst. In diesem
Zusammenhang moechte ich einige Anmerkungen machen, die mehr den
praktischen Stellenwert neuer Theorien im allgemeinen als Winograds
Einschaetzung der Situationssemantik betreffen.

Erstens glaube ich, dass es sich keine Wissenschaft, auch nicht die KI, auf
die Dauer leisten kann, auf 'Respektabilitaet' zu verzichten. Wenn
verschiedene Phaenomenbereiche, die bislang mit heterogenen und z.T.
unuebersichtlichen Verfahren behandelt wurden, in einem einheitlichen
theoretischen Rahmen zusammengefasst und aufeinander bezogen werden (das
sind in etwa Winograds Kriterien fuer Respektabilitaet), dann dient dies
nicht nur der Optik und der aeusseren Reputation, sondern hat hohen
methodologischen Wert. Eine gemeinsame, konsistente, aus wenigen
ueberschaubaren Prinzipien zusammengefuegte Basis kann die Arbeit in einer
wissenschaftlichen Disziplin ungemein foerdern und effizient machen: sie
erleichtert die Einordnung von Daten, die Vermittlung von Resultaten, und
macht die Haende fuer das Angehen komplexerer Aufgaben frei.

Zweitens bedeutet die von Winograd beobachtete methodische Selbstbeschraenkung nicht grundsaetzlich den Verzicht auf den Einbezug neuer Phaenomene, auf Erweiterung der 'coverage'. Im Gegenteil kann sie anwendungsrelevante Problemdimensionen freilegen, die bei strikt anwendungsbezogener Betrachtung unter dem Druck der Datenvielfalt nur schwer sichtbar werden. Ich moechte dies am Beispiel der DRT illustrieren, auf die Winograds Kommentar gut uebertragbar ist. Die DRT beschreibt das anaphorische Potential von Texten, indem sie die in einem bestimmten Stadium ueberhaupt verfuegbaren Diskursreferenten spezifiziert. Sie gibt keine Heuristik fuer die Auswahl zwischen mehreren moeglichen Referenten, fuer die Desambiguierung mehrdeutiger Pronominalreferenz. Unter praktischem Gesichtspunkt scheint diese Beschraenkung das Anaphernproblem zu trivialisieren; allerdings nur solange, wie man sich auf den anaphorischen Standardfall, das Personalpronomen im Singular, beschraenkt. Schon im Bereich pluralischer Nominalausdruecke und temporaler Anaphern ist die Frage, welche Entitaeten wann als moegliche Antezedenten bereitgestellt werden, keineswegs trivial. Hier werden im DRT-Rahmen zur Zeit Sprachdaten analysiert, die fuer das Verstaendnis des Textverstehensprozesses unmittelbare Bedeutung haben, von praktischer orientierten Ansaetzen zum grossen Teil jedoch gar nicht wahrgenommen wurden.

Drittens darf man 'Neuansatz' nicht dahingehend missverstehen, dass die alte Domaene der theoretischen Semantik vollstaendig aufgegeben wird. Um dies wieder am Beispiel der DRT zu verdeutlichen: Der springende Punkt ist nicht, dass einfach eine neue Behandlung des alten KI-Themas 'Textanaphorik' vorgeschlagen wird. Die eigentliche Leistung der DRT besteht darin, dass sie einerseits eine einfache und elegante Darstellung der dynamischen Sicht von Referenz und Anaphorik erlaubt, wie sie in der KI gelaeufig ist, und diese Darstellung andererseits konsistent in eine herkoemmliche modelltheoretische Semantik einbettet. Sie etabliert eine Schnittstelle zwischen konventioneller logischer Semantik natuerlicher Sprachen und Textverstehenstheorie, und macht damit die gut erforschte formale Grundlage und die Analyseresultate der ersteren fuer die letztere verfuegbar.

Wer von DRT und Situationssemantik die Antwort auf offene Fragen zum praktischen Sprachverstehensmechanismus erwartet, wird von der Lektuere der folgenden Beitraege vermutlich enttaeuscht sein. Der methodische und substantielle Fortschritt der neuen Theorien liegt auf einer anderen Ebene, ist aber grundsaetzlich nicht weniger anwendungsrelevant. Fuer die DRT habe ich jeweils Beispiele erwaehnt. Die Situationssemantik sollte als 'respektable' Theorie in den genannten Punkten ebenfalls Positives aufweisen koennen; die Beurteilung faellt hier jedoch weniger leicht. Ich bin mir beim momentanen Forschungsstand nicht so sicher wie Winograd, dass man ihr das Praedikat der Respektabilitaet schon uneingeschraenkt erteilen kann. Im naechsten Abschnitt werde ich Naeheres dazu sagen.

4. Implementierungen und Anwendungsperspektiven

Ich schliesse meine einleitenden Bemerkungen, indem ich zunaechst eine Uebersicht ueber vorhandene Implementierungen von DRT und Situationssemantik gebe und anschliessend auf die Frage der grundsaetzlichen 'Implementierungsreife' im Hinblick auf den Entwurf umfangreicher natuerlich-sprachlicher Systeme eingehe. Die beiden Theorien sind in mehreren Grossprojekten als Basis der semantischen Interpretation geplant oder im Gespraech, die Situationssemantik im japanischen Fifth-Generation-Projekt, die DRT z.B. in verschiedenen Teilprojekten aus dem Umkreis von ESPRIT. Die Liste der tatsaechlich durchgefuehrten Implementierungen ist dagegen kurz, und sie enthaelt Systeme sehr unterschiedlichen Umfangs. Im folgenden zaehle ich die mir bekannten Implementierungen auf. Die Liste ist vielleicht unvollstaendig, aber repraesentativ.

Situationssemantik:

-Mukai (1985a,b) legt eine interessante PROLOG-Erweiterung vor, die den Bezug auf Situationsstrukturen und deren direkte Manipulation erlaubt; insbesondere wird der Rollenbegriff der Situationssemantik verfuegbar gemacht.

-Robin Cooper hat in Stanford (auf LISP-Basis) und in Lund (PROLOG) einen Parser mit situationssemantischen Zielrepraesentationen fuer ein kleines Fragment des Englischen erstellt (ELIUSS-Fragmente, vgl. Cooper 1984a,b); keine zugaengliche Dokumentation.

-Mark Johnson hat am CSLI, Stanford, einen kleinen Konsistenzueberpruefer
 fuer Situationen geschrieben.

DRT:

-Werner Frey und Uwe Reyle, Stuttgart, haben einen generellen Algorithmus
 fuer die Ueberfuehrung von f-Strukturen der LFG in DR-Strukturen
 entworfen, der zur Zeit in PROLOG implementiert wird (Frey 1985, Reyle
 1985a).

-Johnson/Klein (1985) geben eine deklarative Formulierung von
 DRT-Interpretationen fuer ein einfaches Fragment des Englischen;
 Beschreibung im PATR-II-Formalismus, tatsaechliche Implementierung in
 PROLOG (Stanford und Edinburgh).

-Im Rahmen des LEX-Projekts (Universitaet Tuebingen/IBM Heidelberg,
 Guenthner/Lehmann/Schoenfeld (1985)) sind einige Fragmente zur
 Ueberfuehrung von USL in DRT-Format in PROLOG implementiert worden; im
 Umkreis dieses Projekts ist auch das System SYLLOGIST entstanden (Kolb
 1985), das ein einfaches Fragment des Englischen in DR-Strukturen
 ueberfuehrt und mit den Strukturen elementare Deduktionen durchfuehrt.

So viel zu existierenden Systemen und Systemfragmenten. Ich komme nun zur
Frage, wie weit beim gegenwaertigen theoretischen Entwicklungsstand die
Beruecksichtigung der beiden Ansaetze in der Konzeption
natuerlich-sprachlicher Systeme empfohlen werden kann. Die Frage muss fuer
DRT und Situationssemantik getrennt beantwortet werden.

Die Situationssemantik ist definitiv noch nicht in einem Zustand, in dem
sie die Grundlage fuer ernsthafte natuerlich-sprachliche Anwendungen
abgeben koennte. Der Formalismus ist an vielen Stellen offen oder
problematisch, die Behandlung vieler sprachlicher Probleme ist ganz
ungeklaert, in anderen Faellen existieren nur Absichtserklaerungen (vgl.
Partee 1985). Die Theorie veraendert sich zu schnell, als dass sie die
Grundlage fuer eine mittelfristige Projektplanung abgeben koennte. Die
Veraenderungen, wie sie an den Unterschieden zwischen Barwise/Perry (1983)
und (1985) abgesehen werden koennen, gehen (noch) in Richtung auf immer
grundsaetzlichere, in ihren Folgen schwer zu durchschauende Abweichungen
vom konventionellen Standard. Man wird abwarten muessen, bis das aeusserst
ambitioese Unternehmen eine Phase der Konsolidierung und Konkretisierung
erreicht. Wann dies sein wird, und ob ueberhaupt, laesst sich gegenwaertig

nicht beantworten; jedenfalls wird man kaum im Zeitraum der naechsten zwei Jahre damit rechnen koennen. Inzwischen lohnt es sich durchaus, die Entwicklung zu beobachten, bestimmte Loesungsideen (z.B. fuer die kontextsemantische Behandlung der verschiedenen Varianten definiter Nominalausdruecke) und theoretische Konzepte (z.B. den Rollenbegriff) eingehend zu analysieren und wenn moeglich zu verwerten.

Die DRT ist in einem wesentlich konkreteren Stadium der Realisierung, was natuerlich damit zusammenhaengt, dass sie in ihren Nahzielen bescheidener und in der Ausfuehrung weniger radikal ist. Der tatsaechlich ausgearbeitete Bereich - Pronominalanaphorik, Standardquantoren und Teile der Temporalanaphorik - ist recht schmal; in diesem Bereich liegen jedoch konkrete Resultate vor, und in anderen Problemfeldern ist so viel an Vorarbeiten geleistet worden, dass man die DRT zum gegenwaertigen Zeitpunkt durchaus als Basis der semantischen Repraesentation fuer groessere Sprachausschnitte empfehlen kann - zumal ein alternatives, aehnlich gut erforschtes und leicht zu handhabendes System nicht existiert. Man darf allerdings nicht davon ausgehen, dass man mit der DRT ueber eine fertige Theorie verfuegt, die nur noch auf grosse Datenmengen angewendet werden muss. Viele wichtige und grundsaetzliche Probleme stehen noch zur Loesung an, und Anwendung und Entwicklung muessen Hand in Hand gehen. Einige der wichtigsten unmittelbar anstehenden Aufgaben sollen abschliessend aufgezaehlt werden:

-der systematische Anschluss der DRT an eine geeignete Syntax: Die Standardversion (z.B. Kamp 1981a) arbeitet mit einer simplen Phrasenstruktur-Grammatik, fuer deren Konstituenten DRS-Konstruktionsregeln einzeln und unsystematisch formuliert werden. Ein wichtiger Schritt zum Anschluss einer DRT-Semantik an die LFG ist in Stuttgart gemacht worden (Frey 1985, Reyle 1985a); von der GPSG aus (Ivan Sag, Stanford; Ewan Klein, Edinburgh) wird ebenfalls die Etablierung einer DRT-basierten Semantikkomponente betrieben.

-die Verbreiterung des semantischen Anwendungsfeldes, sowohl durch die Erarbeitung weiterer textsemantischer Bereiche als auch durch die Untersuchung der Beziehung zur konventionellen logischen Semantik (Montague-Grammatik) und die Integration ihrer zahlreichen Ergebnisse.

-die Einbettung in einen allgemeinen pragmatisch-kontexttheoretischen Zusammenhang: Das Verhaeltnis von DRS, allgemeinem Wissenshintergrund und nicht-verbalen Elementen der Aeusserungssituation muss geklaert, die Grenzziehung zwischen Deixis und Anaphorik auf eine adaequatere Grundlage gestellt und die Anapherntheorie zu einer generellen Theorie der Kontextabhaengigkeit erweitert werden. Hierbei koennten inhaltliche Resultate aus der Situationssemantik hilfreich sein.

<u>Prinzipien der Diskursrepraesentationstheorie</u>

Uwe Reyle
Institut fuer Linguistik
Universitaet Stuttgart

0. Einleitung

Sprache dient in erster Linie dem Austausch von Gedanken und Information. Eine zentrale Aufgabe einer allgemeinen Sprachtheorie ist deshalb, zu explizieren, wie Sprache diesen Zweck erfuellt.

Die streng mathematischen Sprachtheorien innerhalb des Paradigmas der modelltheoretischen Semantik und die Montague Grammatik beschraenken sich fast ausschliesslich darauf, die Bedeutung von Ausdruecken streng nach dem Frege'schen Kompositionsprinzip festzulegen. D.h. die Bedeutung eines Satzes ist immer als Funktion der Bedeutung seiner lexikalischen Elemente und seiner syntaktischen Struktur gegeben.

Sicher ist es unumgaenglich, zu untersuchen, in welcher Weise die Wahrheitsbedingungen von der syntaktischen Struktur abhaengen. Aber darueber hinaus muss eine Theorie des Sprachverstehens beschreiben koennen, wie nicht-syntaktische Informationen in die Interpretation einer Aeusserung einfliessen. Das Ziel der Diskurs-Repraesentations-Theorie (kurz: DR-Theorie) ist, eine Bedeutungstheorie bereitzustellen, die semantische und pragmatische Aspekte der Sprache in einen einheitlichen Formalismus integriert. Sie wurde entwickelt, um Aspekte der Interpretation von Aeusserungen beschreiben zu koennen, denen in den traditionellen Theorien formaler Semantik nicht Rechnung getragen werden konnte. Sie kann als Reformulierung modelltheoretischer Semantik aufgefasst werden, in der also die mathematische Praezision erhalten ist, die aber der Art und Weise Rechnung traegt, wie Information im Verlauf verbaler Kommunikation vermittelt wird.

Ein wichtiger Aspekt der Interpretation von Aeusserungen ist die

Kontextsensitivitaet: die Interpretation einer Aeusserung haengt zum Grossteil von dem Kontext ab, in dem sie gemacht wird. Die kontextuelle Information, die in die Interpretation eingeht, besitzt mehrere Quellen: zum einen den Diskurs selbst, in dem die Aeusserung vorkommt; zum anderen alle moeglichen nicht verbalisierten Hintergrundannahmen.

Soll eine semantische Theorie auf reale Situationen erfolgreich angewandt werden koennen, so muss sie Mittel bereitstellen, die es erlauben, diese Hintergrundannahmen, Glaubensinhalte und mentalen Zustaende ("propositional attitudes") der Teilnehmer eines Diskurses auf eine Weise zu charakterisieren, die deren Beitrag zur Interpretation der Aeusserungen explizit macht.

Ich werde im ersten Abschnitt skizzieren, wie die verschiedenen Quellen der Kontextsensitivitaet der Interpretation von Sprache in der DR-Theorie eine einheitliche Darstellung finden. Im zweiten Abschnitt werde ich mich auf den Teil der DR-Theorie konzentrieren, der am weitesten ausgearbeitet ist: die Interpretation von Texten. Beide Abschnitte haben Ueberblickscharakter. Die darauf folgenden Abschnitte sind speziellen Themen und Problemen der Interpretation von Texten gewidmet. Fuer indefinite Nominalphrasen, anaphorische Pronomina, Zeitformen, Appositionen und sogenannte VP-Ellipsen werden die Konstruktionsregeln fuer die semantische Interpretation in der DR-Theorie angegeben.

1. Diskurs-Repreasentations-Theorie als Theorie der verbalen Kommunikation

Nimmt man an einem Gespraech teil, hoert man einen Diskurs oder liest man einen Text, so benutzt man staendig zur Interpretation eines Satzes oder Satzteils, den man gerade hoert oder liest, auch diejenige Information, die man schon durch den vorausgehenden Diskurs bekommen hat. Die Dynamik, die dadurch bei der Interpretation von (Konstituenten von) Saetzen entsteht, wird in der DR-Theorie dadurch erfasst, dass jeder Satz (etwa eines Diskurses) relativ zu einer Repraesentation des vorhergehenden Diskurses oder der Hintergrundannahmen (einer sogenannten Diskurs-Repraesentations-Struktur (kurz: DRS)) interpretiert wird. Diese spielt sozusagen Vermittler zwischen Sprache und Modell. Die Spezifikation der Bedeutung von Saetzen oder Diskursen vermoege einer kompositionellen Interpretation zerfaellt hierbei in zwei Teile:

Erstens: es muss festgelegt werden, wie linguistische Einheiten, insbesondere Saetze und Texte, die DRSen bestimmen, die ihren Inhalt angeben.

Zweitens: es muss formuliert werden, welche Bedeutung eine DRS repraesentiert.

Der ersten Aufgabe entspricht die Formulierung eines Algorithmus, des sog. DRS-Konstruktionsalgorithmus. Er legt fest, wie Aeusserungen kontextuell interpretiert werden. Das kontextuelle Wissen wird dabei in strukturierter Form durch eine DRS zur Verfuegung gestellt. Die Interpretation eines Satzes wird verstanden als Erweiterung dieser Kontext-DRS um den Inhalt der Aeusserung (im gegebenen Kontext). Sie kann also aufgefasst werden als eine (mehrwertige) Funktion von DRSen auf andere DRSen. Im Fall eines Textes wird dadurch der semantische Beitrag eines Satzes zum Text selbst spezifiziert. Im Fall eines Dialogs wird festgelegt, wie die Glaubensinhalte der Teilnehmer durch die Aeusserungen veraendert werden. Das Prinzip dieses dynamischen Ansatzes der Bedeutungsbeschreibung ist in beiden Faellen dasselbe: eine DRS, die den Kontext repraesentiert, wird erweitert um die zu interpretierende Aeusserung. Grob gesagt ist diese Kontext-DRS im einen Fall gegeben durch den Vortext, im anderen Fall durch die mentalen Zustaende der Teilnehmer.
Auf diese Weise ist die Bedeutung nicht fuer jede Aeusserung isoliert gegeben, sondern sie ist gegeben durch die Informationszunahme, die die Kontext-DRS erfaehrt. Hier kommt die zweite Aufgabe ins Spiel, naemlich die Festlegung der Wahrheitsbedingungen: jeder Diskurs D induziert eine DRS (DRS(D)), so dass die Wahrheit von D in einem Modell M gleichbedeutend ist mit der Einbettbarkeit des "Bildes" DRS(D) in M.

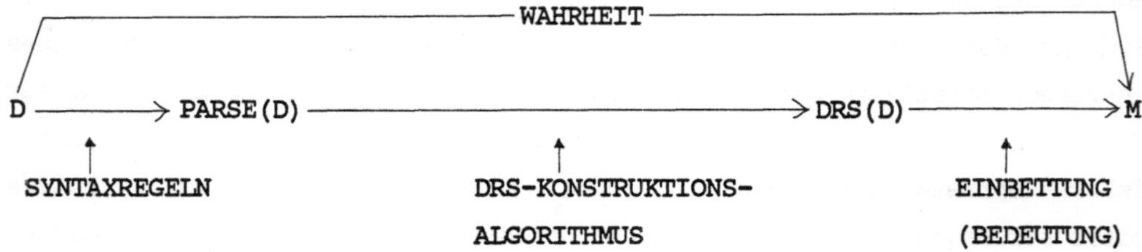

Die Repraesentationsebene der DRSen ermoeglicht es, Aspekte der Interpretation von Aeusserungen zu erfassen, die durch Angabe ihrer

Wahrheitsbedingungen allein nicht zum Ausdruck gebracht werden koennen.
Die folgenden Beispiele (Partee) zeigen die Unzulaenglichkeiten einer
Beschraenkung auf Wahrheitsbedingungen. Obwohl die beiden ersten Saetze
von (1) und (2) dieselben Wahrheitsbedingungen besitzen, kann das Pronomina
'it' nur in (1) verstanden werden als sich auf den vermissten Ball
beziehend.

(1) Only one of the ten balls is not in the bag. It is under the sofa.
(2) Only nine of the ten balls are in the bag. *It is under the sofa.

Was im Text nicht geht, wird aber im Dialog (3) moeglich. Dies zeigt, dass
eine rein syntaktische Loesung fuer den Unterschied zwischen (1) und (2)
ebensowenig zufriedenstellend ist: pragmatische Faktoren spielen eine
entscheidende Rolle fuer die Interpretation von Aeusserungen.

(3) A: Only nine of the ten balls are in the bag.
    B: Oh, it is under the sofa.

Die DR-Theorie unterscheidet sich von anderen semantischen Theorien
dadurch, dass sich solche pragmatischen Faktoren auf der Ebene der DRSen
beruecksichtigen lassen und man die Interpretation kontext-sensitiver
Elemente (wie z.B. Pronomina) auf der Ebene der DRSen durch strukturelle
Eigenschaften*) adaequat restringieren kann.
Diese strukturellen Eigenschaften der DRSen sind nicht nur fuer die
Interpretation von Pronomina hilfreich. Sie koennen auch fuer die
Explikation des Begriffs der Kohaerenz von Diskursen herangezogen werden.
Die zur Zeit vorliegenden Arbeiten, die dies begruenden, betreffen
hauptsaechlich die folgenden linguistischen und philosophischen
Themenbereiche: die semantischen und anaphorischen Eigenschaften

----

*) Siehe Kamp (1981a), Heim (1982a,b). Die Behandlung von (in)definiten
und universell quantifizierten NPs , Konditionalsaetzen und anaphorischen
Pronomina ist in den beiden Arbeiten im wesentlichen dieselbe. Sie
unterscheiden sich hauptsaechlich in der Darstellung.
Kamp's Formulierung benuetzt diese strukturellen Eigenschaften und
unterscheidet sich dadurch von Heim's Darstellung, die keine zusaetzliche
Ebene der Repraesentation verwendet, sondern rein modelltheoretisch
arbeitet. Von Heim's Perspektive aus betrachtet, erscheint eine DRS als
Menge von Belegungsfunktionen, die bestimmte Bedingungen erfuellen. Es ist
meines Wissens noch ungeklaert, ob es strukturelle Eigenschaften von DRSen
gibt, die nicht vermoege solcher Mengen von Belegungsfunktionen definierbar
sind.

(in)definiter NPs, das Projektionsproblem fuer Praesuppositionen,*) mentale Zustaende ("propositional attitudes"), sowie Zeit und Aspekt. Nur um einen Eindruck der Denkweise zu vermitteln, die der DR-Theorie zugrunde liegt, werde ich in diesem Abschnitt kurz auf die Behandlung der Rolle mentaler Zustaende im Kommunikationsverlauf eingehen (Kamp 1985a,c, Zeevat 1986, Asher 1985).

Der Grundgedanke fuer die Beschreibung mentaler Zustaende besteht darin, dass DRSen (besser: Mengen von DRSen) verwendet werden koennen, um Glaubenszustaende anzugeben; insbesondere solche, die durch das Verarbeiten verbaler Eingabe entstanden sind. Die DRSen, die Glauben und Einschaetzungen eines Menschen charakterisieren, bestimmen den propositionalen Inhalt des Glaubens und der Einschaetzungen und spezifizieren gleichzeitig die Aspekte, unter denen diese Inhalte zu sehen sind.

Kamp (Kamp 1985,c) leitet die Diskussion ueber die Rolle der mentalen Zustaende, relativ zu denen eine Aeusserung interpretiert wird, mit dem Beispielsatz (4) ein.

(4) She was throwing tomatoes

Ich moechte die fuer die Interpretation dieser Aeusserung relevanten Informationen in der Form einer Regieanweisung geben:

> Das Untersuchungszimmer des Offiziers, der mit der Untersuchung der Vorfaelle beauftragt war, die sich waehrend der Reise des Verteidigungsministers vor der Studentenvertretung abgespielt hatten.
> Der Schreibtisch steht mitten im Zimmer; auf ihm sind einige Photographien ausgebreitet, die bei den Unruhen aufgenommen worden waren. Hinter dem Schreibtisch ein Schreibtischstuhl - fast ein Sessel; darin der Offizier, eine dicke Zigarre rauchend. Schweigend.
> Ein Informant, den die Polizei mit der ueblichen Weitsicht unter die Randalierer gemischt hatte, betritt das Zimmer, naehert sich dem Schreibtisch und betrachtet wortlos drei Photographien. Nach einiger Zeit waehlt er eine Photographie aus.
>
> INFORMANT: She was throwing tomatoes.

Die Aeusserung des Informanten haengt auf mehrere Arten vom gegebenen Hintergrund ab.

----

*) Auf diese Problematik werde ich aus Platzgruenden leider nicht eingehen koennen. Eine sehr klare Darstellung findet man in Heim (1983).

(i) "she" referiert auf die Mathematikprofessorin, deren Photographie der Informant ausgewaehlt hat.

(ii) "was throwing tomatoes" weist auf eine Zeit vor dem Sprechzeitpunkt hin.

Als Theorie fuer die verbale Kommunikation muss die DR-Theorie also anwendbar sein auf Situationen, in denen die Interpretation von Aeusserungen abhaengt von verschiedenen Hintergrundannahmen, Einschaetzungen und Glaubensinhalten. Sie muss ein Mittel bereitstellen, das es erlaubt, diese Annahmen so zu charakterisieren, dass ihr Beitrag zur Interpretation von Aeusserungen explizit wird. Solche Ueberlegungen fuehren zu der folgenden Hypothese (Kamp 1985c, p. 246):

> The information that humans derive from verbal inputs (as well as, presumably, the information they derive from other sources), and which they subsequently exploit in the interpretation of other verbal inputs, is available to them in a form similar to that of a DRS.

Darin unterscheidet sich Kamp's Ansatz entscheidend von der Behandlung von Kontext-Sensitivitaet innerhalb der modelltheoretischen Semantik Anfang der 70er Jahre. Die Abhaengigkeit der Wahrheit einer Aeusserung von Umstaenden wie:

- Ort und Zeit der Aeusserung
- Sprecher / Hoerer
- die Aeusserung begleitende demonstrative Akte

wurden in bezug auf ein gegebenes Modell durch Funktionen beschrieben, die die relevanten kontextuellen Faktoren (moegliche Welten, Zeiten: Indizes) als Argumente nehmen. Bestimmte kontext-sensitive ("indexikalische") sprachliche Elemente wie Pronomina, Demonstrativa, Zeitformen, Orts- und Zeitadverbien steuerten diese Berechnung. Demnach gilt (4) als wahr am Sprechzeitpunkt $t0$ genau dann, wenn die Person auf dem Bild zu einem Zeitpunkt vor $t0$ dabei war, Tomaten zu werfen.

Kamp hingegen stellt die fuer die Interpretation indexikalischer Ausdruecke relevante Information in einer (Form aehnlich einer) DRS bereit. Das heisst fuer das Beispiel (4), dass die Hintergrundinformation (Kontext-DRS) ein spezielles Ereignis enthaelt, relativ zu dem (4) interpretiert wird, naemlich die Rede des Verteidigungsministers. Dies ermoeglicht eine korrekte Interpretation der Vergangenheitsform: sie bezieht sich nicht auf einen beliebigen Punkt oder auf ein beliebiges Ereignis vor dem Sprechzeitpunkt (was durch die existentielle Quantifizierung bei der obigen Angabe der Wahrheitsbedingungen ausgesagt wird, sondern auf den Zeitpunkt des speziellen Ereignissses, auf das sich Offizier und Informant implizit beziehen. D.h. die DR-Theorie ermoeglicht eine Explizierung des Reichenbachschen Ansatzes, Zeitformen mittels Referenzzeiten zu klassifizieren (Reichenbach 1947). Die Abgrenzung zu der (ii) entsprechenden Analyse mittels zeitlogischer Operatoren wird im fuenften Abschnitt ausgefuehrt werden.

2. <u>DR-Theorie</u> <u>als</u> <u>Theorie</u> <u>der</u> <u>Interpretation</u> <u>von</u> <u>Texten</u>

Um mich auf festerem Boden zu bewegen, moechte ich mich im folgenden auf die Beschreibung des Teils der DR-Theorie beschraenken, der am weitesten ausgearbeitet ist: die Interpretation von Texten.

Zwischen den fuer Texte (fuer die Interpretation der in ihnen vorkommenden Saetze) aufgebauten DRSen und der die Hintergrundannahmen repraesentierenden Kontext-DRS fuer das Beispiel (4) besteht eine starke Analogie. Man betrachte hierzu die folgende Umformulierung von Beispiel (4) (Kamp 1985c, p 240):

> On the 25th February the Defense Secretary addressed the Union.
> As expected the occasion was marked by serious disturbances and
> the Secretary, unable to finish his speech, left in a condition
> that called for a bath and a serious spot of dry-cleaning. Later
> that week a police informer who had been present during the
> address selected from a group of photographs the picture of a
> professor of mathematics and told the officer in charge of the
> investigation that she threw several tomatoes.

Hier zeigt der letze Satz:

(5) she threw several tomatoes

genau dieselben Abhaengigkeiten auf wie (4). Die DRS, relativ zu der (5) beim Lesen des Textes interpretiert werden muss, wird nun durch den Text, (genauer Vortext) selbst aufgebaut*).

D.h. das spezielle Ereignis, relativ zu dem das Vergangenheitstempus

---

*) Im weitesten Sinne wird sie einem Teil der DRSen entsprechen, die den mentalen Zustaenden von Offizier bzw. Informant korrelieren.

interpretiert werden soll, wird durch die Analyse des Vortextes bereitgestellt. Dasselbe gilt fuer den Antezedenten des anaphorischen Pronomens. Die DRS des Vortextes erfuellt also zwei Aufgaben:

- Zum einen interpretiert sie das Textstueck, von dem sie abgeleitet ist.
- Zum anderen dient sie als Kontext fuer die Interpretation des verbleibenden Textes.

Die Unzulaenglichkeit der traditionellen modelltheoretischen Ansaetze zeigt sich darin, dass in ihr nur die zuerst genannte Aufgabe erfuellt wurde; der Bidirektionalitaet der Abhaengigkeit von Kontext und Aeusserung aber wurde nicht Rechnung getragen.

In der DR-Theorie wird auf der Repraesentationsebene der DRSen das, "was Inhalt war", mit dem "Kontext fuer das noch zu Interpretierende" identifiziert. Dieses Prinzip der Einheit von Kontext und Inhalt ist fuer die DR-Theorie grundlegend. Das Verstehen eines Textes ist nicht nur eine Frage der Wahrheitsbedingungen, sondern in gleichem Masse eine Frage des Aufbaus des Kontextes, den er bereitstellt, um das adaequat interpretieren zu koennen, was folgt.

Sei ein Text D als Folge von Saetzen $S1$, $S2$, ..., Sn gegeben, so laesst sich die Prozedur, die D in die entsprechende DRS (DRS(D)) ueberfuehrt, wie folgt beschreiben: Die DR-Theorie setzt eine syntaktische Komponente voraus, die jedem (wohlgeformten) Ausdruck dieser Sequenz eine syntaktische Analyse zuordnet. Der DRS-Konstruktions-Algorithmus operiert auf den Analysen PARSE(Si) der einzelnen Saetze Si. Er arbeitet die einzelnen PARSE(Si) der Reihe nach ab $(i=1,...,n)$, wobei er die Interpretation DRS(Di-1) als Kontext beruecksichtigt, die er aus der Folge der vorausgehenden Analysen PARSE(S1), ..., PARSE(Si-1) aufgebaut hat. Die Abarbeitung von PARSE(Si) fuehrt dazu, dass DRS(Si-1) um den Inhalt von Si erweitert wird, was zu einer DR-Struktur DRS(Di) fuehrt, die den gesamten Inhalt der Saetze S1, ..., Si repraesentiert und wiederum als Kontext fuer die semantische Analyse von Si+1 dient.

Jede syntaktische Analyse PARSE(Si) wird top-down abgearbeitet, indem auf jeden Knoten des Baumes*) eine Konstruktionsregel angewandt wird, die mit

---

*) Es existieren auch bottom-up Versionen (Zeevat 1984, Klein 1985, Frey 1985, Reyle 1985a). Ein DRS-Konstruktions-Algorithmus der auf F-Strukturen (Lexical-Functional Grammar) arbeitet, wurde in Frey (1985) und Reyle (1985a) beschrieben.

der syntaktischen Regel assoziiert ist, die diesen Knoten expandiert. Die Menge dieser Regeln, zusammen mit der Spezifikation der Reihenfolge ihrer Anwendung, konstituiert den DRS-Konstruktions-Algorithmus.

Das Interessante und das Wesentliche der DR-Theorie liegen in der Formulierung dieses Algorithmus. Diese essentielle Rolle des DRS-Konstruktions-Algorithmus wird oft uebersehen, wenn man nur die DRSen (etwa in praedikatenlogischen Notation (vgl. (7) versus (8) unten)) betrachtet.

Definition 1: Eine DRS K ist ein Paar <U(K), C(K)>, wobei

   (i) U(K) eine Menge von Diskursreferenten ist; sie wird das Universum von K genannt, und

   (ii) C(K) eine Menge von Bedingungen ist, die (im atomaren Fall) Praedikationen ueber Diskursreferenten sind.

Komplexe Bedingungen werden in den Abschnitten 4 bis 6 besprochen. Eine DRS K mit Universum U(K) und Bedingungen C(K) ist wahr (relativ zu einem gegebenen Modell M), wenn jedem Element des Universums U(K) eine Entitaet (aus M) so zugeordnet werden kann, dass diese Entitaeten allen Bedingungen in C(K) genuegen, in denen die entsprechenden Diskursreferenten auftreten. Diese Entitaeten kann man auch als (eigentliche) Referenten bezeichnen. So entspricht dem folgenden Text:

(6) The Defense Secretary is addressing the Union. A professor of mathematics dissaproves of him. She is flinging a tomato at him.

eine DRS der Form*)

(7)
```
┌─────────────────────────────────┐
│  x    y    z    u               │
├─────────────────────────────────┤
│  Defense Secretary(x)           │
│  Union(y)                       │
│  is-addressing(x,y)             │
│  professor-of-mathematics(z)    │
│  dissaproves-of(z,x)            │
│  tomato(u)                      │
│  is-flinging-at(z,u,x)          │
└─────────────────────────────────┘
```

Das Universum dieser DRS besteht aus den Diskursreferenten x, y, z und u,

----

*) Die Darstellung ist an dieser Stelle sehr vereinfacht: Aspekte temporaler Referenz, der Unterschied zwischen definiten und indefiniten NPs etc. sind nicht beruecksichtigt.

die in der ersten Zeile der DRS aufgelistet sind. Danach folgen die
einzelnen Bedingungen, aus denen C(K) besteht. Der semantische Inhalt von
(7) wird bestimmt durch eine Einbettungsfunktion, die eine Beziehung
festlegt zwischen der formalen Repraesentation und einem Modell. D.h. (7)
ist wahr einem Modell M, wenn man Referenten a, b, c und d in M findet, die
x, y, z und u zugeordnet werden koennen so dass sie zusaetzlich in M all
den in C(K) ausgedrueckten Bedingungen genuegen, d.h.: dass a der
Verteidigungsminister, b die Studentenvertretung, c die
Mathematikprofessorin und d eine Tomate (in M) sind, und (in M) a zu b
spricht, c a missbilligt und c d auf a wirft.

Nimmt man an, die atomaren Bedingungen einer DRS sind durch Ausdruecke der
Form R(ul, ..., un) gegeben, wobei R ein n-stelliges Relationssymbol ist
und ul bis un Elemente der Menge V von Diskursreferenten sind, und sei
ferner M = <U,F> ein Modell mit Universum U und Interpretationsfunktion F,
dann lautet die Definition der Wahrheitsbedingungen fuer DRSen mit atomaren
Bedingungen wie folgt:

Definition 2:

(a) sei f: V -> U eine partielle Funktion von der Menge V der
Diskursrerefenten in das Universum U eines Modells M. Dann verifiziert
f eine DRS K (f |= K)   gdw   U(K) c dom(f) und f |= C(K).

(b) f |= C(K)   gdw   fuer jedes c aus C(K) f|=c gilt.

(c) f |= R(ul, ..., un)   gdw   <f(ul), ..., f(un)> Element von F(R) ist.
(Die Klauseln fuer nicht-atomare Bedingungen werden in den Abschnitten
4 bis 6 angegeben.)

(d) Eine DRS K ist wahr in M   gdw   es eine Funktion f in M gibt mit
f |= K. f heisst dann Einbettungsfunktion.

Alles in allem sind die Wahrheitsbedingungen so formuliert, dass (7) genau
den Wahrheitswert der praedikatenlogischen Formel (8) erhaelt.

(8)]x]y]z]u (Defense-Secretary(x) & Union(y) & is-addressing(x,y)
& professor-of-math(z) & ... & is-flinging-at(z,u,x,))

Die Unterschiede zwischen einer traditionellen Uebersetzung in die logische
Notation (etwa a la Montague) und der Uebersetzung in DRSen und damit
insbesondere die Rolle des DRS-Konstruktions-Algorithmus kann man durch
eine genauere linguistische Analyse der Bedeutung von indefiniten

Nominalphrasen deutlich machen.

3. Indefinite Nominalphrasen

Heim's und Kamp's Arbeiten zeigen, wie das Verhalten von indefiniten und definiten Ausdruecken natuerlicher Sprachen in der DR-Theorie so beschrieben werden kann, so dass die richtigen Voraussagen insbesondere ueber ihre Rollen in anaphorischen Beziehungen gemacht werden koennen. Singulare indefinite Nominalphrasen beginnen im Englischen mit "a" oder "one". Unter die definiten Ausdruecke fallen z.B. Pronomina und die mit definitem Artikel ("the") eingeleiteten Nominalphrasen.

Die Unterscheidung, die zwischen den beiden Typen von Ausdruecken in der DR-Theorie getroffen wird, geht zurueck auf die sogenannte "Familiarity Theory of Definiteness" der traditionellen Grammatik, die Heim (1982b) kurz wie folgt wiedergibt:

> A definite is used to refer to something that is already familiar
> at the current stage of the conversation. An indefinite is used
> to introduce a new referent.

Das Problem dieser Unterscheidung liegt fuer die logisch orientierte Semantik darin begruendet, dass mit der "Familiarity" vorausgesetzt wird, (in)definite Ausdruecke haetten referentiellen Charakter: denn nur wenn ueberhaupt ein Referent existiert, kann davon geredet werden, dass er bekannt ist bzw., dass er neu eingefuehrt wird. Dass es sehr wohl nicht referentiellen Gebrauch von (in)definiten Ausdruecken gibt, zeigen die folgenden Beispiele:

(9) Susan does not own a book.

(10) Every student reads his book.

(11) If Susan owns a book she is happy.

In (9) und (11) muss unter der praeferierten Lesart, d.h. der Lesart mit weitem Skopus der Negation bzw. Implikation, kein Buch existieren; und in (10) spielt "his" die Rolle einer gebundenen Variablen, referiert also auch nicht auf einen speziellen Studenten.

Die naheliegenden Uebersetzungen in die Praedikatenlogik, insbesondere die Uebersetzung des indefiniten Artikels mittels existentieller

Quantifizierung, lassen sich jedoch nicht auf alle Faelle des Gebrauchs indefiniter Ausdruecke gleichermassen anwenden. Probleme fuer die praedikatenlogische Behandlung bilden die sog. Eselsaetze, wie (12) und (13), sowie satzuebergreifende anaphorische Beziehungen, wie sie in (14) bis (17) auftreten.

(12) If Susan owns a book she reads it.

(13) Every student who owns a book reads it.

(14) Susan reads a book. It pleases her.

(15) Susan does not own a book. *She reads it.

(16) Every student borrows a book that he reads. *He likes it.

(17) If Susan owns a book she is happy. *She reads it.

Sie erzwingen die Formulierung kontextsensitiver Regeln fuer die Uebersetzung der indefiniten Artikel "a" oder "one".

(i) Fuer (14) muss die Annahme aufgegeben werden, dass der Skopus einer quantifizierten NP eines Satzes auf diesen Satz selbst beschraenkt ist.

(ii) Dies gilt jedoch nur unter der Bedingung, dass die NP nicht selbst unter dem Skopus einer Negation, Implikation oder universellen Quantifizierung steht, wie die Beispiele (15) bis (17) zeigen.

(iii) Tritt eine indefinite NP im Skopus einer solchen Negation, Implikation oder universellen Quantifizierung auf, so genuegt es nicht, dem entsprechenden Existenzquantor einen hinreichend grossen Skopus zuzuordnen, so dass er das Pronomen binden kann: er muss darueber hinaus durch den Allquantor ersetzt werden:

(18) $\forall x[\ \exists y\ (\ \text{student}(x)\ \&\ \text{book}(y)\ \&\ \text{own}(x,y)\ \rightarrow\ \text{read}(x,y)\ )\ ]$

(18) hat nicht dieselben Wahrheitsbedingungen wie (13). Die korrekte Uebersetzung lautet:

(19) $\forall x[\ \forall y\ (\ \text{student}(x)\ \&\ \text{book}(y)\ \&\ \text{own}(x,y)\ \rightarrow\ \text{read}(x,y)\ )\ ]$

Die DR-Theorie ermoeglicht eine einheitliche Behandlung indefiniter Ausdruecke, indem sie indefiniten NPs keine quantifizierende Kraft und damit auch keinen Skopus zuspricht. Sie interpretiert indefinite NPen also nicht mittels eines Quantors, dessen Form und Skopus kontextuell festgelegt sind, sondern vielmehr durch Einfuehrung neuer Diskursreferenten in die

DRS.   Diese Diskursreferenten bekommen ihre quantifizierten Lesarten durch eine abstrakte Einbettungsoperation der DRS des gesamten Diskurses in ein Modell.

Dadurch wird es moeglich, die Familiarity-Theory of Definiteness in einer logischen Semantik auszudruecken, wenn man in der obigen Formulierung den Begriff "Referent" durch "Diskursreferent" ersetzt: indefinite Ausdruecke introduzieren neue Diskursreferenten in die DRS, definite hingegen beziehen sich auf etwas, das schon zur Verfuegung steht, d.h. auf einen schon eingefuehrten Diskursreferenten.

Genauer gesagt, impliziert der Gebrauch von indefiniten Deskriptionen, dass das, worauf sie sich beziehen, dem Sprecher/Hoerer noch nicht bekannt ist. Die Einfuehrung des neuen Diskursreferenten und die damit verbundene Forderung, dass dieser neue Diskursreferent dem deskriptiven Inhalt der NP genuegen muss, schliessen nun nicht aus, dass dieser Diskursreferent durch mehrere tatsaechliche Referenten oder, falls der Satz falsch ist, durch keinen tatsaechlichen Referenten in der Welt (oder im Modell) instantiiert werden kann.   Im Falle definiter NPen ist der Bezug auf etwas Bekanntes gefordert.   Die damit verbundene Voraussetzung der Eindeutigkeit der Instantiierung wird nun auf der Ebene der DRS erfuellt.   Als Diskursreferent ist der (richtige) Antezedent in der DRS eindeutig gegeben, auch wenn ihm mehrere oder gar keine tatsaechlichen Referenten in der Welt entsprechen.

Wie der DRS-Konstruktionsalgorithmus fuer die obigen Beispiel aussieht und wie die Wahrheitsbedingungen der entsprechenden DRSen zu formulieren sind, will ich nun ausfuehrlich darstellen.

4. Einige Beispiele

Die Beispiele sind Varianten, z.T. auch identisch mit denen, die in Kamp (1981a, 1983) zur Einfuehrung in die DR-Theorie benutzt wurden. Zunaechst der einfache "Text":

(14) Susan reads a book. It pleases her.

Die Saetze werden zuerst syntaktisch analysiert.   Die syntaktischen Strukturen, auf denen der DRS-Konstruktionsalgorithmus arbeitet, sind die kontextfreien Phrasenstrukturbaeume PARSE(14.1) und PARSE(14.2).

PARSE(14.1)

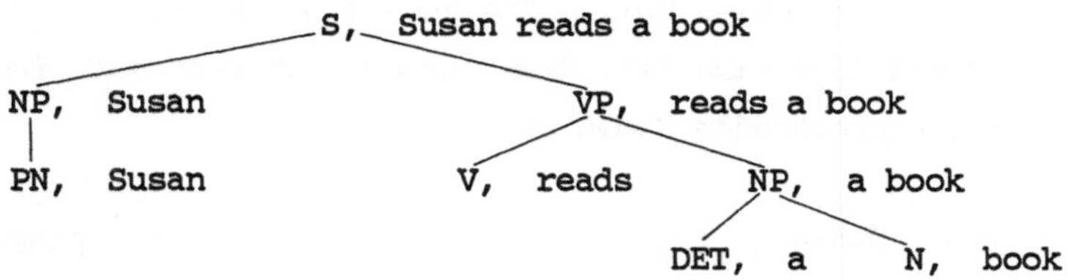

PARSE(14.2)

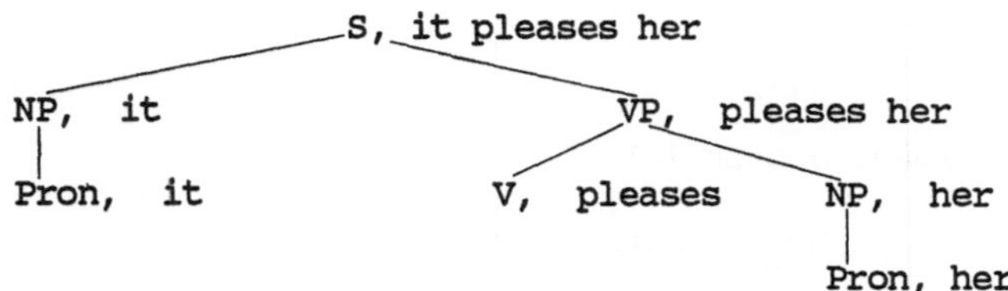

Der Konstruktionsalgorithmus wird zunaechst angewandt auf den Wurzelknoten S der Analyse PARSE(14.1) des ersten Satzes. Um die Darstellung einfach zu halten, setze ich voraus, dass der erste Satz ohne kontextuelle Information interpretiert wird. D. h., dass die DRS KO, von der man ausgeht, leer ist, d. h. U(KO) = Ø und C(KO) = Ø. PARSE(14.1) wird nun in C(KO) eingetragen. Die spezielle Konstruktionsregel, die auf S Anwendung findet, wird bestimmt durch die unmittelbaren Konstituenten des Satzes sowie durch die innere Struktur der Subjekts-NP. Das bedeutet, dass der syntaktischen Regel, die S zu NP und VP expandiert, nicht eindeutig eine DRS-Konstruktionsregel zugeordnet ist, sondern eine Menge solcher Regeln. Erst die Information ueber die unmittelbaren Konstituenten der NP ermoeglicht es in diesem Fall, eine einzige Regel auszuwaehlen. So wird fuer die Abarbeitung des S-Knotens von PARSE(14.2) eine andere Regel Anwendung finden als bei PARSE(14.1). Da die Auswahl der Regel durch die NP gesteuert wird, will ich diese Menge der mit S -> NP VP assoziierten Konstruktionsregeln als NP-Regeln bezeichnen. Die NP-Regeln besitzen folgende Gemeinsamkeiten:

(i) Sie fuehren einen Diskursreferenten in das Universum der DRS ein, die gerade aufgebaut wird.

(ii) Sie fuehren zur Erweiterung der Bedingungsmenge um zwei Eintraege, die die entsprechende Information ueber den neu eingefuehrten Diskursreferenten tragen. Die eine Bedingung besagt, dass das, wofuer der Diskursreferent steht, der Verbalphrase genuegen soll. Die andere Bedingung besagt in dem Fall, in dem die NP ein Eigenname ist, dass der Diskursreferent fuer das Individuum mit dem entsprechenden Namen steht.

Nach Anwendung der NP-Regel fuer Eigennamen auf die im PARSE(14.1) erweiterte DRS KO erhaelt man also (20).

(20)

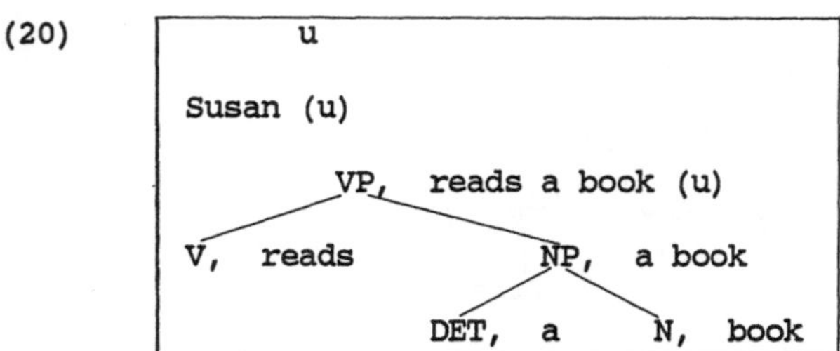

Der naechste Konstruktionsschritt betrifft den VP-Knoten. Mit der syntaktischen Regel VP -> V NP ist wieder die obige Menge der NP-Regeln assoziiert. Generell kann man sagen, dass dass die NP-Regeln mit all den syntaktischen Regeln assoziiert werden, die eine NP mit einem Ausdruck kombinieren, dessen semantische Rolle die der Praedizierung ist, etwa mit Verbalphrasen, Verben oder Praepositionen. Im Fall von (20) ist nun die NP kein Eigenname, sondern ein indefiniter Ausdruck. Die NP-Regel fuer indefinite Ausdruecke fuehrt wieder einen neuen Diskursreferenten ein und spricht zwei Bedingungen ueber diesen Diskursreferenten aus. Der einzige Unterschied zur oben beschriebenen Regel ist der, dass die die NP betreffende Bedingung zum Ausdruck bringt, dass der Diskursreferent dem deskriptiven Inhalt des indefiniten Ausdrucks genuegt. Dies fuehrt zur DRS (21) des ersten Satzes.

(21)

Mit diesem Schritt kommen in der Bedingungsmenge C(21) nur noch atomare Ausdruecke vor, so dass keine weitere Konstruktionsregel mehr angewandt werden kann und K1 nun um den Inhalt des zweiten Satzes erweitert werden

----

*) Der Verbeintrag wird meist aequivalent als reads(u,v) notiert, woran ich mich im folgenden auch halten werde.

soll.   Hierzu wird wieder PARSE(14.2) in die Bedingungsmenge C(21)
aufgenommen und top-down abgearbeitet.

(22)

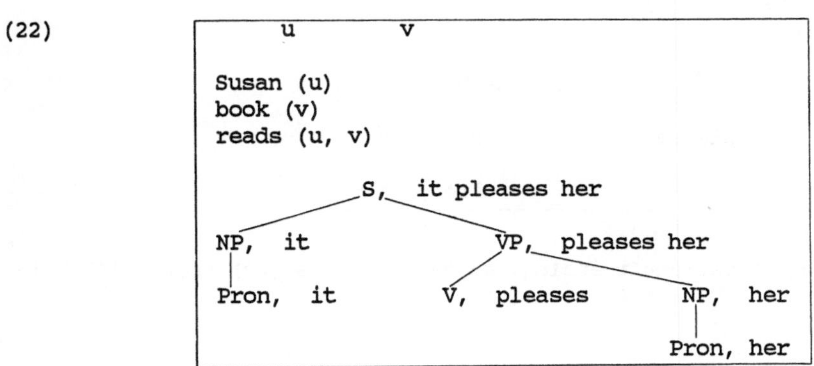

Wieder fuehrt die NP-Regel einen neuen Diskursreferenten ein*) sowie zwei
Bedingungen ueber ihn.   Die von der NP stammende Bedingung drueckt in
diesem Fall die Beziehung zwischen Pronomina und einem moeglichen
Antezedenten durch Gleichsetzung aus. Heuristiken und Deduktionen, die die
Menge der moeglichen Referenten weiter reduzieren und schliesslich zur
Auffindung des korrekten Referenten fuehren, muessen noch in eine
Ausarbeitung der Pronomenregel aufgenommen werden (vgl.   etwa
Guenthner/Lehmann (1983), sowie die grosse Anzahl der AI-Literatur, die es
zu diesem Problem gibt).

----
*) Die in Kamp (1981a) beschriebene NP-Regel fuer Pronomina unterscheidet
sich von der hier beschriebenen und der auch in spaeteren
Veroeffentlichungen von Kamp verwendeten Regel insofern, als sie keine
neuen Diskursreferenten fuer Pronomina einsetzt, sondern sofort die fuer
die Antezedenten stehenden Referenten verwendet.   Die dieser Regel
entsprechende DRS ist (23'):

(23')

Beide Regeln sind kompatibel mit der "Familiarity Theory". Der Unterschied
ist allein darin zu sehen, dass einmal die Koreferenz auf der Ebene der DRS
durch die Identitaetsbedingungen explizit gemacht wird, das andere Mal
nicht.   Die Wahrheitsbedingungen der beiden DRSen (23) und (23') sind auf
jeden Fall identisch und entsprechen denen des Textes (14).

(24)

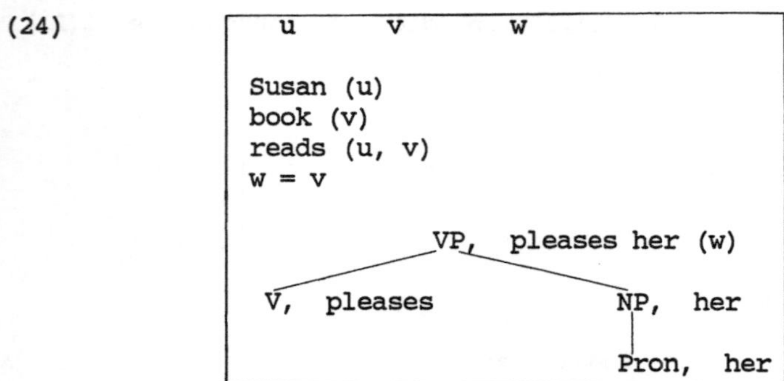

Der naechste Schritt verlaeuft analog, so dass die DRS (23) fuer (14) wie folgt aussieht:

(23)

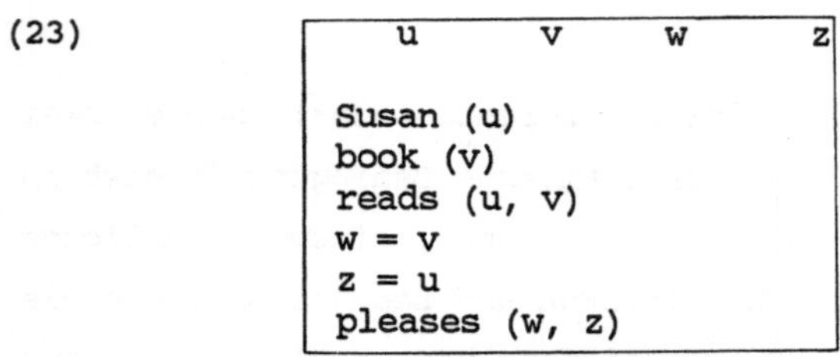

Die Diskrepanz zwischen dem anaphorischen und deiktischen Gebrauch von Pronomina (vgl. die Beispiele mit "she" in den ersten beiden Abschnitten) loest sich durch die Pronomen-Regel sofort auf, wenn man sich vorstellt, dass in der Kontext-DRS nicht nur Information enthalten ist, die aus dem vorangehenden Diskurs stammt, sondern dass sie auch Information anderen Ursprungs enthaelt - wie etwa die mentalen Zustaende des Rezipienten. Schreibt man einer Kontext-DRS diese umfassendere Rolle zu, so erfahren anaphorische und deiktische Pronomina identische Behandlung, indem sie beide zum Eintrag einer Identitaetsbedingung fuehren. Der Unterschied liegt dann darin, wie die Diskursreferenten, die in der Kontext-DRS durch diese Identitaet aufgegriffen werden, ihren Weg in die DRS fanden: ueber Vortext oder ueber andere Wahrnehmungsquellen.

Die Konstruktion von (23) via (21) spiegelt die "rhetorische Struktur" des Minidiskurses wieder: die in (21) enthaltene Information des ersten Satzes von (14) wird einfach durch die Information des zweiten Satzes erweitert. Die Textkohaerenz wird durch die anaphorische Beziehung etabliert. Die Beschreibung einfacher Tempusphaenomene in Abschnitt 5 wird noch deutlicher machen, dass die Bedeutung eines Textes abhaengt von dessen linearer

Struktur. Neben den temporalen Beziehungen von Ereignissen und Zustaenden spielen aber auch kausale, erklaerende, explizierende, elaborative Aspekte der Verknuepfung von Saetzen innerhalb eines Textes eine Rolle. Ein solcher Aspekt, der sich wesentlich von dem "kummulativen" des Beispiels (14) unterscheidet, ist der der "hypothetischen" Verbindung zwischen Saetzen (vgl. Kamp 1985b, pp 34.) wie in

(25) Suppose that a student owns a book. Then he reads it.

Der Unterschied zur kummulativen Verbindung besteht nun im wesentlichen darin, dass die Inhalte, d.h. die den beiden Einzelsaetzen entsprechenden DRSen

(26)

```
┌─────────────────┐
│   u      v       │
│                  │
│  student (u)     │
│  book (v)        │
│  own (u, v)      │
└─────────────────┘
```

und

(27)

```
┌─────────────────┐
│   w      z       │
│                  │
│  w = u           │
│  z =v            │
│  read (u, v)     │
└─────────────────┘
```

nicht einfach (im mengentheoretischen Sinn) vereinigt werden, sondern dass eine andere Beziehung zwischen ihnen besteht, die insbesondere die Asymmetrie der hypothetischen Verbindung zum Ausdruck bringen muss. Dies wird dadurch explizit gemacht, dass man die hypothetische Verbindung selbst als komplexe Bedingung der Form K1 => K2 in eine DRS aufnimmt.

(28)

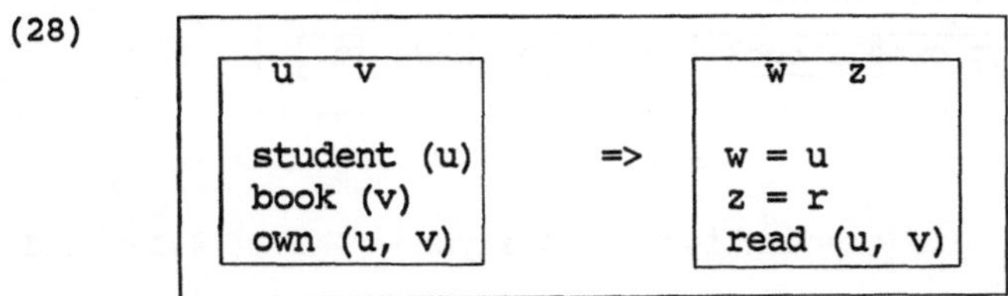

```
┌──────────────────────────────────────────────────┐
│  ┌─────────────────┐          ┌─────────────────┐ │
│  │  u    v          │          │  w    z          │ │
│  │                  │          │                  │ │
│  │  student (u)     │   =>     │  w = u           │ │
│  │  book (v)        │          │  z = r           │ │
│  │  own (u, v)      │          │  read (u, v)     │ │
│  └─────────────────┘          └─────────────────┘ │
└──────────────────────────────────────────────────┘
```

Im allgemeinen bestehen hypothetische (und andere) Verknuepfungen nicht nur zwischen zwei aufeinanderfolgenden Saetzen, sondern sie koennen mehrere Saetze umfassen. Ferner sind die Indikatoren fuer solche Verknuepfungen nicht immer direkt an der Oberflaeche zu finden. Obwohl etwa "suppose that" und "then" ganz klar den Antezedenz einer hypothetischen Verknuepfung abgrenzen, sind in der Regel keine klaren Markierungen fuer das Ende dessen zu finden, was unter der gemachten Annahme alles gelten soll. Dieses Auffinden der Abgrenzungen von Teilen verschiedener Verknuepfungen zwischen Textstuecken ist ein allgemeines Problem der Analyse von Diskursen schlechthin und damit natuerlich auch der DR-Theorie. Deshalb liegen zur Zeit Untersuchungen zur Analyse hypothetischer Verbindungen nur fuer satzinterne Beziehungen dieser Art vor, d.h. fuer die Faelle, in denen Oberflaechenmarkierungen wie "if . . . then" oder "it" zusammen mit syntaktischer Information und den Satzgrenzen die beiden Teile der Verbindung eindeutig festlegen, wie etwa in (29).

(29) If a student owns a book (then) he reads it.

(29) besitzt die sytaktische Analse PARSE(29).

PARSE(29)

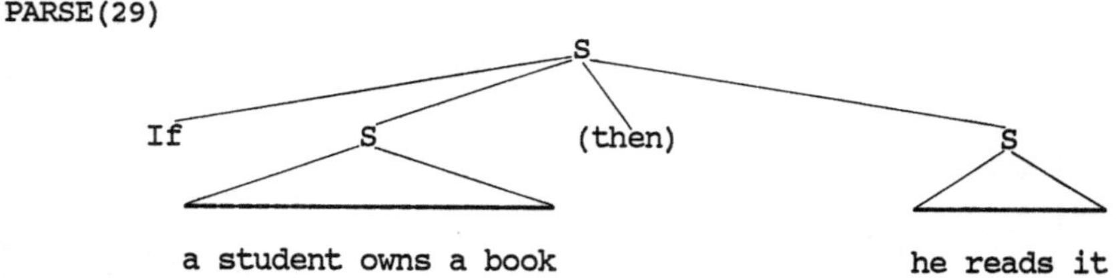

(29) bringt denselben Inhalt wie (28) zum Ausdruck. Die Konstruktionsregel, die mit dem Wurzelknoten von PARSE(29) assoziiert ist, fuehrt zur Einfuehrung einer komplexen Bedingung der Form K1 => K2 in die DRS (30), in der der Satz abgearbeitet wird.

(30)

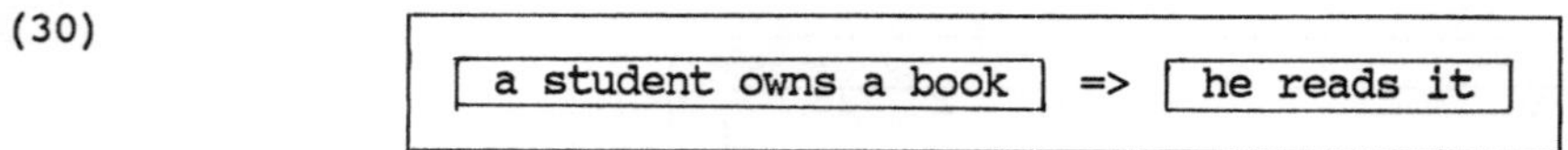

Aus Platzgruenden habe ich die syntaktischen Analysen PARSE(14.1) und PARSE(14.2) der beiden Teilsaetze von (29) durch ihre zugehoerigen Oberflaechenketten ersetzt und werde dies auch im folgenden beibehalten. Es ist jedoch wichtig, sich immer klar zu machen, dass diese Ketten nur Abkuerzungen fuer ihre syntaktischen Analysen sind. Diese werden nun in den DRSen der komplexen Bedingung K1 => K2 entsprechend den schon beschriebenen NP-Regeln lokal weiter reduziert bis nur noch atomare

Bedingungen uebrig bleiben. Fuer den Antezedenz ergibt dies die DRS (26), fuer den Konsequenten die DRS (27), so dass man als endgueltiges Resultat (28) erhaelt.

Derselbe Inhalt wie der von (29) kann aber auch durch universell quantifizierte Saetze wie (13)

(13) Every student who owns a book reads it.

zum Ausdruck gebracht werden. Die fuer diesen Fall notwendige NP-Regel muss nun zusaetzlich zur Einfuehrung eines neuen Diskursreferenten und der beiden Bedingungen ueber diesen Diskursreferenten die komplexe Bedingung K1 => K2 einfuehren; und zwar so, dass die vom deskriptiven Inhalt der NP herstammende Bedingung (32) zusammen mit dem neuen Diskursreferenten in den Antezedenten eingefuehrt werden und die von der VP stammende Bedingung in den Konsequenten von (31).

(31)

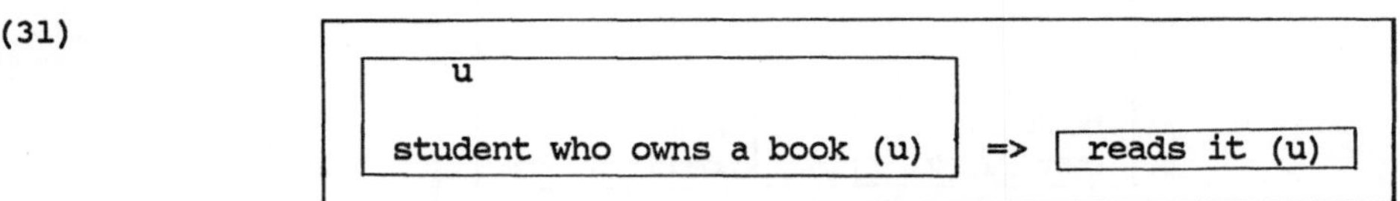

Die weitere Abarbeitung der Bedingung

(32)

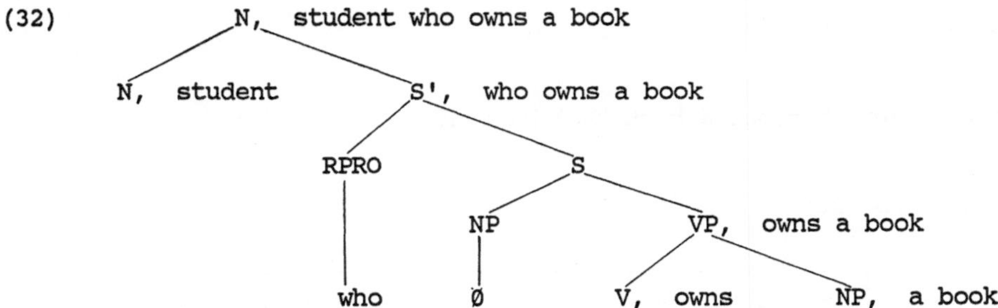

fuehrt (im Falle eines restriktiven Relativsatzes) zur DRS (33),

(33)

```
u
student (u)
own a book (u)
```

in der die durch den Relativsatz gegebene zusaetzliche Information ueber

den Diskursreferenten u durch die weitere Bedingung "own a book (u)"
erfasst wird. Diese fuehrt nach weiterer Reduktion zu (34)

(34)

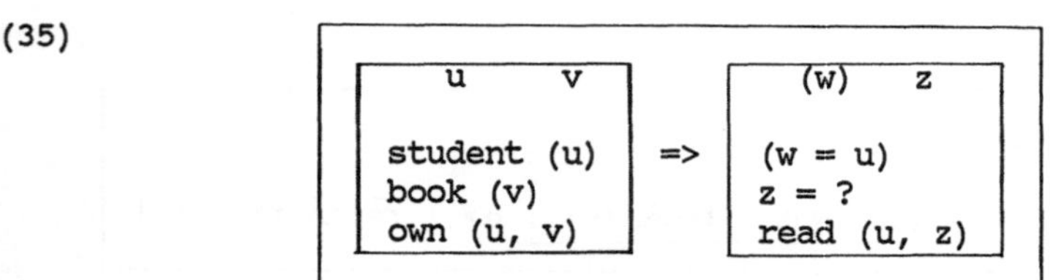

Fuer die Abarbeitung der Bedingung "reads it (u)" (bzw. der Bedingung "he
reads it" im letzten Beispiel) muss die NP-Regel fuer Pronomina noch etwas
praezisiert werden. Und zwar muss die Menge der moeglichen Antezedenten
fuer anaphorische Pronomina definiert werden, d.h. die Menge der
Diskursreferenten, die fuer die Vervollstaendigung der Gleichung $z = ?$ in
Frage kommen. In beiden Beispielen ist der richtige Diskursreferent fuer
die Pronomina nicht in dem Universum der DRS zu finden, in der die
Pronomen-Regel Anwendung findet.

(35)

Dass es nicht adaequat ist, alle Diskursreferenten zuzulassen, die in der
gesamten DRS eingefuehrt wurden, also die Menge der moeglichen Antezedenten
mit der Vereinigung der Universen aller Unter-DRSen zu identifizieren,
zeigen Beispiele wie (16)

(16) Every student borrows a book that he reads. * He likes it.

Die Form der DRS (36)

(36)

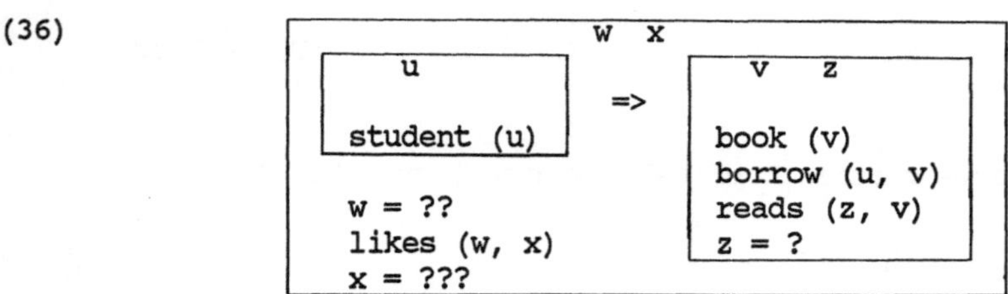

muss die Unterscheidung ermoeglichen zwischen der Vervollstaendigung der
vom "he" des ersten Satzes stammenden Gleichung $z = ?$ und der vom "he"

oder "it" des zweiten Satzes stammenden Gleichung w = ?? (bzw. x = ???).
Der erste Satz ist wohlgeformt, und das "he" kann somit seinen Antezedenten
u finden, was zum Eintrag z = u fuehrt. Beide Pronomina des zweiten Satzes
hingegen koennen sich nicht auf die Diskursreferenten u bzw. v beziehen
(schliesst man die marginale Lesart aus, dass die hypothetische Beziehung,
die im ersten Satz zum Ausdruck gebracht wird, sich auch noch auf den
zweiten Satz erstreckt). Die Regel, die nun die gewuenschten Restriktionen
bringt, ist die Zugaenglichkeitsregel (Kamp 81), die besagt, dass nur
Diskursreferenten in von einer DRS K zugaenglichen Universen als
Antezedenten fuer Pronomina, die in K abgearbeitet werden, in Frage kommen.

Definition 3:

a) Ein Diskursreferent u ist von einer DRS K zugaenglich, falls

   (i)   u im Universum von K selbst liegt

   (ii)   u im Universum einer DRS K' liegt, die Teil einer komplexen
   Bedingung der Form K' -> K ist, oder

   (iii) u in einem Universum einer Ober-DRS von K enthalten sind.

b) Eine DRS K heisst Ober-DRS von K', falls

   (i) K' Teil einer komplexen Bedingung von K ist, oder

   (ii) K' Teil einer komplexen Bedingung einer DRS K'' ist, fuer die K
   Ober-DRS ist.

Damit sind in (36) die Diskursreferenten u, v, und z von der Position w
= ?? bzw. x = ??? nicht zugaenglich. Die Menge aller moeglichen
Antezedenten fuer z hingegen besteht aus w, x und v.

Der Beitrag, den eine komplexe Bedingung der Form K1 => K2 fuer den Inhalt
einer DRS wie (28) liefert, entspricht gemaess der Formulierung der
Wahrheitsbedingung in Kamp (1981a) der Lesart der klassischen Implikation:
eine komplexe Bedingung der Form K1 => K2 ist wahr genau dann, wenn jede
Einbettungsfunktion von K1 erweitert werden kann auf eine
Einbettungsfunktion von K2. Fuer (28) bedeutet dies, dass fuer beliebige
Individuen a und b, fuer die gilt, dass a ein Student ist, b ein Buch, und
a b besitzt, es auch der Fall ist, dass es ein Individuum c gibt, welches
identisch mit b ist, so dass a c liest.

Fuer eine exakte Formulierung der Wahrheitsbedingung ist es sinnvoll, die
folgende Abkuerzung einzufuehren.

Definition 4:   Sei X c V eine Menge von Diskursreferenten,
        f und g partielle Funktionen auf V. Dann heisst g X-Erweiterung von f
        (f c_X g)   gdw   dom(g) = dom(f) u X und f c g.

Damit lautet Kamps Interpretation des Pfeils wie folgt:

Definition 5:   f |= K1 => K2   gdw
    $\forall$g[wenn f $c_{U(K1)}$ g und g |= C(K1), dann $\exists$h[g $c_{U(K2)}$ h und h |= C(K2)]].

Die komplexe Bedingung in (28) etwa wird also evaluiert relativ zu einer
Funktion f, deren Wertebereich (dom(f)) leer ist. Damit (28) erfuellt wird
muss dann fuer jedes g, das eine {u,v}-Erweiterung von f ist und das (26)
verifiziert ein h existieren, das eine {w,z}-Erweiterung von g ist und (27)
verifiziert.

Die Formulierung der Einbettungsbedingung fuer eine DRS, die eine komplexe
Bedingung der Form K1 => K2 enthaelt, liefert eine semantische Motivation
fuer die Definition der Zugaenglichkeitsrelation (Definition 3.ii). Mit
dem Gebrauch von Aeusserungen wie (25), (29) oder (13) wird eine Situation
eines bestimmten Typs ins Spiel gebracht (diejenige, die dem Antezedenz
(26) entspricht) und ferner ausgedrueckt, dass diese Situation noch weitere
Merkmale aufweist, bzw. noch weiteren Bedingungen genuegt (naemlich die
durch die Konsequenten-DRS (27) beschriebenen). Fuer (25) und (29) heisst
dies, dass der zweite Satz zur zusaetzlichen Beschreibung der durch den
ersten Satz schon partiell beschriebenen Situation dient.
Fuer (13) gilt Analoges: die Situation, die durch den deskriptiven Inhalt
der allquantifizierten NP eingefuehrt wird, soll zusaetzlich den
Bedingungen genuegen, die die VP spezifiert. In jedem Fall ist die
Praesenz der mit den Diskursreferenten der Antezendenz-DRS korrelierten
Individuen fuer die Interpretation der Saetze bzw. Satzteile gesichert,
die diese "hypothetische" Situation weiter spezifizieren. D.h. diese
Referenten sind zugaenglich. Erst wenn die hypothetische Situation wieder
verlassen wird, etwa wenn der Satz mit der allquantifizierten NP oder der
Bedingungssatz zu Ende sind, sind auch die Referenten dieser Situation
nicht mehr praesent. Dies erklaert, dass Diskursreferenten in tiefer
eingebetteten DRSen nicht als Antezedenten fuer anaphorische Pronomina zur
Verfuegung stehen (vgl. (16) und (17)).
Die einheitliche Repraesentation von Bedingungssaetzen und Saetzen mit
universeller Quantifizierung durch die hypothetische Bedingung der Form

K1 => K2 entspricht zwar der Generalisierung der anaphorischen Beziehungen in solchen Faellen (vgl. (13), (16), (17), (25)). Man hat jedoch das Gefuehl, dass Unterschiede in den Wahrheitswerten von etwa (29) und (13) existieren, die durch diese einheitliche Behandlung nicht erfasst werden. Worauf dies zurueckzufuehren ist, und welche zusaetzlichen Mechanismen in den DRS-Konstruktionsalgorithmus aufgenommen werden koennen, um einerseits die genannte Generalisierung beibehalten zu koennen, andererseits aber die Unterschiede im Wahrheitswert zu bekommen, wird ausfuehrlich in Kamp (1985b) diskutiert. Ich kann hier nicht naeher darauf eingehen.

Weitere Beispiele fuer die Unzugaenglichkeit von Diskursreferenten in untergeordneten DRSen liefern Saetze mit Negation wie etwa

(15) Susan does not own a book.   She reads *it.

Hier drueckt der erste Satz aus, dass eine bestimmte Situation, naemlich die durch (15) beschriebene,

(37)

$$\boxed{\begin{array}{l} u \quad v \\ \text{Susan}(u) \\ \text{book}(v) \\ \text{own}(u,v) \end{array}}$$

nicht vorkommt. Der zweite Satz von (15) kann nun nicht so verstanden werden, dass er diese Situation naeher beschreibt.   Deshalb kann die Interpretation der im zweiten Satz vorkommenden Pronomina nicht auf den Diskursreferenten beruhen, die in (37) eingefuehrt wurden.   Insgesamt wird der erste Satz in (38) uebersetzt.

(38)

$$\boxed{\begin{array}{l} u \\ \text{Susan}(u) \\ \neg \boxed{\begin{array}{l} v \\ \text{book}(v) \\ \text{own}(u,v) \end{array}} \end{array}}$$

Die Negation fuehrt also zur Einfuehrung einer komplexen Bedingung der Form $\neg\,K$ mit den folgenden Wahrheitsbedingungen.

Definition 6: $f \models \neg K$ gdw $\neg \exists g[f \subseteq_{U(K)} g$ und $g \models K]$.

(38) zeigt uebrigens noch eine notwendige Modifikation der NP-Regel fuer

Eigennamen.   Der Diskursreferent und die zugehoerige Namensbedingung wird immer in die oberste DRS eingefuehrt.   Damit wird die Existenzpraesupposition des Gebrauchs von Eigennamen erfasst und auch die Zugaenglichkeit des Diskursreferenten u fuer das Pronomen "she".

5. Tempus

Wie oben erwaehnt, referiert die Vergangenheitszeitform in (4)

(4) She was throwing tomatoes

auf einen bestimmten Zeitpunkt oder auf ein bestimmtes Ereignis vor dem Sprechzeitpunkt.   (5) zeigte darueber hinaus, dass (in Analogie*) zu Pronomina) Zeitformen ihr temporales Denotat sowohl aus sprachlichem wie auch aus nicht-sprachlichem Kontext erhalten koennen.   Also muss der Kontext auch fuer die Interpretation von Zeitformen eine angemessene Beruecksichtigung finden.
Aufbauend auf den Arbeiten von Prior wurde Tempus bis Ende der 70er Jahre mit Hilfe von Satzoperatoren analysiert.   Die Wahrheitsbedingungen der Priorschen Operatoren ist durch eine existenzielle Quantifizierung ueber Zeitpunkte festgelegt. Die Semantik des Vergangenheitsoperators P, mit dem (4) analysiert wird (vgl. den ersten Abschnitt) ist fuer eine Formel A und ein Modell M gegeben durch

$$M \models PA[t] \quad gdw \quad \text{es existiert ein } t' < t \text{ mit } M \models A[t']$$

wobei $\models$ die Relation der Gueltigkeit einer Formel in einem Modell ist.
Der Nachteil dieser Behandlung von Tempus liegt darin begruendet, dass die reine Existenzforderung bei der Festlegung der Wahrheitsbedingungen der Satz-Operatoren   nur   die   Relation   zwischen   Ereignis-   und Evaluationszeitpunkt erfasst. Die Vergangenheitszeitformen in (4) und (5) fordern aber eine praezisere Einordnung des Ereignisses auf der Zeitachse. Um also die Interpretation mittels Zeitoperatoren beibehalten zu koennen, muesste der Bereich der Einsetzungsinstanzen fuer den Prior'schen Quantor durch den Kontext (sprachlichen Vorkontext) limitiert werden. D.h. die

----

*) Eine sehr klare Darstellung der Parallelen zwischen temporalen und nominalen Anaphora im Rahmen der DR-Theorie findet man in Partee (1984).

Wahrheitsbedingungen fuer die Zeitoperatoren sind nicht nur relativ zum eigentlichen Evaluationszeitpunkt zu formulieren, sondern zusaetzlich relativ zu einem kontextuell gegebenen Referenzzeitraum.

Schritte in dieser Richtung wurden unternommen durch Evaluation temporaler Formeln nicht nur an einem Punkt sondern an mehreren Punkten. Die ausgezeichnete Rolle des Sprechzeitpunktes z.B. wurde durch den zusaetzlichen Operator N (fuer 'now') erfasst, dessen Aufgabe es war, den Sprechzeitpunkt bei der Evaluation von Teilformeln immer wieder verfuegbar zu machen, egal wie tief diese Teilformeln eingebettet sind.

Das folgende Beispielpaar zeigt die Notwendigkeit fuer diesen zusaetzlichen Operator.

(39) A child was born, that would be king.

(40) A child was born, that will be king.

(39) laesst sich mit den Operatoren P und F*) repraesentieren durch (41).

(41) P $\exists$x (born(x) & F king(x))

Fuer die Interpretation von (40) muss der Zeitpunkt des Koenig-Seins jedoch nach dem Sprechzeitpunkt liegen. Dies leistet der N-Operator in der Uebersetzung (42) von (40).

(42) P $\exists$x (born(x) & N F king(x))

Die Wahrheitsbedingungen fuer die um N erweiterte Sprache sind relativ zum Sprechzeitpunkt to formuliert und lauten fuer P und N wie folgt:

$$M \models PA[t, to] \qquad \text{gdw} \qquad \text{es ex. } t' < t \text{ mit } M \models A[t', to]$$
$$M \models NA[t, to] \qquad \text{gdw} \qquad M \models A[to, to]$$

Die Einfuehrung von mehrstelligen Operatoren und die Evaluation an beliebigen endlichen Folgen von Referenzpunkten erhoehen die Ausdrucksstaerke der Zeitlogik. Aber obwohl sie mit solchen zusaetzlichen Operatoren die Ausdrucksstaerke einer zweisortigen Praedikatenlogik erhaelt, besitzt der Ansatz, Zeitformen natuerlicher Sprachen mittels Zeitoperatoren zu beschreiben, gravierende Nachteile.

Zunaechst ist der Formalismus zu stark, da er beliebige Schachtelungen von

----

*) F ist der Zukunftsoperator: "es wird der Fall sein, dass ...".

Operatoren zulaesst. Die Schachtelungen, die man mit Zeitformen natuerlicher Sprachen zum Ausdruck bringen kann, sind jedoch beschraenkt. Zum anderen sind die Einordnungen der berichteten Ereignisse auf der Zeitachse kontextuell festgelegt. Dadurch besitzen Zeitformen - wie Pronomina - anaphorischen Charakter (Partee 1984). Dieser anaphorischen Komponente der Bedeutung von Tempus wird nicht Rechnung getragen. In (43) wird der Zeitpunkt des Aufwachens gebunden durch den jeweiligen Zeitpunkt des Zimmerbetretens.

(43) If Sheila walks into the room, Peter wakes up.

Ein Vergleich zwischen (44) und (45) zeigt, dass diese temporalen anaphorischen Beziehungen denselben Restriktionen unterliegen wie die nominalen.

(44) *If Sheila always walks into the room, Peter wakes up.
(45) *If every student likes a book then he reads it

Ferner hat sich die Analyse von Zeitformen mittels Operatoren (wie etwa die des 'Progressive' im Englischen oder die Analyse von 'Passé Simple' versus 'Imparfait' im Franzoesischen) als aeusserst problematisch herausgestellt. Die semantischen Differenzierungsmoeglichkeiten die ein Sprecher mit der Wahl dieser Zeitformen besitzt, betreffen die Darstellung des beschriebenen Ereignisses als 'offen' versus 'abgeschlossen', oder als relevante Information versus Hintergrundinformation betreffend. Eine weitere Zeitform, fuer die eine Analyse mittels Zeitoperatoren nicht adaequat ist, ist das 'Present Perfect' des Englischen. Seine Wahrheitsbedingungen entsprechen denen des 'Simple Past', es unterscheidet sich jedoch im Gebrauch grob gesagt dadurch, dass das Beschriebene eine "psychologische Relevanz" zur Gegenwart besitzen muss.
Ein Ansatz, der insbesondere der Loesung des letzten Problems sehr nahe kommt, ist der von Reichenbach (Reichenbach 1947). Reichenbachs System beruht auf drei ausgezeichneten Groessen, dem Sprechzeitpunkt (Spt), dem Ereigniszeitpunkt (Ept) und dem Referenzzeitpunkt (Rpt). Er unterscheidet die Zeitstufen des Englischen durch die Distribution dieser drei Punkte auf der Zeitachse. Fuer die Vergangenheitszeitformen ergeben sich die folgenden Moeglichkeiten:

```
Anterior Past          Ept                Rpt              Spt
              ---------O-----------------O---------------O------->

                                          Ept
Simple Past                               Rpt              Spt
              -------------------------O---------------O------->

Posterior Past         Rpt               Ept              Spt
              ---------O-----------------O---------------O------->

                                                          Rpt
Anterior Present                         Ept              Spt
              -------------------------O---------------O------->
```

Der Gegenwartsbezug des 'Present Perfect' kommt bei Reichenbach dadurch zum
Ausdruck, dass der Referenzzeitpunkt mit Sprechzeitpunkt zusammenfaellt.
Im Falle des 'Simple Past' faellt der Referenzzeitpunkt mit dem
Ereigniszeitpunkt zusammen.

In Kamps DR-Theorie werden diese Probleme der temporalen Referenz dadurch
geloest, dass Zeitformen Diskursreferenten eines bestimmten Typs
introduzieren. Dieser neue Typ von Diskursreferenten steht fuer
Entitaeten, die in der Bedingungsmenge C(K) einer DRS K zwei Arten von
Bedingungen unterliegen. Die einen sind temporale Bedingungen, die die
Einordnung des Referenten auf der 'Zeitachse' festlegen. Die anderen sind
nicht-temporale Bedingungen; sie druecken die sprachliche
Charakterisierung des Ereignisses oder Zustandes aus.
Dieses Einbringen von Ereignisreferenten bei der Analyse temporaler
Konstruktionen zusammen mit der Eigenschaft von DRSen, Kontext und Inhalt
zu identifizieren, ermoeglicht eine Behandlung von Zeitformen im
Reichenbach'schen Sinne. Sie zeigt darueber hinaus die Analogie , die
zwischen temporaler und nominaler Referenz und Anaphorik besteht. Und
ferner ermoeglicht es die Repraesentation mittels DRSen, aspektuelle
Merkmale eines temporalen Diskurses zu beschreiben.
Beschraenkt man sich auf narrative Texte (des Englischen), so ist die Idee
im wesentlichen die folgende. Zeitformen legen die zeitlichen Relationen
zwischen den durch die Saetze des Textes beschriebenen Ereignissen fest.
Fuer Zeitformen der Vergangenheit heisst dies, das Ereignis als zeitlich
vor dem (virtuellen) Sprechzeitpunkt liegend zu lokalisieren. Ferner ist

dieses 'vor dem Sprechzeitpunkt liegen' eingeschraenkt durch Zeitadverbien, die Position des Satzes innerhalb des Textes oder etwa der temporalen Perspektive, von der aus der Erzaehler das Ereignis beschreibt.
Betrachten wir zunaechst den Fall (46) einer Sequenz von Saetzen im Simple Past.

(46) The Defense Secretary entered the room and took the floor. He addressed the Union.

Man geht von der Hypothese aus, dass eine Isomorphie besteht zwischen der linearen Abfolge der Saetze und der zeitlichen Ordnung der Ereignisse, die diese Sequenz beschreibt. Der DRS-Konstruktionsalgorithmus arbeitet so, dass er bei der sukzessiven Introduktion von Ereignissen in die DRS jeweils das zuletzt eingefuehrte als Referenzzeitpunkt annimmt. Die Bedingung, die angibt, dass ein Diskursreferent e fuer ein Ereignis oder einen Zustand steht, der der Phrase K genuegt, wird durch e:K dargestellt. Sie stellt die linguistische 'Etikettierung' des temporalen Referenten dar. Die relationale Komponente der Bedeutung einer Zeitform wird vermoege der zweistelligen Relationen < (fuer die temporale Vorgaengerrelation), O (fuer die temporale Ueberlappungsrelation) und c (fuer die temporale Inklusionsrelation) erfasst. Sie druecken die rein temporalen Beziehungen aus, die zwischen Diskursreferenten bestehen.
Sei der erste Teilsatz von (46) schon analysiert, damit ist der durch (47) beschriebene Zustand der Abarbeitung von (46) erreicht.

(47)

```
ul n el
Defense Secretary(ul)
el < n
el: | enter the room (ul) |
[Rpt=el]
and took the floor. He addressed the Union
```

n ist ein Diskursreferent, der fuer den Sprechzeitpunkt steht, vor dem das Ereignis stattfand (el < n). Die in eckiger Klammer eingetragene Gleichung ist die voruebergehende Markierung des Ereignisses el als Referenzzeitpunkt fuer die Abarbeitung der Bedingung "and took the floor. He addressed the Union". Die Reduktion der Bedingungen, die die Ereignisse linguistisch spezifizieren, in diesem Fall also "enter the room (ul)", ist im vorigen Abschnitt beschrieben. Ich werde diese Bedingungen aus Platzgruenden in diesem Abschnitt nicht weiter reduzieren.

Die Abarbeitung des naechsten Teilsatzes von (46) fuehrt zur Einfuehrung eines neuen Ereignisreferenten e2, der mit der entsprechenden linguistischen Etikettierung versehen wird. Die temporalen Relationen, die das Vergangenheitstempus in die DRS einbringt, sind die, dass el vor dem Sprechzeitpunkt liegt, und nicht vor dem aktuellen Referenzzeitpunkt, also ¬ e2 < el. Dies fuehrt zu (48).

(48)

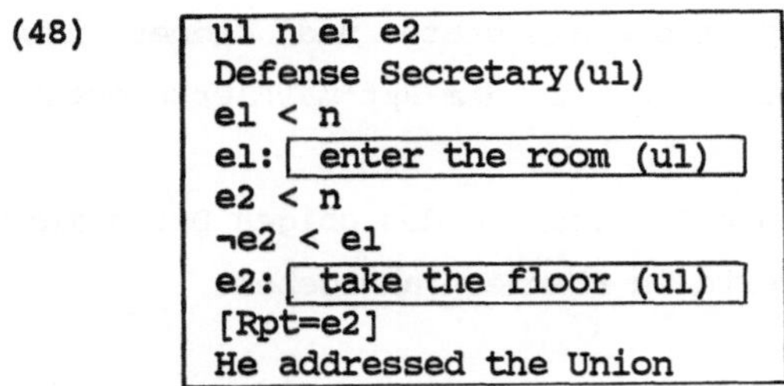

Der aktuelle Referenzzeitpunkt ist nun e2. Die Abarbeitung des letzten Satzes wird nun relativ zu diesem Wert von Rpt vorgenommen und fuehrt zu den Bedingungen in (50) unten.

Die aspektuelle Unterscheidung zwischen der Darstellung von Ereignissen als "abgeschlossenes Ganzes" und deren Darstellung als "noch im Verlauf begriffen" wird im Englischen durch den Gebrauch des Progressive ermoeglicht. Auf der Ebene der DRSen ist es moeglich, den Punktcharakter, der einem im Simple Past beschriebenen Ereignis - eher metaphorisch - zugesprochen wird, mit der tatsaechlichen Ausdehnung des temporalen Denotates in Einklang zu bringen. Zusaetzlich zu diesem eher perspektivisch zu nennenden Unterschied, besteht aber auch ein Unterschied in den Wahrheitsbedingungen. Das Simple Past impliziert den Abschluss einer Handlung, was beim Past Progressive nicht der Fall ist.

Die Syntax steuert die oben beschriebenen Konstruktionsvorschriften mit Merkmalen, die durch die Verbmorphologie in den Syntaxbaum einfliessen und bis zum Satzknoten transportiert werden. Das Merkmal, das zu der eben beschriebenen aspektuellen Unterscheidung herangezogen wird, ist PROG. Es fuehrt zur Unterscheidung der Ereignisreferenten in abgeschlossene Ereignisse und Zustaende, die ich in (50) durch die Bedingungen event(e) und state(e) angebe.

Weitere syntaktische Merkmale sind die rein zeitlichen Merkmale PAST, PRES und FUT und ein weiteres aspektuelles Merkmal PERF, das im wesentlichen durch zusammengesetzte Zeitformen eingefuehrt wird .*)

Die Kombination all dieser Merkmale bestimmt nun den Aufbau der temporalen Relationen in der DRS.

PAST, PRES und FUT fuehren einen Diskursreferenten e ein und legen dessen zeitliche Relation e<n, eon bzw. n<e zum Sprechzeitpunkt n fest.

PROG=- spezifiziert e als event, markiert ihn als neuen Rpt und introduziert ferner die Relation ¬e<e', wobei e' das zuvor als Rpt markierte Ereignis ist.

PROG=+ spezifiziert den eingefuehrten Zustand e als state und ordnet ihn durch e'oe auf der Zeitachse ein, wobei e' der mit dem Rpt markierte event ist.

Um die Rolle von PROG anhand der folgenden Erweiterung des obigen Beispiels zu erklaeren, sind die entsprechenden Werte in Klammern angegeben.

(49) The Defense Secretary entered the room (PROG=-) and took the floor (PROG=-). He addressed the Union (PROG=-). A professor of mathematics was flinging several tomatoes at him (PROG=+).

Die DRS, die sich durch Anwendung der obigen Regeln ergibt, ist (50).

----

*) In komplexen Saetzen werden die Merkmale der Zeitformen im Haupt- und Nebensatz durch eine Art 'consecutio-temporum'-Regel aufeinander abgestimmt. Zeitkonjunktionen ueben gewisse Einschraenkungen auf diese Regel aus. Die Zeitformen der indirekten Rede und von Rueckblenden werden als Transpositionstempora aufgefasst und bei der syntaktischen Analyse mit einem speziellen Merkmal versehen. Dies ermoeglicht die korrekte Analyse von Satzpaaren wie
(0) Hans wird sagen, dass das Maedchen abgereist ist
versus
(0') Hans wird das Maedchen besuchen, das abgereist ist
Hier kann in (0) die Abreise nach dem Sprechzeitpunkt liegen, in (0') hingegen nicht.
Eine detaillierte Beschreibung der Konstruktionsregeln fuer derartige Phaenomene wird in Kamp/Rohrer (1985) gegeben. Die dort formulierten Regeln umfassen zusaetzliche Merkmale wie etwa das des Punktes zeitlicher Lokalisierung (TLpt) und das der temporalen Perspektive (des Protagonisten) (TPpt).
Die Beschreibung der zusaetzlichen Mechanismen, die diese Merkmale ausloesen, ist bei weitem keine triviale Angelegenheit. Einen Einblick in die Komplexitaet gibt etwa die Klassifikation temporaler Adverbien in Kamp/Rohrer (1983). Ferner ist zu nennen die Vielzahl der Arbeiten zur Bestimmung anaphorischer Bezuege.

```
(50)  ┌─────────────────────────────────────────┐
      │   u1   u2   n   e1   e2   e3   e4        │
      │ Defense Secretary (u1)                   │
      │ e1 < n                                   │
      │ event(e1)                                │
      │ e1: ┌──────────────────────┐             │
      │     │ enter the room (u1)  │             │
      │     └──────────────────────┘             │
      │ e2 < n                                   │
      │ ¬ e2 < e1                                │
      │ event(e2)                                │
      │ e2: ┌──────────────────────┐             │
      │     │ take the floor (u1)  │             │
      │     └──────────────────────┘             │
      │ event(e3)                                │
      │ ¬ e3 < e2                                │
      │ e3 < n                                   │
      │ e3: ┌──────────────────────────┐         │
      │     │ adressed the Union (u1)  │         │
      │     └──────────────────────────┘         │
      │ prof of math (u2)                        │
      │ state(e4)                                │
      │ e4 o e3                                  │
      │ e4: ┌──────────────────────────────┐     │
      │     │ u2 fling several tomatoes at u1│   │
      │     └──────────────────────────────┘     │
      └─────────────────────────────────────────┘
```

Die Wahrheitsbedingungen fuer diese DRS relativ zu einem Modell M lauten grob formuliert wie folgt: es existiert eine (partielle) Funktion m von der Menge der Diskursreferenten der DRS in das Modell M so, dass m(n) der Sprechzeitpunkt ist, m(e1) bis m(e4) Ereignisse und u1 sowie u2 Individuen sind, und dass die Bilder von m im Modell allen Bedingungen der DRS genuegen.

Eine genaue Definition des temporalen Modells und der Wahrheitsbedingungen findet man in Kamp (1981b). Ich moechte es an dieser Stelle bei der informellen Beschreibung belassen und zum Schluss dieses Abschnittes noch auf den schon angesprochenen aspektuellen Unterschied eingehen, der in der traditionellen Grammatik mit dem Begriff der Punktualitaet verbunden ist.

Die Modelle, in denen temporale Formeln in der Zeitlogik interpretiert wurden, zeichneten sich durch ihren atomistischen Charakter aus: es werden Punkte als Primitive angenommen, aus denen Punktmengen oder Intervalle als Denotate fuer sprachliche Ausdruecke konstruiert werden. Erst die Arbeiten von Kamp (Kamp 1979, 1980) und van Benthem (van Benthem 1980, 1983) drehten diese Richtung um:

Ereignisse werden aufgefasst als mit linguistischer Information behaftete atomare Entitaeten. Deren zeitlicher Inhalt denotiert Perioden, die im Gegensatz zum atomistischen Vorgehen nicht aus Punkten konstruiert sind (wie z.B. Intervalle), sondern die selbst atomare, temporal ausgedehnte Entitaeten sind. Aus ihnen kann zusammen mit den zeitlichen Relationen, in denen sie sich befinden, eine Punktstruktur konstruiert werden, in der die urspruenglichen Ereignisse als konvexe Mengen von Punkten wieder auftauchen.

Die auf Wiener zurueckgehende Methode konstruiert Punkte durch die Bildung maximaler Mengen sich paarweise ueberlappender Ereignisse. Veranschaulichen kann man sich die Konstruktion dadurch, dass man die Ereignismengen auffasst als Mengen von Perioden, die gegen einen Punkt 'konvergieren', so wie das etwa bei Folgen sich enthaltender Perioden (wie in Figur 1) der Fall ist.

```
         ------------------------------------
           ---------------------------
              --------------
                 ---
                  -
```

Figur 1

Dadurch ergibt sich eine neue Auffassung des Begriffs der Punktualitaet, der dadurch gekennzeichnet ist, dass ein Ereignis e in einer Ereignisstruktur als Punkt betrachtet werden kann, falls es nicht durch zwei weitere Ereignisse dieser Struktur (wie in Figur 2) getrennt wird; d.h. falls es nicht in der Beziehung e1oe & e2oe & e1<e2 zu zwei weiteren Ereignissen e1 und e2 steht.

```
         -------------------------e
   e1------------------- -------------------e2
```

Figur 2

Ob die Ereignisstruktur eine solche Unterteilung liefern kann, haengt natuerlich davon ab, wie reichhaltig sie ausgestattet ist; und damit fuer die adaequate Beschreibung eines Diskurses von der Beantwortung etwa folgender Fragen:

- Ist die Ereignisstruktur anzureichern dadurch, dass man fuer jedes Ereignis ein anderes als Ursache hinzunimmt, oder dass zwei Ereignisse immer durch ein drittes getrennt werden?

- Loesen die internen Strukturen der im Diskurs beschriebenen Ereignisse eine Einfuehrung neuer (Teil-, Nachfolge- oder Ausgangs-) Ereignisse aus? Welche Klassifikation (Vendlersche Aktionsarten?) muesste dabei zugrunde gelegt werden?

Gibt es Verben, die atomare Ereignisse beschreiben, d.h. solche die nicht weiter unterteilt werden koennen, und somit als Punkte aufzufassen sind?

Wenn diese Fragen auch mehr die philosophische Fragestellung nach der Natur der Zeit schlechthin betreffen, die hier nicht eroertert werden kann, so machen sie doch deutlich, dass sie auch relevant sind fuer die

Zeitstruktur, die durch den Diskurs aufgebaut wird. Je nachdem, welche Kriterien akzeptiert werden, wie und wodurch die Ereignisstruktur angereichert wird, ergeben sich verschiedene Stufen der Praezisierung der temporalen Denotate. Entitaeten, die zunaechst als unstrukturierte Einheiten in die Struktur aufgenommen wurden, koennen auf einer staerker spezifizierten Ebene der Betrachtung in kleinere Einheiten zerfallen. Dies ermoeglicht es, tiefere Einsichten in das Phaenomen der Textkohaerenz zu erhalten.

Das Problem der Erweiterung einer DRS durch zusaetzliche Kriterien wird sich im naechsten Abschnitt fuer andere Typen von Diskursreferenten wieder stellen.

6. Plural- und VP-Anaphora

Die Analyse von Zeit und Aspekt, die fuer das Franzoesische in grossem Umfang durchgefuehrt wurde (Kamp/Rohrer 1985), kann als wesentlicher Beitrag zur Problematik von Text- und Dialogstruktur angesehen werden. Neben der Organisation der Ereignisstruktur, die ein Text/Diskurs festlegt, tragen anaphorische Beziehungen zur Textkohaerenz bei. Die im dritten Abschnitt dargestellte Behandlung von indefiniten singularen NPen deckt jedoch nur einen kleinen Teil der Moeglichkeiten ab, mit denen Antezedenten fuer anaphorische Beziehungen eingefuehrt werden koennen.

Das anaphorische Potential wird wesentlich reichhaltiger, wenn man Saetze betrachtet, die NPen im Plural enthalten. Schon der einfache Fall (51) zeigt, dass eine Analyse im Barwise-Cooper'schen Sinne (Barwise/Cooper 1981) als Relation zwischen zwei Mengen von Individuen (d.h. als generaliserte Quantifizierung) nicht ausreicht, um die implizite existentielle Quantifizierung mit zu erfassen, die den anaphorischen Bezug ermoeglicht. In der DR-Theorie wird hingegen durch Introduktion eines Pluraldiskursreferenten, der fuer die Plural-NP steht, ein potentieller Antezedent fuer das anaphorische Pronomen 'they' bereitgestellt. 'They' kann sich aber auch auf einen Diskursreferenten beziehen, der nicht bei der Verarbeitung des Vortexts eingefuehrt wurde, sondern aus der Repraesentation des Aeusserungskontexts bzw. des Hintergrund- oder Weltwissens stammt (vgl. (52)).

(51) Kay and Nora sold me a table yesterday. They are delivering it.

(52) I bought a table yesterday. They are delivering it.

Um dem Gebrauch von "they" in (52) Sinn zu geben, muss der Hoerer den gemeinten Antezedenten erschliessen: diejenigen, die den Tisch verkauften. Die folgenden Beispiele zeigen die Vielzahl der Moeglichkeiten, Antezedenten fuer Pluralpronomen zu bilden.

(53) If Bill owns every donkey he beats them.

(54) Bill, Frank and Lisa went to see Amadeus. They loved it.

(55) Bill, Frank and Lisa went to see Amadeus. They had picked her up at
     home.

(56) Each contestant wore a UCLA T-shirt.   They were supplied by the
     Olympic Committee. (They = Gesamtheit der UCLA T-shirts, die von den
     Wettkaempfern getragen wurden)

(57) Three professors stopped smoking. They are a selfdisciplined lot.
     (They = Professoren im allgemeinen)

In der Terminologie der DR-Theorie bedeutet das, dass in einer DRS fast jede Ansammlung von Diskursreferenten dazu verwendet werden kann, um einen neuen Plural-Diskursreferenten zu introduzieren, der fuer ihre "Gruppe" oder "Vereinigung" steht.   Ferner koennen die durch Saetze berichteten Ereignisse Plural-Diskursreferenten introduzieren, die die verschiedenen Mengen von Individuen repraesentieren, die mit diesen Ereignissen assoziiert werden: die Teilnehmer, die Protagonisten usw.
Natuerlich tritt hierbei die Schwierigkeit auf, zu entscheiden, ob die moeglichen Antezedenten direkt in die DRS introduziert werden - also ein unmittelbarer Teil der Bedeutung eines sprachlichen Ausdrucks, insbesondere einer NP, sind - oder ob sie durch zusaetzliche Faktoren ins Spiel kommen, also konstruiert oder inferiert werden muessen.
Dieses Inferieren ist ein wesentlicher Aspekt des Verstehens von Sprache. Ein Ansatz, ihn in der DR-Theorie zu beschreiben, laeuft darauf hinaus, diejenige DRS, die der Rezipient vermoege der verbalen Eingabe aufgebaut hat, zu erweitern.   Diese Erweiterungen koennen gesteuert werden durch Grice'sche Maxime, Dekompositionsprinzipien der Generativen Semantik, Bedeutungspostulate, Wissen ueber Stereotypen, Scipts und Frames.
Um den Algorithmus genauer spezifizieren zu koennen gilt es also, eine

Analyse der gesamten Faktoren durchzufuehren, die fuer Phaenomene anaphorischer Beziehungen relevant sind. Einige Fakten werden direkt beschrieben werden koennen durch die DRS der zugehoerigen Aeusserung. Andere hingegen werden zusaetzliche Erklaerungskomponenten (pragmatischer Art) erfordern. I.a. ist zu untersuchen, welche Typen von Phaenomenen auf welcher Ebene der Repraesentation behandelt werden muessen: auf der Ebene der Syntax, der DRSen, des Modells bzw. der Wahrheitsbedingungen oder der Dialog-, Partnermodellierung etc.

Dies ist aber Gegenstand zukuenftiger Arbeit. Zum derzeitigen Stand der Forschung in der DR-Theorie liegen meines Wissens nur konkrete Resultate vor ueber die unmittelbare Einfuehrung von Diskursreferenten und ueber deren Rolle als anaphorische Antezedenten. Fuer die Entwicklung und Erweiterung des DRS-Konstruktionsalgorithmus haben sich dabei u.a. die beiden folgenden Prinzipien herauskristallisiert.

(i) jeder Diskursreferent muss als Antezedent fuer einen anaphorischen Ausdruck dienen koennen; und umgekehrt muss fuer jeden moeglichen (semantischen) Typ von Antezedenten ein entsprechender Typ von Diskursreferenten existieren.

(ii) sprachliche Ausdruecke werden nur dann als anaphorische Ausdruecke analysiert, wenn die Menge der potentiellen Referenten den Restriktionen genuegt, die auf Seiten der DRS durch die Zugaenglichkeitsbedingung zum Ausdruck gebracht wird.

Der erste Punkt zeigt, dass neben den bislang betrachteten Diskursreferenten fuer Individuen, Ereignisse, Zustaende und Mengen von Individuen, noch weitere Typen von Diskursreferenten benoetigt werden: etwa Diskursreferenten fuer Zeitpunkte, fuer sog. "natural kinds" (vgl. (57)), fuer Propositionen, Eigenschaften.

Um den zweiten Punkt zu verdeutlichen, moechte ich die Analysen von mit "which" eingeleiteten Appositionen und VP-Anaphora gegenueberstellen (Klein 1986, Sells 1985b). Diese Gegenueberstellung gibt mir auch die Gelegenheit, den Aufbau einer etwas komplizierteren DRS zu beschreiben.

Die Liste der folgenden Beispiele zeigt einen deutlichen Unterschied zwischen den Appositionen, die mit "which" gebildet werden, und den mit "too" oder 0 gebildeten VP-Ellipsen. Der Unterschied besteht darin, dass die Saetze, die Appositionen enthalten, genau dann wohlgeformt sind, wenn sich der (in Klammern angegebene Antezedent) nicht unter dem Skopus einer Negation oder einer universellen Quantifizierung, d.h. in einer i.S.v. Definition 2 zugaenglichen Position, befindet.

(58) Bill will sit still, which Max will not (which = to sit still)

(59) Bill will sit still, and Max too (which = to sit still)

(60) *Bill will not sit still, which Max will

(61) Bill will not sit still, but Max will

(62) *Bill will not sit still, which Max won't either

(63) Bill will not sit still, and Max won't either

(64) *Every girl is likely to succeed, which every woman is not

(65) *Every girl is likely to succeed, which every woman is too

(66) Every girl is likely to succeed, but every woman is not

(67) Every girl is likely to succeed, which every woman is too

D.h. sie koennen als Anaphern behandelt werden, die einen durch den Matrixsatz introduzierten Diskursreferenten fuer Eigenschaften als Antezedenten aufgreifen. Die entsprechenden DRSen fuer (58) und (60)

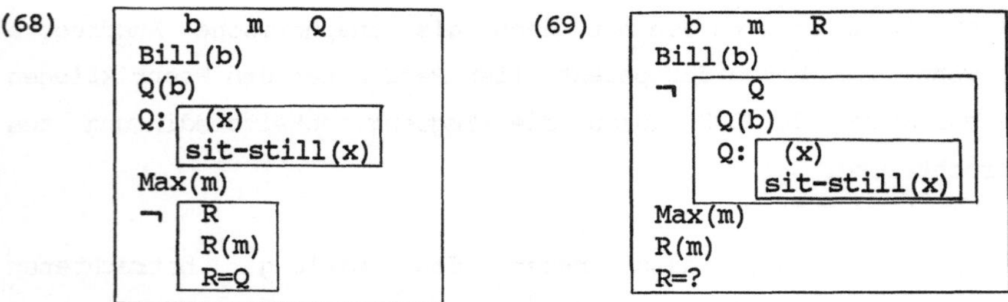

enthalten einen Diskursreferenten Q fuer die Eigenschaft "ruhig zu sitzen", der durch eine Bedingung der Form

charakterisiert ist. Das Denotat einer solchen Bedingung entspricht grob gesagt dem der Formel $\lambda x(..x..)$.*) Zur Introduktion eines Referenten fuer Eigenschaften ist der DRS-Algorithmus aus dem vierten Abschnitt um eine mit dem VP-Knoten assoziierte Regel zu erweitern, die Q mit den beiden

----

*) Eine exakte Definition ist in Klein (1986) zu finden.

Bedingungen Q(b) und (70) einfuehrt. Die verbleibende Phrase wird innerhalb von (70) weiter reduziert. Nimmt man fuer (58) und (59) sytaktische Strukturen der folgenden Form an,

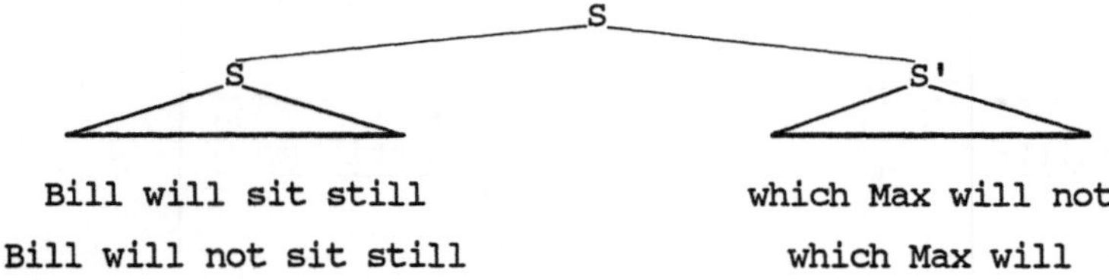

dann werden nach Abarbeitung des obersten S-Knotens die beiden DRSen

mit jeweils zwei Bedingungen (fuer die beiden Teilsaetze S und S') erzeugt, und es ergeben sich nach weiterer Abarbeitung der jeweils ersten Bedingungen die DRSen (71) bzw. (72).

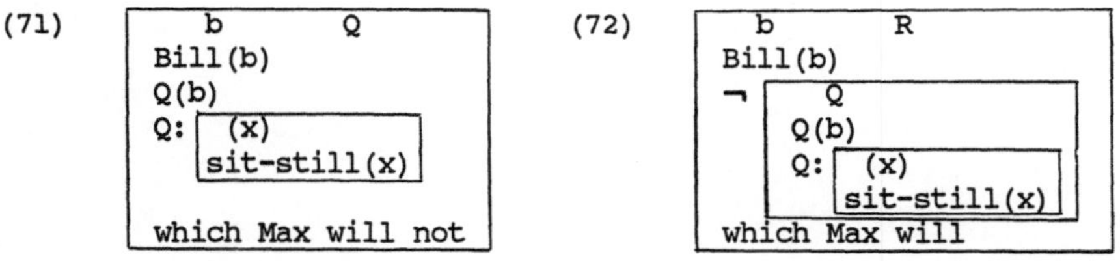

Die mit "which"-Appositionen verbundene DRS-Konstruktionsregel entspricht nun im wesentlichen der fuer anaphorische Pronomina. In (71) greift sie den Referenten Q auf, der durch den Matrixsatz introduziert worden ist, und es entsteht die DRS (69) fuer den Satz (58). In (72) ist jedoch kein Diskursreferent des entprechenden Typs zugaenglich, was die Nicht-Akzeptabilitaet von (60) erklaert.

Die Saetze mit VP-Ellipsen unterliegen nun nicht denselben Restriktionen. Ihre Analyse muss sich also prinzipiell von der von Anaphern unterscheiden. Die mir bekannten Vorschlaege beruhen im wesentlichen auf einem Kopiermechanismus, der grob gesprochen darauf hinauslaeuft, dass die Analyse der VP des ersten Teilsatzes 'b will sit still' von (60) fuer die Abarbeitung der Ellipse, d.h. des Elements 'too' wiederholt wird. Dabei werden die Diskursreferenten, die bei der Abarbeitung des 'Originals' eingefuehrt wurden, bei der 'Kopie' umbenannt. So wird im folgenden

Uebergang von (73) auf (74) der durch die VP des Matrixsatzes eingefuehrte
Diskursreferenten Q durch R ersetzt.

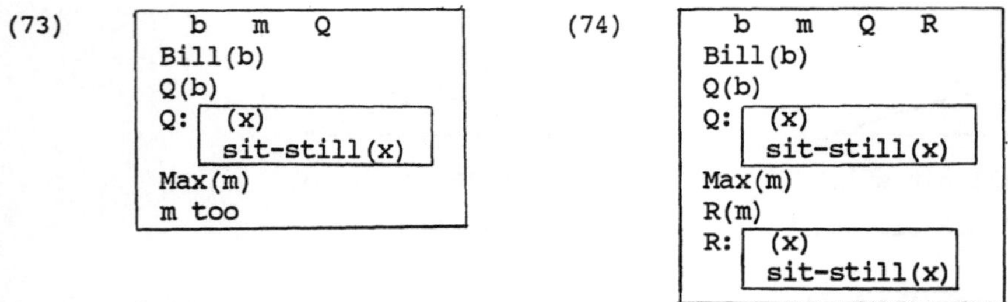

Eine praezise Formulierung dieses Kopierungsmechanismus ist jedoch nicht so
einfach, da im Zusammenhang mit der Umbenennung von Diskursrefenten die
Behandlung von anaphorischen Pronomina mitberuecksichtigt werden muss.*)
Eine Diskussion dieser Problematik findet man in (Kamp 1982).

---

*) Eine wichtige Klasse von Beispielen bilden die sogenannten 'strict and
sloppy identity readings, die im Zusammenhang von VP-Ellispen auftreten.
(Im folgenden Beispiel sind die entsprechenden Koreferenzen durch Indizes
angedeutet.)

Mary(i) thinks she(i) has mumps and Alice(j) does too(j).   [sloppy]

Paula(k) is sick. Mary(i) thinks she(k) has mumps and Alice(j)   [strict]
does too(k).

<u>Grundzüge der Situationssemantik</u>

Michael Herweg
Seminar für Allgemeine Sprachwissenschaft
Universität Düsseldorf
Universitätsstr. 1
D - 4000 Düsseldorf

Zusammenfassung des Vortrags

Der Vortrag führte in die Grundbegriffe und den Standardformalismus der Situationssemantik in der Version von BARWISE/PERRY (1983) und COOPER (1984) ein. Zunächst wurden
die leitenden Grundannahmen der Theorie und ihre wichtigsten Bausteine vorgestellt.
Der situationssemantische Ansatz basiert im wesentlichen auf zwei Prinzipien: Erstens
wird das Phänomen der Kontextabhängigkeit der Interpretation in den Mittelpunkt der
semantischen Theorie gerückt. Zweitens folgt die Situationssemantik strikt dem Prinzip der Partialität, und zwar sowohl dadurch, daß durchgängig mit partiellen Interpretationen operiert wird, als auch in bezug auf die semantischen Objekte selbst,
nämlich Situationen und Situationstypen. Situationen sind raumzeitliche Ausschnitte
der Realität, die sich aus Objekten aller Art, deren Eigenschaften und Relationen
sowie Raum-Zeit-Lokationen zusammensetzen. Situationen werden durch Situationstypen
klassifiziert; diese werden dadurch gewonnen, daß von bestimmten Konstituenten konkreter Situationen abstrahiert wird.

Anschließend wurden die Begriffe der Bedeutung und der Interpretation erläutert. Die
Bedeutung eines indikativischen Deklarativsatzes wird in der Situationssemantik als
eine Relation zwischen Äußerungssituationen und beschriebenen Situationen analysiert
("relationale Bedeutungstheorie"). Eine solche Bedeutungsrelation zwischen Situationen besteht aufgrund sogenannter Einschränkungen ("constraints"), d.h. aufgrund re-
gelhafter oder gesetzmäßiger Beziehungen zwischen den entsprechenden Situationstypen.
Bedeutungsrelationen können in beide Richtungen "ausgeschlachtet" werden, das heißt
sie können dazu benutzt werden, Informationen über beide beteiligten Relata zu gewinnen. Fixiert man die Umstände der Äußerungssituation, so erhält man die Interpretation des betreffenden Satzes in Form einer Menge von Situationen, die durch die
Äußerung des Satzes beschrieben werden. Umgekehrt kann von der Interpretation eines
Satzes auf die Umstände seiner Äußerung geschlossen, d.h. Information über den
Äußerungskontext zurückgewonnen werden.

Der Vortrag schloß mit einigen Bemerkungen zur Bedeutung von Satzkonstituenten, zum Verfahren der Bedeutungskomposition, das auf dem Prinzip der Unifikation basiert, und zur situationssemantischen Konzeption der Wahrheitsbedingungen von Sätzen.

Es folgen die Definitionen der zentralen Begriffe der Situationssemantik mit gelegentlichen Erläuterungen und Beispielen. In den Definitionen D1 bis D14 wird das elementare modelltheoretische Instrumentarium eingeführt:

D1: Primitive Elemente der Semantik sind:

   (1) eine Menge L von raumzeitlichen Lokationen;

   (2) eine Menge A von Individuen;

   (3) Mengen R_1, ... , R_n von 1-, ... , n-stelligen Relationen $(R = \bigcup_n R_n)$;

   (4) die Menge der Polaritätswerte $\{0,1\}$;

   (5) eine Menge $\mathfrak{I} = \mathcal{L} \cup \mathcal{A} \cup \mathcal{R} \cup \mathcal{P}$ von Indeterminanten über L, A, R und $\{0,1\}$.

D2: Eine Konstituentenfolge ist ein n + 1 -Tupel $\langle r_n, x_1, ... , x_n \rangle$, wobei r_n eine n-stellige Relation ist und $x_1, ... , x_n$ Objekte sind.

   <u>Erläuterung</u>: Als Argumente der Relationen in Konstituentenfolgen können Objekte
                 aller Art (Individuen, Relationen, Situationen, Situationstypen,
                 Rollen usw.) auftreten.

   <u>Beispiele</u>: $\langle$ schläft, Peter $\rangle$
              $\langle$ kleiner, 3, 5 $\rangle$
              $\langle$ involviert, S_1, S_2 $\rangle$ (S_1 und S_2 stehen für Situationstypen)

D3: Eine Tatsache t ist eine Folge $\langle 1, r_n, x_1, ... , x_n, pol \rangle$ oder $\langle r_n, x_1, ... , x_n, pol \rangle$, wobei 1 eine Lokation ist, r_n eine n-stellige Relation ist, $x_1, ... , x_n$ Objekte sind und pol einer der Polaritätswerte 1 oder 0 ist.

   <u>Erläuterung</u>: Tatsachen mit Raum-Zeit-Lokation werden "lokalisierte Tatsachen",
                 solche ohne Raum-Zeit-Lokation "nichtlokalisierte Tatsachen" ge-
                 nannt. Der Polaritätswert zeigt an, ob die Relation zwischen den
                 genannten Objekten (gegebenenfalls an der betreffenden Lokation)
                 besteht (1) oder nicht besteht (0).

   <u>Beispiele</u>: $\langle$ 1, schläft, Peter, 0 $\rangle$
              $\langle$ kleiner, 3, 5, 1 $\rangle$

D4: Eine Situation s ist eine Menge von Tatsachen.

   <u>Beispiele</u>: $\{\langle$ 1, schläft, Peter, 1 $\rangle$, $\langle$ 1, schnarcht, Peter, 0 $\rangle\}$
              $\{\langle$ 1, schläft, Peter, 1 $\rangle$, $\langle$ 1, schläft, Peter, 0 $\rangle\}$
              $\{\langle$ kleiner, 3, 5, 1 $\rangle$, $\langle$ 1, schläft, Peter 1 $\rangle\}$

D5: Ein Tatsachentyp T ist eine Folge $\langle 1, r_n, x_1, \ldots, x_n, pol \rangle$ oder $\langle r_n, x_1, \ldots, x_n, pol \rangle$, wobei 1 eine Lokation oder Lokationsindeterminante ist, r_n eine n-stellige Relation oder Relationsindeterminante ist, $x_1, \ldots, x_n$ Objekte oder entsprechende Indeterminanten sind und pol ein Polaritätswert oder eine Indeterminante über Polaritätswerten ist.

<u>Beispiele</u>: $\langle 1, \text{schläft}, \mathring{a}, 0 \rangle$
                 $\langle \mathring{1}, \text{schläft}, \mathring{a}, \mathring{p} \rangle$
                 $\langle \mathring{1}, \mathring{r}, \text{Peter}, 1 \rangle$
                 $\langle 1, \text{schläft}, \text{Peter}, 0 \rangle$

<u>Erläuterung</u>: Die durch einen Punkt gekennzeichneten Symbole ($\mathring{1}$, $\mathring{r}$, $\mathring{a}$, $\mathring{p}$) stehen für Indeterminanten über Lokationen, Relationen, Individuen bzw. Polaritätswerten. Indeterminanten sind besondere modelltheoretische Objekte, die als "Platzhalter" oder "Stellvertreter" gewöhnlicher Objekte fungieren.

D6: Ein Situationstyp S ist eine Menge von Tatsachentypen.

D7: Eine Verankerung für einen Situationstyp S ist eine partielle Funktion f, die Indeterminanten in S passende Objekte zuweist. $S\,\llbracket f \rrbracket$ ist das Resultat der Ersetzung von Indeterminanten in S durch die Werte von f. f ist total gdw. alle Indeterminanten in S einen Wert zugewiesen erhalten.

D8: Ein Situationstyp S_i ist Teil eines Situationstyps S_j gdw. $S_i \subseteq S_j$.

D9: Eine Situation s ist vom Typ S gdw. es eine totale Verankerung für S gibt derart, daß das Resultat der Verankerung Teil von s ist.

D10: Ein Schema γ ist eine Menge von Situationstypen.

<u>Erläuterung</u>: Schemata repräsentieren Disjunktionen von Situationstypen.

<u>Beispiel</u>: $\{ \{\langle \mathring{1}, \text{schläft}, \text{Peter}, 1 \rangle\}$, $\{\langle \mathring{1}, \text{schläft}, \text{Hans}, 1 \rangle\} \}$

D11: Eine Situation s ist vom Typ eines Schemas γ gdw. für mindestens ein $S \in \gamma$ gilt: s ist vom Typ S.

D12: Eine Situation von der Form $C = \{\langle \text{involviert}, S_i, S_j, pol \rangle\}$ mit den Situationstypen S_i und S_j ist eine Einschränkung.

<u>Ergänzung</u>:   Anstelle von Situationstypen können in Einschränkungen auch Schemata auftreten.

Beispiel: $C_{\text{küssen}} = \{\langle$ involviert, $\{\langle \mathring{\mathrm{l}},$ küßt, $\mathring{\mathrm{a}}, \mathring{\mathrm{b}}, 1\rangle\}$,
$\{\langle \mathring{\mathrm{l}},$ berührt, $\mathring{\mathrm{a}}, \mathring{\mathrm{b}}, 1\rangle\}$, $1 \rangle\}$

D13: Eine Rolle ist eine komplexe Indeterminante $\mathring{\mathrm{r}} = \mathring{\mathrm{x}}|S$, die aus einer einfachen Indeterminanten $\mathring{\mathrm{x}}$ und einem Situationstyp besteht, der $\mathring{\mathrm{x}}$ als Konstituente enthält.

Beispiel: Gegeben sei der Situationstyp Diskurssituation
$D = \{\langle \mathring{\mathrm{l}},$ spricht, $\mathring{\mathrm{a}}, 1\rangle, \langle \mathring{\mathrm{l}},$ adressiert, $\mathring{\mathrm{a}}, \mathring{\mathrm{b}}, 1\rangle,$
$\langle \mathring{\mathrm{l}},$ äußert, $\mathring{\mathrm{a}}, \mathring{\alpha}, 1\rangle\}$.
$\mathring{\mathrm{a}}|D$ ist die Rolle des Sprechers, $\mathring{\mathrm{b}}|D$ die Rolle des Adressaten, $\mathring{\mathrm{l}}|D$ die Rolle der Diskurslokation und $\mathring{\alpha}|D$ die Rolle des geäußerten Ausdrucks in einer Diskurssituation.

D14: Eine partielle Funktion f von Indeterminanten in Objekte ist eine Verankerung für eine Rolle $\mathring{\mathrm{r}} = \mathring{\mathrm{x}}|S$, wenn f eine Verankerung für jede Indeterminante in S ist und $f(\mathring{\mathrm{r}}) = f(\mathring{\mathrm{x}})$. f verankert $\mathring{\mathrm{r}}$ in einer Situation s, wenn $S\,[\![f]\!]$ Teil von s ist.

In den Definitionen D15 bis D18 werden die zentralen semantischen Begriffe der Bedeutung, Interpretation und Wahrheit eingeführt:

D15: Die Bedeutung eines indikativischen Deklarativsatzes φ ist eine Relation $u[\![\,\varphi\,]\!]s$ zwischen Situationen, in denen φ geäußert wird, und Situationen, die durch Äußerungen von φ beschrieben werden.

Ergänzung: BARWISE/PERRY (1983) unterteilen die Äußerungssituation u weiter in eine Diskurssituation im engeren Sinne (d) und eine Menge von Sprecherverbindungen ("speaker connections") c, durch die die referentiellen Einheiten einer Äußerung ihre Referenzobjekte zugewiesen erhalten.

D16: Die Bedeutung einer Satzkonstituenten α ist eine Relation $u[\![\alpha]\!]\sigma,s$, wobei σ ein von der Äußerungssituation bereitgestelltes und durch α eingeschränktes Element (der Rahmen) ist.

D17: Die Interpretation der Äußerung u eines indikativischen Deklarativsatzes φ ist die Menge derjenigen Situationen s, für die gilt: $u[\![\varphi]\!]s$.

D18: Seien s_u die Situation, auf die ein Sprecher in der Äußerungssituation u referiert, S_u der Typ der Situation, die durch u beschrieben wird, und P_u der propositionale Gehalt von u, nämlich die Proposition, daß s_u vom Typ S_u ist. Die Proposition P_u ist genau dann wahr, wenn die referierte Situation s_u vom Typ S_u ist. P_u ist falsch, wenn s_u nicht vom Typ S_u ist.

Processing Pronouns

A comparison of Situations Semantics and Discourse Representation Theory

Alice ter Meulen
University of Washington

Department of Linguistics GN 40
Seattle, WA 98195 (USA)[*]

Content

1. The structure of the grammars

2. Three examples

3. Comparison and evaluation

1. The structure of the grammars

This 'tutorial paper' discusses in detail the interpretation of pronouns in two recent theories of natural language processing: Discourse Representation Theory[2] developed by Hans Kamp and Situation Semantics, a theory of meaning and interpretation developed by the logician Jon Barwise and the philosopher John Perry at Stanford University. Since an exposition of the basic ideas and notions of these two theories is given in U. Reyle's and M. Herweg's contributions to this tutorial, my task here is to compare the interpretation of pronouns in both frameworks and assess their similarities and differences. The reason I chose to look at the details of pronoun-interpretation is that I believe that there the 'cash'-value of the new semantic insights of dynamic interpretation is best appreciated. Both frameworks constitute a major explanatory, if not a descriptive, advance over all theories of pronouns, syntactic or semantic, in existence before the arrival of these innovative semantic theories. The primary support for this bold claim is that the use of partial functions and the more sophisticated modeltheoretic concepts introduced in these

---

[*] This paper was prepared while the author was holding a research-position with the Taakgroep Formele Linguistiek, at the Rijksuniversiteit Groningen, the Netherlands.

[2] Kamp's DRS-theory is in all major respects equivalent to Heim's File Change Semantics, which was conceived and developed simultaneously but independently. See Heim (1982a). Both Heim and Kamp are presently at the University of Texas at Austin.

theories provide new and crucial tools for semantic representation in a general theory of information-conditions which may serve as foundation for computational models or artificial simulations of language understanding.

Before we delve into the details, we should briefly reconsider the overall structure of the two frameworks. Discourse Representation Theory consists of three modules: (1) the context-free syntax of English which generates surface-trees, (2) the rules for DR-construction and (3) the semantic interpretation embedding sets of DRs into a presumed standard (i.e. presumably ZFC) set-theoretic model. (2) is an additional *syntactic* level at which anaphoric and other informational dependencies are configurationally represented. The relation between (1) and (2) is a non-deterministic algorithm, i.e. there is no homomorphism between the syntax, conceived as algebra with operations, and the DR-level, since the syntactic structure does not determine the anaphoric dependencies between pronouns and their antecedents and, for instance, indefinite NPs are treated in a fundamentally different way from universal NPs. The semantic embedding-function is a homomorphism itself, and preserves the DR-structure and hence the relation between (2) and (3) is strictly compositional (although there is the one (solvable) problem concerning open DRs containing parameters which do not occur as discourse referents above their occurrence in atoms, pointed out in Zeevat (1984), which also shows that Kamp's DRS theory may be transformed to a fully compositional theory if one makes heavy use of syntactic indexing).

In the framework of Situation Semantics , i.e. Barwise (1985), upon which this exposition is based [3], three levels are distinguished: (1)the pure syntax which generates labelled strings without morphological markings, case or number agreement, (2) the syntactic indexing procedures on the labelled strings and (3) the semantics based on dynamic interpretation. Here the relation between (1) and (2) is not compositional either, as the free indexing-procedure serves to disambiguate anaphoric dependencies. The interpretation, I conjecture, can be given a fully compositional form, although I have not seen a fragment which is clearly compositional.

---

[3] There are many versions of Situation Semantics and every day there are more!!

So *prima facie* there seems to be a striking resemblance in that both frameworks need an additional <u>syntactic</u> level for disambiguation of anaphoric dependencies. Both weaken compositionality between the syntactic construction algorithm and the disambiguation of dependencies. But if we look at the kind of rules that operate on these intermediate levels, there are important differences. I will return to determine the nature of these differences more precisely after I have discussed a number of examples. In the syntax there are obvious differences in that the syntax of DRS-theory is a Montegovian surface-syntax with categorial rules or some other form of context-free phrase-structure rules, but in SS the pure syntax generates 'below' surface strings, leaving the morphology and case- and number assignment for another component. There are no remarks in Barwise (1985) concerning the relation of the labelled strings to surface sentences or discourse, but I take it there must be an additional set of 'clean-up' rules and perhaps even movement-rules which do not affect the indexing or semantic interpretation. GB-syntacticians may have good linguistic arguments that pronoun-interpretation must be sensitive to case-assignment, but I will not enter such disputes here.

Let's look at the details of some examples before we assess further similarities and differences.

2. Three examples

I will call all pronouns which depend on proper names or quantified NPs 'anaphora' for the present, in line with the generally accepted semantic terminology, which is hence altogether different from the GB-notion of anaphora. Reflexive and reciprocal pronouns are excluded from this comparison, although semantically their treatment does not differ essentially from anaphora, as well as deictic uses of pronouns or free pronouns (on which I believe there is no essential difference in the SS and DRS treatment).

Example (1)

The simplest discourse consists of two sentences illustrating the dependencies of pronouns on a proper name and on an indefinite NP, respectively.

(1) **Susan reads a book. It pleases her.**

The DRS-account of (1) is given in detail in Reyle's paper. Note that the coreference of the pronouns is regulated by the identifying their reference-markers with the markers for their antecedents, according to the instruction in the *one* universal DR-construction rule for pronouns. The formulation of the rule requires selection of a *suitable* reference-marker as antecedent, where 'suitable' at least includes agreement in gender and number and leaves some leeway for other, perhaps more pragmatic criteria of suitablity.

Now an SS-account of the same sentence would look as follows.

<u>Syntax with labelled bracketings</u>

$_S[[\textbf{Susan}]_{NP}\,[[\textbf{read}]_{P2}\,[[\textbf{a}]_{Det}\,_S[\textbf{book}]_{P1}]_{NP}\,_S]_{P1}]\,._S[[\textbf{It}]_{NPs}[[\textbf{please}]_{P2}\,[\textbf{she}]_{NP}\,_S]_{P1}]$.

Here Det s means singular determiner, a feature which is inherited by the NP. Determiners are categorematic in SS, because it analyzes them as denoting a function from noun-denotations to NP-denotations, i.e. a set of objects to sets of sets of objects, in accordance with the theory of generalized quantifiers. Kamp and Montague could also have chosen to treat determiners categorematically, hence there is no important difference here in the analysis of determiners. Proper names are basic NPs, **a** and **the** singular determiners, and **every** and **no** general determiners. I will leave plurals entirely out of consideration for the moment, as they bring in a host of new problems, and things get already complicated enough. The digit on the predicate P indicates the arity of the predicate (number of argument-places).

<u>Indexing</u>

The string generated by the syntax is indexed according to the following universal instructions:

(i) all and only occurrences of dependent elements (finite list) have subscripts

(ii) every NP is assigned a superscript

simplifying the bracketing and carrying out this indexing procedure yields

$[\text{Susan}]^1\,\text{read}\,[\text{a book}]^2.\,[\text{It}]_2^3\,\text{please}\,[\text{she}]_1^4$.

This constitutes the input to the dynamic interpretation module.

<u>interpretation</u>

The semantics constitutes an inductive definition of the notion of satisfaction, formalizing what it means for a situation to verify an expression, and simultaneously of the negative counterpart non-satisfaction, i.e. falsification of an expression in a situation. Technically this positive and negative definition is a double inductive Tarskian truth-definition relative to a structure (M) and a polarity (pol = T or F for True, respectively False) and a partial function (f) and its extensions (f' and f'', ...) assigning objects to indexed expressions. The symbol $\emptyset$ represents the indexed string. The general format of this semantic truth-definition is

$$f \Rightarrow M, \text{pol} \models \emptyset \Rightarrow f'$$

We will see that the interpretation of pronouns makes crucial use of this partial value assignment and extensions of such functions. I will list the numerical indices as arguments for the assignment function, if their values are defined by the assignment-function. This will also make it more perspicuous how such partial functions are extended in the process of interpretation. The interpretation of (1) is

$[[\text{Susan}^1]]^M$ we assume that M assigns an individual a^M to each name

$\quad$ (+) if $b = a^M$ and $f(1) = f + \langle 1, b \rangle$,then $f \Rightarrow b, T \models \text{Susan}^1 \Rightarrow f(1)$

$\quad$ (−) if $b =/= a^M$, then $f \Rightarrow b, F \models \text{Susan}^1 \Rightarrow f$

Hence the interpretation of a proper name introduces an object b as the referent of the name in the assignment, if the object contained in the situation of evaluation is identical that referent. This is essentially what connections do in Barwise and Perry (1983). Incorrect referential use of proper names does not alter the assignment.

$[[\text{book}]]^M$ (+) if $a \in \text{book}^M$ then $f \Rightarrow a, T \models \text{book} \Rightarrow f$

$\quad$ (−) if $a \notin \text{book}^M$ then $f \Rightarrow a, F \models \text{book} \Rightarrow f$

Hence basic one-place predicates get their ordinary set-theoretic interpretation, and do not affect the assignment function.

$[[\text{a book}^2]]^M$ (+) if $f + \langle 2, b \rangle \Rightarrow b, T \models \text{book} \Rightarrow f(2)$, then $f \Rightarrow b, T \models \text{a book}^2 \Rightarrow f(2)$

$\quad$ (−) if $f + \langle 2, b \rangle \Rightarrow b, F \models \text{book} \Rightarrow f(2)$, then $f \Rightarrow b, F \models \text{a book}^2 \Rightarrow f(2)$

So an indefinite singular NP adds an object **b** to the assignment in both cases, and if it has the property interpreting the noun, then it verifies the NP, otherwise it falsifies it. Note that unlike Kamp (and Heim) there is no novelty condition on this object. This is probably because Barwise wants to include referential uses of indefinite NPs, but there is no word in Barwise (1985) about his reasons for not requiring **b** to be a new object. Note also that an indefinite singular NP introduces an object into the assignment in both the positive and negative case, whereas a proper name only introduces a object in the positive case. This is based on the fact that proper names may fail to refer, whereas an indefinite NP always introduces a referent, even though he might not have the property interpreting the noun in that NP.

$[[read]]^M$ (+) if $\langle a,b \rangle \in read^M$, then $f \Rightarrow \langle a,b \rangle, T \mid= read \Rightarrow f$

(−) if $\langle a,b \rangle \notin read^M$, then $f \Rightarrow \langle a,b \rangle, F \mid= read \Rightarrow f$

Transitive verbs are interpreted by pairs of indeterminates in their positive and negative extension. There may be indeterminates which are in neither.

$[[read [a book]^2]]^M$ (+) if there is a **b** such that $f \Rightarrow \langle a,b \rangle, T \mid= read \Rightarrow f$

and $f \Rightarrow b, T \mid= a book\ ^2 \Rightarrow f(2)$, then $f \Rightarrow a, T \mid= read\ a\ book^2 \Rightarrow f(2)$

(−) if for each b, either $f \Rightarrow \langle a,b \rangle, F \mid= read \Rightarrow f$

or $f \Rightarrow b, F \mid= a book\ ^2 \Rightarrow f(2)$, then $f \Rightarrow a, F \mid= read\ a\ book^2 \Rightarrow f$

So a situation which falsifies the verb-phrase interpretation does not change the assignment, whereas a situation verifying both the two-place predicate and the NP, carries on the assignment to the NP-index.

$[[Susan^1 read [a book]^2]]^M$ (+) if there is a pair $\langle b, f(1) \rangle$ s. t. $f \Rightarrow b, T \mid= susan^1 \Rightarrow f(1)$

and an $f(1,2)$ s. t. $f(1) \Rightarrow b, T \mid= read [a book]^2 \Rightarrow f(1,2)$,

then $f \Rightarrow T \mid= susan^1 read [a book]\ ^2 \Rightarrow f(1,2)$

(−) if f is defined on no such pair

This shows very clearly how two partial value assignment are merged when parts of the interpretation are put together in a sentence, and the final assignment extends each initial assignment. The second sentence starts out with this $f(1,2)$ assignment.

$[[it_2{}^3]]^M$ (+) if $\mathbf{b} = f(2)$ and $f(2,3) = f(2) + \langle 3,\mathbf{b}\rangle$, then $f(1,2) \Rightarrow \mathbf{b},T \mid= it_2{}^3 \Rightarrow f(1,2,3)$

      (−) if $\mathbf{b} =/= f(2)$ then $f \Rightarrow \mathbf{b},F \mid= it_2{}^3 \Rightarrow f$

Note here that the interpretation of the pronoun introduces an object only if it is identical to the object introduced for its antecedent. Non-coreferential objects do not change the assignment and falsify the sentence.

$[[please]]^M$ (+) if $\langle\mathbf{a},\mathbf{b}\rangle \in please^M$, then $f \Rightarrow \langle\mathbf{a},\mathbf{b}\rangle, T \mid= please \Rightarrow f$

      (−) if $\langle\mathbf{a},\mathbf{b}\rangle \notin please^M$, then $f \Rightarrow \langle\mathbf{a},\mathbf{b}\rangle, F \mid= please \Rightarrow f$

$[[she_1{}^4]]^M$ (+) if $\mathbf{b} = f(1)$ and $f(1,4) = f(1) + \langle 4,\mathbf{b}\rangle$, then $f(1,2) \Rightarrow \mathbf{b},T \mid= she_1{}^4 \Rightarrow f(1,2,4)$

      (−) if $\mathbf{b} =/= f(1)$ then $f \Rightarrow \mathbf{b},F \mid= she_1{}^4 \Rightarrow f$

The initial assignment defined on indices 1 and 2 only is now extended to incorporate the assignment of an object to index 4, which is identified with the object introduced for Susan.

$[[please\ she_1{}^4]]^M$ (+) if there is a $\mathbf{b}$ such that $f \Rightarrow \langle\mathbf{a},\mathbf{b}\rangle, T \mid= please \Rightarrow f$

        and $f(1,2) \Rightarrow \mathbf{b},T \mid= she_1{}^4 \Rightarrow f(1,2,4)$,

        then $f(1,2) \Rightarrow \mathbf{a}, T \mid= please\ she_1{}^4 \Rightarrow f(1,2,4)$

      (−) if for each b, either $f \Rightarrow \langle\mathbf{a},\mathbf{b}\rangle, F \mid= please \Rightarrow f$

        or $f(1,2) \Rightarrow \mathbf{b},F \mid= she_1{}^4 \Rightarrow f(1,2)$,

        then $f(1,2) \Rightarrow \mathbf{a}, F \mid= please\ she_1{}^4 \Rightarrow f(1,2)$

$[[it_2{}^3\ please\ she_1{}^4]]^M$ (+) if there is a pair $\langle \mathbf{b}, f(1,2,3) \rangle$ such that

        $f(1,2) \Rightarrow \mathbf{b}, T \mid= it_2{}^3 \Rightarrow f(1,2,3)$ and an $f(1,2,3,4)$

        such that $f(1,2,3) \Rightarrow \mathbf{b},T \mid= please\ she_1{}^4 \Rightarrow f(1,2,3,4)$,

        then $f(1,2) \Rightarrow T \mid= it_2{}^3\ please\ she_1{}^4 \Rightarrow f(1,2,3,4)$

      (−) if f is defined on no such pair

This example shows how an assignment of objects determined by the indices on NPs regulates coreference between a proper name and its pronoun and an indefinite singular NP and its pronoun. Coreference is a stipulated <u>semantic</u> correlation between value-assignments and 'formal objects' which is called a *restraining relation* between antecedent and dependent pronoun.

The proper correspondence between Kamp's and Barwise's analysis is either between one DR and its truthful embedding into M, and an SS-interpretation based on the (+) clauses of one particular assignment function, or between a DRS and a set of truthful embeddings and a set of interpretations with distinct asssignment functions. There is a lot more to say and to ask about this one example, but we should look at another example to get a better insight into the details and differences.

Example 2

The second example concerns general or universal NPs which cannot serve as antecedents to pronouns in later sentences, and hence must be inter-sentential, binding pronouns in one and the same sentence, or possibly within a S-internal relative clause.

(2) **Every student borrows a book that he reads. *He likes it.**

The DRS-analysis is again found in Reyle's paper.

The SS-analysis is as follows. The syntax of the fragment in Barwise (1985) does not generate relative clauses, but I suppose it can be extended to include them. In line with the general strategy of generating 'below'-surface strings, I assume that the relative clause (RC) is formed outside the pure syntax.

<u>syntax</u>

$[[\textbf{Every student}]_{NPg}[[\textbf{borrow}]_{P2}[\textbf{a}[\textbf{book}]_{P1}[[\textbf{he}]_{NPs}[[\textbf{read}]_{P2}[\textbf{it}]_{NPs}]_{P1}]_{RC}]_{NPs}]_{P1}]_S$

$[[\textbf{He}]_{NPs}[[\textbf{like}]_{P2}[\textbf{it}]_{NPs}]_{P1}]_S$.

<u>Indexing</u>

The same procedures as mentioned in the first example give us as possible indexing of the sentences

$[\text{Every student}]^1 \text{ borrow } [\text{a book } [he_1{}^3] \text{ read } [it_2{}^4]]^2. [He_1{}^5] \text{ like } [it_2{}^6].$

We will see that this indexing result will not be interpretable, due to a semantic condition on general NPs. No extra-sentential binding of general NPs is admitted, although the syntax and indexing produce this input to the interpretation. The semantic interpretation in SS has a real filtering power, discarding strings which are indexed in a way which violates semantic constraints. But of course, a different indexing of the same sentence could be interpreted, in which the pronouns depend on proper names or indefinite NPs from previous sentences, or in which they are free.

First we need a new definition. Let p be any set of indices, let f be any value-assignment with f(1) undefined, then X is a <u>parametrized s·bset</u> defined as

$$\text{Con}(f,p,1) = \{\langle a,g\rangle \mid \text{dom}(g) = p, g \text{ consistent with } f, \text{ and } g(1) = a \text{ when } 1 \in p\}.$$

A parametrized subset (of a domain of objects) is hence a set of pairs consisting of an object **a** and a assignment-function g which assigns **a** to the index which parametrizes the set, while preserving the values already assigned by f. This notion plays an important role in SS and is used in a way comparable to a set of DR-reference-markers + embedding functions for a general NP.

$[[\text{every student}^1]]^M$ (+) if for every $\langle a,g\rangle \in \text{Con}(f,p,1)$ either f => a,F |=student => f∪g or a∈X_g

$$f => X, T|= \text{every student}^1 => f + C(X) + \langle 1,*\rangle$$

$$\text{where } C(X) = \cap\{g| \langle a,g\rangle \in X\}$$

(–) if there is a pair $\langle a,g\rangle \in \text{Con}(f,p,1)$ s. t. f =>a,T|= student =>f∪g, but a∉X_g

$$\text{then } f => X,F |= \text{every student}^1 => f$$

This interpretation says that any assignment-function g which assigns to the NP-index a 'student'-object **a**, extends the input-assignment **f** and the assignment is continued with respect to the <u>set</u> of such extensions of the initial **f**. Furthermore the index is blocked after being used in extending the input-assignment from ever being used again by adding the pair $\langle 1,*\rangle$, where * is a designated 'pseudo'-object (my terminology). This point accounts for the lack of extra-sentential binding power of general NPs, which in Barwise (1985) is called a *capturing dependency* between pronoun and general NP antecedent. Any 'student'-object not in the parametrized set is falsifies the NP and the assignment is not extended.

$[[\text{borrow}]]^M$ (+) if $\langle a,b\rangle$ borrow^M , then f=> $\langle a,b\rangle$, T |= borrow => f

(–) if $\langle a,b\rangle$ / borrow^M , then f=> $\langle a,b\rangle$, F |= borrow => f

We first build up the interpretation of **book he read it**, leaving dependent expressions uninterpreted but constrained by conditions, until we find the appropriate antecedents.

$[[book]]^M$ (+) if $a \in book^M$ then $f \Rightarrow a, T |= book \Rightarrow f$

        (−) if $a \notin book^M$ then $f \Rightarrow a, F |= book \Rightarrow f$

$[[he_1{}^3]]^M$ (+) if $b = f(1)$ and $f(1,3) = f(1) + \langle 3, b \rangle$, then $f(1) \Rightarrow b, T |= he_1{}^3 \Rightarrow f(1,3)$

        (−) if $b =/= f(1)$, then $f \Rightarrow b, F |= he_1{}^3 \Rightarrow f$

We have no reason as yet to assume that the conditions are satisfied, until we get $f(1)$ from the subject NP **every student**. All we do know is that the condition that the referent of **he** is to be unified with the referent of the assignment of an NP-interpretation with index 1. Since the subject NP is a general NP, we will see that the referent of **he** depends not just on one assignment but on the <u>set</u> of appropriate assignments determined by the parametrized subset.

$[[read]]^M$ (+) if $\langle a, b \rangle \in read^M$, then $f \Rightarrow \langle a, b \rangle, T |= read \Rightarrow f$

        (−) if $\langle a, b \rangle \notin read^M$, then $f \Rightarrow \langle a, b \rangle, F |= read \Rightarrow f$

$[[it_2{}^4]]^M$ (+) if $b = f(2)$ and $f(2,4) = f(2) + \langle 4, b \rangle$, then $f(2) \Rightarrow b, T |= it_2{}^4 \Rightarrow f(2,4)$

        (−) if $b =/= f(2)$ then $f \Rightarrow b, F |= it_2{}^4 \Rightarrow f$

$[[read\ it_2{}^4]]^M$ (+) if there is a b s. t. $f \Rightarrow \langle a, b \rangle, T |= read \Rightarrow f$ and $f(2) \Rightarrow b, T |= it_2{}^4 \Rightarrow f(2,4)$,

        then $f(2) \Rightarrow a, T |= read\ it_2{}^4 \Rightarrow f(2,4)$

      (−) if for each b, either $f \Rightarrow \langle a, b \rangle, F |= read \Rightarrow f$ or $f \Rightarrow b, F |= it_2{}^4 \Rightarrow f$,

        then $f \Rightarrow a, F |= read\ it_2{}^4 \Rightarrow f$

$[[he_1{}^3\ read\ it_2{}^4]]^M$ (+) if there is a pair $\langle b, f(1,3) \rangle$ s. t. $f(1) \Rightarrow b, T |= he_1{}^3 \Rightarrow f(1,3)$ and

        an $f(2,4)$ s. t. $f(2) \Rightarrow b, T |= read\ it_2{}^4 \Rightarrow f(2,4)$,

        then $f(1,2) \Rightarrow T |= he_1{}^3\ read\ it_2{}^4 \Rightarrow f(1,2,3,4)$

        (−) if f is defined on no such pair

$[[\ [\ a\ book\ he_1{}^3\ read\ it_2{}^4]\ ^2]]^M$ (+) if $f + \langle 2, b \rangle \Rightarrow b, T |= book \Rightarrow f(2)$,

        then $f(1,2,3,4) \Rightarrow b, T |= [a\ book\ he_1{}^3\ read\ it_2{}^4]^2 \Rightarrow f(1,2,3,4)$

        (−) if $f + \langle 2, b \rangle \Rightarrow b, F |= book \Rightarrow f(2)$,

        then $f(1,2,3,4) \Rightarrow b, F |= [a\ book\ he_1{}^3\ read\ it_2{}^4]^2 \Rightarrow f(1,2,3,4)$

$[[borrow\ [a\ book\ he_1{}^3\ read\ it_2{}^4]^2]]^M$

$(+)$ if there is a **b** such that $f(1,2,3,4) \Rightarrow \langle a,b \rangle$, $T|=$ borrow $\Rightarrow f(1,2,3,4)$

and $f(1) \Rightarrow b,T |= [a$ book $he_1{}^3$ read $it_2{}^4]^2 \Rightarrow f(1,2,3,4)$

then $f(1,2,3,4) \Rightarrow a$, $T |=$ borrow $[a$ book $he_1{}^3$ read $it_2{}^4]^2 \Rightarrow f(1,2,3,4)$

$(-)$ if for each **b**, either $f(1,2,3,4) \Rightarrow \langle a,b \rangle, F |=$ read $\Rightarrow f(1,2,3,4)$ or $f \Rightarrow b,F |= it_2{}^4 \Rightarrow f$

then $f(1,2,3,4) \Rightarrow a$, $F |=$ borrow $[a$ book $he_1{}^3$ read $it_2{}^4]^2 \Rightarrow f(1,2,3,4)$

$[[$every student^1 borrow $[a$ book $he_1{}^3$ read $it_2{}^4]^2]]^M$

$(+)$ $\{1\}$ is the set of subscripts free in **borrow [a book he$_1{}^3$ read it$_2{}^4]$^{2}**

let $X = \{\langle b,g \rangle \mid f \subseteq g$ & $dom(g) = dom(f) \cup \{1\}$ & $g \Rightarrow b,T|=$ borrow $[a$ book $he_1{}^3$read $it_2{}^4]^2 \Rightarrow g\}$

if $f \Rightarrow X,T|=$ every student$^1 \Rightarrow f(1)$,

then $f \Rightarrow T|=$ every student^1 borrow$[a$ book $he_1{}^3$ read $it_2{}^4]^2 \Rightarrow f(1,2,3,4)$

$(-)$ if $f \Rightarrow X,F|=$ every student $^1 \Rightarrow f$

then $f \Rightarrow F|=$ every student^1 borrow $[a$ book $he_1{}^3$ read $it_2{}^4]^2 \Rightarrow f$

$[[he_1{}^5]]^M$ the pronoun interpretation is blocked, since the assignment $f(1,2,3,4)$ cannot be extended with $\langle 5,b \rangle$ and $b = f(1)$ due to adding $\langle 1,* \rangle$ in the interpretation of **every student**^{1}.

$[[$like$]]^M$ as usual.

$[[it_2{}^6]]^M$ this pronoun is interpretable as dependent on **[a book he$_1{}^3$ read it$_2{}^4]$^{2}**

$[[$like $it_2{}^6]]^M$ as usual

$[[he_1{}^5$ like $it_2{}^6]]^M$ if a constituent in a sentence is uninterpretable, the whole sentence is.

This second example shows us one important difference between DRStheory and SS, namely that in the latter the semantic interpretation has real filtering power, rendering some indexed strings uninterpretable, whereas in DRStheory, if a structure cannot be embedded, it is simply false, and any DRS either is or is not embeddable[4]. There is no filter at all at the semantic level in DRStheory, since the accessibility conditions of reference-markers are already determined at the syntactic level of DR-construction.

---

[4] See section 3 under general remarks 5) for some further reflections on their differences in the treatment of negation.

Example 3

Let's look finally at the details of a 'donkey'construction, which provided the initial motivation of DRStheory. Since in SS the semantic connection between conditionals and indefinite NPs is not really very clear, I take a relative clause example with an indefinite binding a pronoun in the VP.

(3) **Every student who owns a book reads it**

The SS-analysis is quite complicated. The syntax is like (2), assuming that **who** is a basic NP, and the indexing gives us

$$[[\text{Every student who}_1{}^2 \text{ own [a book]}^3]^1 \text{ read [it]}_3{}^4$$

The interpretation proceeds as follows.

$[[\text{student}]]^M$ (+) if a∈student^M then f=> **a**,T|= student => f

        (−) if a∉student^M then f=> **a**,F|= student => f

$[[\text{who}_1{}^2]]^M$ (+) if **b** = f(1) and f(1,2) = f(1) + <2,**b**> then f(1) => **b**,T|= who$_1{}^2$ =>f(1,2)

        (−) if **b** =/= f(1) then f(1) => **b**,F|= who$_1{}^2$ => f(1)

Of course we have not yet defined f(1), and hence postpone evaluating the conditions.

$[[\text{own}]]^M$ (+) if <**a,b**>∈own^M , then f=> <**a,b**>, T |= own => f

        (−) if <**a,b**>∉own^M , then f=> <**a,b**>, F |= own => f

$[[[\text{a book}]^3]]^M$ (+) if f + <3,**b**> => **b**, T |= book => f(3), then f => b, T |= a book ^{3} => f(3)

        (−) if f + <3,**b**> => **b**, F |= book => f(3), then f => **b**, F |= a book ^{3} => f(3)

$[[\text{own [a book]}^3]]^M$(+)if there is a **b** s. t. f => <**a,b**>,T|= own => f and f =>**b**,T|= a book^3 => f(3)

        then f => **a**, T |= own a book^3 => f(3)

        (−)if for each **b**, either f =><**a,b**>,F|= own => f or f =>**b**,F|= a book^3 => f(3)

        then f => **a**, F |= own a book^3 => f(3)

$[[\text{who}_1{}^2 \text{ own [a book]}^3]]^M$ (+) if there is a pair <**b**,f(2)> s. t. f(1) => **b**,T |= who$_1{}^2$ => f(1,2)

        and f(1,2) => **b**,T|= own [a book]^3 => f(1,2,3),

        then f => T |= who$_1{}^2$ own [a book]^3 =>f(1,2,3)

        (−) if f is defined on no such pair or f => **a**,F |= own a book^3 => f(3)

        then f => F |= who$_1{}^2$ own [a book]^3 =>f(1,2,3)

$[[[$Every student who$_1$ ^{2} own $[$a book$]^3]^1]]^M$

($+$) let p be a set of indices, $1 \notin$ dom(f) and X a parametrized subset

Con $(f,p\mathbf{1}) = \{ \langle \mathbf{a},g \rangle \mid$ dom $(g) = p$, g consistent with f, and $g(1) = \mathbf{a}$ when $1 \in p \}$

if for every $\langle \mathbf{a},g \rangle \in$ Con($f,p,1$) either $f \Rightarrow \mathbf{a},F \models$ student who$_1$ ^{2} own $[$a book$]^3] \Rightarrow f \cup g$ or $\mathbf{a} \notin X_g$

then $f \Rightarrow X ,T \models [$Every student who$_1$ ^{2} own $[$a book$]^3]^1 \Rightarrow f + C(X) + \langle j,* \rangle$

where $C(X) = \bigcap \{g \mid \langle \mathbf{a},g \rangle \in X\}$

$[[$read$]]^M$ ($+$) if $\langle \mathbf{a},\mathbf{b} \rangle \in$ read^M , then $f \Rightarrow \langle \mathbf{a},\mathbf{b} \rangle, T \models$ read $\Rightarrow f$

($-$) if $\langle \mathbf{a},\mathbf{b} \rangle \notin$ read^M , then $f \Rightarrow \langle \mathbf{a},\mathbf{b} \rangle, F \models$ read $\Rightarrow f$

$[[\,[$it$]_3^4]]^M$ ($+$) if $\mathbf{b} = f(3)$ and $f(3,4) = f + \langle 4,b \rangle$ then $f(3) \Rightarrow \mathbf{b},T \models [it]_3^4 \Rightarrow f(3,4)$

($-$) if $\mathbf{b} =/= f(3)$ then $f(3) \Rightarrow \mathbf{b},F \models [it]_3^4 \Rightarrow f(3)$

$[[$read$[$it$]_3^4]]^M$($+$) if there is a $\mathbf{b}$ s. t. $f(3) \Rightarrow \langle \mathbf{a},\mathbf{b} \rangle ,T \models$ read $\Rightarrow f(3)$

and $f(3) \Rightarrow \mathbf{b},T \models [it]_3^4 \Rightarrow f(3,4)$, then $f(3) \Rightarrow \mathbf{a},T \models$ read$[$it$]_3^4 \Rightarrow f(3,4)$

($-$) if for each $\mathbf{b}$ either $f(3) \Rightarrow \langle \mathbf{a},\mathbf{b} \rangle ,F \models$ read $\Rightarrow f(3)$ or for some f ,

$f(3) \Rightarrow \mathbf{b},F \models [it]_3^4 \Rightarrow f(3)$, then $f(3) \Rightarrow \mathbf{a},F \models$ read$[$it$]_3^4 \Rightarrow f(3)$

$[[[$Every student who$_1$ ^{2} own $[$a book$]^3]^1$ read$[$it$]_3^4]]^M$

($+$) the set of free indices in **read $[$it$]_3^4$** is $\{3\}$, and **X** =

$\{\langle \mathbf{b},g \rangle \mid f \circ g$, dom($g$) = dom($f$)$\cup\{3\}$, and $g \Rightarrow \mathbf{b},T \models$ read$[$it$]_3^4 \Rightarrow g\}$,

if $f \Rightarrow$ **X**$,T \models$ Every student who$_1$ ^{2} own $[$a book$]^3]^1 \Rightarrow f(1,2,3)$,

then $f \Rightarrow T \models$ Every student who$_1$ ^{2} own $[$a book$]^3]^1$ read$[$it$]_3^4 \Rightarrow f(1,2,3,4)$

($-$) if $f \Rightarrow$ **X**$,F \models$ Every student who$_1$ ^{2} own $[$a book$]^3]^1 \Rightarrow f$

then $f \Rightarrow F \models$ Every student who$_1$ ^{2} own $[$a book$]^3]^1$ read$[$it$]_3^4 \Rightarrow f$

This example shows the crucial role the parametrized sets play in the interpretation of expressions with dependent element which have no yet been captured by an antecedent. The anaphoric conditions are explicitly formulated, but only satisfied at a later point in the interpretation.

3. Comparison and Evaluation

Let me by way of a first summary list the main points of difference we have encountered in these three examples.

1) For Kamp and Heim it is an essential semantic feature of indefinite NPs that their interpretation introduces a *new* reference marker into the representation, called the *novelty condition* on indefinites. In SS there is no such condition on indefinites, but there is another requirement on general NPs (which are considered to be definite) that their index is not already defined for the assignment.

2) Proper names differ from singular indefinite NPs in being 'rigid', hence 'scope-less' and always available or accessible for anaphoric dependencies. In DRStheory this difference is brought out by introducing a reference marker for a proper name always into the top DR, versus introducing a reference marker for an indefinite singular NP into the (subordinate) DR which is being constructed. In SS different interpretation conditions for proper names and indefinite singular NPs are defined which determine their anaphoric possibilities. *Prima facie* the difference amounts to where the conditions are located, in the syntactic DR-construction rules or in the purely semantic SS-interpretation rules.

3) In the SS account of anaphora indexing of NPs in sub- and super-scripts is essential. In DRStheory no syntactic indexing is needed, although Zeevat (1984) showed indexing in DRS theory is essential for making the theory compositional. DRS theory seems here at an advantage, since in real life pronouns don't carry their indixes with them, and we apparently don't need them in our own understanding of their meaning (cf. Partee's Wellformedness Constraint in Montague Grammar which prohibited indexed pronouns). There is an important further question whether such syntactic indexing may be generalized insightfully over other linguistic categories which exhibit anaphoric dependencies, e.g. temporal anaphora (VP and S), and adverbial modification. On the other hand, GB-linguists may be able to recognize and incorporate more of their insights on anaphoric dependencies if they may make use of free indexing.

4) Related to the previous point is the fact mentioned above that there is genuine filtering power in semantics of SS, whereas no filter needed in DRS at any level at all. In SS certain results of the

indexing procedures yield uninterpretable strings. Under the pressures of compositionlity, it may very well be possible to eliminate this filtering in favor of interpreting all such strings by some formal object, distinct from T or F, not unlike completing a partial bivalent truth-definition by a third value 'uninterpretable'. *Ceteris paribus*, it seems to me that a theory which makes no appeal to filters, which are often open to *ad hoc* usage, provides the better insight.

Opening the floor to some more general considerations which may bear on this comparison, the following points deserve to be mentioned.

1) DRS theory seems to appeal immediately to semantically oriented linguists, who are presently working on extending its empirical adequacy to new data, also from realms like temporal anaphora, VP-ellipsis, wh-quantification, plurals, belief-contexts, modality etc. . In SS there exist as yet comparatively fewer linguistic applications, and, perhaps due to its strongly modeltheoretic flavor, it may be less easy for some linguists to see how further linguistic applications of it ought to be developed. On the other hand, Sells in his notes to Barwise (1985) suggests quite explicitly connections to current GB-discussions on anaphora. I cannot assess the possibilities and difficulties in marrying SS to a purely syntactic framework like GB, but there are several people currently involved in such endeavours.

2) There is a real difference in processing order of the rules in the two frameworks. SS is bottom up – left to right, whereas DRS is top down – left to right. For a theoretical semanticist, as I am, it does not matter how the rules proceed, as long as the ordering is clear and fixed. I wonder whether it matters to computational applications and efficiency of actual implementations. From what I gather, the current debate on the pro's and con's of top-down versus bottom-up parsing techniques yields far from conclusive results. Much seems to depend on the actual system and programming language used for implementation, which gives me the (perhaps misguided) impression: 'you can get anything you want...'.

3) The explicit ambition of SS is to provide a universal foundation for the semantics of natural languages and a semantics of programming languages. In comparison to Montague Grammar, obviously both frameworks constitute a major improvement with respect to efficient

computability. There exist some pioneering studies of Prolog implementations of DRS as well as implementations of SS (see bibliography).

4) Looking from a more logical point of view, SS admits quantification over situations, and hence over higher-order objects. Barwise, nevertheless, advocates a democratic universe in which 'everything is a first class citizen' and possible set-theoretic reductions of some objects to others does not necessarily mean that the latter are to be assumed as primitives. The main moral to be drawn from this is that a 'flattened' domain in which semantic notions are analyzed as relations between various (sub)domains of objects provides a more suitable and flexible structure than hierarchical functional and atomistic domains with the customary set-theoretic reductions of e.g. properties to functions from indices to sets of individuals. DRStheory seems less generous in its universe of reference-markers, allowing only three kinds of markers: 'individual' markers which are mapped to individuals, set-markers which are mapped to groups of individuals (for plural NPs) and event-markers for temporal anaphora. The models embedded into are regular set-theoretic models based on a primitive set of individuals. Very recently some suggestions have been made that SS should be based on a set-theory which differs from ZFC in lacking the well-foundedness axiom, hence allowing for 'circular' situations useful for (vicious) self-referential statements. It is clear that models based on atomistic ZFC set-theory have a strong 'extensional' bias built in by the assumption of individuals (proper name denotations) as primitive. Presently it is not up to me to assess which alternative foundations would be more suitable, but linguistic considerations having to do with quantification in plural and non-count NPs point into the direction of allowing for distinct but possibly overlapping individuals in domains structured by a general part-whole relations between objects of various kinds. But it is important to realize that we can do a lot of semantic analysis without having to worry about the exact axiomatic nature of its foundations.

5) Negation provides for a number of semantic puzzles which I do not think have been clearly solved in either framework. In terms of DRStheory VP-negation sometimes, but not always makes a reference-marker inaccessible - e.g. *John does not love his wife. She loves him*

very much. (where the cross-sentential dependency is acceptable) versus *John does not own a donkey.* *It is grey.* (where the reference-marker for the indefinite NP should be inaccesible for future unifications). In DRS theory negation is treated as failure to satisfy a (sub)DR or the non-existence of a proper embedding. But in SS a distinction is made between verification (the + part of the interpretation) and falsification (the - part of the interpretation) and a third possibility 'otherwise', since verification and falsification are defined only when all terms are defined in the relevant situation. This tri-partite interpretation procedure in SS seemingly matches more easily with the negative polarity phenomena and 'scalar implicatures' in natural language.

This concludes the tutorial exposition of the differences and similarities of DRStheory and SS. The reader is strongly advised to read some original papers in each camp before choosing sides, as this review has been based primarily on the limited considerations deriving from their treatment of anaphora, of which we only looked at three examples. At least we are entitled to one indubitable conclusion: the scene of natural language semantics is enriched with two new serious, interesting and formally detailed contenders, which each constitute, perhaps in different respects, a significant improvement over previous theories of meaning and interpretation of natural language.

Literaturverzeichnis

Asher, N.(1985), Belief in Discourse Representation Theory. Erscheint in:
        The Journal of Philosophy.
Barwise, J.(1981a), Some Computational Aspects of Situation Semantics.
        Proceedings of the 19th Annual Meeting of ACL.
Barwise, J.(1981b), Scenes and other Situations. Journal of Philosophy 78,
        369-397.
Barwise, J.(1984), The Situation in Logic-I. Stanford, CSLI-Report 84-2.
Barwise, J(1985), A Model of the Treatment of Anaphora in Situation
        Semantics, CSLI Informal Notes 1 (with notes by Peter Sells and
        Mats Rooth).
Barwise, J.(1985a), The Situation in Logic-III: Situations, Sets and the
        Axiom of Foundation. Stanford, CSLI-Report 85-26.
Barwise, J.(1986), Conditionals and Conditional Information. In: Traugott,
        E./ter Meulen, A./Ferguson, Ch./Reilly, J. (eds.), On
        Conditionals. Cambridge: Cambridge University Press.
        Auch: CSLI-Report 85-21.
Barwise, J./Cooper, R.(1981), Generalized Quantifiers and Natural Language.
        In: Linguistics and Philosophy 4, 159-219.
Barwise, J./Perry, J.(1981a), Semantic Innocence and Uncompromising
        Situations. In: French et al. (eds.), Midwest Studies in
        Philosophy 6, Minneapolis: The University of Minnesota Press,
        387-404.
Barwise, J./Perry, J.(1981b), Situations and Attitudes. In: Journal of
        Philosophy 78, 668-691.
Barwise, J./Perry, J.(1983), Situations and Attitudes. Cambridge, Mass.:
        MIT Press.
Barwise, J./Perry, J.(1985), Shifting Situations and Shaken Attitudes: An
        Interview with Barwise and Perry. In: Linguistics and Philosophy
        8, 105-161.
van Benthem, J.(1980), Points and Periods. In: Rohrer, Chr.(1980), 39-5.
van Benthem, J.(1983), The Logic of Time. Dordrecht: Reidel.
Chierchia, G./Rooth, M.(1984), Configurational Notions in Discourse
        Representation Theory. In: NELS 14, GLSA, University of
        Massachusetts, Amherst, Mass. 49-63.
Cooper, R.(1984a), Negation in ELIUSS. CLS 20.
Cooper, R.(1984b), Lecture on Preliminary Eliuss & Fragments in Eliuss
        Style. Ms./ University of Wisconsin, Madison.
Cooper, R.(1985a), Aspectual Classes in Situation Semantics. Stanford,
        CSLI-Report 84-14.
Cooper, R.(1985b), Generalized Quantifiers in Situation Semantics.
        Colloqium on Generalized Quantifiers, Lund.
Davidson, D.(1967), The Logical Form of Action Sentences. In:
        Davidson, D.(1980).
Davidson, D.(1980), Essays on Actions and Events. Oxford: Clarendon Press.
van Eijck, J.(1983), Discourse Representation Theory and Plurality. In:
        ter Meulen, A. (ed.), Studies in Modeltheoretic Semantics.
        GRASS 1, Dordrecht: Foris.
van Eijck, J.(1984), Aspects of Quantification in Natural Language.
        Dissertation, Rijksuniversiteit Groningen.
Fenstad, J.-E./Halvorsen, P.-K./Langholm, T./van Benthem, J.(1985),
        Equations, Schemata and Situations: A Framework for Linguistic
        Semantics. Ms./ Stanford, CSLI.
Frey, W.(1985), Syntax and Semantics of Some Noun Phrases. In: Laubsch, J.
        (ed.), GWAI-84, Berlin: Springer.
Gawron, J.M.(1985), A Parsimonious Account of Prepositions and Cause.
        CLS 21.

Gawron, J.M.(1986a), Situations and Prepositions. Linguistics and
        Philosophy 9.
Gawron, J.M.(1986b), Types, Contents and Semantic Objects. Linguistics and
        Philosophy 9.
Groenendijk, J./de Jongh, D./Stokhof, M.(1986), Information, Interpretation
        and Inference. GRASS, Dordrecht: Foris.
Guenthner, F./Lehmann, H.(1983), Rules of Pronominalization.
        In: Proceedings of the First Conference of the European Chapter
        of the ACL, 144-151.
Guenthner, F./Lehmann, H./Schoenfeld, W.(1985), A Theory for the
        Representation of Knowledge. Ms./ Tuebingen/Heidelberg.
Heim, I.(1982a), The Semantics of Definite and Indefinite Noun Phrases,
        Dissertation, University of Massachusetts, Amherst.
Heim, I.(1982b), File Change Semantics and the Familiarity Theory of
        Definitness. In: Philosophy 5 (1982), 3-22. Wiederabgedruckt in:
        Baeuerle, R./Schwarze, C./von Stechow, A. (eds.), Meaning,
        Use and Interpretation of Language. Berlin: de Gruyter.
Heim, I.(1983), On the Projection Problem of Presuppositions. In: Barlow,
        M. et al. (eds.), Proceedings of the Second West Coast Conference
        on Formal Linguistics. Stanford, 114-125.
Johnson, M./Klein, E.(1985), A Declarative Formulation of DRS Theory. Notes
        from the ASL talk. Ms./ Stanford, CSLI.
Kamp, H.(1979), Events, Instants and Temporal Reference. In: Baeuerle, R./
        Egli, U./von Stechow, A. (eds.) Semantics from Different Points
        of View. Berlin: Springer, 376-417.
Kamp, H.(1980), Some Remarks on the Logic of Change. In: Rohrer, Chr.(1980),
        135-179.
Kamp, H.(1981a), A Theory of Truth and Semantic Representation. In:
        Groenendijk et al. (eds.), Formal Methods in the Study of
        Language. Mathematical Centre Tract, Amsterdam. Wiederabdruck in:
        Groenendijk et al. (eds.), Truth, Representation and Information.
        GRASS 2, Dordrecht: Foris.
Kamp, H.(1981b), Evenements, representation discursives et reference
        temporelle. In: Language 64.
Kamp, H.(1982), Ms./ ohne Titel, Stuttgart.
Kamp, H.(1983), SID without Time or Question. CSLI Ms./ Stanford.
Kamp, H.(1985a), Belief, Belief Formation and Belief Reports. In:
        Groenendijk et al.(eds.), Proceedings of the 5th Conference on
        Formal Semantics. Amsterdam, 1985.
Kamp, H.(1985b), Conditionals in DR-Theory. Ms./Stuttgart.
Kamp, H.(1985c), Context, Thought and Communication. In: Proceedings of the
        Meeting of the Aristotelian Society. 239-261.
Kamp, H./Rohrer, C.(1983), Tense in Texts. In: Baeuerle, R./Schwarze, C./
        von Stechow, A. (eds.), Meaning, Use and Interpretation of
        Language. Berlin: de Gruyter.
Kamp, H./Rohrer, C.(1985), Temporal Reference in French. Ms./Stuttgart.
Klein, E.(1986), VP-Ellipsis in DR-Theory. In: Groenendijk et al. (1986).
        Edinburgh.
Kolb, H.-P.(1985), Aspekte der Implementation der Diskursrepraesentations=
        theorie. Ms./ Forschungsstelle fuer natuerlich-sprachliche
        Systeme, Tuebingen.
Linguistics and Philosophy 8.1 (1985). Special Issue on Situations and
        Attitudes. Robin Cooper (ed.).
ter Meulen, A.(1985), Progressives without Possible Worlds. CLS 21.
ter Meulen, A.(1986a), Generic Information, Conditional Contents and
        Constrains. In: Traugott, E./ter Meulen, A./Ferguson, Ch./Reilly,
        J. (eds.), On Conditionals. Cambridge: Cambridge University Press.
ter Meulen, A.(1986b), Locating Events. In: Groenendijk et al.(1986).

Mukai, K.(1985a), Unification over Complex Indeterminates in PROLOG. Tokyo, ICOT-Report. TR-113.

Mukai, K.(1985b), Horn Clause Logic with Parameterized Types for Situation Semantics Programming. Tokyo, ICOT-Report. TR-101.

Partee, B.(1984), Temporal and Nominal Anaphora. Linguistics and Philosophy 7. 243-287.

Partee, B.(1985), Situations, Worlds and Context. Linguistics and Philosophy 8. 53-58.

Reichenbach, H.(1947), Elements of Symbolic Logic. New York.

Reyle, U.(1985a), Grammatical Functions, Discourse Referents and Quantification. In: Proceedings of the Eigth International Joint Conference on Artifical Intelligence, Los Angeles.

Reyle, U.(1985b), Zur Interpretation des franzoesischen Imparfait. Erscheint in: Klenk, U.(ed.), Strukturen und Verfahren der maschinellen Sprachverarbeitung, Niemeyer.

Rohrer, C.(1980), Time, Tense and Quantifiers. Proceedings of the Stuttgart Conference on the Logic of Tense and Quantification. Tuebingen: Niemeyer.

Sells, P.(1985a), Restrictive and Non-Restrictive Modification. Stanford, CSLI-Report 85-28.

Sells, P.(1985b), Anaphora with which. In: Cobler, M. et al. (eds.), Proceedings of the WCCFL 4, Stanford.

Winograd, T.(1985), Moving the Semantic Fulcrum. Linguistics and Philosophy 8.1, 91-104.

Zeevat, H.(1984), A Compositional Approach to Discourse Representation. Ms./ University of Edinburgh.

Zeevat, H.(1986), A Treatment of Belief Sentences in Discourse Representation Theory. Erscheint in: Groenendijk et al. (1986).

Band 76: GWAI-83. German Workshop on Artifical Intelligence. September 1983. Herausgegeben von B. Neumann. VI, 240 Seiten. 1983.

Band 77: Programmiersprachen und Programmentwicklung. 8. Fachtagung der GI, Zürich, März 1984. Herausgegeben von U. Ammann. VIII, 239 Seiten. 1984.

Band 78: Architektur und Betrieb von Rechensystemen. 8. GI-NTG-Fachtagung, Karlsruhe, März 1984. Herausgegeben von H. Wettstein. IX, 391 Seiten. 1984.

Band 79: Programmierumgebungen: Entwicklungswerkzeuge und Programmiersprachen. Herausgegeben von W. Sammer und W. Remmele. VIII, 236 Seiten. 1984.

Band 80: Neue Informationstechnologien und Verwaltung. Proceedings, 1983. Herausgegeben von R. Traunmüller, H. Fiedler, K. Grimmer und H. Reinermann. XI, 402 Seiten. 1984.

Band 81: Koordinaten von Informationen. Proceedings, 1983. Herausgegeben von R. Kuhlen. VI, 366 Seiten. 1984.

Band 82: A. Bode, Mikroarchitekturen und Mikroprogrammierung: Formale Beschreibung und Optimierung, 6, 7-227 Seiten. 1984.

Band 83: Software-Fehlertoleranz und -Zuverlässigkeit. Herausgegeben von F. Belli, S. Pfleger und M. Seifert. VII, 297 Seiten. 1984.

Band 84: Fehlertolerierende Rechensysteme. 2. GI/NTG/GMR-Fachtagung, Bonn 1984. Herausgegeben von K.-E. Großpietsch und M. Dal Cin. X, 433 Seiten. 1984.

Band 85: Simulationstechnik. Proceedings, 1984. Herausgegeben von F. Breitenecker und W. Kleinert. XII, 676 Seiten. 1984.

Band 86: Prozeßrechner 1984. 4. GI/GMR/KfK-Fachtagung, Karlsruhe, September 1984. Herausgegeben von H. Trauboth und A. Jaeschke. XII, 710 Seiten. 1984.

Band 87: Musterkennung 1984. Proceedings, 1984. Herausgegeben von W. Kropatsch. IX, 351 Seiten. 1984.

Band 88: GI–14. Jahrestagung. Braunschweig. Oktober 1984. Proceedings. Herausgegeben von H.-D. Ehrich. IX, 451 Seiten. 1984.

Band 89: Fachgespräche auf der 14. GI-Jahrestagung. Braunschweig, Oktober 1984. Herausgegeben von H.-D. Ehrich. V, 267 Seiten. 1984.

Band 90: Informatik als Herausforderung an Schule und Ausbildung. GI-Fachtagung, Berlin, Oktober 1984. Herausgegeben von W. Arlt und K. Haefner. X, 416 Seiten. 1984.

Band 91: H. Stoyan, Maschinen-unabhängige Code-Erzeugung als semantikerhaltende beweisbare Programmtransformation. IV, 365 Seiten. 1984.

Band 92: Offene Multifunktionale Büroarbeitsplätze. Proceedings, 1984. Herausgegeben von F. Krückeberg, S. Schindler und O. Spaniol. VI, 335 Seiten. 1985.

Band 93: Künstliche Intelligenz. Frühjahrsschule Dassel, März 1984. Herausgegeben von C. Habel. VII, 320 Seiten. 1985.

Band 94: Datenbank-Systeme für Büro, Technik und Wirtschaft. Proceedings, 1985. Herausgegeben von A. Blaser und P. Pistor. X, 519 Seiten. 1985.

Band 95: Kommunikation in Verteilten Systemen I. GI-NTG-Fachtagung, Karlsruhe, März 1985. Herausgegeben von D. Heger, G. Krüger, O. Spaniol und W. Zorn. IX, 691 Seiten. 1985.

Band 96: Organisation und Betrieb der Informationsverarbeitung. Proceedings, 1985. Herausgegeben von W. Dirlewanger. XI, 261 Seiten. 1985.

Band 97: H. Willmer, Systematische Software- Qualitätssicherung anhand von Qualitäts- und Produktmodellen. VII, 162 Seiten. 1985.

Band 98: Öffentliche Verwaltung und Informationstechnik. Neue Möglichkeiten, neue Probleme, neue Perspektiven. Proceedings, 1984. Herausgegeben von H. Reinermann, H. Fiedler, K. Grimmer, K. Lenk und R. Traunmüller. X, 396 Seiten. 1985.

Band 99: K. Küspert, Fehlererkennung und Fehlerbehandlung in Speicherungsstrukturen von Datenbanksystemen. IX, 294 Seiten. 1985.

Band 100: W. Lamersdorf, Semantische Repräsentation komplexer Objektstrukturen. IX, 187 Seiten. 1985.

Band 101: J. Koch, Relationale Anfragen. VIII, 147 Seiten. 1985.

Band 102: H.-J. Appelrath, Von Datenbanken zu Expertensystemen. VI, 159 Seiten. 1985.

Band 103: GWAI-84. 8th German Workshop on Artifical Intelligence. Wingst/Stade, October 1984. Edited by J. Laubsch. VIII, 282 Seiten. 1985.

Band 104: G. Sagerer, Darstellung und Nutzung von Expertenwissen für ein Bildanalysesystem. XIII, 270 Seiten. 1985.

Band 105: G. E. Maier, Exceptionbehandlung und Synchronisation. IV, 359 Seiten. 1985.

Band 106: Österreichische Artifical Intelligence Tagung. Wien, September 1985. Herausgegeben von H. Trost und J. Retti. VIII, 211 Seiten. 1985.

Band 107: Mustererkennung 1985. Proceedings, 1985. Herausgegeben von H. Niemann. XIII, 338 Seiten. 1985.

Band 108: GI/OCG/ÖGJ-Jahrestagung 1985. Wien, September 1985. Herausgegeben von H. R. Hansen. XVII, 1086 Seiten. 1985.

Band 109: Simulationstechnik. Proceedings, 1985. Herausgegeben von D. P. F. Möller. XIV, 539 Seiten. 1985.

Band 110: Messung, Modellierung und Bewertung von Rechensystemen. 3. GI/NTG-Fachtagung, Dortmund, Oktober 1985. Herausgegeben von H. Beilner. X, 389 Seiten. 1985.

Band 111: Kommunikation in Verteilten Systemen II. GI/NTG-Fachtagung, Karlsruhe, März 1985. Herausgegeben von D. Heger, G. Krüger, O. Spaniol und W. Zorn. XII, 236 Seiten. 1985.

Band 112: Wissensbasierte Systeme. GI-Kongreß 1985. Herausgegeben von W. Brauer und B. Radig. XVI, 402 Seiten, 1985.

Band 113: Datenschutz und Datensicherung im Wandel der Informationstechnologien. 1. GI-Fachtagung, München, Oktober 1985. Proceedings, 1985. Herausgegeben von P. P. Spies. VIII, 257 Seiten. 1985.

Band 114: Sprachverarbeitung in Information und Dokumentation. Proceedings, 1985. Herausgegeben von B. Endres-Niggemeyer und J. Krause. VIII, 234 Seiten. 1985.

Band 115: A. Kobsa, Benutzermodellierung in Dialogsystemen. XV, 204 Seiten. 1985.

Band 116: Recent Trends in Data Type Specification. Edited by H.-J. Kreowski. VII, 253 pages. 1985.

Band 117: J. Röhrich, Parallele Systeme. XI, 152 Seiten. 1986.

Band 118: GWAI-85. 9th German Workshop on Artificial Intelligence. Dassel/Solling, September 1985. Edited by H. Stoyan. X, 471 pages. 1986.